八卦象数疗法

续编

（上）

李山玉　著

团结出版社

图书在版编目（CIP）数据

　　八卦象数疗法续编 / 李山玉著. -- 北京 ：团结出
版社, 2025.10
　　ISBN 978-7-5234-0103-3

　　Ⅰ. ①八… Ⅱ. ①李… Ⅲ. ①八卦 - 应用 - 穴位疗法
Ⅳ. ①R247.4②R226
　　中国国家版本馆 CIP 数据核字(2023)第 064458 号

责任编辑：孟丹婷
封面设计：谭　浩

出　　版：团结出版社
　　　　　（北京市东城区东皇城根南街 84 号　邮编：100006）
电　　话：（010）65228880　65244790　（出版社）
　　　　　（010）65238766　85113874　65133603（发行部）
　　　　　（010）65133603（邮购）
网　　址：http://www.tjpress.com
电子邮箱：zb65244790@vip.163.com
经　　销：全国新华书店
印　　装：三河市东方印刷有限公司

开　　本：170mm×230mm　　16 开
印　　张：40　　　　　　　　　　　字　　数：573 千字
版　　次：2025 年 10 月 第 1 版　　印　　次：2025 年 10 月 第 1 次印刷

书　　号：978-7-5234-0103-3
定　　价：98.00 元（全两册）

前　言

我与加拿大埃德蒙顿补充医学和替代医学研究所史蒂文森·舒天教授署名的论文《中医药新发展：象数疗法是一种特殊的自然疗法》，于2016年在《美洲中国医学杂志》第44卷第7期首篇位置登出。

《美洲中国医学杂志》是一部比较东西方医学（中西医）的国际性学术期刊（每季两期），由美国亚洲科学和医学高级研究院和世界卫生组织传统医学合作中心出版发行。

这是国际医学科学界对八卦象数疗法的重大肯定。

《八卦象数疗法》于2009年5月由团结出版社出版后，我的思考并未停息，而是年年想、月月想、日日想，即冥思苦想；想八卦象数疗法（简称象数疗法）源于《易经》、基于中医、效于"气场"的深蕴……象数疗法是天人合一的最好体现，它不仅可以调理人体疾患，又可以广泛用在生活当中。如公司菜园的菜生虫子，春斌在几块牌子上写了5550·2220，插到菜地，翌日虫子竟然消失……此类案例不胜枚举。

又如常州市72岁老人朱克彰报告的一案例：他平时念640·30·80，大约念四个月去体检，结果原患有的高血压、冠心病、左心室扩大（已十年）、颈椎增生、肾结石等问题已痊愈，只有血压还有波动；当时，医生告其左心室扩大恢复不了的，但是却恢复正常了！

又如邯郸刘书君（女），72岁那年的报告：十二年前骑单车摔伤，脊柱压缩性骨折，从此驼背十二年，各种伤痛袭来，用尽种种办法均告无效。后来得象数配方01110·06660·07770，效果显著，在晚上睡觉时出现两次"咯吧咯吧"声，曾被吓醒过，历时一年即愈，驼背也直了。

所以，象数疗法是取之不尽、用之不竭的药库，随时相伴的医生！我提出了"向天要智慧，向天要能量，向天要健康"的宗旨。

我们的生活轨迹是：白天与乾父"自强不息"，夜晚回到坤母的怀抱"归根曰静"……

传统文化的要点是天人合一的宇宙观，故在象数疗法实践当中也不离以万物为师、以万物为道的根本思想。

八卦是宇宙的生命，是宇宙的真理，是宇宙的语言！

在象数疗法发展中，自然涌现出一批骨干力量，他们在推动着象数疗法，使象数疗法生生不息，绵绵不绝，不断续写辉煌！借此，谨向他们表示崇高的敬意！

李春斌是其中的领军人物！他曾是严重的心疾患者，当其处于濒临绝境之际，是象数疗法挽救了他的生命！遂对象数疗法情有独钟，矢志不渝，从此步入对象数疗法的感悟、探赜之中……

他在出版《八卦象数疗法续编》的编辑过程中付出了心血和智慧，克服了诸多困阻，奉献给读者的是心血和智慧的结晶！

在此，感谢团结出版社张阳总编辑及各位领导的鼓励、帮助和支持！同时，感谢足底反射疗法创始人杨奕老师对象数疗法的大力宣传！

作者

辛丑年丙申月

目 录

彭爱莲象数疗法调理个案 / 111

中医药新发展：
象数疗法是一种特殊的自然疗法[1]

李山玉　史蒂文森·舒天

中国青岛山玉自然疗法研究所

加拿大埃德蒙顿补充医学和替代医学研究所

摘要：中医药源自中国传统文化。例如，八卦符号由阴和阳组成。根据东方哲学，宇宙中的一切都有两面性，即形象（或符号）和数字（或码）。本文介绍了一种新的概念和象数疗法的历史背景，它是一种可以治疗各种疾病的自然疗法。象数疗法源于中医，可追溯到《易经》，这种遗产已被纳入现代发展和实践中。本文所提到的使用象数疗法成功治疗的案例配方与中医的药方原理相一致。本文提到的所有材料均来自第一手临床观察，有中医理论支持。象数疗法的治疗效果是直接的，值得更广泛和更深入地研究。象数疗法和其他相关疗法激发了大家对中医精髓的进一步探索及对中医原理的更深入理解。

道家哲学认为，宇宙是一个相互联系的整体，具有全息图形特征。古代出版物引用的现象和描述是持怀疑态度和批判精神的现代科学不能完全解释的，例如量子现象、人类情感或意识对不同 DNA 的影响速度远远高于光速。用于诊断和配方的象数就是这种现象的一个例子。象数疗法是一种自然疗法，以中医理论为基础。遵循中医诊断，从业者设计整体象数配方，并要求患者冥想和默念配方，

[1] Shanyu Li, Stevenson Xutian. New Develepment in Traditional Chinese Medicine: Symbolism-Digit Therapy as a Sepcial Naturopathic Treatment ［J］. The American Journal of Chinese Medicine, 2016, 44(7): 1311-1323. （编者按：翻译时有删减）

利用人体的炁场效应达到阴阳平衡。"在所有治疗活动中，根据易经道理放空，没有思想，没有行动，静止没有运动，但行动时要遵循易道，渗透到一切现象的根本，创造所有的奇迹……"象数疗法可以完全激活身体的能量场，实现自我组织、自我防卫、自我治愈和自我调整的效果。因此，象数配方可用于促进健康和治疗疾病。

为了更有效地研究中医，我们首先必须学习和理解东方思维的原则和方法。"比类取象"与科学思维的逻辑不同，它被认为是一种更有效的方法。比类取象是指使用富有情感的、有想象力的、直觉的概念，或者符号的抽象意义来代表客观世界。换句话说，意象思维的方法是使用比类取象的思维方式来掌握事物的特征或属性。出于模拟的目的，它也用于认识和理解事物。意象思维的运用过程，是基于已知事物或相同特征的研究对象，通过相似性原理进行分类或范畴界定，在衍生过程中以其他看似相近的方式实现认知扩展。这种思维方式不受限于事物表象的具体范畴，而是允许在相同前提下对功能联系与动态属性进行无限类比推衍。一方面，意象思维通过将抽象概念与符号形象相联结，深化了我们对客观世界本质意义的理解；另一方面，它将类比推理与对客观世界的直觉认知相结合。这种方法已经广泛应用于中医理论，如五行学说。象数疗法深深根植于中医原理，促进了人们对于中医本质的更好理解，并表明人体和宇宙通过看不见的能量和信息系统（或者说气功中的气）进行真正的连接。这被认为是中医的精髓，很容易被现代社会误解。象数疗法应用《易经》的全息原理和"状态和趋势"（态势学）进行实践和诊断，这使得中医整体治疗更加实用和灵活。象数疗法的应用可以推动中医的进一步发展，促进大家理解中医的本质。

八卦的基础

《易经》被视为中国文化的根源，并作为伟大智慧的源泉展示"状态和趋势"的普遍规律——发展的、往复的变化的宇宙及宇宙中的一切。《易经》哲学认为宇宙是一个整体，存在物质、能量和信息。《易经》已经在不同环境被实践并检验了几千年。"易有太极，是生两仪，两仪生四象，四象生八卦。"八卦最早在伏羲时期（公元前 7500 年至公元前 5500 年）被创造出来，它展现出精神和智慧的特质，并对许多事物的属性进行分类。莱布尼茨指出，伏羲的八卦和六十四卦为建立阴历和其他理论思想提供了逻辑、语言、数学和科学基础，而不仅是占卜。莱布尼茨还指出，伏羲的八卦和六十四卦的二进制在中国实际上被追溯到 4500 多年前。伏羲八卦的 3D 模型结合到二进制信息系统被科学及天文学用于建立历法。

《易经》的理论和实践几乎渗透到所有中医和气功的理论。在过去几千年里，中医实践者们已经认识到《易经》和中医有着相同的起源。大约两千年前，医圣张仲景发现了每个卦中六爻的变化，确立了六经辨证体系。他创立了《伤寒论》中的 112 种经典方剂。这些方剂都根据《易经》八卦的原理创立，并成为中药的标准配方。虽然他的书不解决特定的疾病，而是着重于加强机体的免疫力，但因为它深刻地揭示了疾病的固有本质，这本书被广泛应用。唐代中医师孙思邈说"不知易不足以言太医"。明朝中医医师张景岳是《类经》和《景岳全书》的作者，他指出《易经》的"易"字意味着容易，包括阴和阳，动态和静态。他直接用六十四卦来分析患者的健康状况。从广义的中医角度讲，《易经》的象数将"数字"视为一种特殊的"形象"，它不考虑数量多少，而是考虑质的定性，因为它比代表的经典数字更容易比类"形象"的意义，很容易从象数推断一些事情。它方便确定卦数、月数和五行属性，或将它们与人体五脏六腑联系起来。

象数记录考古现象，并运用于历法以解释状态和趋势的理论。把人体看作小宇宙，可以用《易经》的象数来描述，这是一个模拟形态，代表健康状况。基于中医师关于象数的启示和中医基本原理，我们开发了象数疗法并应用于临床实践。治疗严格遵循《易经》的哲学和方法论，并应用"状态和趋势"的独特功能，简化中医诊断并提高准确率。该疗法为患者提供全数字处方。

八卦的结构

八卦是八个图形符号，每个卦由三个爻组成，由阳爻（—）和阴爻（--）组成。有关图形符号，请参见表1。八卦代表八个基本现象，并显示了所有的宇宙事物最初是从太极的阴阳二气演化而来的。

表1　先天八卦的演化序列

象数	1	2	3	4	5	6	7	8
八卦	☰ 乾	☱ 兑	☲ 离	☳ 震	☴ 巽	☵ 坎	☶ 艮	☷ 坤
四象	太阳		少阴		少阳		太阴	
两仪	阳				阴			
太极								

简而言之，八卦涵盖了宇宙中的一切。每个卦都有自己的卦形、卦名、卦数、象义和功能属性。八卦代表一种整体运动和平衡的观点。以八卦为核心，以五行为工具，象数反映了宇宙永恒的变革和运动原则。

八卦的象和数

八卦的象和数是八卦学说中的常用术语，具有无限的内涵。八卦的每个象对应于特定数字。八卦的象和数就像一枚硬币的两面，显示各种各样不同阶段的变化。八卦的象确定一个数字，而该数字反映该八卦的象。《易经》本身就是象的归纳。

八卦表示宇宙的基本属性，并抽象为八组。根据孔子的诠释，"乾为马，坤为牛，震为龙，巽为鸡，坎为豕，离为雉，艮为狗，兑为羊。乾为首，坤为腹，震为足，巽为股，坎为耳，离为目，艮为手，兑为口"。在这里，"为"不意味着"与其相同""等于"或"即是"。简而言之，八卦本身只是宇宙中一些事物的有代表性的符号。有关八卦的分类和表现形式的其他示例，请参见表2。

八卦知识的理解比通常的科学知识更灵活。内涵可以从比类取象中理解。比类取象补充了科学思维的限制，它源于《易经》方法论。比类取象使用感官、抽象意义、图像、直观概念和符号来传达对象的意义和现象的领悟。逐渐地，通过遵循比类取象的规则，人类生理学和病理学中的复杂的现象可以在中医学中被理解归纳。

八卦图形

任何卦符的所谓"数字"只是一个象征数字。八卦包括先天八卦和后天八卦。先天八卦是由伏羲（公元前7500年—公元前5500年）创立的，称为"伏羲卦"。后天八卦是由周文王（公元前1100年）创立的卦符，称为"文王卦"。伏羲的先天八卦位，定义了周文王的后天八卦，阐明了系统的后天特征。象数疗法采用先天八卦的数字和后天八卦的方位（见图1）。要注意的是伏羲八卦图中所示的方向，与现代地图的方向相反。根据《易经》的解释，先天八卦方位的理论依据是："天地定位，山泽通气，雷风相薄，水火不相射。"

象数表明，整个物质世界是一个相互联系的整体。伏羲八卦描述了物理世界的结构模式（宏观和微观）和系统，其中所有的物体，从行星到人类细胞的分布像卦象结构，遵循"生物全息和自然全息法则"。先天八卦是自然宇宙的模拟，它们显示了阴阳随时空产生的变化。乾（天）是阳，阳的能量从震（雷）到离（火）到兑（泽），到乾（天）为顶峰。坤（地）是阴，阴的能量从巽（风）移到坎（水）到艮（山）然后到坤（地）。

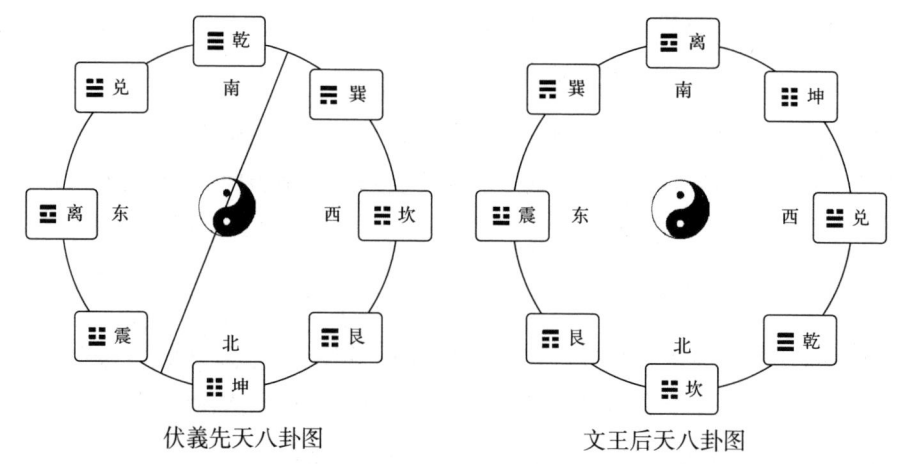

伏羲先天八卦图　　　　　　　　文王后天八卦图

图 1

表 2　八卦的基本特性

数字	自然界	属性（卦德）	五行	人体对应	家庭成员
1	天	健	金	首、大肠	父亲
2	泽	悦	金	肺、口	三女（少女）
3	火	丽	火	心、目	二女（中女）
4	雷	震	木	肝、足	长子（长男）
5	风	入	木	胆、股	长女
6	水	陷	水	肾、耳	二子（中男）
7	山	止	土	胃、手	三子（少男）
8	地	顺	土	脾、腹	母亲

　　后天八卦更关心地球和人的关系，被视为身体的功能，是四季运动和变化的模拟发展。八卦与五行密切相关。它将所有东西分为五组元素：木指震和巽（雷与风），火指离卦（火），土意味着坤和艮（地和山），金对应兑与乾（泽和天），水指坎卦（水）。表 2 说明了先天八卦数和人体部位（器官）的对应关系。用家庭关系作为比喻，一切都是出于乾（天）和坤（地），阳和阴，父亲和母亲。所有物体都包含阴阳的特点。

象数疗法基本要点

象数疗法令患者通过默念象数配方以达到调病健身的效果。它可以单独使用，也可以与其他治疗组合使用。如同中医疗法，象数疗法强调综合分析、个性化治疗和对患者的个体诊断。针对患有同样疾病的不同患者，它不赞成使用相同的配方，而是对每个人都提供单独个性化的配方。在象数配方中，第一元对应主症。默念合理的象数配方可以帮助机体重新获得平衡以促进健康。通常，默念一个特定的象数配方可以更好地调整宇宙和身体的能量场。当宇宙的大能量场和人体小能量场同步共振和同化时，身体的正能量被加强而阻止负能量进入。

当默念象数配方时，信息／能量可以发出波频。这些波频可以影响整个身体，或导致特定身体部位被激活和振动，或触发相应的八卦能量场重新排列成有序状态。人和自然一起的和谐振动能量可以影响机体直到疗愈。

象数配方的读法

九个数字 0，1，2，3，4，5，6，7，8 可以用不同的语言来默念。配方中的 0 读为零，配方 3810 读为三八一零。

象数配方的结构

最简单的结构是一元结构，例如 650 或 30。还有二元结构，例如 650·30；或三元结构，例如 650·30·820 等。

象数配方的组成

象数配方中的数字组合遵循中医"母子补泻"的规则。补泻时，其象数一般组合在一个"元"内；当平补或平泻时，其象数则单独在一个"元"内。例如，在肝血缺乏的情况下，配方 640 表示水生木，并补肝血。如果肝气过旺，配方为

430 或 4300，因为木生火可以疏肝理气。如果肝气在虚实之间，需要平补平泻时，象数可单独置于一个"元"内。例如，股痛配方为 50。

0 的功能和用法

象数配方中使用的 0 具有特殊的含义和功能。古人使用 0 表明太极的原始混沌（生命原动力）现象或特殊状态。没有太极原生的元气，就没有八卦。临床实践表明 0 加强了信息波的能量，使得气流畅通并调理阴阳。一般来说，偶数个 0 加强阴，奇数个 0 加强阳。数字前面的 0 补阴，在数字后面的 0 补阳。数字前后都加 0 有助于平衡阴阳。

象数配方的示例

在象数疗法的实践中，患者也可以根据他们的需要和健康状况接受其他治疗。象数疗法的应用是一种自我修复、自我平衡和自我解毒的动态实践。它通过连接宇宙的能量场，影响个体气场的流通，通过不可见能量最终改变人体状况。象数配方实践旨在平衡人体健康。

象数配方能量领域的阴阳"泻其余而补其不足"。在象数配方中，每一元都用 0 调节阴和阳。这种动态平衡产生时间和空间上的变化，例如，用降浊气的象数配方 0007000 可治愈疼痛。但是如果默念时间过长，这个配方则会引起下肢的沉重感和腰部的僵硬。这是因为象数配方中的山（艮卦，7）携带"不动""静止"和"沉重"的能量。山暗示土壤，它可以干扰水（肾脏，土克水），使肾脏周围的部分（如腰部）感觉僵硬和负重。所以，配方是动态的，需要根据情况进行调整。

例如在冬天，象数配方 640·80 产生冷的感觉，而配方 380·650 引起温暖的感觉。象数配方中的每个数字组合都有特殊的温度信息和阴阳特点。配方 640·80，包含更多的阴，而配方 380·650 有更多的阳，象数配方的设置应该随着不同的症状和新的情况而改变阴阳。身体不适症状消失后，还应该继续默念配方直到疾病完全治愈。适当和正确的象数配方会带来舒适感，使身体放松和精力充沛。这样的配方可以连续使用，否则需要改用另一个象数配方。

诊断原则和象数配方

象数配方基于中医诊断，这是基于"所有内部疾病都有外在表现"的理论。在此基础上，象数配方的施治者通过辨别各种症状即能配出相应的配方。如果人体中某一方面有病变，一些相应的部位会出现颜色、音色、喜好、气味、脉搏等异常变化。这些变化都能给出非常直接的诊断提示。八纲辨证有助于中医医生做出完整的诊断。所有相关症状的组合通常表现出疾病的性质。基于辨证诊断，"补不足，损有余"。象数疗法用"母子补泻"，或"母生子"，生是补其子（对孩子而言），母生也是泻其本身（对母亲而言）。如果既不需要补也不需要泻，"平补平泻"将提升内部器官的重要气机。对于肺气不足，象数配方可用720。道理是艮7（土，母亲）生兑金2（金，孩子），就是母生子，加强气的效率。对于肺气过旺，配方可用260或2600。湿寒病症需要加奇数个0升阳，调理阳亢需要加偶数个0降温。

应用"母子补泻法"遵循"表和本"的治疗规则，"异病同治"，或"同病异治"等。例如，由脾虚和肾虚引起的腹痛和腹泻通常不是急症，所以根本原因可以通过提升热能滋养脾和肾而治愈。象数配方650·80补肾阳，以及用8振动脾。象数配方温暖地激活脾脏和肾脏，加强活血、驱寒。另外，症状如严重的疼痛、尿潴留或昏迷等急症，首先控制表面症状，然后调理本因，或同时治疗表症和根本原因。例如，耳聋是由不同的综合原因引起的：肾功能虚弱，包括头晕、背痛、疲劳和脉搏弱，可通过补肾治疗所有症状。象数配方260表示金2（兑卦）生肾水6（坎卦）。肝胆过旺综合征，包括头痛或头晕、鼻充血、口苦、喉咙干燥、肋骨疼痛、舌苔厚腻和脉搏紧绷，相应的治疗方法为疏通肝经，象数配方为4300，表示木生火并泻肝脏。这是一个"同病异治"的例子。

以"异病同治"适用于本因同样，但症状不同。例如，腹泻、脱肛和由脾虚引起的子宫脱垂，具有相同的根本原因。无论何种不同的症状，根本原因可以通过增强脾来治疗。象数配方通常是 380·20 加强脾和补气。

象数配方设计方法

象数配方类似于中医草药或针灸处方。

基于中医理论选择配方数字

比类取象是基于脏腑理论和生理的症状，以及它们与人物、形状和所有物体的关系，确定八卦归属。震卦，数字 4，表示足，用 0 放在 4 前面或之后有助于重要的气运行。例如，李小姐因脚踝扭伤而无法行走，局部肿胀疼痛，默念配方 0004000，受伤的脚踝感到时冷时热，最终变得更加舒适。病人可以在约 20 分钟后步行，并在四天后完全恢复。数字 4 前后各添加三个 0 有助于减轻肿胀，通过调节阴阳分散瘀滞，并促进血液循环。

根据藏象理论设计配方

根据藏象理论，兑卦 2 主肺，"肺主皮毛"。2 通常可用于治疗皮肤病，特别是加上 0 之后。例如，达小姐（音译）突发荨麻疹，无法忍受瘙痒、失眠的痛苦，服药后所有痛苦都没有任何改进。在念默完 0002 几分钟后，她感到全身放松，舒适；10 分钟后，瘙痒减轻。2 疏散了外部病原体，2 前面三个 0 加强了祛风和利水的效果。把指向阴的几个 0 放在数字前面疏泄并防止风太强。

根据"君、臣、佐、使"方法设计配方

这种中医药处方的方法强调了优先和次优的顺序和效果，以此使用草药的组合实现更好的疗效。肝阳过旺，伴有头晕、头痛、焦虑和缺乏睡眠等综合征，可以用 640·30·80 治疗。水（坎，6）是"君"，滋养肾阴。雷（震，4）是"臣"，

补充肝阴。数字 640 养阴和抑制过旺的阳。地（坤，8）是"使"。数字 80 加强脾脏，可清理和排毒。火（离，3）是"佐"，调理心脏，数字 30 可以减少焦虑和安宁心灵。

遵循经络循行选择象数配方

山（艮，7）主胃，与从脚到头的阳明胃经有关，经过鼻子附近。鼻病可以用 07 配方治疗，例如，凌先生（音译）由于鼻炎而头痛，当他默念 07 时，症状当天被治愈。

根据五行选择象数配方

象数配方（无论是一元方还是多元方）多数情况下结构之间是相生的关系。配方 650·30·820 温暖和疏通肾脏，补脾和气。水（坎卦）为 6，木 / 风（巽卦）为 5，水生木为 650；火（离卦）为 3；木生火，土（坤卦）是 8，火生土，金或泽（兑卦）是 2，土生金。在多元方中，不在同一元内的配方也可以是相克关系。如治疗胃病通常用 40·70，雷霆之木（震卦）是 4，土（艮卦）是 7，木克土。但是，同一元内数字不能相克。

象数配方强调 0 的效果，通常在数字前后位置灵活使用奇数或偶数个 0 以达到不同的效果。对于急性结膜炎，配方是 00300。火（离卦）是 3，并调节眼睛，3 的前后都加了偶数个 0，加强清热、抑制和消散急性结膜炎的炎症。默念象数的质量直接影响愈合的效果，如同气功禅修的道理。所有患者必须放松整个身体，打开他 / 她的心灵，积极思考，保持安静、诚实、信任、快乐，充满爱，并感激宇宙中的一切。患者可以随时默念配方，早晨醒后、晚上入睡前默念效果更佳。当默念象数配方时，可能会发生一些反应，但对患者不会产生任何副作用。

结论

比类取象是通过无限类比来了解事物的所有动态属性及其功能关系的智慧。象数疗法更加清晰、生动地体现了中医规则的灵活性，可以促进对中医本质的更好的理解，显示人体之间的真实联系和宇宙通过不可见的能量（气）的相互作用。一些中医经典理论 3000 年前已经很好地理解了现代科学新发现的内容，例如情感能量传输的速度，以及人类心脏的独特功能。象数疗法可用于治疗各种疾病，甚至用于一些急症。象数疗法的特征包括：回归自然（保持患者的身体和心灵放松和自然），自由（治疗方式对周围条件没有特殊要求，如时间、地点和环境），自我控制（患者尽可能多默念一个单独设计的配方）。象数配方的主要优点是方便、低成本、无副作用和安全性。象数配方可以与其他治疗一起使用。在特殊情况下，其他人帮忙助念也可以获得治疗的效果。更重要的是，象数配方不仅可用于治疗疾病，而且有利于预防潜在的健康问题。

李山玉象数疗法调理个案

李山玉老师为我女儿送子

我三女儿婚后怀孕四次，前三次都流产了，而且先兆症状相似，都是怀孕70天流血，妊娠症状消失，只好做人流手术。医生经查说母体卵泡多，即使怀孕胎儿也保不住，我女儿失望了。鉴于此，我请山玉老师赐方：6000·540·380·720，写于内裤上，闲时默念。女儿三个月后再次怀孕，2008年6月生下一个健康的男婴，我想起了古人说的"送子观音"。想起来我三女儿先后服了三年的中药，也无济于事，只有我的恩师妙手配方，才使我外孙顺利降生，千言万语也表达不尽对尊师的感激！

我同事的长女婚后十一年未孕，经查是女婿100%死精，正准备做试管婴儿，当同事电话说及此事时，我想"死马当活马医"吧，就让他默念6660，写在厚纸上放在枕头下面，几个月后（2009年），突然接到同事电话说："我女儿怀孕了，已经两个月了！"感谢之情溢于言表。

学生：潘××

2010年12月20日

治疗煤气中毒痴呆症

2007年12月11日早上，我的小叔子在野外工作，因煤气中毒被送往内蒙古乌什旗医院，抢救三天后即送往西安高新医院救治。主治医生看过CT片子说：大脑皮层白质受损，用最好的药治上1～3年，可能恢复到生活自理程度。弟媳无业，只知道哭。他的大舅子说他完了，没救了。我说不见得，会有方法让奇迹出现的。我心中想，用象数一定能治好这个病。

18 日早上了解到的情况是，吃东西没有概念，呈痴呆状态。开始，我站在他旁边助念了一组其他学员曾经用过的救治煤气中毒方：40·000872000·11160·450。晚饭时，他竟然吃下了食堂打来的一整份饭，是象数起了作用。于是叫弟媳帮念，但弟媳完全不信，我只好自己念。

19 日我将数字调整为 440·0008720·1116660·44455500，这一组数虽然有效却很慢。20 日从主治医生那里得知，他的病最后会转化为帕金森综合征，家人不要抱太大希望。我千里迢迢到西安，不多尝试下就放弃，太可惜，建议向老师求方。于是我打电话向老师您要了配方，开始了我这次"长征"。

方为 6660·4450·380·720。记得当时电话里，我问老师，为什么大脑的病不用 1 呢？老师坚决地说，现在是以排毒为主！我即刻开始帮他念数，但感觉念的同时浑身发热出汗，弟媳也被动员来念，但她觉得发热出汗不舒服，就不再念了。我于是改成了另一个救治煤气中毒的配方 4440·000872000·11160·00455000，这样我不会发热出汗了，但念了三天效果不明显。于是我改回老师的数字，但一念就大汗淋漓，一天要出十几身汗，衣服全湿透又穿干，我每天顶着大雪来往于旅馆与医院之间。2008 年 1 月 24 日晚，我感冒发烧，半夜咳嗽，大口吐血，旅店老板娘建议我去看医生，我说有象数。我起初用 720·2226660·05550，迷迷糊糊中换了好几组数念着睡着了，到早上起来时，咳嗽和血痰都止住了。

我就要回四川，想到弟媳如果不帮念的话，就会前功尽弃，浪费老师和我的心血。突然想到用油性笔往他身上写的办法。26 日上午给他手心、脚心、小腿、背部都写上数。午饭后，他竟然能自己拿起水杯拧开盖子喝水，喝完后盖好盖。自此喝水恢复正常，更增强了信心。27 日抹掉重新写，并告诉弟媳妇坚持每天写。28 日我在回家的列车上想，写在身上的方容易抹掉，于是立刻电告弟媳，让她写在内衣内裤上。此后，便不断传来振奋人心的好消息。

2 月 3 日，大小便已经能基本自控，几日后能自己用手机接打电话，能自己单独外出坐公共汽车去较远的超市买东西，算账很清楚。

到 4 月 29 日，再次做了 CT，发现大脑皮层白质基本恢复正常，只是还有点阴影。认知能力基本恢复，只是没有以前爱说话了。

5 月 16 日出院。5 月 22 日，回到内蒙古野外作业处，继续工作。其间，一直穿着写满象数的内裤。

从 2007 年 11 月到第二年 6 月，我帮他念了 13 天的数字，全身写数 7 天，其余时间则穿着写满数字的衣服自我治疗。6 月以后使用老师后来配的象数补脾胃补中气，持续了六个月，基本痊愈。2009 年初，我建议他继续穿"象数衣"，他说病好了不需要再穿了，2009 年 2 月 8 日又去内蒙古打工了。

这个案例过了这么久才报告，是因为一直在观察病人的状况是否稳定。在这个病例之中，最主要的就是病人自始至终没有念过一句数字，全靠写数字穿衣服。象数的神奇再次得到了验证，我也是出于无奈才用了这样一个办法。

不能念不能贴怎么办？ 2009 年 8 月 5 日，我洗了个冷水澡又吹了空调，次日感冒，流清鼻涕，喉咙痛，有低烧。配方 550·660·820，鼻涕止住，喉痛好转。当时将数字写在胶布上贴在小臂处，结果抱孩子时，抱了一小会儿，孩子就无缘无故大声哭闹。我意识到可能数字有影响，马上撕掉胶布，孩子就安静了。因为抱孩子，所以无法贴数，怎么办呢？晚上我洗澡后在小腿上各写了好几组数字，早上感冒好多了。8 月 7 日早晨在小腿上写了满满一圈，晚上基本好了。8 月 8 日之后，流鼻涕和咳嗽症状就完全消失了，8 月 9 日和 10 日为了巩固疗效，不反复，就把腿上的残迹洗掉重新写上了。通过这个案例我认为，有特殊原因不能自己念的病患，可以直接写在身体上，哪里方便写哪里，非常有效，又快又好。上病下写，下病上写更好（心区除外）。

四川隆吕学员：朱××
2009 年 8 月 26 日

老师一组配方使我的心悸失眠症、
遗尿症、打嗝症都治好了

2009 年 11 月初，突发心悸，有要死的感觉，恐惧得不行，失眠，那种难受的滋味简直生不如死。这样折腾了两天，念 430 不管用，但为了证明象数自然疗法的真实效果，我坚持不住院，不吃药。在实在无法联系上其他老师的情况下，只好给李山玉老师打电话。在电话里将我当时的病情，和一直羞于说出的折磨自己六十多年的尿床病史向李山玉老师作了汇报，老师赐方为 4300・07770・11166650。得到赐方刚放下电话心里的那种恐惧的感觉就没了，自己像得了宝贝一样，每天早上睁开眼睛就念，累计要念 10 小时左右，再看 2 小时的书，还将象数配方在身上贴了 6 处。由于自己的不懈持念，发生了神奇的变化：

① 我心脏这个毛病好得最快了，那种心悸的感觉，刚接到李山玉老师配方放下电话的工夫就消失了。由于自己坚持得好，十几年的失眠症好了，心脏一点不舒服的感觉都没有了。

② 告别了折磨自己六十多年的遗尿症，过去尿频尿急，控制不了尿床，严重影响睡眠，求了多少医、吃了多少药也没治好，给自己的身体和心理都造成很大的痛苦。念这组配方十来天就感到腰暖，尿的次数明显减少，并且有规律，原来晚上睡前不敢吃水果和含水多的食物，不喝水都尿床，可现在想吃就吃，想喝就喝，彻底好了。

③ 以前我有个毛病，就是生一点小气或者着点凉就打嗝儿不止，这个毛病已经五十多年了，念这个方连续打了十天的嗝儿后突然就好了，再没犯。

④ 治好了我的腰痛病。我腰椎间盘突出，经常腰疼，医生让我戴护腰，这个护腰一年四季都戴，一戴就是六年，其他季节还好，到了夏天能捂出痱子来。通过念象数腰不疼了，于是今年 5 月我把护腰取下来不戴了，不但腰没疼，而且恢复了劳动能力。

谢 ××

2010 年 8 月

全身发黄、胰头占位，
在全力默念象数中再现神奇疗效

我是您的一名患者，2002 年 5 月汾阳医院、山大三院确诊为胰头占位，全身发黄、极度消瘦和虚弱，需立即手术，是我老伴拿定主意，放弃手术治疗，并于当年 7 月 12 日赴青岛登门求老师用八卦象数治疗。

您热情接待，熟练配方，您当时配出三组数：

① 2000·650·4440；

② 260·4000·050；

③ 72000·60·54000。

中间可加 70 或 700·050 插念，并嘱咐多穿黑色衣物，勿戴金属，头朝北睡等。返汾阳后，遵照老师嘱咐，一一照办，闭门谢客，静心默念。

默念时间最长的是第二组，每日除吃饭睡觉就是念数，52 天后奇迹出现：一天中大便 6 次，恶臭，其间，手足指甲均由根部凹陷，而后顶出新的指甲，全身发黄渐渐消退，饮食增加，身体逐渐恢复正常。9 月教师节经医院检查，一切指标正常。全家人十分高兴，万分感激老师，是老师创造的八卦象数疗法挽救了我的生命！从此我和"象数"结缘，下定决心学习象数疗法、宣传象数疗法，为发扬光大象数疗法尽微薄之力，以实际行动报答老师的救命之恩。

病愈后，我和老伴一起学习，一起实践，我俩不懂医，更不懂易，不怕老师笑话，连"艮""巽"二字都不认识，但教材深深吸引着我们，真可谓爱不释手，书翻旧了，包书皮也不知换了几次。

我们夫妻俩今年均已 72 岁，从 2002 年至今基本未吃过药片，有了毛病就自己选配象数默念，实践的过程也得到很多精神食粮，我们过得很充实，真正感到老有所乐。

学员：王×× 杨××

2010 年 11 月 13 日

象数治好难以确诊的持续高烧

我和母亲及多位亲友是最早受益于象数疗法的患者。去年冬天，发现一向身体很好的大爷（父亲）有点萎靡不振，面黄神疲，食欲不振，经大家追问才知道，由于盖房劳累而感冒了，每天晚上都有点发烧，到医院检查说没病。又过了十几天，大爷实在忍不住了，说每天下午到凌晨低烧，无法正常睡眠，很难受，家人立即送医院，每天输液5个小时，按程序做各项检查。十多天后，病情越来越严重了，几乎吃不下任何东西，走路还要人搀扶，每天照常低烧，问医生就是不能确诊，每天还是打点滴，还要进一步检查。5天后，怀疑是肺结核，而大爷瘫软如泥，输液都吐，水米不进。原以为小感冒，住院20多天，花了一万多元，还是这种结果。前几天曾向百忙中的老师要了一个方子，由于输液，效果不大，我一看这样不行啊，征得娘的同意，没有听信大夫说的出院可能会出现的严重后果，毅然回家，停用一切药物，按老师的象数配方0720·11650·4440·030自念、助念、贴数。下午4点多，他大吐了一场，我知道这是在排毒；6点多，就吃了半碗麦片汤，晚上睡了一个多月来没有过的安稳觉，也不发烧了；第二天早6点，我拉着他的手助念了一个小时；7点半，他自己起床下地，这也是一周以来的第一次。他像换了个人似的，乐呵呵地说："我饿了！"早饭，满口香甜地吃了一大碗绿豆粥，在大家的劝说下，才放下碗筷，从这以后，每顿吃饭都看着他，怕他吃多了，一改过去的无精打采，精神十足，吃啥啥香，自从念数以后，大爷的身体一天比一天好，体重也增加了，特别是对老师既佩服又感激，还说我："你的福分不小啊，遇上这么好的德才兼备的老师，可要珍惜啊！"

内蒙古学员：相××

2010年8月6日

念象数去掉眼角赘肉

我十几岁就有眼角痒的毛病，可能是经常揉的关系吧，到了三十多岁，左眼就长出小小的肉瘤，1997年明显见长，用手都能拽住，虽说不疼，但眼角拖着一个肉瘤，实在不雅观，看东西还碍事，只好去医院。医生反复看了之后说，不能做手术，只能做冷冻，可冷冻液稍进眼睛一点，就有可能导致失明，与其冒这么大的风险，还不如让它长着。我很是失望！忽然想起，为何不去找老师啊？老师随意瞥了一眼，就给我配方640·70·050。老师说：640为水生木；7为凸起息肉；050不湿不燥，也起到"木克土"的作用，故合而为力。念后无任何感觉，也未留意它的细微变化。由于刚开始学不久，忙得竟把此事给忘了，但念数仍未停止，过了大约一个月，我发现怎么看东西这么亮了，这才想起息肉的事，照镜子一看，那个讨厌的赘肉不知什么时候消失得无影无踪了！简直难以置信，八卦象数在不知不觉中把一个赘肉给念没了！真是奥妙至极！

庚寅季夏二十二

母亲一方念了十八年，不能调

我娘患心脏病用象数治好后，至今已近十八年，从没有换过，说来也怪，720·40不能调方，换了就心跳，老师都说，"不调就不调吧，就念这个吧"，我娘也说，"只要不心跳，比什么都强，别的小毛病随他去吧"，还别说，自念象数之后，还真没出什么大毛病。

有一次老师向我问起二老的身体，我说我娘不太好，腿肿，胃肠都不好，多吃一点就泻肚，而且爱生气，心烦。老师听了后说，这样，在720·40后面加3820，并说告诉老太太，不用怕。于是我娘就照念，没有心跳，慢慢地腿也消肿了，现在什么水果蔬菜都能吃了，说话、骂人更有劲了。她逢人就说："只要念着数，我就没事！"

象数疗法彻底治愈"类风湿""紫癜"

1992 年，您独创的八卦象数疗法不但把我从死亡线上拉了回来，而且使我的身心发生了脱胎换骨的变化（见《中国八卦象数疗法》病例 1）。下面汇报我又一次用八卦象数疗法从危险病情中获得的惊人疗效。

1998 年，因工作需要，调整到别的学校，那里取暖条件差，很潮湿，2000 年调回后，时常觉得乏力，下半身发凉，骑车子也感觉吃力了，心想反正会念数呢，根本没在意。没料到，老师 11 月 12 日去了青岛，我就像失去主心骨一样，把念象数的事忽略了半年，下半年开始整个下半身像掉进了冰窖，穿多少衣服也暖不过来，不能下地，只能猫腰屈体，摇摇摆摆，两天后发现腿上多处大片紫癜。我马上给老师打电话，老师配方 780·12650·400。念数不到一天，就感到腿轻松了一些，第二天，在家人的劝说下，去医院做了全面检查，只有类风湿化验呈阳性，医生确诊为"类风湿"，我打电话告诉李山玉老师，可老师说："你不是类风湿。"本来，我很是担忧，听老师这么一说，顿悟，认定自己是风湿性关节炎，老师配方 01000·6000·5400。不到 5 天，紫癜全消，能下地走路了，两个月后走路完全正常了！以后老师时常给调方，我自己也在老师的配方基础上调一调，总之念数不辍。2003 年复查，首先排除了"类风湿"，只说关节有些增生，老师听后非常高兴，又调方 02000·650·4300·780。念后，不适感慢慢减轻，在以后的几年里，身体慢慢好转，使我免受了很多病痛、奔波之苦，重要的是我没听说"类风湿"有治愈的。虽说大恩不言谢，但我还是忍不住说："老师，谢谢您！"我念数近二十年的体会是：持念象数就是在不停地练气功，自身气场强，就能战胜疾病，战胜困难，战胜阴霾。

郭××转　相××

2010 年 8 月 4 日

象数疗法救了我

2003 年我因修牙被碰到牙神经疼痛不止，一治就是两个月，不但不见好转，还引发了右侧头部、眼眶、鼻翼、双耳、面颊关节跳痛，咽部红肿，嘴肿得张合困难影响进食，疼痛难忍，夜不能寐，输液过敏，险些丧命。后转到大医院治八个月还不见好转，他们建议我转院到北京，几经辗转到了宣武医院神经内科，诊断是类三叉神经痛及并发症，制订了两个方案：一是保守治疗，吃止痛药止痛；二是手术治疗，手术费 3 万～6 万元。我担心术后消炎再引发过敏，另外与我同室的病人术后半边脸失去知觉，耳失聪。隔壁病室有个小女孩也是一年前做的手术，已经复发，疼得头直往墙上撞，见状我只好忍痛回家。正当在我走投无路之时，经人介绍我结识了李山玉老师，她给我配了三个方：① 00200·050·070·160；② 720·640·80；③ 00200·070·160·050·30·80。这三组方我念了两天，觉得第三个方更舒服就接着念。第二天下午奇迹出现了，各种症状明显减轻，当时我激动地把这个消息告诉了老师，老师鼓励我好好念，家人也因看到了希望而为我高兴。从 2004 年 6 月 5 日起我每天念数不少于三个小时，请老师先后调过三四次方，一天比一天好。终于，2007 年 12 月 12 日上午，当我念 11660·4300·380 和 070·1116660·450·380 这两组方时，耳上一寸处出现气流往外淌，凉丝丝，有一点点麻，但很舒服并向全身蔓延，从此我告别了"类三叉神经痛"及合并症四年生不如死的折磨，我没花一分钱，没吃一片药，没住院，没手术，是八卦象数疗法把我从病痛挣扎中解救出来，我激动的泪水中蕴含了太多的感慨。与此同时还发生了一些神奇的事：我原来右肩处有一个玉米大的黑痣二十多年不痛不痒，还有近几年胸前长了一个红斑，特别红，这次突然不见了。十多年前扭伤过脚，每当走路多时就会肿痛，现在走路多了也不肿不痛了。原来有胆囊炎，经常腹胀，肝区闷痛，厌油，这次也好了。大肠息肉不再长了，我从 2000 年到 2006 年因大肠息肉做过三次手术，而且一次比一次多，2006 年一次切除 14 个息肉，通过这次象数治疗，2009 年复查时竟然一个没长。

俗话说久病成医，通过念数我明白了一点，某些数能治某些病。如：003 治眼睛病；070，70 治鼻子病；0005000 治胆囊炎；002，0002 治痔疮和荨麻疹；1110 治大肠息肉；7000 止血，还止痛，最近我拔了三颗牙，当时我就念这个数，两天伤口愈合，牙龈粉红、无齿痕，连大夫都纳闷，我说我有法宝，不用吃药自己就长上了。（编者：象数的内涵十分深广！）

象数疗法治骨折再现神奇

我外孙女 8 岁，上小学二年级，在舞蹈班学跳舞，2010 年 1 月 26 日晚在家练下腰时将右肘部摔伤，女儿给我来电话，我问她骨折没有，女儿说还能动，没肿，不像骨折，就是痛。随即让其念 0007000 先止痛，女儿带孩子去医院拍片确诊肘上一厘米处肱骨骨折，肘关节脱臼错位。情急之下我拨通了李老师的电话，老师赠方 2000·650·440·3870，得方后我便嘱咐女儿和孩子一起念。第二天早晨我去女儿家，见孩子胳膊已肿，昨夜一整夜哭闹喊疼没睡好，我又请李老师调方（3870·2000·650·440），将方贴于患处，我和女儿助念，孩子睡着了。到中午胳膊好像肿得更厉害了，疼得也更厉害，手指都肿得伸不开了，我想是不是因为石膏绷带太紧，又经象数复位刺激，痛肿必然是好的过程，就哄着孩子坚持念，夜里孩子还是疼醒三次。第三天看孩子没有减轻，我也着急了，又不好意思老是麻烦老师，我就想起彭爱莲学友为其丈夫治骨折的那篇报道，老师曾经给配了个消肿快的方，马上给孩子贴上并助念，到中午见孩子胳膊有了明显的消肿迹象。我们都长出了一口气，继续念，这时眼见着孩子的胳膊在消肿，用手捏着也软乎了，小手也能伸开点儿了。觉得这个方灵，就给孩子的双脚也贴上，并让孩子也跟着念。念着念着孩子哭了，我们忙问她怎么了，她说："姥姥我的胳膊往一边涌。"我笑着问："那你哭什么呀？"她说，胳膊再骨折了可咋办呀？我高兴地告诉她这是好现象，是气通了在动，说明快好了，鼓励她认真念，孩子含着泪笑了。此后就平时让她自己念，中午晚上大人助念，情况一天比一天好，小手已经看不出肿了，孩子还晃晃小手给我看，胳膊也由青紫转为红色，第四天能抬到胸前了，不碰到不疼，躺下起来都不用别人扶了。我把这一喜讯告诉了老师，老师也非常高兴。为了巩固疗效老师又赐方 4440·3870·650，右脚贴 2000·1650·440，左脚贴 0007000·1650·4440。按照老师的嘱咐念了两天，孩子有点上火，鼻涕发黏发黄，就把脚上的数方揭下来。因为不疼，孩子又贪玩，念得也少了，我就将方给她贴到患处、脐下，巩固着。到了第九天去医院复查（本该第七天去，因为双休日错后两天），拍片一看长好了，骨折的地方一点儿痕迹都没有，根本看不出骨折过，脱臼复位也特别好。奇迹，真是奇迹，才短短九天（应该是七天，因为第七天时孩子已经活动自如了）！医生看了也感到不可思议，自言自语地说："这孩子咋好得这么快呀？"问我们给她吃什么药了，我告诉他什么也没吃。我心里想你怎么会明白我们的象数疗法，比灵丹妙药还要好呢。为了预防外界对孩子伤处的撞击，医生建议三周再拆石膏，我心里暗笑，我担心缠着石膏绷带会影响气脉运行，其实我早就把石膏两边剪开了，只是装装样子而已。到了 2 月 13 日也就是大年三十那天拆除了石膏，一家人欢天喜地过了个好年。现在孩子一切正常，只是写作业时间长了有点酸，休息一会儿就好了，俗话说，伤筋动骨一百天，毕竟当时只有 48 天。孩子的父亲是西医，原来根本不信，只是碍于我的面子不好讲出来，这次的事实，他嘴上不说心里肯定是服了，不然他父母及家人有病念象数他早就反对了。

另外，大女儿从外地回来探亲，得知孩子的情况很感慨，她同事的儿子 14 岁，上初二，年三十晚上把小腿摔骨折了，到医院复位，初八去医院复查发现断面错位，无奈又做手术重接，还打了钢板，说半年后才能拆掉，孩子只好休学了。

学员：王××

2010 年 3 月 20 日

李山玉老师用 077720·66650·820
止血尿当夜见佳效

老伴血尿，检查疑似输尿管结节，到 2 月已尿血 3 个多月，在医院就是手术。无奈我向李老师求方。李老师 2 月 10 日得到消息，当天给我打电话，我不在家，她找不到我。她从深圳找到广州，不知花了多少时间，费了多大精力和周折，直到晚上 9 点 16 分才拨通了我的电话，她问清情况，斩钉截铁地说："拿笔，记 077720·66650·820，狠狠地念。"老师亲切、冷静、坚定的语气，给了我很大的安慰和信心。接到老师配方，老伴马上投入默念。到凌晨 4 点，尿就由鲜红变浅，早上起床，尿的颜色已恢复正常，肉眼看不到血，尿变清正常了，这是多么神奇的八卦象数疗法呀！医生来查房，看到尿，感到惊讶！也没多问，我们要求验尿，医生认为没必要，从此血尿消失。

我们和老师不相识，在此前连老师是男是女都不知道，还出过误会。但老师为了挽救生命，从白天到晚上连夜到处打电话找一个素不相识的患者送配方，这说明老师是多么慈祥，对百姓的生命是多么珍爱呀！

一位直肠癌患者的报告

尊敬的李山玉老师：

您好！我叫莫××，今年 62 岁，我是 2010 年 5 月成为函授学员的，因身体原因现在才向老师汇报。现把我一年来用八卦象数疗法治疗放射性直肠炎的体会向老师汇报一下。

我是一名直肠癌患者，2008 年 5 月做的保肛直肠切除术。术后做了近半年的放疗、化疗。因本人是敏感体，当时不知道，放疗后病患处吸收的放射线过多，造成放射性直肠炎。放疗后 8 个月靠近肛门的直肠开始出血。我的放射性损伤主要在肛门上方 15 厘米，5～6 厘米处最厉害。经常没有任何预兆就突然出血，有时一个星期一次，有时半个月一次，出血时肛门又胀又疼，出血量有时比例假还多。

我是 2009 年开始出血的，到同年 9 月突然大出血住进了江苏省人民医院，输血 1200 毫升，分两次用肠镜做了激光瞬间凝固术，暂时止住了大出血。医生说我病患处的肠子就像豆腐一样，一碰就出血，因为放射性损伤会不断出现，只能对症治疗。平时出血用云南白药灌肠，再厉害就上医院打止血针。南京各大医院都看过，结论是没更好的办法。网上查阅的方法是灌肠，而我不能灌肠，每次灌肠刺激肠壁反而出血更厉害。我出血将近一年多，卧床不起，体重从 110 斤降到 90 斤，站立不能超过 10 分钟，也不能坐着，只能躺着。人极度虚弱，差点得了抑郁症。

就这样，在我走投无路时，一个偶然的机会我知道有一种八卦象数疗法，只念数字就可治病。我从网上买了一本《八卦象数疗法》，我被书中的典型病例所吸引，决心用八卦象数疗法搏一搏。拿到资料的第二天我怀着紧张兴奋的心情给老师拨通了电话，老师耐心听我叙述完，和蔼地说："这个病要慢慢调理。"于是给我配了 00100·720·6430·380 这组。刚开始我抱着试试看的心理，每天默念象数配方 4 小时以上。一个月后去医院检查血红蛋白 12.6 克。我原来从未超过 10 克，在念象数的一个月当中没有出过血。看到这个结果我信心大增。默念时间达每天 6 个小时以上。6 月 23 日老师为我配了 070·020·16400·030 这组方，刚念几遍，肛门就有一种向上收的感觉，随着念数时间的增加，肚子隐隐地痛，尾骨还有点微微发麻，我知道这是冲击病灶的反应，还坚持默念。为了加强气场，我在家中房间四周用白纸把象数写得人大的贴在墙上，还用胶布写好贴在大椎和脚背上，在枕头床单下放有字条。我心里有目标，就是要使病赶快好起来，生活能自理。从多次配方中，我发现一用到 400 或 440 就会有少量出血，因我有肝郁气滞，阴虚火旺，才用到 4 这个数，后面配方用 40 或 650 或 4300 就没有出血的情况了。我的主要配方是 00100·650·4300·8720，根据病情做调整，初念象数时，对阴阳、虚实、寒热不太懂，有时虚火上炎、大便干燥、牙痛也不知道调整，还以为是正常现象，还一个劲儿地念。现在懂得在什么情况下应该补阳，在什么情况下应该滋阴。有一次我牙痛到下颌，淋巴结也肿大，我就看资料里有关牙痛的方子，用来试读。我是阴虚火旺的体质但滋阴力度大就拉肚子。腿发沉也抬不起来，表明我体内寒湿较大，补阳太过大便干结。我还是属敏感的体质，后选用 60·700·20，半小时就不疼了，肿也消了。还有我的牙周炎七八个月了反复发作，一刷牙就出血，吃东西也出血，牙龈也萎缩得厉害，我知道这是脾肾双虚。考虑到长期牙周炎对血管和心脏都有影响，于是做了牙周治疗，治疗后 3 小时，牙龈就出血不止，我的血小板、凝血都是正常的，就是出血不止。血块把牙齿都包住了还是不停地渗，看牙科急诊也止不住。最后还是念象数止住的。一开始念 7770 止不住，念 70·70·770 反而出血更厉害。主要是下牙出血，我想下牙是胃火，资料有一个鼻出血的病例，念的是 007·007，于是我就念这个数，结果出了七八个小时的血终于止住了。平时肠胃不好吃点凉的就水泻，马上念 650·3820 半小时就止住，水泻过后肛门里和小肚子痛再念 00100·650·4300·8720 两三个小时就恢复了。通过实践我认识到对于资料上的配方用的时候要根据阴阳、虚实、寒热来辨证，不能生搬硬套，才能数到病除。

今年 1 月初因大便干燥、牙龈出血、肝胆区胀疼老师配 0720·1640·050·820。念此方后牙龈不出血了，肝胆和后背胀都消失了，也能多吃饭了，就是腰痛，腿抬不起来，睡眠不好。后来老师改方为 0720·1650·400·820，念后腿有劲，腰也不疼了。

从今年 1 月到现在不管大便干还是稀，一点血都没有出过，现在念象数 4440 也不会出血了。体重从去年的 92 斤增加到 101 斤了，吃饭也香，身体一天比一天好。原来不能走路，出门看病要坐三轮车，三轮车颠簸得厉害回家还会出血，现在出门可以走上一个多小时不成问题；原来一天到晚卧床不起，现在除了午睡，再也不躺在床上了。

今年 3 月体检，血红蛋白 13.9 克，白细胞 5200，我高兴极了。这次体检一切都好，就是消化系统的肿瘤标志物超标：Ca-199 正常是 37，我是 38.7，还有组织多肽特异抗原（TPS）正常是 80，我是 301。后来给老师打电话，老师耐心地询问大便如何，是否出血，并配方 072000·1650·4300·820，这个数才念了 20 天，Ca-199 就降到了 17.9，TPS 就下降到 205，真神了，任何药物在短时间都达不到这个效果。我从心底里感谢老师创造了象数疗法。

我以我的亲身经历证实八卦象数疗法的独特效果，对一些重大疾病、疑难杂症包括一些慢性病，只要认真念数都会有意想不到的特效。一次我孩子脚底和脚趾间长满了水泡，奇痒还脱皮。我想这孩子从没得过脚气，但是经常熬夜，不爱运动，怕热，湿气大，是阴虚火旺、脾虚运化不好，就自己配了个方 8710·640，第二天水泡全瘪了。后改为 8720·640·050，三天全好，至今未发。我有一个好朋友是糖尿病，长期便秘用 820·160·4440 也解决不了，于是我把王一均老师的速降排便方 820·820·02000·160·4440 给她，她现在离不开这组数字了。小区里一些老年人经常腿抽筋，肝主筋，是肝血不足，我给七个人配了方 4440，个个有效，一分钟内恢复正常。便秘配 80·160·440，失眠配 430·20 都反映不错。

南京新闻综合频道有档快乐养生节目，里面主持人杭×老师到青岛参加过面授班，他经常给别人配方，讲八卦象数疗法，我参加过几次他的养生课，发现很多人根本就不相信念几个数能治病，只要我参加，我就以亲身经历宣传八卦象数疗法。听到我的介绍很多人愿意买书研究象数疗法，还询问自然疗法研究所的网址，我都一一给他们。

我相信我命在我不在天，自助则天助，自助则人助。在念象数一年多的时间里，我原来手心和脚背长的一个豌豆大的肉瘤也都消下去了。

学员：莫××

李山玉恩师为杨×× 调理骨折

2005 年 4 月，杨×× 因左腿胫骨粉碎性骨折住进了医院，按当时的伤情医院认为手术治疗是唯一办法。又经多个医院专家会诊，就是手术治疗也难免留下残疾，这一事实让伤者本人和家属都难以接受。加之伤者本人又患有多种疾病不适合手术，术后情况难以预料。几经反复，毅然决定纯以八卦象数疗法来治疗。在医院的前三天中，一是由于伤者的默念已减轻甚至没有疼痛，于是坚信八卦象数疗法的疗效；二是了解左腿胫骨粉碎性骨折除手术钢板钢钉复位别无办法的残酷事实；三是伤者非常明白自己是过敏体，又患有糖尿病，手术愈合伤口是一大难关！因此伤者与家人果断选择了八卦象数疗法。（CT片略）

在医院期间由于来往的人多又杂，医生出于关心，一个小时就要观察一次，护士不时地走来走去，加上探视的人多又乱。这不仅影响伤者情绪，也给伤者带来心理压力，又直接影响默念象数的时间和质量。既然选择了用八卦象数疗法治疗，就赶快出了医院。出院后回到家中，一是人少，安静，环境好；二是谢绝所有探视者，专心念数强化气场，保证默念质量；三是伤者安静下来后，心情好情绪稳定，不受任何干扰；四是伤者每天自念和家人助念多达6小时以上，保证良好的场效应。

李山玉恩师先后为杨××调换十几次配方，及时解决当下的问题。有了以上条件的保证，胫骨粉碎性骨折仅一个月时间就完全愈合了。这不仅否定了医生所下的"就是神仙也做不到"的结论，也打破了"伤筋动骨一百天"的传统说法，不到三个月就外出旅游了，更重要的是本人无任何后遗症和不良反应。让多个主治医师专家诊断的结论——无论采取哪种方法治疗胫骨粉碎性骨折都会留下残疾，也成为空话。

彭爱莲

象数疗法调理胰头占位

北京学员黄××因身体不适于2004年10月8日在北医三院做B超、CT检查，确诊是胰头癌。医生很快就决定要手术治疗，接着就做手术前的化验，因床位紧张给开了等待床位的住院单。

他马上想到八卦象数疗法，很快找到李山玉老师，老师配方 260·5440·72000。默念十天，原来不正常的大小便改变了颜色，一直瘙痒的皮肤不痒了，这样快的效果让他振奋。11 月干脆到海南三亚去疗养，专心念数。他每天坚持到海边，一边散步一边默念象数，一天默念 5 小时以上。这样不到一个月的时间全身褪了一层皮。这时女儿来电话说医院已有床位，让他回去住院做手术，他执意不回，坚持用八卦象数疗法治疗。

2005 年 3 月 15 日再到北医三院做彩超复查，结果是一切部位都正常，没病！医生百思不得其解，反复对照片子，没有手术，占位哪里去了呢？

从检查出占位后，他没吃一片药，没输一滴液，完全靠念象数。不仅占位没有了，身体的其他病也全好了！这又是一个不可思议的奇迹！靠念数字治病，靠念八卦象数治疗癌症，靠八卦象数疗法治愈胰头癌！前无古人！

彭爱莲

堵塞的脉管通了

李老师：

您好！

向您报告一个喜讯，您给我的两个配方仅用四天就初见成效，扭转了严重的局面，救了我老伴的命。我老伴 86 岁，文盲，骨折已经六年了，近几年卧床不起，生活不能自理。从 2013 年起，她有时就说腿疼，我也没太注意。后来我发现她左腿都是凉凉的，脚趾脚背都肿了，这才引起我的重视，多次用消肿止痛的象数效果不佳。我正准备用 720·640·380 贴和助念时，孩子们在 11 月 11 日就给送去医院治疗，说是脉管炎，若发展严重，就得截肢，现在可以预约排队，开了一周的药就回家了。以前有大夫说我老伴血管变细了，输液不顺利，想起这些我就很惊慌，我想，为了救老伴一命必须用非手术疗法治疗。万不得已，我还是给山玉老师拨通了电话，老师给了配方 72000（念三个 0，贴五个 0）·650·380。

当我听到老师的数后，马上写好贴在有关穴位，又用暖水袋给发凉的小腿、足加温，配合念象数，不分昼夜，拼命助念。从 11 月 11 日到 15 日晨，三天四夜，15 日早上孩子们把我老伴送去医院找了一名专家看，这位大夫说："你们摸摸，她的腿脚都不凉啊，脉管嘣嘣地跳，说明没有堵嘛！"孩子们一路上议论纷纷，说可能大夫技术不行。回到家我认真地想了，先前的大夫说她的腿脚是凉的，现在这个大夫说她腿脚不凉，一个说脉管堵了，一个说没有堵，因为我都在场，两位大夫说的都是事实，这究竟是怎么回事呢？我突然明白了，原来是我念数起了作用，起码是堵得不那么严重了，通了，我向孩子们讲这个道理，不是那个大夫无能，这是念象数的作用。

经过念四天象数，发凉的腿脚不凉了；经过十天左右的治疗，足趾溃疡也结痂了，脚基本不疼了。取得如此效果，真的不可思议。现在仍在继续默念和贴数，以巩固疗效。

我发自肺腑地向老师表示崇高的敬意和感谢，感谢八卦象数疗法。

天津学员：郭 ××

2013 年 11 月 26 日

象数疗法调理多囊卵巢

现讲述一个发生在我女儿身上真实而神奇的故事，与您共同分享快乐！

女儿 2004 年结婚，一直未要孩子。2011 年春打算要孩子，她婆婆家人建议吃点中药把身体调理到最佳状态，因为那时候她痛经。可是吃了一个庸医的两服药后，不但未见效果，反而出现了一连串不正常甚至可怕的变化：月经明显减少；脸上像戴了面具般起了一圈褐色斑；更加令人难以置信的是四肢长出了浓密的、又黑又长的毛，接着嘴唇周围也出了一圈小胡子。一个正常、人见人夸的漂亮女人，在短短四十多天时间里变成了人不人、鬼不鬼的形象。我们当时的心情真是难以言表……

5月赶紧去北京检查，结果确诊为妇科病中最严重的"多囊卵巢"。医生建议赶紧吃药，我急得四处打听一些权威的老专家、大夫，他们都肯定地说此病无法治愈，这辈子想要自然怀孕绝不可能了，长期吃药能保持现状不继续发展就不错了。

女儿想到本单位一同病患者吃了八年药，天津、北京没少跑，效果甚微；又目睹了我多年念象数治愈多种疾病的实际情况，自己毅然决定瞒着丈夫和婆家人假用药，真念象数。

最重要的是老师您为她开辟了绿色通道，从6月开始，她在不影响任何家务和工作的情况下，持念象数。根据体征持念您先后赐的配方有：160·450·030·780、2000·650·4380·260、072000·1650·4400·030、380·2650·72000等。

在您不厌其烦地连续调整下，到春节时，四肢的毛和唇上的胡须都在不知不觉中褪去，脸上的褐色斑也淡了许多。她丈夫本打算暑假期间带她去北京做试管婴儿，去年3月却传来了让大家都始料不及的喜讯——我女儿怀孕了！家人和朋友们无不为之高兴，兴奋之余凡知道她是用象数疗法的人无不惊叹它的奇特威力和老师的智慧！老师，您又一次救了我和女儿！

女儿怀孕后，继续持念象数，不到一个月时就自然拒绝吃一切荤腥食物和用药超标的及加不良添加剂的菜、果和食物（多亏她婆家自种）。整个孕期，她未吃任何保胎药，未有任何妊娠反应，轻轻松松地度过了九个月。其实有象数的护佑能够顺产，但她丈夫担心肚子太大坚持做剖宫产，于去年农历十一月二十五日剖宫产产下七斤四两的大胖小子。女儿整个月了没受什么大罪，特别是孩子非常健康，彻底消除了婆家人怕我女儿这不吃、那不吃，营养不良而影响孩子发育的担心。

产后开始几天，女儿小便不通，在医生束手无策时念您赐的象数72000·1650·3820，不到10分钟小便通了；二十多天时恶露不断，念了您赐的象数72000·650·3810，不到两天就好了。腰骶痛，念了您赐的72000·1160不到半小时好了，这样的例子还有很多。总之不到两个月，她的身体就恢复到了别人需要半年时间才能达到的水平，且无任何不适。她的奶量开始不够，孩子只能吃半饱，到如今奶量已完全能满足需求。体重比怀孕前增加了 10 斤。

孩子更是省心和健康可爱，吃、睡、大小便都很规律，很少屙尿在床上，更没用过"尿不湿"。在月子时大便稀，老师赐方 380·160·40 贴上，逐渐大便正常，到两个月时夜里已不尿床，每隔 3～5 天拉一坨"黄金塔"。定时吃奶，从不哭闹，来觉就睡，醒了就玩，饿了只是不高兴地撇撇嘴。连邻居都说："怎么听不见你家孩子哭呢？"现在 4 个半月了，体重 18 斤，身高 73 厘米，每天除了睡觉、吃奶就是开心玩乐，咿咿呀呀学语，一点不认生，见人就乐，经常招得许多人围着逗他乐，更是给我们带来无尽的欢心！

高兴之余，除了感激就是庆幸：我们太幸运了，遇上老师您和您创造的八卦象数疗法。老师，感谢您赐给我们健康的身体和快乐的人生；更感谢您赐给我们健康活泼的"象数宝宝"。我代表女儿、女婿、外孙及他的爷爷奶奶及我们全家再次衷心感谢您！愿象数疗法"弥伦天地"，造福人类！

内蒙古学生：相××

2013 年 5 月

象数疗法调好了三十多年的胆道疾病

感恩您李山玉老师，您亲自为我配方，调好了近三十年的胆管扩张和结石。我多年的担忧和痛苦一扫而尽！我个人和朋友们体验到了象数疗法的奇效。我和老伴今年 5 月去青岛参加了面授班，很有收获！

我在 2011 年 12 月在医院检查出在胆管有结石，医院的病案上写着"住院手术"，我很悲观，除了手术还有什么希望？可当我参加青岛学习班的那一刻，就有了希望了。看到老师那么辛苦，我就向耿老师求了方子，耿老师配方 005400·7200·160。持念后感觉右上腹发热，原来两肋疼没有了，我性子急，想更快，就在 2013 年 6 月 3 日向老师求方。您赐方 72000·160·4450，我如获至宝，90 天，每天至少 5 个小时，还贴在肝胆区。

2013 年 9 月 4 日去医院检查，医生说："你应该没有结石了！"我太高兴了！

奇怪的是，随着胆道疾病的好转，长期的溏便也成形了，现在经常感到饥饿，饭量也增加了。90 天体重增加了 6 斤。我身边的朋友见到我的神奇经历，都想学习象数疗法，有三位这次就来青岛参加了面授班，我体会到只有德性、悟性、真诚都到位的人才能真正领悟象数疗法的内涵。

象数调好了肾损伤

我老公部队战友、好朋友吴某，男，66 岁，长期患有冠心病、肝病、帕金森综合征等，长期服用中西药导致肾脏受损，老师配方 26660·4450·3870。患者很虔诚地默念了 112 天，医生说他恢复得很快，不用再透析了，他夫人电话报喜，说他现在能吃能睡了，体重还增加了 5 斤。

宋××

2013 年 10 月 11 日

我眼中的李山玉老师

李山玉老师总是探索自然疗法，永不止息。我觉得她的治病方法是最简单有效的。可有一次她对我说"还有更好的，更简便的"，我很惊奇，她用肯定的语气说："一定会有的，大道至简嘛！"我相信。她从不说大话空话，也从不满足于眼前的成绩，总在不停地追求更新更好更高的疗法。没有十分的把握，她是不会说的，她一定又有新的目标了。果然，这以后她更忙了。

1991 年的春节刚过，她见到我露出掩饰不住的微笑，神秘地对我说："我找到那种至简疗法了，这回可是一次飞跃！"我高兴地说："什么疗法，给我先用！"她却郑重地说："不行，还不是时候，先不要对别人说。"我一听就知道，她一定还没有试到十拿十稳，特别是隔了一个多月，4月末的一天，看见她吓了我一跳：她脸色灰暗，还有些浮肿，人也瘦了一圈。但她仍是神采奕奕地对我说："我给你配一组数，你用吗？"我高兴地说："用！"我知道她成功了！"260·4380"，她教了我念法，那时她已教了我半年多的气功，她让我盘腿，闭目，静心念。不到一分钟，就有很强的气感，身体像要飘起来似的，心情特别愉悦，周身特别轻松，感觉是太好了！她说："你是敏感体，好好念吧！"她告诉我注意事项，并做了详细的记录。要我只要不难受就尽管念，什么时候不舒服了再来找她，并简要向我介绍了此疗法的基本原理，我虽不是太懂，但我觉得这个方法太好了，如获至宝地认真念。不到半年，我的身体就像大修了一次的机器，自觉焕然一新。更让我惊奇的是，几种顽固的老病都好了，这在《中国八卦象数疗法》一书里都有记载。

李老师看到我的巨大变化之后非常高兴，她也非常感慨地说："象数疗法真的是太神奇了！有些人疗效之快之奇我自己都没有想到！我们的祖先真是太伟大了！"其实那半年特别是整个暑假，她过的简直是非人般的生活，为了掌握每个象数的作用，她逐个反复持续地默念，有时候头疼欲裂，有时候眼睛模糊，有时候念得泻肚不止，等等。她忍受着对身体造成极大伤害的危险，坚持不停地念，硬是挺了过来。直到熟练地掌握了每个数的特性作用后，她又用象数把自己调理过来，难怪我有幸第一次用就这么准确，一步到位，效果这么显著呢！

应用象数疗法治病后，不断传出爆炸性新闻，许多人怀着好奇心争相来试，结果用他们自己的话说："要不是亲身经历，打死我都不会信！"他们说："既简单又不受罪，也不耽误事，太好了！"又一次，我刚坐在一位患者身旁，不知怎么就头痛，李大夫让我坐得离他远一点，我的头立刻就不疼了，原来那几个人正在念象数，难怪屋子里人稀稀拉拉的，而走廊、院子里东一个西一个的拿着纸条在默念象数。这样离奇的例子数不胜数。创造出这么高效神奇的疗法，她从未有过得意之色，也从未向患者推荐介绍过自己的疗法和它的一点点优点。对慕名而来的患者，她还是那句话："你先试试吧！"对人们的赞扬，她仍是淡淡地一笑或者把话岔开。

1993 年，在一本刊物中，她发表了《八卦象数疗法》一文，即刻在社会上引起了很大反响，全国各地及国外的来信不断，来治病的人更多了。有人劝她："凭你的独创绝技，做做广告，一定会出名的。"可她却说："不要张扬！"

她告诉自己："我一定要深研医学，一定要找出一种不让患者吃苦受罪的最简单最有效的不用任何药物的疗法。"奔着这个目标，她开始了漫长的艰苦的汗水伴着心血的长途跋涉。经过千辛万苦、百折不挠的艰苦奋斗，终于迎来了那缕灿烂的曙光，她成功了！在丰硕的成果面前，她没有一点点的沾沾自喜，而是不断地总结经验更加勤奋地继续她的探索之路。

象数疗法的效果虽令人鼓舞，但她还是非常理智清醒地做了客观的评估。她把两千多例患者的记录通览了一遍，总有效率达 85%，而那 15%属于以下情况：有的人本来就半信半疑，只是出于好奇，他们根本就没有用心念数或者念着念着就忘了，他们说不管用；有的人一边念数一边吃药，认为不吃药总是不放心，明明是念数好的，他们却说是吃药好的，其实他们以前吃药无效才来念数的；还有些慢性病的人，念数不知不觉地好了，可他们不认可，说是该好了；还有个别人就是不反馈信息。综合以上情况，她心里更有底了，同时她也能理解，这么离奇的疗法，对一部分人来说，短时间内不能接受是可以理解的，况且八卦在一部分人眼中那就是迷信！她依然决定：写书！把象数疗法毫无保留地奉献出去，让更多的有缘人自己去学去用。

说干就干，她立刻着手准备，以她一丝不苟的做事风格，写书可不是容易的事。八卦包容万物，象数疗法内涵深广，绝不容许出半点差错。她除了工作，谢绝一切往来，找资料，阅病例，经常通宵不睡。我们见她实在是太忙太累了，就帮她做一些力所能及的小事，她对此却念念不忘，而她一次次把我们从死亡线上救出来，却只字不提，就是我们一说，她也赶紧把话岔开，弄得我们连说声谢谢的机会都没有，其实我们知道说声谢谢对她也是太轻了。她夜以继日地写着，毕竟是自己创造的，不到半年，她终于把自己十几年的心血结晶用汗水和心血捧给了天下人。1994 年 4 月，在丈夫李健民教授的协助下，《中国八卦象数疗法》一书正式出版了！

书写完了，她足足放松了几天，这是她十几年来从未有过的。整个人都脱了相，人又瘦了一圈，但她很快就调整过来，照常继续工作和学习。

得道多助，是金子总会发光的。大名鼎鼎的、素不相识的中国中医研究院研究生部的杨力教授亲笔为她作序。很快中外信函如雪片般飞来。有祝贺的，有求方的，有求资料的，有求学求教的。面对如潮般的好评和赞扬，特别是令人鼓舞的神奇疗效，她没有丝毫的骄傲和满足。她说："我只是刚刚打开《易经》这扇神秘的大门，刚刚踏进门，我发现，这里神奇奥秘的宝贝太多了！感谢我们的祖先创造了《易经》，感谢上苍的眷顾，让我有幸有机会破译了象数疗法！"我们都知道，机会是留给有准备的人的，偶然中一定隐藏着必然性。她若不成功，天理都难容！

她又把自己打理得精精神神、结结实实，一如既往地给患者看病，有条不紊地给患者回信，接待远方的国内外求学求治者，备课、上课、答读者问等。她在荣誉面前不骄傲，在困难面前不低头，永远保持谦虚、谨慎、宽容、大度的态度，永远保持着清醒的头脑，永远不停地学习和钻研，永远给人们带来惊喜和快乐。不知不觉，她看病不用看手了，而且起卦说病；没过多久，她又结合调气场治病；再后来，经常是看着患者就能说出他的病，甚至还能说出直系亲属的病，再把象数配方告诉患者，念上就见效。

要说她吃的是草，挤出的是奶一点都不为过，而她的生活简单到不能再简单了：吃素，除了擦脸洗脸的日用品外，再无任何用品，也不戴任何首饰，不去任何娱乐场所，从来没有节假日，唯一的嗜好就是读书，她的家简直是书的海洋。好心感动天和地。凭她的善心和不懈努力，定会感动天地良心，她的八卦象数疗法定会芬芳四溢，春满人间！祝象数疗法永远蓬勃发展，蒸蒸日上！！！

内蒙古松山区木家营学校学员：相××

2013 年 8 月 15 日

李山玉老师用象数疗法调理我老伴的肝硬化

尊敬的李山玉老师：

您好！

首先请允许我代表全家向您表示最衷心的感谢！

自去年 10 月青岛学习班回来，由于一直忙于学习、实践和照顾老伴，未能及时向您汇报。2012 年至 2013 年您用八卦象数治疗我老伴的肝硬化，取得了可喜成绩。今年 6 月 11 日，老伴因风寒感冒引起咳嗽（白痰），流清鼻涕、口干、咽喉干，食欲下降，舌苔黄厚、涩。特别让人愁的是老伴右耳剧烈疼痛，有响声，整天整夜地睡不着觉，全身乏力，处于极度虚弱状态，最让我担心和不安的是怕老伴的肝硬化更加复杂化……在此危难之时，拨通了您的电话，听完我的诉说后，您即赠方 872000·1650·820。并安慰我说，就念这个方，不必担心。仅这一句话，深深地感动和温暖着我俩的心。接方后，我同老伴一起默念，每天不少于八小时，仅五天时间部分症状已消失，右耳疼痛和响声减轻，但仍有咳嗽，吐白痰、无食欲，特别使我紧张的是老伴连续五天出现头热脚凉，有时白天体温高达 38℃，我担心其肝硬化复发而出现可怕的后果。您又及时配方 872000·1650·400。念至 6 月 30 日大部分症状消失，食欲增加，睡眠好转，体温正常。仅有口干、咽喉干，无唾液，嘴内热象严重，右耳闷听不太清楚。您又配方 8720·11650·400。

尊敬的李山玉老师，在三十四天里，您在百忙中给我们三次配方，至 7 月 15 日老伴所有症状全部消失。至今仍在长念这三个方子。是您的关爱换来了老伴的健康，是您使我们的生活无比幸福。在此，特别感谢您给予我们太多太多的无私关爱和帮助，是您又一次用神奇的八卦象数疗法，挽救了我老伴的生命。我们将牢记您的教诲，坚持终生念数的信念不动摇，要快快乐乐、健健康康地度过每一天。

为进一步验证老伴腹腔是否有肝腹水，经洛阳二院多次检查确诊：右下腹腔有 3.2 厘米积水和慢性尿潴留。根据病情，陈老师又先后四次配方：22660·4400·8220；7220·1160；22660·4400·820；720·11600；

260·4400·030·820·160。从发病到治愈，前后二十八天时间，经陈老师及时、认真、耐心、正确地配方，以及无微不至地关爱，我们坚持用八卦象数疗法去战胜肝腹水、尿潴留，终于使老伴在甲午年（其本命年，1942 年出生）突发如此严重病症后，不打针、不吃药而彻底治愈。借此机会，我再一次地感谢八卦象数疗法，感谢陈景茹老师。

浅谈枕下、床单下（上身部位）摆放象数配方的好坏对默念质量和其对肝硬化的影响。

老伴李××是肝硬化患者，默念八卦象数近两年自身发生了许多意想不到的可喜变化，具体内容请参阅 2014 年《自然疗法研究》第五期第 8 页。奇怪的是，今年农历正月初四至三月初，老伴数次对我说：山玉老师的象数配方，近来总是念错，连接不上，不知何因，有点儿着急。开始，我认为是老伴儿念数思想不集中，让她想着山玉老师的形象认真念数，不会有任何问题。这样持续近两个月，老伴说，实在念不成了，无奈之下，我给山玉老师打电话请求配方（当时没说是何因询方）。接方后，在更换枕头和床单下原配方时，发现原先用的打印纸写的所有象数配方像麻花一样横七竖八地重叠在一起。这时我俩猛然醒悟，原来是"气场大乱"所致呀！原因找到，立马采取如下措施：

① 将象数配方改用白布条写好后，放于枕下和床单下，并用透明胶布固定牢。

② 3 ～ 5 天要检查一次配方有无折叠或损坏现象，如发现有不规范现象要立即纠正。

③ 摆正心态，深信只要是正确的象数配方，特别是山玉老师的配方，一定能治好病，不要有任何怀疑。之后，开始念老师的配方，不仅念着顺，心也不乱了，我俩非常兴奋。经过两个月的诚心默念，精神、饮食、睡眠等一切都正常了。

回想这次不应该发生的失望，对老伴肝硬化的彻底康复所造成的影响是肯定的，教训是深刻的。如今年阳历 5 月 9 日老伴突发尿潴留、肝腹水，虽经洛阳陈景茹老师用八卦象数在二十四天治愈，但我俩认为："和先前近两个月的气场大乱，违背天人合一有直接联系，是偶然中之必然。"对我们来讲，是一次深刻而难忘的教训。现将它总结出来并报告老师，或许对学习八卦象数的学友有些帮助和启发，使大家不再犯我俩这样的错误。这件事使我认识到：万事万物都有灵感，这是一条真理。我要定信念，坚持不懈地以积极的心态去推广八卦象数疗法。

河南省学员：智××

2014 年 7 月 28 日

晕倒的姑娘苏醒了

2015 年 9 月 5 日，在九华山的百岁宫游览时，见一姑娘晕倒了。当时有人给她按人中、有人按虎口，但晕者始终一副痛苦状，神志清醒，可双眼紧闭。我马上上前，抓住她的手念 650·430·82000，并让患者自己也念。才念一会儿，姑娘就睁开眼；再念一会儿，她马上坐起来了；再念几遍，她坚持要站起来。扶她站起后，马上猛地一把抱住我，然后给我一个贴面礼，开心地说："谢谢阿姨！"真是个很开朗的姑娘。这一切都来得太快，倒把我吓了一跳，好一会儿才反应过来。这是李山玉老师的经典方，很多人用过，都取得了很好的效果。

杭州学生：邢若琪

2015 年 11 月 30 日

突发心脏病自救

罗婕老师系北京外国语大学教授，高级西班牙语译员。今年夏天去西班牙玩，由于酷爱吃冰淇淋，心脏突然不舒服，心梗发作，老伴想送她去大使馆找车，去医院急救。此刻罗老师马上用象数疗法 430 自救，她念出了声，老伴看她念象数约 10 分钟，慢慢舒服多了，又念 650·430·720，念 20 多分钟完全正常，兴奋之余感恩天地，感恩山玉老师的八卦象数疗法救了她的生命。

象数疗法是他家的救命符

我认识的一位男子到广东打工，患肺癌回家治病，在书店购得一本《八卦象数疗法》，用书中 820 配方持念，他的妻子、女儿也帮他助念，三个多月后，肿瘤化掉，身体恢复健康，又去打工了。这个病例在南宁流传很广，影响很大，象数疗法挽救了他，也挽救了他的家庭，又创造了一个奇迹，功德无量。

南宁学生：李冠莲

2017 年 3 月

象数疗法调理痒痛症

今分享一则我的象数疗疾信息。

那已是 2013 年 5 月的事了，5 月 10 日那天，我突发奇想，李山玉老师的经典配方 0002000·80 能治愈狂犬病患者，那此方肯定有很强的宣发体内病气的功能。

我长年无汗，体内毒素不知积了多少，为何不试一试此方，排一排体内多年累积的毒素？于是我就念起此方。谁知念着念着，感到腰围有点痒，这肯定是正常的好转反应，我这么想着，所以又继续念，可后来越念就越痒，还常伴有虫子咬的感觉，一会儿这儿咬一下，一会儿那儿咬一下，生生地疼。

这下，我不敢继续念了，开始自己配方止痒，可是配了好几个方（方已忘）念着都不管用，就这样持续了三四天。我的心都快疯了！实在没辙了。

5 月 13 日下午，我打电话向李山玉老师求助，李老师听后马上给了我一个配方 020·6400·050。这个方子我没念多少遍，腰围就很快不痒了，虫咬的感觉也没有了，全身顿感轻松极了。通过这事，我非常感激恩师，更加相信她发明的八卦象数疗法，并且经常以此勉励自己努力学习八卦象数疗法，不断进步。

北京学员：包××

2017 年 8 月

一个神奇的现象反馈

尊敬的李山玉老师：

您好！我今年 76 岁，我丈夫 83 岁，2005 年患脑血栓留下后遗症，身体不好。2015 年 5 月初，通过亲戚介绍，我们夫妇二人经常贴、念您的象数配方，一贴就灵，有特别好的效果。我们身体恢复得很好，这几年我们一粒药不吃，谢谢李老师。更奇怪的是，我从小没进过学校的门，一天书都没念过，不识字，可我一看李老师的《八卦象数疗法》这本书我就认字，就能看懂。奇怪啦！我常跟身边的人及邻居们说，李老师的书是无价之宝！谢谢李老师！

内蒙古鄂尔多斯学员：曹××

2019 年 5 月 10 日

李山玉老师为我调理腿部骨折

2019 年 9 月 10 日教师节这天，我不慎摔倒，右腿根部疼痛难忍，当时疼得站不起来，一身冷汗，身边好几位老师扶着我都困难。这时我就用学过的八卦象数疗法在心里默念，疼痛有所减轻，回到家后继续默念象数。当时我以为把筋拉伤了，没太在意。

第二天拨通了李山玉老师的电话，老师详细问明情况后，给我出了象数配方 0777200·1166500·4300·8100。我每天用助念器助念，同时自己天天默念。

第三天，我在朋友的劝说下去医院做了 CT 检查，检查结果是右侧股骨颈骨折，医生让我住院手术治疗。亲属给我联系了最好的中日友好医院，要我去手术治疗，我拒绝了，我毅然决定回家用八卦象数疗法治疗。

我回家继续默念李山玉老师的象数配方，到了第三天睡觉时，能两侧翻身了，骨折处也不疼了。十天后，双脚脚面水肿，李老师又给调方 4300·77720·1116500·3820。念这个方后，脚面水肿渐渐消去，到了二十天时，我能下地用拐慢慢行走。之后不到一周，自己就能慢慢地走了，不用拐了。

　　一晃半年过去了，我每天还在默念李老师的象数配方，在室内行动自如。我十分感谢李山玉老师创造的八卦象数疗法和为我出的精准配方。祝老师身体健康，万事如意！

麦×

2020 年 4 月 3 日

李春斌象数疗法调理个案

为家乡脑瘫侄孙求象数调理

在 2011 年杂志耿老师那篇浅谈形象思维的文章里，看到耿老师为一个 2 岁多的幼童配方 070·260·40，其母拉着孩子的手，念十多分钟孩子就清楚地喊妈妈了，就不禁想起在四川老家的侄孙杜俊林。她是我老伴亲侄女的儿子，我没有见过，只知道出生就患有先天性心脏病，经过手术治疗好了，不幸又患上脑膜炎，落下后遗症——脑瘫。今年 5 岁了，说不清话不能坐，就更别说走了，每天只能躺着或者大人抱着，家境十分困难，到处求医却难见效果。要是八卦象数能够治好他的病，该有多好。于是把家里的有关资料收集复印好，写信告诉注意事项，8 月 26 日寄回老家了。8 月 31 日与李春斌老师通电话就顺便为侄孙求象数，李老师考虑后给出 220·1650·440·8720，还特别叮嘱一定要又贴又念，让孩子发育好一些。220 开发语言功能；1650 增补先天，沟通信息；440 促生发之机；8720 补中益气，补后天之气。

9 月 20 日侄女夫妇打来电话，激动得说话都表达不清楚了，好不容易听清是我那小侄孙病情有了明显好转，能自己站一会儿，叫爸爸妈妈外公外婆时能让人听得出音了。这真是一个天大的喜事，我侄女一家有救了，一家人又有了希望。他们让我给李老帅报喜，连说还是李山圡老师发明的方法好啊。

山东省东营市河口区学员：李××

2011 年 10 月 8 日

老师教会了我们与万物对话的语言

我们的鼻祖伏羲仰观天象，俯察地理，远取诸物，近取诸身，彻透三才之阴阳，创造了八卦，生成象数。历史长河流淌了千万年的今天，我们的恩师李山玉以其超人的智慧和胆识，感应、探索、发现易道之奥理，象数之妙用，创造了源于《易经》、基于中医、效于气场的八卦象数疗法。毋庸置疑，历史会证明八卦象数疗法弥伦"三才"之道，感通神明之德，融合八方之气，安抚众生之命！因此，其必然源远流长，载入史册。《易》曰："仁者见之谓之仁，知者见之谓之知，百姓日用而不知。"恩师授予我等学子八卦象数疗法就像教会了我们与万物对话的语言。让我们怀着一颗感恩的心，用八卦象数疗法这一特殊的语言去讲述发生在我们身边的神奇故事，追随恩师，服务大众，广结善缘，与道同行！

淘气的胎儿真"听话"

2013年4月9日晚，广东深圳学员周××在QQ里面给我留言："李老师您好：我现在怀孕九个月，做B超胎位不正，宝宝的头在上面，屁股在下面，医生说要头在下面才行，烦请帮忙赐方，谢谢！"回复她时给配了两组方：① 6000·40·10；② 16000·40。嘱其选用并随时反馈。方义①：6为坎卦象数，为肾，为胞宫，为羊水，为下；4为震卦象数，为动；1为乾卦象数，为头，为正。6000·40·10增强肾气，让胎儿旋转复正。方义②同上。16000头朝下，40为动。

4月13日反馈："李老师您好：我从10号开始念6000·40·10，每天都坚持念方四小时左右，感觉睡眠好了很多，之前晚上会失眠，宝宝的头还在左边上面，用手可以摸到的，请问我是不是继续念，谢谢您！"我当即调方720·160·40。配方释义：增加一元720，7为头，2为降，其他方义同上。

4月17日反馈："李老师早上好！我从13号开始念720·160·40，每天坚持默念，坚持写，每默念一遍后都会对宝宝说头要转到下面，念数时肚子右边紧紧的，宝宝就会动，有时左边头部也会紧紧的，宝宝的头也会动，可是到现在还没往下转，头还是在上面，请问我是不是继续念这个方？谢谢您！"先告知用

010·6000·440。那天夜里想这个事有点睡不着了，怎么就翻不过来呢？我这一翻身受启发了，光让头动身子不动也不行呀，马上改方 810·6000·440。胎儿头上脚下是天地否卦，必须变成地天泰卦 810，这样就形成了头下体上的象了，不仅头动，身体也动，第三元在过去配方 40 基础上加了一个 4，增加动力（开始担心引起流产只用了一个 4，但现在时间也临近预产期了，所以大胆加了一个 4）。

4月25日反馈："李老师您好！今天上午去医院做 B 超，胎位已经正了，宝宝的头下去了，非常感谢您的耐心帮忙，非常感谢李山玉老师创造的八卦象数疗法。谢谢！"并感慨地说：她偶然知道的八卦象数疗法，现在全家都是受益者。她父亲心肌梗死念八卦象数疗法念好了，全家都特别感恩李山玉老师！

随后又给她配了一组顺利生产的方子（嘱其贴于后腰部位）82000·16000。82000 像大地长出庄稼一样生出小孩儿，16000 头先体后顺利生产。如果产痛就念 7770·4440。7770 为艮卦，为止，可以止痛，4440 增加动力，加快生产速度。5月1日下午三点多收到周××手机短信："李老师，昨天晚上顺产一男宝宝，6 斤 4 两。贴了方子，并默念 7770·4440，没怎么痛，进产房半个小时就生了，超快！不胜感激！"

之前我问周××，医院对胎位倒置是什么态度？回答道：医院说现在胎儿太大了，不能做复位运动，表示无能为力，只好等生产时剖腹了。这次成功扶正胎儿胎位，是在老师 1999 年《自然疗法研究》扶正胎位验方 6000·10 的启发和指导下，比类取象，对症配方施治而获成功。又一次见证了八卦象数疗法这一神奇语言的无穷魅力！

与手足口病的一次"对话"

2013 年 4 月 8 日，江西景德镇学员邵××来电话求助，其在上海的外孙女，4 岁，得了手足口病。防疫部门来幼儿园检查，发现了 8 例患儿，7 例发烧隔离住院，只有她外孙女未发烧（因为平时用象数配方 60·50 为她排寒）。女儿从上海打来电话说其外孙女症状：口腔溃疡，不爱吃饭，手足部位起了很多大小不均的红疹子，有些痒，大点变水疱，水疱裂后见到皮下红肉还在流水，神色倦怠不说话，没有精神。

以前在医院工作期间对此病略有所知，这是一种以手足肌肤、口咽部疱疹为主要症状的急性儿童传染性疾病。在中医属于时疫和温病范畴，本病由外感时邪入脾肺，而随气血疏布全身，引起手足口部位发生红疹，渐变水疱，并且出现口痛、咽痛、流涎、拒食、烦躁以及手足痒痛，口腔部出现疼痛性小水疱，破溃后呈现灰白色糜烂或浅溃疡。重症可致死亡。

当即配方 72000・165000・4400・3820。配方释义：72000 补气消炎，165000 温阳解表，4400 疏肝散湿，3820 补脾益气。

4月10日反馈：邵××自4月8日得配方后，打电话详细告诉爱人和女儿持念方法。她们母女二人握着孩子的手专心助念，从晚上6点到次日早晨6点，持续助念12小时。念两个小时小孩睡着了，一直睡到早晨6点，没发烧。当时他们最怕孩子会出现发烧，如果发烧必须要去医院隔离。早晨一起来见小外孙女特别有精神，口腔溃疡愈合，知道饿了，要吃饭，手足上的疹子还有些红但不痒了。根据情况调方 07200・1650・440・38200。配方释义：07200 润肺降火，1650 比第一方去了两个 0，温阳而不致太过伤津，440 比前方减掉一个 0 为阳，强化疏泄的力度，38200 补脾升清降浊。

4月15日反馈：念第二组配方后，红点全消，水疱结痂，一日三餐吃得很香，有说有笑，又恢复了以前的活泼可爱。邵××特别高兴，非常感谢李山玉老师所创的神奇的八卦象数疗法。小外孙女手足口病未吃药，未打针，未住院，四天痊愈。而那些住院的孩子又是打针又是吃药一周多才陆续出院。4月15日去医院复查，一切指标正常。后来信，将其治疗情况及医院检查报告寄给了我。

这个病例里面有个细节很重要！就是邵××平时根据季节会给孩子贴方子，比如发病之前就给孩子贴60・50祛寒的方。别小看这两元配方，就是因为它阻止了病邪长驱直入，为我后面的治疗赢得了宝贵的时间，因此见效迅速。这方面要引起我们的注意和思考。邵××同学才是高手！因为《黄帝内经》曰："上工治未病，不治已病。"

徐××家的鸡、赵××家的猫

2012年11月×日，上海学员徐××来电话，说她家养了一只老母鸡，是小徐特意养来下蛋给母亲吃的，因为鸡的年龄大了下不了蛋了，但却成了她们家的宠物，也有点通人气，只要家人在小区散步它也会跟在后面。当日下午却未见老母鸡的身影，到鸡舍一看，自己在鸡舍里发蔫，觉得很可怜，突发奇想不知道能不能用八卦象数疗法调治？就给我打电话咨询。我说这只老母鸡因为气虚可能是外感风寒了，配了一组72000·65000让她用胶布贴上试试。配方释义：72000善补一身阳气，65000驱湿散寒解表。小徐还真是认真，不仅给它贴了象数，还把助念器放鸡舍给它助念。第二天上午小徐的父亲在小区散步，一看老母鸡很有精神地跟在他后面。她父亲见状特别惊讶地对小徐说："这八卦象数疗法不得了，真是不得了！"

2013年3月26日，北京赵××收养的流浪猫大黄牙周糜烂，口腔溃疡，口气特别重，粒米滴水不进，生命奄奄一息，求配方急救。遂配方3820·16400·0720。配方释义：3820运化生肌，16400排毒疏泄，0720降浊消炎。

4月3日反馈：赵××得方后，给大黄做了一个项圈，将配方贴在项圈之上，次日即能进一些流食，原来给它贴方子就往下扯，这回好像知道是救它的，十多天都没动配方。戴方一周左右基本痊愈，活动自如，进食正常。

八卦象数疗法就是八卦场，就是用五行生克制化规律来调解八卦场，以达到阴阳平衡的。其大无外，其小无内，医人之疾患，可谓金口玉言，治动物的病亦不在话下，因为"麻雀虽小，五脏俱全"。

文××在面授班上的发言

我叫文××，今年 61 岁，四川绵阳人。过去因身体极度虚弱，多病缠身，曾到当地医院住院治疗近一年左右，共花去治疗费 6 万多元，但身体并未得到改善。检查结果：甲亢，左心室肥大，肝、肾、脾、肺功能极度虚弱，白细胞只有 1200 左右，身高 1.65 米，体重不足 40 公斤，医院已判"死刑"。心脏每次停搏 7～8 秒，非常难受，生活不能自理，医院欲强行安装起搏器，被本人坚决拒绝。

一次偶然机会，通过当地朋友接触到了象数疗法。朋友把李山玉老师著的《八卦象数疗法》寄给我。拿到书后，如获珍宝，看书通宵达旦，并根据自己的情况在书中选了一组 640·000·720 默念，10 分钟左右，肚子里气流从右边上至胸又转回到左边，热气不断在肚子里回荡。此时，有一股气在右胸部走不通，疼痛难忍，马上又换一组 20·650·430·720 来念，疼痛逐渐消失，并从腰部、命门处往外排冷气，持续五六分钟就觉得全身舒服了。自己从内心深处感觉到，象数疗法确实有效，马上决定购书，并报名参加了函授学习。

2012 年 5 月 21 日向李春斌老师求方，老师赐方 8720·650·4300。持念一个月后，感觉全身舒服，皮肤病也好了，眼睛不红了，精力旺盛了。6 月 25 日再向李老师求方，赐方 030·720·6400·050。由于长期生病，头发花白，脱发严重，眼睛昏花，念象数后房颤的问题基本得到解决，头发变黑了，眼睛清亮不用戴老花镜了，白细胞也基本正常。

2012 年 8 月 19 日晚 10 点钟左右，突然房颤，持续两个小时左右，自己没吃一粒药，就不停地念 8720·650，终于战胜这次房颤，精神和体力没有任何不适，次日照常起来做家务。

2012 年 8 月 23 日晚，深夜突发大面积疱疹，自己配方未见效，当时跟耿文涛老师求方，赐方 2000·430·720·3800·260，念了两天。8 月 25 日李老师赐方 2000·160·450，念到第二天疱疹消失，疼痛开始。李老师再次赐方 00200·640·720，大约念了半个月，感觉把全身经脉都打通了，身体好了。

在念象数过程中发生了一件令人不可思议的事情：2012 年 5 月 18 日晚 10 点左右，念 260 • 640 • 720 时，口腔里、鼻孔里排出大量的油漆味儿，就像是有鼓风机从里面向外吹，好像伴有粉尘和胶味儿。我曾经从事过二十多年的油漆工工作，把那时吸入的毒素都排出来了。我由过去的生活不能自理，到现在能够正常做家务，而且这次坐火车三四十个小时从绵阳来到青岛，是过去连做梦都不敢想的！我这次就是专程来来感谢恩师李山玉老师的，是您创造的八卦象数疗法让我获得了新生（鞠躬）！同时感谢李春斌老师、耿文涛老师无私的帮助！

四川绵阳学员：文××

2013 年 5 月 25 日晚（交流会）

象数疗法调理顺产和婴儿积食

来信（2015 年 10 月 24 日）：李老师您好，我是 ××× 号学员，我在 2015 年自然疗法期刊上看到您帮孙振洲老师女儿生产预测的文章，我也想请您帮我女儿测一下。我女儿在上海，预产期是 11 月 6 日，目前产检正常，但胎儿还没入盆。如果到预产期还没生，医院就要劝剖宫产，想请您帮测一下我女儿能否在预产期前顺产，并请老师赐给数码，帮助她顺产，想在预产期前生。谢谢李老师！

回复：现在看有点困难（从预产期 11 月 6 日得卦为泽水困），给你配组方在女儿后腰处贴四条（四为震，为生），开始念，进行催产。82000 • 16000 • 4000。

配方释义：82000，8 为坤，为腹，为胞宫，五行属土，2 为兑，为胎儿，五行属金，82000 为泄土扶金，助胎儿离宫之象；16000，1 为乾，五行属金，为强健，6 为坎，为肾，五行属水，为下陷，16000 强健肾气，补足羊水，以助下陷之力；4000，4 为震，为动，为生。

来信（2015 年 10 月 29 日）：李老师您好，向您报告好消息，得您指点，在女儿后腰贴数 82000·16000·4000 再加念，女儿于今早 5：50 顺产一女孩，六斤一两，很顺。真是感谢李老师，感谢李山玉老师，感恩为八卦象数疗法默默奉献的所有一切。再次谢谢李老师，产后怎样调理还请李老师多指点。

回复： 72000·1650·4000·3820，恭喜！

配方释义： 72000，山泽通气，气通血行，通经活络；1650，善补肾助阳，加速产后功能恢复；4000，疏泄土壅痰湿，调达舒畅气机；3820，补中益气，强脾健运。

来信（2015 年 11 月 23 日）：李老师您好，我是连云港学生葛××，现在又有一事要麻烦您。我的小外甥女出生 26 天，八字是"乙未丙戌……"孩子出生后一直很好，到半个月后看挺能吃的，可能喂多了，就三天大便一次，后来怕便秘，又喂少一点，可是今天都第四天了，还没有便意，小便不少，也可能是没力气解大便。试着念几组象数配方（7200·1600·400，8200·1600·400·050），好像不太管用。孩子傍晚有点闹人，上午表现好，摸摸肚子也不太胀，挺着急的。还是请李老师看看现在应该怎么办，念什么数？谢谢李老师。

回复： 2000·6540·3870。

配方释义： 2000，肺与大肠相表里，去大肠火，兑金为肾水之母，肾主两便，可强化其功能；6540，引水涵木，疏泄克土；3870，因过食而使尚未健全的后天之本脾胃功能受到伤害，故补脾健胃，增强消化功能。

来信（2015 年 11 月 24 日）：李老师您好，我是葛××，昨晚接方后抱小孩念一小时，后又在小床四周贴上象数，于今天中午 1 点解了很多大便，不干不稀。再次谢谢李老师赐方，感恩李山玉老师，感恩八卦象数疗法。

回复： 八卦象数与我们快乐同行！

江苏连云港学员：葛××

调理落枕

来信（2015 年 7 月 4 日）：李老师您好！我女儿今早起床落枕了，左边颈椎到肩膀后些的位置很痛，转不了头，连着头痛，时有头晕，请赐方。谢谢！

回复：72000·165000·4000。

配方释义：72000，泄阻通气；165000，通督祛风；4000，调达疏泄。

来信：李老师您好！昨天因我女儿早上起床落枕了，左边颈椎到肩膀后些的位置很痛，转不了头，连着头痛，时有头晕，昨晚用方两小时左右，能转头，没那么痛，谢谢。

广州学员：吕××

象数疗法调理外伤和压缩性骨折

1. 调理外伤

来信（2015 年 8 月 19 日）：李春斌老师，我 86 岁，在威海旅游，今天下午不慎跌倒，右眼上边撞有鸡蛋大一个肿包，我念 7770·4440 已不太疼了，肿还未消。请给一个快速消肿方，谢谢！

回复：72000·164440。

配方释义：72000，去阻行气，气化突起物；164440，强肾通调，强木泄损余水之肿。

来信（2015 年 8 月 21 日）：我的肿块已消，尚有小指肚一块凝血斑未退，特告，如需换方请告。胡亚洲致谢。

回复：72000·164440·380（加 380 健脾，强化统血）。

来信（2015 年 8 月 29 日）：李春斌老师，我头上凝血斑已消退两天了，谢谢你。

2. 调理压缩性骨折

来信（2015年12月22日）：李春斌老师，我一侄女四十多岁，昨天从高处跌下，医检胸椎6、8、11椎体压缩性骨折，两下肺创伤性受伤，后背前胸肿痛厉害，请赐方。

回复：7772000·1116000·650·444000。

配方释义：7772000，7为艮，为止，重叠三个7有强化止痛之作用，2为兑，可疏通艮阻，使配方强止而不阻滞；1116000，1为乾，为骨，为正，为三连，利增骨硬度及接骨正位，6为坎，为肾，为通，主骨生髓；650，5为巽，为风，为送气之媒，沟通信息，排列整齐，帝齐乎巽，散寒祛湿；444000，4为震，为动，为重生，疏泄水湿消肿。

来信（2015年12月25日）：22日李春斌老师给我侄女李××（45岁）跌伤方7772000·1116000·650·444000，侄女将配方写在四张纸片上，每张写6行，放腿前后、胸部，自己不住口念，效显，全身不疼，腿肿消得很快，现只剩前胸口尚有微肿，新出现全身微痒（医生说是因为身体恢复比较快，是好的现象），精神、食欲好。万分感谢，如需换方谢告。

回复：先用此方，后胸部不适合放配方，因离心脏近，不妥。

江苏淮安学员：胡××

象数疗法调理个案5例

1. 调理老人急性尿路感染

来信（2015年4月4日）：李春斌老师您好！又麻烦您来了，我三姨奶奶（76岁，她的医保卡在她儿子那里，现在联系不上他）尿道口疼，小便疼和小腹疼，尿得少，腰疼，血压不高（用电子血压计量的），但头晕。请您赠予个配方吧。

回复：2220·650·4380。

配方释义：2220，2为兑金，为尿道口，为水之上源，为肾水之母，重叠用

2 可缓解急重之症；650，6 为肾，主两便，5 为巽，为晕，引水上升，止水过陷；4380，以震木生火，温煦胞宫，以解尿道口及小腹之疼痛。

来信（2015 年 4 月 10 日）：李老师您好！我三姨奶奶念了您赠予的 2220·650·4380 这方后，第二天就精神了，现在尿道口不疼了，小便和小腹也不疼了，腰也不疼了，头不晕了，腿不软了。八卦象数疗法就是神效！谢谢您！

2. 调理宠物疾病

来信（2015 年 7 月 5 日）：老师您好！我家收养的大黄猫（公猫，十多岁了，毛有些柴）鼻涕有点黄稠（不多），不爱吃饭，偶尔有点犯恶心，但又吐不出来。麻烦您给它配个方子吧！谢谢！

回复：0087200·16400。

配方释义：0087200，脾湿生痰，热而湿则痰黄，肝阳亢，肝木犯胃土，使胃逆则上焦火不能下行，8 为脾，7 为胃，2 为肺，主肃降，泄脾胃之火向下而降；16400，补肾平肝，疏泄木郁化火。

来信（2015 年 7 月 15 日）：李老师您好！我家大黄猫贴了您赠予的 0087200·16400 这方后，上周四就能吃饭了，已经恢复正常了（我还以为它老了吃不下饭了呢）。

3. 调理热伤风

来信（2015 年 7 月 15 日）：我从昨天就不出汗，不怕冷，今天一量，体温 37.5℃，鼻孔有一点点干，有时尿发黄不太多，吃饭喝水没问题，我自配了几个方子，但还是不行，只能又麻烦您了。谢谢！

回复：72000·1650·440。

来信（2015 年 7 月 16 日）：您好！我念了您赠予的 72000·1650·440 配方一天，体温还是 37.5℃，鼻孔还是有点干，尿量不少有时有点黄，现在嗓子有点发紧（红），一咽吐沫有些疼，有时咳嗽几声。麻烦您再给看看吧。谢谢！

回复：7200·01650·4400。

配方释义：7200，将原方中的 72000 减掉一个 0 改为阴数 0，7 为艮，为鼻，为肿大，2 为兑，为咽喉，7200 可消肿、消炎；01650，将原方前加一个 0，为阴，润肠泻大肠火、补肾水，熄风解表；4400，将原方加一个 0，变成阴方，肝血足则热退。

来信（2015 年 7 月 18 日）：李老师您调了配方 7200·01650·4400。用了半下午，次日早起所有不舒服症状都没了，谢谢老师！

4. 调理结膜炎等症

来信（2015 年 10 月 28 日）：李老师您好！今天下午打您的座机没人接（讲课还没回来），只好发微信，麻烦您了。我妹 ×× 也是学员，当初我刚接触象数时，为了接收材料方便就以她的名字报名，以前说什么她都听不进去，现在能接受些了，让我帮她女儿求方。她女儿胡 ××，30 岁，戴隐形眼镜引起双眼角膜和结膜都有炎症，双眼角膜中央还有瘢痕性损伤（看东西模糊），干眼症，左边锁骨下面偏左处经常刺疼，颈椎不舒服，手脚凉（夏天开空调时小腿都是凉的），肾囊肿。医院给治疗快一个月了没管什么用。请您赠予个配方吧。谢谢！

回复： 03300·07200·1650·4400。

配方释义： 03300，3 为离，为目，为炎症，前阴位置一个 0，后设两个 0，用重叠两个 3，为偶偏阴，治其目疾；07200，7 为艮，为阻，为遮掩，2 为兑，为破坏，为润泽，去阻明目行气，润泽眼球；1650，1 为乾金，6 为坎水，5 为风，为上升，乾金生水，引水济心，水下火降，水火既济；4400，4 为震，为肝，平肝养血，肝开窍于目。

来信（2015 年 11 月 18 日）：胡 ××，女，30 岁，戴隐形眼镜引起双眼角膜和结膜发炎，双眼角膜中央瘢痕性损伤（看东西模糊），在医院看了将近一个月了，医院的专家都说恐怕恢复不了了，还说她有干眼症。她左边锁骨下面偏左处经常刺疼，颈椎不舒服，肾囊肿，手脚凉（夏天开空调小腿都是凉的）。10 月 28 日您赠予的配方是 03300·07200·1650·4400，她念了一周时就说眼睛好多了，左边锁骨也舒服了，念了近 20 天眼睛看东西清楚着呢。她这么幸运还得感谢李山玉老师和您啊！八卦象数疗法就是神奇！！

5. 调理脚指甲疾患

来信（2015 年 12 月 19 日）：李老师您好！天刚冷时我走在室外锻炼应穿软底鞋，犯懒了穿了皮鞋又有点顶脚，结果引起左脚大拇指底下出血（去医院大夫说已经不出血了，但指甲得掉），大脚趾及往上（脚面这一带疼，还有点甲沟炎）刺疼，走路小腿都跟着不正（别扭）了，您（您说是经络的事）赠予的配方是 72000·1650·4440·010，我贴到后腿和脚上走路不别扭了，但左脚大拇指和它以上部位还刺疼，您又给调方为 66650·4440·8710，贴了没几天疼痛就好多了，现在（有些天没贴了）几乎没事了（当初大夫说指甲得掉，结果指甲没掉，底下的瘀血还在，看来指甲掉了瘀血结疤才能掉）。其他方法解决不了的病痛，还得八卦象数疗法来化解啊！感恩李山玉老师和您！

北京学员：赵××

象数助体育考试达标

来信（2015 年 11 月 6 日上午）：李老师，您好，求一个象数，跑三千米时会胸口痛、喘不上气，用什么数？是考核。

回复：2220·66650·4000·72000。

配方释义：2220，2 为兑，为肺，主气司呼吸，三个 2 重叠用以增加肺活量，以加大肌肉携氧量；66650，6 为坎，为肾，为作强之官，三个 6 重叠，增加力量，5 为巽，为风，力量大且奔跑如风；4000，4 为震，为肝，为动，主筋脉，增强运动能力；72000，7 为艮，为阻，为困难，2 为兑，泄艮之阻，克服困难，完成考核。

来信（2015 年 11 月 6 日下午）：李老师，通过考核了，谢谢！我把象数贴在胸前中脘处，会比平时训练舒服一些，跑着有劲。谢谢您！谢谢李山玉老师创造的这么好的八卦象数疗法！

福建学员：青××

象数疗法调理面瘫

来信（2015 年 5 月 16 日 15：40）：李老师，我爱人现突然脸发麻，嘴歪了，可能面瘫了，有啥象数？

回复：72000·01110·65000·04440。

配方释义：72000，气血阻塞，风滞留可引起面瘫，72000 可去阻通气，气通血行，"气为血之帅"；01110，1 为乾，为正，前后各置一个 0，中间三个 1，强化纠正之效；65000，6，为坎，为寒，5 为巽，为风，为温热，65000 疏风散寒通经活络；04440，调达疏泄，调畅气机。

来信（2015 年 5 月 16 日 17：03）：李老师，我爱人在医院，拍片后是脑梗，嘴歪已好，医生叫他住院了，我相信象数疗法，我们想继续接受象数疗法的治疗，请给配个象数吧。

回复：072000·1650·430·82000。

配方释义：072000，通梗塞，降血压；1650，疏通脑血管；430，增加心脏功能，心主血脉；82000，去血脂，抗凝血。

调理急性耳鸣

来信（2015 年 8 月 28 日 10：56）：李老师，我今天上午突然耳朵嗡嗡响，说话重音，麻烦帮我配个象数。

回复：2660·004300。

来信（2015 年 8 月 28 日 16：49）：李老师，向您汇报，上午念了您给的象数半个小时，耳鸣和回声就消失了，因在外出差刚到家，现 2 只耳朵有胀的感觉，我继续念 2660·004300 象数。万分感谢老师！

杭州学员：静 ×

癌症术后调理

来信（2015年10月8日8：17）：李春斌老师您好！我妈妈一周前因为乳腺癌做了大手术，左侧乳房全部摘除，左腋窝淋巴肿块也切掉了。正在恢复过程当中，左腿内侧总感觉有根筋吊着，恳求八卦象数治疗，万分感谢您！

回复：87200·1650·44000。

配方释义：87200，补中益气，扶正祛邪；1650，补肾助阳，补气调气；44000，肝主筋脉，舒肝养筋。

来信（2015年10月8日14：02）：谢谢李老师，有效啊！

上海学员：祝××

我的象数缘

我是2009年底在新华书店买书时无意中看到《八卦象数疗法》这本书，好奇翻阅一下，真奇了，"数字"还能治病？买回这本书好好看，第七章前我是云里雾里看不懂，看到象数治疗案例后，我怀着试试看的心理给李山玉老师拨通了电话。李山玉老师关切地问我："你现在有哪里不舒服？"我说胆汁反流，每天一定要吃药，不吃药特难受，老师给我配方07200·640。每天试着默念，一周后试着停药，每餐后没有胆汁反流现象了，可把我乐得像小孩子似的，让我相信象数的神奇疗效，这组象数一直伴随我至今。我用这组象数治愈了多个胆汁反流的人。

调理子宫肌瘤　我的同事有蚕豆大的子宫肌瘤，医生要她住院手术，我找到李春斌老师曾经用过治疗子宫肌瘤的象数配方72000·16000·450·380，叫她默念。她很认真默念两个多月，再去检查，发现蚕豆大的子宫肌瘤缩小到黄豆那么大，她可高兴了，也到书店买了一本《八卦象数疗法》。

挽救老伴生命　我在2012年出版的《自然疗法研究》上看到老师您的手机号，可以发短信咨询，我高兴极了。我70多岁了，体弱多病，从心里感恩李春斌老师给我们提供的咨询便利，并与您结缘。不管我遇到什么事和疾病，都得到老师及时的帮助。2014年7月22日下午3点多钟，我先生因头晕失控在房间摔倒，额头开了条1厘米深、10厘米长的口子，流了很多血，四肢发麻，由急救中心送到南京八一医院抢救。医生经过各种检查，发现他颈椎有挫伤，要做核磁共振进一步检查。因他心脏植入起搏器不能做核磁，医生说先输液看看，明天四肢仍发麻，就麻烦了。绝望中我想到了象数疗法。时间已凌晨了，我把先生病情用短信发给您，好让您一早看到短信。没想到2分钟后（00：08）老师就发来象数配方072000·010·260·400，叮嘱我抓紧时间念。我与先生同念，他睡着了，我仍坚持助念到天明，早晨七点多钟，80多岁的他能下地行走如常，自己洗漱。医生护士都惊呆了，背地里对我说，都以为他过不去这一关的。李山玉老师悟创的八卦象数疗法硬是帮我把老伴从死亡线上拉了回来，创造了一个生命的奇迹。

调理脚趾骨折　今年7月底，我女儿因右脚第5趾骨基底骨折住院，医生说这个部位骨折容易落下残疾，搞不好会影响以后行走。李春斌老师您给配方77720·01110·66650·44000。女儿默念一周，消肿无痛感，一个月后复检，恢复得很好，无任何后遗症。

调理高原反应　今年10月，我去四川九寨沟和黄龙旅游，黄龙海拔4000米以上，一般人都有高原反应，春斌老师给我配方2220·650·04330。我们一行60岁以上的人默念此方，只有一人有点高原反应，我为她助念，很快就没有高原反应了。

调理严重失眠　我因严重失眠多梦，整夜很难入睡，李春斌老师配方380·260·04300。默念后，我第二天晚上10：30睡觉，一觉睡到6：30才醒，精神好，心情好，现在晚上很少失眠，偶尔也会失眠，一念此象数也就很快睡着了。

调理多发性腔梗　因我年老多病，李春斌老师不断为我配方。我被诊断为多发性腔隙性脑梗死和双侧椎动脉迂曲段颈动脉硬化，春斌老师给我配方072000·016000·64400·030。我念了2天已控制住头晕，为了巩固，现在每天早上睁开眼睛就念半小时。

调理多发性错构瘤 我还患有左肾多发性错构瘤、双肾小囊肿和双肾上腺结节样增生及肝脏多发囊肿，春斌老师给我配方82000·650·64000·38720。我现在白天随时都念，每天规定时间为下午3点后和晚上各念半小时。默念时左肾发热、有动感，有时有胀痛感，肝脏部位也有发热抽缩感。感谢李春斌老师一直关心我，感恩李山玉老师为我们创造这一神奇疗法，救我们于水深火热之中。

南京学员：网名芹菜

2015年12月14日

象数调理牙痛症

李老师您好！谢谢您！更感恩李山玉老师开创的八卦象数疗法，是八卦象数疗法快速治愈了我的牙疼病。俗语讲牙疼不是病，但疼起来要人命。我真真切切地体会到了。前些天剧烈的牙疼使我痛苦万分，我套用了几组象数配方都无济于事，无奈只得向您求治，您当即赐方0770·0160·4400，念后第二天清晨牙就不疼了。可是只要喝水或热汤时，立即剧疼难以言表，只得又向您求治，您又神速赐方8720·650·440，念后牙齿再遇冷热时疼痛逐减，现在牙疼已完全消失。谢谢您精准高效的象数配方，在短时间解除了我的病痛。更感谢八卦象数疗法的创始者李山玉老师。事实使我深感八卦象数疗法是一切疾病的克星，也是获得健康的根本保证，在八卦象数疗法的呵护下会终生幸福快乐无忧。尽管李山玉老师不肯接受学员的鞠躬礼，但满怀对李山玉老师的尊敬和感恩之情，在远离老师的地方，我向老师深深鞠躬，祝愿老师好人一生久久平安！也向积极辛勤传播推广李山玉老师的八卦象数疗法的各位老师们深表感谢！祝愿八卦象数疗法不断发扬光大，蒸蒸日上，福泽天下！

天津学员：张 ×

2015年5月25日

调理幼儿轮状病毒感染

李老师，您好，1月4日我小外孙（一周岁）腹泻，最多一天七次，发烧39度，并呕吐，经北京儿童医院确诊为轮状病毒感染，无特效药可治，电话请您帮助，您配方870·2000·650·4000。我们把配方写于胶布，贴在对着大椎穴的内衣上，并用大纸五张，每张写9遍，放在床四角与中间，看护者同时助念，一个多小时后，烧渐退为38℃左右。第二日，腹泻已减为三四次，基本不再呕吐了，体温37℃多一点。至此，已取得明显效果。其间只服了维生素C和思密达（蒙脱石散），未服其他治疗药物。感谢李春斌老师，感谢李山玉老师。

象数配方： 870·2000·650·4000。

配方释义： 870，补中益气，止泻退烧；2000，久泻伤气，且肺与大肠相表里，补气止泻；650，强肾升阳，勿使气陷；4000，调达疏泄，血足火熄。

北京学员：周××

2016 年 1 月 14 日

象数疗法调理个案 2 例

象数减轻癌症晚期病人痛苦 去年11月，我父亲因肺癌引起全身浮肿，住院两个多月，用尽各种治疗和药物都不起作用，医生说这是正常现象，没有办法。看着他痛苦的样子，我心如刀绞。因为我平时喜欢看些养生书，曾看过杨奕老师介绍象数，心想就试一试。无奈之下求救于您。您赐方77721000·1650·44000·8222000。当晚我们半信半疑按您说的把数字贴在爸爸的大椎穴、肚脐、脚背上，妈妈握着爸爸手，就这样念了大半夜。第二天早上，爸爸的浮肿神奇般消失啦。我们全家觉得不可思议。可惜，他与象数相识太晚，一个月后还是离开了我们。但是我仍然感谢您，在我父亲最后的时光帮助他减轻了痛苦。

调理肾性高血压　我丈夫是一名从教三十多年的教师，去年6月脑梗，还因恶性高血压引起慢性肾功能不全（高血压六年）。到处求医看病，上网找医院，找专家……其中的艰辛、无奈不堪回首，疗效却不理想。只能再次求教您，您当时配数00・2660・04300・8220。当晚念数两个小时，神奇再次降临。念数第二天，他血压145/96，而且口腔也没有异味了，身体也不乏啦。从6月到念数前一天，身上一直没有劲。当时我们就报名成了学员，坚定象数一定能治好我们的病。这一个月时间，我们每天念象数。前天去复查时，肌酐由308降到130，尿素氮变化不大，血压降到一级血压。这其中的喜悦是他人无法体会到的，无法用言语表达。谢谢李山玉老师创造的八卦象数疗法！谢谢李春斌老师的赐方！

深圳学员：吕×
2016年1月14日

象数疗法急救脑外伤

我给大家分享一则用八卦象数疗法抢救车祸造成脑外伤起死回生的案例。

2016年7月10日，我的好朋友王××给我打电话急切地说："闫老师，快快快，找老师救人呀！"我问："怎么了？"她说："我老家小表妹，今天中午过马路被一辆飞奔而过的汽车撞飞了，脑浆都撞出来了。送医院去抢救，医院只给擦擦，检查一下说是颅骨骨折，严重脑损伤，没救了，让家里准备后事。孩子才16岁呀！找找八卦象数疗法老师，看看有没有办法？"

我觉得事态严重、紧急，也顾不上是不是周日和午休时间了，马上拨通李春斌老师的电话，把上述情况告诉李老师，让老师预测一下还有没有救？李老师一边问我一些具体情况一边跟我说：从卦象上看不太乐观，是讼之履卦，互家人卦。是打官司送葬之象。接着李老师说，别管那些了，死马当活马医，看看她的造化吧！于是给其配方78880・260・0430（李春斌老师释义：7为艮对应头，有止象，8统血生化，修复损伤，三个8是强化这一功能；260是补肾增强先天之本，肃降消炎，强化呼吸功能，肺主呼吸肾主纳气；0430疏肝藏血强心，恢复神志）。我马上把老师的配方打电话告诉朋友，并转告老师嘱咐：调动所有的亲戚朋友帮助念！

因为我工作比较忙，这件事也就慢慢淡忘了。过了一个多月，正好遇到朋友，她才提起："我妹妹真是命大！家里人帮助念象数，念到半夜居然醒过来了，说自己饿想吃饭，把家里人吓死了，以为她是回光返照，赶紧给她张罗饭。吃完饭又倒头呼呼睡了，家人都等着她咽气，可是到了第二天早晨，竟然醒了，谁都认识，没事人似的，大家惊得大眼瞪小眼，一颗悬着的心终于放下了。还把抢救她的医生给吓了一跳，自言自语嘟囔：'不可能……住了几天就出院了？'更神奇的是受了那么重的伤竟然没有落下一点残疾。"

不由得让人赞叹李山玉老师创造的八卦象数疗法的神奇和伟大！也感谢李春斌老师在关键时刻处置冷静得当，使一个花季少女起死回生！

青岛学员：闫×

2016年10月

象数疗法调理脑出血

各位学友大家好！与大家分享八卦象数疗法救治脑出血的神奇案例。

2016年10月10日，我朋友给我来电话，一边哭一边有气无力地告诉我："我儿子今年28岁，现在南宁市医院抢救。他是脑血管畸形破裂出血，从9月30日发病至今，一直昏迷不醒，医院也没有办法，知道你挺神的，有没有什么办法救救我儿子？"我答复说："这么重的病，我可不敢上手，这样吧，我给你求求我的老师，看看能不能救得了？"

放下电话，我急忙联系李春斌老师，把朋友孩子情况详细向老师做了描述，老师边听边告诉我，用他儿子年龄起卦得萃之比卦，互渐卦，当前情况看是不太好，但是有恢复的可能，不过看互卦应该恢复得比较慢，让其家人做好打持久战的准备，决不能半途而废！我都一一替朋友答应下来。

老师出方为 872000·650·0430·380，家人助念，助念器上放孩子照片 24 小时助念。李春斌老师释义：8 为坤，为昏迷，7 为艮，为阻滞，2 为兑，为损，为清肃，调畅升降气机；6 为坎，为通，5 为巽，为风，送气之媒，为疏布阳气；4 为震，为疏泄，为肝藏血，3 为离，主血，藏神，主神明；380 强脾健运，统血运化，恢复思维。

10 月 13 日，朋友反馈：孩子有好转，有时可以睁开眼睛，有意识，但还不能说话。我赶紧把这个好消息发信息告诉李春斌老师："李老师，真的谢谢山玉老师和您的大恩大德！前天昏迷的孩子用象数后这两天已经好转了，所有人都高兴！老师呀！他的父母都五十多岁了，面对这样的孩子心里有多疼？想想我都流泪。"

10 月 16 日，朋友来电话告知，孩子颅内压比较高，医生建议进行开颅减压，不然很危险！朋友好不容易盼孩子醒过来，实在不愿意开颅，于是向我求助。我赶紧求助李春斌老师，老师第一时间发来新配方 072000·16500·4400·3820，贴加助念，用助念器 24 小时不停助念。李春斌老师释义：7 为头，为山，为居高不下，2 为泽，为肃降，山泽通气，降颅内压；1 为天，为上，6 为坎，为下，5 为风，为散，偶数个 0 为向下疏通；4 为震动，为化瘀，偶数个 0 为滋肝阴藏血不妄行；3820 补脾健运，恢复失司之升降机制，使颅内压不再居高不下。

10 月 19 日，在八卦象数疗法的护佑下，孩子从重症监护室转到了普通病房。虽然还有些水肿未消，还有点恶心，但是已经脱离生命危险。李老师嘱咐继续念，要坚持到最后的胜利！

10 月 25 日，朋友把孩子的脑 CT 片发给了我，看片时真的没想到出这么多血，我临床 21 年多，第一见到出这么多血还能活下来的案例，我止不住内心的激动，情不自禁地感叹八卦象数疗法太深奥、太神奇、太伟大了！太感恩李山玉恩师为世界创造的大善之法，太感谢李春斌老师全心全意地救助！到今天，孩子可以两个字两个字地讲话了，并且手也能在一定范围内动作。

10月29日，朋友来短信："我仔这两天情况良好，吃得一小碗肉粥，语言表达也比前两天清楚了，我好开心，好感谢所有帮助我的贵人和象数疗法！"

11月28日，朋友给我发来两张儿子做功能康复训练的照片。我马上发给李老师，告诉他这就是您用八卦象数疗法挽回生命的28岁帅哥。老师见后非常高兴，我能感觉得到老师与我一样激动……

广西河池学员：黄××

2016年12月

象数疗法调理好抑郁症

李春斌老师，非常感恩您用精湛的配方给我外甥调理好抑郁症。2017年3月16日，跟您求方调理我外甥的抑郁症。我外甥18岁，有些抑郁，去年突然就不上学了，也不明原因，不出门，也不与家人交流，除了吃饭，其余时间都待在自己的房间里不出来。家人都很急，想带去看心理医生，但被我阻止了。您赐象数配方21650·444000·3870（李春斌老师释义：21650中2为损，是分裂之象，1为乾三连，合二为一，6主骨生髓通于脑，5为整齐，帝齐乎巽；444000中4为将军之官，抵御外侮，平定内乱，另外抑郁症皆因肝郁所致，三个4强化肝的疏泄能力和各种功能；3870补中益气，加强升降气机，健脾安神）。并嘱咐给孩子贴大椎穴、关元穴并默念。我担心孩子不配合念怎么办，您告知家长在孩子身边以默念形式助念，还可以在其他房间拿着孩子照片助念，用助念器放孩子照片24小时播放。

通过贴念，主要是助念，孩子于4月12日初见效果。情绪有些变化，从原来不吃早餐到每天早上愿意下楼吃早餐。4月下旬我堂姐给我来电说，孩子嗜睡不起，我告诉她是好转反应，让继续持念。

5月7日，堂姐过来说，孩子最近变化很大，每天按时下楼吃饭，愿意与家人交流，还愿意帮忙做家务了，跟两个月前相比，判若两人，还在继续持念中。家人都非常开心，非常感恩，感恩伟大的山玉恩师发明神奇的象数疗法，感恩李春斌老师的大爱付出！

00081000象数安泰卡保佑朋友躲过一场大劫

两个月前，我朋友开车去广州谈单生意，顺便签合同，临行前彭爱莲老师给配了组象数方 82000·160·44550·372000。用助念器在家兑位一直播放，想让此行顺利签单，手里的产品卖个好价钱。

车行至广州时，下着瓢泼大雨，路上车辆也很多，行至某路段时迎面来了一辆大车，左右都是小车，情况很危险，但我朋友当时很冷静地把车开出来了，躲过一劫。出来以后再回想刚才的情景，都吓得浑身是汗，他自己都不知是怎么把车顺利开出来的。当时他跟我联系描述了刚才发生的一幕，他说："如果按常理的话那场车祸无论怎样都躲不过去的，一定是象数在起作用。"我听了也很惊讶，我跟彭老师也沟通过，彭老师高兴地说，肯定是八卦场起作用了。谢谢彭老师的帮助！

近一段时间，有好几个朋友在我这里拿了00081000的安泰卡，分别放在车上和钱包里，他们也说用了安泰卡以后，开车觉得心很静、很稳，我这才想到我朋友当时去广州时也是随身带着00081000的安泰卡的，强大的八卦场护佑，所以安全地躲过一劫。感恩山玉恩师的伟大发明，感恩你们研发的00081000一生安泰能量卡！

连云港学员：李××

2017年8月

象数疗法调理压缩性骨折

尊敬的李春斌老师：

您好！我是新疆奎屯市某管处的一名退休干部，随着年龄增大（今年78岁），骨质疏松严重，于2015年5月踩凳子取物不慎摔下，造成胸椎第十二节压缩性骨折，更因当时在亲戚家居住（探亲），未能卧床休养，致胸椎第十二节变扁，压缩约五分之四，腰椎生理曲度以胸椎第十二节为中心向后突出呈小岛状，且边沿有唇样骨质增生，曾多方求医，效果甚微。致使体位改变困难，夜晚不能翻身，起床、躺下、走路都困难，甚至连早晨洗漱站立都感觉体力不支。

今年3月，我儿子从网上得知李山玉老师的八卦象数疗法，我感到很神奇，决心参加函授班以治疗疾病，因年龄关系，眼睛又不好，学习进展很慢，只好求教李春斌老师您多次赐我象数配方。

3月21日给我的配方为721000・1650・440・3820。

3月30日给开出配方为7771000・66650・430・3820。

4月6日配方为721000・165000・64440・3820。

经过几次象数配方的治疗，我感到背部骨折处疼痛减轻，且背部时有气感。

5月9日更换配方为72000・65000・4330・3810。此方用后感到头疼、心慌。您于5月11日又为我更换配方为07200・26500・4400・8710。用后头疼心慌状况消失，又感耳朵疼，您不厌其烦于5月18日又为我更换配方为007200・2600・4400・0810。

5月底天气渐暖，我可以走出家门了，可以在大街上走了，可以去超市、商店看看了，可以收拾床铺叠被子了，令人兴奋！6月6日您又为我配新的象数配方77110・26660・64500・03820。此配方运用将近2个月，感觉良好，力气较前增大了，可以拎动1公斤多重的蔬菜了，走路也比较轻松了。至8月3日，我又改用您给我的新配方77221100・665500・443300・8810。疗效甚佳，每天起床时腰疼减轻，起床速度明显加快，能干一些较轻的家务，原有的耳鸣基本消失。

因患骨质疏松，我于 2015 年 9 月 1 日曾去医院做骨密度检测，骨量丢失约51%，为重度骨质疏松。今年 10 月 18 日我又去医院做骨密度检测，那位医生说，你如果能保持去年的水平就是正常，因为人的骨密度每年要降低 2%，但出人意料的是，这次检测，我的骨量丢失大约为 43%，说明我的骨质疏松情况有所好转，骨密度上升了 8 个百分点，真是令人兴奋。应该归功于八卦象数疗法及李春斌老师您对我精心地、耐心地诊断和治疗，请允许我向李春斌老师您表示深深的感谢！向八卦象数疗法创始人李山玉老师鞠躬！

现在我正在使用您给我的新配方 7771000·26000·44550·382000 继续治疗。

因我眼睛视力不好，患有白内障，限制了我的看书时间，记忆力也差，学习进展很慢，故还会经常麻烦老师，很抱歉，我再一次向老师致谢！

新疆学员：石××

2016 年 11 月 3 日

象数疗法调理肝癌晚期病人

李春斌老师：

您好！

今天向您报喜。上次我替一位肝癌晚期患者向您求助，您配方 77720·66650·444000·38000。

李春斌老师配方释义：7 为肿瘤，为止，为降通，三个 7 为强力止痛，为加大降通的力度，2 可通泄肿瘤之余；66650 坎为木之母，有通和消炎的功效，用三个 6 来强化水生木之力度，5 为巽，为风，可疏布气机至全身，5 为胆，与肝相表里，助肝一阳来复；444000 为震卦，强肝生发之机，肝癌多为肝的疏泄功能低下，肝郁而滞，故被邪气所干，本脏的生发功能能否被激活是成败的关键所在；38000 补脾强健，运化水湿，助肝气温升。医云："脾实肝病自愈。"

我是 6 月 5 日向您求的象数配方。当时患者家人不太相信，患者每天痛得要命，家人就上网查了一下，一看外国人都相信，就叫我给买了助念器，自己也默念。今天，家人告诉我药和止痛针也早停了，也不痛了，我听了真开心，赶快告诉你，现在还在继续念。他们家人叫我谢谢你！

烟台学员：张××

2017 年 9 月 3 日

象数疗法拯救脑出血病人

3 月 31 日中午，我找李春斌老师帮助配方，救一位 62 岁女友。

当时求方经过是："李老师：女，62 岁，脑出血引起中风，一个星期，求方。"

李老师出方是 87200·260·00443300。

现在患者已经从重症病房转到普通病房，脱离危险了，经过家人断断续续七天的坚持念诵，患者醒过来了，并且由喂流食到现在能吃些稀饭了，患者还能在家人扶持下，下床走动了，只是言语有些障碍，口齿不算清楚，还在调理恢复中。

鹰潭学员：李××

2017 年 4 月 8 日

象数疗法调理女儿脾气

李春斌老师，分享一下我家的事，26 日您帮忙配方，调理我女儿脾气。象数配方为 0810·2600·004300。我用助念器念，另用两张 A4 纸，各写上三条，一张贴在她睡房乾位，另一张贴在坤位，天地定位，把心态摆正了，就没事了。结果第二天有了转变，在家也不跟人横挑鼻子竖挑眼，谢谢老师，帮我改变了一个人。更感谢山玉老师的伟大发明。

配方释义：0810，天地交合，万物和德，一片安宁之象；2600，金生丽水，兑卦带火下行与肾水构成水火既济，两个 0 属阴，能消妄行之火；004300 滋肝养血，偶数个 0 不使肝风内动，藏血安魂，明心安神。

天津学员：赵 ×

2017 年 7 月

象数疗法调理乳腺癌收效明显

朋友的妻子乳腺癌晚期，左边整个乳房坚硬如石。不愿手术，本人于 4 月 7 日代其向李春斌老师求象数方，老师配方 72000·1650·44000·382000。后从老师处购得两台助读机，一台给了朋友妻，另一台自己留用。朋友妻拿到配方一直坚持默念至今，昨天得知腋下淋巴基本正常，癌肿部位明显减小。感谢李老师赐方！感谢山玉老师的伟大发明！

配方释义（李春斌老师）：7 为乳房，为坚硬，为肿块儿，2 为兑卦，为破损，72000 为破坚消肿祛瘀，为通气化滞；1650 为从上到下消炎去浊，并疏布阳气于全身，扶正祛邪；44000 震为雷、为木，主疏泄，以雷霆万钧之力克泄坚肿瘀阻；382000 健脾强运，运化水湿，清升而浊降。全方火力集中，万箭齐发，矢矢中的。另外，朋友妻子对于八卦象数疗法笃信，她积极配合也是攻破此绝症的重要因素！

沈阳学员：吴 ××

2017 年 5 月 6 日

象数疗法急救母亲肠痉挛

我有和妈妈聊天的习惯，2017 年 9 月 22 日晚上 18：28，因为加班无法聊天，就打个电话。第一个，没接，另一个手机，还是没接。怕她在做饭，过了十多分钟，再打，还是没接。又过了一会儿，电话来了，妈妈声音又弱又小，说她肠痉挛，刚从厕所出来，倒在床上。

我赶紧向老师发短信求援："李老师好，我在加班，没法上网。我妈妈刚才说她肠痉挛，肚子很痛，浑身无力，汗出如洗。请老师加持，赐方！"李春斌老师立即赐方 77780·65000·3338000。我把方子说给妈妈，她忍着痛，去外屋取了纸笔，把方子记下来。我一边让她电话不要断，一边帮她助念。4 分钟左右，她说，右眼酸得不敢睁眼，得用手捂着才行，肚子痛减轻。我汇报给老师，老师回短信："继续念。"10 分钟后，眼好了，可以睁开了，肚子不拧着痛了。15 分钟后，她说气可以接上了，但浑身发冷。

李老师果断换方 650·430·872000。换方 3 分钟后，身上不冷了，腿开始发热；7 分钟后，胯开始暖了，能起床了（她想去厕所把大便去冲干净，我让她继续念）；10 分钟后，小腹有热了；12 分钟后，胃隐约暖一点儿；14 分钟，臀部像小火炉一样了，有热宝烤着的感觉；20 分钟后，热感从胃往下走，肚脐开始发热了；25 分钟后，胸部也变暖了，说话有力气了；29 分钟后，已恢复到没疼以前了。她让我挂了电话，自己念了。

我向老师汇报，感恩李老师一直关注整个治疗过程，及时调整，收到如此大的效果。关键是她自己的身体由虚脱状态到精力和没疼以前一样！她前面要去收拾拉到外面的大便，我说，保命要紧。现在她自己说，我就念数了。反正就我自己，脏也不怕。感恩老师救命的大德！能这么快显效，调整整个身体的，我见过的就是八卦象数疗法了！我向老师发出感谢时，李老师回复："感恩李山玉恩师，感恩伟大的八卦象数疗法！"

20：13，我再次打电话给她，她说，饿了，在吃点心。她中午是吃过饭的，表妹她们来看望她，哥哥和三姐的妯娌也给她带了好多东西。可能是她看着东西多，怕坏了发急。人们一走，她就开始疼起来了，汗出如雨，浑身发冷，发颤，无力，肚子绞着疼，疼得紧紧咬着牙关，痛苦呻吟："救救我吧。"坐在马桶上就起不来，拉了很多。疼的间隙打通了我的电话。历时不到两小时，我后面打电话时，她已经把厕所都清洗干净了。

配方释义：

① 77780·65000·3338000，第一元针对腹泻绞痛而设。77780 一止、还止、再止腹痛，其症有严重脾胃不和之因，此元既治痛，又合脾胃，有标本兼治之功；65000，此元 6 为陷，主两便，5 为升，将下陷之气升上去，风为送气之媒，散湿而升阳；3338000 阳光普照大地，温热坤腹，以化寒湿。

② 650·430·872000，当出现严重胃、腹绞痛一定要考虑心脏！中医也有"子盗母气""子病累母"之说。当我发现第一方的使命达成，果断调至以救心为主的第二方：650·430·872000，这几元是较常用抢救和治疗心脏病用方，其义大家都烂熟于心，不赘言。我只在第三元加一个 7，组成 872000，这组方 8 为心肌，7 为梗，2 为通泄，这样就不会在第一症状恢复后，进入第二症状而引发心肌梗死。

苏州学员：王××
2017 年 9 月 22 日

象数疗法急救砸伤脚趾

上午我侄女来，进门就说右脚中趾被石头砸了，痛死了。我急忙求李春斌老师，老师配方 77720·64440·3820，让她写在胶布贴在右脚背。"哎呀，不疼了，能站了，您这也太神了！"她乐滋滋地回家了。感恩山玉老师！有八卦象数疗法真开心！

西安学员：苏××
2017 年 5 月

象数疗法能量的神奇与巨大

2016 年 8 月 28 日下午四点多，我去我妹妹超市，我妹妹陪她丈夫在门前练习走路（脑血栓患者，走路不稳，语言不清），走到规定的时间病人坐下休息，我妹妹去水果超市买水果，我帮助照看病人和超市。我妹走了有十分钟左右，她们西楼一位小伙来买啤酒。我进超市从冰柜拿出5瓶啤酒放在烟柜上，然后拿方便袋往里装啤酒，装到第三瓶时，烟柜上剩下的啤酒有一瓶倾斜了，我伸右手去扶，就在我手伸过去的瞬间，啤酒瓶爆了，瓶颈碎玻璃在我右手拇指掌骨下边横着划了一道口子，当时的伤口就像小孩张口一样，血往外涌。买啤酒的小伙吓坏了，大喊："露骨头了！"其实不是骨头，是露筋了。他还喊："快找诊所缝一下吧！"又喊："快给她家孩子打电话！"（我妹儿子是外科医生）我当时特冷静，从身旁桌上撕下一块卫生纸按住伤口，对小伙说不要紧，没事，一边把啤酒装好，给他找零钱。小伙走前还对我说："阿姨赶快看看去吧。"我心中早有主意了，我用八卦象数疗法，一定没有问题。

我拨通李春斌老师电话，请求老师帮助，老师赐方33882200·65000·0440·0770。老师告诉我赶快念，写一组贴在手上。我放下电话用左手按住伤口，坐下开始念，念有半小时左右，让我妹妹给我写一组象数，我自己用自来水冲冲伤口，贴上象数后，伤口不再流血了。回到家后，我一直念象数，到九点多，我妹妹来电话，她儿子儿媳回来了，问我伤口是否冲净，怕有玻璃碎渣。我也不知自己哪来的勇气，把伤口上的纱布块拿掉，又用自来水冲了一次伤口，为防万一，自己还用手术的剪刀在伤口里夹出一条疑似筋膜的东西，然后我又敷上纱布块，十点多我上床前，特意拿几张纸放在手下，以防夜里渗血。我从晚上上床到第二天起床，一夜一点也没疼，也没渗血，到第三天伤口已愈合三分之二。第四天，我弟弟不安静（瘫痪卧床患者），总让翻身，我右手刚愈合的创面抻出裂口，后来还有些肿，我再次向李春斌老师求助，用007200·266400·003800消肿后，再用第一组象数。全部愈合后，伤口上还有一条特硬的棱，老师又赐一组化疤痕的方3820·650·440·0720。现在我右手伤口的硬棱大部分已软化，还有一小块在恢复之中。

这就是我的亲身经历，那么大的一个伤口，没去医院，也没去诊所，没上药，也没缝针，只用一组象数，不但止血还止疼，而且伤口愈合后没有疤，这就是八卦象数疗法的神奇力量！

后来我又去时，我妹妹告诉我，我手受伤的第二天，买啤酒的小伙问我妹妹，我去哪个医院缝了几针？我妹妹告诉他没去医院，也没缝针，用八卦象数疗法，他感到不可思议。

2015年我通过念一组象数使我腿腘窝处一个鸡蛋黄大的囊肿彻底消失，免受手术之苦。

前些天我给弟弟洗夏凉被，洗衣机不甩干了，我在甩干桶贴上030，很快就正常甩干了。八卦象数疗法的神奇与伟大，不经历是无法想象的。这就是伟大而神奇的八卦象数疗法。感恩李山玉老师研创的八卦象数疗法，感谢李春斌老师的无私奉献，辛勤付出，谢谢老师！

母女关系缓和了

我的阿姨，也是介绍我与八卦象数疗法结缘的贵人，已80岁有余。2014年元旦老伴离世，相伴一生的人走了，老人家的心情可想而知。我和侯姐经常和老人家通话，劝慰老人，聊天解闷，后来老人身体不好，住进医院。老人只有一个女儿，没有其他子女。2016年夏季在一次通话中，老人家和我讲，女儿对她不好（以前老人从未讲过）。她和女儿住同一个家属院，但她不经常来，一来就和母亲吵架，老人说什么都不对，什么事都得女儿说了算。因为心情不好，女儿对她也不好，导致老人心脏不好，身体多处不适，睡眠也不好，这才住院的。老人讲，以前身体非常好，从未去过医院，自己觉得治得没有必要，我努力宽慰劝解。我向春斌老师求助，希望能调节她们的母女关系。7月6日老师赐方0380·72000·65000，7月25日阿姨来电话非常高兴，说女儿有变化，给她打电话叫妈了，问她身体怎样，有没有什么事，这在以前是没有的。后来老师又调方0720·260·0430·0380。我们近期通话，一次比一次好，前几天通话，老人家心情很好，说话声音很有底气，说女儿现在转变多了，给她买吃的，买衣服还买围巾，她不来让先生或儿子送过来，来也不和母亲吵了。短短几个月时间，母女关系缓和了，女儿像变了个人。这就是八卦象数疗法的巨大威力，不但可以治病，而且可以治心，改变人的状态。老人家一再叮嘱我，谢谢老师的帮助，感恩八卦象数疗法，是八卦象数疗法改变了老人家的晚年生活状态，感恩李山玉老师研创、奉献的八卦象数疗法！感谢李春斌老师的无私奉献！

盘锦学员：杨××
2017 年 5 月

象数疗法调理孩子状态

尊敬的李春斌老师：您好！

我是辽宁省盘锦市人，名侯××，今年 75 岁，几年来身体一直多病，是您和我的好朋友杨××的无私帮助，是您的多次赐方，才使我的身体基本上好转，正在逐步走向康复。我非常的高兴，并向您表示感谢！

长话短说吧，李春斌老师最令我感动的两件事，那就是帮助我家的两个孩子了。第一件事是我的大孙子，这个孩子真可以说是个奇葩，他性格古怪，脾气大胆子小，从不服管，自闭、不与别人交流，从不学习，学习成绩非常差。家人拿他一点办法都没有，无奈之下，我求助我的好朋友帮忙，向您求方。您的赐方是260·0430·0380。我得方后如获至宝，按您的要求，看着孩子的照片，非常认真、一丝不苟地为其默念（每天 2～3 小时），念了一个多月，奇迹出现了！让他写作业时，他不反感了，也同意去参加补课了，考试的成绩也提升了几名，我太高兴了。

那我就再说说第二件事吧。我的外孙女（22 岁）今年大学毕业了，给她找了一份工作（国有企业），她就死活不想干，发脾气和父母闹，家里不得安宁。我又找我的好朋友杨晓培帮忙向李老师您求方，您的赐方是 650·43000。让把方贴在她的住所的房门上面一组，居室门上面一组，不到半个月，奇迹又出现了。

我外孙女她的心情平静下来了，不闹了，随着情绪的稳定，她的好运气也随之而来，试用期满定岗时，她竟被分配到办公室做办事员，工作如愿了。李老师我真的不知如何是好，只有感激您和八卦象数疗法的神奇威力。

我想要说的话还很多，我不是学员，却享受到学员待遇，得到您与我好朋友杨晓培的一次又一次的帮助，解决了我的老大难问题，帮助我一次次渡过难关。

伟大的八卦象数疗法创始人李山玉老师，尊敬的李春斌老师：你们的大恩大德，我无以言表，只能是感谢，感谢，再感谢！在此给您鞠躬了！

盘锦：侯××
2017 年 6 月

象数疗法调理乳房肿块

李春斌老师您好！ 2017 年 1 月 5 日 17：31 我给您发信息："前天晚上我睡觉发现左侧乳房有疼痛感，不能左侧卧，昨天早晨发现有肿痛（在正中间位置，可以摸到），今天做了超声波检查，结果如下：左乳有肿物，性质待查，右侧有结节。在此之前乳房没有疼痛过，只是有过肋骨疼和心脏半夜疼醒的症状，近日正在阜外医院做检查，预约了下周检查。乳房肿块您看能不能帮我配个数字，尽快抑制其发展，再次感谢拜托您了！"

您回复并配方 72000·16440·8220。春斌老师配方释义：72000，7 为乳房，为肿块，2 为兑，为缺、为损坏，72 配伍为山泽通气，去阻行气消肿块；16440，1 为天在上，6 为水在下，4 为木曰曲直，喜调达，善疏通，两个 4 强化疏泄功能，此元意为从上到下疏通瘀阻；8220，8 为脾，为痰湿之源，脾不健运则因湿生痰，痰聚不散久成包块，用两个 2 来调畅气机，通调水道，使气行血行，流水不腐，气通不阻。

2017 年 1 月 12 日 19：58 我反馈："李老师，您好！通过默念数字我的病情已经有了好转，在此非常感谢您及时给我配方。我发病是在 1 月 3 日晚上睡觉时，

1月5日我去了离家近的积水潭医院就诊，专家看了检查结果要我下周住院手术（住院单也开出），我于1月7日又去肿瘤医院看乳腺门诊的专家，需要做一系列检查，医院传递的信息实在不好。7日晚上我又把您给的数字写在医用胶布上贴在患部上下各一条。1月8日，我参加北京象数疗法小组学习，又请教了李崇生老师多个问题，才更坚定了信心，同时在爱人的支持下我放弃了中国医学科学院肿瘤医院的各项检查（钱都付过了，包括穿刺、核磁、超声波以及抽血检查）。现在肿块已经变软并缩小，可以左侧卧了，疼感也基本没有了。前天默念数字时患部有了热感和气感，我对八卦象数疗法信心十足。现特将此消息告知于您，感谢八卦象数疗法，感谢李山玉老师，感谢各位老师的帮助。我还会坚持默念象数配方，直至病情完全恢复。"

北京学员：沈××

2017年5月

象数疗法调理卫生间气味

我现在在上海居住，上海的这个房子其他都很好，就是卫生间气味太重。昨天上午我家卫生间突然出现非常难闻的臭味，难以忍受。我赶紧给春斌老师发信息，请他配组象数帮忙驱除臭味。

老师配方82000·16000·65000·44330，并且让我在卫生间的东南、西南、正北各贴五条此配方。然后我问老师马桶上贴不贴，因为这些臭味主要是从马桶里跑出来的。老师回复说马桶上也贴五条。

我下午3点收到春斌老师给的象数配方后，按照老师的要求在卫生间里贴了象数配方，到今天上午为止，我家卫生间的臭气味再也没有出现过。不禁让我感叹，春斌老师的象数配方太棒了！千谢万谢李山玉老师创建的八卦象数疗法！

后来受刮风影响，又开始反味，春斌老师在原方基础上增加了两个0，将配方改为8200000·1600000·6500000·4433000，调方后再也没有反味现象。

配方释义： 82000，8 为浊，2 为气，为降浊；16000，1 为天，6 为水，向天要能量之水荡涤污浊之气；65000，让风吹散难闻气味；44330，春风荡漾，花香袭人。

象数疗法预防狗咬

河北学员张 ×× 在群里发信息说："今天下午上班穿过隔壁小区时，一只流浪狗从远处大叫着朝我狂奔过来，远处车底下一只白狗也噌地一下子跑过来，我拿太阳伞护着腿，防止挨咬。我是正常走路，就打了一把伞，以前也没招惹过它们。那先冲过来的狗一直叫着不走开，幸亏正好有我同事母女路过，把狗赶走才把我救了。求老师出一组象数配方，路遇野狗能够平安无事的数。"

李春斌老师在群里回复："00700·1110·66650·4440，并且在情急之下可念 1110·4440。"

我们宁波前些天有一个孩子半边脸被狗咬了，非常可怜。今天早上，我在外出散步前，把配方 00700·1110·66650·4440 贴在我的双肩包外面，又去了我常去的月湖，坐在我常坐的老位置，此处每天都有好多狗在那里。有一个狗主人有三条狗，她每天早上下湖游泳前，除了把一条狗拴起来之外，其他的狗就任它们玩耍，那些大大小小的狗就像刚出牢门一样疯耍。昨天有一只狗跳到我的眼镜盒上，差点把我的眼镜架踩断。今天早上情况就不一样了，那些狗居然很乖地趴在地上，特别老实，路过的狗也都是安安静静地走过。那位有着三条狗的主人游泳上岸后，对她的狗说："从来没见你们这么听话过。"这个防狗的配方能量场很强。感谢山玉老师发明的八卦象数疗法，感谢李春斌老师的精准配方。

配方释义： 下图中十二属相狗落在西北乾宫，那么乾 1 便为此宫之主，1110 强化了此宫乾之气场，让狗和猪各安本位，此其一；乾卦为乾三连，密而无隙，为自己罩上天然能量网，可抵御外邪乃其二；三是乾 1 为金，可泄艮土之气势。4440 为将军之官，可谓天兵天将，平定内乱，抵御外侮为其一；震为卯兔，卯戌相合，卯兔可化合戌狗之戾气此为其二；4 为震木可克制 7 之艮土，此为三也。

图2　后天八卦二十四山图

宁波学员张××反馈个案10例

案例一　2018年6月28日分享：谢谢春斌老师，您赐给我的治疗咽喉炎的象数方072200·26500·4400·8200太神了，方到病除！今天早晨起床后咽喉部位痛得很，吃早饭时痛得更难受，今天我们这里又下大雨，在没有办法的情况下，求老师配方。10:10您赐给我象数配方，我默念了两个小时后，咽喉部位不痛了，中午饭吃得很畅快。不用吃药，方到病除，太神奇了。

案例二　2018年7月24日分享：春斌老师，我告诉您一个好消息，我的舌尖疼好了，不痛了。前天我的舌尖突然疼得很难受，老师7月22日16:34赐给我象数方007200·26400·00300，贴在天突穴上，到今天早上一天多时间，我的舌尖不疼了，好了！

案例三　2018年7月24日分享：春斌老师，告诉您另一个好消息，我左耳朵昨天闭气，您昨天赐方7260·010·64500，经过18个小时的默念后，现在左耳朵闭气也好了。李山玉老师创造的八卦象数疗法真是新时代的福音！

案例四　2018年7月28日分享：春斌老师您好！告诉您一个好消息，26日晚，我头顶右边不小心被厨房碗厨门划破了1厘米长的伤口，流了很多血，我只贴了一张创可贴，没有到医院去，您赐给我象数方07770·26400·003800，我默念到现在，已经两天了，伤口不流血，没有炎症，也不疼，方到病除！

案例五 2018年12月20日分享：春斌老师您好！昨天下午我不小心扭伤腰部，痛得很厉害，不能走路，不能弯腰，走路一震动疼得更厉害，求恩师赐象数方。恩师于昨晚20：16赐方77720·11160·65000·444000。我默念加助念器念象数方，今天早晨我起床后感到不太疼了，到此刻9点，我的腰部不痛了，行走自如，弯腰都不痛了！

案例六 2018年12月22日分享：感谢春斌老师的精准配方！本来我有全身痒的疾病，被李春斌老师用象数方调理后已经将近三个月不痒了。不知怎么回事，昨天又突然全身痒得很厉害，我求春斌老师赐方，您赐给我的象数方是007700·002600·00500·00300，当时我默念了半个小时后全身就不痒了，现在全身都不痒了，全身很舒服，就是头部头发根子还有点痒。我会继续念方。谢谢老师精准配方！

案例七 2019年1月14日分享：2018年12月31日上午，我两小腿有许多红斑点，像湿疹，又像癣，很痒，我向春斌老师求八卦象数方，老师赐方002200·002600·006400·003800，经默念，加助念器助念。到1月7日，一周时间，我的两小腿红斑疙瘩逐渐消失，也不痒了，到目前为止两小腿红斑皮肤湿疹基本消失了，两小腿也不瘙痒了，真高兴！

案例八 2019年1月14日分享：我耳朵经常闭气耳鸣，最近听力明显下降，听不清别人讲话，我老伴经常要大声喊叫，我才能听清楚，老伴让我赶快去买耳机助听器，我抱着试试看的想法，向春斌老师求助。老师在2019年1月7日赐给我八卦象数配方72600，并要求贴在两个耳朵上。到了1月10日，三天时间，我感觉听力有了明显的提升，老伴跟我讲话，我能听清楚了，不感到吃力了，老伴也不需要大声叫喊了。八卦象数方太神奇了，简单的72600五个数字，不吃药不打针，使我坐在家里不到医院去，就治好了我耳背的毛病，令我非常激动！

案例九 2019年1月14日分享：我患前列腺增大病，最近六年体检时诊断都有这个结论，每年体检后我就去医院求医吃药，但都没有改变，今年我干脆就不吃药了，最近我的病情加重了，小便时常尿不尽，尿等待，滴滴拉拉的，到厕所小便有时要等几十秒尿才能出来，真急人，实在没有办法，2019年1月11日我求春斌老师赐象数方调治。我在1月11日早晨7：51向春斌老师发出微信后，老师在7：58就给象数方4440·72220·16000·650，我接到八卦象数方后很感动，老师只7分钟就给我回信了！我接到象数方后就默念，加助念器助念，到1月13日，三天时间，我小便有了明显的改变，上厕所时十秒内尿能出来，尿等待、尿不尽有明显的改变，不滴滴拉拉的了，我太高兴、太激动了！感谢春斌老师急患者之所急，想患者之所想！

案例十 2019年7月14日分享：我的右膝盖关节酸痛，关节里像针扎一样刺痛，您7月6日早上9点钟赐方72000·65000·30·80，我默念到下午3点钟，不到6个小时，我的右膝盖关节就明显不太痛了，像针刺一样的感觉也减轻了，我又坚持默念加助念器助念，到今天一个星期了，现在右膝盖关节不酸痛了，痊愈了。谢谢老师的精准配方，方到病除！李山玉老师创造的八卦象数疗法造福人间！

用助念器助念获救反馈

2019年1月14日早上9点，在北京出差的儿子告诉我，他前些天发烧出疹，现烧已退，但开始咳嗽了，有白色和浅黄色痰。因为他从小有哮喘，一感冒就会发作，我担心他哮喘发作，于9点10分向李春斌老师求方，李老师立即赐方8200·665500·437200。

我赶紧把方子输入助念器，在宁波帮他助念。今天12点不到时，儿子告诉我，他的咳嗽已经好了（他太忙没顾上念方）。

感恩李山玉老师发明的八卦象数疗法，感恩李春斌老师菩萨心肠，有求必应，出方精准，方到病除。

象数助念器能量巨大。有好几次，于早上或晚上，人处于放松入静的状态下，在用助念器放象数配方时，都可以看到一个黑白两色的太极图顺时针旋转，旋转时发出的光非常强。

现在我家里有好几个助念器，儿子一家大人小孩，谁有情况了，就把象数配方输入助念器，这样远程操作来帮他们，太让我省心了。

非常感恩研究所研发的这些具有实用价值的能量产品。

象数配方：8200·665500·437200。

配方释义：8200，坤8为脾土，兑2为金，为肺；脾为生化、生痰之源，肺为气之主，为盛痰之器；偶数个0可消解脾之湿热，土生金定魄平喘。665500，坎6为肾，主纳气，为气之根；巽5主出入，为喘象，此元为纳气定喘而设。437200，震4为木，木生火以舒筋活血；3为离火，7为艮土，2为兑金，火生土以泄其热邪，艮土生金以燥其痰湿；7为止，2为咳嗽，意为强化止咳之效。全方合力止咳定喘，补肾纳气，舒筋活血，调动五脏功能协同作为，而达佳效。

宁波学员：李燕宁

2019年1月

象数疗法调理严重伤食

我本月9日晚餐吃了一碗饭馆极硬的米饭，加上菜品油腻，当晚则严重伤食，肠胃极不适，服用多酶片也无济于事，腹泻，不思茶水，口舌十分干腻。第二天马上把情况告知春斌老师求赐方。

获良方7200·26500·4400·8200即持念。上午就能睡着觉了（前晚胃不和寝不安）。醒来又立即持念，周而复始。一整天躺在床上不能起床正常生活。到4点后冰凉的双脚热乎了，全身极不适之感也渐消，能喝下几口热水了，拉稀也停止了，臭嗝也没了。7点钟喝了几口姜盐米汤，9点又喝了半碗。10点钟小便量才开始正常，口舌感觉也随之正常。今晨醒来，猛觉一切都好了！立即向春斌老师报平安道万谢！

李春斌老师不仅配方精准，还给我鼓励，提醒要管控好自己的饮食。胃和则寝安，八卦象数疗法既除了病，又让我一夜睡好了觉，恢复得神速。若是过去患肠胃毛病，得六七天才能恢复。我为自己是八卦象数疗法的有缘人而感庆幸！

2019 年 3 月 11 日

象数疗法调理腰椎移位

我同事的朋友（女）85 岁，家里只她一人，当时坐着矮凳子难以站起来，于是硬拉着身旁物品挣扎着站起来，而致两节腰椎移位，疼痛难忍，行动困难，住进医院已二十余日，仍不见好转。

近日我得知情况，向李春斌老师求救。上周五中午老师赐方 77720·01110·66650·444000，我随即去医院把有关注意事项告诉患者，并守着她默念，无不适后再按李春斌老师要求把数贴在大椎穴和关元穴各一条。患者认真持念。

第二天她高兴地反馈：晚上认真持念，睡眠好了，尤其是疼痛大减，故能平躺着睡觉了。

几天持念，至今天大有好转了。能自己翻身，能慢慢坐起来，睡眠也好了。

我又一次亲眼所见八卦象数疗法的神奇！感恩八卦象数疗法，感恩春斌老师！

2019 年 3 月 1 日

象数疗法调理耳鼓膜响

我近期右耳鼓膜会响，经李老师赐方 077200·2600·6400·08200，仅持念三天即愈，现五天即已固效。万谢！

2018 年 12 月 12 日

我昨天开始，右耳鼓膜又有响动，今天更觉有加重。向恩师李春斌老师求助后，老师赐方 26500·4300·8200，我静下来看数并很快记下来，只默念五六遍就觉右耳内没有明显响动了。十分高兴，感恩不尽！八卦象数疗法的神奇美妙，让我一次又一次受益，亲身感悟一次又一次！

2019 年 1 月 17 日

象数疗法调理老人术后疼痛症

我的丈母娘今年 78 岁，两年前进行了脊椎弯曲的矫正手术，一共打了 12 颗钉子，花了 18 万元。医生说 2 周可下地，3 个月就能外出旅游了，但实际上，手术后腰是直了，但疼痛一直没有消失，在几个月后反而更严重了，不要说旅游，正常走路都困难。医院除了开点消炎止痛药外，别无良策，只说要靠自我康复锻炼。

西医没指望了，就去看中医。公立不行，就找私立的，挂号费 120 ～ 500 元的顶级中医都看了，结果还是不尽如人意。丈母娘是个要强的人，但疼得受不了时，也经常痛苦地呻吟。

看到老人这么痛苦，做小辈的心里真不好受。虽然我是李山玉老师早年的函授学员，但为了生活奔波，没有时间深入地学习，不会配方，而且对外物植入而产生的疼痛用八卦象数疗法能否奏效心里没底。

抱着死马当活马医的侥幸心理，12 月 2 日，我拨通了李春斌老师的电话。李老师配方 77720・01110・66650・4440・38000，并叮嘱除了默念、贴，再加助念器助念。

我如获至宝，但老人却不相信。在缓了几天后，终于同意贴配方，由于不住一地，过一周后去问，说好了一点点。我一听有戏，就劝她，你必须要花时间多念配方，这样效果肯定好。又过了三周，听到的反馈如下：

①原：腰背僵直刺痛，前俯后仰痛。

现：痛度减轻。

②原：右脚内侧、外侧、正面从髋骨疼到脚踝（有时痛到大腿根部的淋巴也凸起）。

现：外侧基本不痛；内侧大幅减轻（大腿根还痛）；臀部、正面痛减轻。

③原：行走困难，一定要扶着物件或拐杖。

现：在家里不扶着走比较轻松。

④原：站或坐时间不能长，否则腰背、坐骨神经、腿都痛得受不了。

现：减轻很多。

⑤原：晚上睡觉，翻身困难，起床困难，坐椅子上起来困难，需要抓住外物助起。

现：能比较轻松地自主起来。

⑥原：手冷；手臂冰凉。

现：手热了；手臂凉度减轻。

⑦原：胃冷、胀、寒，夏天也不能喝凉水。

现：好多了，冬天偶尔可以吃冰淇淋。

⑧没什么改变的：头脑有时昏，极易感冒，右膝以下麻木，右脚跟痛，左脚背痛。

效果可以说相当好，最主要的是，能比较轻松地做家务和走路了，也不喊疼了。更惊奇的是，除了贴穴位外，她每天只念50遍配方（因为她要看电视，劝她多念就应付一下），功劳全在贴穴位上。为了进一步巩固和扩大疗效，我为她请了助念器（之前她不同意）。家人看到这欣喜的变化，对八卦象数疗法的怀疑一扫而光，都跃跃欲试……

中西医都束手无策的病，竟然靠一组象数配方短期内就有了很大的改善，我非常感谢李春斌老师精湛的医术，更要赞美李山玉老师创立的八卦象数疗法。

上海学员：石伟中

2020年1月14日

象数疗法调理热油烫伤

今天中午炒菜时，不小心热油溅到了左手小手指的一侧，有一部分起了水泡，赶快用冰块敷上，敷了一个小时，等到3点上班的时候，赶紧向李春斌老师求方。老师赐方007200·2600·6400·003800。这时取下冰块还是疼痛难忍，心想这两天可干不成活了，赶快用上助念器助念，按老师的嘱咐贴好配方，操作下来一共用了不到5分钟，感觉疼痛消减了一多半，太神奇了！手上被烫红的皮肤眼看着在消散；大概40分钟手上的水泡不见了，疼痛完全消失，只剩下一小片红斑了。感恩李山玉老师发明的八卦象数疗法！万分感谢李春斌老师的精准配方！

2020年7月8日

象数疗法治好了我的双眼重影

2015年冬，我双眼严重重影，走路不辨方向，到医院治疗无果。我于2019年4月，经人介绍参加研究所的八卦象数疗法函授班学习，4月底向李春斌老师求方0037200·11665500·664400·820，接到方后，就严格按老师要求自己默念、助念器助念、贴穴位，每天默念时间都在四小时以上。念了半个月时，发现眼睛重影出现好转；念三个月后，眼睛恢复正常，已无重影现象！

此外，还有许多奇迹出现，随着不断念象数，我失聪十多年的右耳，刚开始时出现非常难受的奇痒，随后居然能慢慢地听到声音了。

经过近一年的努力，现在我的双眼重影和右耳听力问题，都完全康复！我太高兴、太激动了！这真是太神奇了！十分感恩李山玉老师伟大的、救苦救难的象数疗法！永远不忘李春斌老师您的恩情！是您出手让我看见了前行的方向，听到了外界的声音，谢谢您！向您敬礼！

VIP会员：温××

2020年4月7日

象数疗法为我孙女矫正腿形

我孙女是 2018 年 5 月出生的，她 9 个月就会走路了。因为太早会走路，我发现她的小腿弯弯的，我想用象数来给她把腿形矫正一下。

2019 年 5 月 29 日，李春斌老师赐了一组方 01110·6440·08720。这组方我是在宁波用助读器给孙女助念的，孙女住在杭州。此方用到 2020 年 5 月，助念器将近播放了一年，我孙女的腿形已经正常了。非常感谢李老师的精准配方，经过使用，获得了理想的效果。感恩李山玉老师发明的八卦象数疗法！

象数疗法为我调理眼睛问题

2019 年 8 月，我因为双眼玻璃体后脱落，眼睛痛，视物时双眼会有一闪一闪的现象。专科医生说这种闪光是因为视物时造成视网膜牵拉所致。眼科医生说："电脑手机啥的就别看了，扫地拖地的活也别干了，少低头。这种问题是老年病，没啥好办法。"

2019 年 8 月 13 日，我请李老师赐方调理，到 9 月 26 日，这一个半月的时间，李老师为我几次调方，我眼睛的症状控制住了，眼睛不痛了，闪光现象减轻了很多，视力也提高了。原来我的视力是很好的，双眼都是 1.5，之后因为要在网上学习或者看手机，眼睛比较累，开始眼痛，此时双眼视力是 0.6，经过用方，视力恢复到双眼 1.2。

现在我每天都把李老师在 2019 年 8 月 16 日给我的赐方 0037200·0110·664400 写在胶布上，在家时就贴在上眼皮部位各一条，外出拿掉，回家再贴。平时仍念自己的方。到现在 9 个月了，眼睛的情况很好，再也没有出现过眼睛痛的症状。

之后，我有几个朋友也说手机看多了，眼睛不舒服，我都是让她们去贴 0037200·0110·664400 这组方。朋友们反馈：贴方简单，效果很好，贴了眼睛舒服。

还有一位朋友是把方子贴在太阳穴上，之后她反馈有效。

我的眼睛问题，能有这样的调理效果，与李春斌老师的精准配方是分不开的，感谢李春斌老师赐方！

八卦象数疗法确实能让我们看到，在常规的、大家熟悉的医疗手段之外，还有我们曾经所不知的调理身体的方法。感谢李山玉老师发明的八卦象数疗法！

浙江宁波学生：李燕宁

2020 年 7 月

北京李××、孙××的来信

青岛山玉自然疗法研究所：

2020 年 4 月末，我老伴因为口腔、鼻腔、眼角发干，去了口腔医院及北京协和医院检查，说是干燥综合征，没什么好办法。1982—2000 年我练过气功，给她发功也解决不了干燥的问题。到了 2020 年 5 月 13 日早晨，我给李春斌老师打电话请求帮助，李春斌老师赐象数配方 007200・2600・64300・82600；李老师嘱咐我们每天累计默念 6 个小时以上。我们得方后按要求白天默念 3 个小时左右，晚上默念 3 个小时左右，干燥症状缓解。拿到配方后我也念，念了两周后干燥的症状有好转。但是，又来了新问题，左小腿和左脚面浮肿得厉害，右腿和右脚浮肿轻一些。于是我又给李春斌老师打电话，李老师赐配方 388222000，让贴在两个脚面上，原调理干燥的方子还继续持念。我们每天持念 3 个小时以上又念了半个月，贴方后左小腿和左脚面的浮肿消了 80%，口腔、鼻腔、眼角也不干了。我代表全家人感谢李春斌老师的精准配方，更感谢李山玉老师创造的八卦象数疗法造福人类！祝老师们事业顺利！

北京患者：李×× 孙××

2020 年 8 月 16 日

耿文涛象数疗法调理个案

象数疗法调理带状疱疹

2010年12月16日晚10点收到短信如下："向您求救，我是北京1701号学员，我母亲78岁，12月6日皮肤痛，8日晚发大面积带状疱疹。呈黄豆粒大小不等水疱状，由左右肩胛骨长至腋下至右乳至膻中，至今11天。看了北京多家医院，效微，目前剧痛不能入睡，昨晚开始发高烧，心脏供血不足，极疲倦，口苦，两肋胀痛，血压高，排便困难，求您赐方。"

据病情，诊其为脾肺两经湿热，与心肝两经风火，兼而有之。《黄帝内经》云："诸痛痒疮，皆属于心。"心离卦，属火，治于清热除湿，泻火解毒散风清热，熄风止痛，象数配方003·800·7200·16600。

2011年12月6日收到短信："耿老师向您反馈：我妈78岁，2010年12月6日患大面积带状疱疹，烧灼般疼痛，伴高血压，排便困难，高烧，不能睡眠。12月16日劳您赐方。003·800·7200·16600念四天，烧退且全部水疱退去，疼痛大减，后调方003·800·7200·166400，至今年2月6日完全治好。医院大夫说，一个78岁老人，不到2个月，带状疱疹结痂治愈，太不可思议了。谢谢！感谢八卦象数疗法。"

配方释义：003·800·7200·16600。003离卦属火主心，心主血脉，祖国医学认为，治风先治血，血行风自灭，故3前加偶数个0，疏通血脉，滋阴降心经之火。800，8坤卦，属土主脾，脾运化水湿，火之子，泻火之意，后加偶数个0，偏阴，降火除湿热。7200中，7艮卦象山，属土。主胃，阳明胃经，属胃络脾，其疱疹面积皆为脾胃两经循行与络属范围，7为止，也为凸起之疱疹；2兑卦属金主肺，肺主皮毛，润泽皮肤，后偶数个0，助胃降浊，清肃解毒。16600，1乾卦属金，主大肠，《黄帝内经》云："大肠者，传道之官，变化出焉。"泄1促大肠蠕动而通便；6600，6 坎卦象水主肾，肾为阴阳之根，取 6 重叠后偶数个 0，加强水克火，滋阴之功，泄大肠湿热，老年人肾虚，根本不固，16600 可培本固元润肠通便。后调方在第四元内加 4，为 003·800·7200·166400，方义同前，4 震卦，属木，主肝与胆相表里，66 之后加 4，增强滋水涵木，滋阴潜阳之功，使肝胆二经风火得水而不妄行，4 有推陈出新之能，故可起去腐生新之效。全方共奏，疏通清泄脾肺两经湿热，心肝两经风火，壮水制火，祛火邪，培土生金，培本固元，滋水涵木，清热解毒，去腐生新而获佳效。

　　（共四例，只能先选取其中的一例）

耿文涛

2011 年 12 月 12 日

象数疗法调理肺泡破裂

　　青岛张 ×× 2010 年 11 月 25 日反馈："今天念您的象数配方是第四天，08200·2650·4430·770。患者肺泡破裂，周身肌肉充气，全身发硬，肌肉周身疼痛，医院没办法，念四天象数配方，现在气以基本全部吸收，全身除脸肿其他部位都不疼了，不肿不硬了，能吃饭，就是睡觉不好，表示一定持念。"时隔数月后，张 ×× 打来电话，患者持念象数配方到现在恢复很好。

　　配方释义： 08200，8 坤卦主脾，脾为后天之本主运化，脾土属土补肺为之洞，肺泡破裂为有口，先堵上，也称母救了，同时脾主肌肉四肢，为软；2 兑卦主肺，主一身之气，故 08200，母子之气同振，以修复破裂之肺泡。2650，2 兑金坎水之母，6 坎卦主肾，肺主呼吸，肾主纳气，肾为气之根；5 巽卦为风为入，为阳气；2650 相合泄肺中之痰浊，补肾纳气，5 助肾纳气，把流散周身溢出气道之气，使纳于肾，巽使其入于气道。4430，4 震卦主藏血主疏泄，调气机；3 离卦主心，心主血脉；4430 以助心，行气活血。770，7 艮卦主胃，主中气，77 重叠止痛通堵。全方培土生金，修复破裂肺泡，补肾纳气，行气活血，健脾运化，气归本源而获效。

象数疗法调理猩红热

案例一

（1）**时空状态**：2011 年 12 月 5 日晚 8 点，吉林松源王××来电求方："耿老师，男孩 13 岁高烧 39 ~ 40℃，恶心呕吐，前后心起鸡皮样米粒大小红疙瘩，咽痛，医院医生诊断为猩红热。"

（2）**象数配方**：400・7200・00600・00500。嘱其家人帮助孩子念。

（3）**调理效果**：第二天下午反馈："不烧了，今天上午咽喉也不怎么疼了，中午能吃饭了，不恶心，也不呕吐了，谢谢老师。"我嘱其念几天以巩固疗效。

（4）**配方释义**：接到电话据症分析：中医认为猩红热是外感疫疠之邪所致，高烧属表热证。恶心呕吐属胃热，胃气上逆高烧所致，胃属阳腑，归阳证。热则寒之，滋阴潜阳，降逆和胃。400，震卦主肝，肝主疏泄，调畅气机，可清瘟解毒。7200，7 艮卦主胃，呕吐为胃气上逆，热邪所致，7200 降胃气祛热邪，胃和降逆。00600，6 坎卦主肾、膀胱经主太阳卫外，太阳为开，解表，前后偶数个 0，力驱热邪。00500，5 巽卦为风，前后偶数个 0，疏风清热。全方合力清热解表，祛瘟解毒，疏肝和胃降逆，滋阴潜阳，扶正祛邪而获效。中医认为猩红热由邪气蕴于肺胃上攻咽喉所致，象数配方清瘟解表。

案例二

（1）**时空状态**：四川夹江县唐××，2011 年 12 月 26 日来电："孙子 10 岁，高烧 39.5℃，身上起红点状似热痱子一样。孩子说，嗓子疼痛，不想吃东西。医院大夫诊断为猩红热，请老师给个象数配方。"

（2）**象数配方**：0030・2100・640・0500。

（3）**调整效果**：1 月 30 日反馈："您 26 日赠我配方，当即让孩子念，并在纸上写，大人帮孩子念几天就好了。烧也退了，嗓子不痛了，想吃东西了。"

（4）**配方释义**：高烧为热证，出点状红色疹子。中医认为猩红热是感疫疠之邪，治于清热解表，祛瘟解毒，扶正祛邪。0030，3 离卦主心，红色疹子似热象故取之，前偶数个 0，滋阴降火，后奇数个 0，助利血脉。2100，2 兑卦主肺，主肃降，肺主皮毛可祛外邪消炎卫外，1 乾卦主一身阳气，为天为正气，正气内存，邪不可干。2100，清热解毒。640，6 坎卦主肾，性寒解表清火，4 震卦主肝，肝藏血解毒。640 滋阴潜阳，清瘟解毒。0500，5 巽卦为风，疏风，清热解表。全方清瘟解毒，疏风清热解表，滋阴潜阳，扶正祛邪而获效。外感疫疬，中医认为是正虚邪侵，象数配方扶正祛邪，正气内存，邪不可干。前一例也是猩红热，但地处东北吉林，此一例地处西南部。同为猩红热，因地理位置不同，东北一例恶心呕吐，此例无此症状，故配方不同。象数疗法认为，临床诊断治疗疾病时应注意到四时、气候、地理等诸种因素，对疾病变化的影响，要因时、因地、因人制宜。故合同病异治、异病同治之说。

象数疗法调理直肠癌术后康复

（1）**时空状态**：河南南阳赵 ××，76 岁，男，直肠癌手术后没做放化疗，求助象数疗法。3 月 18 日来电："走路需老伴扶着，瘦得皮包骨，乏力。"

（2）**象数配方**：000100·6500·4382000。

（3）**调理效果**：4 月 8 日来电。念方 5 天后，食欲增加，精力大增；念方 20 天长了 10 斤体重，每天念 4 小时以上，想起就念，现在看上去像没病的人，走路不但不用老伴扶了，而且走路轻快，老伴撵不上。

（4）**配方释义**：000100，1 乾卦主大肠，为直为健，以象取之，前后加 0 以增强 1 的功能，前为阴后为阳，故 000100 为阳中求阴、阴中求阳之意。6500，6 坎卦主肾，阴阳之根，振奋肾气，调动先天之本，助脏腑之气；5 巽卦为风主胆，直肠有巽象，6500 相合补益肾阳之气，强化直肠功能。4382000，4 震卦主肝，主疏泄，调肝调畅气机；3 离卦主心主血脉；8 坤卦主脾主运化；2 兑卦主肺，主一身之气，清肃下行，消炎。4382000 以木火土金相生之力运转五行，扶正去邪。全方共奏培本固元，平衡阴阳，五行健运，扶正祛邪之功。患者诚心配合念象数，故效。嘱其持念以固疗效。

象数疗法调理情志引起的心慌、恐惧感

（1）**时空状态**：2013 年 1 月 31 日，福建南平倪 ×× 发来信息："前些天因吵架引起心慌恐惧感，夜不安眠，请老师配方。"

（2）**象数配方**：400·3800·260。

（3）**调理效果**：2013 年 2 月 7 日反馈："我是福建南平学员倪 ×× 上周六向您求方 400·3800·260。用于治疗因吵架引起的心慌和恐惧感，现已恢复正常，特此表示谢意。"

（4）**配方释义**：此为因吵架，怒气伤肝，恐又伤肾，肝郁化火，心神不宁，扰动魂魄所致。治于疏肝理气、宁心健脾安神、补肾益气，养气血、安魂魄。400，4 震卦主肝，肝主疏泄，调畅气机，肝藏魂，故首取之。3800，3 为离卦主心，主血脉，藏神，因其肝郁化火，火灼心阴使心神不宁，故泄有余之心火；8 坤卦主脾、主运化、可泄有余之火气，3800 宁心健脾安神，也合实则子泻其母。260，2 兑卦属金，主肺，藏魄，取 2 以安魄，6 坎卦主肾，恐伤肾，故补之。全方合，疏肝理气，宁心健脾安神。摄魂魄、清肺疏肝而获效。

象数疗法调理保住了胎儿

（1）**时空状态**：2012 年 11 月 20 日，山西晋城许 ×× 电话："耿老师，我女儿怀孕 6 个多月阴道见红，请给保胎方。"

（2）**象数配方**：007700·03880·20·640。

（3）**调理效果**：2013 年 2 月 21 日反馈："收到象数配方后，女儿认真持念 3 日后，已恢复如常，胎儿很好，目前临产，希望给顺产的象数配方。"

（4）**配方释义**：出血是因母体素虚，触动胎气，血热妄行。凉血止血，宁

心健脾，补肾益气，摄血安宫。007700，7艮卦为止，取两个7重叠偏阴，前后偶数个0，意在凉血止血。03880，3离卦主心，主血脉；8坤卦主脾，脾统血，胞宫在腹部，可安胎儿，后两个8重叠可增强脾统血功能；3前一个0以免血热。03880可使血循其道，归脾统摄。20，2兑卦主肺，肺主气，气可摄血。640，6坎卦主肾，肾主胞宫，可助肾气；4震卦主肝，肝藏血，640意在使血归藏，血不妄行。全方合凉血止血，摄血归藏，助肾气，安宫以保胎。

象数疗法调理坐骨神经痛

（1）**时空状态**：一学员求方："耿老师您好！又要麻烦您了。12月31日下午在办公室我突然感觉后腰一直冷飕飕，到1月3日下午发现左脚走路大腿部疼痛，下楼加重。好像是坐骨神经痛，望老师能帮我配个方，非常感谢老师！"

（2）**象数配方**：77720·16500·4380。

（3）**调理效果**："耿老师您好，19日我静念老师配方77720·16500·4380后，左半个身体，从头到脚，手会有针刺一样的感觉一直在向脚底行走，特别明显。有趣的是左半个鼻子、左手从肩膀到手指有针刺一样的感觉，走得非常有力。症状一天天好转，今天坐骨神经痛已基本痊愈。非常感谢老师的无私帮助。"

（4）**配方释义**：左侧腰部大腿到脚疼，是风寒邪侵经络，气滞血瘀所致。治于疏风散寒，温经活血，通络。77720，7艮卦为止，为左腿，首取之，三个7重叠以增其效；2兑卦主肺主气，位于三个7后可止痛而行气，止而不滞。16500，1乾卦，主督脉一身阳气；6坎卦主肾，肾为腰腑；5巽卦为股，为大腿。16500，温补肾阳，疏风散寒，通经活络。4380，4震卦主疏泄，3离卦主心主血脉，8坤卦主脾主四肢，可运化水湿。全方止痛行气活血，温补肾阳，疏风散寒，通经活络。

象数疗法调理上消化道出血

（1）**时空状态**：2015年3月21日，广州姚××发来短信："老师您好，我是广州的新学员姚××，学号1502××，不好意思周末打扰您，很抱歉。我爸去年查出贲门有肿物，前列腺增生，便秘，最近连续3天大便黑色，今天到医院检查大便，有3个加号，晚上睡觉差。这样推测，可能是上消化道出血，现在脸色青白，怎么样止血？请教您指导配方，尽快止血，非常感谢。"我即按止血、统血、摄血、归经组方。

（2）**象数配方**：007700·03880·20·640。

（3）**调理效果**：3月24日下午反馈："老师您好！万分感谢您深夜赐象数配方，我爸爸念象数配方，隔一天大便的颜色基本正常，今天大便颜色完全正常，经过医院检查，已经全部阴性。再次谢谢您。"（此人敏感体）

（4）**配方释义**：007700艮卦为止，主胃，偶数个7偶数个0，凉血止血。03880离卦主心主血脉，8坤卦主脾，脾统血，此元可加强脾统血之功。20兑卦主肺，主一身之气，气可摄血。640，6坎卦也为血卦，主肾，4震卦，主肝，肝藏血，640可助肝藏血。全方共奏止血、统血、摄血、归经，运化五行，使五脏各司其职而获效。

象数疗法调理不可逆的扩心病

（1）**时空状态**：2014年12月14日，邯郸临漳孙××打来电话："老伴这几天突发心脏病住进医院，医生经彩超确诊为心脏扩大7.4，是典型的扩心病，医学上讲是不可逆的；老伴症状是胸腔憋闷、气喘、上不来气，心跳过缓，请老师赐象数配方。"我考虑：母救子，即木生火，补中益气，消除胸闷，即山泽通气，收敛心脏，补心气、纳肾气、健脾益气。

（2）**象数配方**：430·720·16500·382000。

（3）调理效果：2015年1月5日反馈："老伴念方20天后，到北京医院检查，彩超显心脏5.1，原来医生说扩大心脏不可逆转，念数20天缩小到5.1，真是太感谢象数疗法了，感谢耿老师。"

（4）配方释义：430，4震卦属木，主肝，为心之母；3离卦，属火，主心，为肝木之子；遵李山玉老师"虚则补之"之训，430为母救子，即补心脏。720，7艮卦象山，主胃主中气；2兑卦象泽，为秋可收敛；《易》曰"山泽通气"，因胸闷憋气而设。16500，1乾卦，主督脉一身阳气，也是借天之力；6坎卦，主肾，气之根，因喘而设；5巽卦为风，为呼吸出入象。382000，3离卦同前；8坤卦主运化，可供诸脏之营养，即气血精微；2兑卦同前后3个0，以补肺气，收敛扩大的心脏。全方合奏补心血、益心气、纳肾气，补脾健中气，收敛心脏而获效。

象数疗法调理脱肛解不出大便

（1）时空状态：2014年8月2日10点，福州余先生发来短信："耿老师您好！有急事，我爱人58岁，脱肛解不出大便，请老师赐方。"我分析脱肛为中气下陷，气机升降失司所致。治于补中益气，升提举陷。

（2）象数配方：080·720·160·4500。

（3）调理效果：当日上午11点反馈："耿老师您好！刚才配方起作用了，好了，肛门上去了，谢谢。"嘱其持念以固疗效（其是敏感体）。

（4）配方释义：080，坤卦主脾，脾气主升，以藏象理论取之；720，7艮卦，主胃主中气，脱肛为凸象，故取之，2兑卦为金气，其性收敛，收提脱肛；160，1乾卦主大肠，6坎卦主肾，合补肾益气，力助收敛脱出之肛；4500，4震卦调畅气机，5巽为风为入，在震的推动下使脱出肛门归入原位。全方补中益气，升提举陷，使肛门归入原位。

象数疗法急救昏迷病人

（1）**时空状态**："耿老师，您好！抱歉深夜打扰！我是您的学友孙××，我的婆婆现在病危，所以这么晚向您求方，她因突发急性心梗入院，周三在北京阜外医院做的心脏搭桥手术，今天因药物反应导致急性肝衰竭，已经昏迷一天了，现在还在抢救，这次住院还查出了糖尿病，平时一直有重度高血压，恳请耿老师赐方救命！拜谢！"收到短信，我即按震动、激活、唤醒、输血供氧、通经络、调和气血配方。

（2）**象数配方**：440·03720·16500·380。

（3）**调理效果**：2014年12月22日反馈："耿老师，我婆婆现在已经有好转，也能认识人了，十分感谢老师，我一定会好好跟您学习象数，跟您一样将来能帮助更多的人。"

（4）**配方释义**：440震卦、震动、激活、唤醒之意。03720疏通心脏梗阻，行气活血。16500疏通督脉，补益肾气供心脏氧气。380健脾运化补中益气。全方合震动、激活、唤醒心脏输氧供血，通经活络。

象数疗法调理水样腹泻

（1）**时空状态**：12月17日："耿老师，急症，我老公从昨天中午开始腹泻，到今天早上还在腹泻，不发烧、不呕吐，水样腹泻十几次。老公54岁，昨天吃了两次诺氟沙星，不管用，求老师配方。"治于健脾益气、固涩、温肾、祛寒、温阳化气之法。

（2）**象数配方**：3380·20·65000。

（3）**调理效果**：18日反馈："耿老师，先生的腹泻已经止住，从念数到现在就是早上有一次腹泻，之后到现在都没有再腹泻。早上吃了粥，中午吃了米饭和咸菜，感觉好多了。昨天到今天没有再腹泻，也没再吃药，应该是正常了。"

嘱其持念以固疗效。

（4）配方释义：3380，3离卦属火，脾土之母，两个3以增其助脾运化水湿之效，补脾之力大，8坤卦属土，火之子，坤为腹，腹泻为脾阳不升，被湿所困之故，故3380强力祛湿助脾。20兑卦，主肺主气可固涩。65000合温肾祛寒，温阳化气，医云：肾冷水泻。65000可温肾助阳以止泻。

耳迷路水肿导致耳石症眩晕

"耿老师您好！我来反馈信息了！神奇的八卦象数疗法又一次填补了西医界不治的空白！耿文涛老师只用了四两拨千斤之功力，就轻轻松松地调治了西医认为耳迷路水肿导致的耳石症病变引起的体位性（一躺一起）眩晕。我先生血压及其他都正常，我先后给他调治了几次效果不理想，为此去医院确诊后，立即请耿老师赐方，讲明了病因（因为医院也没有办法治愈此病，在西医界是一大难题，在治疗上是一大空白）。耿老师得知消息后立即赐方666500·44300·0810。我先生如获至宝，认真默念，仅仅一个晚上就见效了！西医界很棘手的医疗难题，竟然被耿文涛老师轻松解决了！真是不可思议啊！为此深深地感恩耿文涛老师！同时，让我们为李山玉老师发明的八卦象数疗法而赞叹、自豪吧！在此感恩李山玉老师！感恩耿文涛老师！敬送对联一副：弄病数在手，平疾身轻灵。"

配方释义：666500，6坎卦，开窍于耳，三个6重叠以加大肾开窍于耳之功能，5巽卦主胆，胆经络耳，可通经活络，666500合可祛耳水肿，气化可除水湿，滋水涵木可调眩晕。44300，4震卦主肝、主疏泄，调畅气机，可克耳石，3离卦主心，主神明，离为头，44300可助心主血脉之功。0810地天泰卦，《易》曰"天地定位"，阴阳合，任督通复原之功。另因症有耳迷路，灵机一动，0810有指南针之意，故不迷路。

邯郸学生：耿文涛
2015年8月

鸡蛋粘在咽喉下不去

2015 年 9 月 28 日，唐山张 × × 来电："耿老师我是唐山张 × × ，三天前吃饭时，不慎将一块鸡蛋卡在咽喉往里往下部位，怎么也下不去，很难受，只好求您赐方！"我即配方 440·070·2200·6660。

配方释义： 440 为震动，因鸡蛋卡在咽喉往下往里需加大震动力度使其脱落；070·2200 用手拿带双环的医用镊子，取下此物；6660 用水冲洗，清洗干净。

7 月 7 日反馈："耿老师，我从 9 月 28 日念您赠的象数配方好了，现在嗓子总是干痒痛，好像是得咽炎了，这两天越来越严重，我念 020·260·070 不见好，想让你再给配个方，谢谢。"我即配方 7200·1600·00400。

阴道炎疼痛调理好了

2015 年 7 月 22 日，邯郸武安一位女士，55 岁，找到我讲："听说八卦象数疗法很好，特意找耿老师用象数帮我调理一下。我有难言之隐，就是严重阴道炎，已经七八个月了，不能碰，一碰疼得受不了。"我即按清热解毒，调和气血配方 2100·6660·00400。

配方释义： 2100 取 2 为阴道 1 为督脉，此元可清热泻火消炎；6660 坎卦主肾，主生殖器，前后两阴，三个 6 重叠鼓动肾气可清热解毒，冲洗洁净阴道；00400 滋阴清热毒，通肝经活气血，去腐生新，推陈出新。

2015 年 8 月 30 日反馈："我念半月，日念 4 小时，折磨我很久的难言之隐消失了，说实在的，原先我因为阴道疼都怕先生找我，我躲着，我先生有意见，现在先生也满意了，谢谢。"

用象数疗法保胎

2014年12月16日,内蒙古乌兰浩特任××来电:"耿老师,我儿媳43岁了,因前两次均流产,请老师慈悲赠保胎方,感谢不尽。"我即按固胎宁心、健脾益气、补肾养血配方70·0380·20·640。

配方释义:70固胎健中气;0380宁心健脾增强脾的运化,统气血,供胎儿生长发育营养;20肺主气可行气摄血,使胎儿有足够气血;640医云肝肾同源,补先天肾气,助肝藏血,肾主胞宫,主生殖生长发育,肝是女子第二胞宫。全方固胎宁心、健脾、补中益气,补先天养肝血、养胎儿而获效。

2015年8月30日反馈:"尊敬的耿老师,我是您的学生,向您报告好消息!我儿媳妇刚生一女孩,她44岁,婚后做过试管未成,后又怀孕两次均流产,去年12月发现怀孕即向您求方,6个月时又求方,防糖尿病380·650,至孕40周剖宫产,母女安康,特向您报喜。代表全家向您致谢:感谢您无私赠方,感恩李山玉老师创造的八卦象数疗法!"

珍珠塞进鼻子里用象数疗法把它取出来

2016年8月2日晚,孙女6岁,看动画片时茶桌上放着一串珍珠项链,她不小心把项链弄断了就手拿着几个珍珠玩,看动画片高兴,一只手拿一个珍珠在鼻子孔前不知怎的突然塞到鼻孔里面去了,孩了害怕了,哭着喊妈妈,说有东西到鼻孔里了!她妈问是什么?她指桌上断了的项链。她妈慌了,用手电照鼻孔,什么也看不见,马上给我打电话说:"爸,晓月把珍珠塞到鼻孔里了!正哭呢!怎么办?急死人了!"我在电话里说:赶紧给孩子念440·160。嘱其多念。

配方释义:440,为震、为动,两个4重叠加大震动的力度,使鼻孔里的珠子在震动的作用下破土而出;160圆珠随水流出。

念方十几分钟后珠子出来了,马上给我打电话说:"爸,珠子出来了,真是虚惊一场！"真的感谢李山玉老师创造的象数疗法，不然后果不堪设想。

象数疗法调理过敏体质高烧

2016 年 5 月 12 日，广州一学员打电话说："我高烧已七天。上次高烧打点滴感觉自己身上发麻（因为我在医院工作），马上拔掉针头，随即昏迷过去，不省人事，从此高烧不敢再用药，更不敢打点滴，所以打电话求助耿老师！"我辨其为热证，属阳证，治于滋阴潜阳，清热解毒，即配方 008·7200·6600·00400。

配方释义： 008，坤卦，象地，属土，偶数个 0 置数前滋阴潜阳，大地可解百毒；7200，止高烧，助肺凉降清热；6600 开太阳，驱热邪外出；00400 疏肝调气，解毒清内热。

5 月 24 日反馈："念五天退到了 38℃，烧虽未退尽，但医院化验已无任何炎症，且无任何体征，第六天退烧了。我认为是象数帮了我，要不然真不知道会发生什么结果。因为以前发烧最终会烧成肺炎。谢谢你！谢谢象数疗法！"

象数疗法调理胃扭转

三门峡市翟×，女，60 岁，反馈道："今年因失眠整夜无睡意，头涨、眼涨，夜间嘴酸，因胃特别不舒服到医院就诊，有三十年的胃下垂，胃在脐下。身高 1.74 米，体重偏瘦，这次胃检查结果，医生说是'胃扭转'，建议手术。我担心，不想手术。求助耿老师，获赠配方 060·070·080·010。经诚心默念三周后，效果很好，胃不舒服全消失了，免受一刀之苦，非常感谢！象数疗法真神奇，向山玉老师敬礼！不胜感激！为你用象数疗法悬壶济世深表敬佩。"

配方释义： 接电话时我即想到，此例实为众多胃病中少见的一种，扭转有移位之象，按后天八卦图之方位，坎在北方，肾为坎卦，艮在东北，胃为艮卦，即在坎卦旁侧，取 060·070 使扭转的胃复位；080·010 地天泰，天地定位正位之意。全方共奏复位正位之功，加之患者诚心持念而收大效！

象数疗法调理中暑

2016 年 7 月 18 日下午来电："一女孩 15 岁，在外面玩中暑了，头痛厉害，恶心。我给她掐大椎是紫红色的，请耿老师赠方。"我即按热则寒之，扶正祛邪配方 004·7200·008100·00500。

配方释义： 004 滋肝阴去暑邪，卫外平内乱；7200 止头痛，降胃气，中气则运，恶心可除；008100 地天泰，阴阳气交扶正祛邪，前后偶数个 0，热则寒之，有藿香正气之力；00500 疏风清热。全方合力共奏清热解暑之功。

当天下午反馈："耿老师，接到配方后，我助念，她睡着了，很快好了，后来坐地铁孩子又头痛起来，我又助念，下午我也有些头痛，念了一个小时以后我俩头都不疼了！谢谢你！谢谢李山玉老师发明的象数疗法。"

象数疗法急救危重病人

2016 年 2 月 11 日上午 11 点，宁夏银川刘××打电话说："耿老师救急！我姐 60 岁，急病住院吊水，不吃不喝、大小便失禁，医院下病危通知，说没救了。请耿老师赠方救救我姐。"我即按疏肝和胃，健脾益气，温肾固元配方 40·70·3820·65000。

配方释义： 40 震卦主肝、主疏泄调畅气机，平定内乱；70 艮卦主胃、主收纳、可降胃气，40·70 可疏肝和胃；3820，3 离卦主心、主血脉藏神，8 坤卦主脾主运化，2 主肺主一身之气，此元安神，培土生金，健脾升清固涩；65000，6 坎卦主肾，5 巽卦为气，可温肾助阳，培本固元。

2016 年 2 月 14 日反馈："感恩耿老师，我姐在你无私的帮助下，2 月 14 日能喝小米粥泡馍了。我是 2 月 11 日上午 11 点给你打的电话，念数的当天下午我姐就下床走了一会儿，无比感恩。我是在家诚心对着姐姐照片念，我姐闺女抓着我姐手助念。姐姐得救了，感恩象数疗法发明人李山玉老师！"

象数疗法急救精神受刺激不会讲话

2016 年 5 月 31 日，河南开封的郑××打来电话："耿老师，请你赐方救急！我先生精神受刺激突然发病，反应痴呆、不会说话，病状很是吓人，求老师紧急救治！"我即按扶正气、祛邪、清脑、宁心安魂定魄配方 00016000·4430·782000。

配方释义：00016000，1 为天为正为首，6 藏志主肾，先天之本，脑为髓海，前后三个 0 增扶正祛邪清脑功效；4430 疏肝调气，卫外安内，补心血宁心神而安魂；782000 扶土培金生助肺气，使意藏则魄定，助开窍。

2016 年 6 月 7 日反馈："耿老师，5 月 31 日念方后，第二天下午即恢复正常了，到今天疗效巩固，一切如初。谢谢发明人李山玉老师！谢谢耿老师！感恩！"

象数疗法急救休克病人

2016 年 5 月 2 日，威海学员宋××来电："耿老师紧急求助！我朋友家人，男，58 岁，患肝癌晚期，转移淋巴咽喉住院，疼痛难忍，药物效微，剧痛引起休克三次！求老师帮助赠良方，能止痛减轻病人痛苦即可。"我即按疏肝调气、通经活络、止痛、补先天养后天配方 440·7220·160·0538000。

配方释义：440 疏肝调气克制癌变；7220 止痛泄瘀堵，行气活血，清毒邪；160 补先天排毒扶正气；0538000 利胆通血脉，健脾宁心安神。

2016 年 5 月 11 日反馈："耿老师，上周我求助止癌疼痛的配方，家人助念加贴枕下，身下放配方，现在病人已止住疼痛，减轻了癌痛折磨。一个多星期了基本不疼。患者及家属让我转达谢意，并一再说谢谢李山玉老师创造的象数疗法，谢谢耿老师救助！"

象数疗法保住了胎儿

2016年1月19日，黑龙江鸡西王×来电："耿老师有事相求，我女儿30岁，结婚3年，怀孕3个月后因黄体酮低终止妊娠，胎儿没保住。这次又怀孕了，孕检黄体酮在26至30之间，一直打补针，请赠升高黄体酮保胎象数方。"我即按养后天补先天配方640·030·38000。

配方释义：640，医云肝为女子第二胞宫，肝肾同源，故补先天之本，补肾养肝、益精养血；030养血脉，下交于肾，补血养胎；38000宁心健脾、安神助脾运化，气血精微供胎儿生长。取黄体酮低之黄色、低之虚象，俱虚则补之理，补后天之本。

2016年2月19日反馈："耿老师报告您一个好消息，我女儿黄体酮低，在23至30之间，一直打补针，到年前测是29。我问她念数没有，她说没念（她不相信）。我从讲课资料中看到可以助念，正好医院放假补针不能打，我在女儿隔壁房间助念，我念一声女儿名字、念几遍数，念7天，昨天医院上班检测黄体酮，达到标准36，女儿彻底信服了。非常感谢耿老师，感谢发明象数疗法的李山玉老师。"到4月15日来电告知，其女儿怀孕已5个多月，孕检一切正常。

象数疗法助孕妇顺产、催乳及消除小儿黄疸

2017年9月30日，李××反馈："前些日子我儿媳生孩子、催乳、小儿黄疸，您都给了很大帮助，谢谢老师的大爱和无私，让我感到八卦象数疗法的神奇和无穷的力量，感谢李山玉老师发明的八卦象数疗法。"

配方释义：顺产方666000·44500·82000，6坎卦主肾，肾主藏精、主生殖、

生长发育，三个 6 重叠以增其效，生活中有 666 大顺之意，三个 0 以偏助阳气；44500 以雷风相薄之势，震推动胞宫速生；82000 坤土生兑金，母亲生儿女天道自然之理。比类取象贴近生活，效如桴鼓。

催奶方 440·0380·726000，440 肝藏血，乳汁由血液化生，往乳房源源不断输送血液而化乳；0380 乳房为离卦，离卦主心主血脉，肝血输入乳房，坤卦为脾主运化，脾把血液生化成乳汁；726000 乳汁象山（艮 7）泉（兑 2）水（坎 6）源源不断流出。

小儿黄疸方 005300·8260·260，005300，泄外溢胆汁，使其为血液吸收；8260 脾运化使气血精微各行其道，培土生金，金生丽水，先天得补；260 培本固元、滋水涵木，生助胆恢复功能、平衡阴阳而获佳效。

象数疗法调理怀孕 4 个月前置胎盘

广西柳州学员刘 × 发来信息："儿媳怀孕四个月，经 B 超检查为前置胎盘，胎儿着床在原伤口的附近，请赠象数调理。"

我思忖虽未接触过此类疾病，但八卦象数疗法比类取象可以解决。于是配方为 0720·260·44500·03810。

配方释义：0720，艮 7 为凸起、为山、为尾、为后，兑 2 为金为秋，收敛之气助 7 胎盘后移；260 兑为右、坎为下，培本固元补肾益气，助胎盘后移回归；44500，震 4、巽 5 动力压力迅速促胎盘往后移动；03810 离 3 坤 8 助胞宫胎儿气血营养生长发育安胎、宁心健脾安神。

9 月 23 日反馈："经四个月的努力，我觉得是该给您报喜的时候了，经 B 超检查，前置胎盘已不存在，且胎盘已不在原动手术的疤痕处，原存在的危险已解除。现胎儿已有三十五周，再过几周就可生产了，真谢谢您！感谢李山玉老师！"

附金蔼老师（妇科医师）对前置胎盘之症的讲解：前置胎盘乃孕产妇高危之症，极易因大出血危及两条生命。耿老师能用八卦象数疗法使孕妇转危为安，又一次创造了八卦象数疗法的神奇疗效。感恩山玉老师以及所有的老师救死扶伤的大爱精神！

象数疗法调理胆囊穿孔

学员反馈："耿老师您好，首先感谢山玉老师发明创造了神奇的八卦象数疗法，感谢您不厌其烦地给我鼓励给我配方，让我有胆量用八卦象数疗法，使其在我身上再显神奇。我是 2018 年 1 月 19 日晚上胆囊穿孔的病人，从西医的角度上讲，胆囊穿孔后是没有人不用西医的办法、不摘除胆囊的。在医院突发病变时，是象数配方救了我。后来在您的鼓励下，我大胆地请医师十天前提前拔掉了引流管，继续念了十天的象数，今天 CT 说我胆囊恢复得很好，没发现有结石，目前胆囊保住了，也能正常工作了。这么长时间我没做什么，就是 24 小时除了吃饭睡觉，一直在不停地念并且用助念器播放您给我的象数配方 38000·7260·1640·0500，我想这就是八卦象数疗法的神奇效果，我终生不会忘记的，感谢老师您的辛苦付出，感谢山玉老师的发明创造，为苦难人群解除痛苦，功德无量。"

配方释义：38000 离 3 坤 8 据当时有出血腹疼而设，可通血脉止腹疼，统血，医云"知肝传脾当先实脾"，此元可实脾、培补后天之本，可调肝胆之疾患；7260 艮 7 兑 2 可止痛补中益气，坎 6 为通，培本固元，此元益中气补肾气、降胃火止血止痛、和胃；1640 乾 1，天象为圆无缝之象，坎 6 震 4 清热解毒滋阴潜阳，摄血归脏消炎杀菌、祛腐生新；0500 疏肝利胆，促胆汁收敛恢复功能。

象数疗法调理慢性阴道炎

学员朱××2017 年 12 月 18 日来电："我在 2002 年因多发性子宫肌瘤做了子宫切除手术。今年 12 月 11 日我到医院检查，有慢性阴道炎，味臭，左腹、左肋痛。念4000，左腹不痛了，但是左、右肋胀，念4000·8200·60后腰胀痛，念4000·8200·600不痛不胀了，可是味更臭了，自己调了一个星期效果不佳，请耿老师赐方。"

我据其所述子宫肌瘤术后阴道臭味，诊其为实热证。医云：实则泻之，热则寒之。配方007200·1600·00400。

配方释义：007200艮7兑2据其曾患子宫肌瘤而设，前后偶数个0滋阴清热降火解毒，通经活络行气活血止痛；1600乾1坎6滋阴潜阳通利两便，清火排毒冲洗洁净阴道；00400肝经绕生殖器，疏肝理气、去腐生新，祛除阴道臭味，全方合奏泻实补虚、祛热邪、清热解毒、滋阴潜阳。

反馈："12月18日晚收到您的配方后我立即默念，约2分钟后脖子、胸口、胃、腹部发紧，向里收缩。加大力度念，并在大椎、两只脚背各贴一条象数配方。19日中午咳出一块黄豆大的黄痰（颜色硬度如同煮熟的鸡蛋黄）。继续默念，并将配方用笔在纸上写4条放在褥子下面的腰椎处。白天默念3～4小时，晚上躺在配方上7～8小时，一天能达10～11小时，在97天的默念象数配方中，先后出现了排痰、排涕、疼、凉、拧、深呼吸，头和脸、耳朵有蚁爬感这些状况。① 排痰、涕：自默念象数第二天起逐渐排出了大量的白黏痰、白黏涕。现在痰涕都很少了。② 疼痛：左腹隐痛、左肋左腋下、左胸、膻中穴、颈椎等都有痛感。现在不痛了。③ 凉：1月24日下午我坐在椅子上精力集中默念象数配方，念着念着后背和两只上臂像是放了冰块，这是在排凉气，继续念后，头顶、两只脚心也向外排凉气。继续念了很久，感觉不到凉了，不知不觉念了五个多小时，之后连续三天只要默念就排凉气。现在不凉了。④ 拧、深呼吸：随着凉气、痰、涕的排出，经络逐渐通畅，感觉念数的力度不够。3月1日用上助念器24小时播放。3月7日晚躺在床上念数，左腹里面拧着动但不疼，拧了十六分钟后恢复平静又继续念数。凌晨又出现深呼吸，鼻子深深吸一口气，嘴呼出一口长长的气，深度直达小腹。深呼吸持续了23分钟，恢复正常后又继续念。这一夜只睡了四个多小时的觉，之后连续三天只要念数就深呼吸。现在呼吸正常。

⑤ 蚁爬感：经过念数，头部不通的痛（念配方前头不疼）消失后，头、脸、耳朵出现蚁爬感。经过 97 天的持念象数配方，治好了我的多种病痛。感恩李山玉恩师！感恩李山玉恩师创造了八卦象数疗法！感恩耿老师！感恩耿老师的精准配方。"

象数疗法调理舌缩症

2017 年 9 月 12 日，安阳的郭××打电话找到我，说其患病两年多，言语不清，不能自主喝水，吃饭只能喝稀的，不能吃菜和水果。曾到北京大医院治疗两年效微，其母找到八卦象数疗法，于是和我联系。

我诊其为肝郁气滞，心气不足，后天失养，先天亏耗，心肾不交而为患。治于疏肝理气，补心气养心血，培本固元，交通心肾。配方 400·7220·160·0538200。

配方释义： 400 疏肝调畅气机，比类取象，大自然只有震动才有声音，肝主筋，有推陈出新之功，使缩之舌获得生机；7220 取舌为艮象，泄掉其不能自主喝水、吃饭、语言障碍，助声音之门，使其发音；160，1 通督助一身之阳气，补声音之根，培本固元；0538200，巽 5 为风，功能为入，人身萎缩之处，只有风能促使其鼓起，3 离为虚为舌，使能量进入舌体，促舌复原，8 为脾，主运化，主肉，木生火，火生土，以制约萎缩，200 兑主一身之气，气行血行，助心之窍。全方比类取象，恢复五脏功能。

10 月 2 日郭××反馈："持念加读数机 24 小时播放，现打电话给外地工作的爱人，能听清我讲话了。1 日中午，能吃一盘烧茄子和一碗大米饭，真是奇迹！我一定持念巩固疗效，谢谢八卦象数疗法发明人李山玉老师，谢谢耿老师！"

象数疗法调理梅核气

（1）时空状态： 2019 年 2 月 27 日晚上 10 点多，会员微信："耿老师晚上好！我媳妇阳历 1976 年 1 月 3 日、农历是 1975 年十二月初三出生，能否给配一个治疗梅核气的方子？感恩。具体症状是一开始咳嗽，咳嗽稍好些后就觉得咽喉至食道处有异物感，嗓子眼里像长了一个东西，咳不出，吞不下，不痒不痛，不妨碍饮食和吞咽。胸口憋闷长出气。"

（2）**象数配方**：400·7200·820·600。

（3）**调理效果**：3月11日晚8点反馈："向老师汇报，用了您的这个方子，情况已好转，现在就是嗓子和上颚有些肿痛，继续坚持多念方子，感恩老师的大爱。"

（4）**配方释义**：400，震4主肝，肝主疏泄，调畅气机，可克制消除咽喉异物感；7200，艮7为咳之不出咽之不下的障碍，兑2泄掉折毁咽喉障碍，使咽喉气道通畅；820，坤8兑2补中益气，培土生金，助肺主气功能，呼气通畅胸闷消除；600，振奋肾气助气之根。全方共奏疏肝理气、消除咽喉异物、补后天养先天而获佳效。

象数疗法调理鞭炮炸伤儿童眼睛

（1）**时空状态** 2019年4月4日,滨州学员微信:"耿老师好！孩子刚才玩鞭炮，眼睛炸着了，有什么办法吗？他爸爸和孩子去医院了。"

（2）**象数配方**：007200·1600·00400。

（3）**调理效果**：第二天反馈："耿老师，昨天你给了象数之后，我在家给孩子念，孩子在医院就轻快啦。孩子在回来的路上就活蹦乱跳了，一路上还一直唱歌。回到家之后问他疼吗，说还有轻微的疼痛。上医院之前是很疼的，让他写了一会儿就一点也不疼了。孩子小不懂事，不太愿意写也不念。晚上睡觉的时候，我用胶带给他的眼睛上方、下方各贴了一条，晚上听助念器，听了半个晚上。早上起来说一点没有不舒服的感觉了。今天一整天一直和他同学在玩，玩得很好，都没有说不舒服。不难受了，让他写也不写，让他念也不念，一直听着助念器。耿老师太谢谢您了，让孩子少受了很多罪。要不是咱这个象数疗法，还不知道要什么时候才能好呢？再次感谢！"叮嘱可以放助念器坚持助念。

（4）**配方释义**：007200，艮 7 兑 2，前后偶数个 0 可止鞭炮炸伤眼痛、消炎杀菌去肿胀。1600 通督助肾消毒排毒；00400，震 4 主肝，肝主目，前后偶数个 0 滋阴潜阳解毒消肿摄血归经。

象数疗法调理少女月经不准

（1）**时空状态**：2019 年 12 月 27 日，学员李 ×× 微信求方："耿老师您好！我女儿出生于农历 2004 年十二月二十七日，15 岁，她的月经时间很不准，有时两三个月不来，即使过两三个月来，量也很少，麻烦您给孩子配方调理，谢谢您！"

（2）**象数配方**：40・30・80・260。

（3）**调理效果**：2020 年 1 月 3 日反馈："耿老师您好！我女儿念了您赐的配方，很快月经就来啦，并且量很多。感恩您的精准配方！感恩李山玉老师发明的八卦象数疗法！"

（4）**配方释义**：月事以时下，天人合一。不准、量少，机体代谢紊乱，五脏失调，天人未达合一，八卦场春夏秋冬运行失衡。40，春生，震卦为肝藏血，主疏泄调畅气机；30，夏长，离为心主血脉；80，长夏，坤卦为脾、主运化、气血生化之源；260，兑 2 秋天，坎 6 冬天，2 主肺、主一身之气、气行血行，6 主肾、肾主胞宫。全方春生夏长秋收冬藏，八卦场渐趋平衡，患者持念故获大效。

象数疗法调理多汗、失眠、舌下淤血

（1）**时空状态**：2020 年 5 月 4 日，学员诗 ×× 微信求方："耿老师，近来我不停出汗，尤其脖颈一圈，一晚上老是起来，但尿液不足 100 毫升，白天也是尿少，尿两次，不足 50 毫升。另外舌下静脉有淤血现象，表现为头晕、头沉、感觉困，昨晚睡眠不到 4 个半小时，中午补睡了 2 小时左右，头昏感觉才好点。"

（2）**象数配方**：4300・0377720・160・0053800。

（3）调理效果：第二天上午反馈："耿老师好！昨天的方子挺对症，持续出汗、小便少、腿胀这些不良症状都消失了，右肋骨下隐痛也感觉好多了。"（回复：持念多念。）

（4）配方释义：4300，震4离3，疏肝理气，调畅气机，补心血；0377720，离3艮7兑2，疏通心脉，三个7重叠强力止住出汗，汗为心之液，心脉疏通心液运行正常，助肺恢复肃降、通调水道功能；160，通督益肾，培本固元；0053800，巽5离3坤8，泄心之风湿之邪，血脉通畅静脉淤血自除，助脾运化气血精微，宁心健脾安神，前后偶数个0以达滋阴潜阳之效，改善睡眠。全方合力，患者持念认真，故获得佳效。

象数疗法调理过敏性鼻炎

（1）时空状态：2020年1月28日，学员微信求方："耿老师，您好！我的学号是15××80，女，48岁，我一遇冷气、异味，就打喷嚏、流鼻涕，能给我一个治疗过敏性鼻炎的配方吗？"

（2）象数配方：080·0720·160·050。

（3）调理效果：1月30日反馈："耿老师，昨天用助念器念了一个白天，一个喷嚏没打，也不流鼻涕了，今天助念器继续念，早上也一个喷嚏没打。之前，早上一起床就一个接一个地打喷嚏，流鼻涕。吃了早饭我去上班，助念器没带，就在家里助念，我在单位一上午，也没打一个喷嚏，没有流鼻涕；又出去走访客户一上午，一直到中午回家吃饭，都好好的，我太高兴了，这个鼻子的疾病都好几年了，现在舒服了，感谢耿老师啊！感谢李山玉老师啊！"

（4）配方释义：080，坤8主脾主运化，任脉人中穴处于督脉任脉交汇点，二脉通则阴阳合；0720，艮7兑2，鼻有艮象，肺开窍于鼻，前后0以助山泽通气，降气消炎；160，乾1坎6，通督补肾，益气排毒，消炎；050，巽5为呼吸出入之象，抗过敏，疏风清热。全方通任督，培本固元，山泽通气，认真助念获效。

彭爱莲象数疗法调理个案

象数疗法为血管瘤手术

邻居张××，63岁，20多岁开始左手食指肚长一血管瘤，每隔半月或一月血液聚满血管自然破裂，鲜血呈喷射状外溢，堵不住，指压一松手就往外喷，直到血管瘤的血全流出来才停止。开始很害怕，到处求医，去过北京、天津、郑州等各大医院，也做过几次手术，均没有改善，30多年来非常痛苦。了解了八卦象数疗法后，就想试试，求我配方，我给方380·260·400。配方释义：3离卦，主心，心主血脉；8为脾，统血，让离火生坤土，统摄血液不随意飙喷。2为肺金，6为肾藏血，肺兑金为小手术刀，为血管瘤手术使血入库收藏起来。4为肝，生血藏血，两个0偏阴，不能太旺使血喷射。这个方念了一下午，晚上接着念（此人属敏感体），第二天晨醒，她感觉食指有疼感，赶快伸出手来一看，非常吃惊，左手食指像做了一次手术，原来鼓起的血管瘤全瘪了，再仔细一看，有刀口痕迹，像手术后的缝合的刀口，非常整齐地排列三排。她越看越神奇，忍不住一大早就把我叫起来看，我一看果然如鬼斧神工一般，任何人工手术的缝合都比不过它。现在一个多月过去了，不但再没喷过一次血，原来的血管瘤疤痕也在逐步吸收。

象数使她老来变俏

邻居张××，近来熟知她的人都感觉她变化大，人越来越白也越来越年轻了，连她丈夫也忍不住说：不仅脸变白了，变俏了，连身体也变白了，真是不可思议。

原来张××年轻时就血红蛋白沉着满脸雀斑，人就显得较黑，进入更年期后老年斑就从手上长到胳膊上脖子上，直到长满全身，密密麻麻看了很不舒服。

去年她患小肠火，尿频又排尿困难，疼痛难忍，要我配方，为了减轻她的痛苦，我在她的腰部膀胱经写配方，掀开她的衣服一看，黑斑多得就好像无法下笔。我当时就想，八卦象数疗法这么神奇肯定能治斑。于是就一边写一边告诉她等小肠火好了就换配方治老年黑斑。配方：400·380·2000·160。由于她念得认真，半年的时间，身上斑点已消除大半，脸上的雀斑少了，胳膊上几乎没有了，后背前胸明显好多了，因此大家见了都说她变白了，变俏了。

象数疗法使 86 岁老人的粉碎性骨折很快治愈

我的大哥今年 86 岁，2010 年 5 月 11 日因头晕摔倒，造成左腿股骨头下方粉碎性骨折。18 日经青岛医学院及骨伤医院诊断，因年龄太大，手术的风险大，最后只好住进骨伤医院进行保守治疗，院方提出要卧床 4 个月，因活动受限容易出现褥疮、肺感染、血栓等致命危险，死亡率很高。我们请了一位护工照料。

我老伴今年 6 月参加国学讲座后，19 日就去了医院，将彭爱莲老师的配方 7000·111650·4440·382000 写在纸上装入枕套中，又在患者的腿部写上配方，还写在卡片上让患者自己默念，用方一周后，患者的疼痛明显减轻，不仅可以在床上翻身，还可以下地轻轻站立，这时大夫也看到患者才住院两个月（实际用方十多天），病情有突出的变化，决定再次拍片诊察，结果发现骨折处骨头对接得比预想的好得多，但还需静养，以免发生意外创伤。8 月初，在患者的要求下，医院又第三次拍片诊察，这一次大夫惊奇地说，从片子上看骨折处长得很光滑，对接很吻合，跟手术没什么区别，很幸运。患者在护工的扶助下，每天在病房走几圈，到了 8 月 23 日，患者基本康复，就出院了。

若不是有象数疗法陪伴，这么大年龄粉碎性骨折三个月就痊愈出院一般是不可能的。真心感谢八卦象数疗法。

学生：王××

八卦场让怪病退却

2011年11月初接到一个学号66×××62学员打过来的电话，说是吉林朝阳的，叫王××，想为妹妹求方。我问为什么不自己说呢，她说妹妹40岁，已病了几年了，一直治不好，现已出现精神恍惚，班也上不了。我让她说说情况。她说："妹妹五年前得了一个怪病，医院诊断是白塞氏病。眼睛、鼻子、口腔、舌头、下身二阴，就是身体凡是有膜的地方都溃烂，看过很多医院，吃了很多的药都治不好，现在肝有坏死，肾萎缩，舌头都烂到嗓子，胃也坏了……现在整个人都变了，很痛苦。想求象数帮她治好，也是最后的希望了。"我说："象数疗法不会给你承诺，只能试试看。但还必须保证默念的时间和质量。"她答应后说，她妹妹会坚持念的，因她已走投无路看不到希望了，这么神奇的疗法一定会接受。于是给她配方072000·2650·4000·3338880。配方释义：7为艮为止，2为兑为口为管道，意为止住有口（象管道）的地方溃烂，三个0以强化。2650给溃烂处增加阳气。4000强化疏泄。3338880，3主血脉，象阳光，亮丽，8主肌肉主水湿运化，都用三个以显宏效。给她讲完方义，又嘱其每天念的时间写的方法贴的部位。最后告诉她默念时有什么不适可随时来电话调方。

五天后她打来电话，高兴地告诉我："不可思议，太不可思议了，才5天时间，情况就有了明显变化，溃烂的膜都开始收干，特别是舌头过去烂得饭都无法下咽，现舌头明显好转，严重溃烂的下身也都有了变化，真是千恩万谢八卦象数疗法！"她接着又反馈一个情况，说她妹妹曾有脑疝，一天念七八个小时会出现头痛。于是就又给她调方72000·11166650·4300·338880，以解决脑疝问题而又不影响治疗前病。

又过了三天打电话说头不痛了，那些膜都有了更明显的变化，她妹妹精神好多了也能吃饭了，信心十足，把药也都停了，一天念8～9小时。我劝她别急着把所有药都停了，慢慢减。

12月初，20多天过去，她来电话兴奋地告诉我说："都好了，都长出新膜了，真是太神了，溃烂不见了，头也不痛了，我妹妹精神也好了。"她妹妹把所有的药都扔掉了，要永远坚持念数，还说要尽快成为我们的学员。我告诉她要永远感恩李山玉老师！并告诉她要多做善事，常去放生以巩固疗效。

两小时褥疮结痂

一天晚上九点多，打进来个电话一张口就哭着说："我实在太痛苦了，忍不住这么晚打扰你。"我说没关系你说吧。她说自己是山西长治一个矿务局的。今年 70 多岁了。五个月前不小心摔断了右手腕，当时就到医院做了处理，打了石膏用了夹板，三个月后取下夹板，现在已经一个多月了不仅肿没消，夹板夹烂的肉像褥疮一样还在烂，骨头也还疼。说着说着就哭起来了。我一边劝她别着急一边问她有没有念过象数，她说曾念过 ×× 学员给的配方已经一个月了，也不见好转，褥疮一样的烂肉也不长合。我问她怎么念的，时间够不够？她说他老伴看她痛苦每天帮她一起念，都在 5 个小时以上。我看时间晚了就没再多问，就说先配个方：2000·16660·6540·3880。配好后顺口告诉她：先念两个小时看看，不行再来电话调方。

第二天一大早这位老人就来了电话，很高兴地说："昨天晚上我放下电话就按你说的和我老伴一起念，不到一个小时就不疼了，赶紧继续念，一看表过了两个半小时了，再看看手真奇怪，烂的疮口结痂了，想着是不是没看清楚，让孩子看看也说是真的结痂了，就想赶紧给你打电话，这时老伴看看表说：'都 12 点多了，人家也要休息明天打吧。'这不，一大早我就忍不住赶快给您打电话。其实我一夜都没怎么睡，一边想着怎么这么神奇，一边使劲念您给的这个配方。现在是手腕不疼了，烂的疮口结痂了，肿的胳膊手腕手背一摁一个坑，都能摁到骨头了。真是太神奇！"她一口气说了那么多。听她说得高兴也不好打断她的话。为了证实她说的都是真的就把电话给她老伴，让她老伴重复一遍，接着又让她儿子重复一遍。一家人都说是没见过这么神奇的疗效。你说两个小时就真的两个小时结痂了，我说你快感谢李山玉老师吧！她悟创的八卦象数疗法真的是太神奇了！

这位老人是敏感体，加上她诚心默念和助念，配方到位，能量对接到位，八卦场的效应就显现，治疗的效果就明显，就快速。但一周后这位老人的手腕又肿了，出现了反复，给她调方 3820·160·5400·72000。也希望再次帮她快速解除痛苦。

象数疗法调理骨折

2009 年 9 月 23 日，广州第一军医大博士生吴 × × 因车祸造成身体左侧受挤压严重，断裂十根肋骨，左肩胛骨粉碎性骨折，肺部挤伤，内脏多处受损，在医院抢救两天了仍无法进行手术，现已形成气胸，喘不上气，呼吸困难，情况十分危急。他的家人得知了神奇的八卦象数疗法后，就求助于八卦象数疗法，我给吴 × × 配了第一组配方：3338880·2000·64440·7770。方义动机是病人情况危急，用加强以收宏效。3 为心，主血脉；8 为脾，统摄血液主运化功能。2 为肺，主一身之气司呼吸。6 为肾主骨生髓，主水纳气，通脑镇恐（吓）；4 为肝，主藏血，主筋，主疏泄畅达，又为震动为复原功效。7 为止，止血、止痛，同时又提中气。几元配方反复重叠数字，主要考虑伤势严重、危急，以达宏效之力。配方组成后，我告知应如何默念，如何贴和贴的部位，又反复强调默念的质量、时间和如何保持良好的场效应，同时要求他们要及时反馈情况，以便随时调整配方。他们对要求做了详细记录，并迫不及待地将所有信息传递去了广州。（CT 片略）

第二天早晨，广州反馈信息，自从接到配方那一刻起，全家人就分别不停地帮他助念，念后病人从痛苦的呻吟转为安静，后来就慢慢入睡了。这是出事以来第一次出现安静入睡。家人对这神奇的八卦象数疗法更有信心了。

第三天效果明显，一念就入睡，且呼吸也均匀了。

第四天，病人完全苏醒，且有饥饿感，很想吃东西，在没有得到医生许可的情况下，他自感应该吃下没事，就背着医生进食了。

第五天，病人每天自念时间不长就呼呼大睡。为给他增加阳气，唤醒他自念，又给他在原方的基础上，改方为3338880·2000·64440·5550·7770。5为阳木，有温煦作用，又与肾同源，起振奋肾阳之功效。

这组配方默念后到29日下午反馈，自己能翻身了，左肋感觉稍有力气，活动全身基本无疼痛感，吐痰也能用上劲了。但呼吸还有障碍不是很顺畅。这是伤者吴××第一次跟我通话，他用自身的感受告诉我，虽然今天是第六天，整个感觉是医疗无论如何也达不到这种效果，只有他自己亲身体会和感受。

我听后非常振奋，于是又将配方做了微调，把配方中的2000改为2220以强化肺的功能，增强呼吸能力，以达呼吸顺畅之目的，改方为3338880·2220·64440·5550·7770。

10月3日电话那边传来的是让人振奋的好消息，吴××能和正常人一样用餐了，而且比正常人吃得还要多，精神也特别好，自己竟然坐起来了，尽管医生坚决不允许。

10月7日吴××反馈，几天来他又有了更为明显的变化，自己不仅能坐，也能试着下地来回走了。

10月8日反馈，左肩胛摆动受限，不能用力抬，于是又给他调方为44450·3338880·72000·1116660。

10月16日反馈，吴××左手不仅能端碗，而且能将碗送到嘴边，医生说他活动得太早，按常规断裂十根肋骨不可能在这么短的时间能长好，肩胛骨粉碎性骨折更不可能会长上。吴××请求拍片看看也遭主治医生严厉拒绝，说如果真想看也要等一个月后再拍片。

10月18日反馈，胳膊能抬至与肩膀齐平了，活动已基本不受限。（CT片略）

10月23日受伤已满一个月，在他强烈要求下医院拍了片子，其结果让人震惊——左侧十根断裂肋骨完全长上，并且长得很好；肩胛骨粉碎性骨折已经复位，且排列非常整齐到位、无痕迹，只是还不太牢固，还不能进行强力活动和锻炼。这足以让原来断言就是治好了左胳膊也抬不起来而留下残疾的医生们目瞪口呆。

这一奇迹已作为特殊病例在整个医院讨论、分析、研究。

10月30日反馈，吴××可以轻松举起3斤多重的东西。奇迹一天天在延续。这一神奇的疗效你信吗？不信？可它是千真万确的事实！它再次证明了八卦象数疗法是取之不尽用之不竭的药库，随身相伴的医生。

象数疗法调理脏腑移位

今年3月3日，我因去宁夏到机场乘机，在换登机牌准备排队的一瞬间，被一个突然转身的小伙子撞倒在地，当时就觉得喘不上气，但意识很清楚，赶快默念2000·810·650。约两分钟时间，自己想试着站起来，抬头一看四周围了很多人，那个小伙子把我搀扶起来，说："我们到医院去吧。"我活动一下，能动，我试着走了一下，迈步很艰难但是还能走，骨头没事就想抓紧念数，不去医院，然后就试着向前走换登机牌去了。那小伙子是送人，就说："你先在这换，我送了人过来找你。"我说："不用了你去忙吧，我能解决。"登机后我找乘务员要了两个垫子前后捂住，一直默念。起飞时感觉肚子很痛就改念380·7000·5000。坚持了近两个小时，下机后肚子痛得几乎走不了路，勉强支撑着走到大厅，赶快给李山玉老师打电话求救，但也没敢告诉李老师我摔了后又坐飞机两个小时。李老师配2000·6660·5000，到儿子家后躺下就起不来了，接着把配方写在肚子上、腰上前后，用助念器整夜不停地念。第二天能进食，但自己起不了床，得两人搀扶才能坐起或站立，小便正常，老师又打来电话换配方为3820·1650·4000·72000。第四天，肚子还隐隐地痛，站起坐起明显，无大便，又换方为2000·1650·4000·3870。这时找人来看，所有的五脏六腑都移位了，肠子打结不容易大便，老师很着急每天都要问大便没有，又加倍地换方为77782000·11166650·4000·380。在儿子媳妇强制下又喝下了碧生源、麻仁等能拉肚子的茶。第六天仍无动静，到第七天喜讯终于来了，八卦象数的正能量让大肠修复得到了正位，有大便了，李老师心中一块大石头也终于落地。因有象数法宝，不去医院也未用药，让儿子媳妇都非常害怕，于是第八天将我送回家。回家后肚子还是隐隐地痛，又换方为 3338880·2000·66650·72000，腰不会用劲，起来、坐下、躺下都要人帮忙，因不能外出，每天念方都在 4～6 个小时，半个月后可以到处走了。这时候又换方为 777820·165000·4000·3870。之后，我恢复得已像正常人了，虽然腰还不能完全用力，但不用人搀扶着起来了。是八卦象数疗法的正能量让一个五脏六腑移位的人在一个月的时间里完全恢复的，之后遗留的一些症状亦在象数疗法的调理中渐愈，真是不可思议。上海名导史蜀君知道了这件事后，感叹说："只有八卦象数疗法才能做到，八卦象数疗法太伟大，八卦场的正能量太强了！！！"

象数疗法唤醒植物人

今年 3 月 18 日，在我受伤期间，深圳一位姓马的女士来电咨询说，他儿子带着他的大学同学骑摩托车外出游玩，同学不幸摔伤住院抢救了二十多天没醒来，不会吃，不会说话，无意识，被医院判为弥漫性脑抽搐脑损伤，下结论已成为植物人，现住在梅州医院，他们都是梅州大学的学生，这个孩子叫郭××，才 23 岁。她边说边哭，说是在网上看到了这个疗法，让帮忙配个数。她还不是我们的学员，只是在网上了解一点八卦象数。我说别着急只能试试，于是给她配方 0001000·650·44430·782000。当时想，1 为乾，乾为正，为天、为头、为大脑，前后各三个 0 加强；650 补肾阳、补阳气、补脑；44430 用三个震卦，震醒他的神志，3 为心，主神、主血脉；782000，7 为艮，为头，8 为坤，为脾，主运化，加强他的脾胃功能，并嘱咐了让人帮念、在身上贴等事项。配完后我几乎忘掉了这个患者，因为每天有很多人电话咨询。

到 3 月 25 日，我有事到台儿庄，中午突然接到电话，说她是马××，我一时想不起，她便激动地说："植物人醒了！"我马上想到梅州那个大学生，就赶快找来纸笔让她快说，她说："接到您的配方后，就把您说的话给我儿子和他同学说了，他们按照您说的，每天七八个小伙子集体给他念，念累了就分班念，不停歇，到第四天，他好像有知觉，身子动了，这样就鼓励他们继续加强念，昨晚是念的第六天，他睁开眼了，今天完全醒了，也会说简单的话，说每天听到、看到好多数字在眼前飘，又好像听到数字的声音，后来越来越大……"马××高兴得都说不成话了，还说郭××的同学和他爸妈高兴地扶他下地，但不会走，还站不稳，问我看要不要再换个数，我说，可以。马上给她调方为0001000·72000·1650·438000。在场听到这个电话的有我们的学员马红全、梁传芳、赵松青等。这就是八卦象数的神奇，在这个充满正能量的社会里八卦象数更强有力地发挥了它的正能量，把一个植物人从睡梦中唤醒，把一个年轻的生命唤回到了充满正能量的社会。

4月12日，马××又打来电话，说还是走不好路，腿站不直，又改方为0001000·038000·650·4440·72000。4月30日，小伙子出院了，他完全是一个正常人了，医院给他办了出院手续，主治医生对他说："完全没有想到你能恢复得这么好，很多人是醒不了的，回去再恢复一段时间就完全好了，就和正常人一样了，太没想到了，你太幸运了！"马××说："医生不知道我们是念了数，不是他医术好，是八卦象数疗法太好了，现在我儿子也解脱了，也可以去上学了！"这一个多月来，她每天都在医院陪着儿子，开始是担心、忏悔，后来又帮着念数、贴数，现在儿子也解放了。她说："真是太感谢了，象数疗法太伟大了！"由于她文化有限，不会写，就希望说出来让更多人知道这个不可思议的事！

象数疗法抢救危在旦夕的小生命

2014年5月4日收到短信："彭老师好，快接电话，人命关天，求您快给方吧，快！广西南宁梁××。"

当时手机正在充电，没听到电话，准备用手机时看到了这条短信，立即打过去，问明情况。原来，21岁产妇怀孕不足7个月要早产了，由于是生活在山区，条件差，快 7 个月了还从来未做过产检，送到诊所宫口已全开了。但胎位不正生不下来，胎儿又不足月，小诊所条件不具备，让她放弃孩子（因胎儿太小生下来怕不会成活），大人也有生命危险。虽然已经和大医院联系了，但是救护车要一个多小时才能过来，情况非常紧急。

象数配方： 7770·810·650。

配方释义： 7 为艮，艮为止，止住先别生，等待大医院救护车。810 泰卦，天地归位，胎儿正胎，要安泰。650 补肾气、阳气、氧气，保证大人小孩有呼吸有生命，争取时间，并让在场的家人全力助念。

2014 年 5 月 4 日 23：19 反馈："彭老师，打扰您休息了，成了！！！现产妇已安全转到了南宁市妇幼保健院，我们都松了口气，但刚刚停念产妇就大喊肚子疼，怎么办？一定要保母子平安啊！"看了短信就又回过去电话，了解到医院坚持保大人放弃孩子，现小孩呼吸也很弱，因脚朝下还要剖腹，产妇家很穷，也付不起医药费。我说，用象数疗法，让她自然生吧（因在大医院，不会有危险）！

象数配方： 2000·16000·4440·430。

配方释义： 2000 主肃降，下降。16000 为产道通，三个 0 强化力量。4440 强震动，归位，快速生产。430 保证心跳确保母子平安，再嘱在场所有人一起助念。

2014 年 5 月 5 日凌晨 2：55 反馈："彭老师您好！成功了！产妇 2：08 自然产一 3 斤 6 两的女婴，由于小孩太小呼吸很微弱，生下来就放保温箱了，老师打扰休息了，快配个保证婴儿呼吸的方吧。广西南宁梁××。"

象数配方： 260·430 助呼吸保证心跳。

2014 年 5 月 5 日 6：40 反馈："老师早上好！小孩呼吸正常了，小生命有希望了。小妈妈也很好，在吃东西，老师能不能配个下奶的方，她们是山区农村的，没钱，吃奶粉可吃不起呀，打扰了。"

象数配方： 2000·650·4000。

配方释义： 2 兑卦，主气主降，兑为泽为管道，三个 0 强化气下行，气行血行奶水行。650 温煦肾阳，温补气血。4000 为震卦为肝，疏泄理气，化瘀通达，肝经通过双乳,强化震动充盈奶水。

2014年5月7日10:00反馈:"老师好,都不好意思打扰您了,刚才小妈妈说已下奶了!小夫妻是千恩万谢八卦象数疗法和李山玉老师,发明这么简单的方法治病又救命,还不要钱!谢谢彭老师。请彭老师代谢李山玉老师!"

2014年5月10日19:19反馈:"老师好!小妈妈今天下午出院了。小婴儿前天再次出现呼吸微弱,医院又下了病危通知。但我们不管医生怎么说,一直坚持念您给小婴儿的方260·430。阿弥陀佛!又转危为安了。现在很好,但要晚几天出院。给老师汇报。还请老师再为我们村一个结婚四年不生孩子的小媳妇配个生孩子的方,她看过很多医院了,都怀不上。谢谢老师!有时间我给你打电话。"

干燥症有唾液了

彭老师,经同学李××介绍了解到您和八卦象数疗法。我是一个早已被医院判为不治之症的干燥症患者,免疫系统紊乱,全身都疼,生活很痛苦很绝望。自从念了您给的象数配方2600·400·3800,已初见成效:浑身疼有了缓解,眼睛不那么干涩了,平时不喝水说不了话,杯子不离手,现在外出也可以不拿杯子了,有唾液了!真是太神奇了,就几个数念了几天,症状有明显改善。我会用心念,找时间去参加学习,特向您汇报,大恩不言谢。

山西太原学员:张××

2014年3月2日

大疙瘩摸不到了

彭老师您好!我是天津塘沽的胡××,我左腿内侧长了一个大疙瘩,快一年了,吃药、打针什么办法都用了,就是下不去。您给的象数配方7220·160·440我才念了三天,大疙瘩竟然看不见也摸不着了,太神奇了!非常感谢!

八卦象数疗法真是太好了，我要加紧学习也为更多的人服务，向更多的人宣传。感恩李山玉老师。

天津塘沽学员：胡××

2013 年 9 月 8 日

三组象数配方伴我幸福生活

2014 年 2 月 24 日：彭老师您好，我是福建漳州的王××，今年 76 岁，这么早打扰您不好意思，我咳嗽很长时间了，昨天晚上突然有吐血，是鲜血，连吐五六大口，很吓人。请老师快给配方。感谢了！

2014 年 3 月 10 日：老师您好！我因久咳突然吐血不止向您求方。您给配方 8720·160·050·820，念的当天就不吐鲜血了，后来又吐巧克力黏痰，您又调方 380·8720·160·050，一直用到现在未反复过，连咳嗽也再不犯了，由于福建春天潮湿，很容易着凉，咳嗽。真的很感谢。

2014 年 3 月 19 日：老师我是三十多年的老便秘，每周要吃大量西红柿才能解决，很顽固。用过很多办法，也用过不少配方都是一次见效然后又恢复老样子。您给方 2000·160·44550，从接到配方就念，当天顺利解决，今天一周了，每天都很顺利，太好了，从 40 多岁就开始便秘，有三十多年了，现在让我如此开心幸福。

2014 年 3 月 26 日：老师您好，您看我像不像是个贪得无厌的老太太，又要向您求方了。因你的配方是灵丹妙药！我念您的方非常好。好像我们缘分很深，所以老师不要嫌我！是这样的，我 50 多岁时出车祸，脾脏摔裂全部摘除，坐骨盆骨摔裂保守治疗，落下了股骨头坏死的毛病，现在走路很不方便，得拄拐杖才能出门，并且走不了几步就气喘，上气不接下气。两腿还经常疼痛发凉（北方人称老寒腿）。请您再给配个方吧。

2014 年 5 月 2 日：彭老师您好！再告诉您一个好消息，3 月 26 日您给的治我腿疼的配方 1650·3300·778800·445500，念到现在，腿不疼了，而且还会发热，前几天出门竟不用拐杖了。也不那么喘了。我都不知该说什么感谢的话了。想想这两个多月来生活得太幸福了，您的这三个配方真是太好了，充满了正能量！我每天早上念您给的第二个配方，顺利解决大号，一天舒服，生活身心非常愉快。上午念您给的第一个方，下午再念第三个方，腿一天天好起来，我现在用这三个配方过着幸福快乐的生活。八卦象数疗法太好了，感恩李山玉老师，八卦象数疗法太神奇了，不知该怎么感谢好，叩谢彭老师。

福建漳州学员：王××

象数疗法调理高烧

彭老师您好，我是南宁谢××，学号 13××51。首先报告一个好消息，我家婆在大年初三跌断了左胳膊，感谢您的配方 77720·4440·380。用了 40 天就基本痊愈了，而且一直都没疼过，非常感恩！另外我村有一位 80 岁的老太太每晚都要穿尿不湿还都尿湿裤子，您给配方 7000·650，现在好多了，不尿裤子了！给我姐肝硬化肝腹水高烧不退的象数配方 87200·1600·050·400 效果奇好，十几分钟就退烧了，太神奇了，肚子也不胀了。现还在持念，特发信感谢！

广西南宁学员：谢××

2014 年 3 月 13 日

一个重症肌无力患者一年的变化

2013 年 4 月 3 日：彭老师您好，我是内蒙古赤峰王×，是一个重症肌无力患者，自 2013 年 3 月 20 日开始念您的配方 380·2000·650·4000。20 天就见效了，脖子、胳膊、右眼睑有明显好转，今您又调方 380·2000·1650·44300，我会努力默念，期待着好的疗效！

2013 年 7 月 15 日：尊敬的彭老师您好，我是重症肌无力患者王×，念您配方 380·2000·1650·44300 至今十五天，感觉比以前又好了很多，但仍然是左眼皮下垂，看东西重影。今给您打电话您说在不放弃主方的前提下穿插念 010·030·380·2640 来调整眼睑下垂，我一定按您说的努力去念，过段时间再请教您。

2013 年 9 月 5 日：尊敬的彭老师您好，我是赤峰的王×，上次您给的两次配方，我穿插念了一个月，念的过程中多数时间里神清气爽，身体症状减轻，眼睛也有明显好转，眼睑已往上抬了，现请教彭老师是否再调一下配方。能有更好的效果？让您费心了，谢谢！

2013 年 9 月 29 日：尊敬的彭老师您好，我是赤峰的王×，我从 9 月 6 日改念您的配方 38870·2000·650·4440，至今二十多天了，感觉非常好，眼睛和身体变化更明显了，我一定坚持好好念，请彭老师等我的好消息吧！谢谢彭老师的不断指导。

2014 年 1 月 9 日：尊敬的彭老师您好，我是王×，念您上次的配方 38870·2000·650·4440 很好，但是 80 天后效果开始不明显，我不好意思打扰您，又转回念 38000·2000·1650·44300 感觉又很好，身体和眼睛一天天好转，我已上班，由于忙，现在念的时间很少了，但我仍坚持一有时间就念十几到二十几分钟，累加也有几个小时，感觉挺好的，这是近三个月的情况向您汇报一下，谢谢您！

2014 年 3 月 12 日：尊敬的彭老师您好，我是王×，念您又改的配方 38700·2000·1650·443000，感觉特别好。静坐时念这个配方有时会出现电梯下行的体感，很舒服，我现在像正常人一样了，正常上下班，不再是重症肌无力患者了，多亏了彭老师，多亏了八卦象数疗法，感恩李山玉老师。

2014 年 5 月 7 日：尊敬的彭老师您好，我是王×，又两个月没汇报了，我现在每天坚持念，虽用很少时间但我感觉好多了。原来只能做值班或普通管理人员的我，现在已担任高层管理了，不但能正常上班还能开车了，最多的时候能开三四个小时，眼睛看东西也不重影了。还有一个好消息，我在 16 岁时曾被确诊为椎体管空洞，说是不治之症，练了五年气功也没治愈，现在拍片检查已没有了。这都是八卦象数疗法的奇迹，不仅治好了我的不治之症，还帮我在工作中取得了不小的成绩，感恩上苍让我有缘结识八卦象数疗法，有缘认识没见过面的彭老师。我现在虽然还不是你们的学员，但我一定要参加学习。感恩李山玉老师发明八卦象数疗法为人类造福！感恩彭老师的善心指导和精湛配方！

谢谢！！

内蒙古赤峰学员：王 ×

我女儿能正常生育了

尊敬的彭老师您好，我是山西学员任 ××，学号 13×××72。上周您赐给我女儿的象数配方是 260·650·3870，我女儿念一周后，来电话说她的情况已好转了，分泌物不再那么多了。还说吃了那么多药，去了那么多医院都解决不了的奇怪难题，念一周这组数字竟好了，今天特写信报告彭老师这个好消息。因我女儿怀孕 4 个月出现了一种怪情况，每天下身会有大量的分泌物，下部和大腿都红肿，走不了路，也上不了班，又怕影响胎儿发育，整天提心吊胆，到处求医。这下可好了，现在不但没有分泌物了。胎儿发育也正常了，太谢谢您了，我可是您的忠实粉丝啊，再次感谢！

山西学员：任 ××

2014 年 3 月 18 日

下奶秘方不秘密

彭老师您好！我是张家口学员任 ××，学号 12×××01。非常感谢您赐的下奶秘方 2000·650·4000，让我儿媳剖宫产后奶水充足。有几个同事都说剖宫产的婴儿没奶吃，您给了这个秘方，小孙子有吃不完的奶，更要感谢老师您有求必应为民尽心尽力的精神。

张家口学员：任××

2013 年 12 月 15 日

彭老师您好，小妈妈下奶了，奶水还不少，还继续念您给的下奶秘方2000·650·4000吗？这个方我也可以给别人用吧？谢谢了！

广西南宁学员：梁××

2014 年 5 月 7 日

小珍珠自己从鼻腔里跑出来了

2014 年 4 月 9 日下午 4 点多钟，幼儿园老师突然打电话来说："你孙女杨 ×× 把衣服上的装饰珍珠塞进鼻子玩，一下吸进鼻腔里了，越吸越深都快看不见了。"爷爷放下电话很是着急，要我快些去幼儿园。我听后说："别着急，我们有象数！"这样，我们一边穿衣服准备出发，一边就开始默念着孙女的名字和 4440·8000·20。配方释义：4 为震卦，三个 4 强化震动效果；8 为坤为脾，主运化、主顺，三个 0 强化运化功能；2 为兑卦，为肺为降，为小为鼻孔。意为：快速加强震动，让小珍珠运化出小鼻孔。接到小孙女后，赶快告诉她："别怕！快和奶奶一起念数，一会儿就出来了。"我一边说一边领小孙女上车，这时老公着急地问到哪个医院，我没说话拉着小孙女只管念。当老公发动车不知该向哪个方向行的一瞬间，小孙女突然喊："奶奶快看！"我一看，天啊，小珍珠自己从鼻腔里跑出来了，亮晶晶的在小孙女的小手里滚动呢。

河南郑州学生：彭爱莲

2014 年 5 月

象数疗法调理急性尿崩

2014 年中秋节前夕，河南郑州 76 岁老人程 ×× 和老伴，在外旅游，等女儿放假来接他们。一天晚上，她老伴突患急性尿崩，烦躁，不停地喝水，不停地上厕所，痛苦不堪。她本人又是严重耳聋，平时是通过写字与人交流，念象数后有好转，但一着急什么也听不到了，和女儿打电话但一时又来不了，和老师打电话又听不见。紧急中老人想到我曾给她治尿频的象数配方，能止住尿频，也应该能止住尿崩，于是她就用 7000·6000·650 帮助老伴默念，并叫老伴再痛苦也要一起念，等待女儿连夜往这里赶。

第二天一大早女儿赶到了，老两口都睡着了，女儿还带了急救医生，看到这情况，都惊呆了。老人说是念了一晚上的象数不知不觉睡着了，症状不知什么时候消失了，人也好了。不是亲眼所见，他们怎么也不相信念数字竟能在这么短的时间就治好了尿崩，在医院怎么也得一周才能稳定吧，太神奇了。

程 ×× 年轻时是搞技术的，深信科学，凡事是按科学规律办事，从不迷信，用这种智慧不但自助，还帮助了不少亲戚朋友。

象数疗法调理胆管结石、囊肿，胰腺门脉高压

湖北荆州学员王 ×，患胆管结石，囊肿，胰腺门脉高压。经住院治疗，效果不大。于是，打电话求方。听她讲后给象数配方 5440·03820·260·640，并嘱其默念和贴，如果没有不适一个月后反馈。十天后她反馈念此方症状好了很多，但担心胆管结石会不会好了。于是又调象数方为 72000·260·5440·3820。一个月后她到医院去检查，结果是：没有看到胆管结石和囊肿指标，胰腺门脉压正常。于是在医院就给我打电话说："老师，我今天刚做完检查，怎么一切都正常了呢？是不是因为我找的不是同一个医院同一个人做的检查？这一个月我什么感觉都没有，只是按您说的念和贴试试。要不要再调个配方呢？"

这是典型的不相信科学。已经好了，有数据了，还说没什么感觉，看到正常指标竟不相信自己的眼睛。这也再次证明象数疗法太神奇了。

象数疗法调理意外事故

2015年9月29日凌晨一点多，手机的响声把我从睡梦中惊醒，因已习惯了晚上会有人有急事要打电话，所以就赶快拿起了手机，那边急促地说："彭老师，我是郑州学员王××的儿子，这么晚了还打扰你，我父亲出车祸了……"我听他说得急，于是告诉他慢慢地说，他说现已送到医院了，检查的结果是颅脑出血，头上有一大血包，颅内有血还一直在流，右侧锁骨断裂，右肋骨断了四根，胸腔有出血，现在重症监护室抢救，人还在昏迷中……

我一听这么严重，着急道："怎么到现在才说？"不等他回答，我就说："先给个配方，赶快念37778000·01110·65000·4440。"

配方释义：3为离为头，主血脉，7为艮为止，也为头，用三个7加强止血止痛的作用，8为坤为脾，统摄血液，后加三个0为强化头上止血止疼的效果；1为乾为头，三个1使头脑清醒，以起宏效；65000振奋肾阳以济心，补充正能量；4440震动以恢复到原位，也起到收敛伤口之效果。并告知家人都要帮他念，如有助念器也放在他身边帮助念。

放下电话，我想这是我们的一位老学员，差不多快有80岁了，这么严重的车祸，很是担心，于是睡不着也在想着他的名字帮他念。

29日上午10点钟，王××的儿子又开车来到我家，说一家人心中没底，一定要我去医院看看他爸，给予他们家人和他爸爸以安慰。赶到医院时已是下午2点多了，医生不让探视，重症监护室的门外有很多人，都是只能在外等候亲人消息的，协调两个多小时，院长、主任、主治医生忙来忙去的，还是没能让进去探视，这时走过来一个护士，说老人也很想见我，但他们有制度不能破坏，说她可以帮忙用手机视频见个面聊几句……

看到视频中的王××老人，满头缠满纱布，只露出眼睛、嘴巴，他很激动，眼里闪着泪花，说："彭老师，我很好，昨晚到今天醒来一直没有疼过，现在也没有不舒服，谢谢山玉老师，有象数疗法，我没事，会好的，也感谢你来看我。"我说："你要好好地坚持念数，别想其他的，会很快好起来的。"

虽是短短的几分钟，但老人家很受鼓舞，晚上就开始进食了，情况在不断地好转。三天后，头颅纱布再没看到有渗血，其他部位也没再出血。根据反映的症状又调方 003388000·772000·11165000·44000，3 和 8 为活血化瘀，化掉头上的血瘀大包和身上紫血肿块；772000 为止关节疼痛以补中气；11165000，三个 1 强化大脑，65000 为提升正能量，补先天肾阳以助心气；44000 震动复原，促断骨连接生长。

第十天换方 872000·1650·440·380。第十七天，老人因闹着要出院，他儿子又打来电话让说服老人，因牵涉车祸处理等问题，还不能出院，再说伤那么重，断裂多处骨头，17 天能长好，太奇迹了。经过做工作，老人转进了普通病房。

老人共住了一个月院，出院时医生对老人又进行了全面检查，右侧断裂的锁骨和 4 根肋骨全部复位长好，各脏器均无异常现象。让医生和家人百思不得其解的是，在医院时颅脑出血，老人的弟弟抱着不省人事的他送医院途中，整个衣服的前襟都让血湿透了，包扎后还不断渗出血来，但整个头颅反复检查竟没发现疤痕，近 200cc 的血是从哪里流出来的呢？大血包处也不见丝毫痕迹。这个谜也只有八卦象数疗法才能够做出解释，神奇的让人觉得不可思议……这场意外发生后，之所以出现这么多的神奇，正是王××老人的八卦象数疗法之缘。

王××老人是 2012 年参加青岛八卦象数疗法面授学习的。作为一位退休教师，王××很快就发挥自己学习的特长。学习班后，他惊叹自己有缘结识了这么好的一种疗法，自然、绿色、没有痛苦、少花钱甚至不花钱就能帮人远离疾病，这都是老百姓求之不得的啊！于是王××老人很快将八卦象数疗法治疗的配方编成禅语，读起来朗朗上口，用起来又简单方便，然后做成小册子，无偿送给那些需要帮助和比较困难的人。在 2014 年的青岛学习班上，很多学员都得到了这本小册子，都非常感激他。

按老人当地的习惯，每逢农历三日、六日、九日有集市，王××老人就用这个人多的集市时间去义务宣传八卦象数疗法和帮人配方治病。2015年9月28日，正好是农历的八月十六日，老人宣传八卦象数疗法后回家，他开的是老年代步车，在一拐弯处，正巧碰到迎面开过来的大货车，由于大货车是急转弯，一下子就撞上了他的代步车，整个车被撞散了架，然后大货车自己翻到了左边的隔离带上。当人们救起老人准备送往医院时，不知道该怎么联系他的家人，这时人群中一个曾被王××老人用八卦象数疗法帮助过的人认出了他，就立即与他的家人取得联系，他的儿子、弟弟们才及时赶到了现场。

意外发生后，每一个来到现场的人都会发出惊叹：车毁了，连形状都看不出来了，满地的玻璃和血迹，人还有生命吗？再就是一个小小的老年代步车被大货车撞飞后，大货车自己竟翻到一边去了，让过往的人都感到不可思议……

原来王××老人自从接触了八卦象数疗法，就为八卦象数疗法的神奇效果所深深触动，除自己调理病痛，身上还贴着自己常念的方子，为保证自己的出行安全，他还做了一个牌子，写上810•650•4440，放在仪表盘上，让正气内存，邪不可干！正是有了这些，意外发生后，老人很快得到了救助，也很快康复，有惊无险，也正是有了正气内存的能量场，大货车才翻向一边，场效应可见一斑！

2016年春季班上，78岁的王××老人再次来到青岛，向学员讲述了这场意外，含泪鞠躬感恩李山玉老师创悟发明的八卦象数疗法，让他死里逃生，感谢彭爱莲老师在关键时刻为他配方帮他念方，多次调方，感谢学员周汉武、刘玉秀知道后对他的关心帮助！

象数疗法调理多发性脊柱炎

彭老师您好！我佛友的儿子患多发性脊柱炎，医院已无法治，坐轮椅快5年了，我向您求方为 0001000・6665000・7772000，反馈说念 3 天就从轮椅上自己站起来，10 天会自己扶着走，现三个多月了，恢复得很好。感恩李山玉老师发明的伟大的八卦象数疗法！感谢彭老师的配方！

西安学员：王××

2016 年 6 月 11 日

我妈的身子正过来了

彭老师您好！向您汇报一下我妈的情况，6 月 7 日因我给我妈（89 岁）洗澡时突然发现她整个身子斜，仔细看右边乳房、肌肉都往左边掉，心里很着急，就赶快给你打电话，看有没有办法。您当时给象数配方 0001000・00045000・04380・72000，按您的要求给她贴在大椎和身上，我每天帮她念 4 小时以上，至今有 12 天了，我妈的身子正过来了，左边乳房和肌肉都上去了。我太激动了，李山玉老师发明的象数疗法太神奇了，太伟大了，我都不敢相信这是真的，您一定代我和我的兄弟姐妹们感恩李山玉老师！也感谢您！当时真都没敢想会正过来，象数疗法真是没有办不到的……

广西柳州学员：李××

2016 年 6 月 17 日

象数疗法调理顽固性便秘

彭老师您好：

我是山东学员于××，我妈妈脑中风快两年了，一直在用您和李老师、耿老师的象数配方调理，现已会走路。但目前一个最大的问题是严重便秘，近两年来，一直靠手抠，七八天抠一次，抠出来的东西比石头还硬，每次抠完还流血，老人可受罪了。也用了很多配方，效果不佳，也可能是念中风的配方念久了吧，看彭老师能不能再给个治便秘的配方。

象数配方：2000·1110·6660·445500，并嘱其贴于下丹田和两脚背。

配方释义：2为兑主气，三个0强化气的功效，气足才有力往外排；1为乾为大肠；6为坎为通，重叠为加强大肠和通之功效；4为震为动为疏泄，5为风为散。

第三天早上，老人自己排出了香蕉便，又将此方前加0，第五天又顺利自便，又给改方，现基本正常，终于结束了两年来手抠的严重便秘！感恩李山玉老师，八卦象数疗法真是太神奇了，用哪哪灵！感谢彭老师不怕麻烦、不嫌弃多次配方！

2016 年 6 月 24 日

象数疗法调理待产期孕妇平安

2017 年 6 月 3 日上午，我要赶往 300 多公里外的玉林去讨工钱，才和先生吵了一架，心情很不好。这几天又是待产期，现在肚子也不舒服了，所以才找老师起卦看看，求测出行是否顺利。

彭爱莲老师赐方 810·2640·0380·720，接到配方一路默念，心情由不愉快慢慢变好起来。

晚上 8 点彭老师打电话询问我到家了没有？我告诉老师刚在南宁下车，一切顺利。一路心情好起来后，胎儿很是活跃调皮。到债主家，谈得很好，比电话中好了很多，讨回的工钱超出预想和电话预给的总额，真是喜出望外。虽是待产期，孩子又调皮，但一切都很好，比在家时正常些，真是太神奇了。

八卦象数疗法竟是这么了不起，不仅用于治病，连情绪、讨工钱也能如愿，甚至比想象的效果好。李山玉老师太伟大了，太了不起了，发明了这么好的东西，让天下的苦难人都有救，叩拜山玉老师了。也感恩彭老师，您比亲人还要亲，我们没见过面，您就对我这么关心、爱护，这是几辈子修的福气呀！我一定好好学八卦象数疗法，帮助别人回报李山玉老师，回报彭老师，回报我们的社会。叩拜，谢谢！

南宁学员：梁××

2017 年 6 月 4 日

象数疗法调理怪病

2018 年 3 月 1 日 6 点多，湖南学员宿×× 给我打电话，他 2 月 25 日办白事回来后，两大腿根部奇痒无比，强忍到第二天到医院检查，结果什么也没查出来。无奈第三天又去医院打了封闭针，抹了药膏后仍止不住痒，晚上到家一看两大腿从根部开始发紫发黑，并向两膝盖蔓延，心里害怕极了，再加上奇痒钻心，忍不住抓破的地方还流着血，他觉得自己得了怪病，吓得一夜不敢睡觉，所以一大早就打电话给我。给其配方 033770·82200·0550·4440，让其贴大椎穴、两大腿各 3 条，右脚背 2 条。

3 月 5 日下午向我反馈："念贴了配方，基本止住了痒、皮肤开始收敛、发黑的皮肤有些变紫没有再向下扩展。"后调方为 00337700·82210·65550·6440，让其还按上次的要求贴、念，3 月 8 日反馈："念这几天象数配方我的两条发黑发紫的大腿已基本好了，只剩大腿根部挠破的地方还流血，没有长好。这已经很好了，有了八卦象数疗法我再也不用害怕了。"再次调方为 033880·72100·00500·6440。3 月 13 日反馈："我现在完全好了，烂的口子全长好了，真是太感谢您了！这几天我一直在想，如果没有八卦象数疗法，医院又没有办法，我这两条腿不就完了吗？我庆幸我太有福气了，能结缘李山玉老师发明的八卦象数疗法，能得到彭老师您的帮助，才十几天时间，不吃药不打针不花钱我的怪病就得到了控制，八卦象数疗法太了不起了！"

象数疗法调理老人几十年的痛苦

上海的岑××，今年83岁，3月28日下午向我咨询，她的眼睛胀疼很严重，折磨了她几十年，每晚只能睡1～2小时。给其治眼睛的配方440·0380·720·640，让其念加贴眼罩上，她反馈说第二天眼睛就有舒服感，现在一周了，可以不戴墨镜到外边走了，也再没胀疼了。

后来又给其治疗失眠的配方030·800·2600·400。她当天睡前念了大概有半个多小时就睡着了，没想到竟睡了6个小时，第二天又是念着睡着了，但夜里一点多醒了，要是以前就再睡不着了，没想到又睡到5点多钟才醒，直到今天。半个月过去了，她白天念眼睛的数，晚上念睡觉的数，效果非常好！她说："真没想到八卦象数这么神奇！感谢彭老师，你给我的两个配方改变了我几十年的痛苦，八卦象数疗法太神了！感恩李山玉老师！"

一位复听老人的分享

我是一个年逾八旬的老人余××，左耳失聪，右耳尚能听到一点点声音。我是八卦象数疗法的爱好者，为了参加八卦象数疗法阳光行动的讲座和义诊，特意花2500元配了一个助听器，可是戴上助听器老师那精彩的讲课也听不清，笔记记不下来，心里十分着急。于是课间休息时便请彭老师点穴治疗，一次点穴后基本上能听到了。李春斌老师讲课时又给我出方720·260·640，彭老师将此方贴在我耳朵上，再听课就不需要戴助听器了，而且听得比较清楚。下课后彭老师再次给我施治，现在失聪的左耳也能听到一点，右耳听得更清楚了。我老伴喜出望外，急忙给每个孩子打电话报喜。八卦象数疗法太神奇了！感恩李春斌、彭爱莲、耿文涛、辛健利老师把八卦象数疗法送上门，把健康送上门！感恩李山玉老师造福人类的创举！

象数疗法的传奇效果

（1）**时空状态**：2019年2月25日上海小美："彭老师您好！我是上海的小美，今天向您反馈一下我念象数配方的情况。我是2019年1月7日向您求方的，因我身体特殊，天生只有一个右肾，左肾没有，从记事起，左边总是不舒服，特别是生完孩子后，经常左边酸困痛，稍累就半边麻木，阴天下雨更是难过。十几年了，看过不少医生，贴过不计其数的膏药都不能缓解，非常痛苦。那天您给配了方。"

（2）**象数配方**：26660·6500·44300·07810。

（3）**调理效果**："我按您说的念和贴，第二天就有感觉，不到一周就不酸不困不疼了。今年上海雨多，酸困疼也没再犯。真是太感谢了！

"我把我的情况告诉了我爸，因我少一个肾一直是我爸的心病。他是一个什么都不信的顽固偏老头，听了竟说：'有这么神吗？给我也试试吧。'我把我爸肺癌手术后两年的后遗症干咳、拉肚子向彭老师说了，彭老师当即给两个方，一个200·1600·005500·8220，让贴天突穴2条，另一个720·650·30·810，贴下丹田2条，大椎1条（编者按：不提倡同时贴两组方）。我爸不念，我让他坚持贴，除了春节吃油腻的又拉了2次肚子外，从贴数到现在再无干咳和拉肚子，我爸说：'活了八十年，没想到会碰上这么神奇的事，写几个数字就能治好病！'

"还有一个好消息，非常震撼！我妹妹一家在日本生活，她听我爸说数字很灵，也想试试，说她女儿学习不是太好，还有十几天就要考试了。这不是一般的考试，如果考得好，能进入一个好的中学，初中上完直接进入高中，上大学更不用考虑。我说你就打彭老师电话，请彭老师配方。彭老师配方80·260·4300·0810，我妹按彭老师要求贴，我在上海这边用助念器助念。三天后我妹打电话说，她女儿回家说班上选了6个预备生（有希望考上的），没有她。我又打电话，彭老师说别着急，加强念和贴。2月14日传来特大喜讯，全班就她一人考进了这个学校。6个预备生无一考中。让老师都震撼了！我们全家上下几十口人都非常震惊！

"感恩伟大的八卦象数疗法发明家李山玉老师！太了不起了！太神奇了！感谢彭老师多次精准配方，为我们全家带来福音！感谢感谢！"

（4）配方释义：① 26660·6500·44300·07810。26660，2 为兑卦，属金，主肺，主肃降，6 为坎卦，主水，主肾，26660 为金生水以补肾，三个 6 为强力补肾，左侧肾虽然天生没有，但左肾的场能还在，强力补肾，调动场能，为我所用；6500，6 为坎卦，主肾，5 为巽卦，为阳木，6500 为补肾阳，用两个 0，为阳中有阴，不致太过；44300，4 为震卦，为肝，主疏泄，肝肾同源，3 为离卦，为心，主血脉，44300 补肝血以济心，心肾相交，相得益彰；07810，7 为艮卦，为山，属土，为胃，8 为坤卦，为地，为脾，也属土，7、8 均为后天之本，1 为乾卦，为天，属金，07810 意为补后天之本助先天之肾，810 又为天地之合，圆满安泰。

② 200·1600·005500·8220。嘱其贴天突穴 2 条，解决老人肺癌术后干咳不止后遗症。200，2 为兑卦，主肺，两个 0 为滋补肺阴，直达病灶；1600，1 为乾卦为天，属金，6 为坎卦，为水为通，1600 为金生水，从上到下，通调水道，两个 0 为滋阴降浊；005500，5 为巽卦，为风为出入之象，两个 5，前后两个 0，虽为温熙之阳，但阳中滋阴，止干咳之燥；8220，8 为坤卦，为脾，主运化，2 为兑卦，主肺，主降，8220，为坤土生肺金，补肺气。整个配方前后呼应，运化水湿，滋补肺阴，除浊止咳。

③ 720·650·30·810。针对术后后遗症，常年拉肚子。嘱其贴下丹田。720，7 为艮卦，为山为止，2 为兑卦主气，为缺，为肠道，720 为补益中气，固摄根本；650，补足肾阳，提升能量；30，3 为离卦，为心，主火，30 补心血助气，提升免疫力，消炎祛湿；810 为天地护佑，恢复如常，安泰幸福。

④ 80·260·4300·0810。80，8 为坤卦，为脾，主思，安静思考。其他几元仍以补脑益智，提高成绩，确保圆满为主。方虽简单，效力非凡！一举考中！震撼老师和家族！

象数疗法让多年结节几天消失

（1）**时空状态**：2019年1月27日上海岑××："彭老师，您1月20日给我的新的象数方出现奇迹了。"

（2）**象数配方**：8200·160·400·7200。

（3）**调理效果**："三天后出现奇迹了，口腔上颚中间五六年前长了一个小豆豆，约4毫米大小，中央有个小头，突然变小了，今天变平了，只留下一个小头。说明念的方子消结节效果明显，相信我身体肺部和肾上腺结节也在同步缩小，只是我暂时看不到，等一两个月后去做检查一定会有惊喜出现，到时我再向您报喜。您的象数配得太精准了，简直神了，多年的结节几天就扫平，哪个神医也难做到，我感到我真幸运，遇到您这么好的一位老师，不但使我顺利地通过开刀关，又渡过了康复关，现在正在按新的调理方案向新的病魔作斗争，几天就出成果，我真是有福之人。特别感谢李山玉老师的创造，感谢您对象数疗法弘扬与大爱精神，使我这个老者在暮年还有康复希望！这是奇迹！不可想象的奇迹！手术后我没有做过任何治疗，也没吃过一粒药打过一次针，居然康复得如此好，而且感觉比术前好！这是因为我在彭老师指引帮助下与象数疗法结缘之故吗？我不知用什么语言来表达我的兴奋之情，更不知如何向您及李山玉老师表达感激之情。马上要到春节了，在此向您先拜个早年，向您和全家拜年，祝您全家幸福安康！"

（4）**配方释义**：8200，8为坤卦，为脾，主运化，2为兑卦，为肺，主肃降。8200为运化脾土之湿补肺气，后两个0以肺气之力软化脾土之瘀结。160，1为乾卦，为天，为金，6为坎卦，为水为通，160金生水，从上到下通畅不瘀堵。400，4为震卦，为肝，为动，主疏泄，400为震动疏泄，活血化瘀。7200，7为艮卦，为凸起，2为兑卦，为肺，属金，7200为手拿小刀割除凸起结节。全方的思路是运化脾土之湿，气化瘀堵，全身通畅，疏泄肝气，活血化瘀，割除结节。方简效宏，多年结节几日消退。

象数疗法让胃绞痛转危为安

（1）**时空状态**：2019 年 1 月 21 日任 × 分享案例："19 日上午我和战友们相聚在海南三亚的波波利海岸小区，大家高兴地去了业主食堂吃饭，怕浪费，结果我吃多了撑着了，饭后不久胃就开始抗议绞痛起来，疼得我弯腰驼背捂着胃连道都走不了。

"因本人过去有前支血管堵塞情况的发生，一下子着了慌，我怕因为吃的不合适而引发心梗，心急下拨打彭老师的电话诉说了症状，彭老师安慰我，并给了我象数配方，我马上默念，且晚上回到家用了助念器加持。"

（2）**象数配方**：2000·400·720·3820。

（3）**调理效果**："求方时近下午了，我念了象数配方后不久，也就是十分钟不到，胃部绞痛的情况即减轻许多；继续念，又好转了更多，到下午两三点后困而入睡，五点醒来再没有绞痛啦！但是不敢吃东西，只喝温水，一直到晚上都保持着，只是轻微胃部不适，晚上十点过后，突然觉得饿了，煮个方便面吃了，安然入睡到天亮。危机过去了，心下大安！

"彭老师给的象数配方，这是在救我的命啊！我能很快地好起来，这是象数疗法的伟大，本人能得是福，能受益更是我之大幸！感谢彭老师的大爱之心！说不完的感谢话语不知如何表达……但是坚信让象数疗法发扬光大救人于水火之中是千真万确的！"

（4）**配方释义**：2000，2 为兑卦，为肺，为缺，主肃降，主气，用三个 0 强化气之功能，首元用 2000，是考虑患者发病急，且有前支血管堵塞之病史，担心出现心梗，故用 2000 之强气速降血管之堵塞，气行血行预防发生心梗。400，4 为震卦，为肝，主疏泄，400 以震动补益肝血，强力疏泄，因患者胃绞痛是由吃多所引起。同时患者疼急虽未表述，但考虑她有胃痉挛绞疼痛病象，故用 400 更有震动恢复之功效。720，7 为艮卦，为胃，为止，2 为兑卦，为肺，属金，主气，720 土生金，降胃实以补肺气。3820，3 为离卦，为心，为热，主血脉，8

为坤卦，为脾，属土，主运化，主统血，2为兑卦，为肺，主气，主肃降，3820为火生土，土生金，泻心火以补脾，脾的运化和统摄血液使血管畅通。配方虽简，十分钟见效，剧痛渐消，两个小时入睡，醒来如初。又一次见证八卦象数疗法的神奇！

象数疗法让八旬老人难以愈合的化脓伤口愈合

（1）**时空状态**：2018年12月16日林××，象数治疗右臀部脓肿术后切口不愈合病例分享："潘某，男性，87岁，因右臀部脓肿在城区人民医院住院行手术治疗22天，但切口不愈合，有血性分泌物，肉芽组织欠新鲜，有少许脓苔。用象数80·20调理四天，效果不明显。求助彭老师，给配个方。"

（2）**象数配方**：200·400·880·650。

（3）**调理效果**："每天坚持念方加常规换药（隔天换），12天后伤口完全愈合。谢谢李山玉恩师发明了象数疗法，谢谢彭老师的精准配方，也祝贺87岁的老人结缘象数疗法完全康复。"

（4）**配方释义**：2为皮肤，也为消毒水，2主气解毒，2又为缺，为破损的皮肤，首元用2，直指病灶，后面两个0，阳中育阴，同时，2为收为敛，可以促进破损愈合；400后面两个0，养肝血，濡润筋脉，行气活血，滋阴清热，为局部伤处理气活血便于恢复；880，8为肌肉，为疮，清热消炎，消肿去毒，以温通局部，化瘀益气，除湿解肌，消除溃疡；650同样行气活血，祛湿消肿，6为陷，5为风为鼓，也意为把陷下去的伤处如风鼓起，恢复正常！

象数疗法让车祸不幸变有幸

（1）**时空状态**：2019年1月27日寇××的反馈："我叫寇××，来美国生活三十多年了，从事中医工作。2008年通过朋友得到了李山玉、李健民著的《八卦象数疗法》一书，看了爱不释手。后来，通过朋友转来的资料，我不断学习到有关《自然疗法研究》和《象数疗法研究》的内容，一直希望能见到李山玉老师和听她讲课，但由于多种原因都未成行。

"2018 年 12 月 24 日下午，我因车祸造成胸椎和多节腰椎压缩性骨折，手术后半个月了，仍不能翻身和侧卧，一动剧痛难忍。这时我忽然想到李山玉老师的八卦象数疗法，这么多年一直没有很好地亲身实践，这不正是救自己解除痛苦的好机会吗？于是找来号称骨科专家的彭爱莲老师的电话，诉说了我的伤情和痛苦，彭老师当即给方。"

（2）**象数配方**：07770·05550·1116660·44300·38820。

（3）**调理效果**："让我贴大椎 1 条，局部 5 条，多念。今天迫不及待地向彭老师汇报：念数一周，情况大好，已经可以侧翻和起床了，这是我没有想到的。但侧翻时还有筋拉的痛，还要靠人帮忙，彭老师又改方为 077720·116650·4440·3820。要求按上次的贴和念。"

后又反馈："我怀着感恩之心向彭老师反馈，从我 2018 年 12 月 24 日出车祸，至今一个月了，但用老师配的象数配方仅半个月的时间，我已经可以到处走了，别人看不出来我是受过大伤的人，我真诚地向伟大的李山玉老师叩拜，感恩！您发明了这么神奇的疗法，几个简单的术数组合就能解除痛苦和疾病，这是对人类多大的贡献啊！我要真诚地感谢彭爱莲老师，不愧为骨科专家！两次精确配方让我解除痛苦，从卧床不能侧翻到能到处走动。"

（4）**配方释义**：① 07770·05550·1116660·44300·38820。第一元 07770，7 为艮卦，为止，三个 7 为加强止疼的作用。05550，5 为巽卦，为胆，为风，为出入，为散，三个 5 为强化其疏风散瘀之功效。1116660，1 为乾卦，为天，属金，6 为坎卦，为肾，为主骨生髓，三个 1、三个 6 为强化补足钙质，接骨生髓，使断裂的骨头圆满对接。44300，4 为震卦，为肝，为动，为生长，3 为离卦，为心，主血脉，44300 为震动恢复原位，又以肝血以济心，保护心脏正常。38820，3 为离卦，为心，属火，8 为坤卦，为脾，主肌肉四肢，属土，2 为兑卦为肺，主肃降，属金，38820 意为泻心火以升脾阳，脾又主肌肉四肢，化卧久伤肉之苦，又土生金补益肺气。整个配方止疼散瘀，恢复原位，保证心肺功能，避免久卧伤肉之苦。

② 077720·116650·4440·3820。由于第一个配方很快达到神奇效果，解除了车祸后的剧痛，但翻身时仍有筋骨拉痛感，于是将原方做了调整，只加强 4 震卦主筋的作用，4440 同时也加大了舒筋活络的作用。

郑州学生：彭爱莲

2019 年 7 月

北京学员魏 × × 反馈分享

彭老师上午好！首先感恩山玉老师发明的八卦象数疗法为患者解除病痛，感恩彭老师的大爱胸怀、精准的断病和神奇的象数配方。我老伴（老刘）今年 73 岁患有多种疾病。

老刘连续两年体检癌胚抗原指标显示比正常的高四五倍，经彭老师全面断卦，没有癌症，但有糖尿病、帕金森病。后医院再三催促复查，经医院各种检查确认和彭老师的预测结果一致。帕金森病已患十多年了。

老刘由于伤残及帕金森病引起双下肢肌肉萎缩，行走不便，11 月中旬在家中摔伤，当天没去医院，又请彭老师帮助。彭老师及时回复，并判断为骨裂影响活动并配有止痛方 77720·16660·44500·03880，缓解了疼痛。后住院检查为股骨颈骨裂，并手术置换了股骨头。由于帕金森病引起的肌肉张力过大（僵硬无弹性）手术相当难做。术后医生说："从医学角度来讲是成功的（放进关节腔了）。从个人角度来说是凑合做成的，就看他的命运了。"术后彭老师又给方 00777000·2220·165000·438800，我们一直不停地念，助念器 24 小时不间断助念，并贴伤口 7 条，手术五天就出院了。半个月拆线时，医生还担心糖尿病影响伤口愈合，但彭老师的精准配方使伤口愈合得又快又好。现在扶着助行器能迈开大步了，这是医生也没想到的结果。

出院后由于胃部不适总感到堵，恶心，吃不下饭。彭老师配方720·260·400·5380，念后稍有好转。老师又调方400·3720·650·0810，要求多念、助念，贴中脘穴2条。两天后有食欲，点名要菜吃，并且有饿的感觉，饭量与病前一样多了，精神好，也胖点了。象数疗法的伟大，彭老师的大爱让老刘又能站起来了，我们全家走出了困境。再次感恩山玉老师，感恩大爱无疆的彭老师！

北京学员：魏××

2018年12月29日

八卦象数疗法五分钟逆转蜂毒

我是广西学员吕××，反馈一个八卦象数疗法神奇救命的例子。

10月4日放假期间，正好是我们当地拜山习俗日，我和三个堂哥、堂姐、堂妹，五个侄子、侄女，一行去拜山，当我们拜到第五座山时，走在后边的堂哥们在忙乱地喊，我和堂姐妹们赶忙回头去看发生了什么事，走近一看，大堂哥已经躺在了地上，一问才知是被大马蜂蜇了，眼看着人一会儿就昏迷了，连话也不会说了。堂姐也吓得哭起来，我赶快去摸他的额头，冰凉冰凉的，脚也冰凉，瞬间嘴唇发黑，又摸他的脉已摸不到了。在场的所有人都被吓到了，慌乱一团不知怎么办好。我突然想到象数疗法，就赶忙给爱莲老师发信息，又想到打字太慢就直接拨通了电话，说明情况，爱莲老师一边给配方一边说，赶快和医院联系，还叮嘱我们在场的人都助念7200·6660·400·4300·0810。

我和侄女、侄子拉他手念，堂哥们也赶快打了120。念了不到5分钟，大堂哥就会动了，慢慢又能发出声音了。念了不到半小时，人就完全醒过来了。这时120也到了山下，由于堂哥人高马大不好抬，没走多远他就要求下来自己走，已完全恢复，大家这才松了口气，都说这八卦象数疗法太了不起了，关键时刻能救命啊！如果没有结缘八卦象数疗法，后果太吓人了，没有彭老师及时准确的配方，我堂哥的命就没有了，几分钟捡回了一条命，感恩山玉老师！

广西学员：吕××

2018 年 10 月 9 日

象数疗法的三个应用实例

彭老师您好！我是新疆阿克苏的孙××，今年 78 岁了。告诉您几个好消息。

一是上周您值班我咨询您，我的鼻炎每到春天就犯得特别严重，不停地打喷嚏、流眼泪，很是痛苦。您当时给方 7200·1600·050·400。让我白天多念，晚上贴鼻子上 2 条。我按您说的做，因我白天也不出门，就白天也贴。两天后就开始好转。现在完全好了，不打喷嚏也不流眼泪了。真是太感恩李山玉老师发明这么好的八卦象数疗法，有您的精准配方，让我很快解除了痛苦。谢谢！

二是那天您值班我还向您求了另外一个方。就是我家去年买了两大桶食用油，待打开吃的时候，都说炒出来的菜很苦，没法吃就倒掉了。还想着是菜苦，第二次用，炒出的菜还是很苦，又倒掉了。这时才想到是不是油苦？我就用筷子蘸着尝了尝，赶快吐出来，口里很苦，原来是油苦。儿子说可能是放时间久了，赶快扔出去不要再吃了，别再中毒了。可孩子走后我怎么也舍不得扔掉这 20 斤油。我们这个年龄的人，过日子是很仔细的，不会轻易浪费。

于是就想请彭老师配方，看有没有办法解毒？彭老师听后笑了笑就给了配方 380·650·72000。还解释了这个配方不仅能让油变过来不苦，还能解毒！让我在每个油桶上贴 4 条。4 天后我忍不住，就又用筷子蘸了尝了尝，入口还是苦，但细品已有甜味。

又过了三天，我忍不住又尝了尝，这次比上次尝的没那么苦了，后味不仅发甜还有一股香味。趁着孩子没回来，我就用这个油炒了个菜。哎哟，太妙了，炒出的菜不仅不苦了，还多出了甜味和香味。等孩子们星期天回来，我告诉他们油不苦了，可以炒菜了。孩子们不大相信，中午就先试炒一个菜。结果让他们都很吃惊，一点也吃不出苦味了！

三是我要反馈我老伴用方的情况。我老伴今年82岁了，这些年病也越来越多了，尤其是近几年由于摘除了胆囊，脾胃也不好了，大便不成形不说，还经常拉稀，每天放个屁都要拉一裤子，天天不停地洗。彭老师给配方72000·1650·440·3820。

我们按彭老师的要求念和贴，三天后大便就收住了。现在不仅不拉裤子了，也不再拉肚子了。这是多少年的老病，现在念数就好了。这个配方太好了。我要让老伴一直念，按照老师说的"牵一发而动全局"，让他念好他的多种病。

我要感恩李山玉老师，发明了这么好的八卦象数疗法，用哪哪好！太神奇了。

我也要感谢彭爱莲老师，配的方个个精准，数到病除！数还能让我的苦油变甜变香！避免了浪费！我真是太高兴了！

新疆学员：孙××

2019年4月3日

爱莲老师的电话是我的"120"

昨天，12月20日晚7点半，我感觉身上有点发冷，就拿个小被子盖在身上继续看电视，但越来越冷，感觉不对，赶快拿出体温计量一下，看看是不是发烧了。测量结果吓我一跳：39.3℃。老伴一看也紧张起来了，一方面找药，一方面给远在澳洲的女儿打电话，只听女儿在电话中急切地喊："快打120啊！"我这时也因紧张两眼开始冒金星。老伴放下电话，就要打120，我说先别打，还是先给彭爱莲老师打电话吧，很快爱莲老师的电话就通了，老伴报我的名字后就把我高烧的情况说了，爱莲老师立即给方002·004·0016·050，并告诉老伴让我赶快默念，他也帮我念。

一直念到晚上10点半，不难受了，但量体温39.1℃，才降了0.2℃，又赶快给爱莲老师打电话说了情况，爱莲老师说调方再试试看，如果不降，一定要打

120，别在家中有什么事。接着调方 872200·1600·400·050，还嘱咐老伴，有什么可随时打电话。我们按老师要求念和贴，不知不觉我睡着了，老伴听到我的呼噜声，他也不敢睡，一直帮我念……

凌晨 1 点多，女儿打电话询问住院情况，老伴说你等下，于是赶快拿体温计让我量，这时体温降到了 37.8℃，我也感觉全身轻松了。那边女儿还在着急地喊："你们到底打没打 120 呀？"

这时我老伴随口就说："打了，打了，体温已降下来了……"

我又不顾时间打了爱莲老师的电话，汇报我体温已降下来了，让爱莲老师安心休息。

今天早上起来又量了体温，已完全正常，36.5℃。我再次感受到八卦象数疗法真是人类的大瑰宝！李山玉老师是真正的大医生！爱莲老师是我余生的"120"，如果没有这条专线，每次遇到问题就打"120"，花钱不说，人也被折腾得要命！我真的是太有福了！感恩李山玉老师！感谢彭爱莲老师！

2019 年 12 月 22 日

象数疗法救活了她的左手

学员王 ×× 求助："爱莲老师：您好！我干女儿的妈妈，前天下午 6 点，左手让压面机轧了，比较严重，疼得睡不着觉。轧的是四个手指到手心手背，手指有三处骨折，中指有断裂，手心里轧得重，掌心肌腱露出来了，医生说这只手怕是保不住了。如果皮活不了，也就无法手术，断裂的指骨也就接不上了，这只手也就保不住了……她想到我用八卦象数疗法效果很好，向我求助。请您百忙之中帮帮她，感恩您彭老师！"

配方 07770·22110·66500·043880。

后根据情况多次调方：

77720·22110·65000·4300·38820；

033880・044500・22110・650・77720；

03880・772210・010・1650・44550。

最近收到学员反馈："爱莲老师，医院的检查结果出来了，干女儿拿到结果看完就发给了我，太高兴了！从结果看，手指的骨头全部复位，长得也很好。医生也不再提手术复位的事了，手的皮肤也恢复如初了！她的左手完全活过来了！这又是八卦象数疗法的一个奇迹！感恩山玉老师！感恩彭爱莲老师您一次次的精准配方！救活了她的左手！谢谢您！"

不明原因的严重头晕好了

2020 年 1 月 27 日，一会员在微信上咨询："彭爱莲老师：您好！新年快乐！本想过了春节再打搅您，可我这个朋友的病情一直不能控制，为此又来麻烦您了。

"我的这个朋友，女，65 岁，去年 11 月 5 日半夜突然头晕（无其他体征），之后时轻时重，经常发作。她曾到北京友谊医院、北京天坛医院就诊，做了各种检查，也找不出原因。12 月 19 日又晕了一次，去北京友谊医院后被留下住院，又做了各种检查，排除了耳石症，诊断为甘油三酯略高，脑血管有点狭窄和颈动脉斑块等，但医生又说都不太严重。对眩晕依然不能确定其直接原因，医生也感到无奈，如果晕得厉害就注射止晕针，但也只暂时起作用。出院后，现在每天晕晕乎乎，说犯病就犯病，每天都有几次，挺不舒服的，厉害了就吃点止晕的药。她知道八卦象数疗法，也看见别人治愈过疾病，因此她想试一试，我曾让她试过 01110・050・770・0880 和 070・010・2600・03800 两个配方，念后虽无不适，但也没有明显效果。因此，特恳请您赐予配方，帮助她解除病痛。谢谢您！又麻烦您了！"

当天中午老师回复："从卦上看心脑血管有问题，配方 260・0430・7160・05300，先念半小时，无不适可持念，多念、助念。可能也会出现冲击病灶反应，这也很正常。但只要不是头痛、心慌、恶心、想吐就可持念。"

1月29日患者反馈："感谢彭老师，昨天持念一天，不但晕的状态缓解很多，全身都感到轻松和舒服些了。太不可思议了！医院都诊断不出来的病症，您不仅准确地做出判断，而且配方精准，方到病除，太棒了！谢谢您的帮助！谢谢您的大爱！"

八卦象数疗法的功力真是不可估量！更要特别感恩李山玉恩师的独创与发明！

昏迷的堂弟苏醒了

2020年2月8日某学员求方："彭爱莲老师好！我堂弟，大年初一脑出血，今年36岁，送往交大医附院。手术后，一直处于昏迷期，现在还在重症监护室。现在主要是颅压太大，导致脑水肿很厉害，消不下来，爱莲老师，有没有合适的八卦象数可以辅助治疗？"

配方38800·7200·1650·44300·0810，并告知多助念，可发动家人助念，及时反馈。

2月11日反馈："爱莲老师，收到您的配方后，家人助念两天，今天张开眼了，就是没有意识，我代表他全家感谢您。"

2月24日反馈："爱莲老师好，堂弟家人让我代他们全家万分感谢您，让孩子爸爸苏醒过来，感谢山玉老师发明的八卦象数疗法，感谢您的妙手回春，经过全家人的十三天助念，我堂弟水肿好了许多，也转院了，人已苏醒，意识基本清楚，有时也会迷糊，现在还不能说话，一直助念，八卦象数疗效真的很好，谢谢您！"

邢若琪象数疗法调理个案

象数疗法调理排寒邪经过

念了很多天的象数，自己一直没出现学友期刊上说的气冲病灶的现象，我应该是迟钝型。但也正像学友说的，只要坚持念数，念久了，迟钝型也会变成敏感型。这还真是一点不假，这个论断在我身上验证了。

2012年11月8日，我照旧泡好脚睡觉，按以前的习惯从泡脚开始就念数，然后上床后一直念，念到睡着。我仍旧伸直腿放松念，一会儿，感觉左脚脚底在冒冷气，先是左脚前半脚，再延伸到脚心，一股股冷气直往外排，我知道这是在排体内的寒气。念数这么多天，我终于也感受到了学友说的排寒气的现象了，心里很高兴。感觉到排寒气的气势越来越大，发现不仅从两脚底在排，寒气也从二阴在往外排，两鼻孔排出的也是冷冷的寒气，我怕自己感觉错了，伸手到鼻子出气处感觉一下，的确排出的是冷的气。嘴巴里也感觉是凉凉的，很舒服。后背好冷，刚躺下时全身暖暖的感觉全不见了，怎么全变成冷冷的？我甚至冷得有些发抖，上身还有点麻麻的感觉，但两膝盖处始终是热乎乎的。这样持续了一阵，也不知过了多久，全身又重新慢慢变得暖和起来，呼吸也慢慢地恢复平静……过一会儿，又开始排寒气，身体也随着慢慢变冷，但呼吸没有第一次排寒气时那么急促了。就这样一会儿热，一会儿冷地念着数睡着了……

按理说将近12点睡，精神肯定不足，但6点多我起来时，感觉精神非常好。不管怎样，这是好事。身体的寒邪能得以祛除，证明我又向健康迈进了一大步，真为此高兴！接连几天，都有这种排寒气的过程，虽然寒气出来的顺序有些不同，有时是从鼻孔先排出，有时是从脚底先排出，但身体都是由热到冷再到热的过程。

念象数让我长新牙了

这些天不知怎么回事，右边下排的一个牙齿总是时不时地痛，遇冷的、遇热的东西时疼痛就特别明显，因为不是那种让人受不了的痛，而且也一会儿就过去，所以也没太在意它，也没为此专门配个象数念，而是仍旧每天念针对自己身体其他问题的配方。

这些天时不时地牙痛，我想肯定又是这颗牙在作怪。想到这顺手拿起床头柜上的镜子，想看看究竟是怎么回事。真是不看不知道，看了吓一跳，在镜中，我居然看到了那颗"乳牙"的外侧居然长出了一颗牙齿，太不可思议了。

我怕自己看错，用手摸摸，真的是新长的，以前没有的。我还是不信，都40岁的人了，怎么还会长牙齿？我马上跳下床，跑到卫生间照大镜子，看看是不是真长出新牙来了。我仔细地看了又看，摸了又摸，真的是新长出的牙齿。还没完全长好，但已冒出三分之一，真是新奇。

象数疗法调理落枕

周××，学校老师："哎呀，脖子落枕，痛死了。"我给她配方010·050，并告知念的方法。也就三五分钟时间，她说不痛了，对我说："你的数字真灵。"其他老师不信，她就左右使劲扭动脖子，表演给其他在场的人看，一边说："真的一点不痛了。"看到这活生生的例子，他们相信了，都争着跟我要配方。

配方释义：1为乾为健，010，使其落枕的脖子正过来。5为巽，取脖子之象，5又为阳木，有温暖其落枕之处作用，5又为风，050把脖子所受风寒吹出。

象数疗法调理乳腺纤维瘤

还是周××，尝到了落枕马上治好的甜头后，她有什么不舒服都来找我，比如感冒了、摔跤了、咽喉痛了等问题。用她的话说，这个数真是太灵了，所以无形中她也成为象数很好的推广者，跟其他老师说有什么不舒服就找邢老师。困扰她最久的是乳腺纤维瘤，她说两三年时间了，吃了很多中药，每周都花三百多元买药，但吃了一点没好转，现在看到中药就想吐。问我有没有数字可以治她这个病的，我说有，但跟她说："这个病可不像落枕一样马上能治好，你得每天花一些时间认真默念，你做得到吗？"她治病心切，她说："可以的，我会念的。"于是我给她配方820·160·400，她念后说舒服，我让她持念。半个月后，她反馈说感觉纤维瘤小了很多，说吃了那么多中药从来没小过。我让她再认真念，一定会好的。她自己也非常坚信这一疗法，说一定会好好念的。此病例虽没完全好，但已见到成效，结果有待继续追踪。

象数疗法调理咳嗽

这是我教学的另一个校区。一天，我一进办公室，刚好是下课时间，还有此起彼伏的咳嗽声，我听不下去了，跟她们说："给你们一个数，念了马上不咳，要不要试试？"她们咳得难受死了，马上说："还有这么神奇的事？快报来，试试。"我说："你们在心里默念260·400，马上会感觉喉咙舒服了。"她们马上试，说："咦，真的感觉很舒服，太好了这方法。"一个试了说好，另一个马上试，我笑得合不拢嘴。但我告诉他们，如果想彻底不咳，必须坚持念几天。260·400这个配方，我在自己身上、同学朋友身上、学生及老师身上试用很多次，每次都非常灵，咽喉痛、咽喉痒想咳或正在咳的，念了这个配方，都能收到很好的效果。

配方释义： 260可宣肺益肾纳气；400加强疏泄功能，阴数0防其过燥。

象数疗法调理发烧

2012年10月9日，老公感冒了，说在公司擦鼻涕的纸巾扔了一垃圾桶。

晚饭后我给他念数（这里需要补充说明一下，他以前不让我拉手念数，现在会主动把手伸给我让我帮忙念，这是很大的进步），结果一摸他的手，手心有些烫，我说："你发烧了。"他让我用冷毛巾敷一下来降温，我说："不用，这些问题象数疗法都可以帮你解决，比你的方法绝对起效快多了。"我给他念003·72000·0650·400，十几分钟烧就退了，鼻涕也止住了，他在沙发上舒服地睡着了。

在这些天的默念象数中，我深深体会到了一点：它不仅改变了我的身体，也调节了我的心态，改变着我的人生，我的生活也因为有了象数而变得精彩。

象数疗法让我战胜高原反应

6月24日一大早，我们到了玉龙雪山脚下。租了衣服继续往前走，进了大门，导游又说在这里买氧气罐，话音刚落，大家又纷纷进店里买氧气罐了。而我这一次却非常坚决，不买。因为我想做个大胆的试验，挑战自己的同时，更想试验八卦象数疗法的功效。从别人争先恐后地买氧气罐那时开始，我就在心里默念象数配方65000·43000·82000。也许心理压力有点大，被导游吓的，感觉头有点不舒服，心想头以清为主，所以把配方改为72000·65000·43000·82000，换这个方后，人感觉舒服，所以就一直在心里念这个配方。乘索道到达4506米后，下了索道，发现这里的温度并没导游说的那么寒冷，不知道是不是我念着象数的缘故，但自始至终，我靠念象数配方没有一点高原反应，这太让我高兴了。我用八卦象数疗法征服了4600多米的雪山，我庆幸自己做了这样一个试验，更庆幸试验成功了。

象数疗法调理孩子肚子痛

6月28日下午在游玩石林景区时，毒辣辣的太阳把我们晒惨了，虽然撑着伞，但景区有些地方路很窄，我们都生怕自己掉队，所以紧紧跟着导游走。

走着走着，我忽然看见前面离我一两米远处，一对母子艰难地行走着，妈妈扶着儿子，儿子似乎不舒服，整个身体靠在妈妈身上，于是我忙快走几步，追上他们，问怎么了，妈妈说："孩子肚子痛，拉稀。"我说："快念380·1650，一会儿就能好。"可能是因为实在难受，妈妈告诉儿子："儿子，阿姨的数念念看。"我让妈妈握着孩子的手也帮忙念，等过了五六分钟，当我再看到他们时，发现孩子已经不用母亲扶了，笑着在跟一起来的同伴拍照呢。我会心地朝他们笑笑，他母亲也看见了我，说："可能是你刚才的几个数起作用了，孩子说现在肚子不痛了，谢谢你啊。"孩子们问："阿姨，为什么几个数字能让肚子一会儿就不痛了？"三个妈妈争着问我这个方法的原理，我简单跟她们介绍了一下，她们表示这方法还是挺管用的。

浙江杭州学员：邢若琪

2013 年 7 月

030·70·010·640 是送达光明的使者

1. 治疗 5 岁小女孩的散光加近视。

2013 年 3 月 15 日上午，接到八卦象数疗法同学陈大姐的电话，她很激动地跟我反馈一个信息，说人家念了我给的象数配方有效果了，她一定要反馈，可以让更多的人受益于八卦象数疗法。（非常感谢陈大姐的热心以及对我的信任）

一次，陈大姐去女儿家（山东临沂），与其亲家母聊起八卦象数疗法，其亲家母就说她在大连有一个熟人的女孩很可怜，小女孩 5 岁，因为散光加近视严重，已经没办法看到黑板上的字了，所以幼儿园也没办法去上了。孩子父母非常着急，但因为住在农村，家境不好，无条件送孩子去医院就医。

热心的陈大姐得知这事后，就打电话让我帮忙给这小姑娘配个方，我告诉她配方 030·70·010·640。她的亲家母回到大连后把配方给了小女孩的父母，他们拿到配方后，就每天把配方贴在孩子大椎穴，孩子外婆一有时间，就帮孩子代念。念方二十多天就有了神奇的效果。孩子能清晰地看见东西，欢欢喜喜地重新上幼儿园了，一家人都非常高兴。

7月17日又接到陈大姐的反馈，说孩子父母7月16日带孩子去医院检查，检查结果显示全部指标正常，既没有近视也没有散光了，这下可把孩子父母高兴坏了，到处奔走相告，盛赞李山玉老师创立八卦象数疗法的功德！

配方释义： 030取离卦、光明、眼睛之象。70为艮卦，为止、为高，止其病，升清降浊。1为乾卦，为健为正、为光明，所以取010让视力恢复正常。640，水生木，"肝肾同源，肝开窍于目"。合全方之力彻底治愈严重眼疾，还小女孩光明和快乐！

2. Ken、Sandy（英文名）的试验。

有以上5岁小女孩治好散光近视的案例后，我在班里也说了这一方法，Ken与Sandy在得到家长同意后积极响应，跟我要配方，我分别给了他们用了上述配方030·70·010·640。一周后，两个孩子都反馈说散光好多了。他们都只是每天晚上在睡觉之前念一会儿。我不知什么叫散光，有一天我问Ken："散光究竟有什么表现呢？"他说："看灯光就像太阳光一样。""那你现在好些是怎么感觉到的呢？"我又充满了好奇地问。"原来看灯光有这么长的光线，现在变这么短了。"孩子边说边用两只手比画光线的长短。这两名小同学正在一天天享受康复的快乐！

八卦象数疗法没有一点风险，没有一点痛苦，是绝对环保又经济的一种疗法。她必将成为光明的天使，为千千万万眼疾儿童送去健康和快乐！

结石去哪了

2013年6月20日傍晚，突然接到八卦象数疗法学员陈大姐的电话，她非常着急地说："你赶紧给我配个方，我女儿尿路结石、肾结石，痛得直打滚，我自己给她配了个方，给她念了三个多小时也止不住痛，现在人在医院，医院也没办法止住痛，你快帮帮忙，给我配个象数。"情况紧急，我也不敢问太多，赶紧说道："你先给她止痛，快帮她念 7770·4440。"挂了电话后，心一直也是揪着，不知痛止住了没。不到一个小时，收到陈大姐的短信："谢谢你，念了你的配方后，痛止住了。"我终于松了一口气。然后短信告知，让其改方为 72000·16000·004500。

后来又接到大姐的反馈："回家后，助念器念了一周左右，后来女儿嫌太吵不让开，我给她贴大椎贴了一个月左右。过了两个月去临沂的大医院检查，说没有结石了。又过了半年，回到武汉，又去武汉的一家大型医院检查，结果也是一样，没有结石。""结石去哪了？"这太让医生惊讶了，也让她那本来不信这种疗法的女婿彻底改变了对这一疗法的看法。

配方释义：① 7770·4440。在这里，7 还是取了其止的效果，7770 让其止痛，三个 7 重叠，加强其效果。4 为震卦，为动，我当时想结石肯定是卡在那动不了了，所以痛，让它动起来，不卡就不痛了，所以 4440 让其动，4 为震为雷，让石头震碎也就不痛了。另外，7 为艮为石，结石对应的是艮卦，艮为土，4 为震卦为木，7770·4440 此配方还含有木克土之意，通过震动，把石头移位、震碎，这样就不痛了。所以此配方能快速起到止痛碎石效果。② 72000·16000·004500。72000，7 为艮为石；2 为兑为金，72000 为山泽损，损有余。16000 为金生水，为通，水也可以冲走石头。004500 为雷风相薄之力去石，因为求方时是夏天，天热，所以用阴数 0。

以上两个事例说明，对一些"突发性事件"，如果八卦象数疗法能在第一时间介入，疗效是非常显著的。她真是我们"随时相伴的医生"啊！

象数疗法陪伴孩子快乐成长

2014 年 3 月 22 日，Nate（英文名）一到教室，书包还没放下，就先嚷开了："老师给我们的那些数字太好了，前几天我发烧了，我就找出本子上写的退烧方念300・70・80・640，结果一个小时不到就退烧了，太开心了。以前发烧都要去输液的，这次没去医院。"

2014年4月8日，收到Sally（英文名）家长的短信，说孩子发烧了，输液一周也没退烧，所以上课又只能请假了。我忙回复给他一个退烧方70・80・160。第二次来上课时问孩子，她说收到配方后，她爸就叫她念，念了一个多小时就退烧了。

因为有了这个"魔法"，下课打闹的孩子少了，他们会争着分享各自的"治疗成果"。他们一起尝试用4440来开瓶，一次次开瓶成功的试念让孩子们高兴不已，所以他们在自己身上成功后，有些孩子还在家人身上实践，当他们跟我反馈："老师我用000帮爸爸治好了头痛""老师我用7770帮外婆止住了脚痛""老师我用4440帮同学治好了脚抽筋""老师每次我有朋友打不开瓶盖时，我用4440念几遍就把它打开了""老师，我肺部不舒服，念一会儿820就好了"……这一个个鲜活的案例，让孩子们自豪不已，他们也成了一个个小医生、小"魔术师"……

这些快乐的孩子们，多像我们八卦象数疗法的未来和希望呀！

杭州市学员：邢若琪

2014年7月17日

象数疗法调理高血压

案例一

2015年11月3日，下午接到武汉学员陈大姐的电话，说："我老公高血压犯了，升到200多了，挺吓人的，念了以前念过的降压的象数没用，你快配个象数让他的血压快点降下来。"我马上回复。

象数配方： 004300・007200・16000。十几分钟后，我收到其微信："神奇，真的是太神奇了。我一边开着助念器，一边拉着老公的手念，不到十分钟从218/120下降到151/91，又念了几分钟再量，已经到141/82了。"

配方释义： 004300，补心阴；007200，加强胃与肺降的功能，引火下行，双数个 0 也利降火降压；16000，乾为天、为头、为高、坎为水、为血、为陷，促血压下降。

案例二

2015 年 5 月 31 日，下午收到陈大姐的微信："我一个朋友，六十来岁，她的左脚扭伤，不能走路，站不起来了，请帮忙配个数，谢谢！"

象数配方：4440·77720·16000。

6 月 9 日收到其反馈："5 月 31 日叫你配的数，隔一天见她笑嘻嘻地说：好了。"

配方释义：4440，4 为肝，主疏泄，扭伤之处肯定有瘀，4 又为震为动，让其加强震动，把瘀处的经络快速震开，把瘀积之物快速疏泄出去；77720，7 为艮为止，取三个 7 为快速止痛，7 也为左脚之象，77720 为土生金，使其止而不滞，通则不痛；16000 取其从上到下舒筋活血，通经活络，合全方之力，其效必速。

案例三

2015 年 5 月 13 日下午，收到陈大姐的微信："我侄女右腿膝盖有积水，已抽出 3 针管水，现需要调理及恢复，需配什么数？谢谢。"

象数配方：38000·72000·1650·4440。

6 月 9 日收到其反馈："我侄女右腿膝盖有积水，医生要她休息两个月，结果念象数后不到一个星期就上班了，其间，刚好家里搬家，她都参加了，现在完全好了，能正常走路干活了。"

配方释义：38000，为火生土，土能克水，且脾运化水湿；72000，土生金，有去凸去阻之功，2 有肃降之功，肺为水之上源，故加强肺的功能，能使膝盖润而不过湿；1650，1 为乾为右腿，6 为肾，肾主水，5 为巽为风，可驱湿散寒，1650 通心肾化浊湿；4440，4 为肝主筋，可加强疏泄。

案例四

2015 年 5 月 22 日晚上，收到陈大姐的微信："求救，我牙龈肿痛，好几天了，用好多办法都不行，还是你帮忙配个数吧，谢谢！"

象数配方：0072200·6400·0100。

6月9日收到其反馈："我牙龈肿痛念后第二天就能吃东西了，之前一直不能吃，连吃了四天稀饭。正好我弟媳说她牙龈肿痛，我就把配方也给了她，三天后，她微信留言说好了。"

配方释义： 0072200，取其降之功，引火下行，偶数个0为阴，也助降火；6400，为水生木，偶数个0抑制旺木横行生燥火，平肝藏血；0100，1为乾为凉，后两个0也为降火，前一个0滋阴通阻。故此配方可滋阴清热，通经排浊。

案例五

2015年5月8日晚，收到大姐的反馈："我老公的弟媳，之前右手发麻很久了，当时切菜都不能切了，然后找你配了个方：382000·64000。估计是两年前要的这个方了，今天那位弟媳刚想起来跟我反馈，说手麻已经好了一年多了。她当时拿到配方后，有空就念，特别是买菜来回的路上都念，也贴大椎穴。"

配方释义： 382000，火生土，土生金，2为兑为气为右手，增加右手的温度，也有去阻去凸之用；64000，为水生木，4为震为动为血，促进血液循环。全方合气行血行之理，气血能正常运行了，发麻的问题也就迎刃而解了。

案例六

2015年5月6日，大姐说其外甥女，一年级，老是记不住九九乘法口诀表，下午就参加比赛了，问我有什么方法，能配个方吗。

象数配方： 3820·650。

后来反馈： 比赛那天，她一直在场外帮忙助念，结果孩子背得比原来好。

配方释义： 3820，3为火，火生土；8为脾，脾土思，让思维敏捷；2为气，气行血行，让气血到达全身。650增加肾阳，肾主脑生髓，提高记忆。

三十年的尿路感染好了

（1）**时空状态：** 2016年3月7日，杭州群友王××微信求方："邢老师，我今年55岁，1986年得了尿路感染，当时尿频、尿急、尿疼到医院看病，医生给我打了针配了药后，症状很快就好了，谁知半个月后又复发了，这反反复复整30年了，而且一发病就坐在马桶上，根本站不起来，从尿急、尿疼到尿血，尿路时常往下坠。这真的成了我的心病，一出门就怕发病，退休了同学相约到外地旅游，我心里也是担心，没办法不得不出去时就先吃消炎药。医生的说法就是注意休息，不要太劳累，多喝开水，适当锻炼。我就只能天天喝大量的开水。还有我的咽喉炎也很严重，前几天碰到热心的邻居，她告诉我八卦象数疗法，我是第一次听到，在她的热心介绍下，我加入了邢老师的象数群，观察了几天，看到不少病人都好了，我也想跟邢老师要个配方。"

（2）象数配方：7220·820·16400·0500。

（3）调理效果：3月17日反馈："邢老师您好！我自从默念您给的配方后，尿路往下坠的感觉一次也没有过，尿路感染也没有犯过，咽喉也舒服了很多。"5月又反馈一次也说没犯。6月11日又反馈："邢老师好！我自从念方后，尿路感染一次也没犯过。我到现在每天保持默念2小时，在洗衣、洗菜、拖地、散步时，都在念。现在出门一点不用担心了，能经常跟同学、朋友一起出去玩了，很是开心！我从心里感谢邢老师，感谢八卦象数疗法的创始人李山玉老师，八卦象数疗法真的太神奇了！"

（4）配方释义：7220，7为阻为凸为身体里本不该有的多余的东西，2为兑为口为尿道口，7220，去除身体多余的东西，也具有消炎之功，两个2强化。820，8为浊，2为口为白为净，820把尿路里的浊物排出，变得干干净净的。16400，16为通，用水冲刷，1为乾卦为督脉，经过生殖系统，6为坎为生殖系统，4为肝为筋，生殖系统为众筋所聚之地，16400意为加强生殖系统（泌尿系统）的功能，肝肾同源，加强肝、肾排毒之功。0500，5取了尿路之象，5为风，可以驱散感染之源。

血管瘤引起的鼻出血止住了

（1）时空状态：2016年4月18日，收到新疆阿克苏学员张××的微信：

"邢老师，刚才我13岁的侄儿突发流鼻血止不住，送到当地医院治疗，现在流得少些了。医生要求去上级医院检查，离上级医院（阿克苏市区的医院）70公里，怕路上流血不止，请老师配个方，谢谢老师！

（2）**象数配方**：77700・38880・6500・4400。

（3）**调理效果**：4月19日收到其反馈："邢老师好！昨天一路念老师的配方赶到医院，没有出血。昨天住院，今天检查结果出来了，是鼻咽部血管瘤，长在鼻部和口腔的连接部位，医院建议到乌鲁木齐医院治疗，不能坐火车、飞机，怕半路出血没办法治疗，只能自己开车送去，路途遥远，1000多公里，明天走，念你昨天给的配方可以吗？"（答复：可以。另外，此方既能止血，亦有行车中不发生流血事件，确保旅行平安之功效。）4月21日再次收到其反馈："邢老师好，我们4月20日中午1点从阿克苏出发，晚上12点到乌鲁木齐，一路上助念器一直没停，一直念老师给的配方，一路平安到达，没出血。感谢邢老师！感谢山玉老师创造的八卦象数疗法！"

（4）**配方释义**：77700，7为鼻为止，三个7加强止的功能，偶数个0，凉血止血；38880，3离卦，主心主血脉，8坤卦，主脾，脾主统血，加强脾之统血功能；6500，6坎卦，坎为水为血，主肾，5巽卦，主胆为风可助肾气，可济心主血，偶数个0防伤阴；4400，4震卦，主肝，肝藏血，引血归藏。

颞下颌关节紊乱综合征好了

（1）**时空状态**：2016年5月9日，收到四川学员张××的微信："邢老师，我昨天中午吃饭时，骨头顶了一下牙，当时下巴咔嚓一响，很疼，嘴张不开，就是打哈欠也要用手捂着嘴，去医院医生说这是颞下颌关节紊乱综合征，难治，让吃点消炎药，我没吃。请邢老师配个方解除我的痛苦。"

（2）**象数配方**：01110・77720・64440。

（3）**调理效果**：5月12日收到其反馈："邢老师好！念了你的配方后，10

日嘴巴能微微张开，但仍有些痛，11 日早上能完全张开了，到中午就不痛了。感谢八卦象数疗法，感谢邢老师三天治好了我的颞下颌关节紊乱综合征！"

（4）**配方释义**：01110，1 为乾为健为头为骨，让其归正；77720，7 为止，止痛，77720 止痛、消炎，通堵消凸，止而不滞，且有肃降之力；64440，6 为骨，4 为动为快，让骨头通过自身的震动，快速归位。

心慌嗳气好了

（1）**时空状态**：2016 年 7 月 11 日，收到山东学员王××的微信，说自己患心慌嗳气病多年，求配方。

（2）**象数配方**：0300·03820·26500·6400。

（3）**调理效果**：7 月 13 日早上反馈："邢老师上午好！由于本人得了严重的心慌嗳气病多年不愈，于 7 月 11 日向您求救，得到配方后，当天下午念了一个多小时，当夜心没慌了，胃也很舒服，现在能吃饭了，心情舒畅，信心十足。邢老师的赐方太神了！谢谢邢老师！"

（4）**配方释义**：0300，离为3，取心脏之象，后两个 0 防阳太过适当护阴；03820，8 为脾为后天之本，补后天济先天，2 为肺为气，补肺气；26500，扶正祛邪助肾阳，疏风散寒；6400，6 为肾为先天之本，4 为肝主藏血，此元可清泄瘀堵，水生木增强骨髓造血和肝的藏血功能。

腰椎间盘突出好了

（1）**时空状态**：2016 年 6 月 19 日，去新疆旅游。见到同去的一位六十多岁的男子用一把长柄的雨伞当拐杖，身体站不直，步履艰难，表情非常痛苦，问之，说是腰椎间盘突出，已经痛了一周多了，本不想参加了，但大家说好了同去，所以还是坚持来了。我说我有办法可以帮你，不知愿意一试否？他说只要能减少点痛苦，什么方法都可以一试。当即让他念方。

（2）**象数配方**：77720·6660·044550·01110。

（3）**调理效果**：晚上又给其配合点穴疗法，在其手背掌骨腰部对应位置及掌心艮位、震位、坎位、乾位等处找到多个痛点，点按后，当即感觉腰没原来那么痛了，舒服多了。第二天又点按一次，疼痛进一步减轻，能轻松站起、坐下，人也有精神了。中午时，见其能坐着吃饭了。到下午，他脸上笑开了花，伸展下身体，说基本不痛了。然后他居然主动提出要大家陪他打牌。他说遇上我这个"保健医生"真是太幸运了。在后来十几天的行程中，他在游玩时总是走在最前面，还时不时地唱歌助兴，在游玩中有时累了，腰稍有酸痛感，又主动找我点按几次后，到行程结束大家分开时，已经完全没有疼痛感了。他开心地说："我这次真是来得值了！本来因为行动不便不想来了，现在看来还好来了，如果不来，现在说不定还在家痛着呢。来了后，我既看到了这么好的美景，又把腰彻底治好了，一举两得，这次收获太大了，谢谢你，小邢！"

（4）**配方释义**：77720，7为艮为凸为止，77720可通堵消凸止痛，2助7通堵，止而不滞，且有肃降之力；6660，6为肾为腰为骨；044550，4为震为雷，5为巽为风，044550疏风清热去湿散寒，通经活络，激活神经，以雷风相薄之力让凸出的腰椎快快复位；01110，1为乾为骨为健，为督脉，为纠偏，为复原。

风湿性心脏病好多了

（1）**时空状态**：2016年10月青岛培训期间，江苏学员莫××说自己有风湿性心脏病，让配个方。

（2）**象数配方**：04330·720·26660·05380。

（3）**调理效果**：2016年11月11日收到其反馈："邢老师您好！在青岛时您给的治疗风湿性心脏病的方，念后效果很好。本来早上醒来双手晨僵，不能弯曲，念过很多方效果不明显，这个方只念5分钟左右手就不痛了，也能弯曲了，痰也少了，心里舒服。谢谢您，邢老师！"

（4）配方释义：04330，4 为震为肝为木，3 为离为心为火，04330，木生火，助心脏；720，清泄瘀堵，补中益气；26660，金生水，6 为肾为先天之本，强力补先天，先天得补，后天得济；05380，5 为巽为风为散，3 为离为火为心，心主血脉，8 坤卦，主脾主生化气血精微，为后天之本，此元相生之力养后天之本，助脾运化之力补益后天。

几十年的咽喉炎好多了

（1）时空状态：2016 年 10 月 9 日收到杭州群友庄 × × 的微信："邢老师上午好！我三十多年前扁桃体开刀后咽喉炎经常发作，咽部干、痒、痛，常吃消炎药才能压住。今天又发作了，经朋友介绍知道了八卦象数疗法，麻烦邢老师给我配个方。"

（2）象数配方：080·820·22660·4500。

（3）调理效果：10 月 10 日收到其反馈："邢老师好！昨天我因多年的咽喉炎发作，试着跟你要了个方，我念了二十分钟后，咽喉疼痛感立马消失，咽喉也湿润了，真的很好！在此衷心感谢邢老师！感谢八卦象数疗法！"

（4）配方释义：080，8 为坤为生化、运化；820，去浊化痰；22660，2 为兑为肺，6 为肾，肺主呼吸肾主纳气，肺为气之主，肾为气之根；4500，通经活络，疏肝利胆消炎。

象数疗法调理突发耳内胀痛

8 月 13 日上午 11 点多，我孩子 31 岁，昨晚突发左耳胀痛，且是一闪一闪的痛，当时向邢若琪老师求助，老师赠方 7720·4400·16000·53800。念象数配方后胀痛感减轻很多，至 16 日中午颈肩两侧及前胸上部突发荨麻疹瘙痒难忍，同时看了一下耳道有点肿（当初没注意看），邢老师给调整象数配方为00500·72000·664400·38200。念至8月20日全好了。在此感恩邢若琪老师！感恩李山玉老师发明的这么好的八卦象数疗法！

象数疗法调理腹泻不止

我妈81岁，前几天便秘后因吃中药排便致腹泻不止，马上请邢若琪老师帮忙，老师赐象数配方7770·3338880·1650·2000。此方太神了，自接到配方后即刻默念，至今天早上全好了，一次腹泻都没出现过。感恩邢若琪老师！感恩李山玉老师发明的这么好的八卦象数疗法！

象数疗法调理膀胱癌患者手术后康复

（1）时空状态：2017年5月，该患者加我微信，他是一位大学退休老师，75岁，因患膀胱癌找到我，根据他身体不同状况给他配方调理。刚开始，因为刚刚手术，身体各种状况不断，针对不同情况经常调方。从6月15日反馈得知，各种不适开始消失，人有力气了，饭量增加了。6月18日开始，一直在念72000·116650·44300·3820这组配方。术后两个多月，7月24日反馈术后所有的不舒服统统不见了，开始给自己增加活动量，控制饭量。8月24日反馈术后不到100天，已健步如飞。11月22日去医院复查，一切正常。11月23日跟我通话，发现他的声音洪亮，根本不像一个七十多岁的人，他开心地说："邢老师，我今天已经走了13000多步，现在能吃能喝，能跑能跳，骨质还不疏松，谢谢邢老师！医生说我没事了，我自己也感觉挺好，体力恢复得很好，活动量也加大了，每天走13000多步，吃饭不敢多吃了，得控制体重。相同情况的患者，他们憋不住尿，还难受、疼，我不存在这个问题。等家里事忙好，走得开了，我一定要去青岛参加山玉老师的学习班。"

这个案例值得大家深思：八卦象数疗法的威力如此之大，可见一斑！对此疗法还存怀疑、犹豫的朋友，是否该重新认识？在此案例中，患者的睿智（与家人、医护人员之间的"斗智斗勇"）、对八卦象数疗法的笃信、良好的心态、每天大量时间的默念等等，这些都给我留下了很深的印象。比如他说的：心静心诚，感而遂通；专心默念，全身放松；平时默念，早晚集中；持之以恒，多种效应。下面我选取几段聊天记录原文与大家分享：

2017 年 5 月 26 日："邢老师您好！我 5 月初因尿血住进医院，住院期间，您给我配了一组象数配方 033880·720·6660·400。昨天我出院了，诊断证明我见到了，说我是膀胱肿瘤。在住院期间，他们给我做了膀胱镜手术，把膀胱里面长的东西给清除了，还说今后每周给我灌注一次药水。"

2017 年 6 月 2 日："邢老师您好！昨天我把住院病历拿回来了。主要诊断为膀胱恶性肿瘤，高血压Ⅲ。5 月 26 日您给我的象数配方是 3820·72000·66650·4000。今后我还继续念这组象数行吗？"

2017 年 6 月 8 日："邢老师，今天我被在中科大当老师的大女儿"算计"了。她调动她在保定西郊的两个表姐，硬把我给弄到医院了。灌注不灌注是医院的事，让化疗药在膀胱里停留多长时间那是我的事。我不好意思伤孩子们的面子，去医院前我喝了一大杯温水。灌注前我又喝下一瓶矿泉水。我是在膀胱充盈的情况下让医生灌注的。医生走后不久，我就去厕所把灌注液给尿出去了。面对亲人们浓浓的亲情，我只能如此应付了。这就是我今天的就医汇报。我现在尿液不少了，就是小便太频繁，有五六十毫升就得跑厕所，很烦人。尿频已困扰了我好几十年，我断定咱们的八卦象数疗法是有办法的。请邢老师帮我解除这个烦恼。谢谢邢老师！"

2017 年 6 月 15 日："邢老师您好！通过认真默念 38820·7200·166500·4400，我小便时尿道灼热刺痛感（似痛非痛）减轻了，小便不怵头（害怕）了。现在也愿意动了，今天步行从我家出发围绕保定军校广场转了一大圈，下午又步行逛了逛军校广场下面的惠友超市，累计 9845 步。现在我的饭量已接近住院手术前。今天我没有去医院灌注化疗。今后仍想办法逃避。特向您汇报！谢谢邢老师！"

2017年6月18日："邢老师您好！上月18日医院给我做膀胱镜手术，切除了膀胱里面的恶性肿瘤。今天是6月18日，整整一个月，经过您多次为我调方调理，现在除了小便时有点灼热不舒服（能接受），小便有些浓稠外（偶尔还发现有深色的小小的条形物，不是血色，可能是创伤面的脱落物），其他基本正常。5月24日出院医嘱：'一周一次灌注吡柔比星（化疗），共十次。之后一月一次，共十次。'到现在四周我化疗了两次半。6月22日就到第五个化疗日了。6月21日我那在中科大生命学院任教的大女儿到河北招生又要到保定来烦我——逼我去医院化疗。更难对付的是我那在旧金山、早已西化了的二女儿，今年8月底要回国陪我们一段时间。她手里也有一张医院灌注化疗医嘱（是她姐姐发给她的）。9月7日就是一月一次的第二次化疗日。我正考虑如何应付她们（包括医院）。为堵住她们的嘴，最关键的是8月24日的（出院三个月）的彩超复查。若8月24日的彩超检查正常，我就可以理直气壮地告诉她们：李山玉老师的八卦象数疗法已经帮我渡过生死关，我不需要灌注化疗了。"

2017年6月19日："邢老师您好！现在我向您报告，您给我的象数配方72000·116650·44300·3820，我认认真真地默念11天了。11天前所有的不舒服感统统地不见了。饭量增加了，体力恢复了，尿的颜色也正常了。从本周一开始，我每天步行都不少于10000步（累计），昨天是15000多步。现在我浑身是劲，干什么都不怵。灌注化疗的事，主治医生已同意灌注次数减半了。我再想想办法，找找借口把这可恶的灌注化疗伤害减到最小。谢谢邢老师！"

2017年7月24日："邢老师您好！我有三个星期不给您添乱了。这21天，我默念的还是您6月18日给我的象数配方72000·116650·44300·3820。现在，自我感觉很好。我这个膀胱恶性肿瘤患者已经进入增加活动量、控制饭量的阶段了。我要报告邢老师的是，我不会停下来，一定老老实实地继续默念这组配方，这是我今天向您作的汇报。谢谢邢老师！"

2017 年 8 月 24 日："邢老师您好！从上次向您汇报我的身体状况到今天整整一个月了。这一个月我把主要精力放在默念 72000·116650·44300·3820 这组象数配方上了。我是按照"心静心诚，感而遂通；专心默念，全身放松；平时默念，早晚集中；持之以恒，多种效应"的基本要领做的。特别是每天 15—17 点膀胱经当令的这个时间段，我默念象数是雷打不动的。从手术到今天还不到 100 天，我这个 75 岁的膀胱肿瘤患者已经健步如飞，推着自行车东跑西颠逛大街了。我要报告邢老师的是，我不会停下来，一定老老实实继续默念下去。谢谢邢老师！"

2017 年 8 月 26 日："邢老师，这是我今天早晨的快速行走记录。现在我的身体状况非常好，干什么都不怵，好像又回到了几年前。谢谢邢老师！每天早晨快走过程中默念一个多小时，上午默念一个多小时，下午 3：00—5：30 默念两个多小时，睡觉前默念两个多小时，外加扫地、择菜、做家务等过程中的零碎默念时间，我每天念象数绝不少于 6 小时。"

2017 年 11 月 22 日："邢老师您好！为少打扰您，我有 86 天不给您发短信汇报我的身体状况了。今天上午我去医院做了手术后复查，彩超检查结果是"膀胱充盈可，壁不厚，光滑，腔内为无回声暗区，未见明显异常"。术后之所以恢复得这么好，这与您百忙之中为我多次调方有直接关系。在我住院做手术期间，做膀胱镜手术的病人我认识五个，他们术后恢复得都不如我好。更令我没有想到的是困扰我四十多年的夜间尿频也明显缓解了，由以前的六七次变成了现在的两三次。感恩李山玉老师的伟大发明！感恩邢老师为我不断地调方。谢谢！"

2018 年 5 月 30 日："邢老师您好！从去年做手术到现在已一年零十二天了。告诉您一个好消息，我今天上午到医院复查（膀胱镜检查），检查结果是手术恢复得很好，一切正常。去年手术后定的是灌注化疗 20 次，我躲躲闪闪让他们给我化疗了 7 次，考虑到我的"投机取巧""偷工减料"，最多相当于别人的 3 次（化疗）。我化疗少，但术后恢复得比别人好！原因就是手术后我一直在默念您给我配的 72000·116650·44300·3820。谢谢李山玉老师！谢谢邢老师！"

（2）象数配方：72000·116650·44300·3820。

（3）调理效果：半年后去医院检查一切正常，一年后再次去检查，仍然告知一切正常。

（4）配方释义：72000，7为艮卦，为凸，为阻，为瘀滞，2为兑卦，为手术刀，为气，72000为去除身体里的瘀滞，山泽通气，气行血行；116650，1为乾为健，6为坎为肾为膀胱为通，5为巽为风，风无孔不入，5为阳木，又肝肾同源，116650可加强肾阳之功能，助膀胱功能正常；44300，4为肝主疏泄，3为心主血脉，44300加强肝之疏泄功能，补心气，通血脉；3820，加强脾运化之功，增加身体阳气，进一步去除身体里的阻塞之物。全方合力，攻克癌细胞对身体的侵害，使身体恢复正常。

卵巢癌患者念象数三天，血小板、白细胞大幅上升

（1）时空状态：2017年4月18日收到一群友的微信："邢老师，我是卵巢癌患者，至今9年了，但近几个月转移直肠，用药后出现白细胞及血小板明显下降，本次住院就是排便时出血，麻烦邢老师给配个方。"

（2）象数配方：338800·6660·7720·044550·01110。

（3）调理效果：4月21日收到其反馈："邢老师您好！向您汇报好消息，我因用药致使血小板降到20，白细胞降到1500，住院打升白细胞针升血小板针，又输液五天治疗，复查白细胞仍在1500，血小板仅升至30，无奈之下向您求助。从18日到今天仅仅三天，复查白细胞达到4000，血小板达60，我很高兴，在此谢谢您在危难之时帮助我，以一颗慈悲之心帮助他人！"

（4）配方释义：338800，3为心主血脉，8为坤卦为卵巢，此元为健脾统血；6660，6为坎卦为肾为水为血，肾主骨生髓，为先天之本，加强肾本脏的功能；7720，7为阻为瘀滞，2为兑为手术刀，为白；044550，4为肝主疏泄，5为巽为风，此元以雷风相薄之力，助身体快速恢复正常；01110，1为乾卦为健为正，让身体恢复健康。

象数疗法助力白血病患者提升白细胞

（1）**时空状态**：2017 年 12 月 24 日学员求方："邢老师您好！我妹妹 19 岁，白血病在医院化疗一个多月，白细胞、血小板都没提升，请老师配方救救我妹妹。"

（2）**象数配方**：44330·33880·66650·0810。

（3）**调理效果**：12 月 26 日反馈："邢老师非常感恩您，默念象数配方两天大约十小时，白细胞从 0.2 提升到 1.5，已经化疗一个月没有提升白细胞啦，全家开启轮流助念的模式，感恩老师的象数配方，谢谢老师救命之恩。"

2018 年 1 月 8 日反馈："邢老师您好！念象数之前，我妹妹在医院化疗一个多月，白细胞、血小板都没提升，转到高危病房，用到天津血液专科最好的药，大夫说主要看五天情况，不然也无计可施，就放弃治疗了。住进高危病房两天用药没效果，情况也没有好转，状态非常不乐观，手指也感染了，大夫建议白细胞如果再不提升就截肢。12 月 24 日跟您要了象数配方之后开始用八卦象数疗法，家人每天合力念五小时到十小时，开始白细胞由基础的 0.2 每天稳步提升 0.2，直到升到 1.7 的时候掉过一次 0.5，那一次大家没有助念，后加大力度，每天 24 小时用助念器助念，加上十几小时全家人轮流助念。历经 15 天的时间，白细胞从 0.2 提升到 4.4，超过了正常值。感恩李山玉老师发明了八卦象数疗法，感恩邢老师的配方，感恩老师们的大爱，帮助别人改变命运，减轻痛苦，造福人类，创造价值，感恩一切美好的遇见！"

同样的配方帮助骨癌患者改善了白细胞、血小板等各项指标。

2018 年 1 月 27 日收到学员反馈："邢老师您好，我弟骨髓瘤，不听我劝告老往医院跑，以为医院能彻底治好他的病，到医院做各种治疗把身体彻底搞垮，我和弟媳妇反复劝他现在只有一条路可走，就是念象数，医院已表示无能为力。我正好看到您在群里分享治白血病的案例，叫他念您的配方 44330·33880·66650·0810，念后，人由原来说话都没力气，整天躺着，变为说话有劲，能吃饭，还下楼去散步了。

"我把他的情况向您详细汇报一下：我弟去年12月28日出院时白细胞3.0，血小板31，血红蛋白6.6，2018年1月10日开始念44330·33880·66650·0810，念了配方后人说话有劲了，能吃饭和出门散散步了，后因口干、出汗多，1月20日我把方调成44300·3800·666500·0810，念后口不干，出汗多也减轻了。1月22日化验，白细胞3.8，血小板176，血红蛋白9.3。1月26日化验，白细胞4.2已正常，血小板187，血红蛋白9.3。念了邢老师的配方后，免疫球蛋白从70降到了20，快接近正常了（正常值16），他高兴得不得了。他现在各项指标都升上来了，白细胞正常了。这次抽血20多管，还做骨穿，就是念的00600·04300，没有像以前那样感觉人无力，本来穿刺部位要痛很长时间，这次念上方第二天就好了。现还在持念，我告诉他要坚持下去自己救自己，不念象数神仙也救不了他。除了读数器24小时开着助念外，他自己每天念8小时以上。在这谢谢邢老师的精准配方，有这么好的老师保护着我们的健康，是我们的福气，感恩山玉老师的八卦象数疗法！"

（4）**配方释义**：44330，4为肝，肝主藏血，主疏泄，3为离卦，主血脉，44330震木生离火，加强心之功能；33880，8为坤卦为脾，脾有运化主统血之功，以火生土之力助脾这个后天之本加强运化；66650，6为坎为肾为先天之本，主骨生髓，5为巽为阳木，肝肾同源，66650助先天之本肾阳的功能；0810，地天泰卦，让身体恢复正常。

89岁脑出血瘫痪老人康复了

（1）**时空状态**：2018年2月22日学员求方："同事的父亲89岁，身体一直没毛病，最近十天突然不认人，大小便失禁。医院详查，是脑血管渗血、血小板低造成的，现在积血四分之一。一周便秘未解，喂流质食品尚可。年龄太大，医院说颅打孔抽血风险极大，目前趋向用高级药品止血吸收。请老师给个配方。"

（2）**象数配方**：338800·7200·6400·53800。

（3）**调理效果**：念了象数之后简直是一天一个变化，3天下床看电视，8天恢复正常生活。3个月后反馈，已健步如飞。摘录一些反馈原文与大家分享：

2月23日反馈："邢老师，用时一天，我是用读数器放给老人听，又写了7条，分别贴在床头两侧。已经解下来大便，精神头也好起来了。我也咨询了玄学人士，开天目的大姐说这个老爷子阳寿已尽，初九和十五是两个大坎，如果安然度过生命可以延续数月，阎王爷不再让他买寿了。目前老师给他提供的象数配方已经让他解除临终身体痛苦。善哉！"

2月24日反馈："邢老师，今天第三天，老爷子本来已经瘫软，不能认人，不能说话，不能行走，今天搀扶着可以走路了，大便正常了，认识人也说话了，中午吃了7个水饺，喝了一碗汤。刚才去看望，正坐着看电视呢。双手脉搏平稳。因为没去复查，从表象观察应当是止住出血，正在吸收。感恩老师！"

2月26日反馈："邢老师，今天第五天，昨天开始老爷子开始恢复生活习惯，正常起床大小便、吃饭、午觉，还要求出去散步。老爷子原来的血糖高也降下来了，五天后会去复查。刚发现时脑部已经四分之一被出血占据，人已经半昏迷，大小便失禁，大便干结一周未便。看来象数止血吸收效果凸显。为山玉恩师的八卦象数疗法喝彩！"

3月1日反馈："邢老师，今天第八天，昨天复查，脑出血已经止住，脑CT显示出血量没有任何增加。医生讲吸收需要今日起20天才能看出来。我惊叹象数的止血效果，一位89岁高龄的老年人，当时已经瘫痪半昏迷，如果单靠药物止血，可能第三天就下床看电视吗？还有一点，我们仅仅是放给他听，床头贴上数字，没有人助念，没想到磁场、气场强度如此之大。谢谢李山玉老师！谢谢邢老师！"

3月5日反馈："邢老师，我汇报一下第十二天情况。老爷子用了象数配方，现在脾气非常安稳，不再急躁，有事好商量，神奇！现在夜间睡眠安稳，中午按时午睡，饭量适中，思维正常了，精神头十足。"

3月7日反馈："邢老师，今天是第十四天。老爷子睡眠充足，饭量平稳，精神十足，思维清晰，四肢活动正常，血压脉搏血糖正常。"

5月30日反馈："邢老师，老人家现在思维清晰，生活起居有规律，饭量适中，大小便正常。自己推车子当拐杖每天出来晒太阳。他家里人的想法是，这个年龄了，这种惊人的恢复，不再去复查了，一套西医设备检查下来，本身就是对老年人的伤害。看了同事发来的老人家健步如飞的视频，我忍不住感叹：天哪！这哪像脑出血瘫痪过的89岁老人家？这个案例就是八卦象数疗法的一个奇迹！是邢老师妙手回春的见证！"

（4）**配方释义**：338800，3为离卦为头为血脉，8为坤卦为脾为运化，脾主统血，此元义为止脑血管渗血；7200，7为艮，2为兑为肺，7200气血下行，气行血行；6400，6为坎为肾为水，4为肝，肝主藏血，引血归肝；53800，5为巽为风，3为离为血脉，8为坤为脾为后天之本，53800，以木生火、火生土之力助脾统血、运化之功。

写了遗书的患者身体好转了

（1）**时空状态**：2017年7月13日，一位学员替朋友求方说："男，49岁，高血压二十多年，心脏不舒服，经常压迫性疼痛、胸闷、紧迫感，很难受，头晕得很厉害。拉肚子二十多年，拉肚子是家族遗传性的，只要一腹痛整个人就会晕倒不省人事，已经有好多次了，越来越严重，长期自汗、浑身无力，不能干重活，每餐后都要头晕，要休息很久体力才会恢复一些，脸色很黑很差，现在已经瘦得不行了，最近一年整个人一下子瘦了40多斤，都不敢认了。前几个星期每星期都瘦6斤，脉象及外表都显示整个人虚弱至极（这位学员是一位中医师）。这些年从南到北，中西医不知道看了多少，都没有明显的效果，已经放弃治疗了。他的父亲也是同样的病，60岁就去世了，他的两个兄弟也是同样的病，怕喝酒怕吃凉东西，他最近老觉得自己快不行了，遗书都已经写好了。我听了心里好难受，我给他介绍了八卦象数疗法后，他说愿意试试，求邢老师您帮帮他！"

（2）**象数配方**：070·3820·1650·4300。

（3）**调理效果**：7月23日反馈："该患者坚持每天念，一天天在好转，今天已经是第10天了，没想到奇迹真的出现了！到今天为止，二十多年的腹泻好了，头不晕了，心脏明显好转，脸色正常了，干活也不觉得那么累了，体力恢复得很好，血压稳定。不是亲眼所见、亲身经历我真的不敢相信，八卦象数疗法可以让这么严重的病人在这么短的时间里恢复得这么好！真的从内心感恩、钦佩山玉老师发明了如此简单方便又有神效的治疗方法！又非常钦佩感谢可敬可爱、善良宽容的邢若琪老师配出了如此精准神效的配方！替朋友谢谢您了。"9月18日回访，该学员说刚好周日才去看过这位朋友，发现这位朋友现在各方面都更好了，人很精神，也有力气做事了，脸色好多了，嘴唇颜色也没那么暗黑，变红润一些了，人也长胖了6～7斤，配方还在继续念。2018年5月30日又回访了一次，说目前一切都好，人挺精神的，比之前胖了一些。

（4）**配方释义**：070，先止住身体继续坏下去，7为艮卦为山为头，像山一样稳稳当当地立着，不再头晕；3820，用离火之阳来温肌暖腹，2为肺主降，此元也有让头部的血压降下来之意；1650，1为乾为大肠，长期拉肚子，大肠也肯定是寒凉的，所以用1650温补肾阳，命门火足了，才有力去驱除身体里的寒气；4300，4为木，3为离为火，木生火，加强心脏功能。

象数疗法调理严重失眠

（1）**时空状态**：2017年6月17日，收到一位学员的反馈："昨天门诊来了一位女患者，46岁，高三班主任老师，由于工作压力、家庭压力，导致严重失眠三年多，整夜无法睡觉，面色暗沉，没有精神，又有神经官能症，精神面临崩溃。每晚靠吃安眠药三片才可睡2～3小时，去了好多地方治疗都不见效，经人介绍来我这里把我当成最后希望。看到她痛苦的表情我心里也替她难过，不过我相信自己一定可以帮到她的，但是不会太快，需要时间。接下来开始针灸治疗，留针过程中她始终没有睡着。今天上午她又来了，看到她一脸的疲惫，我知道昨晚肯定又没睡好，一问果真如此。我一边鼓励她一边给了她一组象数配方，这组象数配方是失眠者在群里向邢老师求的，我就拿来让这位老师试试。我在她的大椎上贴了一组，并让她默念15分钟，发现无不适感，我开始为她针灸，然后我就忙其他病人去了。"

（2）**象数配方**：0720·260·430·880。

（3）**调理效果**：学员反馈："没几分钟我无意中回头一看，她竟然睡着了，好香的感觉，那一刻我愣了好一会儿，不敢相信会有这么快的效果。她睡了足有两个小时，因为是周末，我没忍心喊她起来，醒后她说：'我睡得好沉好香啊，几年没这样睡过了。'言语间充满了对我的感激。那一刻我在想，自己真的好幸运，结识了八卦象数疗法，让自己有了更多的自信，也让更多的病人少走很多的弯路，感谢山玉老师的伟大发明！"

（4）**配方释义**：0720，艮土生兑金，补肺气，肺朝百脉，肺主气，司呼吸，调节全身气的升降出入运动；260，补肾纳气；430，平肝理气，养血安神；880，8为坤卦为脾，脾主思，思虑过度也会睡不着，所以补脾，脾也为静，为安静地睡觉。

（5）**分析**：这是八卦象数疗法与其他自然疗法同时进行的一个案例。在这个案例中，这位从事针灸行业多年的学员，在描述中说得非常清楚，"我相信自己一定可以帮到她的，但是不会太快，需要时间"。但当针灸与象数结合后，发现患者竟然睡着了，她的描述是："那一刻我愣了好一会儿，不敢相信会有这么快的效果。"所以在此例中，八卦象数疗法的介入，起到事半功倍的效果。

几十年的咳嗽好了

（1）**时空状态**：2017年4月2日一位群友求方。女，63岁，20岁左右做的扁桃体手术，从27岁开始至今，嗓子不能呼吸冷空气、灰尘和汽车内的空气，一吸就不停地咳，特别是感冒，就像是吃了毛毛虫一样，嗓子里那口痰是咽不下去也吐不出来，到了晚上更是不停地咳嗽吐痰。

（2）象数配方：0380·820·720·640。

（3）调理效果：4月19日反馈："邢老师我最近一直在外奔波，没静下心来好好念数，但这一路上咳嗽有所缓解，白天咳嗽好多了，但是到晚上睡觉前，就会咳一阵把白痰吐出来才能入睡。"改方为03820·720·6500·6440。4月21日反馈："4月19日下午求的方，没有及时默念，晚上依旧咳嗽吐痰，到20日中午我就将您给的象数配方写了三条，一条放枕头下，一条贴大椎，一条贴天突穴，贴完后我就默念，慢慢地就觉得脖子和嗓子很轻松，特别是晚上睡觉时，没有咳嗽也没有痰了，太神奇了，太高兴了！真的太谢谢李山玉老师，太谢谢邢老师了！"

（4）配方释义：0380，3为火，8为土，虚者补其母；820，8为土，2为兑为肺，土生金润肺；720，7为艮为土，2为兑为肺，山泽通气；640，6为坎，4为木，肝肾同源，又肺主呼吸，肾主纳气，肝经经过咽喉，加强疏泄，助嗓子清润。

被铁钉扎中的脚好了

（1）时空状态：2018年4月28日学员发信息说："我家想为烧高粱烧酒准备点柴，拆木头架子劈柴时，不小心左脚底被2个有螺纹的铁钉刺了两个大洞，大概有1厘米深。那块有钉子的松木板长120厘米、厚2厘米、宽12厘米左右，木板两头各钉两个，中间钉两个，我刚好踩到了中间那两个。一踩到脚就不由自主抬起，那木板随之牢牢跟上，刹那间不能下地，也无法叫别人拔，右脚独立也撑不了多长时间，自己明白没办法，只有自己解决。千钧一发之时我下定决心，左边一头木板靠地面，右边一头用手中斧重重砸下，才把铁钉拔出。我感到钻心刺骨地痛，然后想到了象数40·70，没念几遍就感觉不那么痛了。原本钉刺了出点血比较好，可是念了象数，7是止，能止痛止血，出血很快止了，伤处用力挤才出点血。然后过了20分钟好像没什么事，就去村里为镇派出所做一至五代家谱，要跑来跑去问人家，一下午还好，回家晚餐后感到严重起来，而且越来越严重，脚肿起来了，也不能着地了，放下去就很痛，我就恳求邢老师赐方。"

（2）**象数配方**：77220·16550·44380·8210。

（3）**调理效果**：5月15日反馈说："当晚接到配方后就一直坚持默念，痛慢慢地一点点减轻，大概从1点钟睡至天亮，感觉好像不太痛了，起床走路时还稍有点痛，走路时有点跛脚，真不敢相信会好得这么快，第二天还可去村里办事，第三天孙女满月请客还感觉有一点痛，但人家已看不出我跛脚了。到5月20日完全好了，实际只用了四天时间，真的不可思议，太神奇了，刺得那么深，已到骨膜，按理应该打破伤风针，可我已很信任八卦象数疗法的威力。如果西医输液十天可能还解决不了，也不会恢复得如此之快，这种神奇之效还得感谢邢老师配方之精确！感谢李山玉恩师研究创造的神奇的八卦象数疗法。"

（4）**配方释义**：77220，7为艮为止，2为兑为肺，77220可消炎止痛；16550，1为乾，6为坎为肾，肾为先天之本，有排毒之功，5为巽为出入，16550，加强肾阳的排毒功能，让毒素出来；44380，4为震为肝，3为心为血，8为坤为脾，助脾运化；8210，8为坤为土，2为兑为口为伤口，1为乾为圆为正为健，通过脾的运化，让伤口快速愈合，恢复正常。

我妈妈的带状疱疹后遗症好了

（1）**时空状态**：2017年12月2日晚学员求方，说这两天装修房子，他妈妈累着了，带状疱疹后遗症犯了，在右后背，目前还没起疱疹，只是针扎式地疼，晚上起夜尿也憋不住了。

（2）**象数配方**：007200·00665500·004400·001100。

（3）**调理效果**：12月6日反馈说："念了象数配方后，带状疱疹后遗症没有继续发展，目前不疼开始痒了，还继续念这个方子吗？"调方005500·007200·00664400·008800。12月15日反馈说："带状疱疹后遗症12月12日已经完全好了。2008年曾经得过带状疱疹，当时在医院住院输液，出院后还得去针灸理疗，效果不好，还历经半年之久，而且只要累了就隐隐作痛。用我们的八卦象数疗法仅仅十天就彻底不疼了，象数太神奇了，感恩李山玉老师发明的八卦象数疗法，感恩邢老师无私的奉献。"

（4）**配方释义**：007200，7为艮为凸，2为兑为皮肤，疱疹为凸起物，为热毒，故此元可去凸消炎；00665500，6为坎为肾为先天之本，5为巽为风，此元为水生木，扶先天养后天，偶数个0为凉；004400，4为震为肝，加强疏泄；001100，1为乾为健为正，恢复正常。

象数疗法调理卵巢早衰患者重来月经

（1）**时空状态**：2018年4月17日学员给姐姐求象数配方，卵巢早衰，已经3个月不来月经了。

（2）**象数配方**：4430・3380・66650・72000。

（3）**调理效果**：5月15日反馈说："老师，首先感谢您大爱付出，我姐姐是卵巢早衰，4月17日向您求助配方。这之前我姐姐已经3个月没有月经了，去年10月开始吃中药调理身体，吃了近2个月的中药，在今年1月来了一次月经，停经后她去医院检查，医生建议再吃1个月的中药接着调理一下，她因为实在是不想吃中药了，想起吃中药就害怕，所以就没吃，心想反正都好了，医院就是想多开药，所以没听医生的话。可是到了2月月经没来，心想没事，没准并月呢，结果随着时间的推移到了4月也没来，本打算去医院看看，结果突然看见我分享的邢老师的案例，让我找您帮忙。当时您给的方是4430・3380・66650・72000，按照您教的方法她每天坚持念，只要有时间就念，每天零零散散的时间至少两小时，功夫不负有心人，今天早上终于又来月经了，当时别提多高兴了，谢谢您邢老师。"

（4）**配方释义**：4430，4为震为肝，3为离为血，木生火，助血脉通畅，能滋养到每一个细胞；3380，8为坤为腹为生殖系统所在之处，为后天之本，火生土，让腹部暖和；66650，6为肾为生殖系统为先天之本，5为巽为风为阳木，

66650 补肾阳；72000，7 为艮，2 为兑为气，72000 助肺气通畅，肺朝百脉，气行血行，助气血通畅。

象数疗法让铁碎自己出来了

（1）**时空状态**：2018 年 10 月 18 日晚，收到一位学员的微信求方："邢老师，麻烦您配个方，10 月 13 日，一名工人磨铁时铁碎飞入眼里，医生已将铁碎钳了出来。今日去医院洗眼，眼更疼和红肿了，且这些天一直流眼泪。"

（2）**象数配方**：300·7200·6400·8810。

（3）**调理效果**：第二天收到这位学员反馈："邢老师，患者昨晚念您配方到 11 点多睡着了，今早醒来眼角竟然有一点小铁碎出来，眼不痛也不再流泪了，只有点红，我叫他继续念。明天可以去工作了。感恩李山玉老师创造了伟大的八卦象数疗法！"

（4）**配方释义**：300，3 为离卦，离为目，这里是取了眼睛之象。7200，7 为艮卦为山，2 为兑卦为泽，7200 为山泽通气，去阻去滞的作用，也有手拿手术刀取异物之象，此元也有消炎的作用；6400，6 为坎卦为水，4 为震卦为肝，肝开窍于目，又肝肾同源，此元同时加强肝肾的功能；8810，8 为坤卦为脾，脾有运化的功能，1 为乾卦为正，此元为通过脾的运化，让眼睛恢复正常。因为此患者眼睛红肿，红为阳，所以配方以阴为主。

这位患者是 10 月 13 日受的伤，去医院进行了治疗，但疼和肿没解决，所以我们这位学员 18 日代患者求方，此时离他异物进眼已经 5 天了。这期间，医院进行了洗眼、消炎的处理，医生也认为将铁碎都取出来了，但患者眼痛一直没消，且伴有红肿、流泪的症状。可是通过念象数，第二天发现小铁碎竟然自己跑出来了，八卦象数疗法把医生没找到的铁碎取出来了，这是不是非常神奇？所以八卦象数疗法的潜力是深不可测的。李山玉恩师说，这是天地赐给我们的法宝，让我们要感谢天，感谢地！推广八卦象数疗法是天地的使命！

象数疗法救我吐出了枣核

（1）**时空状态**：2019年2月21日中午十一点半左右，我正在做饭，听到手机响了，是一位学员打来的微信电话，不知是她的手机信号不好还是我的信号不好，听不太清，只能断断续续听到"老师，快救我""核卡喉咙""好难受""老师，救我""看微信"等字句，听她的声音，非常微弱，刚想告诉她配方，电话却挂断了。我听清了她最后一句告诉我是"看微信"。情况紧急，我赶紧去看微信，原来，几分钟之前她给我发了微信求方："老师求救，枣子核在咽喉处横着，两个尖头横着，怎么办？"

（2）**象数配方**：4440・7220・16000 / 72220・6664440・05550・16000 / 77220・6640・88210。

（3）**调理效果**：因为患者是位79岁的学员，年龄偏大，又遇到这样的事，我也非常着急，所以当时赶紧放下手上的活，帮她助念。助念了几分钟，我在微信上问她枣核出来没？她回复说："没有，好难受。"于是马上给她改方为72220・6664440・05550・16000，让其贴患处四条，助念器助念。13：15，收到她的微信："老师老师，报告好消息，刚才咳嗽，枣核吐出来了。"

看到这条消息，我终于松了口气，这时离她的求救电话不到两个小时。枣核出来了，她的精神也放松了，话也开始多了。她说："红枣核已经到天突穴上面一点，很痛很痛，因为是横着的，而且两头尖尖的，我急得不得了，立即想起老师，向老师求救。枣核出来了，真是神了。感恩山玉老师，感恩邢老师及时配方并帮我助念，您配方正确让我免受痛苦。李山玉恩师创造八卦象数疗法，真是造福全人类，不用去医院，不花钱。谢谢邢老师助我，我把枣子核拍给你，很长很大的，能出来真的不容易呀。"

看她发的枣核照片，枣核还真不小，两头尖尖的，有几厘米长。当时枣核到了天突穴上面一点，应该说吞下挺长的一截了，通过念象数，居然能通过咳嗽从嘴里吐出来，真的可谓是奇迹！李山玉恩师创造的八卦象数疗法的潜力究竟有多大？值得我们这些学子不断通过实践来发现。

枣核虽然出来了，但患者说喉咙很痛，她说枣核较大，两尖头可能伤到了食道，于是又给她配了消炎止痛的配方77220·6640·88210。后来患者反馈："念此方两天时间，觉得还有点痛感，到第四天就基本不痛了。"

（4）配方释义：①4440·7220·16000。4440，4为震卦，为震动，枣核卡在那儿，让它通过震动挪位；7220，7为艮为凸，2为兑为泽，通过土生金的力量把凸出的部分消除，7也为手，2为金属为手术器械，这种情况如果去医院，医生大概会用钳子把异物取出，这里的7220就相当于医生手拿着金属钳子；16000，以金生水之力，让食道畅通。念了几分钟后，问她枣核出来没？她说没有，于是我果断改方，用了一个力量更强的方。

②72220·6664440·05550·16000。在这个方中，72220的方义跟之前一样，只是又多了一个2，更加强了折毁异物的力量，让横着的枣核这个凸出物快快消失掉；6664440，以水生木之力，加强震卦4的震动之力；05550，5为巽卦，为出入，让枣核动起来，能出入，不要再卡在那；16000方义同上。

通过念第二个配方，枣核出来了。但是患者说喉咙很痛，因为枣核两头很尖，考虑到可能把食道刮破了，食道有损伤，于是又给她配了第三个配方，消炎止痛，恢复伤口。

③77220·6640·88210。第一元，虽然跟前面的方有些相似，但方义却不同了，77220，取了两个7，加强其止痛的功效，2为兑为伤口，以土生金之力助伤口愈合，7为手，2为泽为水为消炎水，所以77220在这里也是手拿消炎水给伤口消炎之意；6640，6为坎为水，4为震为肝，此元是加强肝的疏泄功能，4为震卦为快，为东方，有推陈出新的功效，也指破口处快快长出新肉；88210，8为坤为脾主运化，也为肉，2为破为伤口，1为乾为正为圆，通过坤8脾的运化，长出新肉，抚平伤口。

该学员觉得这个案例很有代表性，非常感恩李山玉老师创立的八卦象数疗法，她说是八卦象数疗法救了她，所以特意要求我把这个案例分享给大家，她说或许可以帮助到更多此类的患者。当时，我按她的要求把这个案例发到了群里。

唐山的王医生是位西医大夫，她看了念象数吐出枣核的案例后，想起了几年前她同学吞枣核的事，当时因为她还没接触到八卦象数疗法，事后听她同学讲起那段医院治疗的痛苦经历，王医生当时还特意写了一篇文章。看到这个案例后，王医生特意找出当年写的那篇文章分享到群里，我们一起来看看王医生的分享：

"前两天看到群里分享的枣核吐出来的案例，感触颇深，几年前我高中同学也有过囫囵吞枣的经历，但十分痛苦，下面是我当时写的文章：

"今天接同学来电，电话中所说之事让人吸取教训。一天她在吃饭时，速度有些快，把粥里的红枣及枣核一并咽了下去，应了那句成语——囫囵吞枣，结果为此付出惨重的代价。开始她没有什么特别的不适，只是吞咽时有些困难。但第三天疼痛明显加重，辗转不安，用同学的话形容是'疼得满地打滚'。就医时正巧北京来的胸外科医生在该院做手术，于是为她临时加了一台手术，具体情况同学不太清楚，只知道枣核将食道划破，造成食道穿孔，食道中的内容物及气体流入周围组织，导致严重感染，医生为她做了清理，术后禁食，胃肠减压，45天下着胃管，80天后出院。所受痛苦可想而知，用同学的话说'连死的心都有'。那时的我对八卦象数疗法还一无所知。而手术中医生并没有找到枣核，也就是说枣核已经由肠道排出体外了，但是因为枣核划伤食道引起的后果却让她付出了惨痛的代价。"

王医生作为一名专业的医生，文章中还写道："食道有三个狭窄处，吞进异物如果不及时处理，会引起穿孔，后果就如我同学的遭遇。当然还有更严重的后果，就是血管破裂大出血。因为食道第二个狭窄处就在食道入口下7厘米处，由主动脉弓从其左侧穿过和左支气管从食道前方越过而形成。"

我案例中的患者，是位79岁的老人，通过念象数，一个多小时吐出枣核，四天时间不再觉得咽喉疼痛。王医生的同学，69岁，比我们的这位学员年轻10岁，医院手术取出枣核，80天出院。相形之下，更体现出八卦象数疗法的方便快捷。让我们打心底里感恩李山玉老师创立的八卦象数疗法，让患者少遭多少罪啊！

从死亡线上救回来的孩子

（1）**时空状态**：2018 年 6 月 28 日，一位学员求方："邢老师，患者是我表妹的女儿，3 岁半，是早产儿，生下来的时候缺氧，导致了肺气囊堵塞，身体很弱，一直在做西医的雾化治疗。今年春节开始病情加重，后来肺气囊堵塞严重，到西南最好的儿童医院治疗过几次，最后医院不收，加上农村家庭，医疗费用也负担不起了，就剩一口气抱回家中。万般无奈下，她妈妈就跟我提能不能用八卦象数疗法治疗？他们以前也有过八卦象数疗法治疗感冒的经历，挺有效果，但他们家没有重视此疗法。现在抱着死马当活马医的心态，请邢老师配方治疗。"

（2）**象数配方**：720·640·050·0810。

（3）**调理效果**：9 月 3 日反馈："收到邢老师的配方后，我告诉表妹每天助念不少于 5 小时，先是孩子妈妈和奶奶换着助念，后来我给他们买了一个八卦象数疗法的助念器，二十四小时助念。经过这两个月的治疗，小孩从鬼门关拉回来了，现在已上学。昨天我给表妹打了电话询问，表妹说小孩现在情况好转，目前就是太顽皮了，两个大人都看不住，一转眼就跑没影了，送幼儿园让学校看管了。感谢李山玉老师创造的八卦象数疗法！感谢邢老师的相助。"

（4）**配方释义**：此患者是肺气囊堵塞，所以我的第一元用了 720，7 为艮卦，为石为堵，2 为兑卦，为肺，720 为山泽通气，把堵处通开。640，6 为坎卦为水为通，4 为震卦为肝，640 以水生木之力加强疏泄，加快堵塞物的通开；又因为 4 为木，木克土，堵塞物为土，可以克制堵塞物。050，5 为巽为风，风有散的特性，让堵塞物尽快散开。0810，8 为坤卦，有运化的作用，大地有包容万物的能力，不管好的坏的，最后它都能运化为有用的东西，1 为乾卦，为健，为正常，0810，也为地天泰卦，愿孩子平安、安泰、为天道！全方，先把堵物通开，通开后用水冲之，用雷震之，用风吹之，最后在天地父母的护佑下，让孩子平平安安、健健康康！

这是八卦象数疗法又一次挽救了生命！无疑这个孩子是幸运的，在病情的危急时刻，在医院都放弃的情况下，好在她的亲属中有八卦象数疗法的学员，她的母亲把最后的希望寄托给了八卦象数疗法。在患者家属的认真助念下，最后，神奇的八卦象数疗法没有让他们失望，把孩子从死亡线上拉回来了，是八卦象数疗法给了他们孩子第二次生命和一个完整的家。

象数疗法调理一天去除产妇乳房硬块

（1）**时空状态**：2019 年 5 月 10 日求方："邢老师，您好，昨天半夜我的左乳房突然硬硬的，里面有硬块，我还没有给孩子断奶，求您赐我一个象数配方，谢谢您！"

（2）**象数配方**：38220·7220·6440·0550。

（3）**调理效果**：第二天反馈："邢老师，您好！昨天下午我因左侧乳房出现硬块，向您求方，接到配方后，助念器一直助念，今天中午十二点左右，发现左乳房就变软了，恢复正常了，感谢李山玉老师创立这么好的疗法，感谢您又一次帮了我！"

（4）**配方释义**：患者是左乳房出硬块，是气血不通之象，38220，3 为离卦为气血为乳房，8 为脾为运化，2 为肺为气，38220 是让气血通过包块，去除包块之象；7220，7 为艮卦为凸，为乳房，为硬块，2 为肺，7220，山泽通气，去除硬块；6440，肝经通过乳房，此元为加强肝的疏泄功能，把瘀堵快速通开；最后一元 0550，5 为巽卦为风，风有散结的作用。全方合力，去除乳房硬块。

我老伴不再无缘无故哭了

（1）**时空状态**：2019 年 4 月 26 日接到学员求方："邢老师早上好！我老伴今年 72 岁，自 4 月 24 日，就是前天下午，他去公园回来就哭。因我儿子当天晚上要去广州工作，我以为是这个原因，通过这两天的观察，可能不是这个原因。

他 2013 年 12 月 13 日中风，到现在说话还有点儿不清楚，这次哭可能是大脑有根神经受阻，自己控制不住，烦请老师赐方，谢谢！"

（2）**象数配方**：70·882000·650·4380。

（3）**调理效果**：4 月 30 日反馈："邢老师晚上好！我老伴 2013 年中风，到现在说话还有点儿不清楚，这次 4 月 24 日下午开始哭，可能是大脑相关神经受阻，自己控制不住，26 日早上向老师求方，助念器 24 小时不停地助念，就 26 日早上哭了一次，之后直到现在一直没哭，感谢李山玉老师创立的八卦象数疗法！感谢邢老师的精准配方！"

（4）**配方释义**：70，7 为艮卦为止，患者一直哭，先止住哭的行为。882000，8 为坤卦，患者哭，肺气虚则善忧好悲；虚了我们就找其母，此例患者肺气虚了，导致一些不正常的行为，一直哭，所以这里的 882000，以土生金之力强力补肺气，助其肺功能正常。650，患者求方时提到可能大脑相关神经受阻，此患者控制不住哭，所以神经系统应该是有问题的。神经是细细长长的，用比类取象的方法，在八卦里对应的是巽卦 5 的象，所以此处的配方 650，以水生木之力补了神经系统，6 又为通，让受阻的神经畅通。4380，4 为肝，加强肝脏的疏泄功能，补其心，让君主之官做个明君，明君肯定不会整天哭哭啼啼的，此元也补了脾土，加强脾的运化功能，脾除了运化水谷精微之外，还可以运化水湿，患者爱哭，是眼泪多，眼泪就是水，所以加强脾的功能可以阻止爱哭的行为。又因 8 为土，土可以克水。坤 8 的功能强了，眼泪就止住了。

象数疗法调理全身疙瘩没有了

（1）**时空状态**：2018 年 4 月 7 日求方："邢老师，我昨天就开始突然全身起大片疙瘩，奇痒无比，到夜里起得更多，手抓了一夜痒痒没睡觉，所以一早就打扰您了！向您求救了，请您赐方解决皮肤奇痒痛苦！我用手机拍了照片给您看一下。"

（2）**象数配方**：005500·8800·007200·00664400。

（3）**调理效果**：4月16日反馈："邢老师，4月6日，我全身突然起荨麻疹，奇痒无比，第二天一早向您求方，您赐方005500·8800·007200·00664400，接到方之后我就马上开始念，并在大椎穴贴一条和用助念器念，第二天就消退不痒了，至今未反复。感谢八卦象数疗法，感谢邢老师及时、精准配方，解除病者痛苦！"

（4）**配方释义**：005500，5为巽卦为风，风有出入的特性，在这里，相当于给痒处来回挠痒痒；8800，8为坤卦为脾为大地，脾有运化的功能，加强脾的运化功能，尽快排出毒素，运用大地有包容运化万物的能力，坤8还可泄离火；007200，此元为山泽通气，有止痒消炎的作用；00664400，6为坎卦主肾，4为震卦主肝，肝肾均有排毒功能，此元也为以水生木之力助肝脏加强疏泄的功能。

象数疗法调理术后脐周痛

（1）**时空状态**：2018年11月19日求方："邢老师晚上好，又来打扰你了。本人今年62岁，在10月17日做了胃镜、肠镜检查。检查结果：胃是慢性浅表性胃炎伴增生糜烂，肠是结肠多发息肉。做了结肠息肉EMR术。术后已有一个月零两天了，但我脐周围隐隐痛，肠蠕动特别厉害，像在里面打滚似的，总像要拉肚子的感觉，实在难忍，吃东西不敢吃，吃了后蠕动更厉害。近一个月消瘦明显。请邢老师赐方治疗，谢谢邢老师。"

（2）**象数配方**：380·720·0550·6440。

（3）**调理效果**：11月22日反馈："邢老师上午好！11月19日您给我赐方380·720·0550·6440，真的很神奇，当晚按照您说的贴四条在脐周，然后自己默念15分钟，晚上用助念器助念，声音开得较小，第二天醒来脐周隐隐痛也有好转，肠蠕动也好多了。这两天助念器继续助念，胃口有所好转，脸色由黄渐转红润。不瞒邢老师，我本身也是一个医务人员，刚开始对象数疗法了解不够，有点将信将疑。通过好朋友的介绍和自己亲身体验过三次，真的很灵，还可以避免药物副作用。"

2019 年 6 月 11 日回访了一下，回复说："上次念数一天后脐周痛缓解，肠蠕动也好很多。三天后疼痛彻底好了，没有像以前一样饭前饭后痛了。直到现在，再未复发。谢谢八卦象数疗法的创始人李山玉老师！谢谢邢老师！"

（4）配方释义：380，3 为离卦为火，8 为坤卦为土为脾为腹，患者是脐周痛，此元以火生土之力温煦腹部；720，7 为艮卦为止，2 为兑卦为气，去除瘀堵；0550，患者肠蠕动厉害，此处 5 为巽卦为肠之象；6440，6 为坎卦为通，通则不痛，4 为震卦为肝，加强肝的疏泄功能。

象数疗法一天调理好了一个多月的失眠

（1）时空状态：2020 年 3 月 3 日，北京一群友求方："邢老师你好！我，男性，67 岁，最近一个月晚上入睡很困难，一直到凌晨 3 点才能睡着，主要是脑子想事太多，控制不住自己，请赐方，谢谢！"

（2）象数配方：260·6400·4380·880。

（3）调理效果：两天后收到其反馈："邢老师，你好！我由于失眠一个多月，很是苦恼！前天请邢老师配方，接到配方后，当晚就按老师嘱咐贴在局部，助念器助念，然后自己躺在被窝里默念。晚上 10 点半，念着念着就睡着了，等我醒来时，一看表，时间是凌晨 3 点多，以前是 3 点多才能入睡的，兴奋得我又好长时间没睡着，高兴啊！第一次体会到八卦象数疗法的神奇！第二天睡得依然很好。非常感谢李山玉老师伟大的八卦象数疗法和邢老师的精准配方！"

（4）配方释义：260，2 为兑卦为肺为金，6 为坎卦为肾为水，为黑为夜，260 以金生水之力助肾气，也创造一种黑夜的环境，提醒患者的身体到晚上了，该睡了；6400，6 为坎卦为肾，4 为震卦为肝，此元以水生木滋肝阴，偶数个 0 滋阴，让患者安静，别妄动了；4380，4 为震卦为肝，3 为离卦为心，8 为坤卦为脾，此元以木生火补心血，使心肾相交，利于入睡。患者想得多，思伤脾，8为脾为思，补脾，达到健脾安神之目的；880，8为坤卦为脾为静，进一步达到健脾之目的，并让患者安静。第一元的夜晚，与第四元的安静，互相呼应，达到夜晚好好安静睡觉之目的。全方合力，让患者第一晚就体会到了八卦象数疗法的神奇疗效！

十几年的脑梗后遗症患者能走了

（1）**时空状态**：2019年9月7日，会员王××求方："邢老师，我一位朋友的妻子，1944年7月26日出生，十几年前脑梗，之后就有后遗症，两腿无力，还腰椎间盘突出，腿后弯疼，不能行走，想请老师百忙中给赐方，不胜感激！"

（2）**象数配方**：38880·72220·66650·44330。

（3）**调理效果**：12月2日反馈："邢老师好！76岁的朋友妻，脑梗后遗症不能下地走路，9月请老师赐方，拿到配方后，患者不太信，没怎么念。后来买了助念器，从10月31日开始用助念器助念，10天后自己也念。刚才她女儿来电话反馈，她妈经过近一个月的自念加助念器助念，已从原来不能走路，到今天站起走40米了，全家真的太高兴了。全家感谢邢老师配方，让十几年不能走的老人能走了，坚定了对八卦象数疗法的信心。感恩李山玉老师创造的神奇疗法！感恩邢老师的精准配方！"

2020年7月初追访："当时念了一段时间，腿不疼了，也能自行慢慢走一些路，但后来不怎么念。现在能正常走，但腿还会发软，所以走不多。就是不坚持念数，说也不行。"（此患者如此好的效果，却没能坚持念象数彻底告别病痛，为其惋惜！）

（4）**配方释义**：38880，3为离卦为火，8为坤卦为土，为四肢，为后天之本，以火生土补了脾土，增强脾土的运化功能，补后天济先天；72220，7为艮卦，为山，为凸，为硬，为骨头，2为兑卦，为缺，为气，以土生金，去阻消凸，山泽通气，让身体的不通之处打通；66650，6为坎卦为肾为骨头为力，为先天之本，5 为巽卦为风为阳木，三个 6 起加强作用，通於堵，助肾阳，补先天元气；44330，4 为震卦为肝，3 为离卦为心为血脉，加强肝的疏泄功能，疏通全身血脉。

左手使不上劲，十几分钟恢复了

（1）**时空状态**：2020 年 1 月 22 日，浙江学员毛 ×× 微信求方："邢老师，我左手大拇指关节拧毛巾使不上劲，请老师配方。"

（2）**象数配方**：7220·6550·4440。

（3）**调理效果**：4 月 22 日反馈："默念象数十几分钟，左手大拇指就恢复正常了，后又一次发作，也只念十几分钟就正常了，至今没有再复发。"

（4）**配方释义**：7220，7 为艮卦为手为关节，2 为兑卦为泽为气，7220 为排除阻碍，为山泽通气；6550，6 为坎卦为通，5 为巽卦为风，利于散结，两个 5 为加强；4440，4 为震卦，为动，为疏泄，加强肝的疏泄功能，通过震 4 的震动，让手的动作功能恢复正常。

五十八年的关节炎好了

（1）**时空状态**：2019 年青岛秋季面授班期间，学员徐 ×× 跟我求方，患关节炎多年，多方求医，一直没治好。

（2）**象数配方**：77720·66650·44430·01110。

（3）**调理效果**：2020 年 1 月 13 日收到其反馈："邢老师好！我的双膝 1961 年就开始疼，医生说是关节炎，经多年用许多方法治也未治好，因此夏天不离秋裤，冬天穿两条棉裤，还不时疼痛。2019 年 10 月 24 日，在青岛秋季面授班时，您赐给我方子，按老师吩咐贴局部，因为贴的配方经常自然脱落，我发现后就随之再补上，就这样坚持到 2019 年 12 月 10 日，后来购买了助念器后，就用助念器助念到 2020 年 1 月 8 日。现在我们这里已是天寒地冻了，但是我一直坚持，五十八年的老关节炎居然好了，膝盖走路正常了，不疼了！我这个82岁老人的梦想成真了！从内心感谢八卦象数疗法的开创者李山玉老师！谢谢邢老师！您的配方真神奇，大半辈子的痛苦一朝除！"

（4）配方释义：77720，7为艮卦为止，这里有止痛的作用，三个7起到加强的效果；膝盖也是凸起之象，符合艮卦，7也代表膝盖，直指病灶；7也为足阳明胃经，它经过膝盖，阳明胃经为阳经，有增加膝关节阳气的作用，7也为循经取数；2为兑卦为气，77720为山泽通气，让痛处止而不滞。66650，6为坎卦为肾，肾主骨生髓，5为巽卦为风，为阳木，此元强力补了肾阳，起到驱寒的效果。44430，4为震卦为肝，肝主疏泄，主筋，膝盖为众筋所聚之地，三个4加强了肝脏的功能；3为离卦为血脉，为火，44430可以帮助打通血脉，让气血运行到患处，也为患处增加温度，起到驱寒的效果。01110，1为乾卦为正为健，为阳气，乾卦是阳中之阳，三个1为加强，意为进一步增加膝关节的阳气，让其最终变为正常。全方合力，在老人的认真默念下，最终告别几十年的关节炎。

象数疗法调理让脑梗患者康复了

（1）时空状态：2019年9月1日下午5点多，VIP会员左×紧急求方："邢老师，我哥哥，37岁，今天下午2点左右午休醒来起床的时候突发头晕恶心，脸色苍白，呕吐，随后站起来时发现抬头困难，走路不稳，嫂子急忙打120救护车，哥哥被送往当地第二人民医院脑外科进行治疗，到医院已经快3点多了，经过医生和脑部CT等各项检查，被诊断为脑干出血，出血量为3～5ml，并且出血的位置不是很好，情况很糟糕，所以医生要求在重症监护室进行全天24小时的监护和治疗，请邢老师配方救救我哥哥。"

（2）象数配方：

① 003800·007200·006400·001100；

② 38220·6440·0550·7220；

③ 7220・6660・66440・53810。

（3）调理效果：配方①。9月8日反馈："得到配方后，家人马上帮忙助念，外加3台助念器也一起助念。9月2日医院检查结果显示我哥脑部的出血已经止住，血压也得到了控制（送医院时血压为二百多）。但是哥哥整个左半侧身体已经没有任何知觉，说话口齿不清，一直流口水。9月1日至9月7日这一周时间一直在重症监护室进行治疗和观察，这期间，我们自己观察哥哥有好转的迹象，情况在一天一天地变好。9月6日检查报告显示病情基本控制住了，家人悬着的心也总算放下一点。

调整为配方②。

9月13日反馈："哥哥情况又好多了，左手能慢慢握慢慢抬起了，左脚也可以来回动了，情况还在一天比一天好。哥哥已经从重症监护室转到了普通病房。哥哥从犯病时的左半身没有任何知觉，左手左脚无法正常抬动，到这时自己可以慢慢握手、抬脚，才用了十天左右时间，八卦象数疗法真太伟大了！"

9月25日反馈："哥哥已经自己可以慢慢从床上坐起来，并且下床沿着墙边走几步了，哥哥也从普通病房转到了康复科。但左脚和左手还是麻，头也有点蒙。"

改为配方③。

10月8日反馈："哥哥从发病到现在已经38天了，家人已经没助念了，但家里的助念器一直还在帮哥哥助念。在八卦象数疗法和康复训练两者的结合下，哥哥在康复科恢复得很好，现在手和脚已经不麻了（附上哥哥康复训练时的视频）。"（从视频中看，感觉患者的腿脚已经很有力量了）

11月5日反馈："现在哥哥已经能自己爬楼梯，上下楼梯自如了（附上一段今天拍的视频）。"（从这个视频中看，患者自行爬楼梯已经不费力了）

左×感叹道："哥哥这么年轻就得这种病是不幸的，但我们又是幸运的，因为从入院的第一天开始就能得到八卦象数疗法的及时介入治疗，哥哥才能恢复得这么快！如果没有八卦象数疗法的及时调理，我哥哥的病不可能在这么短时间内康复，不敢想象会是什么结果，我们全家都知道这是八卦象数疗法起了决定性的作用。从犯病时的止血降压，到后来去除淤血，再到恢复左半身的身体功能，这些都离不开八卦象数疗法的帮忙，如果只有医院的治疗，这么短的时间是达不到这样的效果的。因为跟他得同样病的患者，有的比他住院早，也有的比他住院晚，他们都没他恢复得快，没他恢复得好。跟哥哥同病房的一位四十多岁的大哥，跟我哥一样，也是因为脑干出血，去年犯了一次，这次是二次复发再住院，一年多了，到现在还不会说话，卧床不起，生活不能自理，行动完全靠他人帮忙。

"通过我哥哥这个突发重病，我们全家对八卦象数疗法更相信了。当然这里头如果没有邢老师的精准配方，也是达不到这样的效果的。八卦象数疗法真的太神奇了！感谢李山玉恩师发明的八卦象数疗法！再次感谢邢老师的精准配方！接下来我们一家人会一如既往地支持、宣传八卦象数疗法，让更多人了解天下有这么好的疗法！"

（4）配方释义：方①003800·007200·006400·001100。患者求方时说脑干出血，根据李山玉恩师所教的"急则治其标"的原则，这个配方主要起降压止血的作用。003800，3为离卦，为心主血脉，8为坤卦为脾，脾有统血的作用，此元是加强两者的功能，让血归经；007200，7为艮卦为头为高，2为兑卦为泽，让血压从高往下降；006400，6为坎卦为肾为水为血，4为震卦，为肝，肝有疏泄有藏血的功能，4也为东方，为春天为生命，患者昏迷，有让患者恢复生机苏醒之效；001100，1为乾卦，为天为健，为周而复始颠扑不破，为光明，两个1为加强。

方②38220·6440·0550·7220。这是在患者家属告知，血已止住，人已清醒的情况下改的方，主要是起到让患者早日康复的作用。当时患者整个左半侧身体已经没有任何知觉，说话口齿不清，一直流口水。38220，3为离卦为血脉，8为坤卦为脾，为肌肉为四肢，涎为脾之液，2为兑卦为肺为说，肺又主一身之气，此元加强脾肺功能；6440，6为坎卦为肾，4为震卦为肝，以水生木，一方面加强肝脏的疏泄功能，另一方面加强血液运行，因为气行血行，第一元气在开道，第二元血跟上，两个4为加强，4在八卦中位于东方，对应身体的左半边，此元也意为加强左半身的气血畅行，恢复生机；0550，5为巽卦为风，风为送气之媒，通经活络，有散结消阻的作用，巽风具有出入的特性，木能克土，也可以起到消堵的作用；7220，7为艮卦，2为兑卦，此元为山泽通气，也是进一步加强肺气的功能，再一次去除身体的淤堵，加快身体功能的恢复。全方合力，行气通经，活血化瘀，恢复生机。

方③ 7220·6660·66440·53810。患者已经转到康复科了，但左脚和左手还是麻，头也有点蒙，在这样的情况下改的方。7220，7为艮卦为山，2为兑卦为泽，这里是以土生金，去阻消凸，山泽通气；7为艮卦为头，患者头有点蒙，此元也有让头去蒙的作用；6660，6为坎卦为肾为通，三个6为加强，此元意为让其不畅之处能打通；66440，以水生木，让血流畅行，4为左，为左手为左脚，患者左手左脚麻，按中医理论，麻，表明气能过去，但血过不去。根据中医"气行血行"的理论，在第一元气的带领下，第二元进一步打通障碍，为第三元血的畅行作好了充分的准备；53810，此元为以木生火，火生土，土生金，让身体恢复正常的动态平衡。

这个案例中脑梗患者两个多月时间能恢复到这样的程度，应该是比较快的，八卦象数疗法的介入起到了主导作用。

手被滚油烫伤第二天恢复如初

（1）时空状态：2019年11月4日晚快11点了，刚想放下手机准备休息，突然看到杭州一位学员发来的一条紧急求救信息："邢老师，睡了吗？我二姐右手掌手指根部被滚油烫伤，疼痛难忍，求方。"

（2）象数配方：

① 0000772200·00001600·0022·00445500；

② 00772200·001600·002200·00445500。

（3）调理效果：11月6日收到其反馈："11月4日晚22：34，我二姐右手掌及手指被空气炸锅200度滚油烫伤，疼痛难忍，我立即向邢老师求方。接到邢老师配方后，二姐立即默念，约20分钟，疼痛大为减轻，只手掌根部还有痛感；又默念10分钟，基本无症状，安心睡觉。第二天就能正常地干活，好像没有烫伤过一样。真是神效、神速！二姐一直说，如果没有八卦象数疗法，还不知道要遭罪到什么时候呢！非常感谢八卦象数疗法的创始人李山玉老师！感谢邢老师的精准配方！有了八卦象数疗法，就有了护身符，生活的底气都足多了！再次感恩山玉老师！感谢邢老师！"

后来我再追访，问患者第二天起来手有没有疤痕？说没有疤痕。大家看，八卦象数疗法的治疗效果是多快、多好呀！被200度滚油烫伤，居然没有疤痕，一夜痊愈！

（4）**配方释义**：配方① 0000772200·00001600·0022·00445500，这是一个非常寒凉的方。0000772200，7为艮卦为手，2为兑卦为泽为水，为手拿消炎水给患处冲洗之象，此元有消炎的作用，防止患处感染；前面用了四个0，后面用了两个0，偶数个0为阴，象数配方前面的0为阴，所以这一元是阴上加阴，很寒凉的方。00001600，1为乾卦为立冬，6为坎卦为水为冰为冬至。师曰：热则寒之。此元是用冰袋冷敷患处，在前一元的基础上继续起到降温的作用。0022，2为兑卦，为右手，为皮肤，肺有宣发、肃降、外合皮毛的作用，两个2为强化，偶数个0在前也是偏阴，起降温的作用，此元降温、护肤。00445500，4为震卦为肝，肝有疏泄的作用，5为巽卦，为风，风有出入的特性，可通经活络，前后偶数个0为阴，此元以雷风相薄之力，似给身体开启了冷空调，再次让患处散热降温，4为震卦为东方，5为巽卦为东南方，有生发的作用，也给患处以生机。

考虑到第一个配方非常寒凉，只为烫伤初期快速降温而设，不适合久念，故让其不太痛了后改念配方②。全方合力，快速治愈手部烫伤。

肺癌晚期患者好多了

（1）**时空状态**：2020年1月22日，收到学员周××的微信求方："邢老师您好！患者严××，男，67岁，去医院检查出肺癌晚期，不能手术，要化疗六次，现已化疗一次，有鸡蛋那么大的瘤压迫气管，引起胸闷、气急、咳嗽。他本人是乡村医生，心态还好，心情、饮食各方面还可以。因这几天快过年了，大家都比较忙，我不好意思麻烦您，我就从《八卦象数疗法实例验方》书中选了一组2000·80的简单配方给他念。1月20日那天开始，今天是第三天，头、心、胃没有不舒服，就是今天念了好像一股气流到局部，且会咳嗽更厉害，是否是好现象？应该是象数配方的作用吧？是否需要改一下方？谢谢！"

（2）**象数配方**：7220·66440·5380·8220。

（3）**调理效果**：1月31日反馈："邢老师好！那个肺癌病人念了您赐的象数配方，近几天舒服多了，他问在念象数时能戴象数口罩吗？"（回复：可以）

2月22日反馈："邢老师好！1月22日那位患肺癌晚期的患者，念了您赐的象数配方，今天打电话来说：'胸闷、气急、咳嗽都好了，人也有精神了，声音都提高了，谢谢邢老师！'他每天念6～10小时，我让他继续加强念，念得越多越好，并告诉他最好去青岛培训一下更好。谢谢李山玉老师创立的八卦象数疗法！谢谢邢老师！"

（4）**配方释义**：7220，7为艮卦为凸起物为瘤，2为兑卦为肺，艮土生兑金，直接泄了凸起肿瘤，又补了肺气，两个2加强了肺金的力量，起到强力补肺的作用；7为艮卦为手，2为兑卦为刀，也有手拿手术刀去除肿瘤的象；7220也有手拿消炎水，给伤口消炎的象。66440，6为坎卦为肾，肺为气之主，肾为气之根，患者呼吸困难，通过加强肺肾的功能可以得到缓解；4为震卦为肝，加强肝的疏泄功能，肝为木，木可以克土，可以加快去除鸡蛋大的那个瘤。5380，5为巽卦为风，风有散的特性，3为离卦为火，为血脉，8为坤卦为脾，为运化，巽卦在后天八卦的方位为东南方，离卦在南方，温度都是偏温热的，用木生火、火生土的力量强化了肺功能，只有母强才能子壮。8220，8为坤卦为脾，2为兑卦为肺，脾的力量加强后，再进一步生助其子肺金，加强肺的功能。

象数疗法调理两三分钟止住了不停清嗓子

（1）**时空状态**：2020年6月10日，见朋友不停地"吭吭"清嗓子，赶紧给她一个象数配方。

（2）**象数配方**：38220·7220·260·440。

（3）**调理效果**：让她自己念，我也帮她助念。刚开始明显感觉清嗓子的频率降低了，不是不停地"吭吭"声了，中间有了间歇；再念，间歇时间进一步加长，一会就听不到清嗓子的声音了，念方总计只有两三分钟时间。

（4）**配方释义**：患者是开空调睡觉，受寒导致的，38220，3为离卦为太阳为热量，8为坤卦为脾，脾为生痰之源，通过加强脾的运化功能把喉咙痰状物去除，2为兑卦为肺为呼吸系统，此元通过火生土、土生金强力补了肺气，两个2起到加强的作用；7220，7为艮卦为凸为阻，2为兑卦为气，不断清嗓子，是嗓子处有异物感，为阻之象，利用山泽通气之力清除异物，助肺气；260，2为兑卦为肺，6为坎卦为肾，"肺为气之主，肾为气之根"，260起到补气清肺的作用；440，4为震卦为动，让卡在咽喉处的异物排出来，4也为肝，肝有疏泄的功能，两个4起到加强的作用，又肝经穿喉过，直指病灶，4为震卦为雷，雷有击碎异物的能力，4为木，异物为凸为土，用木克土把异物克掉。全方合力，两三分钟治好不停地"吭吭"清嗓子。

辛健利象数疗法调理个案

象数疗法调理老年疼痛症

5月9日，朋友的姥姥83岁，从年前到现在，白天从9点开始胃、肩、脊梁窜痛，下午4点后就没症状了。每天如此反复，身上无力，医院检查无任何问题。于是找到我，我即按疏风通络，补血息风配方。

象数配方：00500·720·2640·380。

配方释义：00500，5为巽卦，为风，窜痛为风象故取之，9点至16点出现症状为热症，所以用偶数个0；720山泽通气，补中益气，7为艮卦，为止住动风，2为兑卦，为肺，补肺气，气行血行；2640，6为坎卦，为肾，金生水，4为震卦，为肝，肝肾同源，水生木，补肝血，血足风自灭；380，3为离卦，主血脉，8为坤卦，为脾，脾主运化，振奋血脉，健脾益气。得方后认真执念，助念器不停念，十天后大有缓解，一个月左右症状基本消失。

象数疗法调理心气虚

厦门王女士，36岁，在银行工作。2017年6月15日向我求方，说自己最近几天总是下午3点多身体出汗（有时上午11点多也出），都是右侧比左侧热，出汗多不对称；感觉很不舒服，在空调房里觉得脚踝和脚面凉，两边手臂内肘尖往上，心经的位置，从里面透凉气。断其心气不足所致，即按补中益气，培补先后天，交通心肾组方。

象数配方：03720·6500·4380。

配方释义：03720，3离卦，主心，汗为心之液，7为艮卦，为胃，为中气，振胃经散寒气，2为兑卦为肺，山泽通气，气行血行；6500，6为坎卦，为肾，

5 为巽卦为胆，为阳气，肝肾同源，同补阳气，助心气；4380，4 为震卦为肝主藏血，3 为离卦主血脉，8 为坤卦，为脾主运化，五行相生序，补心血，助脾运化，调和阴阳，终获佳效。6 月 27 日反馈，症状基本消失，让其巩固。

象数疗法调理经期后虚症

2017 年 5 月 12 日，青岛在银行工作的董女士，自从上次月经后总感觉累，每当工作一天快下班时，大腿外侧胆经位置有些疼，再就是早晨 4 点多就醒了，想多睡会儿，就是睡不着。我即按通经活络，补气温阳散寒，调和阴阳配方。

象数配方： 0550·72000·1640·05380。

配方释义： 0550 为循经取数，通经活络，直达病灶，前后加 0 平衡阴阳；72000，7 为艮卦为胃为中气，2 为兑卦为肺，三个 0 加强补肺气，早晨 3～5 点，肺经工作时间，睡不着，肺气不足；1640，1 为乾卦为督脉，统领诸阳，6 为坎卦，金生水，补益肾气，4 为震卦，主疏泄，肝藏血，肝肾同源，气足血足；05380，5 为巽卦为经络，3 泄其郁滞，补心脉，8 为坤卦主脾，主运化，气行血行，其症自除。6 月 6 日打电话说上次说的症状没有了，可否再配方除身上湿气。

象数疗法调理奇怪的发冷发热症

我同学生孩子后，烦躁，身体忽冷忽热，发热时浑身像火烤一样，一阵汗出过后舒服了。不定时就开始发冷，赶快穿毛衣加衣服，全身难受，后背更为严重，难受后，又出汗，出汗后舒服了，不定时地又开始发热。这样，一天循环好多次，晚上严重。搞得孩子也大便不成形，不按时排便，到医院检查，让其针灸和吃一段时间中药调理。因怕针灸会影响孩子找到我。

象数配方： 400·72000·1640·053800。

配方释义： 400，4 为震卦，主疏泄，调畅气机；72000，7 为艮卦，为胃为中气，

2为兑卦，为肺，三个0，为加强全身之气；1640，1为督脉，统领一身阳气，6为坎卦，为肾，4为震卦，为肝，肝主藏血，除烦躁；053800，5为巽卦，疏风通络，3为离卦，主血脉，通利三焦，8为坤卦，为脾，主运化。

辨证为气血瘀滞，以气为主。第三天问她症状，她说："神了，当晚就见效。前天和昨天一天就一次。"让其继续默念。第六天就没有症状了，一共七天完全恢复。辨证论治，补泻有度获佳效。

象数疗法调理突发性扭伤

4月11日，丁女士三十多岁，工作期间起得太猛扭腰了，不敢弯腰，也不敢太直，只有猫着腰，一种姿势慢慢挪动，无奈之下，通过同事向我要方。

象数配方：77720·16500·440·3820。

配方释义：77720，7为艮卦，为止，三个7为强力止痛，2为兑卦，为肺为气，为止而不滞；16500，1为乾卦，为督脉，为骨，6为坎卦，为肾，为腰，5为巽卦，为气，650为培补肾阳；440，4为震卦，为肝，主疏泄，调畅气机，两个4加强其作用；3820，3为离卦，为心，心主血脉，8为坤卦，为脾，主运化，2为兑卦，为肺，为气。

默念10～15分钟，头上、身上大汗淋漓，扭动腰试了试，没有感觉了，不太相信，又连续扭动了几圈儿，高兴地跳起来，说神了，真的不痛了。五行相生，健脾益气，气行血行，通则不痛。

象数疗法调理落枕气滞

6月20日，辛女士35岁，早晨起来右肩胳膊不敢动，一动就疼，脖子往右转就痛，连着右肩也疼。并且右肩一动就拔气。我辨证为落枕气滞。

象数配方：050·6400·3880·0770。默念约一小时感觉没症状了，便工作了，工作吹空调一整天，回来后又开始痛并拔气，我随即在原方加大力度调为0550·640·43880·07720。6月23日早晨给我打电话说全好了，没任何症状了。

配方释义：0550，5为巽卦，为胆为风为细长为筋腱，疏风通络；640，6为坎卦，为肾，4为震卦，为肝，振奋肾藏补肝血，血足则筋润；43880，4同前，430补心气补心血，通血脉，气血足则血脉旺，8为坤卦，为脾主运化，为右肩，两个8加强脾运功能；07720，7为艮卦为凸为肩为止，双7增加止的作用，2为兑卦为肺为气，气行血行，五行生克制化得当，见效较快（此人为敏感体）。

象数疗法调理晨醒眼畏光症

我邻居早晨刚醒就不敢睁眼，怕光，嗓子左边和耳朵眼儿前靠脸的位置，舌尖右边都痛。

象数配方：005400·003·007200·1600。

配方释义：005400，5为巽卦，为胆经，胆经绕耳，4为震卦，为肝，为散，血足则眼明，为循经取数，前后双0为凉降，热则寒之；003，3为离卦，为心，为眼，前面偶数个0有补心阴降火之意；007200，7为艮卦，为胃，2为兑卦，为肺，前后偶数个0降肺胃之火；1600，1为乾卦，为大肠，6为坎卦，为肾水，从大肠泄热。

我按心肝火旺配的方。得方后，邻居因有事就用助念器放上相片放在家里助念，等办完事回来基本恢复了，于是打电话问我还用念吗？我说继续巩固半天。他告诉我三个小时左右达到现在的效果，助念器也很牛。热则寒之，五行相生，滋阴潜阳，阴阳得调，恢复较快。

象数疗法助念器调好多种疾病

我朋友的妈妈血压高，走路时左膝盖摩擦有声音，胃胀气，腰椎突出，肝脂肪瘤，一个 0.8 厘米，另一个 0.6 厘米，中度脂肪肝。他妈不太相信八卦象数疗法，2 月 9 日晚我给其一个助念器，输入了 77720 · 16500 · 0430 · 3820 这组配方，要求把他母亲的相片放到助念器上 24 小时不断助念，第二天她母亲就感觉舒服，第四天就把降压药停了。3 月 1 日晚上跟我说，他妈今天到医院体检了，中度脂肪肝和两个肝脂肪瘤都没了，肝正常了。大夫不相信，反复检查后惊讶地说，真的没了。19 天的连续助念竟然把西医认为无能为力的症状完全解决了，助念器也有如此大的神威。人助天助，感恩山玉老师。

配方释义：77720，7 为艮卦，为凸，为止，三个 7 重叠为强力止痛，2 为兑卦，为金为手术刀，泄 7 之滞，止而不滞；16500，1 为乾卦，为督脉，为骨，6 为坎卦，为肾，肾主骨与巽 5 相合，培本固原，疏风通络；0430，4 为震卦，为肝，藏血，主疏泄，3 为离卦，为心，主血脉；430 振奋肝藏补心血，泄肝郁，前后加 0，调和阴阳；3820，3 同前，8 为坤卦，为脾，主运化，2 为兑卦，为肺气，五行相生，火生土，土生金。健脾益气，增强机体运化。

象数疗法调愈老弯腰

辛老师，首先谢谢您不厌其烦为我老父亲调象数配方，现在他的三十多年老弯腰直起来了。原先他的朋友见他贴数字问他干什么，他说是治脊柱弯曲。这些朋友竟然都笑话他说：火车不是推的，泰山不是堆的，罗锅不是煨的。可是才经过三周就让他的朋友笑不出来了，一个个瞠目结舌赞叹神奇！就有了后来我找您一次次要治疗各种老年疼痛病配方的事，您都热心服务从不怠慢。诚心诚意谢谢您的精准配方，解除了一个又一个老人的病痛，感谢八卦象数疗法创始人培养了您这样的好弟子，你们的事业一定能造福人类！您先后给我父亲配的几个方子分别是：

① 77720 · 01110 · 66650 · 04440；

② 7771000 · 26660 · 44550 · 382000；

③ 721000・11660・65000・4380；

④ 7210・16000・450・380。

还有两组没记全。可以这么讲，每一组配方都是立竿见影，效果神奇无比！感恩伟大的创始人李山玉老师，感谢您的精湛技术和高尚品德！

辛老师，我觉得与您十分投缘，我告诉您一个小秘密。我父亲是练气功的时候出的偏差，但他有点常人没有的功能，他能看到物件上的光，光的颜色及有多长。他说，您给他的配方里每个数都有不同颜色的光，很强！另外他说你们的产品都有很强的光，用他的话说是能量很大！我按他说的先后在公司买了你们的助念器、00081000一生安泰能量卡，还有枕套坐垫，那个点穴枕我父亲不仅用作点穴，他让朋友看电视时枕脖子上，治好了多年的颈椎病，还有那个抱枕也很厉害，可以治腰椎病和腹部的毛病，你们真是做了大功德了！我父亲不要我跟别人讲，他说，别人看不见，会说你封建迷信。你们能研发出这些产品也不是无缘无故的，都有能量在帮助你们！八卦象数疗法是上天给予我们人类的善法，有缘人都能接受到并受益，无缘者医不叩门。感恩，感恩，再感恩！！

德州学生：王××

象数疗法攻克梅毒入脑

（1）**时空状态**：甘肃天水，49岁郝先生的妹妹2017年9月24日打电话，说他哥哥神经性梅毒入脑已经二十多年了，一直治疗，医院住过，中医调理过，能用的方法基本上都用过了，现在还吃着中药，一直没有好转，而且最近反应迟钝，还时不时傻笑。全家人非常担心，听说八卦象数疗法很神奇，问能不能帮忙救救他哥。

（2）**象数配方**：400・16500・3820・720。我也是第一次听说这种病，心里没底，跟她说试试吧！

（3）**调理效果**：得方半小时后，郝先生本人来电话说，念方后感觉腰部发凉，头上有虫爬的感觉，问我正常吗？我听后发现见效，嘱其加大力度默念，效果与默念时间成正比。六天后早晨打电话来说，腰间温热，满头有强烈的虫爬感，神清气爽，很舒服。我问其每天默念多长时间，回答说七个小时以上，我让他为了自己，继续加大力度默念。10月31日，给我来电话说到医院检查了，血象正常，梅毒彻底没有了！短短38天时间，治愈了折磨他二十多年的顽固病症。

（4）配方释义：根据补肾通脑，通滞消堵，补后天助先天配的方。400，4为震卦，为肝主疏泄，肝经通脑；16500，1为乾卦，为头，为督脉，6为坎卦，为肾，5为巽卦，为胆，为风，金生水，水生木，以相生之力补肾气，肾主骨生髓通于脑；3820，3为离卦，为心，主血脉，8为坤卦，为脾，主运化，2为兑卦，为肺，火生土，土生金，相生之力健脾益气，后天补先天，补充营养，助力恢复；720，7为胃，为头，为滞，与2为山泽通气，消堵通滞。全方合为鼓动肾气，培补元阴元阳，补后天助先天。

经过这个案例我在思考八卦象数疗法的潜力究竟有多大，不断地创造奇迹。只要想得到，八卦象数疗法的潜力是无限的，对于一些疑难杂症，只要我们敢于大胆实践，坚持不懈，必然会创造一个又一个奇迹！

象数疗法调理一个月恢复股骨头断裂

（1）时空状态：杭州朱××，女，77岁，因倒地导致右侧股骨头断裂，三个月后到医院检查，股骨头变小导致右腿比左腿短，走路一瘸一拐而且还疼，当时向我电话求助。

（2）象数配方：0004430·21000·666500·38710。

（3）调理效果：患者笃信象数，念方一个月余，基本恢复正常。

（4）配方释义：0004430，4为震卦，为生长，为动，意为快快生长，3为离卦，为心主血脉，补心、活血、止痛；21000，2为兑卦为肺，主气，为小，1为乾卦为天，为大，三个0加大气行血行之力，让股骨头由小变大，变结实；666500，6为坎卦，为肾主骨生髓，三个6让肾气充足，快快长骨，5为巽卦，为股，让骨股头变长；38710，3为离卦主血脉，8为坤卦为脾，7为胃，同为后天之本，1为乾卦为正常，意为补充后天营养，加强运化，归于正常。

象数疗法调理老年人肠炎

（1）**时空状态**：学员邹×，2018年3月30日打电话说，其母在医院确诊为慢性结肠及直肠性糜烂，便秘，有便意拉不出。

（2）**象数配方**：0072000·1166600·04500·8820。

（3）**调理效果**：5月8日来电话说其母肠炎消失，便秘基本正常。全方合为消炎通堵，健脾益气，调和五脏，加上其诚心默念，故效。

（4）**配方释义**：0072000，7为胃，为止，为降，2为肺，为肃降消炎，前偶数个0为阴为消炎，后奇数个0为补肺气；1166600为通大便而设，1为乾卦为大肠，两个1为加强肠功能，6为肾为通，肾主二便，三个6加强肾功能，偶数个0为消炎；04500，4为震卦为肝主疏泄，5为巽卦为风主出入，快快疏通大肠炎症，使宿便下行；8820，8为脾为腹，主运化，2为兑卦主气，健脾益气，调腹部气机。

象数疗法调理帕金森抖动

（1）**时空状态**：2018年7月2日，黑龙江鸡西73岁刘×，患帕金森病两年左右，手、头、足不停抖动。

（2）**象数配方**：000430·053820·16450·0770。

（3）**调理效果**：7月5日来电话说已经不抖了，只是在心慌时抖动，紧张劳累时也抖。7月9日又反馈说心慌很轻了，紧张劳累时抖动也轻多了。

（4）**配方释义**：000430，4为震卦为肝，为足，主筋，3为离卦为心，主血脉，430 补心气，前三个 0 增强肝心功能；053820，5 为巽卦为风，3 为离卦为心，泻 5 之风（肝风内动，肝胆互为表里），820 健脾益气；16450，1 为乾卦为头，6 为坎卦为肾，4 和 5 为肝为胆，补肝血补肾气；0770，7 为艮卦为手，为止，熄肝风，合为理气活血，熄风，化瘀，培补元阴元阳，此人为敏感体，故能很快达到较好的效果。

象数疗法调理多年的带状疱疹后遗症

（1）**时空状态**：2018 年 6 月 21 日山东烟台 88 岁的老先生来电话说，带状疱疹后遗症七年多，头部右上至右眼外角痛痒，到处求医都无果。

（2）**象数配方**：400·05380·1660·77720。

（3）**调理效果**：得方后诚心默念加上用助念器助念，两天后就不痛痒了，一直在巩固中。

（4）**配方释义**：400，4 为肝主疏泄，偶数个 0 熄肝火；05380，5 为巽卦为风，主出入，3 为离卦为心，主血脉，泻胆火补心脉，8 为脾主运化，此元以五行相生序健脾益气；1660，1 为头，主督脉，6 为肾为水为通，160 金水相生，补肾益气；77720，7 为艮卦，为止，三个 7 强力止痛，2 为兑卦，为肺主气，山泽通气，气行血行，全方疏风泻火，活血化瘀，补肾气消瘀堵。

象数疗法神速调理神经粘连

（1）**时空状态**：2018 年 5 月 20 日群里李 × 求方，他家孩子第一脊椎和神经粘连，疼得眼睛都红了，眼泪直流，忍不住大叫，打了止疼针好一阵，第二天又痛得直哭。

（2）**象数配方**：7771200·880·26400·005300。

（3）**调理效果**：把配方贴在孩子脊椎上 10 分钟后，基本不疼了，后经跟踪，粘连已愈。

（4）**配方释义**：7771200，7 为艮卦为止，三个 7 为强力止痛，1 为乾卦为督脉为脊椎，直达病灶，2 为兑卦为金，为割断粘连，消炎；880，8 为坤卦，为运化，"坤六断"为断开；26400，金生水，水生木，以五行相生序增强肝的疏泄；005300，5 为巽卦为出入，为风，为神经，3 为离卦，活血化瘀，为剥离。全方强力止痛，助先天补后天，疏经活络，活血化瘀，加上孩子为敏感体，见效快。

象数疗法赶跑老鼠

（1）**时空状态**：2018 年 5 月 30 日，南宁梁 × 来电话说，果园的小屋内老鼠成灾，自己配了象数但是不管用。

（2）**象数配方**：333777000・60・444555000・888000・111000。

（3）**调理效果**：两天后来电话说，老鼠真的没了。感恩山玉恩师发明的八卦象数疗法，不但能治病还能调理万事万物！

（4）**配方释义**：333777000，3 为离卦为太阳为白天，7 为艮卦为止，三个 7、三个 3、三个 0 为加强；60，6 为坎卦为老鼠；444555000，4 为将军，5 为猫，将军带着猫看门；888000，8 为坤卦为土，土克水，克老鼠；111000，1 为乾卦为天，为正常。全方意为：光天化日之下，将军牵着猫守门，让老鼠到该去的地方，一切归于正常。

象数疗法让人惊奇（其一）

（1）**时空状态**：2017 年 12 月 1 日，青岛辛 ×× 跟我说他胸部疼痛，右胳膊上侧和肩的位置也痛到不敢活动，已经持续半个多月了。

（2）**象数配方**：03820・16500・400・720。

（3）**调理效果**：此人为敏感体，他只贴大椎穴未念。12 月 3 日疼痛消失，很惊奇地问我这是配方的作用吗？我问他："那你还用了其他的方法吗？"他说没有。我反问他："那你说是不是配方的作用？"他兴奋地说："太神奇了！"

（4）**配方释义**：03820，3为离卦为心，"诸痛痒疮，皆属于心"，8为坤卦为右肩，主运化，2为兑卦为肺，为气，气行血行；16500，1为乾卦为头，为健，6为坎卦为肾，5为巽卦为胆为风，以五行相生序助肾阳气化；400，4为震卦为肝，主疏泄；720，7为艮卦，为手为胃为止，2为兑卦为气，山泽通气。全方止痛消炎，去堵通滞，培补元阳，气行血行，达到预期效果。

象数疗法让人惊奇（其二）

（1）**时空状态**：2017年12月3日，在外吃饭时，王××说他两耳奇痒难忍，并且听声音模糊。

（2）**象数配方**：005300·400·1600·007200。

（3）**调理效果**：默念十分钟恢复正常，此人为敏感体，故见效快。他惊奇地问道："这是什么方法，怎么这么神奇？"这就是八卦象数疗法的威力！

（4）**配方释义**：005300，5为巽卦为风，主出入，为痒，3为离卦为心；400，4为震卦为声音，主疏泄；1600，1为乾卦为头，为健，6为坎卦为肾，金水相生以补益肾气，肾又开窍于耳；007200，7为艮卦为止，为障碍，2为兑卦为耳洞，泻其障碍，意为山泽通气，清除障碍。

象数疗法调理子宫肌瘤有奇效

（1）**时空状态**：青岛辛×，女，发来信息说，她有子宫肌瘤，一共三个，大的3厘米多，小的2厘米。

（2）**象数配方**：7220·1660·44500·3820。

（3）**调理效果**：此方为主方，中间因其他症状调过几次方，但此方一直用听读机助念。两个多月后去医院体检，只剩下一个花生米大小的肌瘤了，她高兴地说："幸好有八卦象数疗法，感恩李山玉老师！感恩辛老师！"

（4）**配方释义**：7220，7为艮卦为凸起物，肌瘤为凸起物，故取之，2为兑卦为手术刀，意为用手术刀拿掉凸起物7；1660，1为乾卦为圆，为健，取瘤是圆的象，6为坎卦为肾，意为泻瘤又补益肾气；44500，4为震卦为肝，为动，主疏泄，5为巽卦，为散，主出入，意为快快疏泄，让瘤散开消失；3820，3为离卦为心主血脉，也为女子胞，8为坤卦为脾，主运化，2为兑卦肺气，以五行相生之力健脾益气，气行血行获效。

象数疗法调理小儿口疮

（1）**时空状态**：河南郑州王×发信息说，他3岁的儿子口疮三个多月了，中西医都用了，一直没有好转。由于疼痛不敢饮食，只能用吸管喂点稀的食物，饿得小孩子整天哭。

（2）**象数配方**：8720·2640·050·03820。收到配方后用助念器助念，疼痛有所缓解，其他没有明显改善，后又改配方为00030·7220·1640·05380。

（3）**调理效果**：因小孩子体质敏感，见效也快，用了第二个配方后20天基本痊愈，感恩老师！

（4）**配方释义**：00030，3为离卦为心，为口腔，三个0增强心的活血功能；7220，7为艮卦为胃，2为兑卦为肺，主清肃下行，山泽通气，消炎止痛；1640，金生水，水生木，以五行相生序补肾水助肝血；05380，健脾运化（脾开窍于口），活血化瘀，归于正常。

象数疗法调理骨裂

（1）**时空状态**：武汉丛某电话求方。女，79岁，左边第九根肋骨骨裂，前胸后背涨沉疼痛难受。

（2）**象数配方**：3777210·1166500·044430·3820。

（3）**调理效果**：让她贴4条于患处，24小时助念器助念，自己没事默念。得方后第5天就没有任何感觉了。问她本人每天自己默念多少时间，回答最多3小时。

（4）**配方释义**：3777210，3为离卦，为心。《内经》云："诸痛痒疮，皆属于心。"该患者因骨裂造成止痛难忍，故将3置于此；7为艮，为胸背，为止，三个7重叠用意为增强对于胸背止痛效果；2为兑卦，主气，推动气血运行，且山泽通气，通则不痛；1为乾卦，为骨，为正，1在此有正骨和加速骨伤愈合之功，1、2合为，降火消炎。1166500，1166天1生坎水，补钙强肾，肾主骨生髓；5为巽卦，为送气之媒，可布气而通经活络，偶数个0为偏阴，补而不燥；044430，4为震卦，主藏血、疏泄，主生长，且筋骨同源（肝主筋，肾主骨，肝肾同源），用三个4为增强此功能；3为心，主血脉，"血为气之母，气为血之帅"，气行血行，亦进一步增强止痛效果；3820，382为离火补脾土，脾主运化，为生化之源，2设于此乃为强化脾之气化功能，调动精微运化于伤处，助其愈合，并有消炎之效。全方：止痛消炎，正骨生髓，疏布气机，促进骨愈，强脾健运，而见特效。

象数疗法调理耳鼓膜复原

（1）**时空状态**：青海王某朋友的姐姐55岁，2018年9月26日发微信说两星期前不小心用竹签把左耳鼓膜捅破了，医生说这个年龄很难恢复，一个月后不恢复要动手术。

（2）**象数配方**：26660·6440·0530·87210。

（3）**调理效果**：刚念时耳根包括半个头发热发麻，我听后让她加油念，又让她请了一台助念器助念。2019年1月28日发微信说："去医院检查了，耳膜长好了，太神奇了，非常感谢。"

（4）**配方释义**：26660，2为耳道，为穿孔；6为肾，开窍于耳，6为坎卦，坎中满，可补中间之漏洞，三个6合用强化其气场能量。6440，64以水涵木，促使其生长。0530，5为巽卦，为鼓膜，为凤凰；3为离卦，为火；取凤凰于火中涅槃而使耳鼓膜再生之意。87210，大禹治水有疏有堵，此元为堵法，以87之土堵2之漏洞；1为乾三连，天衣无缝，将2之洞补上，回归天然。全方以助其本而促生长，调动再生能量，补其不足而复原。

象数疗法调理脱肛效佳

（1）**时空状态**：八卦象数疗法函授学员李某8月打电话咨询函授事宜，到9月又和我联系，说许多人反对他学八卦象数疗法，别上当，但此人很执着，力排众议，认为学习八卦象数疗法本身是对自己有益的事情为什么不学？便上了函授初高连上，这期间治愈了他自己和他妻子十几年的鼻喉炎和他女儿的脱肛，他亲戚朋友求的方也不同程度收到了效果，之后又报了2019年春季面授班。说一下她女儿的脱肛配方，当时说她女儿26岁，脱肛一年多了，时好时坏，医院没办法。

（2）**象数配方**：8720·160·40·0530。

（3）**调理效果**：9月17日晚上出方，9月22日下午微信说，脱肛的毛病彻底康复！嘱其持念巩固。

（4）**配方释义**：8720，下坠者为上升能量不足，中医认为乃中气下陷所致。8720，脾为8，胃为7，气为2，872为中气，此元直指其要害，增强脾胃功能，改变升降失司之状。160，1为乾卦，为督脉，主一身阳经的上升；6为坎卦，为肾，开窍于耳和前后二阴；肾气向上升，脱肛即是肾的功能弱，《道德经》云"天之道，损有余而补不足"，此元即依此法。40·0530，4为春天，为升发之木，蓬勃向上之力；5为风主入，《易·说卦》云"帝出乎震，齐乎巽"，齐者便无突出之情状；3为离卦，为疮痒，为火，火曰炎上，可使气机上升。全方以补中益气，升降得司，补肾纳气，强先天之本，雷风相薄，激活生发之机，而见佳效。

象数疗法调理皮肤顽疾

（1）**时空状态**：广西黄某胃炎，腹胀气，大便不成形，经过几个月的调理，基本恢复。2019 年 2 月 18 日下午，特打电话感谢。他还说鼻子两边起皮 20 多年了，最近一年多总痒，医院说是真菌感染，开点药膏擦就轻点，不擦就痒，还不敢抓，比较难受，希望用八卦象数疗法调理。

（2）**象数配方**：37210·16440·050·820。

（3）**调理效果**：2 月 27 日打电话说，经过近十天的助念器助念加默念已经不痒也不起皮了。嘱其巩固。

（4）**配方释义**：此案有两个关键词，鼻子两边和反复起皮。肺开窍于鼻，肺主宣发外合皮毛。也就是肺气燥，火克金，使皮肤不润泽。第一元设 37210，离火 3 随 7 而降，2 即可凉降，也可以调皮肤之患，2 为破损，1 为回归天道，将兑上缺变为乾三连。16440，16 为天 1 生 6 水，辨证施治原则热则寒之；440 取生长之象，且燥证多为阴虚血热，4 为肝为藏血之脏，与肾同源。050 巽卦，疏布气机，前后置 0 使气不燥，同时具有止痒之效。820，8 为坤卦，为脾，脾主运化水湿，820 可滋润肺气；8 为生气之源，2 为肺，肺朝百脉，司全身之气，相得益彰。全方降火培土生金，润肝养血，健脾和气，而攻克顽症。

象数疗法调理"鬼剃头"

（1）**时空状态**：青岛杨某因家中矛盾造成的肝郁气滞，头发铜钱大小一块块往下掉，我看到时已经掉下了三分之二，头顶基本秃了，问明原因后给其配方。

（2）**象数配方**：400·38720·6500·640。

（3）**调理效果**：让其贴大椎穴一条，助念器助念，抽空就默念。一个月时再看只剩下左侧一硬币大小的地方没长头发了，他高兴地说："太神奇了，开始以为要变成光头了呢。非常感谢！"

（4）**配方释义**：400，此案因家庭矛盾造成精神抑郁，肝郁化火，血热妄行，肝不藏血，血不舍神，六神无主，且肝藏魂，而魂不归脏，故400为强化肝藏血之功能，滋阴以化肝火。38720，3为离火，主血，藏神；87为脾胃，为中气，后天之本；2为气，此元补中益气，和脾安神，增强升降能力，中医有"脾实肝病自愈"之说。6500，发为肾之华盖，为精血所化，6500振奋肾气，5为毛发；6500有强化肾气而滋养毛发之效。《易》云："帝出乎震，齐乎巽。"此处有使其整齐之象，用偶数个0为使气机不燥。640，此元有疏通肝气，强化生长，凉血归肝。全方以柔肝养血，补中益气，健脾安神，生精养发，疏肝凉血，归魂解郁而获效。

象数疗法再次攻克梅毒

（1）**时空状态**：2018年12月29日下午，函授学员张某电话说他外甥梅毒，就是常说的性病，六年多来，一直治疗没见效，现在龟头冠状沟处红肿痛痒，一圈的红疙瘩，小便疼痛难忍，请求赐方。

（2）**象数配方**：04440·03810·6500·00072000。

（3）**调理效果**：第11天时电话反馈，其用助念器加上自己默念并贴，每天自己默念两小时左右，冠状沟的红疙瘩没那么红了，开始瘪了，也不那么痛痒了，小便也比以前舒服多了，我听后鼓励其加大力度念。2019年3月2日发来微信说："今天给您汇报一下，去年12月29日下午收到您的象数配方，治疗我外甥患梅毒疱疹感染病，到今天已有61天时间了，实际念数有效时间只有45天，他因工作常出差，病情基本上好了，剩余一点点包皮的颜色还没完全变过来，让他继续持念至痊愈。"万物都有八卦场，山玉老师发明的八卦象数疗法就是调和八卦场。损有余补不足，达到相对平衡，只要辨证配方正确，可以这样说，八卦象数疗法都可以调，所以出现那些奇迹，也就不奇怪了。

李春斌老师问医于山玉恩师关于西医病名问题时，师云："不必管其什么病名，按症状调理。"由此，春斌老师由《内经》"善诊者，察色按脉，先别阴阳"而感悟出八卦象数疗法诊治名言："善诊者，比类取象，先别阴阳。"这些，对于我们调理疑难杂症具有深远的指导意义。

（4）配方释义：04440，4震卦，为肝，主疏泄，用三个4为强化肝的排毒功能，前后置0为解湿热下注之患。03810，利用母子补泄方法，泄3离之火补坤土，此举为消炎退火；8为脾土，脾喜燥恶湿，有运化水湿之功能，且8为任脉，主全身阴经；1为乾卦，为正，汇全身阳经于一脉，81为地天泰卦，万物离则否，万物合则泰，此有改邪归正之义。6500，6为坎卦，为肾，开窍于耳和前后二阴；5为巽卦，为风，6500可强化先天之本，沟通坎卦能量场，可散湿邪，用偶数个0解表散热。00072000，7为艮卦，为胃，为降；2为兑卦，为肺，主宣发、肃降，通调水道；72配伍运用"山泽通气"之理，祛阻通气，通则不痛，消炎利尿，使尿路畅通，以消湿热，前后各用三个0，主要是增强能量，强化通的力量。全方以疏肝解毒，调动全身阴阳之气，强肾健脾固本，通调水道，祛阻消炎而获佳效。

象数疗法调理青少年孤僻症

（1）**时空状态**：2018年11月初，山西太原巨某的儿子，17岁，一家三口来到研究所说：孩子辍学很长时间了，在学校以前是正常的，慢慢地不知何原因就不和同学交往说话了，随着时间的推移，变得越来越孤僻，最后每天在家自己的房间里自言自语，整夜不睡觉走来走去，有时会突然大叫或自己笑，本地大医院都去过，中药也喝过，都不见效，有加重的趋势。为了孩子，一家三口到处旅游散心，认为这样也许能好点。来到青岛，听别人说八卦象数疗法很神奇，所以就找来了，希望救救他孩子。经询问后配方。

（2）**象数配方**：400·1166000·0872000。

（3）**调理效果**：让孩子试念20分钟，他感觉头舒服，见效后让他请了助念器和胶带，告诉了使用方法，一星期后他父亲电话说孩子自己要求上学去了，比原来好多了，能和同学朋友说话了。2019年3月5日追访，巨某说孩子比以前开朗多了，和同学朋友都能正常交流了，偶尔还陷入自己的世界中，让其加大力度念配方，并嘱咐按时开导，慢慢会转好的。

（4）**配方释义**：400，4为震卦，为肝，为将军之官，有抵御外侮，平定内乱之德；另外，肝主疏泄，可调达情志；偶数个0养肝血，能屈能伸。1166000，1为乾卦，为天，拓展心胸，好男儿志在天下；6为坎，为肾，先天之本，肾气虚则易恐善惊，喜欢隐藏自己，防备心理特别强。0872000，此元以补中益气而设，87为脾胃，为中，2为气。中气不足会出现神疲乏力，爱钻牛角尖，不能按常规思维。全方以疏肝理气，调达情志，扶正气，补先天之气，强肾壮志，补中益气而对治，获佳效。

象数疗法调理顽固性口腔溃疡

（1）**时空状态**：函授学员张某，3月6日微信说口腔溃疡好长时间反复发作真烦人，张嘴就痛，都不敢吃饭和说话了，用了许多方法也不见好，总是反复发作，所以就参加了八卦象数疗法函授，坚信八卦象数疗法能将其治愈。于是给其配方。

（2）**象数配方**：03820・66440・7720。

（3）**调理效果**：叮嘱其贴加助念器助念，第二天就反馈说："今天中午吃饭、说话，已经不痛了，我还继续用着，直至一点感觉没有为止。"3月9日反馈说："我的口腔溃疡完全好了，一点都不痛了，都愈合了，非常感谢。"

（4）**配方释义**：03820，3为离，为炎症，为溃疡，《内经》云"诸痛痒疮，皆属于心"；8为坤卦，为脾，主肌肉，中医讲"脾虚生风、生热……"；2为兑卦，为皮肤，兑上缺为破损象。66440，6为坎水，为寒凉，可消炎症；4为震卦，主调达疏泄，主生长，用两个6、两个4即可增加能量，偶为偏阴，热则寒之。7720，7为艮卦，为止，两个7为强化止的力量，即可止痛，亦可止溃疡；2为肺，主宣发与清火肃降；72均向下的能量，可携带上焦之火降于下，形成水火既济。全方引火生土，健脾强运，强肾疏肝，止痛清肃，使虚火得降，炎症得消，中土生兑金，溃疡得愈。

象数疗法调理脾大肝硬化

（1）**时空状态**：安徽宿州人刘某，45岁肝硬化，脾肿大，比原来多2厘米，胆囊炎。

（2）**象数配方**：4400·38820·1660·053720。

（3）**调理效果**：念配方三个多月，打电话说医院检查脾正常了。我问每天念多长时间，有什么感觉？他说，因笃信象数疗法，没事就念，没具体累计时间，自身无任何感觉，当时医院建议做手术，条件不允许未做，医生说脾大不可能缩小，肝还未做检查，一直吃着解肝毒的药。我让其持念。由此可看出此人是迟钝型体质，念配方近4个月无任何反应，也说明再迟钝的体质，只要配方正确，八卦象数疗法一样起作用，所以对那些迟钝型体质的人，只要笃信，有恒心，最终效果都是一样的。

（4）**配方释义**：4400，4震卦，为肝，偶数个4及0有柔肝软化作用，肝硬化为实证，为阳，阳则阴之。38820，3为离火，为脾土之母。医云"脾虚则大""脾大肝硬化""脾实肝病自愈"。此元38820以离火生脾土，两个8为强化脾功能；2为金，为脾土之子，可泄脾之余，亦可强脾气，达到实脾之效。1660，天1生坎6之水，用两个6以强化肾水润泽肝木之效。053720，5为巽卦，为胆，与肝相表里；3为离卦，主血脉，为肝之子；7为艮，为止，与脾相表里；2为气，为小；此元以木生火，火生土，土生金环环相生，利胆，强心，健胃，理气。全方以柔肝养血，实脾健运，止虚化小，补肾润肝，利胆强心，健胃强中，补不足、损有余而达到神奇效果。

象数疗法调理膝盖半月板损坏

（1）**时空状态**：2018 年 4 月 1 日广西朱某 59 岁，右膝盖半月板磨损疼痛，上下楼都是直着腿，疼痛难忍，胸闷气短心发慌，心绞痛频繁发作，血压偏高，小便刺痛尿道口发红，很是痛苦，医生说是非淋性细菌引起的，前列腺肥大有些钙化。

（2）**象数配方**：

① 720・21650・4300・3820；

② 0030・1600・04500・7200。

（3）**调理效果**：嘱其念第一组，第二组贴到关元穴不念。8 月 23 日微信说效果很好，半月板磨损疼痛基本消除，昨天还爬到山顶，上下山没痛，只有点酸胀，血压也控制在 140/80，胸闷气短症状不明显了，心绞痛没有了，尿道刺痛基本正常，一觉能到天亮不小便，以前夜里要起三次，前列腺炎和前列腺肥大得到了控制，让其继续巩固。

（4）**配方释义**：

① 720・21650・4300・3820。720，7 为胃为止，2 为肺主气，山泽通气，止痛，消堵通滞；21650，2 和 1 都为金气，为肾之母，6 为肾主骨，5 为胆，为阳气，与 6 相合，培补元阴、元阳，加上双金生子，更加大了补肾力度；4300，4 为肝，主疏泄，3 为心主血脉，4300 为肝血济心，为心慌而设；3820，健脾益气，气行血行。

② 0030・1600・04500・7200。0030，3 为心，心与小肠相表里，小肠移热于膀胱，所以尿道口红痛，泄心火等于泄膀胱热；1600，1 为大肠，6 为肾为水，让热从大肠走，水克火之意；04500，4 为肝主疏泄，5 为胆为出入，意为快快将热震动出来；7200，7 为胃 2 为肺主宣发肃降，通调水道，使热邪随肺之肃降顺利排出来。

象数疗法让亲戚受益

案例一

（1）**时空状态**：从接触八卦象数疗法到现在越来越强烈地感到作为一名八卦象数疗法学员是多么自豪和有福报。一个孩子的普通感冒发热，在青岛儿童医院1000元不一定够，且后期咳嗽还要吃一段时间的药物。不但花了钱还伤害了孩子的身体，之后孩子的身体会越来越弱。如果掌握了八卦象数疗法，那就完全不一样了，感冒初期及时配方，大部分2～3天时间恢复，如有咳嗽，大部分3～5天解决。不但对人体无伤害，而且还增强了孩子的体质，这只是孩子普通感冒就相差千里。再说说每家都能遇到的例子。

我外甥媳妇怀孕到现在孩子八个月左右了，没有吃过一片药，怀孕期间的感冒就不说了，八个月左右一次走路不小心右脚大拇指踢到了椅子腿上，当时就红肿不敢走路，打电话及时配方。

（2）**象数配方**：0887200·6660·6440·053820。

（3）**调理效果**：当晚就敢走路，消肿一大半，第三天基本恢复。

（4）**配方释义**：0887200，8为脾主运化，脚大拇指在脾经上，两个8加强脾的运化功能，7为胃为止，2为肺气，胃经也经过大拇指与2相合，山泽通气，补肺气，气行血行，前后加0，红肿为热，偶数个0为凉，调和阴阳，快速消肿；6660，6为肾为通，三个6加强通的作用，意在气血快速通过；6440，4为肝主疏泄，6为肾，肝之母，又是两个4，意在加强肝的疏泄功能，使患处快快震动开；053820，5为胆为风主出入，疏风通络，3为心主血脉活血化瘀，8为脾主运化，2为肺主一身之气，健脾益气。全方君臣佐使，阴阳搭配较对症，所以恢复相对较快。

案例二

（1）**时空状态**：再就是预产期超过一个星期了，检查后医院大夫说，现在刚浅入骨盆，又打针催生，时间长了怕有危险，这样顺利的话也得催生三天。回家准备第二天去住院，我姐晚上给我电话，我给了配方。

（2）**象数配方**：666550·4440·21000·82000。

（3）**调理效果**：叮嘱助念器助念加默念，贴腹部和腰部共四条，第二天晚饭时我媳妇问我："你猜猜什么时间生？"我抬头看看表6点44分，脱口而出顺产8点左右生，我媳妇问怎么知道的，我说："6点44分，6为通为顺，两个4为生得更快，你说了八个字，所以说8点左右生。"结果我姐8：30左右微信说7点40多分顺产了一个女宝宝。这就是八卦象数疗法的随机性，只要用心学都能达到。

（4）**配方释义**：666550，6为肾，为先天之本，5为胆，为风，主出入，三个6与两个5相合，为强力鼓动先天之肾气，使母子有足够的力量生产；4440，4为肝，主疏泄，为动，意为三个4强力震动骨盆，赶快开裂顺产；21000，2为兑卦为产道，1为乾卦为强大，意为小的产道在强烈鼓动5和振动4下快快变大；82000，8为脾，主运化为母亲，2为肺为兑卦为小孩。意为母子平安。

案例三

（1）**时空状态**：后来又遇奶水少，不够吃，乳房有点结节，有点儿胀。

（2）**象数配方**：722000·64440·3820·16660。

（3）**调理效果**：贴、念加助念器助念，第三天奶水充足，乳房变软，结节变小。

（4）**配方释义**：722000，7为胃，为止，为障碍，2为兑卦，为肺，主气，山泽通气，奶水少，乳房结节、胀，都为不通畅，两个2、三个0加大力度将障碍清除掉，使经络畅通；64440，6为肾，为通，为肝之母，乳房是肝经经过的地方，医云"女子以肝为先天"，肝藏血上行为奶水，下行为月事，三个4加大疏肝力量，使其尽快疏泄震动开；3820，3为离卦，离中虚，为乳房，8为脾主运化，2为肺主气，合为健脾益气，补充营养；16660，1为乾卦为硬为圆为结节，6为肾为通，三个6加强通的力度。

案例四

（1）**时空状态**：孩子刚出月子就到姥姥家住，因环境改变，第二天打喷嚏感冒了，赶快配方。

（2）**象数配方**：20・60・50・80。

（3）**调理效果**：当天下午就没症状了，因配方及时，孩子又小乃清灵之体，病易得也容易恢复。

孩子感冒配方经常用，大家应该都了解，就不解释了。

案例五

（1）**时空状态**：转眼间过年了，外甥提前要防止鞭炮惊吓到孩子的配方。

（2）**象数配方**：40・6500・030・80。

（3）**调理效果**：春节聚会时外甥说配方真管用，外面放了这么多鞭炮，竟然也没醒，就是动了几下，拍拍就睡了。

（4）**配方释义**：40，4为肝为将军之官，意为将军护佑，邪不可干；6500，水生木增强肾气肾精的功能，精足则不惊；030，3，为心主神；80为脾主静，合为平心静气，安然入睡。

就这样从怀孕到现在孩子八个月左右了，一直在八卦象数疗法的护佑下健康成长。大家想想，如果没有接触到八卦象数疗法，这所有的症状都要到医院解决，花多少钱先不说，关键是伤了大人和孩子，药物的副作用，仪器的拍照检查，大家应该都听过。所以谁掌握了八卦象数疗法，谁就掌握了自己和家人的健康！谁就拥有了最大的财富！因为健康是最大的财富！感恩山玉老师发明了这样好的疗法。

象数疗法调理经血、消子宫息肉

（1）**时空状态**：八卦象数疗法函授学员闵某因经期超半月，总是流血，到医院吃药打止血针，一直未见效，找到我说明情况，医院要求做手术，求方。

（2）**象数配方**：

① 664400・003800・0077700；

② 0380・7220・116500・44440。

（3）调理效果：念配方①后，第二天基本止住。几天后，微信传过几张照片说有子宫肌瘤和息肉，息肉 9.5 厘米 ×6.1 厘米 ×6.5 厘米，必须做手术，都约好时间了，问我能不能用象数疗法去除。我说这种案例还不少呢，可以调理，但要有耐心，做好心理准备，给其配方②。

6 月 29 日上午给的方，7 月 1 日上午，微信反馈："辛老师，给你说个神奇的事情，你那数字念一天，现在子宫里的息肉已经掉出来了。感恩象数，感恩辛老师的准确配方，这是我的真实经历。"

（4）配方释义：

① 664400·003800·0077700。664400，6 为坎卦，为肾，主一身水液，4 为震卦，为肝，肝藏血；003800，3 为离卦，为心，主血，8 为坤卦，为脾，脾统血；0077700，7 为艮卦，为止，三个 7 为强力止住。全方皆用偶数个 0，意在潜阳滋阴。医云："血热妄行。"配方思路围绕着控制水液代谢，藏血而不泄，主血统血，止其妄行，而见显效。

② 0380·7220·116500·44440。0380，3 为离卦，类象息肉，8 为坤卦，为脾，脾主肌肉四肢；7220，7 为艮卦，为手，2 为兑卦，为破坏，为刀，7 为突起物，在此为息肉，2 为气化；7220 组合为山泽通气且为损卦，是以无形之手握手术刀切息肉之象；116500，1 为乾卦，为天，意为回归天道，复回原始，6 为坎卦，为女子胞，为病灶所在之处，5 为巽卦，为风，为散结，为气化；44440，4 为震木，为动，为木克土，为强力克化息肉。全方以健脾强运，损余通阻，补肾散结，调达克泄，全方合力而收奇效。

以上案例中的患者多数都为比较敏感的体质，见效也较快，有个别的是极敏感体，更加见效神速！不过，即使不是敏感体，只要诚心和坚持，也一定能获得效果，此言真实不虚，贵在坚持！

八卦象数疗法是天人合一的通道，把握得当就能改变万物。最应感恩的人是李山玉老师，八卦象数疗法前无古人，后无来者，山玉老师在自己身上试验十多年，十年磨一剑，用她的智慧和坚定的意志创造了八卦象数疗法，才会有我们今天诸多的神奇！

青岛学生：辛健利

2019 年 7 月

发热五天的孩子退烧了

（1）**时空状态**：2020 年 2 月 5 日，朋友打电话说："有 2 个孩子家长一直央求我帮孩子看看，因疫情期间不敢到医院，两家孩子都发热 5 天了，反反复复一直不退热，央求多次了，希望我帮忙给孩子推拿，这次电话里都哭了。"朋友说不是不想帮，但疫情严重期，谁敢呢？问我有没有办法，我斩钉截铁地说："八卦象数疗法就可以。但前提是他们相信吗？能按照我说的做吗？"朋友一会儿回电话说，孩子家长说了："只要能退热，什么方法都答应。"

（2）**象数配方**：007200 · 16400 · 00500 · 008200。

（3）**调理效果**：第二天下午一位家长反馈："今天早晨就退热了，之所以下午才反馈，是因为怕反复。到现在体温是正常的。"另一个孩子第三天下午退热了。2 个孩子再无反弹。

（4）**配方释义**：孩子本来属纯阳之体，心肝火旺，发热 5 天反复不退，为热为阳证。所以，第一元 007200，前后偶数个 0，老师书上讲奇数个 0 偏阳，偶数个 0 偏阴，前后偶数个 0 大寒对大热，7 为胃土 2 为肺金，土生金，肺功能强又能打开全身毛孔，以便内外散热；16400，1 为天为督脉为大肠，6 为肾，主水，16 为金生水，天水相连，意为天水从督脉入大肠，督脉又是诸阳之汇，天道是损有余补不足，天水从督脉下来冲刷所有多余的热量，达到阴阳平衡；后面是400，4 为肝主疏泄调畅气机，水生木，增加肝调畅气机的功能，让气血正常地运行，偶数个 0 去肝火；00500，5 为风，主出入，为散，前后偶数个 0，意为用凉风散掉身体的热量；008200，8 为脾主运化，2 为肺主气，气行血行，促使身体运化至正常。

多年的腰痛好了

（1）时空状态：2020 年 4 月 5 日，青岛张 × 腰痛许多年，三年前到外地一个名医处注射了一针后再未痛。前些日子又开始疼痛，并且比以前严重，特别到下午，坐也坐不住，只有躺下能舒服些，其间推拿、针灸、刮痧、拔罐，能想到的方法都用过，根本没有效果，很是苦恼。不到 40 岁，上有老下有小，这可怎么办？听别人说八卦象数疗法很神奇，抱着试试的心理给我打电话，他详细地讲了病情，腰椎第三节疼痛坐不住，说那个名医也换号码了。我建议他即使有号码也别去了，他注射的是封闭针，短时间内造成局部麻痹失去感觉，实际是一种伤害疗法，会越来越严重，相信我就按我说的做。他说现在没有别的方法，肯定按照我说的做。

（2）象数配方：

① 77720・16500・4430・3810；

② 81000・6650・4430・777210；

③ 165000・53000・44000・721000。

（3）调理效果：方①反馈没有太大缓解，改为方②，几天后反馈比方①强一些，但还痛，只是略减轻，改为方③，7 天后反馈：疼痛减轻一大半了。我听后让其用助念器助念、贴加自己默念累计时间每天不少于 3 小时，前后共用一个多月，基本治愈。为了巩固，让他一直贴着，至今未痛过。

（4）配方释义：165000・53000・44000・721000，165000，1 为乾卦为督脉为脊柱，诸阳之汇，直达病灶，五行属金；6 为肾主骨，为通，五行属水，5 为风，为阳气，为散，疏风通络，五行为木，以金生水、水生木五行相生之力泄督脉之郁滞，补先天之元气，三个 0 增加通和散的作用；53000，5 同前，五行为木，3 为离卦，为心，主血脉，活血化瘀，五行属火，木生火，5 为阳气带动血液运行，三个 0 加强此功能；44000，4 为震卦，为肝，主疏泄，调畅气机，两个 4、三个 0 都是强力震动，疏泄患处，使气机畅通无阻；721000，7 为艮卦为椎间盘，为止住疼痛，2为兑卦，为肺，主气，通调水道，气行血行，1为督脉，同前，此元意为将障碍7拿掉，将患处2（为损伤）恢复到正常1（为圆满）。全方正骨泄督脉之郁滞，培补元阴元阳，强力活血化瘀，震动疏泄，去除障碍，气血通畅，终得圆满。

十几年的肠炎好了

（1）时空状态 2020年3月25日，一个五十多岁的男性打电话说："肠炎十几年了，也不太痛，整天滋滋啦啦地痛，大便不成形，各种方法都试过，没有太大效果，你们这种方法行不行？有没有这种案例？"我听后回答说："这类治愈的案例还不少呢，但是每人的体质不同，你这种问法，我只能说试试。"他很无奈地说："别的方法基本都用过了，那就试试吧。"我要求他："你想试，那必须要按我说的做。"他说："可以。"我仔细问了他的症状，说他肠胃处有发凉的感觉。

（2）象数配方：3710·650·440·8210。

（3）调理效果：我让他念半小时反馈，半小时后反馈："无任何感觉。"我叮嘱他贴相应的穴位加助念器助念，再加自己默念，默念时间一天累计不低于4个小时，饮食以清淡为主，寒凉不能沾，酒、饮料、垃圾食品不能吃。第三天反馈："从念方那天起没再拉稀。"过了几天又反馈："肠胃凉痛的感觉减轻了。"我让其继续巩固。

（4）配方释义：肠胃处有凉的感觉，凉则温之，3710，3为离卦，五行为火，7为胃，1为大肠，3710用火温胃与大肠，直达病灶，"诸痛痒疮，皆属于心"，3为心，7为止，3和7共同作用止住腹部疼痛；650，6为肾为水，5为巽卦为风，主出入，为阳气，也为细长的大肠之象，五行为水生木，培补肾阳，疏风通络；440，4为肝主疏泄，调畅气机，为生长，去旧生新，十几年的肠炎必然有腐肉，两个4增强去旧生新的功能；8210，8为脾主运化，为腹部，2为肺，为口，为肠的破损处，1为乾卦，为健为圆满为正，意为将大肠的破损处恢复到正常，以圆满收工。全方活血化瘀，培补元气，振奋生机，去旧生新，获佳效。

全身浮肿的老人康复了

（1）**时空状态**：2019年8月28日，贵州一位78岁的老者，电话里有气无力地说："请帮忙救救我。"我问明原因，老者说："因全身浮肿住进医院已两个多月了，医院一直治疗，没有任何效果，也说不出个所以然来，吃什么吐什么，水也喝不下去，刚入院时各种症状比较轻，喝水吃饭都可以，还能自理。现在医院也没有任何办法，只能等着。"说句实话，治疗过浮肿的，但是连喝水都吐的还是第一例，我安慰他说："您找对方法了，八卦象数疗法会出现很多奇迹的。"

（2）**象数配方**：872000·166440·53810。

（3）**调理效果**：我让他除了睡觉就念方，并叮嘱他过几天反馈。可过了几天也未反馈，由于比较忙，我把此事也忘记了。一个多月后，刚上完面授班，我接到一个电话，对方声音响亮，高兴地说："太感谢辛老师了，是您救了我。我一个多月前给您打电话取得配方，一直念，光水就排了20多斤，排水后就能吃饭了，到现在一个多月了，体重比原来长了20多斤，恢复到原来的体重了，现在一切正常了。非常感谢辛老师！"我听后也兴奋地说："咱们都要感恩李山玉老师，是她发明的八卦象数疗法让咱们大家受益的，你要继续持念。"

大家想想，此人还真是有福报，汤水不进，只有等待了，这种情况除了八卦象数疗法能够做到外，我想不出第二种方法了！

（4）**配方释义**：872000，全身浮肿，必然是水多了，8为坤卦，为大地，大地可吸收所有水液，为脾，《内经》曰"诸湿肿满，皆属于脾"，7为艮卦为止，2为兑卦为肺，主一身之气，气行血行，血为水液，后三个0为阳，水肿为凉寒，用火温热之，合为止住水肿，健脾益气，达到补气运化水湿的目的；166440，1为督脉，诸阳之汇，五行为金，6为坎卦为肾，肾主水，五行为水，4为震卦，为肝，主疏泄，调畅气机，金生水，水生木，五行相生之力疏肝解郁，又是两个4，更加大了本脏的功能和泄水的能量；53810，5为巽卦为阳气，疏风通络，3为离卦为心，心主血脉，活血化瘀；810，8为任脉，1为督脉，在人身前后为阴阳的总统领，阴阳和合，最终和此卦象一样达到康泰。

脑膜瘤消失了

（1）**时空状态**：杭州 1970 年出生的王先生，2019 年 1 月，因头痛到医院做检查，查出头部左额镰旁脑膜瘤 11 毫米 ×9 毫米，5 月 31 日电话问我能治疗吗。他很是担心，我鼓励他说："八卦象数疗法调理出现过很多奇迹，你只要相信，按我说的做，会缓解的。"他接着问："能治好吗？医院治疗要开颅，成功率不确定，我非常害怕。"我当时就说他："您这话问谁，谁也不敢保证，但八卦象数疗法能保证对您没有一点伤害，根据症状及时调方，会越来越好，不要过于担心。"他接着问："真的吗？"我说："不信可以试，我们会尽力的。"

（2）**象数配方**：16440·053880·7220。

（3）**调理效果**：让其试念半小时，半小时后反馈："无任何感觉。"我便告诉他用胶带将配方写上贴到相应位置，请一台助念器 24 个小时助念，自己每天累计默念时间不少于 4 个小时，念一个月反馈。7 月 29 日反馈说："已经念了一个多月了，助念器基本没停，自己默念时间每天不少于 4 个小时，没有以前痛了，症状缓解了，因核磁共振有辐射，所以还没做，要过段时间去做，所以，不知道肿瘤有没有变化。还要坚持多久？"我随口说："三个月。"11 月 28 日微信说："核磁共振检查结果出来了，脑膜瘤没有了，完全恢复正常。"他由此笃信八卦象数疗法，并且直接参加了函授学习。

谁接受八卦象数疗法，谁受益，谁就是有福报的人。此症状如果到医院治疗的话，花多少钱先不说，只要是开脑壳的人，有几人不留后遗症？会造成终身痛苦。再看看八卦象数疗法的效果，真是天壤之别！

（4）**配方释义**：16440，1 为头，为瘤，为督脉，直达病灶，6 为肾，肾主骨生髓通于脑，1 为乾卦，五行属金，6 为坎卦，五行属水，金生水，泻头部之瘤，4 为肝，主疏泄，五行属木，双 4 增加疏泄的功能；053880，5 为巽卦为风，主出入，疏风通络，病灶在头顶，唯风能达到，3 为离卦，为心，主血脉，木生火，活血化瘀，气行血行，8 为脾，脾统血，主运化，为后天之本，两个 8 增加补充营养和能量，前后加 0，阴阳平衡，不凉不燥；7220，7 为凸起物，2 为兑卦为肺，主气，两个 2 为手拿手术刀强力泄掉凸起物 7。全方补肾疏肝，健脾益气，活血化瘀，五行克泄有度，加上患者方法得当，诚心默念，最终攻克顽疾，可喜可贺。感恩山玉老师！我相信在诸多老师的共同努力下，八卦象数疗法会遍地开花的。

美尼尔综合征好了

（1）**时空状态**：四川成都的张××，2020 年 3 月 9 日晚上来电话说："我老伴昨天晚上 12 点刚过，美尼尔综合征发作了，头眩晕，不敢睁眼睛，呕吐，到现在都不能动，稍动就天旋地转，呕吐难受，请老师帮助配方缓解痛苦。"

（2）**象数配方**：4300·87200·6500·0810。

（3）**调理效果**：第二天下午反馈："辛老师，您好！我怀着高兴感谢的心情向您报告。配方收到后，昨晚用两个助念器助念加默念，后半夜自我感觉轻松多了，到早上可以在床上坐起来，不晕不吐了，早餐就吃小米稀饭了，今天中午在餐桌上一起吃了，我们全家人向您表示感谢！"

（4）**配方释义**：我当时考虑眩晕，必然是气血不足达不到巅顶所致，又不敢动，动就加重。4 为肝，肝经通脑，主疏泄，又为动，所以第一元用 4300，3 为心主血脉，为头，五行属火，4300，木生火，既泄肝郁，又补心血，直达头部，因上逆呕吐所以用偶数个 0；87200，8 为脾主运化，7 为胃为止，脾升胃降，各司其职，与 2 相合，山泽通气，2 为肺主气，通调水道，宣发肃降，升降调和，阴阳平衡；后天的运化功能和心脏的主血功能都加强了，唯一缺少的是先天功能了，所以第三元用 6500，6 为肾为先天，五行属水，5 为巽卦，为胆为阳气，主出入，五行属木，用水生木增强元阴元阳；0810，8 为任脉，1 为督脉，任督二脉为阴阳总统领，阴阳相通，循环不息，也为天地，天地帮助达到最佳状态，全方疏肝活血，健脾胃益中焦，培补先天元气补后天，最终得天地能量相助达到最佳状态。

哮喘好了

（1）**时空状态**：2019 年 9 月 3 日，河北唐山李女士，每天凌晨 2 点左右犯哮喘，一直到天亮，躺不下，只能坐着，弄得疲惫不堪，用了许多方法也没有太大作用，电话找到我，说能不能帮帮她？我根据症状相应地调了几次方。

（2）**象数配方**：

① 7200・2600・4500・8200；

② 87200・26400・0500・8200；

③ 87200・26600・400。

（3）**调理效果**：方①用后反馈说，咳嗽憋气都有所减轻，念了几天又调整为方②，在原来基础上又缓解了许多，念了一段时间又根据症状又做了相应调整，改为方③，此方一直念了一个多月，此期间助念器 24 小时不断助念，胶带上写配方也一直贴在相应穴位上，前后共念方 2 个月，前几天我询问她哮喘症状，她高兴地说："念了两个月后出去旅游一次，直到现在没犯，看来是彻底好了。"我告诉她巩固一段时间，她高兴地答应了。

俗话说"内不治喘，外不治癣"，说明哮喘和癣是非常棘手的症状，能 2 个月把顽疾根治也属奇迹。

（4）**配方释义**：7200・2600・4500・8200。7200，7 为艮卦为止，为胃，五行属土，2 为兑卦，为肺，主气，通调水道，五行属金，与 7 相合，为山泽通气，土生金，即泄掉了障碍又补了肺气，一举两得，因为哮喘的症状就是憋气，咳嗽，呼吸不畅，直接拿掉障碍，使呼吸顺畅了，咳嗽也会相应地缓解；2600，哮喘的成因就是肾主纳气、肺主呼吸的功能弱了，所以第一元增强了肺气，第二元必然要增强肾主纳气的功能，2 为肺主一身之气，五行属金，6 为肾，为先天之元气，五行属水，金生水，相生之力培补元气，君和臣都有了，主要矛盾解决了，但不要小瞧了佐使，往往起的作用非常大；4500，4 为震卦为肝，肝主疏泄调畅气机，4 为动，肺主呼吸，上下起伏不断，也是 4 的象，5 为巽卦，为风，主出入疏风通络，呼吸也是 5 的出入之象；8200，8 为坤卦，为脾，主运化，后天之本，万物生化之源，与 2 相合也是土生金，再次补充全身之气。为什么都是偶数个 0？万物都遵循着阴阳平衡的原则，"孤阴不生，独阳不长"，阴是阳的载体，阳是阴的统帅，哮喘是阴阳都虚，这是按照老师常说的辨证施治。

三处骨折恢复了

（1）**时空状态**：2019 年 4 月 21 日，河北 77 岁徐女士，因不小心滑倒，导致胸 12 椎、腰 3 椎、尾椎骨三处骨折，躺床上两个多月不敢活动，稍活动就疼痛难忍，医院没别的方法只能让其静养。

（2）**象数配方**：000111000・666500・4430・872000。

（3）**调理效果**：9 月 1 日反馈："到现在念方近 6 个月了，上个月到医院 CT 检查，胸 12 椎、腰 3 椎、尾椎骨三处骨折处已愈合。77 岁高龄，恢复可喜，多谢您的帮助和指导！现在可以玩电脑、做饭和下楼了，基本恢复了。"

（4）**配方释义**：000111000，1 为乾卦为督脉，为硬为骨为正，为天衣无缝，直达病灶，因三处骨折全在脊椎上，又加老者五脏功能低下，所以两个多月来疼痛依旧，所以用三个 1 前后各三个 0，督脉又为诸阳之汇，增加其气血疏通功能；666500，6 为坎卦为肾，肾主骨生髓，髓乃骨之营养，肾功能强健才能产出足够供养骨骼的营养来长骨恢复，所以用三个 6，5 为巽卦，为胆为阳气，疏风通络，与 6 相合，水生木，培补元阴元阳，偶数个 0，阴阳搭配有度，进一步提高肾功能；4430，4 为震卦，为肝，主疏泄，为生长，调畅气机，两个 4 强力震动，调畅气机，使患处快快生长至愈合，3 为离卦为心，主血脉，活血化瘀，血液带动所需的营养至周身，木生火增强其功能；872000，8 为脾，7 为胃，为后天之本，主运化，人体所需要的所有营养都来源于脾胃所消化的食物，所以脾胃强健，营养充足，五脏功能就强，五脏强则身体强，2 为肺，主一身之气，前面有两个帮扶的长者，后面又是三个 0，进一步增强了主气的能量。

高低脸正常了

（1）时空状态：2019 年 9 月 1 日，学员王×，高低脸，左高右低，从侧面看非常明显，已三年多了，在这期间能用的方法都用了，钱没少花，效果甚微。微信联系我，问能治疗吗？我也是第一次听说此症状，心里没底，说："可以试试。"

（2）象数配方：440·7220·6660·0530·0810。

（3）调理效果：一个月后反馈："高低脸好了许多，不仔细看几乎看不出来了，还有意外收获，原来掉头发严重，现在掉头发恢复到以前了，掉得很少，睡眠也大大改善了，非常感恩山玉老师创造的八卦象数疗法，感谢辛老师热心救治和精准配方！"

（4）配方释义：我当时首先想到的是地面整平的震动泵，震动泵的作用就是有人掌握着在地上来回不断地拖着震动，将高的地方震动平坦，太低的地方加点料，再震动平坦，所以第一元用的 440，4 为震动，两个 4 为加大震动力度；7220，7 为山为高的部分，用两个 2 消掉高的部分；6660，6 为水为陷，用三个 6 大力增强陷的功能，意为将高的部分陷下去。这三元，第一元 4 振动，第二元将高处消掉，第三元让高的地方陷下去，这三合一的能量必然是巨大的，天道是损有余补不足，让高的部分下陷的能量有了，那么如何将低的部分提上来呢？我当时想到了巽卦 5，5 为风，为阳气，无处不到，只有它有这种鼓动的能量；第四元用了 0530，5 为风，意为用 5 的鼓动功能将低处推到最高处 3 的位置，3 在后天八卦图中位置最高，3 为心，主血脉，其华在面，5 和 3 又是木生火的五行关系，疏风通络，活血化瘀，气行血行，最终达到阴阳平衡；0810 是最后一元，也是最佳状态，天地佑之。此方全是比类取象，这就是老师讲课反复强调比类取象的原因，非常重要，每时每刻都可用到。

疝气和手颤顽症 4 天消

（1）**时空状态：** 2019 年 11 月 28 日，郑州学员崔××，男，70 多岁，电话求方："几个月前，曾因一件不合理的事生气暴怒，导致疝气发作，右侧腹股沟一个软硬包逐渐发展到了鸡蛋大，有点疼，用过多种偏方，都未见效，非常烦恼，请辛健利老师相助用象数疗法调理。"

（2）**象数配方：** 810·640·0530·720。

（3）**调理效果：** 几个月后反馈，他得到此方后如获至宝，专心默念，因是阴虚体质，白天念防止上火的配方，只有在夜晚念 2～3 小时，很有效，疝气包逐渐缩小，四天就没了，更让他喜出望外的是，曾因长年心情不好而产生的已经三十多年的双手颤抖的老毛病也基本好了，现仍在持念巩固。他一再表示，深深感谢辛老师！深深感谢李山玉老师创造神奇的八卦象数疗法！

（4）**配方释义：** 810，地天泰卦，阴阳相交万物生机之象，8 为脾，主腹部，疝气在腹部大肠处，1 为乾卦为大肠，直指病灶，疝气的成因是中气下陷，脾为中气，有升举的功能，奇数个 0 在数后为阳，阳气往上走，有向上升的作用；640，6 为肾，五行为水，4 为肝，主疏泄，调畅气机，五行为木，水生木，意为增强肝疏泄调畅气机的功能，使气血能够顺畅地运行；0530，5 巽卦，为风，有鼓动向上的作用，3 为心，主血脉，后天八卦方位在最高处，意为在巽 5 风的鼓动作用下，将凸出的疝气推上去，推到高处回归本位；720，山泽通气，7 为凸起物，2 为金，为手术刀，意为用手术刀将凸起物 7 泄掉。全方健脾益气，疏肝解郁，去障活血，搭配适合有度，此人又是敏感体，见效较快，甚至三十多年的双手颤抖的老毛病也基本好了，纯属意外收获，因当时电话求方时就没提双手颤抖的事情，也正验证了老师经常说的，八卦象教疗法调病不但针对局部病灶，也可同时调理全身。

十几年的高血压正常了

（1）**时空状态**：2019年11月的一天，青岛王××求方："血压高，十几年一直药物控制，头晕时必须马上吃药缓解，但药量不断加大，很是担心。"

（2）**象数配方**：87200·640·7260。

（3）**调理效果**：两个月后反馈："现在血压平稳，断续减药，到现在降压药全停了，高压130左右，低压80至90之间，效果非常好，谢谢谢谢！"我说咱们都要感恩李山玉老师悟创出了八卦象数疗法救死扶伤，咱们都是受益者。

（4）**配方释义**：87200，87为中焦脾胃，脾升胃降，身体所需营养都来自它，它强健了，才能更好地濡养五脏六腑，所以称它为后天之本，具有运化调节的作用；640，6为坎卦，为肾主水，五行为水，4为震卦，为肝主疏泄，五行为木，水生木，肝肾同源，血压高与肝肾关系较大，增强肝肾功能；7260，7为艮卦为胃，五行为土，2为兑卦为肺，五行为金，土生金，山泽通气，6为坎卦为肾，主水，金生水再次增加肾功能。血压高，高者降之，所以配方整体偏阴，加上患者为敏感体，诚心持念，所以见效快。

肝血管瘤没有了

（1）**时空状态**：2019年7月，河南许昌72岁的李×，肝血管瘤2～3厘米，医院要求手术，因害怕不敢做，电话找我求方。

（2）**象数配方**：0440·037200·160·053800。

（3）**调理效果**：从念方至体检八个月，拍片说血管瘤没了，本人也不相信，又体检一次确认，结果真的没了，医生都很惊讶，全家高兴得不知说什么好了。

（4）**配方释义**：0440，4为震卦为肝，主疏泄，调畅气机，两个4加强其功能，前后加0，阴阳平衡；037200，3为离卦为心，主血脉，7为艮卦，为凸起物（血管瘤），火生土泄血之瘀滞，2为兑卦为肺，主气，为手术刀，意为将凸起的血管瘤拿掉；160，1 为乾卦为硬物，为圆，为血管瘤，6 为坎卦，为肾，主水，为通，金生水泄圆物（血管瘤），助肾水，加强肾功能；053800，5 为巽卦，为风主出入，为阳气，疏风通络，3 为离卦，为心，主血脉，活血化瘀，8 为坤卦，为脾，主运化，健脾益气，木生火，火生土，五行相生调和五脏，达到气行血行，阴阳平衡的目的，因此元偏阳，所以用偶数个 0。全方比类取象，克泄得当，阴阳有度，患者诚心持念取得良好的效果。

甲状腺炎、结节、嗓子哑全好了

（1）**时空状态**：2019 年 6 月 14 日，70 岁的张 ×，电话求方："甲状腺炎，结节，嗓子哑五六年了，用过多种方法治疗，无太大改善，听说八卦象数疗法神奇，能否帮忙配方治疗？"

（2）**象数配方**：05380·7200·160·4440。

（3）**调理效果**：8 月 23 日电话反馈："到医院检查了，一切正常！非常感谢辛老师，感谢李山玉老师悟创的八卦象数疗法！"嘱其继续默念巩固。

（4）**配方释义**：05380，5 为巽卦，为风，为阳气，为经络，五行属木，3 为离卦为心，主血脉，木生火泄经络之淤滞，并活血化瘀，8 为坤卦为脾，为甲状腺主运化，健脾益气，主气化，气行血行，前后加 0，阴阳平衡；7200，7 为艮卦，为凸起物（结节），五行属土，2 为兑卦为肺，主呼吸，通调水道，五行属金，土生金泄艮 7 之凸起物，山泽通气，此证为偏热，所以用偶数个 0；160，1 为乾卦，为硬为圆圆的硬物，五行为金，6 为坎卦为肾，为水为通，金生水即泄多余的硬物，又补充肾气；4440，4 为震卦为肝，主疏泄，五行为木，木克土，7 为凸起物，三个 4 加强克凸起物的能量。全方疏风通络，健脾益气，克泄得当，患者诚信默念达到满意效果。

青岛学生：辛健利

2020 年 7 月

池肖毅象数疗法调理个案

象数疗法调理急性腹痛

孙某某，小腹痛难忍，询问后发现是憋尿导致，当时给其配方080·160·000，念数十余分钟后疼痛全无。当时思路比较简单，8为坤卦为小腹，080通经气疏通小腹，160为亨通，通则不痛，000加强通之力。

象数疗法调理发烧

2017年3月4日，一个叔叔王某给我打电话，这段时间一直发烧，去医院打吊瓶效果也不好，当时给他起卦，卦象上巽木很旺，木生火，配方005300·22600·00，嘱咐其贴在大椎穴。第二天反馈象数的效果很好，贴上不到一个小时就出了一身大汗，烧就退了（005300泄其巽木，前后两个0偏阴降火；2为兑卦为泽，属金，6为坎卦为水，22600金生水以制火，易卦来说形成雷水解卦来灭火；00加强场能力）。

象数疗法调理小孩断奶症

朋友贺某家小孩10个月大，正在断奶，一到晚上就哭闹不止，持续的时间又久，弄得大人也休息不好，问我有没有什么方法。当时给他配数43300·08880·22600，让他贴在小孩大椎穴上，当天反馈，贴上后一会儿就不怎么闹了。小孩哭闹和肝火旺也有关系，43300泄其肝火，也为雷水解卦，有解决之意；8为坤卦主静，泄哭声，08880火地晋（静），静下来；22600也为雷水解卦，故有效。

象数疗法调理顽固打嗝

21岁朋友刘某，打嗝不止，三天了也停不下来，吃药也不管用，给他配方072000·260·000，嘱咐其念10分钟，结果念到七分钟的时候打嗝戛然而止，他本人很惊叹八卦象数疗法的奇效。072000山泽通气，前面加一个0加强通经气；2为兑卦主气，6为坎卦为肾为气之根，260气肃降归根，故嗝止。

象数疗法安神有奇效

朋友唐某，一段时间失眠严重，难以入睡，白天精神就很差，当时问我有没有什么方法，我告诉她八卦象数疗法和念数的方法，给她配方400·300·8880。4为震卦为肝主藏血又为将军之官，又意为将军守护在身边，400养肝阴肝血；3为离卦为心主神，300养心血，安神；8为坤卦主静，8880，静下来休息，晚上属阴，故人体也应顺从天道养阴。

象数疗法调理痛经

唐某患有子宫腺肌症，例假前后及过程中小腹胀痛，并牵扯到会阴及肛门。当时她正处于此痛苦时期，询问后给其配方080·010·726500，念数15分钟后缓解很多，不过肛门处还是胀，当时就改方为16000·726500·080，这一组念了十余分钟全部缓解。16000从头通到脚，乾为头，坎为脚；726500通关，把不通的地方疏通开；080疏通小腹。

象数疗法调理小孩口腔溃烂

我弟弟快2岁的时候突然口腔溃烂，整个口腔红肿得厉害，什么都吃不下，当时以为是上火导致的，配方 003800·00200·600 效果不明显，又去买了清热的药物，也是没有效果，母亲很是焦急。后来仔细思考原因，突然想起来是我母亲喝了病鸡汤，他又还在吃奶，大人没事，小孩就受不了，于是口腔红肿疼痛，于是就找到了核心——解毒。当时中午我就提议用象数，配方 007200·64400·000 贴其大椎穴，下午就可以吃东西了（上午还不能吃东西）。当时我母亲就扇了我一巴掌，说："有这么好的法子不早说，害我担心这么久。"说完两个人都笑了。弟弟第二天即愈。

象数疗法调理个案 7 例

1. 象数帮助老人一天拔掉尿管

深圳严某某 2018 年 5 月 1 日微信向我求助："老师您好，我四川的公公目前小便不利，在用导尿管，他在医院检查疑似肝癌，且血小板也较低，平常口气重，血糖偏高，去年做过疝气手术，能否给他配个方？"

我当时配方 4400·165000·7220·038220。其反馈："5 月 2 日家公念了一天，今天中午试着拔去尿管，能自己上厕所了，病房里的病友也跟着念。5 月 3 日晚和 4 日早上排出了很多尿，而且不痛了，今天要求办出院手续了。"回家后一直用助念器助念，至今一直挺好。

配方释义：4 为震卦为肝，为阴木，主疏泄，主一身生发之气，又因其有口气，为脾湿热，木的疏泄可致土的运化正常，热则寒之，故用偶数个 0；1 为乾卦为督脉，主一身之阳，也为大肠，"大肠者传导之官，变化出焉"，6 为坎卦为肾，为阴阳之根，也为膀胱，"膀胱者，州都之官，津液藏焉，气化则能出矣"，5 为巽卦为胆，主出入，165000 扶正祛邪，加强肾阳膀胱的气化作用，使清中之清上升归肺，浊中之浊下归膀胱排出体外，165000 通的效果也较强，自然尿路变通畅；7220 通滞下行，7 为尿路艮阻，2 兑卦主清肃下行；038220，3 为离卦也为三焦，"三焦者决渎之官，水道出焉"，8 为脾主运化，加强运化水湿的作用，2 为兑卦为诸孔窍，通调水道，清肃下行，038220 强脾、利湿、消炎、补气又有降糖之效。

2. 调理腰椎间盘突出

一位做工程承包的朋友王某腰疼几年了，是由腰椎间盘突出压迫神经所致，用过多种治疗方式都无效，经朋友介绍微信上向我求助。

当时给他简单说明八卦象数疗法的原理，告诉他默念的方法和注意事项后，配方 7721000·65000·4400·3810，让其默念 15 分钟，没有不适后加大力度默念，时间越长效果越好。第二天反馈："我昨天念了六七个小时，今天有所减轻，比打针吃药都快！"之后让其继续默念，三天后腰疼已消失，生活基本正常，之后一直在巩固中。这个案例也说明，默念时长和效果有着直接的关系！

配方释义：7721000，7 为艮卦为背，为腰椎突出之象，为瘀滞，为止痛，2 为兑卦，主消炎，且兑金有往回"收"之意，也可理解为把突出的部分去掉，1 为乾卦为督脉，为脊椎，为正，7721000 止痛消炎、去增生、正腰椎；65000，6 为坎卦主骨，5 巽卦为整齐也为神经，65 为水风井卦，合为疏通腰椎和神经，让腰椎排列整齐；4400，4 为震卦为肝，肝肾同源，偶数个 0 滋肝养筋；3810，3 为离卦为血脉，8 为坤卦为肌肉，1 为乾卦为健，因为脊椎是由背后的筋和肌肉固定的，筋和肌肉血脉正常，脊椎则正常。

3. 调理空调病、怕冷效果好

西安学员刘某某，女，46 岁，特别怕冷，稍微受寒就会咳，然后出现哮喘音，辨证是由寒证所致，配方 38000·165000·43000，让其默念配合着听读机助念。

反馈："老师您好，我用助念器念象数结合着默念大概一周了，感觉能在家只穿一件衣服了，以前觉得冷，这几天感觉不冷了，还特别爱出汗，气温 31 度，我就觉得很热了，穿上了裙子，这在以前是不可能的！效果很好！"

配方释义：3 为离卦为太阳，为心，8 为坤卦为大地，为脾，主肌肉，38000 阳光普照大地，心火温煦全身；1 为乾卦为寒，6 为坎卦为肾也为病，5 为巽卦为胆，主出入，《内经》云"凡十一脏者取决于胆也"，165000 扶正祛邪，温通肾阳，补益先天；4 为震卦为肝，震卦也为春天，主生发之气，肝为将军之官，加强疏泄，抵御外邪、平定内乱，43000 震木生离火，生发阳气，阳长则阴消，全方从后天八卦图来看，刚好形成一个顺时针旋转的圆道运动，符合天道（天道左旋），"升降出入，无器不有"。

4. 象数治疗牙龈肿凸

深圳严某某向我求助："池老师您好，我左上牙智齿附近牙床牙肉肿起（靠近颊车穴位），一周前牙痛，用 0020·00640·00380 后牙不痛不酸了，但这个突起一直还未消，该怎么办？"

配方 7200·260·440。让其默念加上贴患处附近两条，10 分钟后反馈："患处没啥变化，但右侧面颊有像拉动的轻微声音，如同轻微嘀嗒的钟表声。"第二天反馈已经消了百分之八九十。第三天已完全消下去了。

取其凸肿象艮，因其根本还是上火所致，气血阻于上而不下，故用 7200 消肿降火；260，2 为兑卦为口，6 为坎卦为通，通畅了自然也就不肿了；440，4 为震卦，加强疏泄，恢复正常。

5. 象数疗法帮助腹腔多发性癌变的老人

2017 年 11 月，山西的庞某打电话过来，说他母亲 72 岁，腹腔积水，四肢无力肿胀，吃不下饭，去医院检查结果为腹腔多发性恶性肿瘤（癌），医院建议留院化疗。我当时建议让他不要化疗，用象数疗法保守治疗，庞某果断地接她母亲出院回家保守治疗。给其配方 82000·6500·4380，让她母亲坚持每天念 3 小时以上，配合着助念器 24 小时助念。他反馈说她母亲一看到这组象数就觉得心里痛快（说明她是敏感体），念数三天后，腹部积水开始消失，出汗多，小便多，以前从来不出汗，精神也好些了，每餐能吃一大碗饭，这是明显的好转和排邪反应，便让其母亲坚持默念。

配方释义：82000，8 为坤卦为脾，为腹，腹部水肿取坤象，《内经》云"诸湿肿满，皆属于脾"，2 为兑卦为肺，主肃降通调水道，82000 除湿、肃降，排出多余的积水；6 为坎卦为肾为积水，5 为巽卦主出入，6500 培补肾阳，加强膀胱的气化作用，排出积水，因为其水肿厉害，用偶数个 0 防止过燥；4380，4 为震卦为肝，"将军之官"抵御外邪，平定内乱，3 为离卦为心，"万物由心生，由心灭"，8 为坤卦为脾，为后天之本，为生化之源，4380 木生火，火生土，培补后天之本，医云：有胃气则生，无胃气则死。

一个月后腹部积水消失，四肢肿胀消失，体征正常，精神也不错。他当时也深感八卦象数疗法的巨大威力，使他母亲免受了化疗之痛苦，感恩李山玉尊师发明的八卦象数疗法，给母亲带来了健康！

由于后期老人情绪不好经常和老伴生气，致其腹水复发，癌细胞扩散，迫于家人和医院的压力，最后入院治疗，虽然住院过程中象数有效果，由于其情绪不太好且每日打点滴、抽腹水致元气大伤，于 2018 年 5 月 14 日心肺衰竭，与世长辞。在住院过程中八卦象数疗法极大地减轻了其母亲的痛苦，同时也给我们警示：任何事情都不能半途而废，不然就功亏一篑；情绪对健康有着重大的影响，我们都要积极、乐观、开心地度过每一天！

6. 象数疗法调理脚垫三例

（1）李某，女，42 岁，两只脚的小拇指根部一直都有脚垫，让修脚的人修了又长，一直都没好，当时向我求助，问有没有什么方法把它去掉。当时我看其脚垫不太硬，便让她写上 820 贴在患处，让她坚持贴（因其脚垫不是太硬，故取坤象，让其软化效果更好），结果贴了半个月后，脚垫竟然消失了。让其又巩固了半个月后脚垫彻底消失。

（2）汤某，女，五十多岁，小拇指脚面上有一个椭圆形的脚垫，非常坚硬，有时走路碰到那里就痛。当时让其贴 7200 在患处，过了半个小时她惊奇地说脚不疼了，太神奇了！让其坚持贴，一个月余，已愈。因为其脚垫较硬，取艮象，止痛，用兑卦泄其艮阻，用偶数个 0 滋润和软化。

（3）学员刘某某大脚趾与二脚趾下方有一个巨大的脚垫，走路也疼。给其配方 772200，让她贴患处加上默念，她每天用听读机 24 小时助念，三四天后，惊奇地和我说不疼了。方义：7为艮卦为止，止痛也为硬的脚垫，2为兑卦，主消炎软化，也为手术刀，772200消除脚垫，止痛，故效。

7. 快速消除面部肿包

2018年4月20日黑龙江孙某某，微信上向我求助，其眼睛下边突然鼓了三个包，要组象数配方。

配方00382200·16500·4400。

一个小时后反馈，已经消得差不多了。让其继续巩固，第二天已完全消失。

配方释义： 3为离卦为心，为目，其华在面，她说长了三个包，又在眼睛下、脸上，故首先取离卦3，8为坤卦为软包，也为脾，运化万物，"万物土中生，万物土中灭"，2为兑卦为手术刀，主清肃下行，消炎，祛增生、肿包，她这也属于虚火上行，所以用偶数个0滋阴降火，消炎；16500扶正祛邪，加强滋阴降火、疏通之力；4400，4为震卦为肝，主疏泄，为将军之官，抵御外邪，平定内乱。

象数疗法调理让眼睛和心情都好了

（1）**时空状态：** 2019年4月10日上午接到学员的微信求助："右眼肿，微疼，而且这几天老发火，无其他不适。"当时考虑到春天木旺，肝气较盛。

（2）**象数配方：** 03800·200·6400。

（3）**调理效果：** 嘱咐其专心默念。4月11日向我反馈已好大半，12日早晨已经不肿不疼也不发脾气了。

（4）**配方释义：** 3为离卦，为目；8为坤卦，为右上方，03800疏肝健脾消炎；2为兑卦，为诸孔窍也为右；6为坎卦为水，水克火；4为震卦为肝又开窍于目，6400滋阴降火，滋水涵木。

象数疗法调理盆腔积液

（1）**时空状态**：河南郑州的一位朋友，女，40岁，盆腔积液2个月致左臀、左腿疼，非常痛苦，向我电话求助。

（2）**象数配方**：6000·5000·4380。

（3）**调理效果**：她默念15分钟后反馈效果非常好，不疼了，而且左腿像通了一样，特别舒服，坚持默念一个月余，诸症消退。

（4）**配方释义**：6为坎卦，为肾，主水主生殖，6000加强肾主水的功能，让积液排出；5为巽卦，为股，加强疏通患处；4380疏肝活血，健脾运化，全方合而获佳效，此患者为敏感体，故效果非常显著。

象数疗法调理醉酒致急性肠胃炎

（1）**时空状态**：2018年7月25日，吉林的朋友杨某微信向我求助，他因与小时候一起长大的发小相聚，太高兴喝了太多酒又吃了很多肉串导致急性肠胃炎，吃啥吐啥，下腹部肚脐周围疼痛，用艾灸也没有效果。

（2）**象数配方**：07720·1650·0380·6440。

（3）**调理效果**：第二天反馈："昨天念了一个小时后就不难受了，今天已经没事了，三焦经和腰部开始排寒。"他感到非常神奇，重新拾起了对八卦象数疗法的热情（他以前参加过面授班）。

（4）**配方释义**：07720止痛消炎；1650通大肠，扶正固本，又可使浊气下行；0380健脾运化，通三焦；6440滋水涵木，加强解酒疏泄。

象数疗法止咳显奇效

（1）**时空状态**：2019年1月5日，一个朋友因感冒引起的干咳有一个多月了一直不见好，于是向我求助。我考虑到咳嗽了一个多月，必然会肾气不固，疏泄失司，气机不畅，故据此配方。

（2）**象数配方**：660·40·820。

（3）**调理效果**：结果第二天就反馈已经不咳了，好了，非常感恩八卦象数疗法。

（4）**配方释义**：660，6为坎卦，为肾，主纳气，又为气之根；40加强疏泄，可调畅全身气机；820健脾益气，培土生金；三元合而获佳效。

象数疗法调理心脏不适、前额疼

（1）**时空状态**：2019年1月12日象数学员吴某给其65岁表姐求方，她表姐心脏不舒服，心跳快，前额疼，左边淋巴结肿大，去医院检查为窦性心律伴频发、室性早搏，有慢性肾炎，尿蛋白++、红细胞+++。

（2）**象数配方**：0720·1166500·4380。

（3）**调理效果**：她表姐中午接方后马上开始默念，14日反馈，所有症状都改善了，心脏舒服了，前额疼也消失了。我让其继续持念。到20日反馈："觉得什么都好了，感恩八卦象数疗法！"

（4）**配方释义**：0720，山泽通气，通则不痛，又可补中益气、培土生金助肾水；1166500，1为督脉主一身之阳，6为坎卦乃阴阳之根，5为巽卦可益肝肾，偶数个0防止其过燥，合为培本固元；4380疏肝养心，活血健脾。

象数疗法调理失眠案例两则

案例一

（1）**时空状态**：2019年1月20日学员刘××的儿子因期末考试过于紧张导致失眠向我求方。

（2）**象数配方**：03880·70·260。

（3）**调理效果**：15分钟后反馈已经睡着了。

（4）**配方释义**：3为离卦，为心，藏神，"神"主精神、意识、思维活动，8为坤卦，主静，03880让心静下来，也为降心火；70止住胡思乱想；260生肾水；静心、止住胡思乱想，水火既济，故效。

案例二

（1）**时空状态**：2019年3月17日，一个1997年出生的女孩一直睡眠不好，还伴有抑郁，近期有5天完全睡不着，接近崩溃了，朋友给她介绍八卦象数疗法后决定试一试。

（2）**象数配方**：400·03880·20·6400。

（3）**调理效果**：接到配方默念后当晚休息很好，再后来睡眠就慢慢稳定下来了。

（4）**配方释义**：400，疏肝解郁，藏魂养肝血；03880宁心健脾安神；20定魄，让其心情愉悦又可助升肾水；6400，滋水涵木，滋阴潜阳，水火既济。

还有几则也是以400·0380·260为基础方，在此基础上微调的案例就不分析了，总之，我们要遵循李山玉尊师所强调的"辨证施治，比类取象"的原则。

象数疗法减肥显奇效

（1）**时空状态**：2019年5月12日，河北唐山的朋友向我求一组能减小腹及臀部的象数（身上无其他不适），当即配方。

（2）**象数配方**：05440·8220·16000。

（3）**调理效果**：接到配方后晚上7点向我反馈说："太神奇啦！小腹和臀部热热的，非常舒服而且在排气排浊，后来她又把这组配方给了五六个人试，都有不同程度的排气排浊反应，效果非常好。

（4）**配方释义**：05440，5为巽卦，4为震卦都为木，"木曰曲直"，木的特性是条达、纤瘦，5 又为股，4 为疏泄，又可疏泄臀部的赘肉；8220，8 为坤卦为腹，又为脾主肌肉，2 为兑卦为小，意为肚子变小；16000，通大肠及全身，身体畅通代谢更快，又可扶正固本，不伤身。

象数疗法调理给重症监护室的患者带来了希望

（1）**时空状态**：2019 年 4 月 24 日，河北的一位朋友向我微信求助，她二十多岁的儿子因车祸致脑出血昏迷，一直在医院的重症监护室，医院也不抱太大的希望，家人非常着急，毕竟还这么年轻，了解情况后配方。

（2）**象数配方**：03880·07720·11660·05380。

（3）**调理效果**：让家人握着他的手助念，由于医院不让贴身上，就贴在手上的内关穴，家人每天有一个小时的探视时间，就每天抓住这个时间轮流给他助念。5 月 2 日时，家人惊奇地发现孩子眼睛睁开了，眼珠子能动还在流泪！这让家人非常吃惊和兴奋，结果再去检查发现，脑出血恢复特别好，淤血完全吸收了，感恩神奇的八卦象数疗法给他们带来了希望！

（4）**配方释义**：3 为离卦，主血脉，又为头部直指病灶，8 为坤卦，为脾，主运化，统血，03880 活血通脉，摄血运化；07720 止住出血点伤口，又可补中益气；11660 扶正固本，振一身阳气与阴阳之根；05380，5 为巽为神经，3 为离为血脉，三焦，8 为坤为全身，振奋全身的神经、经络、血脉。

孝感学生：池肖毅

2019 年 7 月

象数疗法调理"富贵包"、眩晕

（1）**时空状态**：2020 年 2 月 27 日，湖南株洲的学员周 × 为其妹妹求方："1987 年出生，脖子上有个大包即'富贵包'，后脑勺到头非常难受，只要躺在床上就天旋地转、恶心、出虚汗。"

（2）**象数配方**：4440·72210·6650·3820。

（3）**调理效果**：第二天反馈："这组象数真的很管用，念数当天是睡得最好的一次。这段时间一直睡不好，而且一枕枕头就头晕，贴上象数后竟然不晕了，感恩老师！"68天后"富贵包"痊愈，"感谢池老师精准配方，感恩李山玉老师的伟大发明！"

（4）**配方释义**：4为震卦，可振奋全身气机，"富贵包"主要是肉包和水湿，震木又可克之，4440为强力疏通气机和克制凸起物；7为艮卦为头，为淤堵，2为兑卦，可泄其淤堵，又合为山泽通气，1为乾卦为督脉，主一身之阳，又为正、健，意为恢复健康、正常；6为坎卦为通，又为肾主水，5为巽卦为胆，主生发之气，6650升肾阳，加强肾主水的功能，又振奋全身的阳气；3820，健脾益气，通三焦，温煦全身。

象数疗法调理斑秃

（1）**时空状态**：2019年底，烟台的一位象数学员微信求助："出生于1989年，男，由于性格内向，情绪不佳，2019年中旬头发开始一片一片脱落，每次出门都要戴帽子，非常自卑苦恼。"

（2）**象数配方**：400·03810·720·6640。

（3）**调理效果**：念配方后感觉心情舒畅了很多，三个月后痊愈。

（4）**配方释义**：400疏肝解郁，4又为震卦又为生发；03810，3为离卦为头，8为坤卦为众为多，1为乾卦为正，意为让头上生出很多头发；720，7为艮卦也为头，2为兑卦主气，山泽通气，再次加强疏通头部气血；6640，6为坎卦为肾，主骨生髓通于脑，4为震卦为肝，滋水涵木，全方从震4而起，从震4而终，体现生生不息之意。

象数疗法调理牙疼

（1）**时空状态**：2020 年 1 月 20 日晚，象数学员黄 × 求助："右下倒数第二个牙疼，非常难受。"

（2）**象数配方**：21600·0770·04500。

（3）**调理效果**：两天后反馈说好了一大半。该患者是敏感体，念数的时间不长。于是让其加贴局部，贴上后完全不疼了，当天即愈。

（4）**配方释义**：21600，2 为兑卦为口，为右，主肃降消炎，1 为乾卦为右下牙齿，6 为坎卦为齿，此元为右下牙疼而设；0770 止痛；04500，雷风相薄可疏肝利胆，消炎消肿。

象数疗法调理产后不通气

（1）**时空状态**：2020 年 1 月 15 日，广东深圳学员严 × 的弟媳，产后肚子胀，一直没通气，也不能进食，很是焦急。

（2）**象数配方**：078200·1660·0450。

（3）**调理效果**：念了不到 20 分钟就通气了。

（4）**配方释义**：078200，肚子胀不通气为艮象，7 为艮为胃，8 为坤卦为腹为肚子，7、8 和脾胃，增强升降机制，2 为兑卦主肃降，又为气，可推动气机的运行；1660，1 为乾卦为大肠，6 为坎卦为通，通大肠及全身；0450，雷风相薄，让气机更快疏通。

象数疗法调理病毒性疱疹

（1）**时空状态**：2019 年 11 月 2 日，象数学员王 ×× 为其 70 多岁的男同事求方："大腿根、屁股尖、阴部起了病毒性疱疹，疼得不能动，非常痛苦。"

（2）象数配方：077220·66500·0440·038200。

（3）调理效果：经过二十多天的持念，疱疹基本褪去，疼痛基本消失。快到一个月时，完全康复。

（4）配方释义：疱疹取其艮象，077220 止痛，去疱疹消炎；66500，其疱疹长在坎位故取 6，5 为巽卦主出入，意为让病毒快快排出，此元又可培补先天之本，使机体正气更足；0440，4 为震卦为将军，可抵御外邪平定内乱；038200 消炎健脾解毒，四元合，加患者诚心持念而获良效。

象数疗法调理食欲不振

（1）时空状态：2020 年 4 月 19 日，象数学员王 ×，女，69 岁，近段时间肝胆部位隐疼，胃气上逆，饮食骤减，吃不下饭，舌苔白腻。

（2）象数配方：04300·8720·1650。

（3）调理效果：念方第一天，不适症状基本消除，三天后吃饭正常，诸症消退。

（4）配方释义：04300 疏肝养血，4 震卦可调畅全身气机，3 离卦为火，又可生脾土，又可疏肝和胃；8720 健脾益气，脾胃同补；1650 培本固元，振奋肾阳，使机体正气内存，则诸症消退。

象数疗法调理失眠

（1）时空状态：2020 年 6 月 20 日，湖北学员丁 ×，60 岁，女，失眠十多年，每次要靠安眠药才能睡，而且子时易醒，消化不好，多疑胆小，易受惊吓。

（2）象数配方：04300·0380·720·60。

（3）调理效果：念数时不自觉打哈欠，有睡意，并有泪水不断流出，3 天后睡眠稍有稳定；5 天后安眠药减半，睡眠较稳定；15 天后，睡眠趋于稳定；21

天后停药，已基本正常。

（4）**配方释义**：4为震卦，可疏肝，又可安魂，3为离卦为心，可安神，04300疏肝养心，安魂藏神；0380宁心健脾安神；720补中益气，止住胡思乱想，定魄和胃；60培补先天之本，肾在志为恐，肾气足则不恐，又为藏，让元神归位。

象数疗法调理中耳炎

（1）**时空状态**：2020年3月25日，四川学员刘×求方："左耳又痒又有异物感，有炎症，洗澡后症状加重。"

（2）**象数配方**：07720·2660·0540。

（3）**调理效果**：26日反馈已经好了一大半，疼痛已基本消失，但未好彻底；27日已完全正常。

（4）**配方释义**：耳朵异物感为艮象，取数7，2为兑卦为口也为耳洞，07720山泽通气，又可泻火之实，疏通耳道；2660肾开窍于耳，此元加强消炎，通耳道，通则不痛；0540，风雷益，吹干耳朵里的水及异物，从而受益。

孝感学生：池肖毅

2020年7月

李冠莲象数疗法调理个案

出家修行僧人感恩赞叹象数疗法了不起

川藏交界的五明佛学院，有一名三十多岁的出家女士亲身感受到出家人的生活清苦和病苦，在与象数疗法结缘后，她除了听上师讲经说法、念佛外，发心为有病难的出家人服务。她自学了《中国八卦象数疗法讲义》《走进中医》《思考中医》等书，多次给我来电话为患者求方。这些出家人心诚，经几个月念数调整，疗效很好，这些出家人感恩地赞叹象数疗法很了不起，佛号不断，我听到这个信息感动得内心久久不能平静。象数疗法不仅能治病，更为那些经多方治疗无效的患者找到了一条无手术伤害、无药物副作用、无大笔金钱负担的求生之路，体现了一种博大的人文美好，它借助天人合一之功，为自然之道。另一位二十多岁的出家女士小黄，法号圆某，来电为自己及他人求方，并请求长期保持联系，我同情他们的清苦，将尽自己所学帮助他们。

调理颈椎病

莫女士五十多岁，南宁某企业卫生所退休医生。她患颈椎病多年，多种方法治疗效果不佳，导致双手麻木，血压偏高，经朋友介绍求象数治疗，配方260·050·70。持念当时感觉舒服，当晚念方时颈椎发出响声，翌日整个颈部轻松，到公园找我当面致谢，并表示适当时机会去青岛参加面授班。方义：260补肾壮骨，平稳血压；050，5为直，调颈部散结，通经驱邪；70，7为骨节，为上，70壮骨通络，补益中气，止痛通滞。

调理胃出血

南宁工行甘女士，三十多岁，2009 年 4 月 7 日，甘女士来电话说其近期因饮食过于刺激，每餐吃一大碗辣椒，引起胃部强烈不适，疼痛呕吐，呕吐物中有鲜血，在家躺了三天不能上班，自己配方无效求援。配方 40·70·820，持念半小时后，疼痛消失，后来她将此方赠予相同病症的同事也获佳效。方义：4 为肝，肝藏血，主疏泄，40 疏肝和胃；7 为胃，为止，70 强中健胃，止痛止呕吐；8 为脾，统血，主运化，2 为肺，主气，辛味入肺，820 和气血，健脾运化平燥气。

象数疗法调理胃肠病几例

案例一

一位美国朋友因吃不宜食物引发胃胀气上逆，喉部似有物堵着难受，来电求方，配方 440·7720，半个小时后来电已愈，表示感谢。

配方释义：4 为震木，为疏肝益气，喉部有物堵感为肝郁气结于喉部，440 调畅局部气机，木克土疏泄土而除淤滞；7 为艮为胃，为滞，为降；2 为兑，土生金，泻艮土之气滞，7720 速降胃气，而止上逆。

案例二

2011 年 11 月 5 日下午四时，湖北一男士来电，其女儿上腹部胀痛，到医院 B 超检查，肝胆无异常。配方 82000·160·440。持念后腹部发出响声，随后放了几个屁，胀痛消失。速效。

配方释义：坤 8 为腹，82000 消腹部胀气；160 通利大便；440 疏导气机。

案例三

2012 年 1 月 5 日上午 11 时许，河北陈先生来电为一位 89 岁的老太太求方，老人因吃饺子后消化不良引发下腹胀痛，排不下大便，到医院吊针花了一万多元，就是排不下大便，只好灌肠排便，因实在不愿意再做灌肠治疗，求象数疗法医治。

配方 82000·160·4440。老太太不会念，老先生助念几个小时排下三次大便，取得佳效。

配方释义：同上，用 4440 加大疏泄力度。

象数疗法调理肿物两例

案例一

陈女士的丈夫因血压偏高，服用了一种新降压药，引发左边乳房长出一个硬肿物，医生建议手术切除，本人拿不定主意，陈女士果断求助象数。配方 04000·720。持念一段时间后，硬肿物消失了。

配方释义：乳房属胃经所过，乳头为肝经所循，震 4 为肝，主疏泄，04000 强力疏泄，使肿物快速消失；720，7 为凸起物，2 为兑卦，为手术刀，用手术刀将凸起物泄掉。

案例二

杭先生左胳膊生了一肿物，很是担心，睡不着觉，第二天一早找到我求方。配方 44450·720。持念一周后消平。

配方释义：44450 肝胆互为表里，行气散结疏泄肿物；720 消散肿物。

象数疗法调理骨髓异常增生综合征

邓女士，六十多岁，退休职员。患骨髓异常增生综合征，在医院治疗很长时间，同病房病友相继去世，医生对她说，此病是世界难题。无奈之下，听人介绍象数疗法，托人找到我求方，我对来人说，病人把激素停了我才给配方。邓女士停服激素二十多天后来找我，其全身肿胀，脸、口唇无血色，全身无力。此病是脾肾功能虚损所致，叫停服激素是因激素透支元气，长期使用会使肾气更虚。配方 16660·4450·7820，她念方后感到舒服，持念不到一个月瘦了十斤，人精神多了。

因早上手指有些不够灵活，需增加阳气，改方为 16660·4450·37820，持念后身体逐渐恢复体力，原来到公园两公里路程半路需休息两次才可，半年后脸、唇有了血色，形体已正常，能做家务，每天能参加打气排球，已经过去三年了，还在持念保健中。

配方释义： 1 为乾，为一身阳气之本，为先天本源，6 为坎为肾，为阴阳之根，肾主骨生髓，三个 6 强化肾气，16660 强化生命之根，强化造血功能；4 为阴木为肝，5 为阳木为胆，为气，为能量，4、5 雷风相薄，推陈出新，祛痰生新，推动全身血液循环生生不息；3 为离火为阳气为能量，7820 健脾益气，通达四肢，升清降浊，气血生化之源，强化后天之本。

象数疗法调理类风湿性关节炎、风心病

黎女士，21 岁，患类风湿性关节炎十年，手指变形，脚趾也变形，胃炎，风心病，失眠，月经不调，大便不正常，特瘦（60 斤）。由于手变形，不能拿笔写字，退学回家，身心受到严重伤害，自己跑到寺庙一个多月要求出家，由于她生活不能自理，寺庙不同意她出家，父母接她回家后，认为康复无望，曾产生轻生念头。正好她的一个亲戚知道此事后及时带她来南宁找我，我给了她一组温经散寒、祛风除湿的配方 650·430·82000，持念当晚能很快入眠，十多天后精神好多了，吃饭香，手脚暖和多了，行走越来越快，继续持念，指甲、口唇已有了血色。因为太瘦的原因调方为 650·380·720，持念半年后身体大有好转，已能正常生活，而且找到了合适的工作，能养活自己了，不再成为家庭的负担了，万分感谢山玉老师。

配方释义： 650 补肾阳祛风邪；430 疏肝利筋通血脉，养心血；82000 健脾益气强力祛湿邪；380 健脾燥湿，活血化瘀，止痛生肌；720 壮骨利关节，通手足。象数疗法使类风湿这种危重的病人能收到如此意想不到的效果，让一个失望的青年走上新生健康之路，这个病例反响很大，让我的感触很深。我曾想：如果善良的百姓能学会象数疗法该有多好？将会减少多少人的痛苦啊！

李冠莲　2012 年 6 月 6 日

象数疗法创造了生命的奇迹

南宁四十多岁的杜女士，患系统性红斑狼疮，在广西某著名医院接受治疗。当她知道自己仅有三个月生命时，震惊了。她原本已经参加了函授班学习，只是拿到资料没有学习，现在心急之下找到象数疗法救命。2013 年 2 月 22 日找到我，当时她全身浮肿，乏力，心肌肥大，尿不出，脸上出现蝴蝶斑印。我给了她一组健脾补肾、温阳利水、活血通络、调和阴阳的配方 2000·650·4440·3820 作为基础方，调治一个月后在医院检查各项指标都已经正常。她不敢相信，又跑去上海，检查结果也是一样的，停经三个月又来潮了，办理出院，于 3 月 31 日打电话报喜。当时她很兴奋，我也震撼了，很久才回过神来，象数疗法的能量多大呀！一个月就创造了生命的奇迹。千言万语感谢老师创造的八卦象数疗法。

配方释义：2000 为肺，主气，振全身气机，利尿。650 振肾阳，祛寒湿，补心气。4440 消肿利湿，疏肝排毒。3820 强力健脾除湿，泻火补肺消肿。

象数疗法使患者恢复了劳动能力

广西黎塘一位 42 岁的陈女士，农民，双手患类风湿性关节炎，因手指变形肿胀、疼痛，衣服都由她丈夫帮穿。多方求治无效，花费大量钱财，被丈夫离弃。她很痛苦。去年她的一位朋友带她来南宁找我求治，当时我配了一组壮骨止痛、补肾祛风、活血舒筋、活络健脾祛湿的方 7000·650·440·82000。她回家后高质量地默念，几个月后双手关节已复原，疼痛止，能正常下地劳作了。春节前她从家乡拿自己种的莲藕来南宁当面谢我，我为她高兴。嘱咐她继续巩固疗效。她很幸运，从一场病难痛苦中走过来了，是象数疗法使她走向新的生活，她一再托我向山玉老师的八卦象数疗法表示深深的感谢。

配方释义：7000 提气扶正，壮骨止痛。650 补肾阳，驱寒邪。440 舒筋活络通经。82000 健脾祛湿。

象数疗法调理脑梗左偏瘫获佳效

2013 年 8 月 10 日，陕西的刘女士为其 75 岁母亲求方调治脑梗偏瘫。患者躺在床上不能动，我把王玮老师介绍过的治疗偏瘫的配方 7220·6660·4500 给患者试念。8 月 23 日刘女士来电话反馈说，患者左边很温热，左脚已经能动了，问我要不要换方，我告诉她患者已温通，疗效好，就不用调方了，持念。10 月 12 日报喜，患者已经能自己行走了。

配方释义：7220 双金化土，泄梗。6660 温化肾气而温通。4500 疏肝利胆，驱寒邪，促进血脉流通。

象数疗法调理神经性耳鸣

南宁廖先生因耳鸣不得安宁，经医院确诊为神经性耳鸣，经治疗效果不佳，求方。配方 260·640·05000·770，持念一段时间疗效佳，很快痊愈。

配方释义：260·640 补肾益肝，通耳道。5 为血管，为神经，足少阳胆经循行过耳，05000 祛风除邪通经络。770 止耳鸣。

象数疗法调理丹毒

南宁何女士来电，其母左脚面肿、发热、疼痛，医院确诊为丹毒，打针吃药还没能退热消肿，求象数疗法。给配方 778200·1600·44500，持念当晚逐渐退热，第二天就正常了，脚面肿也渐消，惊叹象数疗法神奇。

配方释义：艮 7 为脚面之象；8200 祛湿消炎消肿。1600 滋阴消炎排毒。44500 畅通足部气机，利湿消肿。

象数疗法调理月经不止

昆明陈女士女儿41岁，月经量多，止不住，经医院治疗仍不止，来电话求方。配方 07770·2650·333880，持念第二天就止住了，来电话致谢。

配方释义：07770，艮为屏障，为止，前后 0 快速止住。2650 坎 6 为肾，主血脉，2650 补肾阳，强化肾功能使血液水分正常循环。333880 为离火生脾土，强力健脾统血。

象数疗法调理感冒四例

案例一

2014 年 2 月 21 日，本人参加离退休干部新春聚会，这是一个老、弱、病的群体，人多气场浊、病气重，本人是敏感体质。病邪首当其冲影响人体鼻腔，中午散场后鼻腔上腭根部辣胀。当即配象数方 0720·260·050·080 持念，边走边念渐渐缓解，一个小时后症状消失。这是风热感冒初始，象数配方的正能量把疾病驱除在萌芽状态中。

配方释义：0720 通鼻腔阴阳，扶正祛邪。260 肺排实邪，也补肾气，正气内存。050 疏风清热。080 祛浊。

案例二

8 月 21 日上午云南杨女士全身发热，又怕冷，盖被子还感到冷，鼻音很重，手脚乏力，即念象数配方 70·60·40 十多分钟邪气向下排，同时出汗，然后身体渐轻松。第二天为防止咳嗽，改方为 70·260·40 持念到 23 日早上起床症状消失。这是比较严重的风热感冒，持念配方过程中，快速、轻松地治愈了，还不影响上班。

配方释义：70 扶正祛邪，通鼻，补中气，60 滋阴降火；40 清热祛风，260 补肾纳气，宣肺止咳。

案例三

南宁彦先生本人患百哮，治疗用了近三万元无效，后用象数疗法调理很快治愈，对象数疗法笃信。今年春天其儿子 5 岁，患风寒感冒咳嗽不停，其妻子不信象数疗法，带儿子去治疗花了三百多元不能止咳。彦先生来电话求象数，在电话中听到他儿子不停地咳嗽，当即给象数配方 2000·60·50·70。彦先生为儿子写、贴在大椎穴上，仅两分钟左右即止咳。后入睡到天亮一直都不咳。笔者也用此方治疗自己咳嗽不止，也是念象数即止咳，获佳效。此方调理风寒咳（还没有痰）疗效特佳，老少皆宜。

配方释义：2000 强肺止咳，60 纳气，50·70 驱风止咳。

通过这个病例彦先生的妻子相信象数疗法了，自己患子宫肌瘤也不做手术，求象数疗法调理，给象数配方 7820·6000·4450，经持念，决心大，已显效，一家三口当面致谢，彦先生已参加函授班学习，还试着为亲朋配象数方或套方疗疾。

配方释义：7820 泻实邪。6000 为生殖系统，为通，排毒。4450 木克土，化肿物。

案例四

2014 年 4 月 17 日云南杨女士来电话，孙子 3 岁，发烧 39 度，去医院吊针几天未能退烧，全家人很担心，求助我，给其象数验方 70·80·50·660。过后电话反馈，贴、助念一晚上，第二天早上已退烧，很感谢。

配方释义：70·80 强土泄旺火；50 疏风解表；660 水克火，坎 6 主水降温。

象数疗法调理腰痛、怕冷、心慌、耳鸣，双手不能上举

2014 年 1 月 5 日，台湾小燕女士来电话求助，其腰胀痛、累，做家务站立很难坚持，怕冷、心慌、耳鸣、双手不能上举，为其配方 2650·430·780。持念三

天后电话反馈，腰不累了，双手能上举了，感到轻松舒服，还为其母、小孩求助。

配方释义： 2650 补肾益阳，驱寒。430 补心血，活血通络。780 健脾益胃补中气，通手足。

小燕女士身体比较虚弱，不愿依赖药物，寻找自然疗法调治，去年回南宁探亲，在书店购得一本《八卦象数疗法》，当即与青岛自然疗法研究所取得联系，证实此疗法真实可信，随即参加了函授班学习，回台湾后经常来电话咨询。

象数疗法调理尿频、尿道口涩痛、尿不尽

9 月 15 日广东湛江朱先生尿频、急胀，半小时 1 次，尿不尽，尿道口涩痛求助象数疗法，配方 020·2600·70 持念，两日后来电话告知已愈，很感谢。

配方释义： 020 尿道口消炎止痛。2600 清膀胱经，输尿管的实邪，更可补肾虚。70 提气扶正止尿频。此案例我与一位西医朋友交流，其说，用常规治疗，吊针和吃药都需几天才可以，而用象数疗法调理疗效如此快速感到不可思议。

象数疗法调理手掌麻木

9 月 4 日，印度尼西亚关先生来电话求象数配方，其双手掌麻木，给象数配方 640·050·720。

配方释义： 中医认为，麻是经络不通，气到血未到，根源是气血不和。640 补阴血，050 疏风通络，行气散结，720 补中气，通手。9 月 13 日咨询来电话告知，手麻已消。

象数疗法调理喉哑失声

2014 年 4 月 6 日，成都陆先生喉哑失声来电话求助，配方 260·440，次日

早上声音恢复正常。

配方释义: 260补肾纳气,清肺退热,利咽喉,发音是口是肺,肺是声音之门,肾是声音之根。震4为雷,为声音,440震动声音。陆先生在成都旅游公司工作,做导游,因职业需要,说话过多,喉哑失声,当时车上旅客都是医生,医生们叫他下车后找药吃,可他却打电话给我,说不出话,我知道他已喉哑失声,给他配方260·440贴在喉部,持念一个多小时后,睡着了,早上起来声音恢复。与他同室的一位医生没见他服药声音却已恢复,感到奇怪,到了上班时间,陆先生一上车声音正常,医生们问他服什么药疗效如此好,他说我什么药都不用,只是默念一组象数而已,医生们不相信念数能治病,感到稀奇,只有一位搞自然疗法的医生相信。

象数疗法调理舌病二例

案例一

南宁李女士六十多岁舌面溃疡,去医院诊治,医生开了一些维生素,效果不佳。她很担心,早上六时半打电话来求助,配方003·600。两天后打电话告知已愈,特意到公园当面致谢。

案例二

兰女士,六十多岁,舌面后部(坎卦位)长一肿物,疼痛,去医院找专家诊治,专家开了一大堆药单,因这位专家对此肿物没有说出一个所以然来,兰女士不敢乱吃药,求象数治疗,当晚九时半打电话求方。象数配方为003·720·640,持念疼痛渐消,第二天早上起来肿物已消,疗效特佳,兰女士庆幸没有取那一大堆药,要不然花钱又伤身。

配方释义: 舌为心之窍,舌面上的疾病大多与心的关系较密切,舌面上溃疡,生肿物,说明心火较旺,用003泻心火,720消肿物,640清热排毒,泄坎位上的肿物。

430·000·7220·60 消肿物

2014年1月18日，新疆玉华女士来电话求治其双乳房结节，我嘱其持念配方430·000·7220·60。3月打电话告知，结节已消。

成都李女士三十多岁，乳房肿大，硬、胀、发热，医生建议手术治疗。她的一位朋友彭女士，今年春节回南宁过年，来公园找我配方调理身体，咨询后即与李女士联系，李女士决定放弃手术治疗，于1月19日从成都来南宁求助。象数配方为430·000·7220·60。李女士回成都后高质量地默念象数，4月12日来电话反馈，乳房已软下去了，小下去了，效果佳，继续持念。

配方释义：震4，离3，艮7，胃经与肝经都循行乳区，离为乳象，肝气疏泄不好，易在乳区形成阻滞，所以女同胞不要生闷气。430疏泄肝气郁滞，活血通络。000强化信息能。艮7为肿物，兑2泻肿物。60既有助肝之力，也为通，为阴阳之根，为毒，可排毒，此方可通络乳区疾病。

江南一位著名的中医大夫潘德孚先生说，疾病有了病灶后，只要调理得好，病灶也会慢慢消失。所以，有了病灶，不要害怕，更不要认为只要动手术去掉就能治好。用手术做掉的，只是患病的地方，而不是患病的原因。生命是一个整体，有了生命才出现生病的现象。生命不是物质，而是一种信息，是一种与生俱来的密码，为阴阳二气。身体生病，是阴阳失和。所以，维护生命的完整，就必须维护身体的完整。李女士很有悟性放弃手术，选择了象数疗法，避免了手术医治对身心的伤害。

以上这些个案虽不是什么重大疾病，但它向我们传递了一个信息，即八卦象数的正能量能快速地调动八卦场效应，把失衡的阴阳调回平衡状态，从而能快速地治愈疾病，尤其是突发病和新生疾患疗效更佳。那些慢性疾患，只要你深信不疑，持之以恒，疾患将会慢慢消退，恢复健康状态，提高生存质量。自治区总工会蒙秀华女士多年来坚定不移地宣传象数疗法，影响一大片。千千万万像他们那样有志于中国传统文化，有志于报效祖国和人民的人，造福国人和海外侨胞。感恩李山玉老师，感恩八卦象数疗法！

广西南宁学生：李冠莲

2014 年 10 月 7 日

象数疗法调理抑郁症

滕女士的外甥女读高二，多年来患抑郁症，找心理医生进行调理无效，最近更是产生恐惧心理，害怕一个人独处，学习很差。于 6 月 18 日来电为她求治。

象数配方：810·650·4440，持念后心情逐渐好转，学习进步很快，期末考试跃居班级前十名，引起轰动。

配方释义：810 天地相交万物通；恐伤肾，650 补肾阳，祛阴邪补肾提高患者智力，肾主骨生髓通于脑；4440 震卦，舒展、生发，益于脑思维，调畅全身气机。全方提升正气，提高身体素质。滕女士全家赞叹象数疗法的神奇，感恩山玉老师。

八卦象数疗法感动了二位医生

南宁一位张医生，西医大夫，在临床中又学了三年函授中医，熟练《易经》测卦，就是没有学过八卦象数疗法。他本人便秘多年，中西医效果不佳，保健品也无济于事，几天才解一次大便，双膝关节痛也无缓解，上下楼梯照样很困难，结缘象数疗法之后，两种毛病已消除，感叹与象数疗法结缘太晚了，今年 4 月报名成为函授学员。

另一位温医生，西医，患 2 型糖尿病多年，求象数疗法治疗，持念650·03820 两个月，血糖正常。更令他感到神奇的是他的外孙打球脚扭伤，肿疼得不能睡觉，连夜打来电话求方。0004000·77820 贴在患处并持念，很快止疼，不久就安然入睡，第二天就能正常去上课了。他于今年 3 月参加函授学习。

二位大夫用事实影响了周围的人，对推广八卦象数疗法起到了积极的作用。

257

象数疗法个案选

案例一

2014 年新疆张先生来电，患阴茎冠状沟疮疹，治疗很长时间没有效果。

象数配方：00100·00700·002600 持念一段时间很快治愈，11 月 9 日特意来电表示感谢。

配方释义：1 乾卦，7 艮卦，均为男性生殖器，为健，为扶正祛邪，前后 0 调阴阳，消肿消炎；002600 滋阴清热，祛除皮肤湿热之邪而获效。

案例二

南宁一位退休教师黄女士，2014 年 11 月 3 日来电说患颈椎病，左手麻木，左脚疼，左肩背也疼，我想此病为受寒引起的寒痹。

象数配方：1650·440·37820 持念约二十分钟手臂麻木消失，14 日上午症状全部消失。疗效极佳。张医生说此病按常规治疗，不会有这么好、这么快的疗效，没有想到，很是惊奇。

配方释义：1650 通督温阳，驱周身寒湿；440 疏泄瘀滞之气，宣散局部寒气，肝气左升；37820 补中益气温通。

案例三

2014 年辽宁张先生双手肿胀，痒热，胃疼。

象数配方：82000·1650·400·720 持念至 2014 年 12 月 4 日来电报喜，疗效佳，症状消失。

配方释义：82000 健脾消肿；1650 祛寒湿；400 养阴平燥，疏肝和胃；720 消浊气，清气自升。

案例四

2014 年四川的李先生耳鸣，脑鸣，失眠。

象数配方：1650·430·7820。12 月 21 日来电，告知已愈，一再表示感谢。

配方释义：1650 通督脉温阳，振肾阳，驱全身寒气；430 通血脉，养心安神；

7820 健脾益气，升清降浊。

案例五

2014 年 12 月 16 日，一位朋友带着一位侨居加拿大的张女士来找我，她右手指关节肿胀，不能上举，在加拿大治疗了很长时间效果不佳，求象数疗法调理。

象数配方：650·3820·70。我把配方写在她的右手指上，并让她默念，约十分钟，就已经感觉到轻松，二十分钟后肿胀的关节软下来了，在场的人及她本人都感到惊奇。恰有一位朋友送给她一本《八卦象数疗法》，她高兴地一再表示感谢，说回去继续默念象数，并向他人介绍此疗法。

配方释义：650 祛风寒，补肾壮骨；3820 温阳健脾，去湿消肿；70 通手指，壮骨通关止疼。

案例六

2015 年 9 月 19 日，广西玉林的莫女士清洗小白菜（有农药残留）2 分钟后全身发热，严重过敏中毒，紧急打电话求助。

象数配方：2000·6000·440 持念约三分钟症状消失，疗效极佳。她惊叹神奇，象数疗法在第一时间解救了她的危情。万分感谢象数疗法，感谢李山玉老师。

配方释义：2000 兑卦为肺，主气、外合皮毛，2000 宣散外邪，消炎驱毒邪力宏；6000 排毒；440 疏肝调全身气机，也排毒。

案例七

南宁 73 岁的陆女士，从事医务工作多年，与象数疗法结缘，今年 7 月随旅行团旅游 14 天，晚上引发风热感冒，头疼，全身疼，口干，不想吃东西，在这样一个景点很难找到医生，当即组方，不停地念数，第二天症状全好。她很是感谢八卦象数疗法，激动地打电话告诉我，说象数疗法第一时间为她解难了，八卦象数疗法真是随时相伴的"医生"，随手可取的"药库"。

南宁学生：李冠莲

2015 年 11 月

象数疗法调理萎缩性胃炎

2015 年 9 月 29 日浙江温州青女士来电话，丈夫患萎缩性胃炎几十年，中西医治疗效果不佳，求象数疗法调治。给配方 400·070·200 持念，症状很快好转，因早上有口干改 200 为 2600 口就不干了。

配方释义：萎缩性胃炎的本是胃阴不足。400 滋肝阴，助胃阴，清胃火，070 平胃气，清热降浊，通滞养阴，200 滋阴消炎，2600 金生水，念方口中有水。

象数疗法调理乳腺癌术后症状

2015 年 8 月，山东淄博张女士来电话，其患乳腺癌已手术，现在旁边又出现一大硬包块，因身体太虚弱整天躺在床上不能行走，无法再次手术，求象数疗法调治。给配方 430·000·72220·650·3820 持念，到 12 月 19 日足足四个月，来电话反馈，包块已软，已经化为脓水向外流，我把 650 改为 1650 借天之力增强疗效。一位资深的中医师说："脓癌不共存。"在这里，暂且不去考究此观点是否有科学依据，仅就张女士漫长的四个月躺在床上不停地念配方，她这种顽强地与疾病抗争的毅力和信心，让我深深地感动，热泪盈眶。谢谢她对象数疗法如此笃信，更感恩山玉老师，深深地感谢！

配方释义：430 疏泄肝气郁结，活血通络，调畅乳区；000 强化功能信息，7 为艮为肿物，三个 2 强力泄之；650 补肾阳，增力气，提高人体免疫力；3820 健脾消肿祛湿，固后天之本，1 为天，为健，借天之力增强疗效。

象数疗法调理双膝关节肿痛

南宁一位退休教师李女士，她的姐姐居住在上海，前段时间因红细胞偏低来电话求方，持念一段时间红细胞上升到接近正常值，到医院检查医生说已经够用不需治疗，因而对象数疗法笃信。其双膝关节磨损老化，需做双膝关节置换手术治疗，李女士姐姐来南宁求象数疗法调治。2016年8月10日上午两姐妹相扶来南宁市人民公园找我，其姐双膝关节肿大，血压偏高，红细胞偏低，给象数配方7100·06000·44500·030·820试念约二十分钟，行走即轻松。她来公园时是妹妹扶着来的，现在能轻松地单独行走，惊叹疗效神奇，很兴奋，对象数疗法创始人山玉老师表示深深的感谢。回上海后来电话说，双膝关节轻松很多，一直持念。

配方释义： 艮7，乾1为关节，其体质偏阳亢用偶数个0，坎6为骨，为骨膜，为通，06000速通局部经脉，利水消肿，震4为肝，为筋脉，主疏泄，巽5为胆为风，疏风通络，44500雷风相薄，温阳疏风健筋脉，驱寒邪，030通血脉，调红细胞，820健脾燥湿消肿。

象数疗法调理撞伤性疼痛

2016年8月15日晚上9点半，加拿大多伦多的潘女士，78岁，打电话来（从网上查到我的电话），说其被车撞伤右脚，肿胀疼痛，不能行走，求象数疗法调治。配方0004000·077810。后来反馈，第二天其家人用轮椅把她推到医院检查无骨折，伤到肌腱筋膜，没有住院治疗。回家持念配方三天消肿，8月25日晚打电话来说已经能行走。她女儿说，妈妈已经78岁高龄，脚如此伤肿，若到医院治疗需一个月才可以，象数疗法十天治愈，无药物副作用伤害，这个疗法太神奇，非常感恩，感恩山玉老师，同时询问参加函授学习手续。已告知她委托国内亲人代办函授事宜，她很高兴，一再感恩山玉老师。

配方释义： 震4为足，为肝，主疏泄，0004000消肿利水活血，速调局部气机，艮7为足，为关节，为止，通滞止痛，77加强止痛之力，8为脾，主肌肉，通四肢，主运水湿，1为右足，077810速止右脚肌腱疼痛，祛湿消肿散结。

象数疗法调理气滞性胃病

南宁屈女士，76岁，2015年12月19日，其胃上部气滞厉害，非常难受，睡在床上都需张口才成。由于其患腰椎间盘突出症治疗多年无效，已经弯躬30度行走，求象数疗法调治一个多月即可挺直行走，还到处去旅游，所以这次犯病家人要送她去医院治疗她不同意，求象数疗法调治。给象数配方072000·16000·4440持念即舒服，第三天上下即告愈。

配方释义：072000速降胃浊气，调节全身气机，16000金生水，泄掉脊柱不通之余，且清热解毒化湿，通利大肠，强力通降，4440强化疏肝理气和胃，调畅局部气机。

一本书挽救了一个家庭

广西天等县一位男子到广东打工，患肺癌回家调病，在书店购得一本《八卦象数疗法》，用书中820配方持念，他的妻子、女儿也帮他助念，三个多月后，肿瘤化掉，身体恢复健康，又去打工了。这个病例在南宁流传很广，影响很大，象数疗法挽救了他，也挽救了他的家庭，又创造了一个奇迹，功德无量。

南宁学生：李冠莲

2017年3月

象数疗法调理胸椎骨折个案

卢女士，80岁，广西壮族自治区某厅退休干部。2016年上半年摔伤，脊椎、胸椎骨折，在医院住院治疗了4个月，伤痛都没有缓解，只好出院回家整天躺在床上。她的一位朋友去探望她，向她介绍八卦象数疗法，于是卢女士打电话向我求方，我配方077720·1116660·4450·3820。卢女士儿子是广西某著名大学副校长，亲自帮她到药店买医用胶布，写上配方帮她贴上，她的丈夫是广西著名作家，家里人对她的理解和关爱使她能专心地持念配方，加上助念器 24 小时助念，她恢复得很快，10 月就能到公园散步了。有一天她与丈夫相伴，来到公园我们的晨练点问那些学友："请问哪位是李老师？"经介绍后她走到我的面前，紧紧地握着我的手表示深深的感谢。她说："我要亲自来感谢您，感谢山玉老师大恩大德，感恩她悟创八卦象数疗法，造福无数百姓，功德无量！深深地感谢！"在场的学友和受益者也很激动。

配方释义： 077720 止痛壮骨；1116660，1 为乾卦为正，6 为坎卦主骨生髓；4450 舒筋活络，强化生机；3820 活血通络，健脾祛湿消肿。

象数疗法调理手腕粉碎性骨折

杨女士，74 岁，自治区某厅退休干部。2015 年 7 月 19 日中午摔倒，左手腕马上肿痛，她叫家人打电话给我，我让她先念 7770·4440·6660，立即到骨伤医院拍片检查、正骨包扎。经医院检查为粉碎性骨折，包扎后医生让她住院治疗，她不同意，马上打电话给我，我立即给她配方 077720·011166650·44400·0382000，让她不停地持念，助念器 24 小时助念，不用打止痛针，就能止痛、消肿。当 8 月 6 日到医院打开纱布时，患处已经愈合好了，仅仅十八天，在场的医护人员感到震惊，不可思议。"伤筋动骨一百天"这是几千年来国人的共识，而八卦象数疗法的神奇打破了这一共识，创造了一个奇迹。杨女士趁机向医护人员宣传八卦象数疗法，并告诉他们南宁书城有此疗法创始人的著作。

配方释义： 7770·4440·6660 止痛、止血、调畅气机。因杨女士血压有些偏高，配方时兼护阴，第二组配方 077720 止痛壮骨；011166650 补肾阳，健骨强骨；44400 舒筋活络，强化气机；0382000 强力活血通络，祛湿消肿。

象数疗法调理骨折、骨裂二例

2017 年 2 月 16 日，南宁小学教师宋女士的外甥女，滑雪摔伤致右手骨折向我求方。配方 720·650·3820·440，持念配方效果很好。宋女士同校的一位老师黄女士，55 岁，搞卫生时从椅子上摔下来致右手腕肿痛，到骨伤医院拍片确诊为骨裂。在医院当即进行治疗，经两个月治疗后，肿痛不减，其骨裂没有合拢，宋女士代她向我求方，也用上方给患者持念。念数当晚剧痛得厉害，宋女士让其不停念方，下半夜渐渐止痛。坚持念方一个月后到医院拍片，结果骨裂已愈，一点痕迹都没有！在校园内引起轰动，让许多老师见证了八卦象数疗法的神奇疗效。

配方释义：720 壮骨止痛，通手、关节气机；650 补肾阳主骨生髓；3820 活血通络健脾祛湿，消肿；440 利水消肿，运化气机。

象数疗法一周调愈肺部病变

南宁雷女士，86 岁，十五年来两次脊椎骨折，都用八卦象数疗法治愈，她对八卦象数疗法很笃信。前几年有一次去南宁郊区山上的寺庙参加法会，因山洞阴风较重，患风寒感冒后剧烈咳嗽，只好提前回市区，去医院诊治。拍片显示两肺叶已黑，医生指责其诊治太晚，叫她住院治疗，她不同意。医生只好开了一个星期的针剂给她，让她到社区卫生院打针。她回家后打电话向我求方。配方 820·2220·650·440，让其全天持念并用助念器 24 小时助念。后反馈剧咳渐止，各方面已正常。十天后她女儿带她去医院复查，医生不同意拍片，说肺炎至少一个月才好转，她们坚持要求拍，医生只好给她拍片复查。经拍片两肺叶很好无异常，医生很惊奇，只一个星期就痊愈，又翻她病历只开了一个星期针剂，从医几十年从来没有遇到过这样速效的病例，感到不可思议。今年 1 月雷女士感到胸闷，去医院检查为肺积水，在医院抽积水，回家后给我来电话求方。2000·6660·450·3820 也是不停地念方，助念器 24 小时助念，很快肺积水全消。

配方释义：第一个配方 820 健脾助肺；2220 强肺消炎利水；650 补肾壮阳，

提升正能量；440 消炎排毒。第二个配方 2000·6660 强肺补肾，通调水道，向下排水；450 利水排毒，调畅气机；3820 健脾祛湿排浊。

雷女士晚年得益于八卦象数疗法的护佑，几次重大疾病都能安全度过，非常感谢山玉老师。今年 4 月阳光行动南宁站的讲学，雷女士也参加了，是学习班上年纪最大的学员，她的言行影响了许多人来参加八卦象数疗法的学习，谢谢她对八卦象数疗法的笃信。

象数疗法为剖宫产妇调理伤口愈合、催乳

2018 年 3 月 25 日广西某工业学院老师杨女士，打电话来为一位澳大利亚剖宫产的产妇求方，促愈合快和催乳，我将恩师的经典配方 2000·650·4440 给她。第二天反馈说当晚奶水已足，非常感谢，并说："我们中国有好东西，感谢祖国。"我内心更感恩山玉老师大爱初心，悟创八卦象数疗法功德无量，造福全人类。

象数疗法调理严重白内障眼疾

北京学员王女士，86 岁，于 2016 年 12 月 29 日来电话，为其患白内障、一只眼已失明、血压偏高的姐姐求方，配方为 16650·400·030·820 。持念到 3 月反馈，已能戴眼镜看报纸了。她非常感激，感恩山玉老师悟创的八卦象数疗法，为他们全家保安康，深深地感谢！

配方释义：1 为正，为天，为亮，为阳之本，6 主肾元气，两个 6 偏阴利于清热，5 为风，疏风通络散结；400 养肝血，养眼目，调畅气机；030 通眼血脉，散瘀结；820 健脾运化降浊。

象数疗法是老百姓的健康之法

去年，南宁一位学员回老家探亲，当他走到村口时，一位在菜地上劳作的老

乡看见他，马上跑过来说："告诉你一个好消息，前段时间我腰腿痛，不能下地做工，连家务都做不了，很是痛苦。一天遇到一位热心人，给我一条数字配方叫我默念。试念不久即舒服，后来我种菜、养猪、做家务时都坚持念数字，不久即好了。这个方法太好了，最适合我们老百姓了，不出村，不用医药，边劳作就把病治好了，太感谢这位发明这个疗法的大恩人了！"这位学员听了很感动，回南宁马上告诉我这个信息。我也很感动，这是广大老百姓的渴望和心声。感恩我们华夏祖先的智慧，更感恩山玉老师的伟大发明！八卦象数疗法造福全人类，功德无量！

象数疗法调理癫痫症

2017年7月29日，彭爱莲老师给我打来电话，告诉我南宁有一位危重病人的亲属给她打电话，向她求救。因彭老师有事，来不了南宁，此患者在南宁某医院住院，委托我去医院看望患者。因我不了解情况，我告诉彭老师把我的电话转告求救者。不久，一位家住南宁北湖路的梁女士给我来电话，说她正在坐月子，他父亲80多岁，原来患中风，现患严重的癫痫病，正在住院，闹得很厉害，医护人员以及家人没有办法止住，大家都不得安宁，所以才紧急求救（真是一位孝女）。据此情况，我不方便去医院探望。他的症状正符合风痫之症，老师有一组治疗此病极佳的验方400·500·800，我把此方给梁女士，告诉她，让亲属24小时助念。梁女士说：得到配方后，亲属助念马上有效，患者渐安宁，后来睡到第三天上午。梁女士打电话时我还未醒。梁女士把信息告诉彭老师，彭老师告诉他们不停地助念，争取早日康复。过几天梁女士来电话说他爸好了很多，准备出院。特别感谢，感谢八卦象数疗法的创始人李山玉老师！

另外，天津一位13岁女孩患癫痫多年，治疗无效，闹得很厉害，全家人不得安宁，4月7日女孩母亲打电话来请求配方，我也是把此配方给她女儿试念。后来打电话来说女儿病情稳定，疗效佳，表示感谢！

一分多钟使扭伤脚正常行走

（1）**时空状态**：2017 年 6 月 9 日中午，赵女士，七十多岁，因事外出回来过马路，因修路道路不平，不注意扭伤右脚外侧，当时疼痛厉害，脚不能踏地，不能行走。

（2）**象数配方**：0001000·0007000·0004000。

（3）**调理效果**：当时正好红灯，马上给方，持念几声马上缓解，一分多钟后转绿灯时已能正常通过马路回家了，疗效特佳。我个人认为这个世界上，一分多钟能使扭伤脚转危为安，正常行走回家，除了八卦象数疗法别无他法。

（4）**配方释义**：1 为右脚，为骨为天，为正，0001000 借天之力，向天要能量，7 为山，为土，为止，4 为木，为筋，为肝，为足，前后三个 0 强力壮筋骨止痛，调畅足部气机，扶正祛邪。这就是天地的威力，感恩天地，感恩山玉老师。

脊椎间盘突出症好了

（1）**时空状态**：2019 年 4 月 30 日，一位侨居美国纽约州首府奥尔巴尼的天津医生张女士，打电话来求助："60 岁，患脊椎间盘突出症，腰痛得直不起来。"

（2）**象数配方**：77710·6660·4450。

（3）**调理效果**：贴念一天缓解，疗效佳。5 月 8 日又打电话来说心脏瓣膜闭合不全，求方。配方 650·430·820，持念舒服，能正常上班，表示感谢。

（4）**配方释义**：77710·6660·4450，7 为背，为凸出之象，止痛，1 为脊椎，督脉，为骨，为正，77710 强力止痛壮骨，正脊椎；6 为肾，为腰府，主骨生髓，6660 强力补肾壮腰通经络；4、5 为木，主曲直，4450 促腰部筋膜活动自如。650·430·820，650·430 补心肾气血，820 健脾益气，祛湿消肿，调理闭合不全的漏洞。

象数疗法调理高原反应

（1）**时空状态**：陆先生，四十多岁，泰语导游，2018年秋天带泰国游客上青藏高原旅游。2019年春夏之交，又带泰国游客去湖北神农架旅游，因气候多变及劳累，患风热感冒，咽干疼痛，口干，打电话求方。

（2）**象数配方**：

① 72000·650·430；

② 020·260·050·70。

（3）**调理效果**：其本人念配方①，整车游客个个戴着吸氧器，只有他不戴，还能正常工作，游客感到惊奇不可思议。象数疗法就是这样神奇！感冒后，持念方②迅速缓解，惊叹神奇，打电话来表示感谢。

（4）**配方释义**：72000·650·430，72000大补中气；650·430补心肾气血，提高免疫力。020·260·050·70清肺消炎利咽，祛风止痛降浊。

念数10分钟能发出声音了

（1）**时空状态**：唐先生，六十多岁，老年活动中心声乐教师。2019年6月一天上午，上课因感冒咳嗽，发不出声，只能用琴声来指导上课。课间休息时我给他一组配方。

（2）**象数配方**：260·440。

（3）**调理效果**：课间10分钟持念配方，到上课时已经能发出声音能讲话了。全场学员很惊奇，感到不可思议，其本人也惊叹象数疗法的神奇。

（4）**配方释义**：260·440，2为肺，肺为声音之门，6为肾，肾为声音之根；4为肝，为雷，为声音，440震动声音。

老教授双腿不麻、不痛了

（1）**时空状态**：一位90多岁的老教授，张女士，退休前在首都某高校任教，教授运动心理学，研究经络学，对《易经》有所了解。2019 年 6 月 27 日，江苏小闫女士来电话为张教授求方："张教授双腿脚疼痛，麻木，多年治疗无效，近年又患腰椎间盘突出，胯骨痛。"

（2）**象数配方**：077710·06660·4450·3820。

（3）**调理效果**：持念渐愈。8 月 15 日打来电话，双腿脚麻痛已愈，其余症状缓解，疗效佳，表示感谢。

（4）**配方释义**：077710 强力止痛正骨，把腰椎间盘突出正过来；06660 补肾壮骨，排毒通经络；4450 肝胆为风，为腿脚，驱风行气活络，调畅气机，活动自如；3820 健脾益气，温通四肢，祛湿消肿。

腰痛止住了

（1）**时空状态**：2019 年 4 月 13 日，南宁余女士，六十多岁，受寒邪气影响腰痛几个月，走路腰直不起来，采用多种方法治疗未能缓解，一直疼痛，求象数疗法调治。

（2）**象数配方**：7770·6660·4440。

（3）**调理效果**：试念不久即舒服，能直起腰了。晚上打电话告知，腰痛已止，但头部不舒服，给配方 010·720。第二天上午来公园道谢，已愈。

（4）**配方释义**：7770·6660·4440，7770 强力止腰背痛；6660 补肾壮骨强腰；4440 调畅气机，疏通筋脉。010·720 清头降浊气。

被蜜蜂叮咬肿痛好了

（1）**时空状态**：一男子下午工作，被蜜蜂叮咬肿痛，紧急求方。

（2）**象数配方**：2000·6660·4440。

（3）**调理效果**：持念当晚肿消痛止。

（4）配方释义：2000·6660·4440 消炎消肿，排毒止痛。

双膝关节不痛了

（1）**时空状态**：一男士六十多岁，双膝关节疼痛，去医院艾灸三个月无效，经人介绍来公园求方（南宁象数疗法活动小组定期在南宁人民公园活动）。

（2）**象数配方**：077720·6660·4450·820。

（3）**调理效果**：持念 20 分钟，双膝即轻松，疗效极佳。

（4）**配方释义**：077720 速止关节痛，6660 补肾壮骨通经络，4450 调畅关节筋脉气机，活动自如，820 健脾益气，祛湿消肿。

剧咳一天好

（1）**时空状态**：广西某高校教师张女士，2019 年 11 月 6 日打电话来诉说："今晚咳嗽厉害，整个晚上吐黄痰，咳嗽不能睡觉，求方。"

（2）**象数配方**：8200·260·050·770。

（3）**调理效果**：持念当晚能睡觉了。第二天持念到下午即止咳了。张老师说："以往这种剧咳治疗一个星期都治不好，象数疗法太神奇啦，太感谢啦！"

（4）**配方释义**：脾为生痰之源，肺为储痰之器，8200 泄脾之痰浊，清肺化痰；260 补肾纳气，宣肺止咳；050·770 祛风止咳。现在医学的发展趋势是走向自然，发挥人的潜在本能。八卦象数疗法是中华传统文化中《易经》与中医学的结晶，是自然疗法的光辉典范。它已深深植根于华夏大地，并走出国门，为人类的健康做出了贡献。作为山玉老师的学生，我们有责任弘扬八卦象数疗法，使之惠及更多的百姓。

广西南宁学生：李冠莲

2019 年 12 月 26 日

支荧象数疗法调理个案

象数疗法是我们的健康伴侣

自从接触象数疗法以来，凡是遇到身体不适，我首先想到的就是用象数疗法来治疗，一年多来基本没有再用什么药物。我本身在医院工作，开药非常方便，但现在我不仅自己不用药，我也在劝家里的亲戚朋友，不要再随便用药。李老师给了我们这么一个大宝贝，我们要会用，今生与它结缘是我们的福气。

今年1月我早上起床后，左侧嗓子特别痛，于是我马上配数0002·60·400，贴于脖子前边嗓子处，20分钟后明显缓解，1小时后痊愈；当时因为要写东西没有时间念数，只是贴数了，没想到这么快就见效了。

春节的时候，我们和亲家还有孩子们一起出去玩，坐在车上，孩子的婆婆一直在咳嗽，而且很厉害，我问她："吃药了吗？"她说："吃了很多药了，一点效果也没有。"我趁机说："要不您也试一试象数疗法吧？"因为她吃了很多药没有效果，无奈之下只能同意试一试。我当时就给她配方400·050·0020·070，因为还有嗓子痛，所以当时我就只给她贴在脖子前面的嗓子处，并嘱咐她，什么也不要想，现在就念这个数，并告诉她念数的注意事项。我们的车继续前行，一会儿孩子的婆婆突然说，真奇怪，我怎么不咳嗽了。就念了5分钟，当时在车上的一行人都感到很奇怪，是啊，半天没有听她咳嗽了，我鼓励她继续念。第二天上午我给她打电话，她激动地说："好几天没有睡一个好觉了，每天夜里咳嗽非常厉害，昨天一直都没有咳嗽。"但是她说："头晕，嗓子还是有点疼。"我给她配数0004000·0380·0002·6000。下午我打电话给她，回馈说好了，这次他们家里都相信象数疗法了。

有一个朋友打电话说："很长时间，每天早上醒来都头晕。"我当时配数0001000·6000，一周后反馈，好了。1代表头部，6主肾，纳气。

春天的时候，我家里的一个亲戚说她睡眠不好，很着急。于是我给她配数400·030·70。第二天反馈，效果很好，很长时间没有睡过好觉了。400疏泄肝气，030心主神志，70补胃气，"胃不和则卧不安"。三组数连用既疏肝泻心火，又补了胃气，所以很快见效。

我婆婆告诉我说，她的胸部上方一动就疼，我当时配数7000·2000。1小时后好转，三天后反馈已痊愈。7000止疼，活血化瘀。2000代表胸部，肺为气之主，气行血行，气血通畅，就不痛了。

本人上牙剧痛，不能吃热的东西，当时给自己配数7772220，念了一会儿就睡觉了。第二天早上醒来，牙已经不疼了。上牙疼说明胃经有火，所以用金来泻胃火，火消除了，牙也就不疼了。

一个朋友打电话来说："我眼睛里进东西了，象数疗法管用吗？"当时我想，眼睛进了东西，这个东西就是异物，这个异物就是艮卦，把它泻掉，再用水冲掉不就行了。于是给她配数7220·6000。一会儿反馈说好了。

还有一次，我叔叔的女儿来电话说："姐，我眼睛模糊，头涨。"我感觉这个症状不是好事，担心会中风。但因为我离她比较远，我说："这样吧，我先给你一组数，你先念，半个小时如果没有疗效就马上去医院。"我当时给她的象数配方是3820·1660·54300。嘱咐她什么也不要做了，马上念数。一会儿就来电话了，我以为出什么问题了，结果她兴奋地说："姐，你真神了，我就念几遍，好了，什么事也没有了。"我又嘱咐她一定要继续念，巩固疗效，坚持一周再停。至今一直没有再复发。

象数疗法真的非常好用，无论是在治疗疾病方面，还是在预测天气、找东西等方面都很好用。象数疗法已经成为我生活中非常重要的一部分。

北京学员：支荧

2016年8月

象数疗法调理头晕、吃不下饭

微信咨询："老师好，我现在头有点晕，饿却吃不下。"我给配方 440·720·010·660。

因其当时念方方法不正确，效果不好。于是我又告诉他正确的念法，很快就得到反馈：头晕减轻了，有食欲了。

配方释义：440 疏肝调畅气机；720 降胃气；010 为头，为督脉；660 补肾气，通脑。此配方作用，疏肝调胃，通畅气机，补肾通脑，故念象数后，很快就起作用了。

象数疗法调理头痛速效

一位 60 岁的老人告诉我，自己的头不舒服，头痛，我告诉他马上念数，5 分钟就可以缓解，他听了我的话马上念，真的不到 5 分钟就不疼了。我给他的配方是 005380·16660。

配方释义：005380，5 为胆，3 为心，为血脉，8 为脾，疏肝利胆养心；16660，1 为头，疏通头部的气血不畅。全方为疏肝利胆，活血通络，所以很快见效。

象数疗法调理头晕

微信咨询："早上到上班这段时间有点头晕，希望老师能给个配方。"我给配方 0001000·6000。下午反馈："你的方子很有效。"

配方释义：0001000，1 为督脉，为头；6000 为肾，生髓通脑。全方是补肾生髓，醒脑通络。

象数疗法提神

有一次我去听课，一个同学问我，我总是困怎么办，能不能给我想想办法。我给配方 440·430·080·1650。晚上吃饭的时候告诉我："你这个数还真灵。我一上午都没困，到中午还特精神呢。"

配方释义： 440，4 为肝，为阳气；430，3 为心，心主神志；080，8 为脾，为静；1650，1 为头，6 为肾，5 为胆，醒脑补肾阳。全方生发阳气，使其安静地听课。

象数疗法调理膀胱炎

学员分享说："我爱人膀胱炎，昨天上午到医院输液，回家后症状缓解，傍晚因受凉，膀胱炎发作，小腹胀、下身痛、小便解不出，用针灸、盐敷，症状有所缓解。我让她念您给的象数配方 2000·65000·03820，我用笔写在白纸上让她看着默念，不到一分钟，她感觉下身沙痛，我说应该是溃疡的伤口开始上药时的感觉，她说就是那种感觉，我让她继续念。十分钟后下身开始冒凉气，沙痛没有了，半个小时后各种不适症状全无。晚上用象数机助念睡觉，一夜非常好。早晨我们醒来，我握着她的手，随助念器为她助念，不到三分钟，她感觉后背凉，我立即停止助念，她自己随着助念器默念，越念越凉，我认为应该是她在往外排寒气，让她坚持。二十分钟后，她后背开始发热，越念越热，只有小腹部冰凉，又坚持了一段时间，小腹部也热了，全身舒适。通过这一次的经历，我感觉象数对人的作用太大了，治病立竿见影，比输液、打针快，而且没有副作用。感恩支老师的多次调方！感恩山玉老师发明的八卦象数疗法！"

象数配方： 2000·65000·03820。

配方释义： 2000 补肺增强其肃降功能，肺为水之上源；65000 补肾阳散寒，增强膀胱的气化功能，加强排小便；03820 清热消炎，健脾益气。

象数疗法调理感冒鼻塞

（1）**时空状态**：田×× 微信求助："弟弟感冒鼻子堵了，自己找了几个配方也不好用，他以前有过敏性鼻炎。"

（2）**象数配方**：720·65000。

（3）**调理效果**：第二天早上反馈："昨天早上给弟弟要的感冒的方子，因为他上班走了，我就在纸上写他的名字，用象数助念器一直念到晚上他下班，他下班回来后鼻子已经不堵了。"

（4）**配方释义**：720 山泽通气，7 为鼻，让鼻子通气；65000 补益阳气，散寒。

象数疗法调理婴儿吃大拇指

（1）**时空状态**：2018 年 4 月 21 日杨× 微信求助，说小孩一个多月，还在吃母乳，有时吃大拇指，胆子小，有点动静就吓一跳，麻烦您赐方。

（2）**象数配方**：720·60·40·30。

（3）**调理效果**：4 月 22 日反馈："赐方后，我握住孩子的手，打着拍子念这组数，在我念数时，另一只手（就是小孩常吃的那只手）一直在耳朵旁边摆来摆去，就是不往嘴里放。挺有意思的，听我念数，她还挺开心，直冲我笑，之后到现在没有再见到她吃手。感谢您的精准配方，感谢山圡老师创造的八卦象数疗法！小孩现在遇到动静也好多了，不那么害怕了。"

（4）**配方释义**：720，7 为艮，为手，720 意思是把手拿下来；60 咸味的，压惊；40 酸味的，壮胆；30 苦味的，安神，全方意为把手拿下来，手上有咸味的，酸味的，苦味的，所以他不再吃手了；同时又有压惊、壮胆、安神之意。

象数疗法把问题解决了

（1）**时空状态**：今年冬天的一天，我接到北京武女士的微信求助："我孙子发烧咳嗽。去协和国际医院看病，诊断为病毒感冒，让回家吃药退烧休息。5天后发烧到39℃，我们又去了和睦家医院，诊断为甲流，3天后发烧才退。第四天孩子送到我家，我观察孩子，当时低烧37.5℃，还是咳嗽，嗓子疼，不好好吃饭，刚才还吐了很多，浑身没劲，给我出个方子吧。"

（2）**象数配方**：440·7720·2660·4380。

（3）**调理效果**：第二天早上反馈："孩子好了很多，嗓子好了，不发烧了，几乎不咳嗽了，也不吐了，吃饭特别多，把孩子妈妈都吓着了。只是喝水不多。"调方7720·260·4380。第三天早上反馈："孩子完全好了，精神状态也好起来了。我们去协和国际医院、和睦家医院花了4000多元，孩子一直没有好起来，默念象数一个晚上，孩子就好了。象数疗法太神奇了！"

（4）**配方释义**：

① 440·7720·2660·4380：440，加强肝的疏泄作用，4为震卦，为肝，为木，主疏泄。7720，调理气机，降胃气，7为艮卦，为胃为土，2为兑卦为金。2660，补肾益气，肺为气之主，肾为气之根，2为兑卦为肺，主肃降。6为坎卦，为肾为水。4380，疏肝养心，健脾助运化。4为震卦，为肝为木，3为离卦，为心为火，8为坤卦，为脾为土。

② 7720·260·4380：7720进一步调理气机；260补肾益气；4380疏肝养心，健脾运化。

象数疗法调理顽固性耳鸣

（1）**时空状态**：2018年12月20日接到兰州陈女士的微信求助，说自己有点耳鸣，而且越来越厉害，求象数。

（2）**象数配方**：0077200・2660・6440・00538000。

（3）**调理效果**："报告您一个特大好消息，困扰我半年多的顽固性耳鸣，在老师您的精准配方下，念了十几个小时，声音明显减少。我激动得不知道用什么形式表达，感恩山玉老师！感谢三天两头不厌其烦、想方设法、无微不至、不辞辛苦关心我的美女支老师，发自内心真诚地感谢，感激不尽，再一次万分感谢。"

（4）**配方释义**：0077200，双土泻火，前后两个0是滋阴降火。7为艮卦，为土，两个7加强泻火的力量，2为兑卦，为金；2660，补肾益气，两个6是滋肾阴，2为兑卦，为金，为肺，主一身之气，6为坎卦，为水为肾；6440，补肝血，养血柔肝；00538000，疏风利胆，健脾养心。全方滋阴降火，疏风利胆，补肾益气。

象数疗法攻克顽固高血压

（1）**时空状态**：2019年2月9日接到东北刘女士微信求助："姐姐好，想跟您咨询一下降血压的方子，我儿子32岁了，血压高很多年了，吃了很多药也降不下去，高压170左右，低压110左右，身体微胖，现在血糖、心脏等功能都有所下降，恳请您帮我出个方子。"

（2）**象数配方**：00538200・1660・4430・07200。

（3）**调理效果**：第二天早上反馈："姐姐，谢谢您！今天早上孩子的血压降下来了，高压是138，低压是98。原来高压170，低压120左右，吃药也在160/110左右，药量加了也降不下来，换药也不行，挺愁人的。"于是我嘱咐她继续念。当天晚上，又一次反馈："我给他念了一天，我儿子今天晚上血压已经由原来的160/110左右降下来了，晚上量血压133/85。谢谢姐姐。"

（4）**配方释义**：00538200，疏风利胆，养血健脾益气，5为巽卦，为胆，为木，3为离卦，为心，为火，8为坤卦，为脾，为土，2为兑卦，为肺，为金；1660，为补肾益气，同时也是通过大肠和膀胱排毒，1为乾卦，为头，为金，

6 为坎卦，为肾，为水，为膀胱；4430，疏肝养心，滋阴降火，4 为肝，为木主疏泄，3 为心，为火；07200 为调理气机，7 为艮卦，为土，为金，2 为兑卦，为金。全方疏风利胆，疏肝养心，调理气机，补肾益气。

象数疗法调理狗耳朵被咬伤

（1）**时空状态：**2019 年 2 月 8 日接到北京李先生的微信求助："各位老师好，我朋友的小狗耳朵被另一只狗咬伤了，没有处理好，化脓、发烧、呕吐，在宠物医院输液，看看配什么数字？谢谢！"

（2）**象数配方：**440·7720·2100·6500·053820。

（3）**调理效果：**1.5 小时后反馈："不吐了，伤口也不流脓了，但还是烧，精神好些了。"给调了第二组配方 003·0077200·0011660·004400·03820，1 小时后反馈："小狗退烧了不少，精神好多了。"又过了 1 小时反馈："小狗完全退烧了，谢谢老师！"

（4）**配方释义：**

① 440·7720·2100·6500·053820：440，加强疏泄力量，4 为震卦，为木，主疏泄，2 个 4 加强疏泄力量；7720 土生金，降胃气；2100 让伤口愈合，2 为兑卦，为折损，为伤口，1 为乾卦，为圆满，痊愈；6500 补肾阳，6 为坎卦，为肾为水，5 为巽卦，为胆为木；053820 疏风利胆，健脾养心益气。全方疏肝利胆，调理气机，补肾益气，健脾养血。

② 003·0077200·0011660·004400·03820：003 清热凉血，3 为离卦，为火，前面两个 0 为滋阴降火。0077200，降胃气，调理气机，双土泻火以生金，达到进一步泻火降温的目的，7 为艮卦，为土，2 为兑卦，为金。0011660 是通过大肠和膀胱排毒，1 为乾卦，为金，为大肠，6 为坎卦，为水，为肾，为膀胱。004400 是加强疏泄排毒的速度，4 为震卦，为肝，为木，主疏泄，前后两个 0 是滋阴降火。03820 是让化脓的伤口的温度降低变凉，3 为离卦，为火，为夏天，

8 为坤卦，为土，为长夏，2 为兑卦，为金，为秋。

象数疗法调理脑震荡

（1）**时空状态**：我女儿大年初一和家里的亲戚一起团聚，回来时，她所坐的车被追尾了，回来后告诉我说脖子不舒服，有点恶心，我女儿立刻给在医院神经科工作的朋友打电话，对方说有可能是脑震荡，并嘱咐说，如果越来越厉害，而且吐了就要马上去医院，于是我按照治疗脑震荡的方法给女儿出一个方子贴大椎。

（2）**象数配方**：438000 · 7720 · 01110 · 660。

（3）**调理效果**：2 小时后我问她怎么样了，她说好多了，没什么感觉了，已经不恶心了。我嘱咐她一直贴到第二天早上再拿下来。感谢李山玉恩师发明的八卦象数疗法，让我女儿很快地恢复正常。

（4）**配方释义**：438000，脑震荡是头部发生了很大震动，所以让它安静下来，4 为震卦，为头，为动，3 为离卦，为火为头，8 为坤卦，为安静；7720，调理气机，降胃气止恶心，7 为艮卦，为胃为土，2 为兑卦，为金；01110，1 为乾卦，为正，让因为震动而受到冲击的脖子归位；660，为坎卦为肾，为膀胱为通，将胃中的浊气通过小便排出。

象数疗法调理心理问题

（1）**时空状态**：2019 年 3 月 14 日 20：22 接到北京魏女士的微信咨询："支老师您好！我现在在美国陪女儿，她现在还是有点难受，因为男朋友的事情。还有一点就是对手机聊天和游戏太着迷，想让她能够控制自己。"

（2）**象数配方**：772000 · 260 · 4430 · 0538000 · 0810。

（3）**调理效果**：第二天反馈："昨天她没有玩游戏，很神奇。"第七天的上午再次反馈："她真的不玩游戏了，挺神的。"然后又进一步说："她老是说要杀死她的男朋友，那男孩是今年要毕业的大学生，和他原来的女朋友复合了，我女儿就受不了，她觉得他骗了她，感觉自己的自尊受了损伤，就过不去这个坎，非要杀了他。"

于是，我就给她出了个配方来化解女儿和男孩的矛盾：2600·6400·0530·0810。3月25日回访，问孩子的事怎么样了，说念完了就管用了。

（4）配方释义：

① 772000·260·4430·0538000·0810：7 为艮卦，为手，2 为兑卦，为离；260，少说话，2 为兑卦，为说，为金，6 为坎卦，为水，为藏；4430，少动，4 为震卦为动，为肝，为木，3 为离卦，为火，为心；0538000，让因男朋友的事而引起的烦躁安静下来，5 为巽卦，为烦，为木，3 为离卦，为火，为心，8 为坤卦，为土，让烦躁心情安静下来；0810 天地相助。

② 2600·6400·0530·0810：2600，女孩对男孩好，2 为兑卦，为女孩，6 为坎卦，为中男；6400，疏肝解郁，6 为坎卦，为水，4 为震卦，为肝，为木，用水滋肝而息肝火；0530，风火家人，都是一家人了，就不会去伤害他了；0810，天地相助，改邪归正。

象数疗法解除夫妻误会

（1）时空状态：2019 年 3 月 9 日 17：34 接到微信署名为自 ××× 的求助："支老师，您好。求求您帮帮我，我一同学给发了个红包，我没多想就领了，几块钱的事。谁知是情人节前一天发的，丈夫误会了，比较冲动。向您求方。"

（2）象数配方：0810·7200·6500·0530。

（3）调理效果：第四天反馈："支老师，误会解开了，您是我的大恩人啊。"

（4）配方释义：0810，天地相助，让夫妻一条心；7200，解除误会，7 为艮卦，为土为阻挡，为误会，2 为解除，为金；6500，6 为坎卦，为中男，5 为巽卦，为长女，男的主动找女的；0530，风火家人，一家人和好了，5 为巽卦，为木，3 为离卦，为火。全方是天地相助，解除误会，夫妻同心，和睦安泰，和好如初。

象数疗法调理小儿高烧

（1）**时空状态**：2018 年 11 月 1 日 8：09 接到名为嘿 ×× 的微信求助："孩子高烧 39.4℃，医生看了说是积食加感冒，孩子三天没拉臭，昨天晚上用了开塞露拉出来些。请问老师用什么象数配方呢？"

（2）**象数配方**：0030·782000·160·44550。

（3）**调理效果**：念了 20 分钟，孩子头上和额头出汗了。又过了 40 分钟，孩子体温为 38.5℃。第二天晚上反馈："老师晚上好，孩子拉臭了，突然很着急就跑去厕所了，体温也正常了。谢谢老师！"

（4）**配方释义**：0030，3 为离火，为心；782000，双土生金，进一步泻火，7 为艮卦，为土，8 为坤卦，为土，2 为兑卦，为金；160，补肾益气，同时也是通过大肠和膀胱排毒；44550，雷风相薄，快速。

象数疗法调理孩子学习拖拉

（1）**时空状态**：2019 年 4 月 12 日接到"房子"的微信求助："老师，我的孩子放学回家，吃完饭就磨磨蹭蹭地写作业，一边偷着玩学习机一边写作业，不到十点以后从不睡觉，有好几次都写到一点多，我很着急。老师，有能让孩子不贪玩的象数配方吗？"

（2）**象数配方**：00081000·72000·260·44380。

（3）**调理效果**：4 天以后反馈："早上好老师，我把象数给孩子用了，在床头和书包都放了，昨天回来写作业，我担心他又不抓紧时间写作业，快到八点半的时候我去看看，孩子在床上玩了，我问他写完作业了吗？她说写完了，我高兴极了，谢谢老师。"

（4）配方释义：00081000爸爸妈妈来帮助她，关爱她，让她增加自信；72000克服学习阻力，让她对学习感兴趣，7阻力，2为折毁；260长智慧；44380让她由好动变得安静一些。

象数疗法调理记忆力

（1）时空状态：2018年12月9日16：19接到北京武女士的微信求助："支荧老师您好，我现在学习葫芦丝，要求背谱子，周末要汇报，可我记性差，练习不顺利，请指点迷津。"

（2）象数配方：260·430·380·0810。

（3）调理效果：反馈："支荧老师好，我按您给的配方，默默念了20多分钟，再练习吹葫芦丝，基本上不错啦，真的很有效，谢谢您，谢谢这个神奇的象数疗法！"

（4）配方释义：260补肾益气，肾为作强之官，技巧出焉，补肾增强记忆；430疏肝养心，心主神志；380温补脾阳，脾主思；0810天地相助。

象数疗法调理突发身体状况

（1）时空状态：2019年1月1日，我接到一个微信求助："老师好，昨天心脏不舒服，今天就胃肠感冒了，上吐下泻的，怎么办呢？浑身无力，左边胰腺处也不舒服。"

（2）象数配方：440·7200·160·05380。

（3）调理效果：反馈："支老师好，感恩有您，两天前突发的胃肠感冒，心脏和胰腺区不适，默念了几分钟，胃肠不适的感觉就缓解了很多，并且马上止泻，没吃一粒药，两天全部恢复正常。象数疗法不仅能调病，而且速度快，有象数疗法和老师的精准配方，以后真的会让人脱离病痛及药物的残害，谢谢老师了。"

（4）**配方释义**：440加强肝的疏泄，4为震卦，为肝，主疏泄；7200土生金，降胃气，达到止吐的目的，7为艮卦，为胃，为土，2为兑卦，为金；160补肾气，肾为先天之本，同时160也是通过大肠、膀胱排毒，1为乾卦，为金，为大肠，6为坎卦，为肾，为水，为膀胱；05380用离火泄胆火，来温脾阳，助脾阳之气，前面的0是滋阴润燥，5为巽卦，为胆为木，3为离卦，为心，为血，为火，8为坤卦，为脾，为土。全方疏肝和胃，补肾健脾，以达疗效。

象数疗法调理孕妇肌肉拉伤

（1）**时空状态**：2018年12月31日我接到了山东一位女士的微信求助："我女儿怀孕六个月了，前几天腿抽筋，她一伸腿可能把肌肉拉伤了，这两天腿疼得走不动了，麻烦出个方子。"

（2）**象数配方**：430·80·20。

（3）**调理效果**：第二天反馈说："好点了。"两天后再次反馈："感谢您的精准配方，我女儿的腿好了，她没有集中时间念，想起了就念一会儿，两天就好了，太神奇了。"

（4）**配方释义**：430为疏肝养心血，4为震卦，为肝，为木，主疏泄主筋，3为离卦，为心，为火；80可以健脾生肌，8为坤卦，为脾主肌肉；20振奋肺脏之气，2为兑卦，为肺，肺主一身之气。全方疏肝养筋，健脾益气，给肌肉输送营养。

象数疗法调理急性感冒

（1）**时空状态**：2019年1月9日接到北京武女士的微信求助："老师好，我感冒了，现在咽干，嗓子痒，头晕，眼睛涩疼，睡不着，很难受，求赐方。"

然后又进一步说："有鼻涕，主要是嗓子痒，口苦，口干，喝水很多，但还是干，头晕晕的，有时候还疼。"

（2）**象数配方**：0077200・1660・4400・0538000。

（3）**调理效果**：第二天反馈说："这个方立竿见影，用上后马上就感觉咽喉似有涌泉往上涌，嗓子疼、干痒都没了，当时特别激动，象数真是太神奇了。"

（4）**配方释义**：0077200，补中益气，7为艮卦，为胃，为土，2为兑卦，为肺，为金，前面两个0是滋胃阴，后面两个0是滋阴润肺，消炎。1660补肾益气，1为乾卦，为金，6为坎卦，为肾，为水，两个6为滋肾阴。4400，滋肝阴，养血柔肝，4为震卦，为肝，主藏血。0538000疏风利胆，养血健脾，增强运化，5为巽卦，为胆，为风，3为离卦，为心，为火，8为坤卦，为脾，为土。全方疏风利胆，补肾养肝，健脾益气。

象数疗法调理老人胸口骨头疼

（1）**时空状态**：2019年1月13日微信接到陈女士的求助："老师您好，我婆婆，今年65岁，最近几天总觉得胸口疼，像是骨头疼，麻烦您赐方。"

（2）**象数配方**：87220・16660・440・38000。

（3）**调理效果**：第二天反馈："老师您好！我婆婆念了一天半明显好转，不那么疼了，也能入睡了。婆婆表示会一直坚持念，真是太神奇啦！感激不尽！感恩李山玉老师创造如此神奇的八卦象数疗法！感恩老师们的辛勤付出和帮助！造福了我们大家！谢谢老师！也祝愿老师们都健健康康，快乐平安！"

（4）**配方释义**：87220，疏通任脉的经络，7220山泽通气，疏通经络，8为坤卦，为任脉，为土，7为艮卦，为土，2为兑卦，为金，两个2是加强金的力量；16660金生水，一方面是补肾阳，另一方面通过大肠和膀胱疏通经络，把垃圾排泄掉，1为乾卦，为大肠为金，6为坎卦，为膀胱，为肾，为水，为通，666加强通的力量，助肾阳；440，4为震卦，为肝，主疏泄，两个4加快排泄的速度；38000，健脾养血，增加运化，3 为离卦为心为血为火，8 为坤卦，为脾为土。

象数疗法调理手抖

（1）**时空状态**：2019 年 1 月 30 日微信接到涵 × 的求助："我昨天晚上睡觉的时候搂着孩子睡着了，右手压在下面了，今天早上起来之后，手就一直抖，还有点儿麻。麻烦老师给配个方。"

（2）**象数配方**：2160·440·3820。

（3）**调理效果**：一小时以后收到反馈："手抖得轻了，还有点麻。"7 小时以后再次反馈："我的手不抖了，还稍微有点麻，后续会继续念的。"

（4）**配方释义**：2160 双金生水，补肾益气，气行血行，麻感自消，2 为兑卦，为右，为金，在后天八卦图中 2 代表我们的右手，1 为乾卦为金，6 为坎，为肾，为水。440 养肝血，养血柔肝，4 为震卦，为木，主疏泄。3820，3 为离卦，为血，为火，8 为坤卦，为脾，为土，2 为兑卦，为肺，为金。全方补肾益气，活血通络。

象数疗法调理感冒发烧咳嗽

（1）**时空状态**：2019 年 2 月 17 日接到微信求助："支老师你好！我儿子今天早上感冒了，发烧咳嗽，喉咙有痰，发烧 39℃，全身冷。请求象数配方。"

（2）**象数配方**：7720·2160·440·50。

（3）**调理效果**：四十分钟后收到了反馈："感觉有冷气往外面冒。"5 小时后反馈："孩子没事了，已经去学校上学了。"

（4）**配方释义**：7720 双土泻火，补中益气，7 为艮卦，为土，为胃，为中气，2 为兑卦，为金；2160 既降肺气，又补肾气，补肾益气，2 为兑卦，为肺，为金，1 为乾卦，为金，6 为坎卦，为肾，为膀胱，为水；440 加强疏泄作用，4 震卦，为肝为木，主疏泄；50，5 为巽卦，为风，50 散寒。全方扶正祛邪，解表散寒。

象数疗法调理头痛头晕

（1）**时空状态**：2019 年 2 月 28 日接到杨女士的微信求助："支老师，我从 26 日开始右侧鼻子里边有个裂缝，一碰就疼，这两天有点头晕，头顶一按就疼，麻烦您给配个象数。"

（2）**象数配方**：7720·16500·440·38000。

（3）**调理效果**：3 天后反馈："支荧老师您好，我的鼻子不疼了，头痛也好了，还有一点点头晕，但比前两天已经好了很多。我会继续念的。"

（4）**配方释义**：7720，双土泄鼻子火，两个 7 是滋阴降火，7 为艮卦，也为鼻，2 为兑卦，为金；16500，温补肾阳，1 为乾卦，为头，头晕是肾气虚，髓海不充，脑腑失养所致，6 为坎卦，为肾，为水，5 为巽卦，为胆，为木，后面两个 0 是滋阴润燥；440，4 为震卦，为肝，为木，主疏泄，两个 4 加强肝的疏泄，头顶是厥阴肝经的循行路线。头顶痛是肝经不通；38000 火生土，健脾养心血，增加脾的运化，3 为离卦，为血，为心，8 为坤卦，为土，为脾。

象数疗法调理伤口疼痛

（1）**时空状态**：2019 年 4 月 12 日我在回访一个老病人的时候，他说："这两天伤口疼，太难受了，没有及时给您反馈，不好意思，感谢您还惦记着，您的医者仁心，您的大爱会给您带来好运的！"得知他正在被伤口疼痛所折磨，于是我就马上给他配方。

（2）**象数配方**：77720·2100·66650·4438000。

（3）**调理效果**：几天后反馈："您给的促进伤口愈合的象数方真的很神奇，三天就感觉好了很多，现在伤口基本愈合，感谢您的大爱付出！"

（4）**配方释义**：77720 土生金，山泽通气，通则不痛，从而达到止疼的效果，7 为艮卦，为止，止痛，为土，三个 7 加强止痛的效果，2 为兑卦，为金；2100 是让破溃的伤口痊愈，2为兑卦，为破损，为伤口，1为乾卦，为圆为完整，为痊愈；66650补肾阳，三个6为加强补肾气的效果，6为坎卦，为肾，为水，5为巽卦，为胆，为木；4438000疏肝养血健脾助运化，给伤口增加营养，4为震卦，为肝主疏泄，藏血，3为离火，为心血，8为坤卦，为脾，为土。全方止痛，让伤口快点好。

象数疗法调理手指弯曲疼痛

（1）**时空状态**：2019年4月25日接到旋××的微信求助："支老师您好，我右手中指疼，现在有十多天了，就是中指向下弯曲时疼，向上不要紧，用手指按关节处就疼。"

（2）**象数配方**：03820·16500·4440。

（3）**调理效果**：第二天一早反馈："支老师您好，连贴加念，今天早上好了，中指弯曲也不那么疼了，谢谢您！"

（4）**配方释义**：03820用脾土泻心火以温脾阳，健脾益气，3为离卦，为心包经，为火，8为坤卦，为脾，为土，2为兑卦，为肺，为金；16500，温补肾阳，散寒驱邪，5后面两个0是滋阴润燥，1为乾卦，为金，6为坎卦，为肾，为寒，为水，5为巽卦，为胆，为木，为风；4440，4为震卦，为木，主疏泄，三个4加强肝木的疏泄。全方通经止痛，温经散寒。

象数疗法调理孩子贪玩儿不求上进

（1）**时空状态**：2019年3月2日接到臣××的微信求助："我是想给孩子求个数，孩子没有工作，每天玩，不求上进。"

（2）**象数配方**：7772000·1266650·4430·0380·00081000。

（3）**调理效果**：反馈："老师，有空我就念，我的孩子已经顺利去北京学习了，感谢伟大的八卦象数疗法！感谢您！"

（4）**配方释义**：7772000，7 为艮卦，为止，为障碍，2 为兑卦，为金，3 个土泻心火，让她安静下来，前面两个 7 是停止玩这个行为，后面 72000 克服学习障碍；1266650 补肾阳，让其长智慧，1 为乾卦，为金，2 为兑卦，为金，6 为坎卦，为肾，肾是作强之官，技巧出焉，肾主骨生髓通于脑，5 为巽卦，为胆，主决断；4430 疏肝养心，让他安神，4 为震卦，为肝，藏血，3 为离卦，为心，为血，心主神志；0380，离火生脾土，健脾养心，提高思考能力，3 为离卦，为心，为火，8 为坤卦，为脾，主思主静，00081000 天地相助。

象数疗法调理祖孙关系

（1）**时空状态**：2018 年 12 月 14 日接到兰 × 的微信求助："有个事儿还要麻烦您，我孙子现在 5 岁多一点，就是讨厌爷爷，不喜欢爷爷，爷爷爱他，他不领情，见面也不叫，能赐方改变一下吗？ 谢谢啦。"

（2）**象数配方**：6400·0380·5300·00081000。

（3）**调理效果**：反馈："谢谢您支荧老师！我真是彻底服了！自从把您给的配方写了八条放在屋子西南，三天了，不管是电话、视频还是见面，爷爷和孙子没再较劲了！刚才爷爷给孙子吃的，孙子接过来还直接说：谢谢爷爷。不再说讨厌爷爷、不喜欢之类的话了。神奇的象数疗法真是无所不能呀！感谢老师的精准配方！"

（4）**配方释义**：6400 疏肝解郁，孩子讨厌爷爷，作为爷爷一定心里不高兴，不高兴就会肝郁，6 为坎卦，为水，4 为震卦，为木；0380 让爷爷变得温存一些，这样孩子就会亲近他，前面一个 0 是滋阴的，3 为离卦，为火，8 为坤卦，为土，为温存；5300 风火家人，像家人一样相处，5 为巽卦，为木，3 为离卦，为火；00081000 天地相助，8 为坤卦，为地，1 为乾卦，为天。

象数疗法调理下巴不对称

（1）**时空状态**：2008 年 12 月 24 日接到北京武女士的微信求助："支荧老师好，我的下巴两边不对称，右边比左侧大，不细看看不出来，自己摸着挺明显的，不疼不痒，但是我自己经常揉捏一下，感觉总不是啥好事儿，求方，因为你解决问题的能力我坚信不疑！谢谢啦。"

（2）**象数配方**：01110·16660。

（3）**调理效果**：第三天上午反馈："我按照您的赐方念，今天早上感觉好多了，右下巴的肉见小，而且不那么硬了！再坚持贴和念，相信会很快彻底正常的！感谢您的精准赐方，祝您健康开心好运连连！"第五天反馈："每天默念，下巴颏一天比一天正常，已经收到了很明显的效果。我这个问题已经发现五年了，做美容、刮痧都没见效，想不到用象数疗法解决了，谢谢啦！"

（4）**配方释义**：01110 为复位，1 为乾卦，为正；16660 泄掉右侧多余的东西，1 为乾卦，为右，为金，6 为坎卦，为水，将多余的东西排掉，恢复正常。

象数疗法调理害羞症

（1）**时空状态**：2018 年 12 月 24 日接到自 ×× 微信求助："支老师，不好意思又打扰您了，我家老二以前不害羞，但最近老是害羞，元旦要求表演亲子活动，告诉她台词，她说不好意思上台说。之前不这样，不知是否与年龄段有关。想向您求方，改变她害羞的状态。"

（2）**象数配方**：720·260·550·380。

（3）**调理效果**：三天后反馈："今晚就见效了，我女儿今晚在排练时表现得很大方，明天节目应该错不了，明天再向您汇报哈。感恩！"第四天反馈："支老师，报告您一个好消息，今天孩子幼儿园活动，整个过程孩子没有一次扭捏的动作。老师组织的活动和我们自己排练的节目，她都很积极地配合了。谢谢您的爱心和精准配方，感谢有八卦象数疗法！"

（4）**配方释义**：720克服不敢在众人面前说话的心理障碍，7为障碍，2为去除；260补肾益气，克服恐惧，6为坎卦，为肾，肾主恐；550振奋巽卦，强胆，胆小说明胆气虚；380健脾养心，减少不必要的顾虑，脾主思。

象数疗法调理满口牙痛

（1）**时空状态**：2018年12月28日一路前行求方："老师好，我满口牙痛怎么办，给我出组方好吗？下牙胀痛，左牙根疼得明显。"

（2）**象数配方**：00500·0077200·0011660·4400。

（3）**调理效果**：反馈："老师好，真心谢谢，刚默念了几遍，就有缓解，象数疗法太神奇了，感恩遇见你！"

（4）**配方释义**：00500滋阴降火，5为巽卦，为神经，0077200止痛，7为艮卦，为土，泻火，2为兑金，为去除，两个7，双土泻火，止痛；0011660双金泻火，止痛，1为乾卦，为大肠，为金，6为坎卦，为膀胱，为水；4400，4为震卦，疏肝解郁，两个4加强疏泄效果。

象数疗法调理"土方"造成的水泡

（1）**时空状态**：2018年7月25日接到北京学员李女士的微信求助："我爱人腿疼，在手机上看到有人用大蒜捣碎，糊在膝关节上可以治疗，昨天晚上用了3小时，今天就起了一堆水泡，用针放出水来，一会儿又出，我怕感染，已经上碘伏，请给我出个方子吧。"

（2）**象数配方**：0772220·65000·440·038000。

（3）**调理效果**：反馈："念数第三天明显见好，第四天以后，患处很快换了新皮肤，只留一些色素沉着，完全好了。这让我们再次体验到象数疗法的神奇，感谢支荧老师及时精准的配方，感谢李山玉老师的伟大发明！"

（4）**配方释义**：0772220用刀子把水泡刺破，放出水来，7为艮卦，为凸起，为水泡，2为刀子；65000用大风吹干皮肤上的水，6为坎卦为水，5为巽卦，为风，后面三个0为大风；440，4为震卦，为木，为快，为生长，两个4加强速度，快速生长；038000，健脾利湿，养血生肌，3为离卦，为火，8为坤卦，为土。全方用手术刀刺破水泡，放出水来，再吹干皮肤，供给营养，让伤口快点长好。

象数疗法调理牙龈萎缩

（1）**时空状态**：2019年3月7日"和谐"求方："老师好，我又来麻烦老师了，想请老师给我配个治疗牙龈萎缩的方子。谢谢！"

（2）**象数配方**：770·080·010·600。

（3）**调理效果**：嘱其贴大椎、足三里各一条。一个月后反馈："支老师好，我的牙龈萎缩好了！谢谢老师的配方！"

（4）**配方释义**：770停止牙动，7为艮卦，为止，为牙，两个7加强固定牙的效果；080振奋脾经，8为坤卦，为土，主肌肉，牙龈为肉；010让牙龈复原，1为乾卦为正，为恢复；600，6为坎卦为肾，肾主骨，牙为骨之余。

象数疗法调理婴儿摔伤

（1）**时空状态**：2018年10月9日张××求方："尊敬的支老师，您好，我来自山西介休，是八卦象数学员，我二女儿1岁了，刚才不小心从床上摔到了地上，导致右侧脸部黑青，还有一道子，您赐我一个方子吧，让孩子快点好，谢谢您！"

（2）**象数配方**：0077200·1660·438000。

（3）调理效果：两天后反馈："老师您好。前天晚上我二女儿不小心从床上摔下来，我向您求方，您立刻赐方，我抱着孩子念了半个多小时，并在患处周围贴了两条，昨天早上就好多了，黑青散了很多，谢谢支老师。"

（4）配方释义：0077200，消肿止痛，7为艮卦，为土，两个7和两个0是滋阴凉血，能消肿，2为兑卦，为金；1660，给伤口上消毒水，1为乾卦，为天，6为坎卦，为肾，为水；438000活血化瘀，4为震卦，为肝，为木，3为离卦，为火，为血，8为坤卦，为土。

象数疗法调理胀肚

（1）时空状态：2018年9月3日接到北京一个学员的微信求助："跟你求个数，我肚子鼓得很，好难受。"

（2）象数配方：05380·16660·440。

（3）调理效果：第二天上午反馈："小妹你太神了。昨天晚上睡觉的时候我念了十遍，然后我就睡着了，今天早上肚子就瘪了，就是一个坑，这真是好啊，一点儿也不胀，也不疼了。"

（4）配方释义：05380，肚子鼓，肯定有气，让气下沉到腹部，5为巽卦，为气，3为离卦，为火，8为坤卦，为腹部。16660，通过肠道和膀胱把气排出，1为乾卦，为大肠，6为坎卦，为膀胱。440，4为震卦为肝，主疏泄，两个4加强疏泄的速度。

象数疗法调理使鼻肿物变小，疼痛消失

（1）时空状态：2019年8月29日，接到我朋友姐姐的微信求助："我先生去年2月因鼻涕发臭到宣武医院就诊，病理结果诊断为腺样囊性癌，建议手术，然后放疗、化疗，因为手术方案需把半边脸摘掉，所以没做手术，一直进行免疫

调节，吃中药活血化瘀，精神状态和身体健康尚好，最近经常流鼻血，鼻子严重不通气，红肿地方有些疼，想请老师用象数疗法调理，谢谢！"

（2）象数配方：440·77200·1660·038000。

（3）调理效果：第二天上午反馈："非常兴奋，感激不尽！支荧老师好，我先生昨天夜里一直睡得不错，以前经常半夜鼻子不通气要起来坐一个小时，今天六点半起床，没有流鼻血了，自己感觉肿块变小，疼痛消失，万分感谢支荧老师，感谢山玉老师的伟大发明！感谢神奇特效的八卦象数疗法！"

（4）配方释义：440，4为震卦，主疏泄，两个4为滋阴降火，养血柔肝，增加其疏泄的作用；77200，7为艮卦，为鼻，为凸起，2为兑卦，为折损，为消除，77200为消除鼻腔中的肿物，2后偶数个0为消炎，7即受到了前面木的克制，抑制其肿物的发展，又受到后面金的泄，使肿物清除；1660，1为乾卦，为大肠，6为坎卦，为通，为膀胱，1660为通过大肠膀胱把毒素排出去；038000，3为离卦，为火，为热，8为坤卦，为土，火生土，借温热之力温补脾阳，增加其运化的功能。

水泡、发烧、嗓子痛一天都好了

（1）时空状态：2019年10月3日，接到一个微信求助："支老师，孩子在老家被跳蚤咬得脚上都是包，硬、痒，都抓破了，医生说是螨虫，疙瘩上面有水泡，请老师给一个配方吧。"

（2）象数配方：

① 038200·1660·440·00500；

② 720·650·40·380。

（3）调理效果：7小时后反馈说，好多了；第二天下午反馈说，好得差不多了。然后进一步说："支老师，孩子下午出去一趟，回来流鼻涕，发烧，说嗓子疼，您给个数吧。"调方后一小时，再次反馈："支老师，额头没有之前烫。"第二天中午反馈，孩子好了，退烧了，也不流鼻涕了。

（4）配方释义：配方① 038200，3 为离卦，为火，为红肿，8 为坤卦，为土，2 为兑卦，为肺，为金，200 为消炎，038200 火生土、土生金，可以让红色包消退；1660，1 为乾卦，为金，为大肠，6 为坎卦，为肾，为膀胱，1660 为通过大小便排毒；440，4 为震卦，为肝，主疏泄，主动，两个 4 加快疏泄的速度；00500，为巽卦，为木，为风，风为痒之象，所以 5 前后各两个 0，可以熄风止痒。

配方② 720，7 为艮卦，为土为胃，为阳明经，2 为兑卦为金，720 为土生金，疏通阳明经，补益肺气，而改善流鼻涕；650，6 为坎卦，为肾，5 为巽卦，为阳木，650 为温补肾阳，解表散寒；40，4 为震卦为肝，为木，通于咽喉，主疏泄；380，3 为离卦，为火，8 为坤卦，为土，380 为火生土，降火，可以退烧。

象数疗法调理让腹部气快速排出

（1）时空状态：2020 年 4 月 18 日晚，收到一个微信求助："老师您好，我总是便秘，小腹胀，排气不通畅，吃药就好，停药就犯，口还总干，请教老师。"

（2）象数配方：0538000·77220·211660·44550。

（3）调理效果：念方 10 分钟后排便了。

（4）配方释义：0538000，5 为巽卦，为胆为风为气，为肠，3 为离卦，为火，8 为坤卦，为土，此元是木生火、火生土，土能承载运化万物；77220，7 为艮卦，为土，2 为兑卦，为金，因为便秘，而且口干，证为阴虚火旺，所以两个 7 是养胃阴，两个 2 是养肺阴，77220 是降胃气，前面的 8 和 7 众土生肺金，增加肺气的推动力量；211660，2 为兑卦，为肺为金，1 为乾卦，为金为大肠，6 为坎卦，为水，为通，金生水，肺气推动大肠将废气排出；44550，4 为震卦，为肝，主疏泄，5 为巽卦，主出入，44550 为雷风互动，加快疏泄速度，全方合力而获佳效。

象数疗法调理让血尿停止了

（1）**时空状态**：2019 年 11 月 18 日，我先生突发尿血，而且量大，小腹胀痛，去医院诊断是肾积水，因为血量很大，医院担心是长东西了，对我说："因为你是本院的，你自己决定吧，如果是外面的病人，我们就建议拍 CT。"当时我分析，他应该没有长什么东西，极大可能是泌尿系统结石，于是大胆出方。

（2）**象数配方**：00772200·116660·4400。

（3）**调理效果**：念方一个多小时后，小便排出两个小石头，继续念方一个小时，又排出一个小石头，很快血尿也停止了，三天以后又去做复查，结果尿检没有血了。

（4）**配方释义**：00772200，7 为艮卦，为石头，为止，2 为兑卦，为手术刀，00772200 用手术刀把石头取出来，还可以止小腹胀痛，前后两个 0 是凉血止血；116660，1 为乾卦，为管道，为输尿管，6 为坎卦，为水，666 为大水，116660 用大量水冲刷输尿管，把石头冲出来；4400，4 为震卦，为震动，为快，让石头快速震动起来，把石头震松、震碎，便于排出，两个 4 加强震动的力度和速度。

顽固性失眠调好了

（1）**时空状态**：2020 年 5 月 11 日，接到北京一位女士的电话求助："睡眠不好，睡得不实，脑子太乱，时时惊醒，求帮忙解决一下。"

（2）**象数配方**：720·6500·430·880。

（3）**调理效果**：一周以后回访，她高兴地说："早就好了，现在每天睡得可好了，谢谢！"

（4）**配方释义**：720，7 为艮卦，为土，2 为兑卦，为金，720 为补中益气；6500，6 为坎卦，为肾，5 为阳木，6500 可以温肾阳，助胆气，5 后两个 0，起到滋阴润燥的作用；430，4 为震卦，为肝为木，3 为离卦，为火，430 为疏肝养心，宁心安神；880，8 为坤卦，为脾，为土，880 可以健脾安神。

乳腺炎好了

（1）**时空状态：** 2019 年 4 月 9 日，接到一位女士的微信求助："我昨天把内衣调紧了些，结果下午右边乳房就开始疼了，碰都不敢碰，睡觉也不敢翻身。"

（2）**象数配方：** 7220·6440·4430·3820。

（3）**调理效果：** 第三天反馈，已经不怎么疼了；又过了三天反馈，乳腺炎已经完全好了。

（4）**配方释义：** 7220，7 为艮卦，为胃经，贯穿乳房，2 为兑卦，为金，为消除，7220 为山泽通气，为疏通遇阻的胃经，使乳房疼痛消失；6440，6 为坎卦，为水，为肾，4 为震卦，为肝，肝经抵乳房下缘，6440 为养血柔肝；4430，4 为震卦，为肝为木，3 为离卦，为心为火为乳房，4430 木生火，为疏肝解郁；3820，3 为离卦，为火为血，8 为坤卦，为土，2 为兑卦，为金，3820 火生土、土生金，为活血化瘀，健脾益气。

象数疗法调理让进眼睛里的小虫子出来了

（1）**时空状态：** 2019 年 3 月 2 日下午，突然接到一个朋友的微信求助："眼睛里进了小虫子，很疼，快点救救我。"

（2）**象数配方：**

① 7772000·16660·4400；

② 77720·2100·1650·4400。

（3）**调理效果：** 念方①15 分钟后，好多了，但睁开眼沙疼沙疼的，于是调为方②，45 分钟后，虫子出来了，眼睛好了，没事了。他还给我拍了照片，虫子挺大的。

（4）配方释义：① 7772000・16660・4400，7772000，7为艮卦，为土，为手，为小虫子，为止，2为兑卦，为金，为小镊子，第一个7为止痛，后面两个7为双手，拿着小镊子，清除小虫子；16660，1为乾卦，为金，6为坎卦，为水，3个6为大水，16660金生水，一是用大水冲刷眼睛，二是消炎；4400，4为震卦，为木为肝，为快，主疏泄，两个4加强疏泄速度。全方就是快速取出小虫子，再用水冲洗干净，消炎。

② 77720・2100・1650・4400，77720同前；2100，2为兑卦，为金，为破，1为乾卦，为金，为圆满，为痊愈，2100让受伤的伤口长好；1650，1为乾卦，为金，为督脉，6为坎卦，为水，为肾，5为巽卦，为阳木，1650温补肾阳，增强抗感染之力；4400，4为震卦，为肝，为木，主疏泄，两个4加强疏泄，让虫子快点出来。

三年不说话的夫妻终于言归于好

（1）时空状态：2020年3月27日，收到一个朋友的求助电话，他们夫妻三年不说话，一直无法沟通，希望我能帮帮她。

（2）象数配方：440・660・266640・0530・00081000。

（3）调理效果：3月31日，她搬家了，丈夫没有来，说和她吵够了，不打算过了。五一时，她丈夫自己回来了，现在夫妻关系很好。是八卦象数疗法使这对夫妻破镜重圆！

（4）配方释义：440，4为震卦，为肝，为木，主疏泄，两个4为滋阴降火，养血柔肝；660，6为坎卦，为肾，为水，440・660为雷水解卦，意思是解决问题和解；266640，2为兑卦，为说，为吵，6为坎卦，为水，三个6为大水，4为震卦，为肝，主疏泄，266640为减少吵闹，疏解肝郁；0530，5为巽卦，为风，3为离卦，为火，0530为风火家人，一家人关系融洽；00081000，8为坤卦，为地，1为乾卦，为天，00081000为天地相助婚姻圆满。

孩子终于愿意去跳舞了

（1）**时空状态**：2019 年 8 月 25 日，接到一女士的微信求助："老师晚上好，给孩子报了一年的跳舞班，孩子去了几节课就不去了，请问老师这个能使用象数调理吗？"

（2）**象数配方**：7200·6500·4300·0810。

（3）**调理效果**：当天反馈："用了差不多两三个小时，孩子下午非常自觉地去上舞蹈课了，谢谢老师的精准配方！"

（4）**配方释义**：7200，7 为艮卦，为堵，为不高兴的事情形成的压力，2 为兑卦，为折毁，为消除，7200 为消除不高兴的事情带来的阻力，由想不通变为喜悦；6500，6 为坎卦，主肾，属水，5 为巽卦，主胆，为阳木，为燥，5 后偶数个 0，是滋阴润燥，6500 为补肾阳，壮胆；4300，4 为震卦，为肝，为阴木，3 为离卦，为心，心藏神，3 后两个 0，避免离火过旺，4300 为疏解肝郁，变得开心起来；0810，8 为坤卦，为土，为地，1 为乾卦，为金，为天，0810 天地相助。

八卦象数疗法
续编

（下）

李山玉　著

团结出版社

目 录

贺楷闳象数疗法调理个案

象数疗法自我调理 5 例

0002·050 治舌头起疱 平时我的舌头经常起疱，一起疱至少要吃一个星期的药才会好，现在就不用吃药了，只要一有疱我就马上念 0002·050，不到 10 分钟舌疱就神奇般消失了。

0003 治眼病 我是从事银行工作的，天天和数字、电脑打交道，当眼睛看得很累、很胀时，我就念 0003，几分钟就不胀了、明亮了。还有一次我在厨房炒菜时，锅里的辣油溅到我的眼里了，我也马上念 0003，不到 10 分钟，没有用手巾擦，也没用水洗，就一点事也没有了。

20·650·380 治感冒 2014 年 9 月的一天早上，我起床后，由于少穿了衣服，马上感到一身冷甚至流鼻涕。那时我很急，因为我 8 点上班又没时间念数，按照以前只要出现了此情况我一天都很难过，可我这次试着把象数写在胶布上贴在手腕处。结果没念只贴也同样阻止了一场已经开始了的感冒，上了一天班一点事都没有，真是太神奇了。

0001000·7770 治愈头剧痛 2014 年 11 月的一天晚上，我睡到半夜时被头痛醒了，很难受，当时我就念 010·070，念了一会儿还是痛得不得了，我就又改念 0001000·7770，念着念着不知不觉就睡着了，早上起来一点痛的感觉都没有了。方义：1 为头，7 也为头又可治疑难杂病、止痛，1 前后三个 0 加大信息波力度并平衡阴阳，三个 7 相叠治急症和剧痛。

70·20·50 和 80·20·50 治左右臂肩痛 我从十几岁开始就有左肩痛的毛病。从 2014 年 8 月到现在，我只要左肩痛就念 70·20·50，右肩痛就念 80·20·50，有时只要想一下这两个数就不痛了。

从去年到现在我再没有吃过一粒药了，只要哪里一有毛病我就用象数进行调理，感恩李老师发明了这么方便而又奇妙特效的八卦象数疗法，使我越来越健康了！

象数疗法调理个案 6 例

400·260·380 很快治愈带状疱疹 2014 年 10 月 11 日上午，好友姚××坐在我的车上时，接到她在北京读大学的孙子（20 岁）赵××的电话，说他颈项起了一圈的带状疱疹，痛得几晚都没睡好觉了。我听后对她说，我正在看有关八卦象数疗法的书，好像上面有治这病的方子。回家后我在书上找到了400·260·380 这个方子，发到对方的手机上并告知念的方法。3 天之后姚大姐告诉我，她孙子打电话问她是从哪里弄来这么个神方，当天晚上念了就不痛了，几天了才睡一个好觉，真是谢谢了！我告诉她要谢那位发明这种疗法的李老师！

80·40·70 治愈腹痛 2015 今年 4 月 13 日晚 11 点多我坐在沙发上看电视，已不知不觉睡着了，突被一阵手机声惊醒了，一听又是姚大姐，她说她老公肚子痛已在医院吃了 3 天的药，现在痛得很厉害，请我给一个数字。我就叫他念80·40·70，因为 8 是指腹部，40 疏通，痛则不通，通则不痛，70 止痛。第二天反馈："当时念了 20 分钟左右就不痛了，谢谢了！"我对她说："这要谢那位李山玉老师，是她发明的神奇疗法解除了你老公的痛苦！"

0002000·16650 治愈尿道胀痛 2015 年正月初六我去老师家拜年，一进门只见老师愁眉苦脸。她告诉我，她几十年前曾生过的尿道口胀痛、尿次数多、屙不出尿的病又犯了，很难受，要我给她数字念。我当时写了一组0002000·16650 给她。方义：2 兑卦，为尿口，主肺主气，通调水道。1 乾金消炎；6 坎卦，主肾，尿道、膀胱属肾；5 巽风，吹邪气，使尿像风一样出来。3 天后老师打电话告诉我说，那天给的那组数让她渡过了难关，那天下午 4 点左右实在不行了，她就让女儿握着她的手一块念，大约念了将近 1 个小时，胀痛消除了，尿也出来了。她说那位李老师真是了不起啊!

0002000·450 治失声 2015 年 3 月 11 日,我又去了一位老师家,只见老师说话时发不出声音,我问她是不是感冒了,她说没有,她示意要我给她数字念。于是我写了一组数 0002000·450,并握着她的手和她一起念。大概 20 分钟的时候,奇迹出现了,老师的声音出来了,并和我说了半天的话也未嘶哑,那时她的家人都感到太神奇了。方义:2 兑,喉,前后三个 0 加大信息波力度,通通通。4 震雷;5 巽风,使声音像雷一样让风送出来。我记得去年老师也曾失声,我给她买了两次药,她儿子也给她买了一次药,后来一个月左右才好。

用点穴和象数 650·4430 急救心脏病人 这种事原只在书上见过,而这次是我亲身体验。5 月 26 日面授班结束后,我和两个朋友一起到威海乘晚 9:30 的船去大连旅游。一进舱位,只见一个五十多岁的女人躺在我们的下床上,一问她身边的人才知道她是心脏病发作,很不舒服不能动,于是我立刻放下包拿出点穴棒,在病人的手背和手掌上进行点按。点完后我问病人的感受,她说好像一身轻了,然后我又把 650·4430 告知病人及其家人要他们与病人一起念,又把象数写在胶布上贴在病人大椎和手腕上。大约过了 40 分钟,病人坐起来了,说没事了,舒服了。还说:"我真是有幸,遇到贵人了!"她和家人对我道谢不已,并买了好多矿泉水给我们表达谢意。后一了解,病人叫王春荣,57 岁,锦州人,全家人一起回大连老家喝喜酒。后来我告诉他们:真正的贵人是发明这种疗法的李山玉老师,应该谢谢她才对!

6500·380·820 使病了的母鸡站起来了 2015 年正月,我去亲戚家拜年,亲戚送我一只老母鸡,带回家放厨房。因两只脚绑在一起不能走动,过了三天母鸡站不起来了,鸡冠也不红了,倒了,更不吃食了,我很急,因为我家不杀生。我想,送给别人也要是只活的。于是我试着用 6500·380·820 写在胶布上贴在鸡背上,过了一晚到了第二天,母鸡终于站起来了,鸡冠也直起来了,给它喂食也吃了。之后我马上把它送人了。

象数疗法调理好老人手指尖发白和麻木

2017年10月30日，一位76岁的患者打电话给我说："这几天早上起来，手指尖雪白而且麻木，要用热水烫一阵才好，右手更厉害，请你帮我配组数吧。"我立即配方80·2000·64440·3380。第二天上午婆婆打来反馈电话说："昨天上午接了你的配方一直念到晚上，今天早上起来，手指尖已不白，有点红色了，也不麻木了，这八卦象数疗法太神奇、太厉害了，这么短的时间就有这么好的效果，要是用其他方法不知要调理多久才有同样的效果，感恩山玉老师发明了这么奇效简便的八卦象数疗法！"

配方释义： 80，8坤脾主肌肉四肢，首先用80直指病位；2000，2为兑卦，为肺，肺主气，"气行血行，气为血之帅，血为气之母"，用2000使气到达指尖；64440，6坎为肾，肾主纳气，肾为先天之本，4震为肝，肝藏血、主疏泄，64440肝血在肾气的推动下源源不断地到达指尖；3380，3离火主血脉，也为温，8坤脾主运化，使血液在脾的运化之下到达四肢，3380还有给四肢加温的意思。全方共奏健脾益气，滋阴养血，疏通经络而获佳效。

象数疗法调理眼睛胀痛

2018年3月5日，一群友求方说眼睛胀，视物模糊。配方030·710·6400，嘱其试念后如无不适贴大椎和眼上各一条。3月7日反馈说："念了两天，现在眼睛好多了，不觉得胀了，看东西也没那么模糊了，感谢老师赐方。"

配方释义： 030，3离为目，前后0通经络、平阴阳；710，7艮，为山为堵，1乾为明亮，710使眼睛去堵，去掉模糊的东西变为明亮，也指站在高山上远望能看得远；6400，6为肾为血，4震为肝，肝开窍于目，肝受血而能视，6400滋阴潜阳，滋肝明目。全方去堵通经，滋肝养血明目。

象数疗法调理牙龈胀痛

2018 年 2 月 6 日，群里袁女士求方："贺老师我右上牙龈遇冷和热就很痛，有时连吸口气也痛得难受。"我立即给其配方为 003820·1600·5380，嘱其试念 20 分钟无不适则续念和贴 2 条于患处。2 月 7 日上午 8：30 反馈："念了你昨天赐我的良方今天好多了，遇冷和热基本没有不适感觉了，在此感恩你的大爱和无私奉献！感恩八卦象数疗法创始人李山玉老师！八卦象数疗法真是太神奇、太不可思议了，为八卦象数疗法点赞！"

配方释义：003820，3 离火，为心，"诸痛痒疮，皆属于心"，8 坤脾主肌肉四肢，即牙龈，2 兑为牙，为消炎，为降火，前面两个 0 加强清热降火功能，003820 清热降火，健脾益气，升清降浊；1600，1 乾为大肠，6 坎为肾、为毒，金生水泄大肠火，以通便之力使热邪从大肠排出，补益肾气，扶助正气，补肾、壮骨、固齿；5380，5 巽风，为经络、为神经、为散，祛风除邪，疏通经络降浊，使牙里的毒气入土而运化。全方清热降火，升清降浊，补肾扶正，"正气内存，邪不可干"而获效。

象数疗法调理大腿疼痛

2018 年 3 月 22 日，群里一女士求方："左腿外侧和大腿疼痛难以入睡，请赐方。"我即配 0005000·377720·64440，嘱其试念 20 分钟无不适续念，贴 4 条于痛处。3 月 23 日中午反馈："您昨天赐的象数配方疗效很好，在之前每晚左腿外侧和大腿痛得难以入睡，昨晚把数字写在纸条上贴在痛处，美美地睡到了天亮，太神奇了，谢谢贺老师！感恩发明人李山玉老师！"

配方释义：0005000，5 为巽风、为股、为大腿，前后各三个 0 加强通经活络，平衡阴阳；377720，3 离火为温，7 艮为腿、为止痛，三个 7 强力止痛，2 兑为气，377720 温通腿部，强力止痛，山泽通气；64440，6 坎为肾、为血，4 震肝主筋、主疏泄，三个 4 加强疏通经络，"通则不痛，痛则不通"。全方通经活络，滋阴潜阳，濡养筋脉，其痛自除。

象数疗法调理坐骨神经痛

2018 年 4 月 19 日，群里朱女士求方："坐骨神经痛，腰不能直，右脚也痛，行走困难，请赐方！"配方 0001000·77720·66440·380，嘱其试念无不适续念。2018 年 4 月 22 日反馈说："贺老师赐的方子很好，当时行走不便，腰不能直，通过两天的念数，现在我能直腰行走了，谢谢老师赐方！感谢李山玉老师发明了这种不吃药、不打针只念数就能治病的好疗法！"

配方释义：0001000，1 乾卦，为脊柱、为督脉、为恢复正常，前后三个 0 加强信息波能量，平阴阳；77720，7 艮为止、为腰、为堵，2 兑为气，77720 强力止痛，山泽通气；66440，6 坎为肾、为骨、为通，4 震肝为筋、为脚，主疏通，66440 滋阴养血、涵木，疏经通络；380，3 离火为温，8 坤脾，主运化、主肌肉四肢，380 健脾益气，温通四肢。全方通经活络，祛堵止痛通气，滋肝养血，健脾益气而获效。

象数疗法调理双侧眼角膜受伤

2018 年 3 月 4 日，一位妹妹帮 29 岁姐姐求方："今天去做美瞳线，结果双侧角膜受伤，现在还在医院，完全看不清，请老师赐方。"我即配 00300·2660·450·0810。3 月 7 日反馈：因其姐不太相信，妹妹帮姐念了半小时，其余就把方贴在她姐的照片和床头上，3 月 7 日医院复查，医生说恢复得很好。

配方释义：00300，3 为离目，前后两个 0 滋阴降火；2660，2 兑为眼、为口，6 坎为消毒水，清洗眼睛；450，4 震肝，5 巽胆，肝开窍于目，450 滋肝明目、疏风；0810 使眼睛恢复正常。

象数疗法调理脚背长红坨流水

2018 年 3 月 19 日，周婆婆打电话给我说："我孙女两个脚背和脚趾都长了红坨（湖南方言指疙瘩），流水、痒，请赐方。"我即配方为 03820·160·050，嘱其念 20 分钟无不适续念，贴 2 条于患处。3 月 21 日反馈："念和贴你给的象数，到今天孙女的脚已不流水了，也不痒了，结了黑疤。谢谢老师赐方！感恩山玉老师神奇的八卦象数疗法！"

配方释义：03820，3 离火为红坨，8 坤脾主肌肉，2 兑为皮肤、为消炎；160，1 乾金为大肠，为清毒，6 坎为肾、为"消毒水"，160 滋阴祛毒清洗脚背；050，5 巽风止痒。

象数疗法调理 1 岁小孩疝气

2018 年 2 月 5 日，李女士向我求方："贺老师好，我那一对双胞胎孙子患有疝气，每天哭闹不停，晚上睡不好，医院说因年龄太小做不了手术，药又喂不进，请赐方！"我即配方为 660·440·380，嘱其念和贴患处 1 条。2018 年 2 月 27 日反馈："贺老师谢谢你！上次从拿到方子后，保姆经常抱着孙子念和贴患处裤子上，至现在已不痛了，晚上也睡得好了，饮食也恢复正常了，感恩李山玉老师的神奇象数疗法！感谢你的赐方！"

配方释义：660，6 坎为肾，肾主纳气，强化先天之本，两个 6 加强振奋肾功能，强补肾气，6 坎为通，为陷，为凹，使鼓起的地方陷下去；440，4 震为动，为疏通，两个 4 加强振动和疏通；380，3 离火为温，8 坤脾为腹部，因疝气在腹部，给腹部加温，寒则凝之，热则散之，温补脾胃，助运化，健脾益气，生化气血，气血足则疝气自愈。

象数疗法调理老人尿失禁

2018 年 3 月 5 日，一位 71 岁的老爷子来我处说："贺老师真不好意思，我这么大年纪了，这几天连续三晚尿湿裤子都没有知觉，不知咋的，请帮忙给个方调理调理看。"我即配方为 820·66650·430·0720。3 月 7 日上午反馈，念后当天晚上就没有尿失禁的现象了，只是腹部有点胀，给其调方为 820·66650·400·70。

配方释义：820，8 坤脾主运化，2 兑肺主气，820 健脾益气，运化水湿，生化气血；66650，6 坎主肾，5 巽风为胆为阳气，三个 6 加强补肾而助膀胱气化；430，4 震肝藏魂、主藏血，3 离心藏神，主血脉，430 养心安神，使头脑清醒；0720，7 艮为山为止，2 兑为口为气，0720 山泽通气，补中益气，止尿失禁。全方强补先天，济养后天，气血得补，膀胱气化恢复正常。

象数疗法调理牙剧痛、牙龈肿胀

2017 年 9 月，我的一颗右下大牙突然剧痛了 2 次，自己配方为 77220·16000·44500，念 20 分钟左右都止痛了，但牙有一点松动，后来经常有痛感，念念数又好了。可是到了 11 月 23 日又有一点胀痛，没想到 11 月 24 日早上起床时，右脸肿得很厉害，一摸又硬又热，牙龈红肿，舌头上也有泡。我用头发遮盖着右脸，去院子门口的一个口腔诊所咨询，医生看后说："牙根发炎导致化脓了，需从牙里打个洞进去进行清洗才会退肿，要赶快治不能拖，否则难治。"听后我对医生说还是自己调算了，医生对我说："吃任何药都没有用，一定要清洗才行。"我边说"好"，边走边想用象数一定会调好的。于是根据情况分析，牙龈肿胀痛、舌上有泡是由于心火和肝胆二经火旺而引起的炎症，肾水不足制不了火而为患，应治以清热、降火、消炎而退肿，配方为 0038220·11660·44500。默念着回到家里，又贴 2 条在患处，经过一天的贴和念，到了晚上就全部退肿，舌头上的泡也没有了，牙齿也不胀痛了。但我吸取以前的教训，好了之后也经常念念此方，没想到原本松动的牙齿固定了。

配方释义： 第一次配方 77220，7 艮卦，为牙、为止，2 兑为牙、为消炎。第二次配方 0038220，3 离火，为心火、为舌头，8 坤脾主肌肉即牙龈；11660，1 乾为大肠、为消炎，6 坎肾主水，11660 双金生肾水，泄大肠火，补肾、补钙、固牙，6 又为消炎水，清洗牙根和口腔；44500，4 震木为肝，主筋、主疏泄，5 巽木为胆、为经络为神经，4500 疏肝利胆、通经络而助退肿止痛。

象数疗法止住精神病患者打人

2018 年 3 月 15 日，77 岁的陈婆婆含泪对我说，她好苦好难受，每天不仅要服侍患精神病的老伴日常起居生活，还要遭打骂。听后我想了一下告诉她说："如果你老伴下次再打你，只要他一动手您就念 40·7770 试试看。"19 日上午婆婆高兴地打电话对我说："贺老师刚才好搞笑的，我老伴刚才抢起拳头，露着狰狞的面目要打我时，我马上按照你教的念方，念了几遍他就把手神奇地缩回去了，并冲我嘿嘿地傻笑了两声走开了。这象数太神奇了，终于有免受老伴打的办法了。感恩发明人李山玉老师！感谢你教给了我好方法。"

配方释义： 40，4 震为肝为怒，为动、为动手，也为将军之官，威严将军在此谁敢动手；7770，7 艮为山，为手，为止，三个 7 为 3 座大山挡住、止住，使其动不了手。

象数疗法止住小男孩打架

2017 年 12 月 4 日中午 1 点左右，我在洗发店洗完发回家的路上，碰到 2 个 10 岁左右的男孩在打架，一高一矮打得不可开交，高的就用拳头打矮的头，矮的就用脚踢高的肚子，我急忙上去拉开。可他们力气大，我怎么也拉不开，于是我边拉边念70·70，真没想到只念了2遍，他们就像触电一样马上散开了，朝着各自的方向边走边骂边做着鬼脸走了。旁边的一位中年妇女对我说："幸亏你把他们拉开了，不然他们不知要打成什么样子。"感恩恩师发明的八卦象数疗法！能用于生活的方方面面，我碰到的虽然是小事，但能用此法随时随地帮助我们解决问题。

配方释义：70，7艮为山为止，止止止，停停停，7也为男孩。

象数疗法转变少女情绪

2018年4月22日，一位奶奶为18岁孙女求方，因她妈妈说了几句重话就赌气不去上学了，关在房间里不出来，家里所有人的电话都不接，学校老师同学的电话也不接，还说要去死了算了。还有一个月的时间就要高考了，家里人急得不知如何是好，故请我配方。配方400·0380·260，要奶奶和家人都帮孙女念。24日晚上给我打电话反馈说："谢谢贺老师！这八卦象数疗法太神奇了，22日接到数后就喊着孙女的名字念，念了一下午，到第二天打电话给孙女，终于接电话了，还约出来吃饭进行了交流。到了24日见到我们就喜笑颜开了，全家人悬着的一颗心终于放下来了，真心感谢你！感谢李山玉老师发明了神奇的八卦象数疗法！救了我孙女，救了我们家！"

配方释义：400，4震卦为肝，肝生怒，怒伤肝，肝藏魂，因生气伤了肝，产生了肝郁，故想不通，用400疏肝理气，疏通肝郁，同时4也为将军之官，请将军看管她，不得因想不通而发生意外；0380，3离卦，为心、藏神，在志为喜，8坤脾，主思、主静，让她的心安静下来，由怒变为高兴，健脾益气，前后0平衡阴阳；260，2兑为肺主气，在志为忧，6坎为肾，在志为恐，也主智慧，260兑金生肾水，把怒气和忧愁化掉，化为智慧，想得通，改正错误想法，高高兴兴上学去。

象数疗法调理小孩指甲脆裂

（1）**时空状态**：2018 年 1 月 31 日，发现 3 岁小孙子一个食指指甲变色，并有断脱的趋势。孩子妈急着要带他到医院去检查，说这么小的人怎么会这样。我说不要急，没关系，没必要去做检查，用象数疗法就可以治好的。

（2）**象数配方**：6450・380・260。

（3）**调理效果**：用助念器 24 小时播放，将近一个月时，旧的指甲全没有了，全是长出的新指甲，又红润又光滑。一家人别提有多高兴了！

（4）**配方释义**：6450，6 坎卦，主水为肾，肾主骨生髓，4 震卦主肝，肝主筋藏血，其华在爪，肝血不足指甲裂开，5 为巽风为快快生长，6450 用肾水养肝胆之木，补肾生血，使变色脆裂的指甲快快换成新的；380，3 离卦，主心主血脉，8 坤脾主运化，主生化气血，离火生坤土，健脾益气，促指甲生长；260 补益肾气，促小孩生长发育。

象数疗法调理右手臂剧痛

（1）**时空状态**：2018 年 4 月 25 日，群里朱女士求方："贺老师好！我的右手从肩周至手掌疼痛很厉害，最严重的地方是手腕横纹至手心大拇指虎口处，从昨天开始麻木地痛，现在痛得无法忍受，请您给我配组方子，谢谢您！"

（2）**象数配方**：82000・77720・16500・44430。

（3）**调理效果**：嘱其试念无不适贴 4 条于患处。2018 年 4 月 26 日反馈："感谢贺老师给我配的神奇象数方！昨天接方后就拼命地念，不到一个小时就缓解了，之后又贴上。到今天止，我的右手完全恢复正常了，一点也不痛了，谢谢！"

（4）**配方释义**：82000，8 为坤卦，为右肩，2 为兑卦，为右手臂，82000 直指病位右手肩臂，三个 0 加强信息波能量；77720，7 艮土，为止为手臂，2 同前，

77720，山泽通气，强力止住手臂剧痛；16500，1乾卦，为右边，为督脉，6坎卦，为肾为通，巽5为风，为出入为散，16500通督温阳，驱周身寒邪；44430，4震肝，主疏泄主筋，3离火，为心主血脉，三个4加强震通疏泄力度，44430强力疏通经络，使血液在血管里能正常循环，通则不痛。

象数疗法急救 81 岁老人

（1）**时空状态**：2018年4月29日上午，一位81岁老人在打牌时，突然头晕冒汗，浑身无力，不能走路，叫救护车送到医院，一量血压只有30～50，医生要求放重症监护室，病人不想去，老人的老伴儿打电话给我求救。

（2）**象数配方**：0810·6650·4430。

（3）**调理效果**：嘱握病人的手念。2018年5月1日反馈："谢谢小贺帮我老伴出的急救配方，那天接方后，马上握着老伴儿的手念，大概念了半小时左右，一量血压，终于上升了，有50～70了。医生看到血压上升了，只好让老伴入住普通病房了，同时回到家里用助念器24小时播放。到今天血压到了80～160了，头也不晕了，走路也稳了，人也精神了，医院检查说没什么大问题了。如果不是八卦象数疗法的救护，也就不可能恢复得这么快，感恩李山玉老师为苍生发明了这么好的救命法宝！感谢小贺的及时配方！"

（4）**配方释义**：0810地天泰卦，在生命危急的紧要关头，首先请乾父坤母救护，尽快使病人恢复正常，打通任督二脉，同时泰卦取其平安之象；6650，6坎卦主肾，为先天之本，5巽风为阳气，为升，6650善振肾阳，补心气，升阳气，尽快使血压上升，给全身补充能量；4430，4震卦，为肝，主动，主生发，主疏泄，3离卦属火，主心主血脉，4430振奋肝脏补心血，给心和脑输血，全方扶正祛邪，疏通经络，先天得补，血液循环正常，血压自升。"肝胆得补，其晕自除。"

象数疗法调理小孩发烧和口腔溃疡

（1）**时空状态**：2018 年 5 月 2 日，群里孙女士晚上 11：53 发来微信："贺老师，不好意思这么晚打扰你。我家小宝 1 岁零 3 个月，昨晚开始发烧，至今还是反复发烧，而且口腔里有溃疡，没有食欲，又有点儿拉肚子。请赐方让小孩退烧，让小孩口腔溃疡快点好起来。"

（2）**象数配方**：007200·1650·400·003820。

（3）**调理效果**：试念无不适续念和贴，贴大椎一条。2018 年 5 月 5 日反馈："老师早上好！谢谢您的象数配方，小宝这两天已退烧了，情况稳定了，口里溃疡也消掉了，开始吃米糊了，感恩李山玉老师发明了神奇环保的象数疗法！"

（4）**配方释义**：007200，7 为艮卦，属阳土，为山为止，为胃为降，2 为兑卦，主肺主肃降，007200 山泽通气，止烧降胃气，滋阴降火；1650，乾 1 为督脉为大肠，坎 6 属水，为肾为先天之本，巽 5 为风、为阳气、为出入，使全身的热邪等病气从大肠排出，同时振肾阳补能量，祛邪助生化；400，4 为震肝，主疏泄，防肝风内动；003820，3 为离火，为舌头为心火，为溃疡，8 坤脾，主运化，兑 2 同前，前面两个 0 为降火滋阴。

象数疗法调理 60 多岁老人突然中风

（1）**时空状态**：2018 年 5 月 4 日接江女士微信："贺老师您好！请您给我丈夫配个方，他昨天晚上 2 点多钟起床小便，就走路不稳，今天早上讲话就口齿不清了，请赐方，谢谢！"

（2）**象数配方**：0810·116650·44330·38220。

（3）**调理效果**：嘱其念贴相结合，如无高血压则贴大椎穴一条，左脚背 3 条，助念器 24 小时助念。5 月 5 日反馈："贺老师好，昨天我丈夫发病向您求方，念后昨天下午就好多了，走路稳些了，就是讲话舌头还是那样，不灵活，讲不清，我知道这已是很不错的效果了，要想完全恢复，必须认真坚持。"

5月5日调方为22660·44500·44330·38220。

5月11日反馈："贺老师您好！我丈夫用到您后面的方很好，当天晚上我立即叫他念，第二天讲话口齿清楚多了，第二天我事情多没时间喊着他念，他又不自觉可能念少了，到第三天又差一点，这几天我时时刻刻喊着他念，要他每天一定要念十个小时，现在还算稳定。"

5月27日反馈："贺老师您好！我丈夫到昨天已经完全恢复正常了，谢谢贺老师！同时感谢山玉老师的大恩大德！又一次让我的家庭避免了一场大灾难，真不知道用什么语言才能表达我内心的感激之情，千言万语汇成一句话：八卦象数疗法神奇！"

（4）配方释义：0810地天泰卦，使病人在天地的护佑下转危为安；116650，乾1为头为正为督脉，6坎水为肾为先天之本，5为巽风为阳气，用乾金生肾水补先天补阳气，醒脑；44330，4震肝，主疏泄，3离火，主心，主血脉，44330强力疏通全身气血，使血液能到达心和脑，防止脑动脉梗塞硬化；38220，3同前，8坤脾主运化，为脑血栓之类，2兑卦，属金可折毁，主肺、主气、主肃降，38220健脾益气，通堵，折毁心脑中的堵物；22660，兑2属金主肺，肺为声音之门，坎6属水主肾，肾为声音之根，金实则声不出，话语不清，用双金生双肾水，泄兑金之实，补气补先天之本，促口齿声音清楚；44500，4为震雷主肝，5为巽风主胆，44500雷风相薄，疏肝利胆，进一步促使口齿清楚。全方强力补肾益气，疏肝利胆，通经活络，祛风醒脑而获佳效！

象数疗法调理哮喘及心绞痛

（1）时空状态：2018年5月9日，群里朱女士求方："贺老师好！我母亲90多岁了，患有哮喘病，近日发病较严重，咳嗽心绞痛，呼吸有时困难，请配个吉方。"

（2）**象数配方**：0200・6650・4430・7720。

（3）**调理效果**：5月11日反馈："谢谢老师配的吉方！通过本人两天的诚念和我的助念，我母亲咳嗽和心绞痛都好了，呼吸也顺畅了，感恩李山玉老师发明了这么好的不吃药只念数就能治病的好疗法！减少了老人的痛苦！"

（4）**配方释义**：0200，2兑卦，为肺，主气司呼吸，0200振奋本脏气机，宣肺理气；6650，6坎肾为先天之本，主纳气，5巽风，为气为出入，6650补肾助心气，振肾阳；4430，4为震肝主疏泄，3离卦，主心主血脉，4430养血安神，疏通经络；7720，7艮卦，为山为止，2兑卦，为肺为咳，7720止住咳嗽，去堵通气。

象数疗法调理3岁小孩手足口病

（1）**时空状态**：2019年5月29日下午，从幼儿园接3岁小孙子回家，发现他手脚上都有泡，他还指着口里，一看嘴唇上也有，喉咙处上腭也有3颗，这就是手足口病了，孩子妈特别急，要送去医院治疗，我对她说，现在还没发烧，不要急着去医院，我用象数疗法给他调。

（2）**象数配方**：77220・116644500・0038220。

（3）**调理效果**：一边用助念器助念，一边给他在手、脚、唇、喉部有泡的地方贴上配方，通过2天多的念和贴，不仅没有发烧，而且各个部位的泡小了很多，到了6月1日，口里喉部上腭的泡也消失得无影无踪了，下唇上的泡也没有了，手上的泡也没有了，有的地方也只有一点黑色的色素沉着了。平时得手足口病的小孩，都发高烧，一般都要在医院住上十天半个月才会好。看我家的宝宝得这种可怕的手足口病，就这样在李山玉恩师发明的八卦象数疗法大法宝的强力攻击下，仅3天时间病毒就逃跑得无影无踪了，这太神奇了，太幸福了！现在我家里的两个小孩哪里有不舒服时，他们都说："我不打针，我不吃药，我要用李山玉老师发明的象数疗法！"

（4）**配方释义**：77220，7 艮卦，为泡、为止痛、止痒、止发烧，2 为兑卦，主肺、主皮肤、主肃降，可折毁疱疹和消炎，77220 双土生双兑金，强力止痛、止痒、止烧，折毁疱疹和消炎；116644500，1 乾金，为大肠，6 坎水，为毒，为消毒水，4 震肝，5 巽风，用双金生肾水滋养肝胆之木，强力疏肝利胆，使全身的毒气通过肝胆的疏泄，从大肠排出体外；0038220，3 离卦，属火，为心，"诸痛痒疮，皆属于心"，8 坤脾，为大地，大地可化解一切病毒，2 同前，0038220，滋阴降火排毒，健脾益气，尽快恢复正常。

象数疗法调理外阴白斑

（1）**时空状态**：2018 年 6 月 1 日群里杨女士求方："贺老师好！我患外阴白斑已一年多了，中西药未停，效果不好，现主要是大阴唇有些变白，阴唇及肛门周围有些痒，近三四天肛门有些痛，我不想再用西药，想麻烦老师赐个方。"

（2）**象数配方**：00020·16450·37820。

6 月 11 日反馈效果不显，调方为 77220·11660·400·00500。7 月 8 日反馈无明显效果，调方为 02220·660·005500·0037700。

（3）**调理效果**：7 月 20 日反馈："贺老师好！我外阴痒用了你出的方已十四天了，效果明显，已好了八成，我将继续持念，感谢老师不厌其烦地调方，感谢山玉老师发明了神奇的象数疗法！"

（4）**配方释义**：02220，2 为兑卦，为阴道口和肛门，主肺主皮肤，主宣发主肃降，可消炎，用三个 2，直指病位，加强消炎力度；660，6 坎卦属水，为毒，为消毒水，清洗患处；005500，5 为巽卦，属风，为胆为皮肤病，为风邪为散，前后偶数个 0 和两个 5，强力祛风除湿邪，滋阴止痒；0037700，3 为离火，为心主血脉，"诸痛痒疮，皆属于心"，7 艮卦，为山为止，止痛、止痒、止病，前后偶数个 0 和双 7，加强信息波能量，强力止痒扶正祛风邪。全方强力宣肺降浊，消炎止痒，祛风除湿，健脾补中益气而获佳效。

象数疗法调理尿毒症

（1）**时空状态**：2018年11月21日，群里周女士为丈夫求方："贺老师好！我老伴1941年生，今年76岁，医检为尿毒症，肾性贫血，高血压，心衰，现在医院每周做2次血透，求老师赐方，谢谢！"

（2）**象数配方**：66440·430·33880·2650。

（3）**调理效果**：嘱其试念无不适续念。12月24日反馈："贺老师你好！感谢你准确地配方！一个月以来，丈夫自念和用助念器24小时助念，现在感觉好多了，精神很好了，口味好了，晚上睡眠也好多了，一次能睡5个多小时，夜尿一次，感谢贺老师！感谢山玉老师发明八卦象数疗法！为人类造福，为病人减少痛苦！"

从那以后我不断地追访，老人一直用助念器24小时助念，从未间断过，现在都能吃、能睡、能做事，跟没病一样。原来和他同室的比他小得多的尿毒症患者早已离开了人世！

（4）**配方释义**：因尿毒症是肾脏固有细胞受损，肾功能遭到破坏，无法正常运转，导致体内的毒素废物潴留，因此要把受损的肾脏细胞修复好，把体内的废物毒素排出来，才能维持体内环境的平衡。透析是一种常用的方法，其实只是一种辅助性的手段，只能暂时缓解病情，并不能根治。因此配方必须围绕振奋肾脏气机，修复肾脏受损细胞，补血、活血、通络排毒，以达到肌体阴阳平衡。

66440，6为坎卦，属水主肾，为肾脏，为肾细胞，为毒，有清热解毒之功，4震卦属木，为肝主疏泄，66440强力振奋肾脏气机补肝血，滋阴潜阳，驱毒邪外出，修复肾脏细胞；430，4同前，3离火，为心为血，430振奋肝脏补心血，治心衰，养心安神、明目；33880，3同前，8坤卦，主脾主运化，33880，加强生血造血功能，温补脾阳，健脾安神，泻火降压；2650，2兑卦，主肺主气，6同前，巽5为阳气，2650进一步温振肾阳，强肾以助祛除体内废物毒素，恢复体内阴阳平衡。

象数疗法调理使鸡蛋大的淋巴瘤消失

（1）**时空状态**：2018 年 11 月 13 日，王女士来我处为其 66 岁的姐姐求方。王女士说，她姐几年前左边颈部长了一个淋巴瘤，被切除了，前年右边颈部又长了一个，也被切除了，前段时间腋窝又长了淋巴瘤，有鸡蛋大了，由于腋窝筋多，不好做手术。因王女士自己体验到了象数疗法的神奇，故特来求方。

（2）**象数配方**：7220·1650·4430·382000。

（3）**调理效果**：嘱其试念，如无不适续念，念得越多越好。12 月 20 日，王女士微信反馈："贺老师好！我姐前段时间腋窝淋巴瘤鸡蛋大，向你求的象数方。姐住韶山，我住湘潭，一个多月来，经过她自己诚心不断地默念，我在湘潭晚上帮她助念，真的出现了奇迹！现在鸡蛋大的瘤子不知不觉消失了，没有了，也不痛了，太神奇了！"

（4）**配方释义**：7220，7 为艮卦，为山为堵为瘤子，2 为兑卦，主肺主气，为手术刀，7220 兑金泄艮土，用两把手术刀把瘤子切掉；1650，1 乾金，为督脉，为大肠，6 坎水，主肾，为毒，为消毒水，5 为巽风，为散，为阳木，木克土，克瘤子，1650 通督温阳，把化下来的瘤子毒素从大肠排出；4430，4 震肝，主疏泄，可排毒，3 离火，为心为血脉，4430 强力疏通全身经络，活血化瘀；382000，3 同前，8 坤脾，为大地，也为浊物为瘤，主运化，脾有祛肿满及软化作用，2 同前，382000 加强健脾益气，升清降浊，通脉消肿功能；全方补中益气，疏导气机，通堵排毒，活血化瘀，扶正祛邪而获佳效！

象数疗法调理孕妇"见红"

（1）**时空状态**：2019 年 1 月 1 日，群里郭先生求方："贺老师好！我妻侄女叫吴某，37 岁，现已怀孕 8 个月，离预产期还有 25 天，今天上午医院检查，见了一点红，肚不痛，医生说要提前剖宫产，怕缺氧胎死腹中，敬请老师赐一方，能使胎儿足月生产，又不缺氧出问题，谢谢老师！"

（2）**象数配方**：6650·4430·3820·0810。

（3）**调理效果**：1月5日反馈："贺老师早上好！您赐的保胎象数方非常有效，医院复查一切正常，可以足月生，感恩您！感恩尊师！"

1月28日又反馈："贺老师好！我妻侄女已于1月13日足月生一男孩，非常健康，一切正常，合家欢喜。感恩李山玉尊师！感恩贺老师！"

（4）**配方释义**：6650，6坎卦属水，为先天之本，5为巽风为阳木，为生长，6650振肾阳，补先天，促胎儿顺利生长；4430，4震木，象春天，象胎儿，3离火，为太阳，4430使腹里的胎儿像春天的种子健康生长；3820，3同前，8坤土，为母腹，兑2为胎儿，温暖的太阳照在母腹里，胎儿茁壮成长；0810，地天泰，母子在天地的护佑下，胎儿足月出生。

象数疗法调理乙肝大三阳

（1）**时空状态**：2019年1月5日，群里一位产妇求方："贺老师好！我现在是生孩子产生乙肝大三阳，1月11日去复查，请老师赐方，谢谢！"

（2）**象数配方**：4400·430·380·2650。

（3）**调理效果**：1月12日反馈："谢谢贺老师的象数方！经过近一个星期的诚念，昨天经医院化验复查，大三阳没有了，全好了，感恩！"

（4）**配方释义**：4400，4为震卦为肝，用4直指病位，振奋木脏气机，疏肝降浊排病毒，补肝血；430通经活络补心血，清泻肝气郁热之毒；380健脾益气，加强脾的运化功能，以利肝脏尽快恢复正常；2650，兑2主肺、主气、主肃降，6坎水，为肾为先天之本，5巽风，为胆，为阳气，肝胆互为表里，2650温振肾阳，补充能量，进一步加快肝功能的恢复。

象数疗法调理急性胰腺炎

（1）**时空状态**：2019年1月12日，群里彭女士求方："贺老师早上好！我丈夫患了急性胰腺炎，现在住院，他的肚子有点肿了，很痛，请老师帮忙赐个象数方。"

（2）**象数配方**：78220·16440·53820。

（3）**调理效果**：嘱其试念20分钟无不适续念，贴大椎、左脚背、左手内关各2条。

1月23日反馈："贺老师好！谢谢您！我丈夫现在肚子不痛了，肿也消了好多，就是不能吃喝，喝一点米汤就肚子胀气。"

调方为7200·400·3820。

1月27日反馈："谢谢老师赐方！现在丈夫能吃面条了，谢谢老师的精准配方，感恩李山玉老师发明了伟大的八卦象数疗法！能结缘这么好的疗法，能得到这疗法的救助，我丈夫真有福气！一般像我丈夫这样的病，有的都没有救了。"

（4）**配方释义**：急性胰腺炎是较常见的消化系统的疾病，胰腺是上腹重要的消化器官，症状主要是上腹的疼痛，压制更痛，且伴有恶心呕吐，疼痛严重的向腰、向背、向后面放射，诱发因素主要是胆石症或暴饮暴食、喝酒。应治之以止痛消炎，疏通腹部气机，通堵活络，因通则不痛。78220，7艮土，为山为止，为堵为胃，8坤土，为脾，2为兑金，主肺、主肃降、主宣发、主消炎，78220用兑金泄坤、艮二土之炎症，升清降浊，同时也止痛；16440，1乾金为大肠，6坎水为通，4震卦，主肝主疏泄，16440通过肝的疏泄之力，把消化系统的病气、浊气从大肠排出，同时通督补肾滋肝；53820，5为巽风，为出入，为散，主胆，为经络，3离火，为心主血脉，8、2同前，53820疏通全身经络，健脾益气，消肿止痛。7200，7艮胃，2兑肺，为折毁，7200兑金泻艮胃之实，助消化；400，4震木，加强对胃土的疏泄，3820温脾运化，促进脾胃的消化功能。

象数疗法调理小便痛和出血

（1）**时空状态**：2019 年 1 月 20 日，群里余女士求助："今天去同学家与同学小聚，晚上回家小便有痛感，且擦拭手纸上带鲜血，怕是尿路感染的老毛病又犯了，请赐象数方，谢谢！"

（2）**象数配方**：002200·66440·33880。

（3）**调理效果**：嘱其试念无不适续念，贴 2 条于小肚上。1 月 22 日反馈："你前天出的方贴念一晚就好转了，不出血了，但小便仍然有痛感，是继续念还是换方？谢谢了！"

调方为 0030·77220·66440·33880，试念无不适贴 2 条于小肚。

1 月 23 日反馈："玄姐好！你昨晚调的方真好，贴念一晚就好得差不多了，现小便不痛了，谢谢你！"

（4）**配方释义**：002200，2 兑卦属金，为尿道，可肃降消炎，前后双 0 双2，加强消炎功能，滋阴降火；66440，坎 6 为肾，主水为血，4 震肝主疏泄可藏血，66440 强肾养肝，加强肝的藏血功能；33880，3 离火为温，8 坤脾，主统血，33880 泻火温脾以统血；0030，因不出血了还痛，考虑到可能是由小肠有火而引起，故用 3 单独为一元，以降小肠热盛，77220，止痛消炎，其他同前。

象数疗法调理突发精神病

（1）**时空状态**：2018 年 5 月 9 日，群里徐女士求方："贺老师好！我朋友的妻子昨晚 23 点左右突然发病，今天一直发病中，娘家人说 15 年前也发过这病，口里离不开鬼，说她妈来接她了（她妈已过世好几年了），脑子糊涂，四肢摇晃，嘴里说混话，总是说有鬼，闹得全家不安宁，她家好困难，求您出方救她，谢谢！"

（2）**象数配方**：4440·7770·22660·643880。

（3）调理效果：嘱其贴窗上、门上、床上各4条。2018年5月10日早上反馈："老师您配的象数方很有效，昨天接方后按您的吩咐办了，昨晚就平静了，现在还在睡觉。我代表他们全家感谢您的帮助！感谢李山玉老师发明了神奇的八卦象数疗法！"

（4）配方释义：出现此种情况，一般由惊吓而引起，其身上有阴性物质，治之以强力驱赶，堵住，再让其神、魂、魄归五脏。4440，4震雷，主肝，为将军之官，雷声阵阵驱赶邪气，请3个将军把守；7770，7艮卦，为山为堵，用大山堵住邪气不再进屋上身，同时7还可治疑难杂症；22660，兑2主肺藏魄，也为2把刀，6坎水，主肾主恐，为先天之本，双金生肾水，强肾补肾阳，强力护先天之本；643880，6、4同前，3离火，主心藏神，8坤脾，主静，用肾水滋肝木，肝木补心血，心血温脾安神。患者是因受惊吓而魂魄不附体，精神失守，通过用山玉老师发明的象数疗法，振肝祛邪，护肾安神，健脾益气，唤回魂魄，使神、魂、魄归脏位，心神安定内守，则人自然安静了。

象数疗法调理学生睡眠不好做噩梦

（1）时空状态：2018年10月7日，群里一女士求方："老师好！我儿子今年15岁，在校读书，现在晚上睡眠不好，难以入睡，易醒，还做噩梦，白天精神不好，注意力不集中，求老师赐方，谢谢！"

（2）象数配方：400·380·0810·260。

（3）调理效果：念和贴，贴床头或枕下一条。2018年10月18日反馈："贺老师好！我儿子昨天打电话来了，说睡眠好些了，也不做噩梦了，真心感谢老师！"

（4）配方释义：400，4震肝，疏肝理气安魂；380，3离火主心藏神，8坤脾主静，380健脾益气安神；0810地天泰卦，天地护佑；260，2兑金藏魄，6坎水，主肾主恐，260补肾藏魄除恐。全方疏肝理气，健脾安神，补肾除恐而获效。

象数疗法调理小孩不去上学

（1）**时空状态**：2018 年 9 月 30 日，群里一女士求方："玄姐您好！有事求救于您，我女儿不去学校，从暑假之前的几个星期就开始了，现在开学一个月了，也只上了一周的课，我很注意地小心问过，没有小朋友欺负她，也没有变态的老师。我在医院上班，有夜班，夜班的时候有几次是放托管班的，有老师照看，有其他学生，后来她老是不喜欢去托管所，也就不去托管了，但是中午和下午还是继续在新换的托管班，我下班去接。本来我以为这只是小时候天天跟我上班习惯了，慢慢就好，哪知道现在干脆不要去学校了，拖着去，放学回来才开心，但是再去就很困难。我带她去看了心理医生，可是也没能解决问题，还是用象数疗法更好。女儿今年 8 岁了，她好像有害怕的事情，让她换学校她也不换，说以前住托管的时候有大姐姐欺负她，但那是暑假之前了。真不知道怎么办，感觉心力交瘁，有事说不出来，她说不知道怎么说，请您用象数帮帮我和女儿吧！"

（2）**象数配方**：440·5380·0810·260。

（3）**调理效果**：嘱其贴 4 条于床头，用助念器放照片 24 小时助念。2019 年 2 月 3 日反馈："贺老师您好！不知您还记得不，2018 年 9 月 30 日，我女儿不去学校，看了心理医生都解决不了问题的时候，向您求的方。求方后按您教的方法贴数和天天念数，二十来天后她就去学校了，并且每天很开心，成绩也上升了，而且我是不陪她写作业的，也不帮她检查作业。我想这是象数疗法的作用，得到了天地的护佑，在此非常感谢贺老师的帮助！"

（4）**配方释义**：440，4 震卦，主肝主疏泄，疏肝郁，4 又为将军之官，请两位将军保护小孩的安全；5380，5 巽风，主胆壮胆，3 为离火为心，8 坤脾主安静、主平安，53 也是风火家人卦，5380 意为与小孩相处的各种人包括老师、同学、托管员等，都要像家人一样好好对待小孩、爱护小孩，使小孩无论是在学校还是在托管所都像在家里一样安全；0810，天地护佑，平安健康听话；260，兑金生肾水，补肾主智除恐，这么大的小女孩了，一定要去学校读书学知识了，不能待在家里了。全方疏肝理气，壮胆健脾安神，有天地的护佑，两位保安的保护，孩子就能放心大胆地去上学！在学校里安心认真听课学习了！

象数疗法调解邻里矛盾

（1）**时空状态**：2019 年 5 月 2 日，群里刘先生求方："老师您好！我近几天练车倒车时不小心把邻居家的摩托车撞了，本来走保险很简单的事情，结果邻居在保险公司没有定损的情况下，一急二急来我家想要我们按摩托车店的预算价付其现款，胡搅蛮缠，跟其讲道理也讲不清。我爱人身体不好，说话气短，心脏也不好，不胜其烦，您能帮帮我吗？"

（2）**象数配方**：440·660·5380·00081000。

（3）**调理效果**：第二天反馈："老师很灵啊，昨晚我把您给的象数方用助念器播放了不到 24 小时，刚才那家的男主人就打来电话，非常通情达理地表示按保险报损算，反对他妻子的做法。"

（4）**配方释义**：440，4 震雷为将军，为保安；660，6 坎水为通；5380，5 为巽风，为信息，为散，3 离卦为心，8 坤脾为安静，5380 为我们邻里亲如一家，发生了事情，应心平气和地合理解决，不要有过激的行为；00081000，天地保佑，化解矛盾，安泰吉祥！

湘潭学生：贺楷闳

2019 年 6 月 15 日

象数疗法调理发红、发热、伴痒症

（1）**时空状态**：2019 年 5 月 8 日，79 岁周婆婆来我处说："贺老师，这几天我耳朵两边下面和腰的两边发红、发热、特痒，很难受，求你赐方给治治。"

（2）**象数配方**：003·78220·1600·44500。

（3）**调理效果**：5月9日晚反馈："贺老师好！昨天在你处求方后，马上默念，回家后用助念器助念，一直到现在，一天多的时间，现已不热不红也不痒了，八卦象数疗法真是厉害！感谢你的精确配方！感谢李山玉老师发明了八卦象数疗法！为人类造福，减少病苦！"

（4）**配方释义**：003，3为离卦，属火，为红为热，前面加两个0为阴，即降热祛火；78220，7为艮土，为止痒，8为坤土，为大地，可祛热毒，脾主运化，兑2为肺主皮肤，可消炎，78220以坤艮二土生肺金，肺主宣发，外合皮毛，健脾益气，消毒止痒；1600，乾1为天为大肠，坎6属水主肾，为毒，也为消毒水，1600是给全身排毒，使全身的毒气从大肠排出，也是用天河之水清洗全身，滋润全身；44500，震4主肝主疏通排毒，巽5属风，为胆为风邪，44500疏肝利胆，帮助全身快速排毒，祛风退热止痒而痊愈。

象数疗法调理眼睛出现"小太阳"

（1）**时空状态**：2019年6月27日，群里谭先生微信求方："贺老师上午好！我眼睛模糊干涩，视力不好，并伴有头晕，左眼球上有像小太阳似的圆圈，并有红血丝和白圆，头晕头涨，躺下就是梦，去医院检查说是早期白内障，要手术，请老师赐方！"

（2）**象数配方**：030·8220·260·6400。

（3）**调理效果**：当天反馈："贺老师，我念方20分钟后感觉轻松舒服，可是坐起来突感右胸脯处刺痛，肺部偏右好痛，现已平稳，谢谢！"

9月5日又反馈："贺老师好！我6月发现眼睛模糊干涩，并有小太阳似的，念你赐的方有两个多月，现已基本痊愈，谢谢你！尤其感谢李山玉老师发明了神奇的八卦象数疗法！神奇无比！"

（4）**配方释义**：030，3离卦属火，为眼睛为明亮；8220，8坤卦为脾主运化，为模糊的东西，2为兑卦属金为刀子，用刀子把眼里的模糊东西去掉；260，2为兑为眼，坎6属水主肾，260兑金生肾水，濡润眼睛，使眼不再干涩；6400，坎6同前，4震肝，肝开窍于目，6400，肾水生肝木，以肾水滋养眼目而使眼睛得到恢复。

象数疗法调理右膝盖痛

（1）**时空状态**：2019年9月9日，新疆李先生求助："本人63岁，近日右膝盖的外侧筋痛，这两天痛得比较厉害，求您配数。"

（2）**象数配方**：0001000·66440·538000。

（3）**调理效果**：9月15日反馈："贴念您赐的象数，现已好多了，基本不痛了，感谢您！"

（4）**配方释义**：0001000，1乾卦，为天、为正、为恢复、为右腿，用1直指病位，通督脉除湿邪，前后各三个0强化信息波能量，平衡阴阳；66440，坎6属水为肾，主骨生髓，4震肝属木，主筋主疏通，补肝血，66440取水涵木，使腿得肾水滋养而筋骨得到疏通，通则不痛；538000，5为巽木，为风为出入，为经络，3为离卦，属火为热，主血脉，8为坤卦，为脾主运化，主四肢，此元以巽木生离火再生坤土，疏通全身经络，加强全身气血运化功能，使气血能顺利到达四肢百骸，方中各元三个0，因新疆属寒冷地区，故用之以驱寒。

象数疗法调理快速消肿

（1）**时空状态**：2019年9月24日，朱女士发来微信："贺老师好！我儿子上周四被汽车碰了，儿媳妇没告诉我，直到昨天下午坐飞机回湘潭治疗，才打电话告诉我，我速赶到医院，据说是左手腕粉碎性骨折，肿得很厉害，要消肿才能做手术，请您配组象数。"

（2）**象数配方**：77720·1116660·4440·538000。

（3）**调理效果**：9月26日反馈："感谢贺老师配的象数！通过自念、我助念、加2台助念器助念，一天半肿就全消了，真是神奇，感谢您！感谢李山玉老师发明了这神奇的八卦象数疗法！"

（4）**配方释义**：77720，7艮卦为止痛，三个7强力止痛壮骨，兑2为泽为通气，77720强力止痛降浊，止而不滞；1116660，乾1属金，为骨为正为圆为连接，为天衣无缝，坎6属水主肾，主骨生髓，为通，1116660以乾金生肾水，强力补肾生髓，使碎了的骨头自动连接起来，连接得天衣无缝；4440，4为震肝，主动主疏通，补肝血，4440强力使碎了的骨头动起来，回到原来位置，疏通全身经络，使全身气血畅通；538000，5为巽风，为快为经脉，3为离火，为温，主血脉，坤8主脾主运化，538000以巽木生离火再生脾土之力量，加强全身经络血脉的畅通，加强脾的运化功能，使伤处快速消肿。

象数疗法调理带状疱疹

（1）**时空状态**：2019年9月2日，四川杜女士求方："老师好！我妈妈腿上长了好多痘痘，土话叫'蛇盘疮'，现在腿又痒又痛又麻，求您赐方！"

（2）**象数配方**：78220·11660·66440·00500。

（3）**调理效果**：第二天反馈："老师好！我妈昨天接方后，念了一下午和一晚上，痘痘全退了，但腿还是很痛和麻木，她说好像有倒刺一样。"（我嘱其续念和贴）

9月5日又反馈："感恩有您！我妈的腿已好得差不多了，晚上去散步时，她说腿已经感觉不到痛和麻木了，感谢您的配方！感谢李山玉老师发明了神奇的八卦象数疗法！"

（4）**配方释义**：78220，7艮卦属土，为山为止，为痘，为止痛，还可治疑难杂症，8坤卦为脾土，为大地，大地可化一切毒气，兑2属金为刀，兑2主肺主皮肤，可消炎，78220以坤艮之土生兑金，消炎止痛祛痘痘；11660，1乾卦属金，为天为正为大肠，坎6属水主肾，为排毒、为消毒水，11660双金生肾水，强力排毒，同时也是用天河里的消毒水清洗全身，去毒止痒；66440，6同前，4震卦属木，主肝主疏泄排毒，66440强力振奋肾脏气机，滋水涵木，加强肝脏排毒功能；00500，5为巽卦，为风为快，为息风止痒，前后偶数个0加强滋阴止痒效果。

象数疗法调理晚期产后出血

（1）**时空状态**：2019年10月16日上午10点左右，接到同学阳女士的电话，她急促地说："老同学，快帮我配个八卦象数配方，我女儿刚从长沙回家，上厕所时大出血，我把照片发给你。"只见照片上一大片的血，我马上把象数配方发过去，嘱其快念。

（2）**象数配方**：60·7770·8880·66440。

（3）**调理效果**：下午17：32反馈："首先让我怀着非常激动的心情感恩李山玉老师发明了神奇的八卦象数疗法！今天女儿产后42天，突然大出血，而我正在买菜，女儿一人在家，女儿发了照片给我，我急忙回家，一边打电话给你求象数配方，一边送往医院急救，到医院只做检查抽血，没有止血，医生检查为'宫内混合声区可见丰富的血流信号'。我苦苦念数，并请求远方的妹妹一同助念，一直念到口干舌苦，才慢慢止住不流血了，而医生要我们住院，继续做检查，我看到念象数已有效，就没有住院，直接回家了。4点多女儿停止了流血，这神奇的效果不亲自实践是体会不到的！在此非常感谢老同学的救助！"

（4）**配方释义**：60，6坎卦属水主肾，为血液；7770，7为艮山为止，7770强力止住流血；8880，8为坤卦，脾主统血，8880强力振奋脾脏的气机，加强坤脾的统血功能；66440，坎6为肾水，为先天之肾气，4震肝主藏血，双肾生震木，加强震肝的藏血功能，全方合力配合而止住血液妄溢出脉道。

象数疗法调理精神方面问题

（1）**时空状态**：2019 年 8 月 19 日，陈先生微信求方："老师好！我单位有个员工精神方面有点问题，有甲亢，经常无缘无故情绪激动，暴跳如雷，想调整他离开营业厅他不愿意，在他的意识里就是有人让他不舒服，他也就不让别人舒服。整个营业厅的人都不敢和他说话，刚才一个企业一笔业务明明是他不对，他说别人不对，其他所有人都是错的，在协调时听他说了一句'可能是他爸让他不舒服，他要杀了他'。求老师赐一象数方让他情绪稳定，病情好转，愿意离开营业厅就好，谢谢！"

（2）**象数配方**：400·003880·2600·04500。

（3）**调理效果**：10 月 21 日反馈："谢谢老师！您上次给的象数配方很见效，那个员工已经情绪很平稳地离开了营业厅，感恩李山玉老师发明了神奇的八卦象数疗法！"

（4）**配方释义**：400，4 为震肝，肝藏魂主怒，400 疏肝解郁息怒；003880，3 离卦属火，为心藏神，8 坤卦主脾藏意，主安静，003880 健脾安神稳定情绪；2600，2 兑卦主肺藏魄，6 坎卦属水，主恐也主智慧，2600 定魄止恐开智慧；04500，4 震肝为动，5 巽风为快为出入，04500 疏肝利胆解肝郁，能快速平稳地调离营业厅。

李燕宁象数疗法调理个案

我的康复之路

这篇文章记录的是我从 2014 年 9 月开始用象数调理身体的经过，为我调理的老师是青岛山玉自然疗法研究所的专家李春斌老师。五年多过去了，相信没有医院会认为我这样一个曾经的心脑血管病病人，只是默念象数配方，就恢复了健康。

2014 年 9 月以来，李春斌老师为我配方，调理身体，证实了八卦象数疗法确实能调理身体的阴阳平衡。在调理的过程中，我看到了李春斌老师慈悲度人的菩萨心和高超的配方技能。现在，经过念方，我的身体已经逐渐恢复，感恩李山玉老师！感恩李春斌老师！

话从 2014 年 5 月说起，当时我被诊断为"多发性腔梗"。症状为：血压高、头痛、头晕、心慌、全身无力、走路似踩棉花、没有食欲、失眠、全身皮下到处都是小瘤子，还有甲状腺结节、腰椎滑脱等等，当时我这部"机器"已经严重失灵了，每天要吃十来种药，还喝中药、做磁疗。虽然从诊断结果出来后我就开始念象数，但三个月过去，症状没有大的改变。

9 月 10 日，这天是教师节，我向李老师咨询，当时先向李老师报了一堆病名，待我报完病名，李老师的方子也出来了：72000 · 010 · 650 · 430 · 3820。我的第一感觉是，李老师出方真快啊！求方时我觉得自己有点啰唆，好在李老师很耐心，这给我留下了很好的印象。当时我已是走投无路，但是那天求方后，先前几个月每天都会冒出来的"我怎么还活着？"的念头突然就消失了。那天我念了一小时的配方，觉得很舒服。

每位老师出的象数配方，都是用他的意念力，也即用他的心能量去调动宇宙场能，以期通过这组方，经过求方人的默念，产生天人合一的场效应，达到使求方人身体阴阳平衡的目的。作为求方人，同样也得把我们的心能量发挥出来，形成合力，这样，治好病的概率就会增加。因此，象数疗法调理身体的关键词就是：坚信。

想想我们这么多年已经习惯了生病吃药打针，这些方法在用于人体疗疾时，在产生治疗作用的同时，对它伴随的副作用，我们都默默地认可了，似乎没有其他的选择。

当八卦象数疗法这样一种全新的疗疾模式出现在我们的面前时，我们看到，以天人合一的整体观，借宇宙能量调理身体，不仅有效，而且安全。但将一个阴阳失衡的机体调整到相对的阴阳平衡，也是需要时间的，所有的慢性病都是长期的积累。求方前，有必要对八卦象数疗法的原理、使用方法等先做些了解。

9月11日上午，念72000·010·650·430·3820觉得精神好起来了，下午念方，感到头上有一股巨大的旋转的力量在拉我，好像要飘到天上去一样，头很晕，还有目眩。李老师让我单念000。当天的血压降得很快，高压一下降到100以下了，便将在服的降压药减到四分之一片，当天左大腿处肌肉不断地痉挛。

9月12日，早上血压132/76，心率73次/分，起床前念72000·010·650·430·3820约40分钟，仍然头晕、头涨，肋间肌和右腿肌肉痉挛，但前一天的左腿肌肉痉挛倒停止了。这天，李老师调方为1650·430·82000。

这两天念方出现的头晕目眩和肌肉痉挛的现象，都是气冲病灶的现象。因为体内的经络不通，当象数配方的能量进入体内后，在疏通原来不通的经络时，有时这种场效应的作用会让身体原来的病痛好像加重了，但随着继续念方，经络被疏通以后，疼痛或其他的不适现象就会消失。气冲病灶所出现的轻重程度，与每个人经络的敏感程度有一定的关系。

李春斌老师从给我配方开始，就鼓励我："好好念方，会越来越好。"我觉得李老师有点像部队的政委，战斗开始前先做好思想工作。我当时的情况，好比一部出了故障的车子，既要让这部车子继续开，还要在继续开的过程中修理已经失灵的部件。这个调理过程一定不会是一蹴而就的。

从 9 月 10 日起，我开始记调理日记，我想把调理的过程记录下来。

当时影响我生活最主要的症状就是心慌、无力，每天从早到晚的头晕。我念方采取这样的方法：先坚持念李老师给的某一组方，可以念下去，就念，如果念不下去了，再请李老师调方。这个"念不下去"指的是在念方时，出现比较强的气冲病灶现象，我就会请老师把方给调一下。请看当时的调理日记：

2014 年 9 月 22 日：21 号晚上念 870·1650·430·820 半小时，今晨再念此方头晕，气滞在胆经、三焦经经络循行处，心慌。今天李老师给我三个方，白天念 430·8720·1650，晚上念 43000·872000·165000，有胃痛念几遍 3870。分白天和晚上念不同的方后，头晕、心慌、胃痛可消。

2014 年 9 月 27 日：早上念 72000·1650·44330·810 可以止晕，11 点以后再念此方头晕，下午 4 点半开始念此方 2 小时，觉得头可清，但胃部不适，寒痛，肌肉痉挛；晚上 9 点胸闷，血压低，念李老师新方 650·44330·3820，血压可以升上来。

9 月 29 日，反馈后李老师调方：①胃有不适念 44330·8720·1650；②胃不难受念 44330·72000·1650·820。今天李老师给了两组方，让我根据情况掌握使用，念方后胃痛可减轻。

当时，我的血压波动比较大，人感到忽上忽下的，血压低了，胸闷心慌了，要念方把血压升上来；血压高了，头晕头涨了，又得念方消除头晕头涨。在血压高了或偏低时，只要当天念方后不久，血压可很快降下去或升上来，这一定是看不见的能量场在起作用，如果是吃药升降血压，不可能这么快。我觉得在念方的同时吃好多药，会影响到我对念方效果的判断。于是，从当年 9 月开始，我逐渐在减药了。

身体有病，不见得都是坏事，它会促使你去思考，去改变。有病了，也说明自身能量场不足或缺失了，需要改变现状，就要有一种方法，让我们可以重新得到能量的补充，使身体得以康复。

八卦象数的理论认为：宇宙中万事万物都是一个相互联系、相互制约、相互影响、息息相通的统一体。天地大宇宙，人体小宇宙，他们在运动中同气相求，同声相应。象数配方是"近取诸身，远取诸物"，默念象数的过程，也就是沟通宇宙八卦场和人体八卦场以实现天人合一的过程。

我身体里正邪相争的拉锯战依然进行着，李春斌老师就像一位大将军，镇定自若地指挥着战斗。

调理日记：

2014年10月9日：上午念方8720·2660·0430·1650，中午晕止；下午右腿不适，两耳轰轰响，气直冲头顶，李老师调方260·0430·72000·1650，念后头顶的气往下走了，两耳不再轰轰响了，腿部感觉有好转。

10月10日：早上服降压药和倍他乐克，中午开始念260·430·72000·1650，下午2点发现血压仍高，李老师让继续念此方，从14：30念到18：30，血压降到88/52，此方确实可以降血压。今天的情况可能与同时在服降压药、可减慢心率的药有关，后念430·872000·165000血压回升，人有力气了。

10月14日：人往天上飘的症状减轻，但是从早上开始，两耳就像聋了一样堵住，心很慌。李老师调方82000·16000·440·72000，念新方可消心慌。

11月30日：胃不适5天，李老师调方3872000·26650·43330·38000，念了此方胃不那么难受了。

12月23日：因心区痛，李老师调方72000·165000·43000·387000，念后心区痛缓解。

12月31日：吃中药引起胃不适，肚子一个劲地咕噜，李老师调方72000·1650·44330·380，此方一念，肚子里咕噜即停。

念方小结：由李老师给我配方进行调理已近四个月，成效开始显现，心慌头晕减轻了，人有点力气了。这让我更坚定了念象数的信心。到12月，我又停掉了原来在服的几种药，把磁疗、推拿也停了。既然象数配方的能量是一种无形大药，我再吃那么多药已无必要。（有关磁疗的问题是李老师提醒我的，李老师告诉我，念象数的同时不要做磁疗，尤其是心脏有问题的人）

这几个月，不管念哪组方，我都马上会有很强烈的身体反应，这是场效应的作用所致，李老师以他的经验很好地把控着，这让我这个接受调理的人，很是安心，我每天要做的，就是静心念方。

念方前，我的身体皮下有几十个花生米大小的瘤子，如果去外科做手术取瘤，恐怕得开上几十刀。在李老师给我的配方里，有720这样的组合，7是艮卦，为山，为凸起物，瘤子是凸起物，可以用7做它的代码，7又可代表人的手；2是兑卦，兑上缺，为泽，又为小的东西，有折毁、破坏的象意，可以用2作为小刀的代码；如果用形象思维，把720看作一幅画，有点像拿着手术刀开刀。当我在念有720的单元，结合其他元的一组方时，就可以用这组象数的场效应来消除瘤子，但是720的方义并不限于此。用八卦象数疗法调理身体时，是把人看成一个整体，进行辨证施治，象数配方是调理身体整体阴阳平衡的，这与我们去看西医时拿到的药方概念不同。比如，去西医那看病，有内科、外科、眼科等等，如果你有腰椎间盘突出的问题，就去外科看，由外科检查诊治；如果你有头晕心慌高血压，那就得去内科看，由内科检查诊治……最后，你拿到的药方是每个科所开的不同的药方。当我念一组调整全身阴阳失衡的象数方后，由于场效应的作用，身体的阴阳失衡状况得到改变后，渐渐地，症状就消失了，当初我身体皮下的这些小瘤子，后来也全部不见了。

象数疗法"源于《易经》，基于中医，效于气场"，这个效于气场与气功所说的场概念是相似的，用气功治病，施术者是要加意念的，还需要坚持练功，念象数不用加意念，因为象数配方里每一个数字都是具有能量的，这与阿拉伯数字的123456780有本质上的区别。比较一下，用八卦象数疗疾更为方便。

李山玉老师是具有大智慧的人，她所发明的八卦象数疗法，让我们在使用上也很方便，大道至简！

2015年新年开始，我做了一个决定，把剩下在服的两种药也停了，开始专注地念方。停药以后，发现不吃药的感觉真好！（在整个调理过程中，我处理药物与念象数的关系仅供参考）

经过前几个月的念方，已经有了体会，有些症状一念方是可以很快消除的，也有些症状得持续念方，慢慢消除。这一年里，请李老师调方的次数非常多，但明显地感到，原来那种身体大起大落的反应少了，心慌头晕无力的症状减轻了，血压开始稳定了。

2015年5月12日晚上，我正在念李老师的赐方650·4330·872000·10时，只觉后背似被一股很强的力量击了一下，然后全身开始出现强震动，是那种身体深处在震动复位的感觉，持续时间有几十秒，但头脑很清楚，我想这一定是象数配方的能量所致。

坚持念方到2016年夏天，我觉得人缓过来了。有几位莲友看到我念方两年的变化后，对我说："两年前我们看你生病的样子，以为你不行了，想不到你活过来了，八卦象数疗法这么厉害啊！"随后，她们也加入了学习象数疗法的队伍。

待原来的那些症状都消失后，我还是每天在念方。到现在为止，我有五年不吃药了，是八卦象数疗法让我重获新生！得遇八卦象数疗法是我的福报，遇到德高艺高的李春斌老师是我的幸运和福报。李老师的精准配方是我恢复健康的重要因素。

有多少心血管病人，一旦被戴上"高血压""心脏病""脑梗"的帽子，伴随病人的就是终身服药、放支架或其他治疗，而我经过念象数配方恢复了健康，亲身验证了八卦象数疗法确确实实的疗效，这个过程也改变了我的思维方式。但这个思维方式的改变，并不是在一日之内完成的，我最后停掉的两种药，一个是降血压的，一个是减慢心率的。在念配方后，我体会到念象数配方可以消除心慌、血压高的症状，这些症状的出现，根本原因是身体的阴阳失衡了，当身体阴阳达到相对平衡后，这样的症状自然会不复存在。

当今中国，已经步入老龄化社会，如何让我们在进入老年后，依然还能有比较好的生存质量，学习和运用八卦象数疗法是一条切实可行的路，这也是很有价值的健康投资。

三界之中，无人可免病苦，八卦象数疗法是可以破解病苦的大法。

万物皆有灵，我们每个人都是有灵性的，我们与天地万物是同体的。学习八卦象数疗法，恢复我们的灵性，让心回归平静，使我们在获得身心健康的同时，学会与万物和谐共存。

向天要智慧！向天要能量！向天要健康！感恩李山玉老师无私奉献出八卦象数疗法！感恩李春斌老师的辛勤付出和教导！感谢所有帮助过我的老师！

浙江宁波学员：李燕宁

2020 年 6 月

象数疗法调理骨折及肩关节脱位

（1）**时空状态**：2020 年 2 月 16 日晚，李 × 求助，女，66 岁，2 月 13 日晚，在照顾主人家的老奶奶时，自己不慎扑倒在地，当时右肩部疼痛剧烈，去医院看急诊，拍片示为右肱骨头大结节骨折、右肩关节脱位、两肺少许炎症。骨科医生对她说："骨头断了，要开刀做固定，不做手术会落下残疾。"李 × 告诉医生，自己是做保姆的，拿不出开刀的钱。于是，医生在急诊室为她做了肩关节手法复位。医生原来还要为她开止痛药和活血药，但当时李 × 以为脱位的肩关节复位后不痛了就不要开药了，便没让医生开药。随后，医生未给她右肱骨骨折部位做任何的外固定，就让她回家了。回家后，其受伤的部位开始疼痛、肿胀，到 16 日晚上，患处已经肿得发硬了，她才想到来求方。她说因为骨头断了自己受到了惊吓，不知断了的骨头什么时候能长好，对是否还能恢复原来的劳动能力忧心忡忡。

（2）**象数配方**：

① 777111000 · 666550 · 44330 · 3882000；

② 77200 · 1116660 · 04450 · 0388200；

③ 7771110 · 66650 · 4440 · 03882000。

（3）**调理效果**：2 月 21 日反馈，右肩臂患处已经变软，肿胀已全部消除，也不痛了，但右肩臂和右胸部因扑倒还造成了软组织损伤，皮肤可见大片的深色瘀斑，大便稍有困难，调成方②。当晚反馈，念此方后大便易解了。2月29日反馈，右肩臂及右胸部深色瘀斑已退，皮肤还有点灰黄色。那几天气温骤降，患处有一点点隐痛，调成方③。3月16日反馈，患处不痛了，身上的瘀斑已全部退去，转为正常肤色，二便和饮食睡眠均正常，每天念方三小时。当日去医院拍片复查，显示骨折断端对位尚可。现在患肢的前臂已可以进行功能训练了，无不适。3月24日反馈，现右肩也可抬起了，不痛也无其他不适，现开始每天念方6小时。

4月13日，她又去医院拍片复查，骨科医生对她说："骨折对位好的，右肩可以活动了。"那位医生看到李×右臂上贴的象数配方，问："这是什么？"李×答曰："这是一个大姐给我的秘方，我骨折后手膀子有不舒服了，一念就好，受伤后我没吃过一粒药。"

4月28日早上7点多，我在小区看到她，当时她正一手拎着一个袋子在忙。她说："这几天我可以用右手做家务了，当初医生说我要是不开刀会残废，我好害怕，现在好了，我很高兴，谢谢你救了我。"我说："你福报好，是八卦象数疗法救了你，要谢就谢发明了念数治病的李山玉老师吧。"

5月12日，李×反馈：现在很好，所有的家务事都可以做了，右侧患肢经过象数调理，恢复了正常功能，已无任何不适。

（4）配方释义：

① 777111000·666550·44330·3882000，777111000，7为艮、为山、为止，右肩关节为艮象，用三个7加强止痛，1为乾、为天、为正、为骨、为圆满，乾三连，骨头断了用乾1连上，天衣无缝，骨伤正位复合，三个1又可视为固定骨折的夹板；发生肿胀，说明道路不通，是艮象，用乾金泄艮土，消除障碍，后置三个0，加强泄艮阻之力；666550，6为坎卦为水，为肾，肾主骨生髓，5为巽卦，为风，为阳木，为胆，666550振肾阳补先天，加强肾阳气化作用。刮风时，可以看到河道里的水流速加快，借风势助水行，加速消散水肿，巽卦在后天八卦图的东南方，温暖，助生长，促骨伤愈合；44330，4为震，为肝，为木，主疏泄，4在后天八卦图的东方，代表春天，是万物生长的季节，助生发，3为离卦，属火，

为心，心主血脉，此元疏肝强心活血，助血行；震4为将军之官，离3为君主之官，求方人因受伤受了惊吓，心神欠安定，派大将军来护佑君主，使其心神安定；离3为火，位后天八卦图南方，火是温暖明亮的，使其心里亮堂起来，要看到光明，虽说当下是遭了"灾"，但象数是可以救度有缘人的；3882000，3为离卦，属火，有温煦作用，8为坤卦，为土，脾主运化水谷精微，运化水湿，双8强化脾的功能，2为兑卦，属金，为肺，主气司呼吸，肺主一身之气，主肃降，通调水道，加强肺的宣发和肃降功能，推动水液的输布和排泄，维持水液代谢平衡，2后三个0，加强补肺气功能，气行血行；兑金2位后天八卦图西方，为秋，为金，具凉燥之性，助收敛水湿；3882000，以火生土、土生金之相生之力健脾益气，补后天。全方合力，加上患者诚信念方，使象数配方充分发挥了作用，获得了理想的效果。之后，患者说，她没有文化，写不好文章，便录了一段小视频感谢李山玉老师。

方①、方②释义略去。

象数疗法调理两小腿丹毒

（1）**时空状态**：俞×，女，67岁，自2019年12月开始，两小腿丹毒发作，服消炎药未见效。当时她服西药无效后，先向我求过一次方，我即给了她象数配方，并告诉她好好念方，也告知了贴方加助念器助念。结果得方后，她说没认真念。到今年4月，几个月下来，这丹毒就一直在两腿轮流发作，她也一直在吃药，但就是没效果。现患处稍红肿，行动时痛，年前是左腿痛得厉害，现在是右腿痛得更厉害，并拍照发给我看。因为时空已变换，于是在2020年4月2日晚上为其重新配方。

（2）**象数配方**：00500·00380·772200·11664400。

（3）**调理效果**：这次得方后，她很认真地念了。4月9日一早反馈："这几天念了你给我的方，同时日夜配合助念器助念，药也停了，两小腿症状已消失了。"经过象数调理，病痛解除。

（4）配方释义：00500，丹毒又称流火，首元用5，5为巽卦，为阳木，为风，风性善变，流火有走串之象，为巽象，前后00，滋阴降火，流火的火为3，为离卦，火性炎上，火会蔓延，"诸痛痒疮，皆属于心"，患肢红肿为热象，3前用00降火，8为坤卦，为湿土，坤德柔顺，具有吸收转化一切能量的特性，大地可解毒，00380又可以火生土之力补后天脾，肌肤之病与脾有关；772200，7为艮卦，为止，用于止痛，2为兑卦，为肺，肺主气、主宣发外合皮毛，流火几个月不好，说明气血不通，因为是炎症，用偶数叠加和偶数个0，山泽通气，补气，止痛，气行血行；11664400，1为乾卦，位后天八卦西北方，调西北方寒凉的场能量降火，1又为右下肢，6为坎卦，为肾，为通，6位后天八卦北方，同样可调其寒冷的场能量助降火，6可解毒，4为震木，主疏泄，此元同样是偶数叠加和用偶数个0，滋阴降火，用水冲洗，排除毒素，疏通脉道，又可补先天肾。全方合力，加上患者认真默念，病痛消除。

象数疗法调理脑梗

（1）时空状态：2018年5月12日，张×求方，女，55岁，因在7个月内发生两次晕厥，于3月17日住院检查，诊为脑梗、高血压、颈动脉及大脑中动脉狭窄。主要症状有全身水肿，血压高，头晕，走路像踩棉花，右眼看不见，因身体原因不能工作。

（2）象数配方：

① 72000·16000·44500·380；

② 72200·11660·44500·038200；

③ 7220·6650·640·3820。

（3）调理效果：

5月23日反馈：原来老感觉头部血流过时有卡顿感，念方后觉得头上有一股气流，卡顿感消失，水肿已消退，现血压正常，人觉得轻松有力气。

6 月 25 日反馈：原头晕等身体各种不舒服的感觉基本都消失了，右眼可视物了，右手还有点发麻的感觉，现降压药已减半在服。6 月 5 日找到了一份工作，现每天白天上班，不觉得累。调成方②。

11 月 21 日反馈：现在只有早上醒来右手手指发麻，无其他不适。调成方③。

11 月 25 日反馈：现在每天早上一醒就念方，念方时觉得右手手指发热，现右手手指发麻感已消失。

2019 年 10 月 11 日，见到其本人，见其精神很好，说话中气很足，她说现身体感觉很好。

2020 年 4 月 1 日随访，告知一切正常。经过象数调理，原来不适症状均已消失，可以正常生活和工作。

（4）配方释义：

① 72000·16000·44500·380，脑梗为梗阻，72000，7 为艮卦，为阻，2 为兑金，为肺，主气司呼吸，山泽通气，以土生金泄梗阻，同时补中气；16000，1 为乾卦，为头，6 为坎卦，为通，为肾，为血液，以金生水之力泄头部瘀滞，16000 又补先天肾气；4 为震，为阴木，疏导调畅气机，5 为阳木，为风，44500 合力，雷风相薄，泄瘀滞，消水肿；380，3 为离卦，为心，主血脉，为火，有温煦作用，8 为坤卦，为脾，主统血，运化水谷精微，运化水湿，380 火生土，补后天之本。全方合力，加患者认真念，获得满意的效果。

方②、方③释义略去。

象数疗法调理胃痛

（1）时空状态：2020 年 1 月 21 日上午，我路过一个卖食品的店，发现卖货的女店员捂着胃部坐在那里，我问她怎么了？她说早上吃了干饭胃很痛。我对她说："有个念数字的办法可以治你的病，你愿意用吗？"她马上表示愿意。

（2）象数配方：3720·4440。

（3）**调理效果**：她将象数配方很认真地记在本子上，然后开始念。没一会儿她告诉我好了。我问她念了几遍，她说："念了7遍就不痛了，怎么这么灵？一念数字，就感觉胃通气了。"

（4）**配方释义**：那天天气很冷，当时她坐在一个凳子上，用手捂着胃部，那个店开着窗，她是受寒引起气滞。3720，3为离卦，为火，7为艮卦，为胃，2为兑卦，为气，用离火暖胃，驱寒止痛，助胃气正常下降；4440，4为震卦，为动，让应该动的地方动起来，三个4加强一下。此例为极敏感体，所以只念了7遍配方即见效。李山玉老师发明的八卦象数疗法确实让大家感到神奇！

象数疗法调理带状疱疹

（1）**时空状态**：2019年10月16日下午，刘×求助，女，71岁，左背至左乳房下患带状疱疹三天，痛得受不了了。

（2）**象数配方**：007700·00226600·0044500·008200。

（3）**调理效果**：10月21日反馈，念方后已经不太痛了，有点痒，红斑点还在，问是否还要念？（让继续念）11月2日反馈，已经好了，一点不痛了。

（4）**配方释义**：带状疱疹为肝经郁热，湿热内蕴，壅滞肌肤。007700，7为艮卦，为背，为止，带状疱疹凸起，为艮象，患处在背，艮为背，首元先止痛；00226600，2为兑卦，为金，为肺，肺主一身之气，主肃降，主宣发外合皮毛，兑金可清降热毒，消炎，6为坎卦，为水，为肾，为通，为毒，为陷，以清凉的消炎水冲洗，解毒，排毒，并可补先天之本；0044500，4为震卦，为肝，为木，主疏泄，可调畅气机，5为巽卦，为胆，为风，为散，发病部位在左背和左乳房下，左为震卦，为东，此元清肝利胆，滋阴降火，疏散郁热，去湿，其病位在左背乳房下，肝经有火，也是循经取数；008200，8为坤卦，为脾，为大地，为肌肤，大地可解毒，2为兑卦，为气，以土生金之力补后天脾。此例为热症，故每一元都是前后偶数个0。全方合力，经患者认真持念，疼痛消失，病痛去除，获得理想效果。

带状疱疹在我们这里是常见病，与地域有关，宁波靠海边，湿度大，天气热。有的人得了以后多年不好，反反复复。如果有缘用八卦象数疗法来疗疾，确为幸事。

象数疗法调理脱肛、牙痛等症

（1）**时空状态**：2018 年 11 月 2 日，邓 × 求助，女，68 岁，现患有脱肛，每天头昏头痛，左边牙痛，心情不好，老是烦恼纠结，医院诊断为忧郁症，感觉很难受，不想吃药，想用象数疗法调理。

（2）**象数配方**：

止牙痛方：7200·1600·00500·400；

综合方：72000·65000·44300·3810。

（3）**调理效果**：12 月 6 日反馈，脱肛大有好转，头昏头痛症状早就消失，牙痛也好了，是不知不觉中就好了，心情也好了许多。（嘱其继续念方巩固）

2019 年 11 月，我去外地参加战友聚会时，见到其本人，问其身体情况，她说现在很好，脱肛的问题早就好了。

（4）**配方释义**：7200·1600·00500·400，7 为艮，为胃，为牙，为止，艮卦位后天八卦左下，左牙痛方位，2 为兑，为肺，为气，可消炎，7200 止痛，消炎，降胃气，牙痛为热症，用偶数个 0；1 为乾卦，为骨，齿为骨之余，6 为坎卦，为肾，为水，肾主骨，1600，用偶数个 0 滋阴降火，补肾；00500，为巽卦，为胆，为后天八卦图左上，胆火旺会致牙痛，清降胆火，前后 00，加大清胆火力度；400，4 为震卦，为肝，主疏泄，后用偶数个 0。全方止痛，消炎，清降肝胆火。

72000·65000·44300·3810，脱肛为人体气血不足、中气下陷或湿热下注、久泄下痢等引起，此例是因为年老气血亏虚，升降机制失司所致，包括她所诉的头昏这些症状，皆是同理。72000，7 为艮，为山，为高，为手，2 为兑卦，为气，止住气陷，补中气，将气往高处提；65000，6 为坎卦，为肾，为通，5 为巽卦，为阳木，位后天八卦东南方，65000 温补肾阳，气下陷了，现在把气从后天八卦最低的坎位往上提升到东南方，巽卦温暖，助生发；44300，4 为震卦，为肝木，主气机，主疏泄，肝藏血，3 为离卦，为心，主血脉，此元疏肝活血强心，3 为君主之官，主神明，机体衰老了，生病是自然规律，出现问题了想办法解决，要看到光明，我们可以像李山玉老师说的那样"向天要能量"；3810，离 3 为火，有温煦作用，8 为坤卦，为脾，主运化，脾为气血生化之源，脾统血，1 为乾卦，为天，为高，为正，1 为督脉，通督脉，补阳气，以火生土、土生金之力补后天，健脾益气。全身气机升降有序，脱垂的器官恢复到原来的位置。此元中的 810，是地天泰卦，天地能量护佑。

她本人是函授学员，自 2015 年开始就一直用象数疗法调理身体，不管身体有何问题，她都会在第一时间想到求方调理，每次给她的方，她都会认真去念，加上她是敏感体，所以她的调理效果就比较好。只要坚持诚心默念，问题总能解决。

象数疗法调理消除下肢水肿

（1）**时空状态**：2020 年 4 月 10 日，徐 × 求方，女，60 岁，近四五年来，两小腿经常肿胀，看上去皮肤发亮，小腿摸上去发硬。

（2）**象数配方**：72000·1116660·044500·03880。

（3）**调理效果**：4 月 15 日反馈，念方时感觉不断有气往下走，两脚底的涌泉穴好像开门了一样，原来脚不出汗的，念方后有脚汗了，原来摸上去发肿发硬的小腿现在变软了，念方后感觉全身气通了，每天念方时间在一个多小时，身体舒服了。她很高兴，说还要继续好好念方，谢谢李山玉老师发明了这样好的方法！她以前对象数疗法不是太相信，这次看到自己多年的腿部水肿经过念方消失了，眼见为实了，不得不服。6 月 3 日随访，她说现在每天都在念方。

（4）**配方释义**：72000，下肢肿胀，为不通之象，7 为艮，为阳，为腿，发生肿胀的部位在腿，2为兑，为肺，肺主一身之气，肺主肃降，通调水道，72000，山泽通气，消除艮阻，补中气，气行血行；1116660，1为乾卦，纯阳之卦，为头，为上，为正常，6为坎卦，为肾，主水，为通，为下，1116660，从上到下通利，使水液代谢恢复正常，补先天，三个1，三个6，增加场能；044500，4为震卦，为肝，为木，主疏泄，调畅气机，5为巽卦，为阳木，为风，为散水湿，044500，雷风相薄，加大力度，疏通体内瘀滞，达到动态平衡；03880，3为离卦，为心，为火，心主血脉，8为坤卦，为脾，脾主运化，运化水谷精微，运化水湿，火生土，健脾益气。

象数疗法调理肩颈不适

（1）**时空状态**：2019年11月23日，我儿子从杭州来看我，下午1：54，他说："前两天右肩关节好像掉下来了一样，一动就很痛，脖子也很不舒服。"因为他当晚要回杭州，我得想办法快点帮他解决。

（2）**象数配方**：0001000・72000・6644550・338820。

（3）**调理效果**：我先在他左手背六爻颈部位置找到一个痛点，点穴2分钟，后将配方贴到局部。下午5点，儿子说："老妈，你这个数字还真有用，现在我脖子和右肩膀都不难受了。"

（4）**配方释义**：不舒服的原因为感受风寒，经络不通，寒邪滞留。0001000，1为乾卦，为天，为正，为阳，为高，乾为督脉，为脖子，1前后三个0温阳通督脉，升阳复正；72000，艮为山，为高，右肩艮象，2为兑卦，为肺，主一身之气，72000补中气；6644550，6为坎卦，为肾，为通，4为震卦，为木，为肝，位后天八卦东方，助生发，肝主筋，颈肩出问题与肝有关，5为巽卦，为阳木，为胆，位后天八卦东南方，温暖，巽卦为风，温通经络，风气轻快，有出入之象，风可散，借雷风之能量，快速震动疏泄，通利血脉，祛风散寒，疏通经络；338820，3为离卦为火，位后天八卦南方，热，离为心，心主血脉，8为坤卦，为脾，脾统血，脾主肌肉，为右肩，坤卦为后天图西南方，温热，2为兑卦，为气，气行血行。全方合力，暖肌祛风，快速散寒，震动疏通，加上象数点穴仅3个小时就消除了症状，恢复正常。

发生急症时，点穴加念加贴象数配方，见效很快，此例为点穴加贴方，可见象数配方的能量有多不可思议。

象数疗法护佑了我的五台山之行

2019年8月18日，我随一个团队从宁波坐大巴车去山西五台山，行程1600公里，需坐车20多个小时。出发时，我把护腰的方77720·1110·65000·4430·3820贴在靠垫上，在车上默念此方。到达五台山后，感觉腰部情况正常（回程也用的此方护腰）。

我们一行是19日下午1点多到五台山的，吃罢中饭没有休息就直接去了佛母洞。我原以为佛母洞是在山下，谁知是在海拔1941米的山上，坐缆车上去后，要先从台阶下山到山腰，再从山腰往上爬几十个很陡的台阶。待我上到佛母洞时，眼冒金星，大汗淋漓，心慌头晕，胸口憋闷，全身无力。两位领队看到我当时的样子，非常担心，我对她们说："没关系，我念象数配方会好的。"于是马上默念77220·66550·44330·82000。下山到住处后又用了一个助念器助念，到晚上9点，感觉缓过来了，我想就不打扰老师去求方了，先继续用这组方。

20日早上，虽然心慌头晕的症状还有，但胸口憋闷症状已消，感觉比19日下午好了许多。

20日那天下大雨了，上午安排的行程是去台怀镇的寺院。领队问我去不去？我想体力已经恢复了不少，就跟着去吧。我们是8点出发的，走了一段路，感觉头重脚轻的，腰无力，走起路来两腿哆嗦打战，因19日爬台阶时，左大腿外侧有拉伤，腿还痛。但上午的行程没有回头路，我必须跟着团队走。根据这样的情况，便将方子调为777222000·111000·666555000·444333000·8882000，念了约

1 小时，发觉所有的不适全没了，心不慌了，头不晕了，腰有力了，腿也不痛了，一念方，就好像有能量从四面八方进入体内，人特别有劲！当天上午一直走到下午 1 点半才回宾馆。下午雨停了，出太阳了，将方子调为 7772000·1110·6665000·43000·82000，此方用到 21 日早上，感觉身体已经恢复。早起时仅有左侧太阳穴有点发涨，又调方为 72000·650·430·3820。21 日当天无任何不适，外出活动了一天，精力充沛。

与我同行的人看到我念念数字，身上贴了象数方就能治病感到很奇怪。让他们看到的是在有病痛时，用象数配方确实可以转变为无病痛这样一个事实。

我从 2016 年初开始就不吃药了，外出也不带药，象数配方就是无形大药。

五台山之行，验证了我默念象数配方七年的成效！我在 2012 年 4 月就发生了腰椎滑脱和腰椎间盘突出，2014 年又曾因严重的心脑血管供血不足，是个在家里都要拄拐杖的人，通过研究所专家老师为我配方调理，原来的症状消失，还能去参加这样一个连续六天的活动，真是想都不敢想的事。

这次外出，当身体发生问题时，我是把它当成做作业，第一时间先自己组方，通过身体的变化和天地时空的变化适时调方。虽然碰到了情况，但由于及时使用了象数配方，身体的问题都顺利解决了。感恩李山玉老师发明的八卦象数疗法！感恩研究所的专家老师！

肖钟前象数疗法调理个案

象数疗法调理小孩脑膜炎

我在 18 日早上接到一例患者求助，1 岁多的小孩被医院诊断为脑膜炎。我初步判断应滋阴潜阳，先降低患者的脑内颅压以防脑积水和其他并发症，所以配方 7260·010。

配方释义：7260，7 为高也为头，2 为肃降，6 为通也为水，全方山泽通气降压制火，010 为头也为健，意为清头部炎症利脑通诸经！19 日反馈效果良好，小孩好多了。

象数疗法调理小孩发烧

尹×× 反馈："2017 年 6 月 15 日，下午从幼儿园接孙子回家发现其有点发烧，但他玩耍正常也就未管他，到了 10 点睡觉的时候摸他更烫了，一量体温 38.4℃，我赶紧抱着他念上次给他降体温的数 00700·00200·00600·400，并贴上象数配方。可是念到 11 点多温度没怎么降，念着念着我也睡了，到了 1 点多我被孙子哭醒了，只见他满脸通红，全身滚烫、颤抖，未量体温但起码 39℃以上，在这危急时刻，肖老师给配方 007200·001600·008100。结果抱着念不到 20 分钟，孙子衣服全湿了也不热了，换了衣服一量体温 36.6℃，第二天照常上幼儿园，为了巩固，我还用念数机在家播放。感恩天地！感恩李山玉老师发明了救苦救难的大法宝八卦象数疗法。"

配方释义：007200，7 为高，2 为肃降，通过补泄法泄掉高烧以防烧坏脑神经，前后各两个 0，前可滋阴，后可温阳，高烧首先要降下来，所以首元配以 007200 起的力量最大；第二元 001600 这是通过补肾水以制上升之火，同时 1 也为头，为全身，6可泄掉头部和全身热邪，前后各两个0前可清头，后可凉降，同时也有给大肠加水让热邪从大肠排出之意，在本例中患者是通过发汗排的热毒，其实肺与大肠相表里，肺主宣发和皮毛，从毛细孔走也是可以的；第三元008100，这可以从八卦图方位上解方，坤8位于右上，乾1位于右下，从右上直接降到右下，高烧自然就降了。

象数疗法调理日光灼伤

娟××女儿脸上晒了以后长了疙瘩，脸红还痒，有三个脓包。我给配方03820·7222000·160。前一天晚上用了这个配方，早上起来后三个脓包小了一点，脸上疙瘩全部没有了，也不红不痒了。

配方释义：03820，3为脸，8为肿胀，2为肃降，为让脸上的肿胀消散；7222000，7为脓包疙瘩，通过2这个手术刀削凸，泄掉脓包；160，1为大肠，6为肾，主全身水液代谢，主两便，让毒邪垃圾从大小便排出去。

象数疗法调理骨折疼痛

王××反馈："今年2月1日上午因为撞伤，胸肋非常疼，去医院诊断是第9、第10、第11三根肋骨断了，晚上不敢躺着只能坐在椅子上，痛苦不堪，折磨得睡不着。想起了八卦象数疗法，肖老师给配方000777000·000555000·4000，我念了这组数还不太好，反馈后又重新配方000777·000111000·260·000555000·4380，贴在胸肋部7条，坚持默念四个小时后不知不觉地睡着了，醒来后肋部不那么痛了可以躺着睡觉，干家务擦地板也非常灵活了。八卦象数疗法真是神奇！感谢肖老师的爱心帮助，解除了我的痛苦。"

配方释义：000777，7为艮卦有止痛之效，三个7加强了止痛的力度，前面三个0为收敛疼痛之意，同时7也有让骨头坚固之意；000111000，1为乾卦，在此为连接断裂的三根断骨，前后各三个 0，前可滋阴，后可补阳；260，6 主肾主骨生髓，2 为兑卦既可振奋气机也为手术刀，260 的方义为补骨修骨并让气归根；000555000，5 主呼吸也为木，5 的五行有疗伤之力，在此为疗伤的同时让呼吸顺畅气机出入正常，此外 5 为胆经，经络循行经过胸部，可化去胸部郁滞；4380，4 为春木为生，3 为夏为长，8 为脾主全身肌肉和腹部的气机运化，4380 让断裂的三根肋骨快速长好，体内气血生化正常。

此例瞬间解除骨折疼痛，行如常人，神速。这就是八卦象数疗法的神力！尤其此例为敏感体。

象数疗法调理鼻塞

山西胡 ×× 鼻塞难受，导致无法睡觉，一般要用药水才能缓解，当时我给的配方是 500·370·070，念这组方后有缓解，但未完全解决，后调方为 500·370·0710，经过几天集中持念后，已经不需要用药，鼻子通气可以睡觉了。

配方释义：5 为巽卦为鼻孔，出入之气，500 疏风通堵；370 补中益气，温通胃经（胃经夹鼻上行）；0710，7 为堵，1 为健为圆满，为通，子泄母瘀。

象数疗法调理牙和头疼

广州红 × 左边牙齿疼导致头疼，给其配方 07720·010·040，第二天早上反馈，牙齿和头都不疼了。

配方释义：07720，7 为艮卦为止，2 为兑卦为牙，1 为乾卦为头，4 为震卦主疏泄，调畅气机，07720 可止头疼和牙疼；010 去头痛；040 疏通头部瘀滞气机，故见效。

象数疗法调理被跳蚤叮咬痒症

新疆徐 × 在办公室被跳蚤叮咬，回家后浑身痒，睡不着觉。给其配方 0038200·007100·06660·5500。第二天反馈："念了配方后，昨晚就没有觉得痒了，睡得很香。"

配方释义：0038200，3 为痒痛，82 是为泄去痛痒所设，前后双 0 滋阴去火；007100，7 为止，1 为健，止痒，恢复健康；06660 用坎水冲刷身体，去火消炎；5500 为助毒邪排出体外。

象数疗法调理狗咬伤发烧

湖北周 ×× 胳膊被狗咬伤，小鱼际及整个胳膊疼痛发热，给其配方 7000·0880·0002000·1650·430。第二天反馈："用听读机读了一夜，整个胳膊和小鱼际舒服多了，疼痛症状消失，几乎恢复正常，感恩李山玉老师发明的八卦象数疗法！感恩肖老师的灵活配方！"

配方释义：7000 止毒邪扩散；0880 断开毒邪，化毒清热；0002000 加强皮肤御外功能，清火止痒；1650 清泄大肠毒邪于外；430 一为护住心脉，二为震动血管解毒。

注：肖钟前本为聋哑学生，他学习八卦象数疗法应付出常人成倍的努力！通过他的实践报告表明，不仅学得灵活，且达到不可思议的程度，其方义解析得惟妙惟肖，真可谓明君！谨此由衷地向他表示深深的敬意！

象数疗法调理肛门胀痛

（1）**时空状态**：2019 年 4 月 15 日求方："肖老师您好，我朋友肛门胀痛，以前动过痔疮手术和肛裂手术的。"

（2）**象数配方**：820·4440·2220·16660

（3）**调理效果**：4月16日反馈："我朋友昨天晚上肛门不疼了。朋友这一年多，都是肛门胀痛的，老师您的数字一出，当天晚上肛门就不痛了，太感恩您了。"

（4）**配方释义**：820升清降浊，4440疏肝，2220振奋全身气机加收敛，16660给大肠消炎去火！

象数疗法调理尿路感染

（1）**时空状态**：2019年3月31日辽宁聂××求方："本人60岁，女，尿路感染，尿液偏红色，麻烦老师帮忙配一象数配方。"

（2）**象数配方**：60·4380。

（3）**调理效果**：4月2日反馈："谢谢老师的象数配方，念了三天多，今天尿液颜色正常！"

（4）**配方释义**：红色尿属火，有炎症，根据五行生克的理论，水克火，所以配60，60为水有消炎的功能。制火消炎放首位；4380疏肝健脾，加强中焦运化功能。

象数疗法调理浮肿

（1）**时空状态**：2019年4月5日陈××求方："老师们好，我母亲80岁了，经常从肚脐以下至双足浮肿，今天双下肢甚肿，凹，能否赐一方？"

（2）**象数配方**：2000·26000。

（3）**调理效果**：4月13日反馈："肖老师，我母亲默念后，她的腿肿消退了很多。谢谢神奇的象数疗法！"

（4）**配方释义**：2000通调水道，26000补肾气，三个0加强肾阳气化功能。

象数疗法调理乳腺癌术后后遗症

（1）**时空状态**：2019年3月13日蔡××求方："老师晚上好！我有一好姐妹，五年前得了乳腺癌，手术后已好，但由于做化疗，对身体伤害很大，身体虚弱，易感冒。一到冬天鼻子反应特别大，鼻孔干，冷风贯，一直凉透到大脑，好难受。求群里老师帮忙赐个方。"

（2）**象数配方**：720·010·64000·5380。

（3）**调理效果**：3月15日反馈："肖老师，朋友说此方感觉念了舒服些了。要我代他谢谢老师，他会继续坚持，有情况及时反馈。谢谢！"

（4）**配方释义**：720山泽通气，主治鼻子问题，010有恢复鼻之功效，64000促体内内分泌正常，5380温阳之气散布全身。

象数疗法调理头发移植后遗症

（1）**时空状态**：2019年3月20日宋××求方："肖老师，我女儿头发移植已经8天了，还是痛，麻烦肖老师出方子，谢谢肖老师！"

（2）**象数配方**：020·030。

（3）**调理效果**：3月23日反馈："肖老师，女儿默念了你的配方好多了，基本不痛了，感恩感谢老师大爱帮助！"

（4）**配方释义**：2为收敛也为毛细孔，收敛的是疼痛感，030前加0偏去火。

象数疗法调理百会穴长包

（1）**时空状态**：2019年2月18日宋××求方："肖老师，请出个方子，我右侧头靠近百会穴长了一个包，连带脖子和肩都痛，就感觉风池穴堵住了，好几天了，肩膀也放血了，刮痧艾灸当时舒服，过一会儿又难受，请求老师出方子，谢谢老师！"

（2）**象数配方**：720·00081000。

（3）**调理效果**：当天反馈："老师我默念了10分钟感觉轻多了，感恩老师大爱，继续默念。"

（4）**配方释义**：720消包止痛，00081000泰卦，恢复正常功能。

调理小孩手指烫伤

（1）**时空状态**：2019年8月10日群友求方："肖钟前老师好！小孩4岁无名指被蚊香烫伤了，疼得直哭，当时孩子说什么也不让碰她手指头。我只好求助老师配方。"

（2）**象数配方**：0005·0003·0008·020。

（3）**调理效果**：一直念着，孩子慢慢不哭了，停了就会喊疼，持续折腾了将近一个小时，她自己也跟着念，后来就不疼了。

（4）**配方释义**：0005巽5为风，为皮肤之患，前置0为散热邪；0003离3为火，为烫伤，前面置0为降火消炎；0008坤8为脾，主肌肉四肢，肉生则皮长；020为肺，外合皮毛，为气，可推动气血运行，可愈合伤口。

象数疗法预防流行病毒感冒

（1）**时空状态**：2019年5月11日群友报告："之前我们本地正在流行甲型和乙型的流感病毒，我在群里恳请老师赐预防流感的象数配方。肖老师赐了方。"

（2）**象数配方**：82220·60·540。

（3）**调理效果**：群友反馈："我把配方写在小孩的衣领上，防止在学校传染，至今将近一个月，我家孩子平安无事，感谢肖老师！"

（4）**配方释义**：82220 坤 8 为脾，生化之源，主运化万物，2 为兑卦，为呼吸系统，重叠三个 2 意为强化自身功能，增强抵抗流感的能力；60 坎 6 为水，为先天之本，为清洗一切毒素；540 巽 5 震 4 合力吹散、疏泄病毒；5 为中正之官，4 为将军之官，有司法系统的保护，确保国泰民安！

厦门学生：肖钟前

2019 年 7 月

象数疗法让我自强不息

尊敬的李山玉老师您好！

我是一个先天失聪的残疾人，1996 年我在参加厦门市足底按摩培训班时，偶然发现了《八卦象数疗法》这一伟大而神奇的书，当我如获至宝地学习和推广此书时，受到了很多人（聋哑人）的排斥和反对，说是迷信，因此，我也放弃了对象数疗法的学习。这一放弃就错别了八卦象数疗法十余年。

2006 年一次偶然的机会，碰见了我的校友，他因患肝硬化住院三次，疼痛、腹水，昼夜不能入眠，我见此景也很痛心，就回家拿《八卦象数疗法》一书查阅李山玉老师的成功病例，找到相关配方 640·70，立即拿到医院里给他用。他也因为不愿意遭罪，如获至宝，认真默念后，止痛了，睡眠也好了，出院回家默念了此方三个月后，再去医院检查，肝功正常了！当时这人高兴得无法形容。我也因此与八卦象数疗法结下了不解之缘，从此走上了象数疗法这个济世救人的阳光大道！我在日常按摩的工作中，经常用象数疗法和按摩治愈他们的病痛，从而更加增强了我学习和推广八卦象数疗法的信心。为了加强我学习象数疗法的信念，我找到李春斌老师，并且得到李春斌老师的指示：他要我重点学习象数疗法的功能。我就牢记在心，没事就背诵象数疗法书中的要旨。然后又了解到李山玉老师在青岛办的函授班，于 2008 年 9 月荣幸地成为青岛自然疗法研究所的一名学员。

经过了八至九年的象数疗法的实践，我的配方水平在逐渐提高，以很多事实证明了失聪的残疾人也能学好、运用、推广八卦象数疗法！以下是我这六年来在广大患者身上应用象数疗法的个案，特向老师汇报一下。

案例一　李某某："肖老师好，我脘腹胀满，感觉有水湿，脾肾阳虚，请赐方。"我的配方：3870·060。方义：3870，3 为离卦，有升清降浊之功，8 为坤卦，7 为艮卦，主脾主胃，二者合一为温经通络健脾，降胃逆。6 为坎卦，主肾可助肾气疗阻滞。反馈："肖老师，我念了 10 分钟后感觉好点了，有温热感。"

案例二　吴某某："肖老师，我总是反酸水，不论吃饱还是饥饿都反酸水，请老师配方。"配方：380·820。方义：380 温脾除寒湿邪，820 健脾益气消除腹中浊物。病人反馈："肖老师你好，反胃和胃酸过多昨晚就缓解很多了，今天午餐后也没有出现反酸的症状了，谢谢老师的大爱和象数疗法的神奇！谢谢老师！"

案例三　黄某某："90 岁老人两个月前左小腿骨折，现感觉记忆力也减退，字好多都不认识了，眼睛看东西模糊，求老师赐方。"配方：650·4440·030·7770。方义：650，6 为坎卦，为肾，肾主骨，取 5 佐补肾气以扶正；4 为震卦，4440 震动恢复原位；3 为离卦，属火，030 通心络，眼睛；7 为艮卦，属山，为凸，7770 益气止晕壮骨通络。反馈："肖老师好，昨天您给的配方，老人念以后感觉不错，小腿不痛了，眼睛感觉有好转，谢谢肖老师，打算继续念方，谢谢！"

案例四　安某某："求方，感冒咳嗽，头有点痛，呼出的是热气。"我配方：0003·0002000。方义：3 为离卦，属火，主心脉、为通心气，前面置 0 可滋心阴，2 为兑卦，调畅气机，冬季畏寒。反馈："报告肖老师，昨晚您给的配方有用，念了半小时后，头不痛了，鼻塞也好了，念睡了，而且一夜一次也没咳嗽过，之前是咳得厉害，今天觉得什么都好了！见到了象数疗法的奇迹！"

案例五　王某某："肖老师您配的象数方 640·40 救了我。我很长时间睡不好，然后又用电脑时间过长，眼睛累得都不想睁开，电视都不敢看了，书也不行，结果发现不知什么时候抄的您总结的入睡难就用 640·40，我就写了三条，写的过程中眼睛就凉凉的，很舒服，晚上能看电视了，第二天能读书了，现在电脑也能用了，才4天呢，太感谢您了！"方义：640可养血安神，6为坎卦，为血，4为震卦藏血，为肝；40滋肝阴，主疏利，升降疏通。

案例六 张某某："肖老师好，我婆婆她今年80岁了，乳腺癌，现在右乳房上面外侧溃烂流出一些液体，疼，右手臂疼，右脚膝盖以下麻木酸软，麻烦给配个方。"配方：72000·64000·000·5000。方义：72000偏于益气，7为艮，主胃气；2为兑，主肺，主气；64000益肾养肝，6为坎卦，6为肾气，4为震卦，养肝；000可强化通，三个0为奇数，为阳，可助肾阳消浊阴；5为巽卦，胸部，通阳化气疏肝，为进退之象，为气管，加奇数个0为5000，可益阳补气，损之有余，补其不足而通利气管，又可温肾。反馈："肖老师好，下午给的配方我婆婆念了，效果非常明显，谢谢肖老师！"

案例七 曹某某："肖老师，你3天前给个孩嘴里长疱不肯吃奶配方80·20·60·400，现在好了，谢谢肖老师！"方义：8为坤卦，象数8主脾（8偏温），80补脾健运，以助后天之本；2为兑卦，兑为泽，为口，故20滋阴解郁通络；6为坎卦，60通利；4为震卦，主肝，主气机，利散结，后加偶数个0，以助气化浊护阴。另400通肾以扶正。

案例八 宋某某："肖老师您好，我是子宫内膜癌，做淋巴清扫留有淋巴液回流受阻后遗症，手术五年多了，今年63岁，淋巴液回流受阻基本好了，但还没痊愈，现在的情况是头发掉得很多，晚上口干，后背有点凉风就爱咳嗽。麻烦老师在方便的时候给我出个方，谢谢老师！我在老师面前感到有点惭愧，没有好好地学习。"配方：2000·6000·0004000·0050。方义：2为兑卦，主肺主气，2000调畅气机；6为坎卦，主肾，6000通肾气，又坎为通；4为震卦，肝藏血，5为巽卦，5为阳数，0050可潜阳护阴助肾阳温通下焦，兼以散寒解表。反馈："谢谢老师！念了30分钟了，有效果，淋巴液回流不胀了，感觉口里有津液似的，非常感谢老师。"

以上是学员我几年来在实践中的一部分治愈案例，以感激之情来回报给恩师们多年来为世人所付出的心血。我是残疾人，能自如地灵活地为我的家人和亲朋好友配方治病，已经成为我生活中不可缺少的一大快事！为此，我深深地感觉到，残疾人（失聪）是身残而志不残的！如果没有李山玉老师发明的八卦象数疗法这一伟大的疗法，那么，亚健康、慢性病、突发急性病的人要吃多少药，遭多少罪呢？然而，吃了药做了手术就能解决问题吗？我用事实证明了这一切！感恩八卦象数疗法的创始人李山玉老师！感恩李春斌老师！

厦门学员：肖钟前

吴广儒象数疗法调理个案

象数疗法调理右股骨颈骨折

（1）**时空状态**：2017年4月21日下午，厦门85岁的余××，不慎摔倒，右腿股骨颈骨折。他马上求助象数并一直默念，就在准备手术这天早上发现疼痛减轻，能自己翻身，患腿能移动，还可以下地站立。这一奇迹的出现，更增强了他用八卦象数治疗的信心，于是放弃手术，回家专心默念象数调理。

（2）**象数配方**：

第一方：7770·16650·440·3820；

第二方：116650·4430·82000；

第三方：11660·6550·440·33820。

（3）**调理效果**：患者默念近三个月后到医院拍片复查，嵌插改变，骨折线模糊，可见骨痂生长，与前次拍片相比，恢复很好，可以自由行走了。

（4）**患者反馈**："我是一个85岁的老人，于2017年4月21日下午，不慎摔倒，经医院拍片和CT检查诊断为右股骨颈骨折并嵌插改变。医生建议手术或保守治疗。由于我坚信八卦象数疗法，所以，在第一时间请老师赐方，坚持用八卦象数疗法进行治疗。吴老师获悉后，立即为我配方7770·16650·440·3820，并交代我在需要时及时联系。摔倒的第三天，疼痛十分难忍，在家人的劝导下，住进了医院。

"住院后做了全面检查，做好了第二天手术的一切准备。当晚由于疼痛和对手术的恐惧，我彻夜未眠，不停地默念吴老师给的配方；我还不断阅读八卦象数疗法治愈骨折的典型病例，特别是彭老师丈夫左腿胫骨粉碎性断裂复位的神奇案例，给我增强了信心和力量，整个晚上不停地在念象数。功夫不负有心人，第二天起床发现疼痛减轻，能自己翻身，患腿能移动，还可以下地站立。这一奇迹的出现，更增强了我用八卦象数治疗的信心，于是我要求放弃手术治疗，医生反复劝说：'一定要手术，不手术后患无穷。'不管医生怎么说，都没有动摇我坚持用象数治疗的信心。最后医生还是尊重患者的意见，我出院回到了家。

"回家后有人去医院看我，同房病友告诉他说：'出院了！昨天进来，准备今天上午手术，早上起来就好了，真是太神奇了！'当吴老师得知我放弃手术，回家用象数治疗时，他为我的勇敢和坚信八卦象数疗法的行为点赞，并鼓励我只要持之以恒地默念，在吴老师的指导下，按照吴老师的要求去做，不分白天黑夜默念象数就会有效果。我白天念，晚上念，甚至睡着了做梦还在念，念累了就写，写累了就听，八卦象数不离身，形成强大气场，使伤处一天比一天好起来，基本不太痛了。

"这时吴老师又为我调整配方：116650·4430·82000。一个月后拍片复查，我将情况向老师作了汇报，老师根据复查情况，又给我改配方为11660·6550·440·33820，并说明了方义，叫我安心静养，不要着急。当我告诉老师，可以走路，每天可以走3000步时，他恭贺我身体恢复取得的巨大成绩，要我继续努力，直至完全康复！

"默念近三月拍片复查，嵌插改变，骨折线模糊，可见骨痂生长，与前次拍片相比，恢复很好，可以自由行走了。我的右腿股骨颈骨折，没有住院手术，没有吃一粒（片）药，没有打一针，全靠坚持默念八卦象数配方，得到如此快速康复，并获得痊愈，没有留下后遗症。这是八卦象数疗法显奇效，是吴广儒老师大爱无私、精准配方、悉心指导、及时鼓励的结果。也要感谢象数疗法的发明人李山玉老师！"

象数疗法调理脑梗

（1）**时空状态**：李女士，1951年7月7日出生，河南焦作人，身高165厘米，体重78公斤。

患者自诉："2月2日早上起床跌倒两次后，不能走路，左侧肢体无力，到医院检查是脑梗。六七年前就出现过脑梗，去年犯病时情绪不稳定，易怒，动不动因为一点小事就与老伴打架，经过两三个月的调理后稳定。当时左手食指和中指经常麻木，现在左手经常感觉麻，左脚一天麻一两次。目前能走动，但左脚有时还麻，并且不能自如走动，全靠腿带动走路，左臂只能抬一半高，左手不会自如伸缩。语言能力还可以，但经常爱忘事。性格开朗，但遇事爱急易怒，年轻时争强好胜，遇到一点不如意的事就想与别人争。现在大便干燥，面色红赤，左眼上眼皮经常起小白点。舌体胖大有齿痕，不爱渴，痰多而咳。请吴老师赐方调理。"（2012年4月4日求方）

（2）**象数配方**：016650·044300·880·72200。

（3）**调理效果**："吴老师您好，通过这3个月的默念和坚持锻炼，左侧肢体活动能力慢慢恢复啦！从开始的一瘸一拐，到现在可以自己正常走很长一段路了，手脚基本没有麻木感了，左手也可以伸举自如，只是感觉还是使不上全力，但是我已经很知足了！希望继续加强默念和锻炼能完全恢复。大小便、睡眠还都正常，吃饭食欲比之前好。神奇的是体重减掉了23斤，朋友都说我苗条了，气色也好，这都是靠老师象数方子的帮助，现在象数就是我的护身符，不管到哪做什么，能念就念着，觉得心里踏实，也不那么容易急躁。感恩老师的无私帮助和鼓励，让我坚持默念才有今天的疗效，也感恩李山玉老师发明的象数疗法，我会继续坚持默念。"

（4）**配方释义**：016650金生水水生木，培补元阴元阳。1为大肠，01可以清大肠火，调理便秘；同时1也为头，五行属金，016650可以泻金，泄头部瘀滞，调理脑梗。首元就体现了补虚泻实的治疗原则。044300木生火，补心阴，疏肝气，泄瘀滞；清肝火，滋肝阴；044300整体功能为活血化瘀，补头部之血和患处之血，可以调脑梗。880强脾健脾，加强气血生化功能，也加强运化水湿的功能。72200土生金，补肺气补肺阴，助清降，疏通头部瘀滞和经络瘀滞。补肺阴也是帮助调理大肠，肺燥大肠肯定也会燥，就会便秘，所以用两个0。

象数疗法调理肾囊肿

（1）**时空状态：** 任女士，出生于1982年9月14日，北京市人，身高167厘米，体重68公斤。

患者自诉："2010年单位体检查出右肾囊肿，大小约为3.8厘米×2.8厘米。医生说定期观察即可，没有用药，一直也没有什么不适的感觉，未进行过处理，只是偶尔感到腰酸。其间，间断念过640·000·720这个方子，是自己随便在网上搜索的。2011年体检囊肿大小约3.5厘米×2.6厘米，小了一些，偶尔感到腰酸，畏寒肢冷，倦卧嗜睡，平时喜热饮，舌胖大，想求一方，谢谢老师。"（2012年2月求方）

（2）**象数配方：** 880·72000·16550·430。

（3）**调理效果：** 吴老师，您好！今天我去做B超，结果显示没有发现异常，这样就说明囊肿真的消失了。上次说有点低回声，当时建议中药和饮食调理，或者进一步做其他检测看看。通过上次和您的沟通以及前期默念的感受，我心里有底，确信默念数字产生了效果，就继续加强默念。到现在跑步、打球腰都不酸了，原来跑不了多远就感觉腿像灌铅了似的抬不动。另外，我发现跑步时候念数好像不那么容易累，呼吸也很有节奏。近两个月来，体重还减轻了十斤，这也可能跟我加强了运动有关，平时走路、做事情我也会间断念念，但是没有早上起床和晚上睡前念心静。总之现在身体状态很好，干什么都有劲的感觉，特别感恩吴老师的帮助！也要感谢象数疗法发明人李山玉老师！

（4）**配方释义：** 880强脾健脾，加强运化水湿功能。72000土生金，补肺气，泄瘀滞，助清降。7为艮，为瘀滞，为囊肿，以金泄之。三个0助阳，疏通经气、泄瘀滞比较有力。16550金生水水生木，补肾阳，助汽化，蒸腾水湿，固本培元。两个5有利于升阳，恢复汽化功能比较快一些。430木生火，补心气助心阳，疏肝气，活血化瘀。

整体配方具有温阳化气，泄瘀散湿，疏经活络，和谐脏腑，平衡阴阳之功效。

象数疗法调理顽固性鼻炎

（1）**时空状态**：丁女士，出生于 1979 年 9 月 24 日，安徽人。患者自述："身高 158 厘米，体重 58 公斤，患鼻炎多年，每年冬天都会在感冒或受凉后发病，发病时鼻塞，鼻涕多，呼吸不畅，这两天降温又犯病。另外本人体质较差，感觉浑身都有小毛病，经常会有头痛、颈椎疼、腰疼等症状。求老师赐方。"（2012 年 2 月 8 日求方）

（2）**象数配方**：3880·772000·16550·400。

（3）**调理效果**：吴老师好，收到您的象数方子 3880·772000·16550·400 如获至宝！您要求每天默念四五个小时以上，但很惭愧开始每天默念时间也就两三个小时。可即便如此，在默念开始后的第二周，有一天默念时突然感觉鼻子两侧半边脸到额头有酥酥发麻的感觉，以前没有过，与此同时，鼻腔内有渐渐透气的感觉，当时我猜想这一定是象数起了作用，赶紧加大力度默念，3 天之后感觉鼻腔越来越清亮，呼吸顺畅好多，鼻涕鼻塞就这样解决啦，真是不可思议！我喜出望外地向您报告，您让我继续默念巩固，到今天已经第五周，长期折磨我的鼻炎真的好了！鼻塞、鼻涕多、呼吸不畅、头痛的症状全部消失。颈椎也管事了，偶尔坐久还有点不舒服，腰不疼了……真的非常感恩吴老师，感恩发明人李山玉老师，感谢如此神奇的象数疗法！

（4）**配方释义**：第一元 3880 火生土，补脾、燥湿、健脾，加强生化气血和运化水湿功能，还可助肺金。健脾，脾强了土生金，对肺有帮助。第二元 772000 土生金，补肺气、通肺经、疏泄瘀滞。7 为艮为鼻炎为瘀滞为止，772000 可以消炎、止痛、疏通经络。16550 金生水水生木，善补肾阳，固本培元，助肝正常生发和疏泄。400 调肝，滋肝阴、疏肝气、加强疏泄功能。为什么用 400？因为求方时间是春季，所以滋阴防肝火上扰。

象数疗法调理脉管炎

（1）**时空状态：** 李女士，出生于1974年5月11日，身高160厘米，体重56公斤，出生地为内蒙古通辽（2019年4月求方）。患者自述："脉管炎十多年了，脚踝和脚背经常犯病，溃烂结痂，经常反复，右脚严重。曾经在武汉血管科进行过中西医治疗，也吃过几年中药，当时见好，但经常反复犯病，尤其辣的不能吃。求老师配方调理。"

（2）**象数配方：** 16550·4430·880·72000。

（3）**调理效果：** 因为这个病例是群里的一位朋友提供的，我把方发过去之后，她给了这么一个信息，说在路上念了40分钟，打了一个嗝，放了两个屁，左脚脖伤口疼痛隆起。这个信息能说明什么问题呢？她没有头心胃不舒服，那么这个配方就属于她。她排气，说明她通气了。左脚脖伤口疼痛，这叫气冲病灶，说明它在给你疏通。你那里瘀滞了，给你疏通还没通开就会疼痛。在这种情况下，就是加强默念，加强气场，一鼓作气，把瘀滞打通。气血通了，经络通了，就不会疼痛了。

后来在2020年3月，学习群中替患者求方的学员反馈，经过10个多月的默念，没有更改过配方，患者腿和脚已经半年没有犯病，非常高兴！

（4）**配方释义：** 16550金生水水生木，补肾阳，补元气，助木生发。55助肾升阳力度大，对打通气血瘀滞有利。她阳气先升起来之后，有利于打通气血瘀滞。4430木生火，补心气，强肝疏肝气，疏通经络瘀滞，活血化瘀。880健脾，振奋脾阳以加强生化运化气血，除湿化瘀。72000土生金，补肺气，助清降，泄瘀滞，消炎症。7为艮卦为各种炎症为肿物为瘀滞之象。000通经气较好。所以72000助清降，泄瘀，还可以宣肺利咽。

象数疗法调理带状疱疹

（1）**时空状态：** 李女士，1962年3月9日生，吉林省蛟河市人，身高163

厘米，体重58公斤。患者自述："2012年2月初，患带状疱疹，部位在左侧，前胸后背乳房下一周，每天都会急性疼痛好几次，有时痛得昏厥。限于肌无力病情，不敢用西医建议的任何止痛药，一直用中成药汉桃叶片（止痛效果不明显），医院只是定为神经受损，这一年多中药、西药、针灸、艾灸、贴膏药、拔罐也都用过了，不但没有控制住疼痛，反而痛得越来越重。双眼都近视、白内障，2011年秋天右眼做了手术，效果不好，术后导致远视和散光。耳鸣（蝉鸣，感觉鸣响部位在右侧头顶），听力减退。都二十多年了，严重失眠。入睡难、易醒、多梦、换地方很难适应，尤其近几年，可能是更年期的缘故睡眠更不好，这一年来带状疱疹后遗神经痛就更难入睡了。一夜几乎不知道是睡还是没睡，稀里糊涂的。中医说我气血严重不足。以上就是我的病情，请老师费心配方，感恩老师！"

（2）**象数配方：** 772000·16650·044300·8820。

（3）**调理效果：** "吴老师好，默念配方772000·16650·044300·8820已有两周，没有剧烈的疼痛了，也增强了信心，每天都很认真地默念4小时以上，受其他病例报告的启发，平时默念配方总是打坐默念，边默念边观想数字对应的脏腑，这样便于静心集中注意力，减少念错数，控制时速。昨天念着念着观想的数字颜色成了彩色：772000为白色，16650为黑色，044300为绿红相间，8820为黄白相间。我一琢磨好像还有点对路，我不太懂阴阳五行什么的，感到很神奇，我会好好默念的，感谢老师的辛苦付出。"

注： 经追访此患者默念40天已经康复。

（4）**配方释义：** 772000土生金，止痛，补肺气，疏泄全身气机和瘀滞。2主皮毛，可以调理皮肤病，三个0助阳，通经气力量比较强。同时，772000也可以加强右侧清降。16650，两个6有滋阴的效果，50有助阳效果，所以6650既可以补肾阴也可以补肾阳，调理耳鸣、听力减退等症状。耳鸣和听力减退都是肾的功能下降，助阳才有利于恢复正常功能。044300木生火，补心血滋心阴安心神。因为她睡不着觉。044300强肝疏肝气，044300可通经活络，疏泄瘀滞，可调理与肝有关的各种症状。她眼睛的问题，这一元都可以调理。

8820 土生金，补肺气，健脾益气，强脾除湿，调理食欲不振、肌无力、腹泻、下眼袋等症。特别是肌无力症状属于脾和肝的功能下降所导致。脾主肌肉，健脾就可以生化气血，恢复肌腱的正常功能。另外，88 也可以主静，有滋阴效果，可以安神调失眠。

象数疗法调理糖尿病

（1）**时空状态**：李女士，退休教师，身高 160 厘米，体重 51 公斤，糖尿病，出生于 1950 年 11 月 11 日，家庭住址在安徽省合肥市。

①于 2017 年 6 月在上海医院检查出糖尿病。测出血糖指数空腹 10.2。早餐 2 小时后 12.1。医生要求吃降糖药，吃后四五天觉得不适，遂停止。想通过其他方法控制血糖。之后开始清晨快步走，运动后又测血糖空腹 6.0，餐后 8.0 以下。8 月因没时间运动就以象数疗法进行控制，每天默念 15 分钟象数配方 400·030·820·600，现在血糖指数基本和保持运动时期差不多。

②五年前开始感觉肋下有一点痛，现在有时连续几天都有感觉，有时过几天有一点痛感，痛得不明显，但隐隐的。胸脘痞闷，去医院做 B 超没有发现有问题，不知道什么原因。

③舌苔中间有条裂纹，舌质淡。

④近期掉发量有点增加，手足易麻。

⑤畏寒肢冷，感冒不爱痊愈，小便里有泡沫，尿常规有蛋白潜血 +++，医院检测肾功能正常。

⑥心慌，健忘。

⑦胃口好，大便溏薄，形体消瘦，喜热饮。

⑧性格急躁，爱生气。

（2）**象数配方**：44300·880·77200·165000，这是初期用方。

后来又给她一个基础方 430·880·7200·1650，可以长期默念。

（3）调理效果：李女士反馈："吴老师好，感恩您为我赐方，上次收到配方后按您的要求每天默念 4 小时到 5 小时以上，至今已经默念 24 天了，感觉原来不舒服的地方都有很大改善，肋部不痛了，大小便也比较正常，小便的泡沫已不明显，大便成形，手脚麻的感觉也消失了，也不像之前那么怕冷了，测血糖空腹 5.3，餐后 7.0 以下……请问老师，我的配方需要调吗？"

我给她调方为 430 · 880 · 7200 · 1650，嘱其继续默念。

注：这个患者坚持默念象数配方两个月后完全脱离了糖尿病队伍。但还是让她有空就默念一下巩固疗效。

（4）**配方释义**：44300 木生火，强肝疏肝补心血，然后泄瘀滞，舒经络，止痛。经络通了，瘀滞打通就不痛了。第三元 77200 土生金补肺阴，因为她肺燥。为什么用两个 7？两个 7 就有助阴的因素；糖尿病都是胃功能很旺盛，她就会有胃火，后面 200 可以泻胃火，助肺阴，都是往下降；另外，考虑刚开始力量太弱，加强一下 7 的气场。77200 还有疏通瘀滞的作用，可以协助 44300 疏通瘀滞，和胃降逆。165000 金生水水生木补肾阳，恢复肾的过滤功能。000 是通经气助阳。

象数疗法调理心脏问题

（1）**时空状态**：李女士，公历 1936 年 12 月 8 日子时出生，身高 150 厘米，体重 46 公斤，辽宁沈阳市人。自述今年（2018 年）5 月 19 日以来，常感乏力、心慌。6 月 8 日晚上，感觉发热，咽痛、咽干、口干、鼻干，服板蓝根一袋。6 月 9 日，早晨也服一袋，不适症状缓解。当日下午 3：25，心慌，心率 134 次 / 分，血压 109/74，念 430 · 70，半小时缓解，但出现脉搏间歇（以前从来没有），之后，每天均有时出现心慌，乏力，脉搏间歇。

①血压 / 脉搏：110/65。

②睡眠正常，胃口正常。

③大便经常溏泄。

④有脑鸣（持续几年了，感觉位置在头顶右侧），手脚爱凉。

⑤舌淡苔白。

⑥右脚二三趾根部脚底有脚垫，走时痛。

（2）**象数配方**：44300・880・7200・16550。

（3）**调理效果**：李女士反馈："吴老师您好！默念配方 44300・880・7200・16550 已经一个多月了，心慌，乏力，脑鸣，脉搏间歇的感觉都没有了，大便成形了，非常感谢您！7 月 17 日去陆军总院检查，心脏彩超显示，主动脉硬化改变，心电图正常，未能捕捉到脉搏间歇，医生让带 24 小时监测（未带）。现在没有什么不舒服的感觉了，配方还需要调整吗？"

我回复："你好，配方可以调为 430・8720・1650，长期默念。"

（4）**配方释义**：44300 木生火，强肝疏肝气，补心气补心血，疏泄瘀滞，通经活络，提升血压，恢复心脏正常功能；880 强脾健脾补脾阳，加强气血生化，软化脚底硬皮。7200 土生金，补中气，补肺阴，泄瘀滞，增强胃动力。16550 金生水，水生木，振奋肾阳，提升阳气，补心气，1 通头，可以调节头鸣。

成燕象数疗法调理个案

十分钟让同事信服象数疗法

同事有腰凸手术史，现右小腿中间部位感觉筋有酸胀感，不能久站，胃不能吃凉的，会吐。

配方 0001000·6440·380，她试念五分钟，觉头晕，改 010·6440·380，试念五分钟，觉得胸口气顺了，很舒服。仅仅十分钟的持念让她信服不已，坚持念几日症状全消，让折磨她多年的顽疾一扫而光。激动之余，她赞美李山玉老师发明的八卦象数疗法太伟大了！

配方释义： 0001000，1 对应右腿，主骨；6440，水生木，肝主筋脉，与肾同源，补肝血，疏泄腿部瘀滞；380 温补脾阳，加强后天之本，气血生化之源。

象数疗法调理眼易疲劳和心律不齐

同事眼易疲劳，心律不齐，晨起觉得跳得快，夏天都要用护腰带不能受凉。

配方 72000·4430·820，同事试念五分钟，觉得眼睛明亮、心脏舒服了。

配方释义： 72000 止心跳过速；4430 补心阳，补肝血，目受血而能视；820 健脾益气。

小女孩不再吃指甲了

"六一"那天一群友求方说："我孙女今年 10 岁，从小就有自觉不自觉啃手指甲的习惯，有时甚至咬出血来，很无奈。"

我给的配方是 720·030·810·440。其将此方写在孙女的手背上（2 条），洗掉了又再写，从此啃手指头的频率渐渐减少，至 6 月 8 日基本戒除了这个啃指甲的坏习惯。

配方释义： 7 为艮、为手、为止，2 为兑、为口，其味为辛辣，720 停止口咬手，并且咬手上会有辛辣味；030，为离火，其味为苦，又强心气安神，咬到嘴里都是又苦又辣的味道，自然不再喜欢咬了；810 为归正，改掉不好的习惯，4 为震，属肝为指甲、为将军，派了两位将军看护，不让孩子再咬手指甲。

象数疗法调理婴儿囟门早闭症

一群友称其孩子只有 5 个月大，出现囟门早闭症状求方。

我配方 70·120·80，嘱其助念。一周后反馈："今天带宝宝去检查了一下，效果很好，没有闭合，谢谢你和神奇的八卦象数疗法，我继续念。"

配方释义： 70，为头，为止住过早闭合；120，1 为头、为骨，2 为兑上缺，其意头骨先不要长死，兑上缺一块；80，8 为坤土，为缓慢，为四季，其意为按照四季自然规律慢慢闭合。

象数疗法调理乘机眩晕症

一位群友去欧洲旅游，由于长时间乘机，另外与国内时差六个小时，自己感觉非常不舒服，眩晕很严重，不敢睁眼，一动不能动，求方。

我配方 7200·1650·8000，其反馈称："连续默念几遍，当时就缓解许多，然后继续默念半天彻底好了，太神奇啦，感谢成燕老师，感谢伟大的八卦象数疗法！"

配方释义： 7200 降浊，用偶数个 0 是取意滋阴凉降，人舒服；1650 向头部（1）输送新鲜氧气（5）和血液（6）；8000 为坤，为静，静以安神，合全方之力成功调好乘机眩晕症。

我家亲戚咳嗽好了

7月22日12：50卢大姐留言道："成燕老师，我家一位亲戚今年58岁，一周前感冒咳嗽没吃药，用象数（我从书上给她配方720·260·050·3820）调理，现在感冒好多了，但咳嗽一直没有好，白沫痰，大便干燥，敬请老师赐方！非常感谢！"

我配方820·160·440。7月25日12：40反馈："成燕老师中午好！周六下午亲戚求方，您赐方820·160·440，默念后效果不错，上半夜到3点半以前睡眠好，咳得少，就是3点半左右必然咳醒。嗓子总痒，白沫稀泡痰，身体不适症状比以前好多了。但咳多了会有点恶心，喉咙还是痛，喉深部一痒就咳几口稀痰。"调方为7720·820·1660·430，7月26日14：00反馈："成燕老师下午好，您昨天下午赐亲戚的方，转发她今早反馈内容：'卢姐早！汇报一下成燕老师新方效果。昨夜3：40醒来就是小咳几下，没吐什么痰。效果明显！我是念着象数方子的同时，枕头下又放了一张。太好了！谢谢成燕老师！谢谢卢姐！感恩创始人李山玉老师！'"

象数疗法调理小儿感冒

7月24日晚8：15，金××来信："成燕老师晚上好！我外孙6岁，前天坐飞机吹空调着凉，这两天不爱吃饭，今天有点咳嗽，后背总说痒（看着什么也没有），还在玩儿呢。麻烦你给配象数。"

我配方720·80·40。25日早上7：40反馈："成燕老师早上好！昨晚收到你赐的象数配方，一直握着他的手默念，早上4点开始又默念。刚才孩子起床了，我听说话嗓子哑，唧唧闹闹的，我还继续给他用昨晚的象数吗？"调方为720·260·440。7月26日下午2：20反馈："成燕老师好！反馈一下，昨天早上起床小孙子咳嗽很厉害，也不吃饭，也不玩儿，您赐的象数配方720·260·440

贴大椎穴一条并把着手默念，中午好一些。下午睡了两小时，一直把着手默念，等睡醒后开始玩儿，晚饭吃得很好，咳嗽也好多了，等晚上睡觉时又默念两小时，今早起来，完全好了，早上吃过饭后蹦蹦跳跳地去幼儿园啦（要按以前得七八天才能好起来的）。感谢成燕老师的精准配方，象数疗法真的是太神奇了，感恩李山玉老师！"

象数疗法调理狗中毒

8月21日8：00，群友梅×求方："急急急，这边有只狗狗喝农药中毒了，求象数！"

我配方666444000·3330·8880·2650。

10：30反馈："成燕老师，非常感恩您的帮助，狗狗奄奄一息，用了您给的象数配方666444000·3330·8880·2650，狗狗已经活过来了！我就是把配方放在狗狗身上，再念，就念一会儿，狗狗就活过来了，感恩！"

配方释义： 666444000，6为坎，为肾，主全身水液，肾为通，主两便排毒，4为肝，主疏泄，可尽快疏泄掉狗所中农药之毒；3330，3为离卦，为心，为主血，为发散，3330振奋心脏，给心脏供血恢复心跳，迅速循环掉血中之毒；8880，8为坤为大地，运化万物，化毒于无形；2650，2为兑，通调水道，5为风，为输布气化，为散。

象数疗法调理一切肿痛

8月21日7：00，宁波吴××求方："右边咽喉、颈部、耳朵都感觉不舒服，有隐痛，右边牙齿咬东西也感觉有酸痛感，自感从脸右边至颈部好像淋巴结发炎，恳求老师赐方，谢谢！"

我配方7720·1160·4450。次日9：00反馈："成燕老师好，昨天求方后认真默念，今天早上起床感觉都舒服了，连每天早上起来口苦也减轻了不少，再次体验八卦象数疗法的神奇伟大！谢谢成燕老师！感恩李山玉尊师发明创造的八卦象数疗法，造福百姓！"

配方释义：不通则痛，7720降浊通气，化瘀止痛，2为右，直指病灶；1160，1为乾为头为动脉，6为血为寒凉可消炎；4450疏肝利胆，解郁熄风，通经活络。

象数疗法调理好考前焦虑症

铁岭同修张××求方："我儿子中考前几天，晚上睡不着，翻来翻去要很久，早上起来就没精神了，家长和孩子都很着急。"

我配方2600·043800。反馈："当时成燕老师给我儿子的象数配方，中考期间儿子说入睡很快了。谢谢成老师！希望神奇的八卦象数疗法能帮助更多考生！"

象数疗法调理头疼、胃部不适

（1）**时空状态：**2018年1月1日晚一个同事求方，说头疼，胃难受，想吐，可能受凉了。

（2）**象数配方：**7720·1650·380。

（3）**调理效果：**念方一个多小时后就起床吃了两碗粥，洗完热水澡后感觉很舒服。

（4）**配方释义：**7720，头疼胃难受，7为艮为胃为止也为头，先止头疼，降胃气，一举两得；1650是疏泄头部气机，1为乾也为头，6为坎主骨生髓通于脑，5为散，化解郁滞效果很好；380，3为离为火性热，8为脾主肌肉性温热，380健脾祛寒，帮助身体把所受寒气排出去。

象数疗法调理幼儿咳嗽、痰多

（1）**时空状态**：2018 年 5 月 15 日学员的外孙女 17 个半月，怕热，满头大汗，喉咙痰多，呼噜噜的（人小不会吐痰），睡着了咳嗽厉害，无流涕等其他感冒症状，不确定是风寒咳嗽还是风热咳嗽。

（2）**象数配方**：7720·660·050。

（3）**调理效果**：孩子贴了象数配方后就没再咳过。

（4）**配方释义**：五脏之气不调皆令人咳，此处无外感，是脾肾阳虚引起的气机不能归里的咳嗽，所以全方以一二元为主，三元解表。7720 降浊止汗化痰；660 强肾纳气培补先天；050 主少阳胆经，疏泄气机，调和上下表里。

象数疗法调理脚上水泡

（1）**时空状态**：2018 年 5 月 15 日学员脚上起了个水泡，求配方。

（2）**象数配方**：038200·050·440。

（3）**调理效果**：贴了一条象数配方在水泡上，没念，第二天早上没什么变化，就又多贴了一条，现在基本好了。该学员以前脚起水泡都是过三四天扎破，慢慢干才能好，这次贴象数配方很快就好了。

（4）**配方释义**：038200 健脾祛湿益气；050，5 为巽为胆为风，风能燥湿、止痒；440 推陈出新，患处焕发生机。

象数疗法调理牙疼（其一）

（1）**时空状态**：2018 年 2 月 9 日学员咨询，右侧牙齿疼痛，自己用配方 003·07720·1660·440，好像更疼了。

（2）**象数配方**：7720·160·440。

（3）**调理效果**：念方半小时后就不怎么疼了，由于牙疼引起的心烦也好些了，继续持念。

（4）**配方释义**：003·07720·1660·440，此方中滋阴降火力度很大，牙疼反而更厉害了，说明不是实火是虚火上扰，所以在原方基础上更方为7720·160·440。原方第一元003，目的就是去火，通常大家都会认为牙疼，就是上火了，所以要把这个火灭掉，用了003，3前面加上两个0，一般我们在治烫伤时会想到这个003，同时把720改成07720，本来720只是偏一点点的温，这样前面加一个0后，直接就寒了；后面两元1660和440都是偶数，也是偏阴的，全方以降火，滋阴清热为主，在阴阳辨证里适用于阳证。但是我们看效果，牙疼反而更厉害了，这是火上浇油，也是冰上又泼水。所以改成7720·160·440，7720止疼，并且把这虚火再沿着胃经降下去；160再沿大肠经继续降，直到坎6，肾水里去；440为龙，这是潜龙归藏的意思，同时4为疏泄气机，去治一下标，通则不痛。

象数疗法调理牙疼（其二）

（1）**时空状态**：2018年2月21日学员咨询牙痛用什么象数配方。

（2）**象数配方**：7720·1160·400，十五分钟后反馈读了此方想吐。在原方基础上调方为720·160·40。

（3）**调理效果**："晚上将后来的配方贴在下颚处，早上起来轻松多了，谢谢老师，谢谢李山玉老师发明的八卦象数疗法。"

（4）**配方释义**：病症在上，方中用降法，而且有疏导瘀滞，这些方向应该都没有错，为什么想吐呢？吐一是气机上逆，二是气机自我保护的疏泄作用。此配方中已经是降逆，而且7720和1160的二元相推之降力也很足，排除这个原因，那就是第二个原因，病人身体还有别的慢性病，升发之力不足，平时就是一个收敛的状态，这个方一念收得太过，呕吐是气机自我保护想达到一个疏泄作用。

象数疗法调理白内障手术后看东西模糊

（1）**时空状态**：2018年1月2日晚上学员咨询，白内障手术后看东西，总感觉眼睛下面模糊，求象数配方调理。

（2）**象数配方**：440·330·820·660。

（3）**调理效果**：晚上和第二天早上持念象数后感觉很好，真心谢谢成老师。

（4）**配方释义**：440，白内障术后视物模糊，病因是浊气上泛，清气净血不能濡养眼目，4为震为肝，主疏泄，肝的精气上达眼目，肝开窍于目，肝受血于目而能视；330，3为离为目为血为光明；820健脾益气，运化浊湿；660，6为坎为肾为毒为通为陷，排湿毒去翳缕，眼睛能视又不独受肝的精气，五脏精气皆上注于目，所以肝心脾肺肾五行相生，同心合德以去疾。

象数疗法阻止女童吃手

（1）**时空状态**：2018年1月7日学员的孙女从两岁的时候就吃手指头，一直到现在6岁了还是吃，无论怎么管也没有用，求象数配方治她吃手的毛病。

（2）**象数配方**：030·720·8210。

（3）**调理效果**：第二天早上就发信息说："昨天贴上配方以后晚上睡觉就没有吃手。感谢成老师无私的大爱。"

（4）**配方释义**：030，3为离，为心，为神，五味为苦，补心气，宁心神，十指连心，同时指头的味道是苦的，孩子自然不喜欢吃手了；720，7为艮为手，2为口为咬为辣，停止咬手，手上都是辣味；8210，8为坤为奶奶，2为兑为说话，1为乾为圆满，8210就是听奶奶的话闭上口，改掉坏毛病，做个懂道理的乖孩子。

象数疗法调理小狗伤口溃烂

（1）**时空状态：**2017 年 12 月 29 日下午北京学员张××邻居家的狗让大狗给咬了，皮肉分离，做了 3 次手术，药也没少吃，半年了伤口还不愈合，皮肤溃烂，肚下水肿，想给小狗配个象数试试。

（2）**象数配方：**3382000·8821000·664000。

（3）**调理效果：**两个星期后反馈能跑了，未用象数前不能跑，每天助念的时间不长，效果就这么好，谢谢老师。

（4）**配方释义：**3382000，3 为离主血，2 为肺主气，8 为坤主肌肉为气血生化之源，3820 合起来给肌肉补充气血，气血足则伤口才会愈合，同时消肿利湿；8821000，8 为坤主肌肉，2 为兑、为缺、为开、主皮毛，1 为乾为闭为圆满，合起来为伤口由开到闭；664000，6 为坎为肾为毒为水为液，4 为震为肝为木主生发，排毒生新，肝肾同补，增强体质。

象数疗法调理嘴干

（1）**时空状态：**2018 年 1 月 23 日弘×说她的姨妹，每天早晨痰多、咳嗽，这两夜一直都一杯接一杯地喝水，一夜喝了两水瓶开水，嘴干得麻木不能说话了，差点叫急救车。求一象数配方。

（2）**象数配方：**65000·3880·2000。

（3）**调理效果：**第二天早上反馈："没吃任何药，念了象数以后嘴就不干了，感恩李山玉老师！感恩有你！"

（4）**配方释义：**65000 培补先天的肾气，肾气足则气化作用好，才能有力上行津液；3880 健脾益气，火来生土，同时两个 8，强化脾经的功能，增强后天之本运化之力；2000 润肺止咳护嗓，气行则津液行，气到则液到，最终解决口干渴问题。

全方三元，一元为生发，用于下焦，为先天之本，二元发力于中焦，为后天之本，三元作用于上焦，为周全之本。

象数疗法调理孕酮偏低

（1）**时空状态**：2018 年 2 月 27 日重庆文 × 自述检查孕酮偏低，有胎停流产的可能，已经怀孕 40 多天，胃口不好，偶尔干呕，小腹偶尔隐痛，无出血，小便频，无力，大便微稀。

（2）**象数配方**：666500・44300・382000。

（3）**调理效果**：试念无不适后，3 月 4 日回复，最近一直念着，上周小腹不舒服的情况没有了，只有一些不严重的早孕反应，目前我也没有去检查，反正没有任何异常反应。医生叫我吃黄体酮保胎药，上周吃了两天反应太大就停了，一直念象数，谢谢燕子姐，谢谢李山玉老师。

（4）**配方释义**：666500，6 为坎为肾为胞宫，肾为先天之本，主藏精，生髓，肾中精气的盛衰，主宰着人体的生长发育和生殖能力，三个 6 强力固本，直指腹中胎儿，5 为巽为小草，主生发，喻指小生命焕发生机，肾与膀胱互为表里，缓解小便无力，尿频；44300，4 为震为肝，为筋，主生发，3 为离为心为神，44300 强心，养血，保胎心，助发育；382000，3 为离为心为神，8 为坤为脾为母为思，2 为兑为肺主气，为成果，382000 健脾安神宁心顺气，让大人少忧思焦虑。

象数疗法调理肾膜炎患者偏头疼

（1）**时空状态**：2018 年 3 月 10 日，我的同事，一位肾膜炎患者一直在念 66650・4450・3810，感觉也一直很好，但最近几天左侧大脑偏头疼，想要换个象数配方。

（2）**象数配方**：6660・3810・2000。

（3）**调理效果**：这位同事一年多以来家人坚持西医治疗，但是她自己相信八卦象数疗法，所以一直自己悄悄念。两天后发来消息念了新的象数配方后头疼就好了。

（4）**配方释义**：原来的配方中两个4，两个5，阴木和阳木，主疏泄作用，以及有木克土、去水肿的目的，但是现在是阴历一月，是木月，所以木气太旺，循肝胆经上头致左侧偏头疼。所以在原方的基础上，去掉震和巽，第一元为6660，末元加上2000，2为兑金为肺，主降，来克制过旺的木气，同时肺主司一身之气，同时通调水道，兼顾肾炎之疾。

象数疗法调理失眠梦多

（1）**时空状态**：2018年3月14日，我的小姑姑最近总失眠梦多，做梦像神话。

（2）**象数配方**：260·4300·070。

（3）**调理效果**：昨晚睡觉很好，7点就睡觉了。今早8点都起不来，我又想睡觉了，前几天一直失眠，白天走路都晕，今天感觉浑身轻松。

（4）**配方释义**：260滋阴潜阳；4300疏泄肝木之气，济心气，宁心安神，血藏气收则魂神归舍；070胃与脾相表里，安神止梦。

象数疗法受益分享4例

案例一

受益分享：2018年2月23日因受凉致使咳嗽（有白痰）频繁，昨天求老师赐方，成燕老师当时赐方820·650·40。默念后入睡，一晚上均安好，只是在今天早上起床时又咳了几次，今天上午仍默念此方，现已基本好转。感谢神奇的八卦象数疗法。

案例分析： 这是平时体质不是很好的人，或是感冒处理不当时容易出现的情况，感冒其实没好，只是当初的恶寒怕冷没有了，现在留下的频繁咳，而且注意这里是有痰，痰湿跟脾有关，而且是白痰不是黄痰，是脾阳虚，肺为储痰之器，肾为痰湿之本，说明肾阳也不足，所以用了820健脾益气，这是虚证，中焦上焦一起补；650温补肾阳，表解祛邪；40是疏泄气机，止咳。

案例二

受益分享： 2018年1月12日，成老师好，这段日子一直在不断地麻烦您，开始我二宝夜里突然咳嗽得厉害，我就把您给我的方子7720·6500·380抱着二宝不停在念，大约1个小时二宝咳嗽渐渐好了。第二天找到您告诉二宝流鼻涕、咳嗽，您给调了方子7220·1650·380，每天当儿歌念，眼看二宝快要好了，又开始拉肚子，不吃奶也不喝水，医生说脱水了要补水，输了两天液但还是拉肚，没办法又找您给我个方子38000·65000·72000。现在二宝完全康复了，看到二宝活泼开心的样子，真的要感谢八卦象数疗法。

案例分析： 这是十六个月宝宝，长期生病就输液，导致体质下降，很容易感冒发烧，这次碰上强流感，近一个月反复感冒咳嗽，导致拉两天稀样大便，造成脱水，实在没有办法了，最后还是向八卦象数疗法求救。用了象数配方后一天就止泻，当夜平安无事。最后一段是她发自肺腑的话，感恩李山玉老师发明如此广利百姓的自然疗法。这里用于止泻的38000·65000·72000是一个很大的方了，普通受凉受寒引起的拉肚不会用这么大的方。这个孩子一年前在没接触到象数疗法时一生病就是输液，脾胃之气已经受损，所以免疫力低经常感冒。接触八卦象数疗法后妈妈还是很有智慧的，深信象数疗法的作用，能抗就抗，尽量不上医院，孩子这一年里体质慢慢增强了，生病好得也快了，但是今年冬天的流感很厉害，这些体质本来就虚的孩子得上后，病情就来势汹汹。孩子之前已经拉水样稀便，为了防止脱水（以为补水就可以防脱水）又输了两天液，这种情况是里外夹攻，孩子脾胃的功能直接就败了。所以，方子里用了三元都是三个0的大方，来挽救先后天的阳气。

案例三

受益分享： 2 月底，从后背脊柱右侧到腹部右侧，莫名地，一条抛物线隐隐作痛，偶尔有点痒，但皮肤表面看不到任何异样。一直到 3 月 1 日晚上，我洗澡时摸到后背接近腰部有一团小疙瘩，刺痛且痒，就让家人拍照发给成老师。老师当时给了我一组配方 00772200 · 116600 · 445500 · 0300，因为带孩子没看手机，错过了念数。第二天一早，成老师现场看了我的状况后确诊带状疱疹，分别在我的大椎上和疱疹处贴上象数配方，中午下班的路上默念，刺痛感明显减轻。

因为下班回家要带孩子操持家务，等安顿孩子睡了，我也睡着了，成老师细心考虑到这一点，用助念器帮我助念，我则利用每天上下班的路上默念，连续两天，控制得很好，没有更多疱疹出来。第三天突然状况急转直下，沿着那条抛物线腋下、腹部又出了几团疱疹，刺痒得让人抓狂。下班回到家才发现助念器的电源被拔了，先生前一天晚上要给手机充电，就拔了助念器插头。老师调方为 00772200 · 00116600 · 004400 · 003800，我重新设置助念器，自己也跟着默念，控制住疱疹更大面积的生发。到 3 月 9 日疱疹颜色变深，水疱渐渐萎缩，又用 77200 · 400 来止痒，每次痒得忍不住的时候就默念，静下心来念，真的有效。现在水疱结的痂也褪差不多了。带状疱疹我也百度过，控制不好大面积水疱，甚至会化脓感染，危及性命。它不只有难以忍受的瘙痒，还伴随疼痛，有的人甚至痛得号啕大哭。真心谢谢成老师，感谢有这么好的八卦象数疗法，让我少承受很多的痛苦。

配方释义： 这是一例很严重的带状疱疹，来势凶猛，又因为病人没有很多时间默念，所以助念器的作用显得尤为重要，也正是因为助念器被误拔后，让病情急转直下，反而更凶，为了控制邪势，在原方的基础上加强清热滋阴，同时起到宁心安神的作用。00772200 · 00116600 · 004400 · 003800 全方四元前后偶数个 0，同时前三元每个象数都是偶数，00772200，7 为艮为止，艮泄离 3 火，2 为兑为肺主皮毛，泻火消炎止痛止痒；00116600，引天河之水来消炎排火毒，双金生水，水来克火；004400，4 为震主肝在志为怒，与胆互为表里，疏泄肝胆郁火，滋肝养阴；003800，离 3 为神居之所，8 为坤主静，宁心健脾安神解郁。

案例四

受益分享： 2018 年 4 月 20 日郑州群友反馈："17 日下午 7 点左右我向老师求助，说我的脸蛋去年冬季有冻疮，前几天用姜膏一抹，满脸出来一层像痱子一样的疹子，又红又痒。求老师赐象数配方。成老师给方是 7720·1600·050。于是我开始默念，至今整三天时间，就好了。感恩李山玉老师研究出来八卦象数疗法，感恩所有象数老师的无私奉献。我也要努力学习，去帮助他人。"

案例分析： 求方时已经是 4 月底了，冻疮还没有好，气血不足，无力恢复被冻的肌肤。大热的姜膏涂抹反而过敏，也说明疮面气机运行不畅，导致郁而化热，过敏红痒。配方 7720·1600·050，7720 止痒消炎，土又生金，补肺气益皮肤；1600 消炎排毒，金生水，培补肾气；050，5 为巽为风，为祛风止痒。

刘云象数疗法调理个案

象数疗法调理顽疾

女，80 岁，2008 年右腿行淋巴癌术后，因回流差肿胀明显，行动不便，并且因心脏病安装三个支架，伴有胸闷气短，且有左胳膊带状疱疹后遗症神经痛多月。8 月 13 日网友为其求方。

给象数配方为 07200・1650・4430・800，嘱其默念方法。8 月 16 日反馈，胸闷气短之症状明显减轻，右腿肿胀减少，走路显得轻松，老人心里特别高兴！全方：山泽通气，气通痛止，借上天之力补肾气，木生火，肝木藏血以济心，"诸湿肿满，皆属于脾"，健脾除湿，肿即可消。

象数疗法调理小男孩眼疾

男孩，9 岁，眼睛被黄色分泌物黏住，睁不开眼，并伴有红肿。当即给予象数配方 030・020・400・260，嘱其默念方法并贴于患处。第二天回馈信息，黄色分泌物没有了，但是眼睛依然红肿，微调方 030・800・260・400，两天后反馈信息，眼睛已恢复健康。离卦、震卦皆为眼睛，3 前后加 0，4 后面用偶数个 0，6 为水为消毒，均可清热消炎降火。8 为脾，"诸湿肿满，皆属于脾"，且脾主运化，清热利湿。

象数疗法调理好陈旧性老胃病

男，45 岁，肠胃不好，嗳气明显，浑身无力，总有缺氧之感，每天晕晕的，有时胃嗝气上来会感觉舒服些，右肩部有痛紧感。好几年了，治疗好久，好多方法都用过，就是不管用。依时间起卦为火地晋之火水未济，二爻动，互卦为水山蹇，主卦为体生用，变卦为用克体，说明病情恢复比较慢，治疗也比较麻烦，纵观全卦：2 火 2 土 1 金 2 水，五行缺木，当月为土月，土旺，土反侮木，则有肝郁气滞，主卦坤卦变坎卦为寒，可知身上痛感为寒滞所致。变卦为水克火，火水未济，导致心肾不交，失眠明显，患者的体质为上热下寒之症，有口气重，但大便稀，可能有时寒性腹泻。从卦象可知此人压力大，肝气不舒，肾虚耳鸣，失眠，根据症状给其配的象数配方为 033880·66550·440·3720，健脾益气，滋补肾阳，疏肝解郁，补中益气，经过十余日的默念象数配方，患者反馈，效果明显，症状减轻，嘱其继续。

自从学习八卦象数疗法，多少有些感悟，感恩李山玉老师创立的这种造福人类的大爱之法，李山玉老师功德无量，我会在老师们的指教下，不断地提高自己的学术水平，更好地为世人带来健康和美好！

象数疗法调理腹胀痛

我晚饭后呛咳了一下，下腹部气胀痛，特别是右下小肠气鼓胀痛，放不了屁。自己看了实例验方念了效果不佳，在微信群里请老师赐方调理。刘云老师赐方 7220·1660·8220·44550，默念加贴双侧天枢穴各两条，因气很胀不敢按摩，念了一个多小时后，到晚 10 点在手背相应部位边念边点按，很快就解除了小肠气及下腹部气胀痛，也没有放屁，非常感恩尊师李山玉老师的发明，非常感恩刘云老师及时赐方调治！

2018 年 11 月 30 日患者反馈

象数疗法快速止痛

太激动了，一大早来反馈受益情况。阿桂，女，53 岁，6 日早晨弯腰提旅行包时，左肩胛骨出现不适，酸痛难忍，头不能自主转动，恳请老师赐象数方。刘云老师赐方 7710·2650·4450·80，嘱默念加贴大椎 2 条。我按老师的方法去做，到昨天晚上，不适症状消失了！象数疗法太神奇了！感恩刘云老师！感恩群里所有的老师！感恩创造八卦象数疗法的山玉老师！你们的大爱让我们享受健康的生活！感恩！

2018 年 10 月 10 日群友反馈

焦建军象数疗法调理个案

象数疗法调理舌疼症

（1）**时空状态**：象数会员之家的一个患者求方说，一个 3 岁女孩舌头疼特来求方。

（2）**象数配方**：003·7200·160。

（3）**调理效果**：经两天助念反馈说舌头已经不痛了。

（4）**配方释义**：3 为心亦为舌，舌为心之苗，很明显是心火过盛导致，3 前双 0 为滋阴降心火，7200 为山泽通气，160 为补肾水来滋阴潜阳，让阴阳平衡。

象数疗法调理拉肚子

（1）**时空状态**：象数会员之家一名患者来求方，他同学拉肚子已经三天，每天五次到六次。

（2）**象数配方**：6550·3880·2000。

（3）**调理效果**：其同学接到方后，一开始念错了，将 6550 念成了 65650，导致继续拉肚子，一晚上没睡好。经提醒对方改成正确的配方默念后，人越来越有精神，从念方开始到现在，再没有拉过肚子，也想吃东西了，并表示感谢。

（4）**配方释义**：6550 为温暖坎肾中的那一道真阳，3880 为暖腹去除脾中过多的水湿！2000 主要为了调通水道，同时 2 为兑主气，季节为秋有收敛之效。

象数疗法调理心跳快、恶心

（1）**时空状态**：象数会员之家一名患者求方，说其全身没劲、心跳加快、恶心、不想说话。

（2）**象数配方**：16400·650·380。

（3）**调理效果**：默念十余分钟后心跳加快、恶心等症状已有缓解，现已经起来吃饭了，吃完饭后会继续持念。向我表示感谢，另外他心里也舒服了很多。

（4）**配方释义**：16400，1为头，6400不但可以滋阴潜阳，还可利用子泄母淤，来泄去头部的郁滞，650为用水冲刷血管之意，380为健脾安神，同时3为心，8为缓和静，让跳得过快的心率平缓下来！

象数疗法调理发冷恶心

（1）**时空状态**：象数会员之家一名患者求方，其头疼得特别厉害，眼睛睁不开，而且浑身发冷，手脚冰凉，恶心，反胃。

（2）**象数配方**：400·05380·7720。

（3）**调理效果**：患者默念三十分钟，各种症状都有所缓解，也不那么冷了，感觉好多了，也不恶心，可以正常吃饭了。第二天早上起来完全好了，神清气爽，表示非常感谢。

（4）**配方释义**：400为补血震动血脉；05380中，5为风有吹动并鼓起的特性，3为头也为头部血管，8为平顺也有生化淤血的功能，合方义为，震动头部血脉，鼓起血管并吹动血液在脉管内快速平顺地运行；7720为山泽通气，助疏通气血的同时强力止痛，放在最后一元是因为只有在前两元解决根本问题的基础上止痛才会更有效。

象数疗法调理老人头晕

（1）**时空状态**：象数会员之家一名学员给80岁的三姨奶奶求方，其头晕得厉害，高压高，低压低，压差大；高压145，低压54，心率79；全身痒痒，有包，全身没劲，心跳特快，特别烦，老想哭，不住地唉声叹气。

（2）**象数配方**：2650·4380。

（3）**调理效果**：当晚默念一个小时后就全身不痒了，不抓身上了，头晕也减轻了，也不唉声叹气了，心里也好受多了。后贴方大椎穴之后各种症状都没有了。

（4）**配方释义**：本配方为两元方，2650为升，4380为降。在2650中2为气，6为血液，5为所有毛细血管，合方义为让气推动血液在血管中运行，即使有堵的地方也会让血液在肺气的推动下冲刷血管，冲开一条通畅的路！4380中4为动力，补血的同时也让动力输布全身肌肉组织，3为血脉，8为脾主肌肉，前一元主升，后一元主降，在一升一降之间恢复患者体内的阴阳平衡。

象数疗法调理孕妇发烧

（1）**时空状态**：一学员单位上一名孕妇发烧，咳嗽不止，医生嘱咐不能吃药，无计可施，想寻求八卦象数疗法的帮助，向我求方。

（2）**象数配方**：16400·050·770。

（3）**调理效果**：那名孕妇发烧、咳嗽不止，念方后，当晚不久就痊愈了！

（4）**配方释义**：16400中1为正气，6为胎水，4为女子胞宫中孩子，首元利用正气护住胎儿不受病邪入侵；第二元050为清风热，疏风散寒；770止咳泻火消炎。

象数疗法调理疼痛症

（1）**时空状态**：一名微课学员右肩下和乳房上痛。疼痛的部位共有三个，其中一个特别疼，身体胳膊都有牵扯拉疼的感觉，睡觉的时候也疼，而且喉咙不舒服，有三十多年了。

（2）**象数配方**：038200·72600·440·050，并嘱咐她有时间去拍个片看看。

（3）**调理效果**：当晚念到睡着了，起床后发现不但疼痛已经减轻，而且喉咙也舒服多了，后激动地告诉其96岁的老母亲，并说既然有效就不拍片了，她要继续念下去。过了几天基本上都不疼了，说我是他们的福星！

（4）**配方释义**：038200是调理患者体内的气机，让火下行，达到升清降浊之效！72600是为了打通患者体内郁阻的经络，化郁阻为流通！440是因为肝经循行路线经过患者疼痛部位。050是患者喉部症状符合巽卦的八卦类象，故取之！

象数疗法调理硝酸水弄皮肤上

（1）**时空状态**：一学员不小心被硝酸水弄到皮肤上两天了，用药无效，向我求方。

（2）**象数配方**：038200·6400·450，并嘱咐其写4条围住伤口。

（3）**调理效果**：伤口好多了，开始结痂，并表示感谢！

（4）**配方释义**：038200，3为炎症，前加0为滋阴去火消炎，8为皮肤肌肉组织，五行为土主运化功能，2为伤口，合为泄去皮肤的炎症并补好伤口！6400为加大愈合能力，450的五行为木，有疗伤泄毒水之效。写4条围住伤口是不让伤口扩散，能量场从四面八方冲击病灶，加快其愈合！

象数疗法调理高烧

（1）**时空状态**：2020年4月3日收到一学员求助："外甥女发烧两天了，高烧反复，求老师配一方。"

（2）**象数配方**：0037200·1600。

（3）**调理效果**：4月5日收到反馈："焦老师好，外甥女的高烧已退，暂无反复，谢谢老师！"

（4）**配方释义**：0037200，3 为高烧，前加双 0 为加强滋阴之力，后加 7200 为泄去 3 这个高烧的能量；1600，为给大肠加水，泄去大肠火，让火势一降到底，6 在八卦图中为最低点，3 为最高点。

象数疗法调理突发高血压

（1）**时空状态**：2020 年 3 月 27 日收到一个学员求助，说自己这两天血压有点高，高压 150，低压 90，头疼。

（2）**象数配方**：037200・8200・6400。

（3）**调理效果**：3 月 29 日收到反馈："念数有效，高压现在 130，低压 80，头也不疼了，非常感谢老师！"

（4）**配方释义**：037200，3 为血压，7 为高，200 为肃降，合为将血压降下来；8200 为升清降浊，调理脏腑失调的气机；6400 为滋阴潜阳，用水柔肝，去肝火，疏经活络，平缓头疼。

象数疗法调理口干

（1）**时空状态**：2020 年 3 月 3 日接到一学员求方："这几天总是觉得口干，半夜醒了得喝几口水才能缓解，请老师调理一下。"

（2）**象数配方**：002600。

（3）**调理效果**：3 月 5 日接到反馈："念数后这两天觉得不怎么口干，而且睡眠质量好了。"

（4）**配方释义**：002600，口干就给口里加点水，2 为口，6 为水，前后双 0 加强滋阴，6 为夜晚为藏为收敛，加强夜晚收敛安静休息之效！

象数疗法调理咳嗽

（1）**时空状态**：2019 年 7 月 10 日，单位一女同事咳嗽半个多月了，晚上也咳嗽，吃药不管用。同宿舍的几个女同事晚上休息不好，很烦，其中有一个是我们部门的，在工作中聊天偶尔跟我提起，我问她信不信念数能治咳嗽，如果相信就让那个人找我，我给配方。结果中午那个人就找我要了配方。

（2）**象数配方**：200·60·500·770。

（3）**调理效果**：当天下午反馈说："有效果，管用，谢谢！"后来听我们部门女同事说当天晚上就不怎么咳了。

（4）**配方释义**：200 肃降气机，60 为丹田，有纳气之效，合为纳气归根，500 为平缓支气管中气息，使之顺畅，770 为止！

象数疗法调理左下牙痛

（1）**时空状态**：2020 年 1 月 2 日，单位一个老师傅中午吃饭时捂着左边脸跟我说，左下牙疼痛得厉害，让我给看看。

（2）**象数配方**：70·60。

（3）**调理效果**：同时给他左手心用小塑料棍点按了艮位和坎位。他念了一个小时左右后说，左下牙不疼了。

（4）**配方释义**：70·60，取后天八卦图中左下方为 7 为首元，对应头部左下方牙疼部位，60 为水，为消炎！

乔英艳象数疗法调理个案

象数疗法调理风湿病

群内一位学友的姨今年75岁，因风湿全手脚都痛，中药、西医都用了，还是痛，2017年8月4日在群里求方，以减轻老人家痛苦。我给她出方4430·77720·16445500·380·372000，8月24日反馈，效果非常好，继续巩固中。方义：4430，考虑到老人风湿病时间较久，会累及心脏，所以第一元用肝木补心、补血助心脏；77720，7艮卦为止，主中气，三个7强化止痛，2兑卦，主气，77720通淤化滞、止痛，补中益气；16445500，1主全身之骨，坎6主肾主骨，震卦4主腿足、肩臂、神经等，巽5主筋，且644，补肾益肝，肝主筋，协助修复受伤的筋，合起来这一元就是壮骨、修复止痛肩背臂膀等，温阳疏风，化气通络；380，健脾祛湿，温脾阳，脾主肌肉，解决肌肉的酸痛；372000，温煦关节，用于关节寒冷之症，2宣肺理气，气行则血行，血行则通，痛则不通，通则不痛。全方：止周身关节疼痛；疏淤通滞，壮骨、修复受损的神经、筋脉；疏解肌肉酸痛；温通关节并气行血行。感恩山玉老师发明的八卦象数疗法，感恩各位老师带领我们学习。

象数疗法调理胳膊劳损

各位老师、学友好，我分享一个象数治愈顽疾的案例。本人于今年1月下旬，因春节临近搬家收拾东西，过度劳累，使胳膊过劳受损。加上1月27日（年除夕）十几个小时的收拾，我正月感觉左胳膊突然疼痛难忍。在家人的催促下我去了医院，虽拍片取药，但我坚定地相信象数疗法，想回来用象数治。配方77720·16445500·380·372000。方义：77720，7艮卦为止，主中气，三个 7 强化止痛，2 兑卦，主气，77720 通淤化滞、止痛，补中益气；16445500，1 主全身之骨，坎 6 主肾主骨，震卦 4 主左肩臂、神经，巽 5 主左肩背、主筋，且 644，补肾益肝，肝主筋，协助修复受伤的筋，合起来这一元就是壮骨、修复受损的左肩背臂膀，温阳疏风，化气通络；380，健脾祛湿，温脾阳，脾主肌肉，解决肌肉的酸痛；372000，温煦关节，用于关节寒冷之症，2 宣肺理气，气行则血行，血行则通，痛则不通，通则不痛。全方：止痛；疏淤通滞，壮骨、修复受损的神经、筋脉；疏解肌肉酸痛；温通关节并气行血行。

这个方我整整念了三个多月，现在已痊愈。为了验证效果，我 4 月连续三周(除 4 月 22 日考试)清洗由于疼痛不能洗而积攒的冬天衣服，一直洗到晚上，除了稍累，没有复发，令我欣喜不已！这次治病，因为是亲身体验，所以积累了一些经验，中间也进行了多次调整。例如，曾经第二元试过 1166445500，但念了 10 天左右，感觉腰腿有非常湿重的感觉，意识到 1 和 6 都属寒凉，两个 1 双数偏阴，特别是 6 本身是偶数属阴，两个偶数 6 过于寒凉，后来就调整成 16445500，一直念到现在。

几点感悟：（1）念象数要持之以恒，不要期望所有的象数都一蹴而就，有的象数会几天、几小时甚至几分钟显效，有的则需要几月甚至更长时间，特别是顽症、慢症。（2）此方还给我带来意想不到的收获，一是无意中发现头发不掉了，前额还长出了密密的绒毛，前阶段由于连续加班导致掉发明显，应该是 6、4 主毛发起的作用；二是大解特别顺畅，应该是第二元顺通、震动、通滞的作用。以上所得充分证明了山玉恩师说的象数治一种病，同时调理全身的作用，感觉象数太神奇、太伟大！自始至终没吃一粒药！最痛的时候，我无法翻身，套头衫不能穿，梳头的动作做不了，而且左臂手的温度明显低于右手，非常疼痛。感恩山玉老师发明的八卦象数疗法，感恩各位老师带领我们学习。

象数疗法调理甲状腺肿块

（1）**时空状态**：2018 年 2 月 22 日，群里一位学友求方："老师好，我年前甲状腺有肿块，按压痛，求方！"

（2）**象数配方**：445500·7220·538220·1600。

（3）**调理效果**：2月23日，又一位学友在群里说："各位老师好，我颈部淋巴结肿痛，求象数。"我回复："也可以用那个方。"

3月6日，第二位学友反馈："我不是甲状腺肿，我以为是淋巴结发炎，到医院看了，医生说是颌骨炎，开了一堆药，我也没取，用老师给的象数贴耳朵下各2条，大椎2条，有空就念，现在已经好了，不肿了！感恩象数疗法！！！"

3月17日，第一位学友反馈："老师好，我年后继续念您给我配的象数配方，现在基本好了，没吃一粒药，非常感谢老师！！！感恩山玉老师带给我们这么好的治疗方法！"

这个方陆陆续续还在各群里治好了不少类似疾病，效果都不错。

（4）**配方释义**：445500，4为雷为震，主肝主疏泄，5为风助阳，子宫肌瘤、乳腺结节、甲状腺结节都与肝的疏泄功能失调有关。此元引用了雷与风的力量，445500雷风相薄，疏泄之、风散之，快速疏通淤滞所形成的肿物，宣导气机，消散淤结，后两个0阳中育阴。7220，7为止，为凸起之物，2可为管道，为通，720山泽通气，补中益气，消坚散结。疏泄的废弃物可流入2的通道中去，血液畅通。兑为缺，为折损，可为手术刀把凸起之物割掉。考虑到已用两个2偏阴，所以加一个0，平衡阴阳。538220，胆木5生离火3，坤土8泻火培金，意思是，肝胆之火由离火引火下行，又用坤土8泄离火护佑兑金2，坤8，"诸湿肿满，皆属于脾"，利湿，消肿，统管全身运化，为后天之本，祛邪毒，兑2为管道为通，主肃降，散结祛肿，后加一个0，含义同上一元。1600，乾1为正，属寒凉，为大肠，坎6为水，为血液。引用了1600较寒凉之象数，引火下行，利水通便泻火去体内热邪，同时也可清凉头部及患处之炎症，后两个0强化降火消炎之效。

全方以快速振动疏泄瘀堵，通畅气血，坤土泻离火培金，疏淤散结，祛局部疾病，加上患者认真默念，使之康复！

象数疗法调理闭经

（1）**时空状态**：2017 年 12 月 18 日，学友在群里求方："老师好！我亲戚的姑娘（39 岁），不明原因闭经有 3 个多月了，最近打了黄体酮也没催来。请老师不吝赐方！谢谢！"

（2）**象数配方**：4430·72000·6445500·3820。让大椎贴 1 条，神阙穴贴 2 条，每日念不少于三四个小时。

（3）**调理效果**：

2018 年 1 月 3 日学友反馈："老师好！经老师赐方并嘱咐需要默念时间较长，念量大才会出现效果。她本人拿到方后坚信不疑，并严格按照老师的要求操作，真是功夫不负有心人，历经半个来月，终于来了，而且说比年轻的时候还要好。她让我代她向您表示由衷的感谢！厉害了老师。"

（4）**配方释义**：闭经，中医一般认为血亏、肾虚、脾虚。针对这种情况，第一元 4430 木生火，补心血、生血，两个 4 加强力量；72000 山泽通气，可以帮助疏通身体的淤滞，也包括血脉通、经络通，闭经说明肯定血瘀、气滞，气行血行；6445500 水生木，益气补肾养肝、助肾阳，肝储血，它是血脉的来源，肝肾又为女子第二胞宫，巽 5 为风、为出入，445500 雷风相薄，加强疏泄的力量，也为快的意思；3820 健脾益气，3 又为暖热、为血脉，促血液循环，8 又为子宫，此元可以暖宫活血、补血。全方补血、通淤、补肝肾生血、健脾益气暖宫活血，加上患者诚信默念，所以取得良好效果。

象数疗法调理肺内感染

（1）**时空状态**：2019 年 4 月 20 日，地天泰群学友求方："一男亲戚，70 岁，肺部感染发烧，时好时坏，一周反复，敬请老师出方相救，谢谢！"

（2）**象数配方**：7220·2666500·4400·388220。

（3）**调理效果**：4月25日反馈："乔英艳老师你好！4月20日你赐数治疗肺部感染发烧的方子，念到第三天就控制住了，现在就是体弱爱睡觉。非常感谢！谢谢你乔老师，谢谢李山玉老师发明的八卦象数疗法。"

（4）**配方释义**：7220，艮7兑2，山泽通气，兑金2主肺，可清肃下行，降肺气，助清除肺部的感染发炎，考虑到老人年高体弱，没有用过于寒凉之数，后面加一个0；2666500，兑2为金，主肺、主呼吸，坎6，主肾、主血液，消炎，金生水，补气益肾、消炎，肺内感染为炎症，5为风、为出入、为散，助肾阳，也为气管，与前面合起来，金生水、水生木，可以消炎肺部感染，清泄气管及胸部的炎症，三个6重叠加强力度，后两个0，阳中滋阴；4400，4肝木，主疏泄、为震动，让患者能将痰邪咳得出，排得净；388220，离火生坤土培金，3为火，为炎症，坤8可泄离3上炎之火，又可健脾。加上患者病情缠绵、反复，所以认真默念，收获良效。

喉咙异物消失了

（1）**时空状态**：2019年11月30日，群里刘××求方："老师好，我喉咙不知道怎么了，有东西堵住一样下不去，走路时心还隐隐有点痛，求配方，谢谢！"

（2）**象数配方**：72000・266500・4430・820。

（3）**调理效果**：12月4日反馈："老师好，接到方子晚上就念＋贴＋助念器播放，当晚念念就睡着了。第二天早上醒来喉咙就不堵了，然后我就出去走，心口不走路时感觉不到痛，走了近30分钟都不痛。本来第二天就想反馈，想想等两天再看看是不是彻底好了。太神奇了！感恩李山玉恩师发明的八卦象数疗法！感恩乔老师的精准配方！"

（4）**配方释义**：72000，土生金，兑2为管、为通道，山泽通气，排除障碍，可以疏通堵住的喉咙，三个0是为了加强力量；266500，金生水，水生木，2为金，为口腔、为喉咙、为肺，肺主一身之气，坎6为水，为消炎，可以疏泄喉咙的疮毒，260又补肾益气，巽5为胸腔、为肺、为气管，为风，主出入、为散，此元可以为喉咙消炎、疏泄；4430木生火，肝血补心血、助心力，解决心脏不适，同时加强疏泄；820土生金，健脾益气、消肿，气行血行，降浊升清，820也为坤土化生水谷精微以充肺，为人体补充能量。加上学友认真默念，所以收到良效。

象数疗法调理多日腹泻腹痛

（1）**时空状态**：2020年春节前，我出差几天刚刚回来，给母亲打个电话问候一下，电话里母亲说，因为担心我在外地分心，没有告诉我，她已经连续四天晚上肚子疼得无法入睡。排除吃东西的原因，连续四个晚上，每天晚上四五次，先是肚子绞痛，然后开始跑厕所便稀，整个晚上根本无法休息，四个晚上了，没有睡一个好觉，痛苦不堪。我耳朵听着，心里却非常担忧，这可不是小毛病，不是吃饭的原因，那是怎么回事？我要求带母亲立马去医院检查。母亲年纪已高，坚决不同意去医院做肠镜，因为一个邻居做肠镜出现了危险（个例），所以母亲坚决不去！在我的坚持下，跟母亲达成妥协：今天晚上念一晚上象数，如果明天减轻就暂时不去；如果明天不减轻，明天早上立马去医院。当天晚上我把去医院的物品都收拾好了。

（2）**象数配方**：77720·111666500·4400·382000。

（3）**调理效果**：当天晚上，妈妈吃饭后没有看电视就上了床，以从来没有过的认真态度静心念象数配方，从五点多一直念到夜里睡着了。早晨六点多我刚刚起床，母亲就打来电话说："昨天晚上我认认真真地念了五六个小时的象数配方，不知不觉就睡着了，舒舒服服一觉睡到大天亮，没有肚子疼，没有起夜，连平日正常的小解都没有，已经四五天没有好好地睡一觉了！啊哟，这会儿是真的相信象数疗法了！太好了！"（妈妈之前念象数配方一直不太认真）

（4）**配方释义**：77720，7艮卦为止，主中气，三个7强力止痛，2兑卦，主气，77720通淤化滞、强力止痛，补中益气；111666500，1为大肠，坎6为炎症，消炎，巽 5 为风、为散、为出入，此元是为有疾的大肠消炎、消除病症、排除肠毒、垃圾，修复受损的大肠，温阳疏风，三个 1 和 6 都是在重疾的情况下加强力量；4400，加强疏泄；382000，健脾益气，温脾阳，脾主运化，让腹内运行正常，解决短期内人体失去正气、邪气内干的问题。全方止痛，疏淤通滞，大肠消炎，加强疏泄，健脾益气。加上这一次母亲认真默念，收获良效。由于母亲的坚持和象数疗法给予的信心和效果，母亲并没有去医院，直到现在也没有复发，稍有不适，再念再好。感恩山玉老师发明的八卦象数疗法！

山东学生：乔英艳

2020 年 7 月

姚易丹象数疗法调理个案

案例一

2018 年 5 月 15 日求诊。性别：女；出生：1987 年 10 月 10 日；出生地：江苏南京。

主诉：晨起口干口苦多梦易醒，大便 2 ～ 3 天一次，睡眠一般早醒，小便多次量少，脾气急易上火。月经不准，鼻炎，肝囊肿，多囊卵巢综合征，眼干有灼热感。

象数配方：7200·1600·0054，要求每天默念不少于 3 小时。

调理效果：默念当晚一夜无梦，持续默念三个月后体检，上述症状基本消失。

案例二

2018 年 9 月 18 日求诊。性别：女；出生：1964 年 10 月 16 日；出生地：江苏灌南。

主诉：二十年前有鼻咽癌手术史，五年前做过甲状腺结节手术，耳鸣，听力下降，头昏乏力怕冷，眼睛常有麦粒肿，晨起口干，轻度便秘，血压偏低，情绪悲观。

象数配方：003·0026·004，每天至少念 3 小时。

调理效果：默念半月效果明显，继续默念一月余基本痊愈。

案例三

2018 年 9 月 22 日求诊。性别：女；出生：1969 年 3 月；出生地：江苏灌南。

主诉：头晕，下肢轻度水肿，睡眠差，凌晨 1 点左右易醒，口干，大便三天一次，蛋白尿。

象数配方：7200·21600·004，每天默念不少于 3 小时。

调理效果：默念一周后明显改善，继续默念月余症状基本消失。

案例四

2020 年 7 月 24 日求诊。性别：女；出生：1987 年 11 月 1 日；出生地：江苏无锡。

主诉： 月经不调，宫颈息肉，子宫内膜增厚，数月前刮宫术后复发。

象数配方： 640·380，要求每天默念 3 小时以上。

调理效果： 默念一个月后经期正常，3 个月后怀孕。

案例五

2021 年 7 月 6 日求诊。性别：女；出生：1952 年 8 月 30 日；出生地：山东莘县；目前所在地：山东聊城市。

主诉： 2 型糖尿病十年了，膝盖滑膜炎十五年了，膝盖疼痛且有一鼓起囊肿，脑部供血不足，头晕。晨起有时有些口苦，睡眠一般，情绪不稳定，因为持续头晕，吃药后效果不好，比较烦躁，视物模糊，脚部凉，日常服用降糖药并打胰岛素。有肺结节和腰椎手术史。

象数配方： 80·7200·650·400，一天累计默念 3 小时以上，在膝盖疼痛处写 6 排 70·60·50。

调理效果： 念了 2 周膝盖原本的囊肿摸不到了，膝盖基本不痛不麻木；念数到第 22 天，胰岛素没有再打，70 岁了还被一家体检中心返聘上班当主检。这个案例特别之处是老太太自己是医生，多年西医解决不了的问题，通过象数疗法在这么短的时间内显效，感觉特别好，连连夸赞。

付尚智象数疗法调理个案

象数疗法调理结肠炎效果显著

平度的朴女士，1981 年出生，结肠炎十六年，花费了 200 多万元，在全国各大医院求医问药，效果甚微。在韩国的医院，通过食疗调理，取得了一些效果，但是回来后，旧病复发，每天还是大便若干次，痛苦异常，每天都靠大量的美国药物维持。夫妻经营的箱包公司的盈利，大部分都用于治病。她通过飞牌吉尼斯世界纪录保持者白登春老师联系上了付尚智老师，2021 年 6 月 28 日来见付老师。付老师用朴女士双手抱膝起卦配方 05300·080·7220·1660。

7 月 24 日，朴女士反馈：通过 20 多天的默念，效果非常好，大便基本正常，以前的药物也不吃了，象数疗法太神奇了，没想到十六年的疾病，花费了 200 多万元，都不如一组象数的威力大。付老师让其继续持念。

象数疗法调理五十多年的腿肿

2020 年 4 月 28 日，王××让我看看她的身体情况。她是 1956 年正月初七出生，左侧偏头痛，左耳有时会很痛，左肩周炎，左肋有时跳痛，左股骨、膝盖、脚踝疼，右手拇指关节有个像骨刺一样的包，右侧脖子疼、腰疼比较厉害，双腿下肢肿，按下去就是个窝，能放下一个硬币，稍微吃点海鲜就会痛风。

我给她配方 77720·1650·440·050·380。

29 日晚上反馈："付老师好，我今天念了几个小时，效果很好，今晚洗脚看腿，比昨天肿得轻了，因为肿就不喝水，到今天小便却比往日多，并且下午出去爬山，腿也没以前那么沉了！这象数太神奇了，太感谢您了！"

30 日反馈："付老师好，汇报一下昨晚默念情况。因为睡眠不是很好，念到凌晨十二点时嗓子痒，咳嗽，念着念着睡了，今早起看腿，比昨晚还好，虽说还有点肿，但以前按下去能放下一个硬币，现在只有点痕迹。谢谢您！象数能量太神奇了！"

5月1日再反馈："付老师晚上好！汇报一下今天默念效果，今天我的腿不肿了，爬山比以前有劲了，谢谢您！我每次去意大利女儿家，行李箱都是满满的中药，我喝了五十多年的中药，都不如默念3天的象数效果好。替我感谢伟大的李山玉老师的创举！感谢付老师的精准配方！"

象数疗法调理7天血糖就降下来了

孙先生，65岁，患有多年的糖尿病，一直靠药物降糖，高的时候达到13，其爱人王××通过象数调理好了五十多年的腿肿，王××也想用象数疗法给她老伴试试。王××带着孙先生来见付尚智老师，付老师给配方64400·0030·8220·6660。

他默念了7天，每天有时间就念一下，也没当回事，但是每天的血糖指标逐渐下降，第7天已经降到了6.2，现在孙先生对象数疗法也佩服得五体投地，有什么毛病，都用象数调理。感谢李山玉老师的伟大贡献！

象数疗法调理过敏的困扰

我是刘××，56岁，我以前吃猪肉、海鲜、鸡蛋这三样都过敏，已有六年了，以前还打过过敏针，也没有效果。就在2020年4月，我通过赵以枚认识了付老师。付老师给我配方7200·640·003·05380。

我在家认真默念了2个小时，第二天女婿送鲅鱼来了，我和我先生说，吃还是不吃？不吃还馋，吃了身上还痒。我先生说，吃吧，痒你就吃药。于是我就吃了鲅鱼。到了晚上睡觉的时候，我非常担心，不敢睡觉，因为到晚上一点到三点就会开始痒，但是当晚没有痒，把我给高兴的。我早晨起来就给我赵妹妹打电话，说我念象数以后吃海鲜没有过敏。第二天我继续默念，中午又特意吃了3种海鲜，当晚也没过敏。第三天我又试试吃猪肉，当晚还是没过敏。第四天我又试了吃鸡蛋，仍然不过敏。象数能量太神奇了！现在我吃什么都没再出现过敏的现象，感谢付老师的大爱！感谢李山玉老师的伟大发明！

陈景茹象数疗法调理个案

象数疗法调理助语迟小孩儿开口说话

2016 年 3 月 26 日晚 8：26，我接到朋友杨女士微信："我想请教你，怎样能使我孙子开口说话？有天碰上爱玲，她给我几个数 220·60·40，我也诚心念了有一个月了不知我把数记对没？"看完微信后我问了孩子的确切年龄，知是"3 岁零 5 个月了"。再问："3 岁零 5 个月了，一点都不会说话吗？"答："不会，只会叫妈。"又问："请教过医院大夫没有？"答："请教过，也没什么说法。"以上是杨女士与我之间的大致对话，此时的我对此事已有个初步的认知了：从小儿发育的周期男女有别来看，是女七男八，故男孩子学说话稍晚于小女孩是情有可原的，但晚至 3 岁零 5 个月了还迟迟"金口难开"，恐怕就非属正常之现象了，也是需要医治的了！西医给不出说法也就拿不出治法，但象数疗法则不然。象数疗法基于中医就能从中医的道理中找出病因，象数疗法源于《易经》就也一定可以从易的角度上要来治法！我看了看爱玲老师的象数配方 220·60·40，220，2 兑卦，为悦为说；60，6 坎卦可激发肾阳以先天之本促后天发育；40，4 震卦为声为语，还可生助离火，应该说思路不错，是个好方子，但为何持念了一个多月而未效呢？我感到一是"开力"不够；二是忽视了"舌"对语言功能重要性的考虑。方中虽震 4 可生助离 3，但对于此小儿来讲，其暗补的手法经实践证明已欠力道！想到此，有了对爱玲方的分析后，我回以杨女士的微信是："先试一下 2000·640·0530 这个配方，注意这个配方给孩子带来的冷热变化，随时反馈。"杨女士答曰："好，谢谢。"事情一晃就过去了一个月，今天上午（2016 年 4 月 26 日）我在回完了数条微信后外出买菜，时间就比较晚了，结果恰好就碰上了带着小孙子买菜归来的杨女士。一看杨女士满面春风的样子，我就猜是有好事了，果不其然杨女士告诉我：用了象数配方 2000·640·0530，孩子已在学话中，会了一些词汇还学着数数了，接着杨女士就当着我的面验证她刚才所言，她念阿拉伯数字孙子就跟着念；她让孙子跟陈奶奶说拜拜孙子就真的一边摆动着小手一边在对我说着"拜拜"了……杨女士在笑，在夸象数疗法！我也在笑，在感恩象数疗法！杨女士的表情是那样轻松，因为这位负责任的奶奶再也不用为孙子的语迟四处奔波求问原因了！而孩子的姥姥亦再也不用忧心如焚地跑寺庙去烧香拜佛了！象数疗法真的是了却了一桩她们对于孙辈的心愿呐！而归根结底是李山玉老师的悟创又把一个大大的福分送进了一个笃信者的家中啊！

象数疗法调理速止亡阳之汗

2014 年 11 月 30 日下午 5 点多钟，洛阳学友李 ×× 老师电话求助，说今天不知何故，身体特别冷，穿多少盖多少都不管用，恶寒重。因为近来要搬迁正收拾东西呢，就急着想把这感冒快速治愈，于是就念了含有 43330 且多元都是如此高热量的大方子以求速效，结果没想到却念出事儿来了——冷好像稍稍好点（个人感觉），但却大量地出汗，控制不住地往外出，人很虚，汗出得越多越虚，要我快出方帮她止汗。我告诉李姐，她的这次外感，是风寒感冒不错，应使用偏热的配方其思路也没错，但错就错在缺乏冷静思考方子太大、太热、太过了，反而欲速则不达，感冒没见起色，却把体表的毛孔全部打得过开，造成了营卫的极度不和，津液的大量流失，这种过汗如止不住的话将有亡阴并亡阳之险！于是立即赠方 2000·60·030·770，嘱其认真默念。

十分钟后，李姐的报喜电话就打来了："汗已止住，不再出了！"但当时我家电话的音质有些不好，我没听清楚，李 ×× 老师就再次大声地告诉了我一遍："陈老师，我的汗已止住，不再出了！"闻此，我内心十分感慨——只要对了证，八卦象数疗法的快速疗效实在是太令人不可思议了！在当年 12 月 9 日的小组学习会上，我把这个例子讲给了大家听，感慨象数疗法十分钟快速止汗的神奇。故事的主人公李 ×× 老师当时也在场，令大家全都没有想到的是，她纠正我说，她是十分钟后打的报喜电话，事实上她默念 2000·60·030·770 这组配方只用了短短的 3 分钟，汗就止住不出了，全场自然是一片赞叹！

然而，汗是止住了，但烧还没退呢。李××老师头一天知道发烧但没量不知道具体温度，第二天量时是 39℃，问我念什么数好。我建议念 20·60·50·80，钻进被窝念，念到出些小汗微汗把寒邪带出来烧自然也就会随之而退的。这是 12 月 1 日晚 9 点的通话。第二天 12 月 2 日下午 5 点我电话回访，李姐告知昨晚念到半夜 12 点的时候，出汗了，汗不很大，烧就慢慢往下退了。我问现在怎样，说已经不烧了，又说这事真是怪呀，自己念那么大热的方，烧反而不退，后来念的是这么平和的方子，反而能退热。我告知：人体这台"仪器"，不光十分精密同时还特别复杂，当这台仪器出了故障时，我们绝不能凭主观愿望去随意地鼓捣它，而是应当用老祖宗们给我们留下的辨证思路，用李山玉老师悟创的八卦象数疗法的正确配方来解决问题才为妥当啊！

后续： 李姐烧退后，因家里的一大摊事，就没能做很好的巩固性默念，12 月 3 日出现了 37.8℃的反弹。她问可以继续念平和的方吗？我说可以，再念之后，此事终于画上了一个句号。

88 岁老人的记忆力回来了

2016 年 4 月 25 日，我的一位小学同学王某，为其 88 岁母亲求方。老人的记忆力快速丧失，已完全不认得自己的女婿，快要不认得自己的两个女儿，看电视不知看的是什么。家人为此忧心忡忡，故求助于象数疗法。我的赠方是 11160·22260·64500·3870。2016 年 5 月 15 日反馈："告诉你一个惊人的好消息，4 月 25 日你给我的方子，我在'五一'放假回家才给我妈用上，第一个星期我在布上写了两组配方，缝在她的内衣上，第二个星期六回家我就发现她老人家有了改变，会看电视了，然后我又给她加了一组，现在她背着三组配方。以前我老妈看电视时，看着看着就睡着了，自从给她内衣缝上两组象数配方，又写在纸上让她念，上午一小时下午一小时，一星期后我发现她能跟着电视的情节走，还能认出她以前认识的演员和电视主持人，而且路上见到熟人还很热情地打招呼。象数疗法真的很神奇啊！今天我就鼓励她，让她念的时间再长一些，腿就会有劲了。她只要一听说腿能有劲就高兴。景茹我该怎么感谢你啊！"

大家想想看，以大自然的规律而言，凡体肉身的我们随着时光的流逝谁都会越来越苍老，谁都会记忆力越来越差，怕也没有用，对吧？但如今我们有了神奇的象数疗法，有了适合此症的配方，则完全有可能大大地推迟这一天的到来，使我们晚年生活的质量得到最大限度的保障啊！实在是太感恩了！

象数疗法褥单显神效

那是在 2013 年的年初，王老师打电话给我，为她女儿的子宫肌瘤和卵巢囊肿求方。听到她焦急的声音，我知道问题严重：医院已确定其异物的大小已达必须手术的程度了！我理解王老师的心情，可也知道她女儿是不相信象数疗法的，她不会念！而不念又怎来疗效！况且离手术也没有多少天了，能创出奇迹吗？王老师说："陈老师你只管出方，后面的事交给我来想办法。"可怜天下父母心啊，我很感动，于是赠方 00054000·082000·072000·160。说真的，方子虽然给了出去，但对于一个不相信象数疗法的人，我当时没抱太大希望。

20 天后，当王老师的女儿兴奋地给妈妈报了喜后，她的妈妈又兴奋地把喜讯报给了我，我则是既兴奋又百感交集啊：一是感慨一位母亲的爱心与智慧——女儿不信，就制作出写满配方的"象数褥单"，让女儿小憩时于夜梦中享受着象数疗法的治疗；二是象数疗法竟可以在短短的 20 天内，就以"睡褥单"的方式，使患者与一次妇科手术说了拜拜，就改变了一个人的医疗观念，从而还很有可能改变了她的命运呢。我感动于母爱的伟大！我更感恩屡创奇迹的八卦象数疗法！

洛阳学员：陈景茹

张译丹象数疗法调理个案

象数疗法调理肾积水

尊敬的李山玉老师您好!

您的学生张译丹在此给老师深深地鞠躬了!深深地感恩老师们的大恩大德!是李山玉老师创建的八卦象数疗法又一次创造了奇迹,治好了我因外伤而引起的左肾积水!攻克了医学界因外伤、结石等原因引起的肾积水难以治愈的难题。神奇的八卦象数疗法不花一文钱,没吃一粒药,只在日常生活中随时随地默念象数配方,就真实而又神奇地治好了我结缘象数疗法之前罹患两年的左肾积水,这让我激动不已,感慨万千。在此再次向尊师们深鞠躬、致谢!

我与八卦象数疗法有着不解之缘,这是上天赐给我的福报! 2012年秋季,通过一个朋友介绍,便对象数疗法深信不疑,初识之后,立即参加了函授。在此期间,一边翱翔于八卦象数疗法知识的海洋里,学习和应用、推广八卦象数疗法,一边用李春斌老师及李山玉老师的象数配方治疗我的左肾积水,在此期间虽然根据身体的状况和天气节令的变化,更换了几次配方。令人惊喜的是,在自己每天忙碌于一些事物,要看李山玉老师的著作进行自学,每天只是偶尔默念十几分钟和贴象数配方于相关部位的情况下,就神奇地治好了我的左肾积水!今天单位体检做彩超时,我让大夫认真看一下左肾的部位有没有积水,大夫认真查看后确切地告诉我:没有了!我当时感动得以为听错了呢,又让大夫说一遍,大夫又肯定地说一次:没有积水了。我高兴得差点没从体检床上跳起来,我太激动了!前后做过三次体检,都是在这个医院做的,每次都是这个大夫做的,第一次做的肾积水有1.4厘米,一年后是1.0厘米,第三次做的就是0积水,而第二次与今天所做的时间只相隔几个月啊!检查结果就是0积水,真是令人惊喜啊!

在此简述一下李春斌老师、李山玉老师的象数配方。用方初始时，用的李春斌老师的配方 226660·050·4400·380，念后感觉身体由开始很多关节疼痛，渐渐止痛，身体非常轻松，命门穴时常在跳动和鼓胀，肾积水在减少，由 1.4 厘米转为 1.0 厘米，身体也在向好的方向改善。

今年春季用的李山玉老师的配方 72000·1650·450。每天默念李山玉老师的配方时，有时间就念几分钟或是十几分钟，几个月全部时间加起来才念了十几个小时，也就是说，没有充分地去每天默念几个小时，就达到了令人惊喜的效果，这就是说，李山玉老师所创八卦象数疗法大道至简、场效无穷。同时也是我用了感恩之心和虔诚的信念去认真对待这个自然疗法的结果，也是上天赐给我的福报！

结缘象数疗法已有三年了，这三年来，我除了自学李山玉老师的所有著作，还在青岛研究所创建的 QQ 群里，跟随着李春斌老师学习很多象数疗法的知识，并加以推广，每天在这个传统智慧的海洋里翱翔。在自己受益于象数疗法的同时，给予群里的群友及其家属病人配方疗疾，受益人已有几百个案例，自己都有日记记载的。每当见到病人反馈受益于象数疗法的信息时，心里如同自己病好一样欢喜！ 关于我这三年来治愈的几百例病例，我会慢慢整理汇报。一句话：我今后要以李山玉老师发明的八卦象数疗法为基石，更加勇猛精进，大胆实践，积极推广，让更多人受益，用自己的刻苦实践来感恩李山玉老师和李春斌老师！

学员：张译丹

2015 年 10 月 12 日

象数疗法一夜调好带状疱疹

一组象数配方，一晚上就征服了住院二十多天，中西药合用仍未治愈的带状疱疹病痛！

一位大姐腰部左侧起了带状疱疹，住院用药二十多天后还不见好转，才电话告诉我，她说：住院二十多天用中西药结合治疗，虽然疱疹下去了一些，但残留在腰部的疼痛后遗症，还是让她无法忍受，整个腰部神经痛，痛得直不起腰来，不敢触碰，痛苦不堪，感觉就是生不如死！我得到信息后，立即组方，以止痛、滋阴除燥、营养神经、疏泄肝火、补血给养、温健脾胃等平衡阴阳五行的象数予以治疗，效果很好！大姐第二天一大早就打电话报喜！她说："我在书写配方时就不怎么痛了（就感觉很神奇）！经过一晚上的贴方，一晚上没有痛，睡了个好觉（疼痛折磨得二十多天没怎么睡觉），还感觉身体特别舒服！象数疗法太神奇了！比什么都快都好！只写一组配方就把这住院二十多天用中西药都未治愈而折腾得生不如死的痛苦，给一并解除了！真是太棒了！感谢象数疗法！感谢张译丹！"

象数配方： 77720·64000·054400·043800。

配方释义： 77720，7是止痛也是消滞，2是肃降、布散，77720强力止痛和散瘀。64000，6是陷、是肾、是水是流通，4是震动疏泄，64000滋阴除燥。054400，5是胆是风是神经，又是出入，4是肝，是震动疏泄，该病灶又循经在肝胆经部位，雷风相薄，054400消炎镇痛，00滋阴。043800，4同上，3是心是火是血液，诸疮痒痛为心火，8是脾胃，是肌肉，是疮口，温中健脾，起运化通络作用，00偏阴，043800消肿去毒、温健脾胃。

病人好了，我是从心里高兴！就像自己大病初愈一样。我当即告诉她："你别感谢我，就感谢八卦象数疗法的发明人李山玉恩师吧，八卦象数疗法通神明之德，类万物之情，是造福世界的法宝！"

象数疗法调理狗狗皮炎、抑郁、稀便

（1）**时空状态：** 2017年12月15日郑州张某求助："狗狗猫咪生病可以用八卦象数疗法吗？我两个月前收养了一只被主人遗弃的狗狗，快8岁了。今天早上大便2次较稀还带血，狗狗平时饮食还算正常，昨天女儿喂它喝了点酸奶，今早就出现了稀便带血的情况。可能因为它年纪大的缘故，又因长期被前主人关在笼子里，导致狗狗体质较弱，而且还有点心理抑郁，性格不合群。来的时候耳朵和皮肤有陈旧性皮肤病（收养后已给它治疗），但还是经常抓挠。我想着众生平等，所以想帮狗狗求个象数配方替它念念。"

（2）**象数配方**：00020·6500·03880·0770，贴在狗的脖颈处。

（3）**调理效果**：12月16日反馈："狗狗贴上象数配方一天后，那些症状已基本正常了，感恩！"

（4）**配方释义**：全方以补脾益气，温补肾阳祛湿为主。00020益肺通气，治皮肤瘙痒，前三个0为阴中有阳，去阴湿；6500清热解毒，疏风散寒补益肝肾；03880温补脾阳，升清降浊；0770驱寒振胃气，健胃降浊，化气散寒，两个7加强通瘀滞的功效。

象数疗法调理腱鞘炎

（1）**时空状态**：杨某的右手腕腱鞘囊肿犯了，手腕肿痛，右胳膊肘也疼。他腱鞘囊肿已经三十多年了，做了两次手术，这回又复发。右手干活时用一点力就疼，每次疼了以后都肿痛得什么都干不了，不能回弯，向我求方。

（2）**象数配方**：0388200·72100·6500·054400。

（3）**调理效果**："这个方子3天内就有效果了，贴数加默念，手腕已经能动了，疼痛也好些了。谢谢您！我继续持念。"

象数疗法调理右侧头部抽筋性疼痛

（1）**时空状态**：马某的女儿四十多岁，右侧抽筋性偏头疼已四五天，下午尤其重。以前她每次经期才有此症状，也就疼一两天，偶尔会恶心呕吐，但这次疼痛时间比较长，向我求方。

（2）**象数配方**：0300·0800·026400·0500。

（3）**调理效果**：念了配方很快感到抽筋痛减轻了很多，她说真奇怪，这次她的疼痛与往常不一样，经期时痛得用手按着头，甚是痛苦，现在已经不再按着头了。象数配方真是神奇！

（4）**配方释义**：此方以治疗肝阳上亢、气机肃降失调为主。0300治头疾，心火亢奋，泄心火；0800散寒，通络，清头；026400通利肺肾，舒肝；0500化气利胆，益气通络，清头降浊。

象数疗法调理孕期不规则出血

（1）**时空状态**：方某38岁，怀孕五十多天，但有不规则出血，有过流产史，目前B超检查正常。

（2）**象数配方**：7770·38800·2650。

（3）**调理效果**："老师您好，我每天念的时间少，只是贴象数配方，这两天不出血了。谢谢您！谢谢八卦象数疗法！"

（4）**配方释义**：全方以温补脾胃止血，温补肾阳为主。7770为山为止血，为散寒补中气；38800脾主统血，温脾益中气，00凉血止血；2650温振肾阳，宣肺气，充盈肾气，主水摄血。

象数疗法调理陈旧性骨折

2018年11月30日反馈：张译丹老师好，20分钟前我看见了老师配的治疗陈旧性骨折的配方77720·66500·054400·038200，马上写了五行贴在手腕患处，我十五年前粉碎性骨折，愈后经常疼痛，这段时间感觉很痛。八卦象数疗法太神奇了，现在已不痛了，另一只手摸上去感觉还热乎乎的。感恩李山玉老师的伟大发明！感恩张老师！

象数疗法调理顽固口腔溃疡

2019 年 5 月 25 日反馈：张译丹老师您好！感谢您给予的象数配方。我的症状是口腔溃疡、口干舌燥、嘴唇口角干裂脱皮现象，已经有三个多月了。到处去看，吃中药、涂药都没有效果，心情不好又痛苦。经朋友推荐八卦象数疗法治疗。您给我的象数配方是 0030·007200·6400·038200，昨天上午连续默念有四个小时，效果不显。下午还继续默念，睡前也默念，今早奇迹出现了，唇裂基本全好了，嘴里面干燥的感觉也在好转。今天接着用助念机继续助念。十分感谢张老师，几个月的烦恼一下就烟消云散。再次感谢！接下来努力加油，把它根除。

象数疗法调理舌咬伤

2019 年 5 月 11 日反馈：译丹老师早上好！我妻子是个老病号，长期用八卦象数疗法调理，现正在逐步康复中。昨天中午因吃苹果，切块太大，又急了一些，造成舌头被咬，出血不止，我虽用配方止血，但效果不佳。下午向译丹老师求方，老师在百忙之中赐方 0030·7770·2660，经昨晚上半夜自念加用助念器助念，在下半夜时就发现血已全止住了，一直助念到早饭前，饭后再检查发现已痊愈。感恩张译丹老师的大爱付出，感恩八卦象数疗法。

象数疗法调理肩痛

2018 年 10 月 18 日反馈：张泽丹老师您好！接到您的配方 0071100·65000·4400·03820 后，我一直持念，疼痛逐步减轻，只剩颈椎右肩膀僵硬，无须我再去浦南医院做针灸理疗拔火罐（火罐拔后肩膀青紫，受凉严重影响疗效），于是回家继续念象数，并按摩百会穴、风池穴、天柱穴。睡前念象数时从百会穴至颈部有凉风下行，之后开始发热至左右肩膀。念着象数估计 40 分钟左右入睡。早上醒来感觉轻松不疼了，好开心！为了观察疗效没能及时反馈。我会常念此象数配方保持疗效。在此感谢您，只用几秒钟就精准地配出配方！感恩山玉恩师创造的八卦象数疗法造福人民！

象数疗法调理尿路痛

（1）**时空状态**：2018 年 10 月 18 日："张译丹老师您好，我丈夫刚才突然小便一尿就痛，影响到肛门总想大便，但是因为疼痛也便不出来，劳您帮忙给组配方。谢谢！"

（2）**象数配方**：002200·00100·600·054400。

（3）**调理效果**："念数和贴膏小腹部半个小时后，小便疼痛缓解，大便已经顺利排出。次日感觉比昨晚还要好！谢谢您！感恩八卦象数疗法！"

象数疗法调理颈椎病

（1）**时空状态**：2018 年 11 月 30 日："张老师好，我上星期五下午骑车时吹到一阵冷风，突然诱发了颈椎痛，右颈连肩膀筋疼痛难熬，还有后背大椎穴到胸椎处也疼痛不已，左肩胛骨长期微痛，这五天来，每到半夜一点左右就要强烈疼痛到凌晨三点左右。用过 80·2650·4440 没有效果，求老师帮助配方，谢谢！"

（2）**象数配方**：0005000·782220·65000·43800。

（3）**调理效果**："上星期三晚上因严重颈椎病向老师求助，默念了两天疼痛有缓解，第二天晚上念时感觉病气往下走，左脚脚底一直往外出气，第三天晚上可安然入睡，非常感恩张老师，昨晚开始颈椎已感觉正常，突发的颈椎病已被老师治愈了，胸椎和左肩胛骨还有点微痛。半夜激烈的疼痛真使人苦不堪言，现已极大地缓解。感谢张老师用方神效，感恩李山玉老师的发明！"

象数疗法调理子宫脱坠、流血、小腹下坠痛症

（1）**时空状态**：田某某："张译丹老师您好，请帮忙！朋友母亲子宫脱坠，现流血，腰疼，小腹下坠痛症，子宫脱出来有小孩拳头大小，已经住院。谢谢！"

（2）**象数配方**：053880·7770·26660·050，并嘱其以默念为主，每天默念4～6小时以上，腰部、小腹部，各贴三行。

（3）**调理效果**：田某某："张译丹老师，您好！我朋友母亲只是贴数053880·7770·26660·050病情就缓解了，脱坠的子宫也有所复原了，疼痛减轻了。他说没动手术就出院回老家了，不做手术了。一定是神奇的象数疗法使病得以缓解了。回家继续贴和默念，感谢张老师！"

（4）**配方释义**：053880，让暖风瞬间吹入腹腔和驱寒，8是腹腔也是脾，主升主肌肉，也主统血；7770是止血和止住脱坠的子宫，止腰痛腹痛，亦有让子宫回高处之意；26660补肾虚而治腰痛；050，滋阴潜阳，助肾阳，通阳和阴，巽为入，让出来的子宫入里归位。故此方奏效。

象数疗法调理嗓子受伤痛

（1）**时空状态**：王某某："张译丹老师好，总是麻烦你，很不好意思。先生下班回来说，中午吃排骨，嗓子伤了，做 CT 没发现问题。现在吞咽就疼。下午到现在水也没敢喝。麻烦老师给配组数念吧。谢谢！"

（2）**象数配方**：0030·008200·6400·050。

（3）**调理效果**：王某某："报告张译丹老师，你给的这组数字先生念了两天，现在喉咙已经不疼了，可以正常吃饭了，在这期间没吃任何药，只是念象数配方，贴象数配方，效果很好。"

（4）**配方释义**：0030滋阴消炎止痛消肿；008200健脾益气愈合创面，前后00滋阴；6400滋阴藏血，安魂；050为风，为喉管为行气，前后0疏通气而不燥。

象数疗法调理小孩包皮术后肿痛

2017 年 6 月 26 日，青岛 QQ 一群肖某："老师好！我儿子今年满 10 岁，今天下午四点多钟做了包皮切除手术并且还缝了 1 针，医生没开止痛药，只开了消炎药，现在痛得厉害，一直哭得很伤心，说痛得太厉害了不敢小便。我心里很着急，请老师配个方，非常感谢，拜托老师了！"

我接到肖某的求方信息后，立即给予配方 03800·0777200·64400·05400。

27 日早晨肖某反馈："老师早上好！昨天晚上你给的象数配方贴在了肚脐下的关元和气海，今天早上好多了，没红肿也没出血，并且小孩小便时疼痛减轻了一些，小便解后还有些痛，今天继续念和贴，非常感谢张译丹老师辛苦付出，晚上再回复！"27 日晚肖某又反馈："小孩现在的情况是还有一点痛但痛比早上要好些，晚上发现龟头下边有出血，纱布包着的看不见里面，不知道是不是缝针的地方出血，医生说纱布要三天后再拆，拆后可能会红肿和充血。"28 日我得到信息后立即在原配方上做了调整：0722000·16400·05400·03820。7 月 2 日晚 7 点多，肖某反馈："小孩拆纱布后用了您给的配方已经差不多好了，化脓出血的地方已经结痂了，谢谢您！谢谢李山玉老师创造的八卦象数疗法，太神奇了！我们应该好好学习，谢谢老师的大爱和无私的付出，感恩您！"

配方释义：03800，温健肌肤，升清降浊，前面 0 阴中有阳，后 00 助阳并滋阴；0777200，777 为通滞止痛，777 加强之力，2 为疏解气机，提气扶正，在止痛的同时，用 2 来消导积滞，气行血行，升清降浊，0 的应用同前；64400，6 为坎水，为肾，开窍于前后二阴，又为通，为利，44 是肝经，为震动，为神志，又为筋脉，手术的部位血管神经丰富，游走筋脉，疼痛难忍，调心宁神，44 力量较强又去术中感染之毒，00 护阴；05400，5 为胆，为血管神经，又肝胆相照，阴部循经走的是肝经，5 为风，为进退，为散，主胆主肾气，降逆泻火，4 同上，从而由 5 带动 4 将疼痛和炎症驱散或下行，清火化浊，00 护阴。

面临三日后拆线会红肿、充血的危险，改换消肿、消炎、防止出血的配方

0722000・16400・05400・03820。0722000，7同前，22加强提气扶正，加强消炎杀菌，000加强效力；16400，1为通诸脉，带动一身阳气，扶正、复原，6400同前，合之以相生之力，交通心肾，调理气机，00助阴；05400同前；03820，益气活血，升清降浊，健脾温中，益气通脉，运化水湿，消除水肿，前后各0是通透经络，故此方合之奏效很快。为此，我与患者家属同感：感恩李山玉恩师创建的与天同道的这一大法，惠及众生，从而带来诸多的福音！感恩山玉恩师！！！

象数疗法调理游泳耳朵进水

（1）**时空状态**：QQ群王某："老师好！游泳时耳朵进水，用了各种办法水还是没出来，走路时耳朵嗡嗡响，有合适的象数吗？谢谢！"

（2）**象数配方**：64440・500・72200。

（3）**调理效果**：次日王某反馈："张译丹老师好！我耳朵进水，用各种方法水都弄不出来，昨晚你给的象数配方贴在耳朵上，睡前默念，半夜耳朵的水就自己流出来了，太感谢了！"

（4）**配方释义**：64440是强力震去耳朵里的积水和湿气，4主疏泄；500是协助吹干耳道；72200是去除耳里积水，且通透憋闷的耳道，山泽通气。故此方生效。

在此谈一下自己的感想：要感恩创始人李山玉老师！是她的象数疗法给诸多疾苦百姓带来了福音！没有她发明的如此神奇的象数疗法，哪有大家的受益之处？！耳道里积水，不及时想办法去除的话，将会积陈成患，我小时候去海里游泳，就有过这样的经历，那时候没有象数疗法，就是西医治疗，总是不好，导致了往后几十年的中耳炎，总是复发，非常难受。与象数疗法结缘后，自己在治疗别的疾病的同时，不知不觉地把中耳炎治好了，这就是李山玉老师说的"象数配方除了调节局部，同时调理全身"的真理！所以，我们要努力学习，激励自己珍惜与象数疗法结下的不解之缘！珍惜这个良机，从学习中得到更多的知识和精华！把李山玉老师发明的八卦象数疗法发扬光大！惠及更多需要帮助的人们！

象数疗法调理婴儿脑部囊肿和肺内感染

一组象数配方，10 天内用助念、遥念就降伏了出生 4 天婴儿的脑部小囊肿、肺部感染白细胞 1 万多、吸附母乳有间歇噎着等症。

微信群马姐："尊敬的张译丹老师晚上好！求象数方！2017 年 8 月 17 日中午 1：02 孩子出生，检查发现肺部感染（白细胞 1 万多），脑部有个小囊肿（很小）。目前婴儿仍在新生儿科监护室。今天去探视，大夫讲了这几天小儿的情况，第一天白细胞 1 万多，第二天检查报告 3 万多，用了药后，今天的报告单白细胞 1 万多。还有小儿在吃奶中，有时像噎着状，要停下来后再接着吃奶。敬请张老师给小婴儿配组象数方，我们感恩您！外甥媳妇星期三出院，宝宝只有各项指标正常才能出院，希望宝宝能和妈妈一起回到自己的家（是我妹妹的孙女）。我和她家人一起助念，并用助念器参加助念，先谢谢您！"

我接到信息后，立即给予其象数配方 0078200·166500·054400·038200。

马姐反馈："8 月 21 日为出生 4 天在新生儿监护室的小婴儿因肺心部感染，白细胞高，脑部有个小囊肿，喂奶时像噎着而要停下喘气等情况而求方。家人助念，又用上两台读数机一起遥念。上星期有位老中医夫妇去家里看孩子，检查后说，孩子都正常了。家人们都很感激您及时出方使孩子尽早脱离病痛，感激您张老师，您总是急人所急，诚心实意地帮助求助的人！感恩山玉恩师的八卦象数疗法救人无数！感恩山玉恩师辛勤培养了一批无私并不求回报默默奉献大爱的好老师们！"

配方释义：0078200 消坚散结，健脾益气，温补肺阳。7 为艮卦，是凸起，调胃气主肃降化痰，消坚散结。8 为坤卦，有软化脑血管散寒化浊作用，温脾益气，佐以补肺气。2 为兑卦，为肺、气管、咽喉，主气机而通络，为损余、为肃降布散而消炎，宣肺理气化浊。166500 温补肾阳，通利肾经膀胱经，驱散头疾。1 是乾卦，为头，为血管，为利，化气散瘀，治头疾。6 是坎卦，主肾，为先天之本，主元气，肾主纳气，为通为利。66 加强效力又滋阴。5 为巽卦，为风，温阳化气，为温阳疏风，通络降浊气，后面 00 防阳过。054400 调解肝胆气机，消除脑部肺部炎症。4 为震卦，为肝脏，主疏泄，藏血舍魂，脑部有小囊肿会心神不宁，又雷风相薄，起疏导作用，44 加强力度又防阳过，后面 00 滋阴。038200 强化健脾益气，安静心神除烦，促进食欲，益气活血升清降浊。3 为离卦，为心、为血液、为头、为神志，主血脉，促进血液循环，降白血球，00 防阳过。故此方合力而生效！

李山玉恩师发明的八卦象数疗法就是这么神奇！有道是"象数疗法为有缘者谋，象数疗法为诚信者益"。一组象数配方，是天人合一信息场沟通组合的庞大载体，在刚出生 4 天小婴儿的家属们虔诚的信念及其合力助念、遥念的情况下，与宇宙大自然的阴阳五行同步共振，使阴阳平衡，达到消除病患的健身之效。我为这受益于象数的婴儿而贺喜，而赞叹，而欢喜！为此，我与其家属一样，感恩李山玉恩师的伟大发明！

象数疗法调理婴儿黄疸高

微信群的宋某某于 2017 年 9 月 22 日下午微信求方："张译丹老师下午好！我孙子 2017 年 9 月 20 日出生，至今才 3 天，黄疸有点高，昨天送到监护室去了，今天医生说黄疸又升高了，反应蛋白值又升高了，家人十分担心着急，怕情况不好，请求张老师给赐一组象数配方，我代表家人感恩感谢！"

我给其配方 1640·005400·038200·2600。

9 月 26 日早晨 8 点多，宋某某反馈："助念您给的配方三天多，孩子的黄疸就降下来了，蛋白值也接近正常了！感恩张老师爱心帮助！谢谢！"

配方释义： 1640 肝肾同源同补，强化水生木功能；005400 疏肝利胆，疏通胆汁分泌；038200 温补脾胃，健脾益中，健全后天之本的运化功能，并促进气血生化；2600 肾为先天之本，启动肾的纳气和通的作用，调顺脏腑非正常补偿代谢状态，全方合奏而效！

刚刚出生三天的婴儿，因为结缘八卦象数疗法，就免去了西医西药治疗的皮肉之苦。不然，打针输液等抢救方法诸多，还不知道小婴儿要遭受多少痛苦呢，真是个象数疗法的幸运儿啊！

大连学员：张译丹

2017 年 9 月 7 日

王娟象数疗法调理个案

象数疗法调理筋不舒畅

（1）**时空状态**：昨天早上有人求方："王娟老师，我就觉得右腿内侧的筋好像短了，想伸直就牵扯痛。"

（2）**象数配方**：440·6650·70·810。

（3）**调理效果**："我坚持断续默念，助念器助念，今天腿能伸直了。感恩李山玉老师，感谢王娟老师！"

（4）**配方释义**：440，4对应肝的功能，主筋，主疏泄，有震动之意，我想他右腿内侧痛正是肝经循行之处，不能伸直，为木的曲直功能受阻，所以用了440给他疏泄瘀堵，以达畅通，通则不痛，用两个4来强化他的疏泄功能；6650强肾利胆，振奋肾阳，输布阳气，5为巽卦，有疏风散寒通络之功效，肝肾同源，肝胆又互为表里，以水助通助阳，强化肝胆的屈伸功能；70为艮，为止，善止一切疼痛；810地天泰卦，8为坤卦，对应任脉，统一身阴脉，1为乾卦，对应督脉，统一身阳脉，任脉二脉统领全身阴阳二气运行，达到动态下的整体阴阳平衡。合全方之力直击痛因故收速效！感恩李山玉恩师创造的八卦象数疗法赋予我们的智慧、能量和健康！

长沙学员：王娟

2017年9月

象数疗法调理急性腹痛

昨晚十点多钟了，突然响起对门付嫂急迫的敲门声，只听见她边敲门边喊："王娟快来，快来。""怎么回事"我边说边开门，付嫂一把拉着我向她家走，只见她的孙女躺在床上滚来滚去喊"哎哟"。我问付嫂咋回事，她说孙女在洗澡，还没洗完，就在里面喊："奶奶我痛死了！"我问明了情况，原来是左下腹肝气郁结而发生的疼痛难忍，给她用一组很简单的数字，70·40·50写在患处，我说："姑娘你坚持几分钟就会有奇迹出现啊。"结果，过了五六分钟我去问她，说好些了，再过十多分钟，只见她起来自己喝水了，她说好多了。（这姑娘对象数咋这么敏感，没念，写上就见效）她奶奶和我真高兴呀，付嫂说："我是来求你帮忙去送医院的，没想就这么给治好哎，这是什么法术啊？"我对她笑了，等她孙女睡去了，我才把"法术"跟她说了，我说这是一种用数字治病的能量疗法，一组数字就能帮你调病，治病，她也非常高兴地一连说好几遍"数字能治病啊，那好，那好，那好"。付嫂不是那么能说的人，但她说的那几个字确实是发自内心的。

配方释义： 用先天八卦之数，取后天八卦方位来调治了她左下腹之疼痛，7、4、5三个数在后天八卦图的左边，正好也对应人体左边，由于肝气升降功能受阻全瘀结在左下腹，只要给它疏通了，就能事半功倍。我们人体就是一个圆运动的自然规律，通过左升右降来平衡阴阳，达到健康状态。

象数疗法调理伤口

某天，我做饭切菜时不小心把左手手指切伤，一块皮都切掉了，血像涌泉一样喷出，我赶快把两块肉合好，好疼！口里念720，大约念了十来遍，就没事了，血和痛都止住，720有止血、止痛的效果，7为山，为止，凸起的地方它都管，2为伤口，为消毒水，所以，720止伤口之血防止外流，而且它还有止痛合血功效。

象数疗法调理中耳炎急性发作

"王娟老师好！昨天因慢性中耳炎急性发作，导致耳内疼痛发炎流水，浊物堵塞双耳孔，致使听力减退并伴随食欲不振，肠道代谢紊乱。经您赐方3820·6660·44500·7720，今天一切基本正常，感恩老师，您太神了，太厉害了！"

配方释义：3820火生土，土生金，祛中上焦之湿热；6660为肾，开窍于耳，水克火，可消炎；44500，4为雷为震，为声以复听，巽5为风，为耳骨膜，为鼓动听力，所以用4、5来鼓动耳朵的听力正常；7720，7为艮，为止，止万物者莫过于艮，用艮土生兑金7720来止痛消炎，同时，7代表的也是胃，升清降浊，所以，也调好了他的脾胃功能。

象数疗法调理急性疼痛

不知多少人因为疼痛都不想活了，今天我体验了。刚刚还蛮好的，肚子刹那间说痛就痛，有一种不能忍受的感觉，身体彻底虚弱。我心想，没法了，快点求助象数疗法来止痛，用方770·440·8820，持念过程中，感觉肚里有一股浊气在串动，疼啊！我不顾满头大汗，继续默念，将体内浊气一一排出体外，这才轻松许多，疼痛也有所缓解了。想想原因，还是空调惹的祸，在这炎热天气里，告诫亲友们慎重用空调来降温。方义：770止痛，重叠的数加强止痛效果；440肝主疏泄，调达肝气，疏导凝滞之气，降浊，两个4加强疏泄功能；8820御寒气，健脾理气，运化水湿，生化气血，可固后天之本。

长沙学员：王娟

2017年8月

象数疗法调理一天消除腹、腰部剧烈疼痛

（1）时空状态：一位学友的同事从去年到今年6月先后做过两次子宫肌瘤手术（一次宫腹联合剔除术、一次子宫息肉手术），现在仍有复发多发子宫肌瘤、子宫内膜异位、卵巢囊肿、乳腺增生。医生说这次肌瘤很大，有五六厘米，必须

手术拿掉子宫，因考虑同事还没有生育（腹痛和腰一直剧烈胀痛基本上没停过）先后向学友求方，但疗效甚微。

（2）象数配方：77220·6650·440·380，让其默念以及贴腰和腹部。

（3）调理效果："仅仅默读和贴穴一天，腹部和腰的剧烈胀痛全部消失！太感谢老师您了，八卦象数疗法太厉害了！"

（4）配方释义：77220，7为止，为山，为突出的地方，2为通，通血管之意，也为手术刀，把突起的地方割掉，7也能活血化瘀，用重叠的7和重叠的2强力止痛，活血化瘀；6650除振肾阳又滋阴，补益肝肾，6为坎卦，主肾，通肾气，5为阳木，又肝肾同源，温补先天，济脾阳生化；440肝主疏泄，调达肝气，疏导气机，降浊息风，使全身阴平阳秘；380温通脾阳，温脾统血，土喜离火，补脾则利肝，而肝肾又是妇女们的第二胞宫，所以凡妇科病是离不开肝、肾、脾三脏来调节，全方都可止痛、合血、通瘀，补肝固肾，健脾益气，达到气行血行，使腰、腹部压痛感得到缓解，慢慢收复至愈。

象数疗法调理耳鸣、头鸣

（1）时空状态：一学员因头鸣、耳鸣在3月11日晚向我求方。

（2）象数配方：1116660·4440·3820·770。

（3）调理效果：念数半个月后，现在头不鸣了，每晚头嗡的一声的现象也没有了，耳鸣也见轻了。谢谢王老师的精准配数，感恩李山玉老师的八卦象数疗法！

（4）配方释义：第一元，乾1为脑，脑为髓之海，坎6为肾水，健骨生髓，为耳，强有力地攻击病灶，三乾三坎，直达病灶，修复脑机体组织，金生水化瘀除湿，改善头部气机，又乾金坎水两者都为通，6为顺，通顺通顺，一通百顺，而头部是我们聚阳之汇，多少条经络都在我们头部汇总，所以故有"人体总司令"之称；第二元，4主疏泄与条达，用三个4加强疏泄局部瘀堵而造成的脑鸣、耳鸣障碍，平肝息风，厥阴肝经与少阳胆经都汇聚于头部，肝胆经脉都是相辅相成，脑鸣纯属肝经疏泄受阻，耳鸣纯属胆经受困，而胆经又绕耳而行，两者互为表里；第三元，离火生坤土培气源，健脾益气，脾土喜离火，喜燥，脾土湿过度，不能发挥他的运化功能而所产生种种疾病的发生，扶脾土生化资源，用离火祛湿补脾阳，母来救子；第四元，7为止，为脑，能化瘀堵，通血脉，前后都以通畅脑部气血。全配方以相生关系，一环扣一环，以调理肾、肝、脾、肺补益全身气机，舒筋通络，改善脑部一切不正常的发生。

象数疗法调理肾脏问题

2019年8月10日，学员反馈："王娟老师好！7月19日，老师给方治疗我儿子小便有沫，蛋白++，及尿酸。老师给方6650·260·4430·8200，贴大椎、命门、关元各二条，每天三小时默念。今天早上儿子小便已无沫。感恩老师，谢谢！"

象数疗法调理手肿胀

2019年7月中旬的一个晚上，我拿起笔写笔记时，忽然发现拿笔的右手写字很吃力，字也不成形，这时才发现右手有些肿胀，但不痛。及时与王娟老师沟通。老师赐方7160·4300·050·03800，我认真默念，并贴于右手背上。一天累计默念3小时到4小时，坚持五天后，右手肿胀的现象消失了，写字也自然了。感谢王娟老师的精准配方！八卦象数疗法就是好！人人处处离不了！

象数疗法调理老年便秘

2019年5月25日，学员求助："王娟老师好，我爸爸80岁了，便秘，昨天下午五点有便意上厕所一直没大解，小便也解不出来了，很痛苦，两瓶开塞露和一瓶灌肠也没效果。"配方 0020·008·4440·1600·7200，让其贴天枢各二条，默念，多念。反馈："晚八点尿出，十点多排便两次，真的很有效。八卦象数疗法真神奇，谢谢李山玉老师的八卦象数疗法，谢谢王老师大爱！"

象数疗法调理老人摔倒引起腿痛

2019 年 5 月 6 日下午，95 岁的姥姥因摔跤导致左大腿内侧筋越来越痛。王娟老师赐数 770·00500·80，贴患处两条，自念加助念器助念一天两夜，老太太高兴，因为之前走路脚不敢吃劲，人扶着都不敢走，现在自己走都不用拐杖。感恩王老师！

象数疗法调理牙痛

王娟老师您好！昨晚我的母亲右边牙疼得厉害，经默念您给的八卦象数配方003·160·0050·077820，又在牙疼处贴这方，今天下午母亲告诉我这个方法神了，现在一点也不痛了。谢谢王老师！

孩子不再频繁惊醒了

（1）时空状态：2019 年 6 月，一网友求方："王老师您好！麻烦您赐个方！我女儿四个多月，这几天在乡下，白天只能每次睡半个小时，而且频繁惊醒，一惊一乍的，以前白天睡眠也不好，每次一个小时左右，但不会惊醒，现在稍有声响甚至没有声响都会一惊一乍，鼻山根一直有青筋，右眼皮上有血管瘤。"

（2）象数配方：720·650·40·8800。

（3）调理效果：后来反馈此方见效，心里非常感恩山玉老师。

（4）**配方释义**：这小孩主要是脾胃消化功能不好所引起的症状，720山泽通气，使之升降自如，疏泄肝瘀，把夜不能寝、有哭闹的现象扭转过来，720有清头降浊功能；650补肾阳，由惊吓引起的魂不守舍；40调强将军之官，藏血养心，引魂归位；8800，8主静，同时也有生化安神的功能，使之安安静静地睡好觉。

口腔溃疡好了

（1）**时空状态**：2019年8月一网友求方："王娟老师您好！我的亲侄女经常口里长泡泡，好了又长，没少吃药，麻烦老师配个方，谢谢！"

（2）**象数配方**：03720·4440·16650·80。

（3）**调理效果**："经过半个月左右听话照做，完全好了，也没复发，太感谢老师的配方了，感谢八卦象数疗法为我们解除痛苦！"

（4）**配方释义**：03720，火生土、土生金，以艮土生兑金泄去胃热之实，前后加0阴阳共存，培土生金，利口腔清热；4440，疏肝理气，疏泄土壅，健脾和胃，重叠4加强疏泄功能；16650，金生水助肾阳，6为溃疡，为毒，有清热解毒之功效；80，主肌肉，可治口腔溃烂，脾开窍于口。

胳膊肘止痛消肿

（1）**时空状态**：2018年10月一网友求方："王老师，我昨天被车撞了，肿已经消了点，但现在左肩后和右胳膊肘疼得厉害，求方。"

（2）**象数配方**：777120·26600·44500·80。

（3）**调理效果**：第二天反馈："王老师，感谢您昨天的配方，真心感恩八卦象数疗法！我一直默念，今早起床感觉好多了，不那么疼了，肿也全消了。象数疗法真的太神奇了！感恩发明八卦象数疗法的李山玉老师，感谢王娟老师的配方！感谢你们无私的大爱！"

（4）**配方释义**：此人受伤，气血瘀堵，疼痛难忍，先用三个7止痛，疏泄瘀血，1、2为通，"痛则不通，通则不痛"；26600，金生肾水，2为管道也为经脉，家里管道堵了第一时间用水冲泄；44500，速度越快越好，振动它的瘀血，化解它；80，有利湿、消肿胀的作用。全方止痛、疏泄瘀血、筋骨健旺、气血双行，让患处快速恢复健康，完好如初。

血崩止住了

（1）**时空状态**：2019年4月的一天，有网友求方："今天回离家260公里的故乡，下午四点多时，家人突发血崩，血红蛋白只有6点多，血止不住，请王老师赐象数配方。"

（2）**象数配方**：770·660·020·80。

（3）**调理效果**：当天反馈："感谢老师赐的八卦象数配方，拿到配方后，让家人默念，一路高速返程一路默念，现血已止住，人也开始变精神，非常感谢！"

（4）**配方释义**：在紧急情况下先治标，770为止，"止万物者莫过于艮"，两个7增强它的功效；660，振奋肾气，主全身水液，给身体补充能量，固先天之本；020，补益气机，从而达到固摄作用，强壮精气神；80，坤卦8为脾，有统血生化作用。

詹定金象数疗法调理个案

案例一 今年临近春节前的2月8日早上，一学友发信息说："我86岁的婆婆因患冠心病引发脑昏迷在医院抢救（医院已下达病危通知书两次），那时临近年关，我想度过年关。请詹老师帮忙渡过难关。詹老师配方01110·6650·4440·03810。接方后我左手握着老太太的手助念了三天三夜，不仅把年度过了，至今老太太仍健在！是神奇的八卦象数疗法把她从鬼门关拉回来了！"

案例二 今年5月初家中有一房屋要成交过户，因涨价等原因卖方反悔。中介约谈时，我就将事先写好的象数（从学习群里学到的）0810·650·4440·20放在两侧的口袋里，并一直在默念，出乎意料地在中午成交并办好过户手续。连房屋中介都认为不可能成交的事情，却被神奇的象数助成了！

案例三 一学友分享："今年6月30日，我一好友八年前患直肠癌手术化疗，近年来因家庭矛盾引发心情不好，身体出现排泄紊乱、两腿水肿等症状。他看了多家大医院的专家门诊，西医中医都无果。得此情况后，我先向他介绍了八卦象数疗法及有关知识和成功案例，在他愿意接受的情况下向詹老师求方，得方16650·440·03810·7200后，让他默念。到第十二天后，以上两种病状已有好转，水肿有所消失。我督促他继续持念，必有益处！他非常感谢老师的有效配方，解决了他奔波在求医问药之路上无果的烦恼。念方后心情、病情都大有好转。再三托我感谢老师的神奇配方！我说老师分文不取，无私奉献！要谢就感谢李山玉老师的伟大发明！"

案例四 7月初一学友由于天气炎热、楼上空调噪声影响睡眠向我求方。促睡眠方：038800·2660·44300；减噪声方：40·777000·888000·781000。经用以上方后，状态立马改变了。真是没有八卦象数疗法办不到的事情啊！

案例五 7月14日，一学友因左乳腺增生，并伴有肿痛而求方，得方77220·4450·1660·03880后，当即持念几个小时后疼痛就缓解了，第二天基本痊愈。

案例六 7月16日，一学友因干了重体力活引发腰肌劳损，不能下地活动，我配方77720·16650·440·03810，其接方后虔诚默念，第二天就正常起身干活了！

案例七 一学员患有老花眼已近二十年，加上现在难以避免手机电脑对眼睛的损坏，去年给其配方380·260·4450，经用此方后眼睛大有好转，在100度左右没有加重度数。

以上反馈的几个案例，充分说明了八卦象数疗法被使用后的神奇功效和独特魅力！感谢李山玉老师的伟大发明！您发扬光大中华传统文化，树立自信，刻苦钻研，锐意进取，精准配方，无分别心地有求必应，普度众生，方简力宏，数到病除！无私奉献，令人敬佩！学生将此反馈分享给有缘的朋友，希望有更多的人能得到八卦象数疗法的护佑！

詹定金

刘建珍象数疗法调理个案

象数疗法调理让练车不紧张了

（1）**时空状态**：相信很多刚开始学开车的朋友都有不同程度的紧张感。陈女士就是练车的时候非常紧张，紧张到心慌、胸闷，一上教练车就开始发抖。于是在群里求助，我用八卦象数疗法帮她解决练车紧张的问题。

（2）**象数配方**：650·540·430·0810，让她在内关穴上各贴两条，以念为主。

（3）**调理效果**：三天后反馈："刘老师，象数真神奇！自从念了向刘老师求的配方就一点都不紧张了，练车变得很淡定，现在练了三天，教练说我可以考试了，太开心了！"

又过了一周，向我报告好消息："驾照考试通过了，一点都不紧张，一把过！太感谢八卦象数疗法了！"

（4）**配方释义**：650 补肾壮胆；540 肝胆相照；430 木生火，补足心气不容易心慌胸闷；0810 地天泰，天地正位，保佑练车不紧张了，顺利通过考试。

象数疗法调理止嗝显奇效

（1）**时空状态**：象数群里的莫先生发来求助，他早上吸了一口冷空气后就一直打嗝，打了一天了！自己给自己配了象数念但是不见效，于是向我求方。

（2）**象数配方**：720·40·80，让他先试念，没有不适就在右侧的足三里贴两条配方。

（3）**调理效果**：信息刚发出，手机那头回信说止住了。他说："刘老师，我看了一眼配方就止住了！真的是戛然而止，哎呀，太神奇了！这是我体验象数疗法最快的一次。以前我不相信有人能看一眼配方就有效，但是这一次我真正体验了。谢谢您！"

（4）**配方释义**：打嗝是由于体内气机紊乱所致，气机该降的不降，该升的不升，气积在腹腔形成了打嗝现象。所以第一元我就用了720降胃气和肺气，让气机下行；40·80升肝气和脾气，40主肝，又主疏泄，同时40·80有木克土之功，合理的克制有利于脾的运化功能正常工作。升降有序，气机运行顺畅了，打嗝戛然而止就顺理成章了！老祖宗留给我们的中医理论就是这么好用，感恩李山玉老师悟创的八卦象数疗法！

象数疗法调理久治不愈的咳嗽

（1）**时空状态**：2017年11月一位很久不联系的老朋友彭某在微信里求助，她有一个久治不愈的毛病，就是咳嗽，已经咳嗽一年多了，看了很多医生，都没啥效果，一直拖到现在。她感到人很累、精力差、不想动，运动量大一点就气喘吁吁的。我让老朋友拍一张舌苔照给我看看。照片传过来一看，胖大舌、舌边齿痕重、水滑、舌体白腻。

（2）**象数配方**：根据她本人的描述和舌苔照提供的信息，配方2000·650·880，让其认真默念并在天突和中脘穴各贴两条配方。

（3）**调理效果**："建珍真的很神奇啊！我才念方三天，现在基本不咳了，就说话说多了还会咳一下，其他时间基本不咳了！又念了十天后，我整个人的精气神完全提升了一个档次！怎么说话都不会咳嗽了，精神好了，说话气也足了，也愿意动了，也不像以前那么累了，也愿意干活了，现在心情老好了！我觉得我的皮肤也有了光泽。真是太感谢你了！用这么神奇的疗法治愈了我的久咳还调理了身体。有空要好好请你吃顿饭，好好报答你！"

（4）**配方释义**：2为兑卦主肺，肺又主一身之气，以降为顺，所以第一元用2000补肺气，调畅气机；6为坎卦，主肾，肾主纳气，用650补肾阳，"正气内存，邪不可干"；8 为坤卦，主脾，脾主运化水湿，湿重困脾人就会很累，用 880 是加强脾运化水湿的功能。

象数疗法调理让胎儿转过身来了

（1）**时空状态**：2017 年 12 月 4 日，廖女士怀孕满 5 个月了，要去医院给孩子做先天缺陷全面四维彩超筛查，上午到了医院做了两次 B 超，孩子的脸和身体都朝里侧，所以筛查没有成功，后来廖女士想到用八卦象数疗法试试，于是向我求助，并描述了事情的经过和想达成的愿望。

（2）**象数配方**：0810·4000，让其默念。

（3）**调理效果**：廖女士接到方子后吃完饭在家念了半个小时，在去医院的路上也念，前后加起来没有超过一个小时。到了医院 B 超室一照孩子的脸和身体已经朝外了，成功地配合母亲做完了先天残疾筛查！八卦象数疗法做到了快速让孩子配合转身，不得不赞叹八卦象数疗法的神奇！

（4）**配方释义**：0810 就是地天泰，天地和泰，万事万物都回归正道，81 又为天和地，也为父母，8 为坤卦，为地，为母，为腹；1 为乾卦，为天，为正，前后加 0 是为了阴阳平衡；4 为震卦，为子，为震动，三个 0 加强震动，又为少阳，为正面。合为让孩子顺从父母之意把脸和身体转正配合母亲做 B 超，完成先天残疾筛查。这个案例的成功对我的冲击力非常大，让我对八卦象数疗法更痴迷、更爱了，也更放不下它了。

象数疗法调理保住了妈妈的牙齿

（1）**时空状态**：2017 年 12 月的一天，一位姓侯的学友发来信息求助，她妈妈今年 56 岁，山西人士，常年高血压、高血脂、膝关节骨质增生、静脉曲张，还老爱上火，今年入秋以来牙龈肿痛一直不愈，吃热吃冷牙齿都受不了。去看了医生，吃了药也不管事儿，后来忍无可忍准备去把牙拔了。侯某和她说，先别拔，先试一下八卦象数疗法，不行再去拔，其母亲同意试一下。

（2）**象数配方**：07200·16400·030·8200，让其在大椎穴、右脚面各贴两条配方，以念为主，一个星期内反馈。

（3）**调理效果**：学友发来信息："我妈妈很认真地念了一个星期，牙不痛不肿了，血压也降了！老人家很高兴，终于不用再去拔牙了！其实她很害怕拔牙，她让我代她感谢你的帮助，让她保住了她的牙齿，还不用花钱去拔牙换牙！现在拔牙换牙老贵了，对农村人来说是一笔不小的开销。再次感谢您！"

广东学员：刘建珍

阎厚今象数疗法调理个案

象数疗法调理使两窝恶斗的燕子和平相处

（1）**时空状态**：2018年4月17日，老家我大妹妹电话说，她家住的两窝燕子不和睦，经常恶斗、撕咬、吵闹。问我能否用象数调其情志，使其友好相处？我回答：没见过此种现象，试试看吧。

（2）**象数配方**：80·700·20。嘱其将象数写在两条纸片上，每窝旁贴一条。

（3）**调理效果**：5月2日20时50分，妹妹电话中传来咯咯笑声，说：燕子不打架了，老实了，八卦象数果真通神明之德，厉害！除了八卦象数疗法，真没有别的法子能叫燕子不打架！

（4）**配方释义**：8为坤卦，主顺、主柔。五行属土，4月土临旺势时令，燕子在春风中驰骋奋飞，阳气充足，8为阴土主静，为脾，在志为思。80旨在使其兴奋的神经得以柔化、静化。7为艮卦，为静止，7后双0，避其体内之燥热；2为兑卦，为邻居，为和悦、和睦相向。2又为肺为咽喉，20解表，肃降其腔体内阳热之燥气。

象数疗法调理好了颈椎病

（1）**时空状态**：2018年5月5日，我散步路过小区内新开业的菜店门口，店主人李×热情迎上来，告知她颈椎疼痛、身重由来已久，诚求象数治疗。我先点按其掌骨有关穴位一二分钟，她阵痛后说：轻松了许多。

（2）**象数配方**：1110·6660。

（3）**调理效果**：三天后，来短信说："我的颈椎不沉了，灵活多了，谢谢。"23日又来短信说："阎老师，我颈椎基本好了，背上的磨盘卸掉了，十分感谢您手到病除的配方，更感谢发明了八卦象数疗法的李山玉老师，她的宇宙密码让老百姓足不出户治好了病，神奇！"

（4）**配方释义**：1为乾、主督脉，为骨、颈。立夏时节，旺火克衰金，叠用的111，振奋督脉。后方加0，强化驱寒温通之力。6为坎、主肾、藏精，主骨、生髓，叠用的666固本扶正，后方0活络疏结、补先天之气，温肾布阳、生髓壮骨。

日照学员：阎厚今

苏秀娟象数疗法调理个案

象数疗法调理个案 10 例

案例一 李某某,女,30岁,双手手腕关节腱鞘炎3个月余,列缺穴附近疼痛,什么力气活都干不了,2017年9月16日走进诊室。给其配方 720·650·380,让其贴双手患处各一条、大椎穴一条。因其孩子小、太忙,基本没有时间默念,只是贴。一个多星期后,来诊室治疗其他疾病时告诉我双手腱鞘炎好了!直到今天写信时一直都未再犯过。

案例二 陈某某,男,24岁,英国留学生,在国外感冒后遗留一症状:老能闻到自己鼻中散发出来的一股腥臭味,很难受,持续了20多天。给其配方 05380·70,让其贴大椎穴一条。第二天,他笑眯眯走进诊室,告诉我他全好了!还问这是什么疗法,怎么如此神奇!

案例三 2017年7月29日,黄某某,女,50岁,在工商局工作,自述咽喉干咳多年(自称咽炎),5月中旬感冒发冷,白天晚上严重阵发性咳嗽,致喉咙有被卡住的感觉,说话的时候咽喉近上颚部位有明显震动,吊针治疗了一个多月未见好转。配方 7200·600·400,让其贴大椎穴一条,同时针灸治疗。第二天反馈喉咙卡住、震动的感觉明显减轻,但喉咙感觉干。于是调方为 7200·2600·400。第三天来反馈口不干了、各方面症状减轻了。又连续来了两天后痊愈。

案例四 2017年11月25日,黎某某,女,45岁,左颧面肌痉挛半个多月,很不舒服,而且影响睡眠。配方 770·164300·8810,让其贴大椎和局部患处各一条,同时针灸治疗。第二天反馈:一次痊愈。

案例五 2017年12月25日下午,朱某某,女,39岁中学教师,一瘸一拐走进诊室。其右脚涌泉穴附近一片不明原因疼痛,脚不能用力,车都没办法开。

配方 0007000·0004000，让其贴大椎穴一条、患处一条。第二天一早进诊室时已痊愈。

案例六 2018 年 1 月 20 日早上，一位 50 岁男子走进诊室，说自己前胸连带着后背痛（前胸痛的位置在任脉靠左侧，后背痛的位置在督脉靠左侧上下各一点），心脏不好，心肌缺血，怀疑自己得了心绞痛。为其脉诊，确实有心肌供血不足的表现，配方 0002000·0007000，让其贴大椎穴一条，并嘱其默念。大约半小时后跟我说不痛了，全好了！之后一直未再犯。

案例七 2018 年 3 月 10 日，崔某某，女，55 岁，走进诊室，自述高血压，双手麻木，睡眠不好，胃痛，打嗝，食道炎有两年左右。配方 400·772200·260·4380，同时针灸治疗。第二天反馈，双手臂麻木好了很多！睡了一晚好觉，胃痛、打嗝都减轻了。五六天后双手臂麻完全好了，只有高血压还在吃药，也很稳定。

案例八 2018 年 1 月 4 日，黄某，女，50 岁，雷州人，自述胃出血术后无食欲，脸色差并且有很多黑斑，血糖稍高，严重便秘，心脏不舒服，阴道奇痒。诊过脉后为其配方 07200·260·00500·43820，同时针灸治疗。第二天早上反馈，当晚阴道痒停止了，早上排了大便，心脏也舒服一些了。第三天早上血糖也基本正常，有食欲爱吃饭了，胃也舒服多了。连续治疗十天，各种症状基本稳定！

案例九 2018 年 2 月 5 日下午，在广州飞往沈阳的飞机上。飞机起飞时我和女儿都挺好的，可是在飞机开始着陆时我的右耳出现了剧烈疼痛而且症状越来越重，整个耳朵感觉要裂开一样，无法忍受，手也不敢触摸。继而左耳也出现了同样的症状，然后听力也瞬间消失，用过了平时常用的各种办法都没用。马上配方 72000·6660·4440，念了一会儿感觉效果不太明显，调象数配方为77720·0006000 后开始好转了，疼痛开始减轻。这时旁边的女儿也出现了同样的情况，我赶紧让她也念这组数，她只念了两三遍就完全好了。我又继续念了大约十几分钟后完全不疼了，只是耳朵里还有点嗡嗡的感觉，于是再调象数配方为77720·0006000·4440，到飞机着陆时完全恢复正常了。试想当时如果没有八卦象数疗法，我真的不敢想象结果会是怎样的。真心感谢伟大的八卦象数疗法！

案例十

2018 年春节回老家期间，我家表嫂 52 岁，肠癌晚期，已经做过 3 次手术，听说我学了一种很神奇的治疗方法就过来让我看看。她人很瘦也很虚弱，脸色不是很好，全身不舒服，气提不上来，肚子经常不舒服，心脏也不舒服，睡眠差，大便不正常。为其脉诊并当时起了一卦，2018 年 2 月 17 日为其配方 072000·11160·4300·820，让其当场试念半个小时。她念后说人感觉很舒服，气可以提上来了，心情很高兴。嘱其回去以后加大力度默念并及时反馈信息。

2 月 18 日反馈：颈肩痒、后背冒凉风、小便粉红色、小腹胀，但上腹部上下串气后感觉很舒服。

2 月 20 日反馈：后背痒、两手指特别痒，睡眠比以前好些了，身上很轻松。

3 月 1 日反馈：虽然念得比较少，但整个人都感觉越来越好，大便也比较好。

3 月 9 日她到上海旅游时肾盂肾炎犯了，尿蛋白 4 个加号、肝功能异常、尿频，每天要去无数次小便，每走一会儿就要找卫生间，腰酸得厉害，小肚子难受，尿液里全是泡泡。为其调方 111650·4430·3820·720，3 月 12 日又为其调方 77720·1650·4430·3820。

4 月 1 日外出旅游回家，去医院检查，肾炎痊愈，一个加号也没有，肝功能正常，排便更好了，身体各方面都得到了明显的改善，体力也增强了很多。在杭州游玩时一天走到晚都不觉得累，说孩子都走不过她。她现在又对生活充满信心了，只是肚子有时还有点不舒服。她说非常感谢我，我替她高兴，让她感谢山玉恩师！感谢八卦象数疗法！

珠海学员：苏秀娟

2018 年 4 月 6 日

盲残学员许炜桢象数疗法调理个案

尊敬的李山玉老师！

我是厦门的一名学员，经肖钟前老师介绍学习了八卦象数疗法。几年来，在他的帮助指导下，我可以独立完成配方，给很多同事配方治病，已有很好的效果。我发几个小案例，一是向老师汇报学习成绩，二是感恩伟大的八卦象数疗法发明者李山玉老师，三是请老师们多给我指导，让我帮到更多的人！非常感谢！

象数疗法调理脾虚便秘

（1）**时空状态**：女，35岁，4月29日打电话求助。她已经4天没排大便了，整个人坐立不安。平日也是大便不成形，感觉无法一次排空，黏马桶。舌体肥大有齿印，近段时日身体发沉，体重猛涨。

（2）**象数配方**：8222000·16600·44450。

（3）**调理效果**：据患者反馈见效很快，半个小时即有强烈便意，排出很多，起码有半马桶（比较夸张，意思是排了很多）。

（4）**配方释义**：8为坤卦，为脾，2为兑卦为肺。这位患者已4天没排大便了，是脾虚的表现，运化水谷功能失常；近段时日发胖很多，是脾运化水湿功能失调，脾喜燥恶湿，"诸湿肿满，皆属于脾"。取三个0是加强脾肺的升清降浊作用。1为乾卦为大肠，6为坎卦为水液，取双数，滋阴润肠。4为震卦为肝，肝主疏泄；5为巽卦为胆，为风，为出入。44450疏肝解郁，加快粪便排出。嘱其边默念边拍小腹。

象数疗法调理腰椎间盘突出、前列腺增生

（1）**时空状态**：有腰椎间盘突出，近日阴雨连绵，腰痛发作；前列腺增生，有尿频尿急、排尿困难的困扰。

（2）**象数配方**：72000·01110·2650·440。

（3）**调理效果**：患者第二天反馈，腰痛缓解，解小便也比较顺畅了。嘱其继续持念巩固疗效。

（4）**配方释义**：7为艮卦为山，为凸，为堵，为炎，为止，2为兑卦为泽，为金，为刀子，用刀子削去突出物，7、2山泽通气，72000可强力消炎止痛（腰突及前列腺炎症）；1为乾卦，乾主督脉，统一身之阳，为正，为脊柱，为男性生殖器，01110可正脊柱，振阳气；2为兑卦为肺主一身之气，6为坎卦，为肾，5为巽卦，为阳木，故2650补肾精，温肾阳；4为震卦，主肝，属木，木有生发的功能，双4是加快修复力，日趋康复。足厥阴肝经走阴器，取4循经而走，可助消前列腺的炎症。

象数疗法调理体内毒素

（1）**时空状态**：因长期吃外卖，体内积累太多的垃圾毒素，日渐发胖，烦恼不已。

（2）**象数配方**：20·40·650。

（3）**调理效果**：此案初见成效，还在调理中。

（4）**配方释义**：2为兑卦，为肺（肺主一身之气），肺属金，为刀子；4为震卦，为肝（主疏泄），为震动；6为坎卦，为水液，为毒素，5为巽卦，为风，为出入，为阳木。外卖多是垃圾食品，全方先用刀子把食物切碎了，再用振动器加快食物的消化，最后让毒素垃圾快速排出体外。

象数疗法调理狗咬伤

（1）**时空状态**：做卫生的阿姨被狗咬伤了，伤口的疼痛她不怕，担心的是得狂犬病。

（2）**象数配方**：7200·16500。

（3）**调理效果**：阿姨第二天反馈，伤口不痛了，希望不会得狂犬病。嘱其持念。

（4）**配方释义**：7为艮卦，为狗，2为兑卦，为牙齿，为伤口，7、2山泽通气，7200消炎止痛，伤口快速愈合；1为乾卦，为寒凉，清邪热，恢复正常，6为坎卦，为清热排毒；5为巽卦为风为出入，16500是让狗咬的毒素快快排出去，防止狂犬病的发生。在狗咬伤部位的四周都贴了配方，防止毒素扩散。

象数疗法调理湿热带下

（1）**时空状态**：免疫力低，时常觉外阴瘙痒，白带多且有异味。

（2）**象数配方**：8200·2600·400。

（3）**调理效果**：半个小时后患者反馈，痒止了，人舒服多了。嘱其持念。

（4）**配方释义**：8为坤卦，主脾（脾主运化，运化水湿），2为兑卦，为下阴，主肺（肺主一身之气），8200升清降浊，健脾燥湿，祛浊止痒，固本护阴；2为兑卦，主肺，属金，主肃降、清热消炎；6为坎卦，主肾，属水，2600滋阴补肾，通调水道，引火下行，从二便排出；4为震卦，属肝，400疏肝条达，滋阴潜阳。

象数疗法调理疹子

（1）**时空状态**：连续的阴雨天，加上没休息好，臀部长了一小撮疹子，奇痒无比。

（2）**象数配方**：7200·2600。

（3）**调理效果**：第二天回访，患者说，患处已干，不痒了。嘱其持念。

（4）**配方释义**：7为艮卦，象山，属阳土，为凸，治凸起的疹子。2为兑卦，主肺，肺主肃降，外合皮毛象泽，属金，7200山泽通气，消炎止痒治疹子；2为兑卦，主肺，属金（肺主一身之气），6为坎卦，主肾，属水，2600滋阴补肾。

象数疗法调理改变体弱、免疫力低下

（1）**时空状态**：女孩子2002年出生，体瘦，低血压，手心爱出汗，手脚冰凉，挑食，免疫力差，季节变换容易感冒。

（2）**象数配方**：650·380·020。

（3）**调理效果**：一周后患者反馈，胃口比较好。嘱其持念。

（4）**配方释义**：6为坎卦，主肾，属水，5为巽卦，为阳木，650可振奋肾阳，补益心气；3为离卦，主心，象火，心主血脉，在液为汗。8为坤卦，主脾，脾胃为后天之本，脾统血主运化，380可壮心阳，补心血，益气活血，健脾和胃；2为兑卦，主肺，肺主一身之气。020补肾益气，培本固元，先天得补，济养后天，预防感冒。

象数疗法调理牙痛

（1）**时空状态**：上排两侧最靠里边的大牙肿痛有脓，牙齿松动。经常应酬喝酒，今天痛了吃消炎药，明天又去喝酒，又开始痛，如此反反复复痛了一个多月。

（2）**象数配方**：0770·0220·0440。

（3）**调理效果**：默念半个小时，疼痛减轻，嘱其持念。两日后回访，患者说脓包消了，没感觉到痛了。嘱其少饮酒。

（4）**配方释义**：7为艮卦，为凸，为脓包。0770可消炎止痛祛脓包，双7前后加0是滋阴凉血降胃火；2为兑卦，主肺，属金，为牙齿。双数2同样滋阴凉血降肺火；4为震卦，主肝属木，肝主疏泄喜条达，肝解酒。0440疏肝理气，柔肝条达，平肝降火，解酒毒。

象数疗法调理胎位不正

（1）**时空状态**：宝宝38周了，医院说脚朝下，脐带绕颈，无法转下来，到时候只能剖宫产。孕妇有妇科炎症，担心分娩时会出问题，心急如焚。

（2）**象数配方**：810·660·00500·720。

（3）**调理效果**：5月13日早，产妇丈夫打来电话，宝宝顺产，胎位调正过来了。

（4）**配方释义**：810地天泰卦，为头下脚上的象，为正胎位，保母子平安；6为坎卦，主肾藏精，660可补益肾精，让子宫羊水充足，助胎位转正；5为巽卦，为脐带，前后各加两个0，是解除脐带绕颈，5又为通，为出入，让妈妈顺利生产；720消除炎症，山泽通气，让宝宝顺利娩出。

厦门学员：许炜桢

2019年5月25日

刘焕英象数疗法调理个案

比类取象除眼沙

2007 年 10 月 15 日，我大女儿林 × × 和妹妹一起到白云山运动，不慎大女儿让沙粒吹入了右眼，她立即让妹妹帮忙把眼帘翻起，企图用嘴把沙粒吹走，但吹了多次无效，于是立即打电话回家求象数方。我听后就想：如果到医院，护士肯定用水把沙粒冲出来，于是马上告诉她 006·003·007。三十分钟左右，回电话说沙粒出来了。

配方释义： 6 为坎卦，为水，水能冲洗一切，3 为离卦，正好对应眼睛，7 为艮卦，眼中的沙粒为艮象，各个数前面均用两个 0，偏阴，易于把沙粒泄出来。整个方是用水冲眼中的沙粒，比类取象。

象数疗法调理骨头卡喉两例

2008 年 1 月 19 日，我家晚餐喝鸡汤时，我儿子林 ×，48 岁，不小心被一块鸡骨头卡在喉中，他不作声，又是吞饭团，又是用手指抠喉。我问他什么事，他说一块鸡骨头卡在喉咙里，我和女儿立即让他默念 002·007。他对象数疗法半信半疑，但他用前面的方法折腾了好几分钟都无效（其实他的方法是很危险的），我们继续鼓励他念 002·007，他没做声答应。没多久，他说出来了，我们问他是用手抠出来的还是念象数出来的，他说是念象数出来的。从此，他开始相信象数疗法了。此后他在外面吃饭时，有人被骨头卡住喉，他都打电话回来求象数方。

2013 年 3 月 7 日，我大女儿和夫家亲戚一起吃饭，其大姑也是被鱼骨头卡了喉，当时我女儿在场，也是立即让她念 002·007。她念了一会儿说要到洗手间，回来时说未走出洗手间，鱼骨就出来了，真神奇！她说以前也曾被鱼骨卡喉，结果跑了三家医院才把鱼骨弄出来，非常痛苦。

象数疗法调理解除肩周痛

2010 年 10 月 21 日，到功友家聚会，一功友龙××，女，52 岁，因在家常穿背心练功，故肩膀受了风寒，致使左肩膀僵硬疼痛，举手受限。开始，因她不太相信念数字也能治病，故她请另一位功友给她按摩（他是按摩医师），虽是松了点，但仍是痛。于是，我赠她一象数方 0005000·380，嘱她专心默念，并把象数方写在胶布贴在肩上，写在卡片上放于枕头下。第二天来电话说："好了80%，这回我信了。"我嘱她继续默念巩固疗效，并叫她以后不要穿背心练功。

配方释义：5 为巽卦，为风，能祛风散寒，也对应左肩，前后三个 0 为平补平泻；380，3 为离卦，为火，可视为太阳，8 为坤卦，可健脾燥湿，380 可强力健脾燥湿且活血化瘀。

象数疗法调理胃痛

2013 年 3 月 22 日，我到小区内一发廊理发，该发廊的老板，感觉胃很不舒服，胃纳不佳，伴有烧灼感，似有一股气在腹部顶着，站立不安。理完发，我赠她一组象数配方 00700·400·500·820。过了两天，我去买菜，顺路到发廊问她疗效如何。她说："当晚回到家中，因从来未念过象数，怕念错无效，所以用纸写，写熟了再用心念，随即感到肚内有股气往外排，跟着所有症状消失了，整个人轻松了，舒服了，好了，你未给我象数之前，我打算第二天去医院看医生的，想不到念数一晚就好了，真神奇！这一疗法真伟大！"

配方释义：00700·400·500·820。其中 7 为艮卦，为胃腑，前面两个 0 为泻胃火（虚火），后面两个 0 养胃阴。4 为震卦，为肝，肝有疏泄功能，后面用两个 0，可疏肝和胃也养胃阴，因为胃病多与肝有关系。5 为巽卦，为阳木，属胆，胆与肝相表里，后面用两个 0 也可消痞满，消胀气，升清消浊气。8 为坤卦，为土，为脾，胃病亦多与脾脏运化不良有关；2 为兑卦，为肺金，肺主全身之气，820 健脾益气助运化。我告诉她，她本来就胃阴虚，故容易导致胃虚火，平时应多念此组象数方，以固疗效。如没有烧灼感，可改念配方 700·400·500·820，以养胃阴。

老师赠方止尿血

2013 年 2 月 4 日，我发现老伴每次的小便全是血，尿渍浓稠，有浓烈的血腥味，我立即配了一个方 7000·6000 让他止血，但无效。我看事态严重，第二天我立即打电话向李山玉老师求方，老师立即赠方 72000·65000·400。接方后我立即写好，嘱老伴认真默念，又写在胶布贴于他两脚背上，晚上写在硬纸上放在枕下，又放在腰部。到第二天，见他尿色清了很多，嘱老伴继续持方，三天后到现在，小便正常了。

我想，老师赐这个象数方，是考虑我老伴泌尿系统有个肿瘤或息肉之类的东西破损了，因为 720 是专门平周身之凸，后面用三个 0 是加强其平凸之作用，另考虑老人家出了这么多血，需要把气血补回来，故后面用了 65000·400，我如此大胆思考老师这个方义，有不正确之处，还请老师斧正。

这次如果不是有山玉老师发明的象数疗法，我老伴少不了又要到医院经历一次大手术的痛苦，因此更感恩李山玉老师。其实，我老伴自 2007 年因脚肿拉肚子住过医院后，身体有问题全部用象数疗法治疗，案例很多，可惜没有做记录。

象数疗法调理四天消肿块

2013 年 6 月，功友徐××，男 51 岁，发现脖子下面两锁骨之间的凹陷处长有一个大拇指那么大的肿块，曾到医院检查，查不出是什么。后来他打电话求方，我即赠方 4000·720，他立即打坐默念（他每天连续打坐四小时，且一心不乱）。两天后，我去电话问疗效，他说消了一半，我说，再给你第二个方，640·000·720，看看疗效如何，他仍打坐默念。再过两天问他疗效，他说肿块不见了，全消失了，两组方都有效。

配方释义：

方一：4000，4 为震卦，五行属木，肝有疏泄土壅的作用（肿块为土壅）也为木克土，后面三个 0 是加强其疏泄功效。720 软坚散结，可平周身之凸，肿块为艮象，为凸。

方二：640，6 为坎卦，为水，水能生震木，4 加强木的疏泄功能。000 加强通经络。720 同方一。看来 4000·720 和 640·000·720 对消肿块均有效，加上此人是打坐入静，每次连续四小时高质量地默念，故速效。

象数疗法调理肚子疼

2014 年 5 月 11 日，也是这位功友徐××，来电话说可能吃水果太多，肚子（肚脐处）很痛，求方，我想这是过食生冷造成脾胃寒凉之过，应寒则热之，于是赠方 380·650。过两个小时我打电话问疗效，他说："我打坐默念十分钟就完全止痛了。"

配方释义：380，3 为离卦，为火，为太阳；8 为坤卦，为脾、为腹，腹部有寒气，用太阳温热照之。650，6 为坎卦，为水；5 为巽卦，为阳木，有温肾阳助脾阳的作用，650 水生木增强巽木得助阳功效，加上其人也是打坐，一心不乱地静念，故疗效快速。

左肘关节痛贴象数方三天愈

2014 年 7 月 4 日，我感觉左手肘关节骨头疼痛，屈伸受限，查其原因可能最近夏天晚上开空调或开风扇睡觉，而左手又正好对着风扇位，致使左手肘关节处的骨头受风邪。我用胶布写上380·720·650贴于肘关节外沿处，共贴了3条，三天后不痛了。

配方释义： 380，3为离火，8为坤土，为脾，有燥湿之效，380为火生土，有温阳活血化瘀功效。720，7为艮卦，为骨头，2为兑卦，为金，为肺，肺主全身的气，有清肃的功效，720为艮土生兑金，为母生子为泄，用肺金子泄艮母之寒气。650，6为坎水，5为巽木，为阳木，650善驱寒邪。因我没有时间念数，结果贴了三天就好了。

广州学员：刘焕英

2014 年 7 月 23 日

刘焕英的来信

尊敬的山玉老师：

您好！研究所创办的内刊——《自然疗法研究》，是我们广大学员互相学习、互相交流、互相提高的学习园地，现在我也为这块园地培土、施肥、浇水，无论水平高低。

一、耳朵不再轰轰作响了

2015 年 5 月以来，我感到只要一摇头或歪头，两只耳朵就似乎有什么东西在滚动轰轰作响，干扰了我一个星期。后来我想，耳朵响就是雷，是震卦4，若要它不响，就用艮卦7来止。又想，肾开窍于耳，耳朵响可能是肾虚吧？于是5月 × 日，我配了一组方40·70·30·2650，于睡午觉时默念，念着念着就睡着了。一个午觉醒来，耳朵也不轰轰作响了，好了，直到现在也没有再响了。方义：40为雷为响，70为止，30对应于耳。2650，26为金生肾水，650补肾阳，2650能生效可能因近段时间我吃寒凉的蔬菜多，有点肾阳虚。

二、治好了失眠

一功友的儿子梁××，20岁（有些精神不正常），近日晚上常睡不好，

2015 年 1 月 5 日来电话求方，我赠方 720·400。他当晚默写，第二天反馈当晚睡得很好。方义：720 能降逆安神，400 肝藏血养肝阴，滋肾补心血，故能心肾相交而治失眠，故效。

三、又一次止住了尿血

2015 年 6 月 8 日，我老伴林××，男，90 岁，出现了第三次尿血。当时已是晚上 9 点多了，想给山玉老师打电话，打不通；给李春斌老师打电话吧，这么晚了打扰他也不好意思，但情况紧急也只好这样了。于是打通了李春斌老师的电话，向李春斌老师介绍了老伴的情况，他马上给起了一卦，说我老伴因年事已高，脾脏的功能已衰退，脾不统血，必须把脾脏的功能提高了才能止血，并赠一方 387000·650·44330·3880。我立即嘱老伴默念，并把方写在三条胶布上贴于关元穴，但效果不理想。6 月 12 日中午，我第二次给李春斌老师打电话，春斌老师又赠方 387000·66650·44330·3880。我立即嘱老伴随时默念，并保证持念象数的质量，同时贴关元穴。6 月 13 日早晨，发现他的尿清了好多，已由血红色变成黄色，直到现在尿是正常的淡黄色。非常感谢李春斌老师的帮助，在此代老伴及全家祝福春斌老师健康快乐！我们会铭记李山玉大夫创造八卦象数疗法的伟大功德！

四、早期肝癌得康复

2014 年 10 月，南海盐步镇一位象数疗法学员梁××，男，68 岁，最近自觉肝区疼痛（以前有肝硬化史），到医院检查，结果是早期肝癌，并做了介入治疗。他本人因说普通话不方便，故求我代向李山玉大夫求方，李老师赠方 82000·650·4440。他得方后，立即日夜勤念，渐渐感到精神很好。后于 2014 年 12 月 29 日再到医院做射频消融治疗（这是介入治疗后的后续治疗），做完射频消融治疗后，人感觉很疲倦，走路无力气促。我又代他向山玉老师汇报此情况并再求方，后李老师又赠了一方 72000·660·050·4000。病人将此方写在三条胶布上分别贴在肝区和大椎处，并随时加紧默念。一周后人感觉气不促了，呼吸顺畅了，肝区也不疼了，精神也很好。他继续持念，一个月后到医院复查验血，发现各项指标均正常，不用再继续治疗，医生和护士也感到奇怪，因为所有这样的病人都要继续做多次治疗（能不能治好是个未知数）。现在这位学员精神很好，他和他的家人托我感谢李老师的救命之恩。

广州学员：刘焕英

2015 年 10 月 5 日

张广苓象数疗法调理个案

张广苓与象数疗法结缘的故事

我是李山玉老师的学生张广苓，我因 2000 年的一次腰椎手术，而致近两年卧床不起，大、小便完全不能自理，不能翻身，连别人帮我翻身都不行，因为浑身连皮肤都痛，别人不能摸、不能碰。两手臂也因久卧而不能屈伸，左手臂呈 90 度弯曲不能直，又不能动，因而腋窝下变臭；右手臂是直的不能弯，所以衣服也不能脱，白天晚上一样，自己也不能吃饭。简直一塌糊涂，而且越躺越差！这种情况去看西医，永远要你再做第二次手术，称腰椎仍有骨质增生，而我对做第二次手术毫无康复的信心。其间，在 2001 年 5 月，我在烟台原单位的好朋友程淑雅（也是李山玉老师的学生）告诉我，有一种念数字可以健康的方法。我第一反应是从未听说过此事，天下有如此简单的事，那要医院干吗！不能接受。但因她要去参加李老师的八卦象数疗法学习班，我就让她替我买本山玉老师的书，拿到书后我就成为山玉老师的函授学员。但当时因看不懂而又放下。2002 年元旦，好友程淑雅又打电话来问我身体情况，并责问我为什么不肯念象数。因为已躺了近两年了，越躺越糟，毫无好转的兆头。这时自己劝自己试一试，于是在 2002年 1 月 9 日给素未谋面的李山玉老师打了电话。

老师慨然赠方 0001000·0006000·0005000。

因为准备做一场试验，于是给自己规定：一天 24 小时，除吃饭、睡觉之外的所有时间都用于念象数，前三个月为第一阶段。当时我的愿望是能让我在房间里自主大、小便。从此以后，我全身心投入。在念到一个月时，有一天突然感到身上皮肉好像不大痛了，右腿可以轻轻动一动了。我就更加用心念，念到 40 天时，我终于能自己从床上滚到地板上来了！老头还以为我从床上摔下来了，吓了一跳，我却笑呵呵地对他说是我是自己滚下来的，并要老头赶快把我扶起来，看看能不能站立。此时才知道，自己的两条腿完全是软的，不能站立，即便如此，这仍旧是个奇迹！此时，我对八卦象数有了信心，并给山玉老师打电话。从此我更努力念数，每天坚持多站一分钟。（当时认为躺着念，我易睡，认为浪费了时间，就努力让自己站着念）结果又40天过后，我能站40分钟了！这时又给老师打电话报告好消息，老师在电话里告诉我5月23日在青岛有学习班，当时我告诉老师我一定来学习！

5月20日我可以稍走一点路了，但两臂不能拿东西，屁股不能坐板凳，即便是这样，仍旧买了张卧铺票赶赴青岛。那次同行的上海学员共有十人，因为手不能提物，腿走路很慢，从下火车到学习班，夏金庭、茅建林等老师给了我很大帮助，至今记忆犹新。

到了学习班，奇迹再次发生。记得我们是上午到达青岛的，当时住在四楼，从一楼爬到四楼，我简直是用手臂把自己拔上楼的，用了很长时间。同房间三人，一位是与丈夫同来，一位是与哥哥同来，当天晚上便同他们两位到男宿舍去聊天。一进男宿舍，便看见茅建林双盘莲花坐，我因为腿不好，两膝盖用手拉都不能重叠，因此特别赞美了他的盘坐。茅建林听到赞美，看了我一眼便说："你也可以盘腿。"我不相信我能行，他坚持叫我试一下。我心里想，第一次见面，恭敬不如从命，于是就在一张床上坐下。一坐下心里就一惊，因为原来我是坐不直的，要用手撑住腰，但这次，一坐下就能呈90度，不用手撑了，用手把两条腿都能拉到床上了，又是一个奇迹！

23日下午，我正对着大海在默念象数，有幸第一次见到了李老师，李老师问我在念什么数，当即帮我调整配方为80·0001000·0007000·6660·40。我一直念到晚上，腰痛消失，颈、背痛缓解。24日早再次得到李老师的特别关照，她再次为我调方并亲自给我写在大椎穴上：8881000·6000·540。得到配方我马上就念，一直到睡觉躺在床上仍继续默念，便觉浑身发热、双腿有气感而且手腿均会有动作。第二天醒来腰不痛，头颈也不痛了！

学习班开课了，我一直认为自己不算笨，但第一天上午的课，尤其前面两小时，李老师讲的课我根本听不懂。原来想听不懂先记笔记，课后再看，但那天因为完全听不懂——什么是《周易》？中国有这本书？"爻"，两个叉也算一个字？从来没听说过，什么是卦？我全然不明白，想记笔记也没法记下来，心中很痛苦，第一次意识到"隔行如隔山"。

巧的是山东昌邑姜某某坐在我旁边，他是个极其敏感的人，我浑身疼痛，他感应到了。休息时，他用手拍我的桌子，喊道："这就是你的卦，腰椎开了一刀，浑身没有好的地方！"一开始我吃了一惊，有点生气，但一想，他怎么知道我腰椎开了刀？什么是卦？想到这里我也不生气了，追出教室问他，你怎么知道这一切的？他说是卦。这又让我听不懂了，原来"卦"这么神奇！实在是不懂啊！我跟自己说："实在无知啊！努力学习吧！"我调整了心态，慢慢感觉李老师讲的课似乎能听懂一点了。四天的学习班我特别记住了五句话："诸风掉眩，皆属于肝；诸痛痒疮，皆属于心；诸湿肿满，皆属于脾；诸气膹郁，皆属于肺；诸寒收引，皆属于肾。"后来才知道，这是《黄帝内经·素问·至真要大论》中的经典语句。

在学习班开办的第四天中午，更大的奇迹出现，让我自己都不敢相信这是事实！第四天的中午，上海的女儿来长途电话问我情况如何，当时宾馆接长途电话要到一楼柜台，我因情急，怕电话断掉，所以就不自觉地从四楼一直跑下楼梯去接电话。当时正是午饭后，很多学员在一楼大堂休息，看见我往下跑，都在喊我："小心！小心！"我因为一心只想着快点接电话，听不清他们在喊什么，等我接了电话以后问他们，他们一致说，看着我一路跑下楼，他们怕我摔了，直喊"小心"。我说，是吗，我是自主跑下来的？他们一致说：是！当时我简直不敢相信，随后，我请他们一同见证：我不用手扶楼梯扶手，像正常人一样，一步一个台阶能否上楼。结果我做到了，真让我欣喜若狂！怎么会好得这么快！如果不是发生在自己身上，别人怎么说我都不会相信！

从2002年1月9日开始念李老师赠的象数配方至2002年5月末，奇迹不断在我身上出现，至此，我衷心地感恩上苍，感恩李山玉老师。我对八卦象数疗法的神奇疗效坚信不疑！本来我去青岛学习班的最主要目的是感谢李老师，让李老师看见我，能再给我配组更好的象数，并不是真心想学。因为自己亲身经历了八卦象数疗法的神奇，到此时自己发自内心地想学习了。

我原先在山东烟台工作过，四天学习班结束后，我走路已经正常了，心里还是有点不敢相信：腰腿真的好了？！所以大胆地又做了一次试验，再次验证这是真的。当时青岛到烟台的交通有铁路，也有长途汽车，我选择了长途汽车（3～4小时），我想试一试能否坚持住。结果念着八卦象数配方很轻松地到了烟台。怀着兴奋和喜悦的心情见到老朋友就说八卦象数疗法好！但大多数人和我以前一样，对此表示怀疑不信。

在朋友家住，她家的小外孙不爱吃饭，个子长得偏矮，朋友就说你讲八卦象数疗法这么好，能不能让我家小外孙爱吃饭、长高点？我说试试看。先让她能吃饭，才能长个子。观察了一下小女孩，脸胖、脸色白。不爱吃饭，怎么还胖？我想起老师讲过"诸湿肿满，皆属于脾"，于是问朋友，此小孩是否小时候爱流口水？朋友讲：是的，口水流得很凶。我给出象数配方80·60·40，和小女孩玩游戏，用80·60·40做口令，第二天带她去游乐场玩，一路上拉着她的手，我俩一起念。一天后，孩子饭量大增，睡觉也快了，不用朋友没完没了地讲故事了，朋友很高兴。这小女孩是我的第一例病例，"旗开得胜"，大大鼓舞了我学以致用的信心。

回上海后，为了感谢夏老师、茅老师对我的照顾，我去他们家回访，去了茅老师的家——横沙岛。他对我很信任，叫我给他配组八卦象数配方，我看了一下他的脸，发现右眼附近有青色，认为是"气滞"，于是配方2000·6000·40。回市区一周后，我打电话给茅老师问念象数的情况，茅老师告诉我，念了象数血压升高了，说自己本来就血压高，并不怪我。我一听吓了一跳，放下电话，自己都有点傻了，心想：本来是要帮助别人的，结果倒闯了祸，幸亏这件事是发生在茅老师身上，发现血压高了就不念了，如果发生在别人身上麻烦就大了。想到此，真的有些害怕。但又一想，这件事是不是上苍提示我要学点"卦"呢？如果会起卦，便不会发生这种事。

　　我在学习班上买了一本李山玉老师的《易医诊断与象数治疗》，正好拿出来一看，完全看不懂，怎么办？自己冷静地思考：也许用最笨的办法，也是最快的办法，小时候学文化什么都不懂，死记硬背也就会了。在没有老师指导的情况下，想自学，只能先把64卦背熟！方法制定了，说干就干，我把64卦放大放在台板下，开始一天到晚背64卦，一连背了三天，第四天早晨醒来，发现昨晚做梦也在背64卦，心里想，起床第一件事，要默写一下，看看记住了没有。结果全记住了，真开心，领悟到人的梦很神奇！此后再次打开老师的《易医诊断与象数治疗》这本书，还是不易看懂，怎么办？我只能用科研的方法，耐心寻找规律，分析老师起卦与什么条件有关，慢慢发现，起卦与场景有关，与年龄有关，与时空有关。这时我回想当时给茅老师打电话的场景：① 用电话。② 电话中有小孩的哭闹声。电话用耳听，是兑卦，哭闹声仍旧是兑卦，我所起的第一个卦便是纯兑卦。能起卦了，怎么解卦？动爻如何求？互卦是怎么变来的？我又慢慢地找规律，最后发现和时空有关。慢慢地有了感觉，再仔细看老师的书，这样反反复复，一个月后便试着断卦，第一个卦便是：兑之履。看卦后便非常清楚地看到茅老师是有高血压问题，而且他走路确实右腿有点不对劲，右眼有问题，我开始有了信心。

　　从此以后，我对卦很着迷，不管遇到什么人和事，都起卦，对自己说这就是做功课。最有趣的一件事是：某日早晨刚睡醒，突然看到放在房间里的一朵花掉到了地上，当时在床上就起了个火地晋卦。

　　当时不知道这个卦说什么事，下午才发现我们家放在南阳台的鸟笼内喂养的四只美丽的牡丹鹦鹉把鸟笼打开，集体飞走了！

　　至此，对"易与天地准"，易广大悉备、包容天地等说法有了一点真实的体会。以后，对《易医诊断与象数治疗》更是爱不释手，下决心要学会这门学科，用实际行动感恩老师，感恩八卦象数疗法，把八卦象数疗法告诉更多的人，也让更多的人受益。2002年春天、秋天，2003年秋天，我连着三次参加了山玉老师的学习班。在这两年里我记录了4000多例病例，但尽管如此，相信的人还是不多。对现实做了认真思考后，我发现上海是一个西方化的现代化城市，如果光能起卦测病还远不能让广大群众信服；应该自学中医，用中医理论结合八卦象数才能在上海做广泛的宣传。

因为以前我一直搞高分子化工的科研，没有中医基础，如何能快速走进中医，又成为我下一步的难题。只要想干，就有办法！抓住回北京参加校庆的机会，我访问了一位86岁的老中医，问他我如何能快点走进中医，老中医推荐一本书《医宗金鉴》。我从书店买回来读，感到文字很优美、精彩，但书中不断提到《内经》，《内经》是什么书？2003年冬天打听了无数书店，才找到一本叫《黄帝内经》的书。噢！原来《内经》是《黄帝内经》的简称，是中医学的经典。至此开始读《黄帝内经》与《医宗金鉴》。在自学中医的过程中，看到明代名医张景岳说"河出图，洛出书，圣人则之，始出八卦"这句话时，眼前一亮，原来《周易》八卦之前还有河图和洛书。看到河图才明白，河图是中国文化的源头，更是中医的源头。才找到"医易同源"之说的根源。

感谢李山玉老师把我带进古老的中国文化，教给了我八卦象数疗法。

为了准备教学，2005年我编写了"易学与健康"讲义，2006年开始走进上海市老年大学的平台，大张旗鼓地宣传八卦象数疗法。

讲了三年课后又发现，许多学校不能接受"八卦象数"的名字，因社会上把"八卦"作为贬义词用，对"八卦"误解很深。为了让群众都能接受此自然疗法，为了能到更多的学校上课，迫不得已陆续写了几本辅导资料。老年大学教学扩大至5个学校，普及率大大提高，许多老年大学提出申请要开这门课。

顺应潮流，我先后推荐夏金庭老师、王树纯老师（均为李山玉老师的研究员）和学习优秀的学员翁丽完老师共同上课。至此，八卦象数疗法在上海推广开了，很多人受益。大家都由衷地感谢李山玉老师，称李老师功德无量！

我从2002年初与李山玉老师和八卦象数疗法结缘至今已整整十年了，回想这十年的历程，心中充满了对山玉老师的感恩之情、对八卦象数疗法的感恩之情。我目前有每周五个班的讲课任务（一个学期约有350人次）。今年暑假我还去了四川阿坝州，为藏族人民义诊，受到热烈欢迎和好评。此外，还有许多面对社会的公益讲座，最近上海易经学会授予我"最聚人气讲师"称号的奖状，以表彰我对社会的贡献。

我将山玉老师赠予我们的古训"终日乾乾，厚德载物，恬淡虚无，感而遂通"作为自己的座右铭。我会尽我的微薄之力一直走下去，广结善缘，努力为宣传中国文化、宣传八卦象数疗法做到更好，让更多的人受益。我想，这也是传承老师的精神，感恩老师开创的八卦象数疗法最好的实际行动！

以上是我与八卦象数疗法结缘的故事，写得很浅，敬请老师指正。

学生：张广苓

2011 年 11 月 9 日

姚兴全象数疗法调理个案

结缘象数疗法

有一次我和一位朋友去夏金庭老师家里，当时他们五六位易友有不定期的聚会。到后坐定，他们敬烟以示客气，我婉言告知，我气管不大好，已很少吸烟。此时旁边的夏老师对我说，现在有一种八卦象数疗法，只要默念数字就可以治病，当时我听后觉得新奇，但并不像有些人那样大叫，不可能，迷信！如果是这样的话，我就会错过一生都难得的好机遇。当时他给我写了一张小纸条，让我默念20·50·70，并讲了默念方法及注意事项，当时我半信半疑，不以为然地接受了。当初我也真想不到就这一次偶遇，将我领进了无比奇妙的八卦象数疗法世界。接到象数纸条后的一段时间里，我也曾按照要求默念过几次，但总是好像没有什么感觉，不久也就淡忘了（这就说明，没在发作阶段的慢性病的感应是不灵敏的）。大约此后两个月时间吧，奇迹出现了，这件事听起来像天方夜谭似的，如果不是发生在我身上，我也会认为有些夸张。那天我同其他人搓麻将，房间很小，又有很多抽烟的，整个小屋烟雾弥漫。尽管我抽的都是二手烟，一场麻将下来起码有四个小时，半夜约12点回家，不多时就开始咳嗽了，同时感觉胸口气管火辣辣地痛，过了一会儿，咳嗽越来越重，越来越紧。说实话以前我从来没有遇到过这种情况，家中的枇杷糖浆冲水喝了几次也无济于事，同时又做深呼吸试图缓解，但也无功，搞得我手足无措。如此紧迫的咳嗽以前从来没有过，而且又是在深夜，就医也不方便，没法，只能忍着，强忍着，就这样持续了半个多小时炼狱般地煎熬。正当我无望又无措的时候，猛然想起了夏老师给我的象数20·50·70，当时我想着，走投无路了，就只当试试吧。谁知这真是天助啊！灵丹妙药就在自己身边不去用，白白耽误了半个多小时，究其原因是以前使用没有感觉而没有想到它。真是天无绝人之路，记得当念到第五遍时疼痛、巨咳有所缓解，只觉得口中涌出一股清清的泉水，顺着干裂的喉咙缓慢地淌向火辣辣的气管，此情此景，这样的舒服感，真是无法形容。一度剧烈的咳嗽随着心中的声声象数而缓缓地止住了。大约念了不到一个小时吧，不适症状基本解除，我也渐渐进入梦乡，因为我已经够累了。

次日醒来，我真有说不出的兴奋，我感受到了象数疗法的无穷魅力，尝到了象数疗法极其甜蜜的滋味。前一天夜里的那些不适症状已尽数消除。同时凭直觉意识到，象数疗法定是一门无价之宝，所以我一定要学习掌握它。接着我就立马报名参加了八卦象数疗法函授班，半年之后又参加了提高班的函授。

对于刚刚开始接触象数疗法的学员，我寄语他们：首次感受很重要，也就是初次感觉有多好，以后笃信就有多深。先不要急于使用，而是先要学好它的理论及方法，如哪天要体验象数疗法的功力，我建议从刚刚发生的疾病开始，如自己突发感冒、腹痛、腹泻、损伤之类的，总之刚刚开始的新症，此时你就不要用老习惯动用家里的小药箱了，而是大胆地启用象数疗法，以此来验证象数疗法。一旦治好了一两次后，就会提高你学习象数疗法的兴趣，当然重要的是笃信了。

20·50·70方义：20为兑卦，为肺为咳，后面0稍阳，在此为宣肺止咳；50为巽卦，为胸为气管，50为阳木，在此祛寒邪，通经脉；70为艮卦，在此为止，止痛止咳，也为通滞。

该症为寒痹，用后面0偏阳驱寒，全方终为阴阳适中，定数确当而显效。

感谢李山玉老师所创的八卦象数疗法。

姚兴全
2012 年 9 月

结石打掉了

去年 5 月，学员彭女士，70 岁，体检发现肾脏内有一个小结石，询问用象数疗法能否打掉它。我给方 060·440·720，嘱咐其要认真默念。大约三周后，她有一天小便很急，痛，发现出血了。第二天小便时就很通畅，不疼了，但自己不放心就去医院做了 B 超，结果一切正常，结石也没有了，消失了。后来再也没有检查出来，这说明确确实实是打掉了。

耳内胀痛

2014 年 12 月下旬，学员杨某 71 岁，来电说，她孙女右耳内胀痛，因着急随父母去台湾游玩，要求给予配方。我给方 600·000，嘱咐让孩子自己念并大人助念，还要放在孩子身上。据杨某后来反馈，就这么念着，第二天起来孩子说耳朵不痛了，随父母去了台湾。小小年纪就得益于象数疗法，必定会终身不忘的。

脚背扭伤

2014 年 9 月 10 日，学员吕某来电，脚背翻转着地扭伤筋骨，脚肿，疼痛，我给了 0006000 单元方。约 2 个小时后来电，特别开心地告诉我，疼痛很快消失，肿胀也消了很多，还说明天能和好友去寺庙烧香了，没有想到，好像昨天的事没有发生过一样。她在跟学友分享时眉飞色舞，掩饰不住内心的愉悦。

姚兴全
2015 年 11 月

70 的妙用

万分崇敬的李山玉老师：

您好！

首先向您敬个礼，以表我对您的尊敬之情。

自四年前有幸与伟大的象数疗法结缘，我的健康状况取得了质的改变，特别是初次尝试就得到了极其美妙的感受，从此对象数疗法痴心不改，情有独钟。经过了这么多年的悉心习研，认真施用，我从当年萎靡虚弱的亚健康，逐步成为今天充满活力的健康者。这一切的取得，全是象数疗法的功劳，为此在这里我由衷地感恩您研创的八卦象数疗法。

象数疗法不仅对治病疗疾具有特别优异的功能，在日常生活中，同样能帮助我们解除一些意想不到的烦恼事。下面报告几宗象数 70 的趣味雅事。

有一次，我听沪剧磁带，大雷雨片段，其中女主角有一段唱，极其悲凉，我听着听着，情不自禁被感动了，眼中含满泪水，马上就要掉下来了，于是，我就默念 70……一念象数也真奇怪，念了不到十声，泪水立即止住了，继续听也没有了，此事我后来多次试验过。由此联想，如果你在特定场合，碰到伤心之事，忍不住要流泪，但此时又觉得不该，或不雅，可用此法控制一下，绝妙！

近两年我常坐公交车，有一次突然嗅到一股难闻刺鼻的气味，原来是坐在旁边的女孩身上的腋臭，我如果正面坐姿，就觉得难受，于是我只有面向车窗，这样才稍好一些。说来也巧，第二天乘车时，又遇上一位坐在旁边的年轻女孩散发的气味特别浓烈，我本来就有气管炎，对气味较敏感，此时，我突然想起，能否用象数来制止一下，我就立即默念 70……十几遍后，我试着面向正前，觉得气味好像没有刚才那么浓烈了，我一见有效，就一直念，头也不用转向窗外了，直至女孩离开，也没有闻到那种气味了。此后，我多次试验过，平时凡遇到腋臭、口臭或身味重的人在一起，又不能回避时，都可采用此法缓解一下，其他几位同学也证实此法有效。

还有在公交车上乘坐时间长了，难免要出现异常情况，如禁不住要小便或者大便了，此时又不能下车，怎么办？可默念 70 控制一段时间。又如忍不住要打喷嚏或放屁了，但又觉得不妥、不雅，此时也可默念 70 当即止住，同样灵验。我平时留意观察，利用八卦象数疗法这种特别的武器，来帮助我们解决一些不尽如人意的事情。当然世上还有许多未被人们发现的奥秘，有待我们用象数去攻克。

学习象数疗法，贵在实践，重在坚持，只有在取得良好效果后，才不会心存疑惑。这真是：

象数疗法手中擎，家中柜内药生尘。

不用求人靠自己，养生保健乐津津。

在此同广大象数疗法学员共勉！

上海学生：姚兴全

2014 年 6 月 2 日

巧调理咽喉梅核气

今年 5 月我去福建武夷山旅游，一次去景点，邻座曹××，男，65 岁，听其时隔两分钟便要咳一声。问其得知，咽喉处似有异物，吐不出，吞不下，已多年治疗未果，现在正长期吃药，就是不见好，看似小疾，总觉不适。当时我就给了他配方 070·0260，并告知使用方法。

只见他上车时还时不时地咳一下，紧接着间隔渐渐拉长，等一个景点上来时，大约两个小时，已不见此症状了，消除了，你说快不快？

同样，上海学员沈××，女，75 岁，也是此症，咽喉总像有异物，困扰已久，吐之不出，吞又不下，多法治疗无效。一日上课时要求配方，我也是给予她此方，待下周上课见时，她特别兴奋，竖起大拇指，高声喊："好了，不咳了，象数疗法太伟大了。"

配方释义：梅核气属胃、肺热邪留于咽喉所致。070，滋胃阴，除滞阻；0260，滋肺阴，润咽喉，泄疾浊。

眼能看清黑板上的字了

2019 年 5 月，一次课堂上，老学员全××，女，76 岁，说黑板上字看不清楚，我当即给予她配方 40·0003·260，请她默念试试。谁知五分钟后，她突然惊叫起来："清爽了，清爽了（上海话看得清了）。"激动异常，同学们一致感叹：象数疗法的效率真高啊！

配方释义：该症为年老体衰、血虚不能供养所致。40，4 为肝，应眼，40 偏阳，通经补血；0003，3 为心，应眼，0003 稍偏阴，利眼络；260，2 为肺为气，6 为肾应血，260 补气活血。

肚子舒服了

2019 年 8 月 25 日下午，本人不慎多吹了一会儿风扇，至晚上，肚脐处觉得木呆不爽，知道是白天吹了风的原因，就用单元方试治。以风邪为害，风八卦归 5，呆滞属寒，故用 50 单方，右边 0 升阻驱风寒。当我默念第一声 50 时，听见肚脐里响了一声"咕"出气的声音，第二声 50，又响了一声，念第三声，又响了一声，声音轻了一点，念三下响三声，四声以后没声音了。我继续念了约三分钟，不适状消退了，说明风寒被祛除了，气血通了。此效率比以前用多元方快捷，证明单元方的专注力强，可以多从实践中感悟。

孙子变好了

2019 年 6 月，学员李××，女，其孙子 10 岁，学习不专心，淘气，记忆力差，成绩低，求配方。查舌，干瘦，稍紫，苔白，属阳虚证。

象数配方：20·650·30·80。半月后反馈，各方面转变明显，舌象已趋正常。

配方释义：20，补肺行气，650 培补肾阳，30 增心阳，80 健脾生血。

学员：姚兴全

2019 年 8 月

象数疗法调理鼻腔血管瘤

2016年2月,我哥,82岁,左鼻孔内生一血管瘤,两个月前开始出血,量多止不住,多次中西医治疗无效,身体总觉得虚寒。后托人去上海五官科医院专家门诊,诊断拍片为黄豆大血管瘤,需要手术,又因部位复杂很难手术,并告知手术有风险,有下不了手术台之可能,且没有配药,并要求停用其他病的药。病人听了极为恐惧,情绪低落。回来后家人安慰再找高等权威专家咨询。恰在此时,我得知前去探望,我到时,见他睡在床上,眼睛也不愿睁开,说了几句悲观失望的话。询问了大体情况后,我非常肯定地安慰他,不要怕,没事的,象数疗法来救助您。我就用胶布写上一组配方,贴在他左边脸庞上。说来奇趣,过了约15分钟,他能穿衣起床,和我们在场的人谈笑聊天了,一扫往时的阴霾。说明此方已经发挥了强大的功力。后来据症状变化,做了两次调整,半个月后,已有四天不出血了。达到基本治愈。后来据说,托请的亲友问,是否还要找更好的医生治疗,病人眉开眼笑地告诉他,已经好了,不出血了,是用象数疗法治好的,而且分文未花。此人听后表示很不理解,这么复杂的症状,怎么能这样轻易地好了呢? 这真如李老师所言:许多在大医院,专家医生都无能为力的疑难杂症,在象数疗法面前却俯首称臣了。

象数配方:

① 07・0002・160・540;

② 08・07・0002・640。

配方释义:07为鼻,滋阴利鼻络,又为止血;0002为肺经鼻孔,收敛消炎;160金生水,泻热邪;540通头部经络,引热下行,减压;08应脾为肌肉,数前滋阴;640活血通利泻瘀。

象数疗法调理丹毒

吕某某,女,80岁,因过食蜂胶等热性补品,导致热毒迅速上攻头脑,

2016 年 11 月，电话告急：服药三天，脸上出现水泡，现在脸面肿，口里肿痛，凉开水不能喝，咽喉肿痛，声音嘶哑，听不出是谁的声音。据此症状，我略作思考，给予降热、祛邪、散毒方 08200·1660·005400。

嘱除采用贴方外，加大量默念。两天后反馈，口内、喉咙肿痛已好转（降热邪已奏效），脸肿在加重，头如藤斗，双眼无法睁开。考虑配方过阴不利排毒，故改方 820·160·540。两天后告知，现在全身浮肿，皮肤发亮，起泡，渗黄水，故改方 8220·6640·050·160。两天后告知，眼睛能睁开看东西了，嘴唇肿，吃饭还不便，嘴里特别苦，几天里身体各部、肚脐里、头面部，排出了大量的黄水，用去了几包餐巾纸。有两天连续吐出了许多白色体液，小便转黄。在象数疗法的作用下，通过多种渠道排毒祛邪。一周后见面，尚有三分肿，皮肤正在退旧更新。半月后，基本解除，恢复如前。三周后，皮肤换新，没有异样。至此，来势凶险的丹毒大发作，在威力无比的八卦象数疗法面前，乖乖地投降，化险为夷。相信世上无论哪种疗法，都是无法比拟的。

同时，这事也要归于病人的自信，当时病势极为严重，子女甚至责骂她，要她上医院。她说："一定不去，我坚信李山玉老师创造的象数疗法，一定能拯救我。相信姚老师一定会帮助我！"

配方释义：08200 滋阴排毒，泄泻肿胀；1660 泄泻头部、大肠热邪；005400 滋阴通利头部经络，引邪下行；8220 排肌毒，泄泻肿胀；6640 水生木，泄泻水液；050 通利，头部，三焦经络；160 泄泻头部、大肠热邪，引热下行；合全方之力，发生了奇特的功效！

上海学生：姚兴全

2017 年 1 月

夏金庭象数疗法调理个案

象数疗法调理鱼骨卡咽喉

一次，唐老师被一个鱼骨头卡住咽喉，医生为她进行了四个多小时的治疗也无法将鱼骨取出，医患双方也都累坏了，天也黑了，医生要唐老师明天再来。回到家里，她的丈夫曾在课堂上听过我介绍的方法，在胶布上写上象数04440，贴在唐老师的咽喉处，没多时，鱼骨头就被震出来了，真是惊喜！

去年的4月1日，学员张××被家养的猫咬了，咬伤很深，她当即用象数0002·00080，进行自救。早上发现，伤口收疤很好，就是还有疼的感觉，为此我又调方为000222000·70·80，半个月后就康复了，深感象数疗法的方便。

去年12月30日，上海银发大厦约我去讲课，课上我讲过心脏病人在危急情况下，只需记住本脏之数，离卦，数3加太极0，即03330就能转危为安而获救。钟老师听得仔细，认真，回家就对丈夫说了，她丈夫真的用03330自救渡过难关，来电话表示相信和感谢。

去年有一天，我坐公交车到浦东塘桥车站时，听见那位年轻的驾驶员对后面的售票员说："我的腰不行了。"但见那位司机侧着腰，吃力地打着方向盘，我感觉这样很危险，于是我走上前去送上纸上写的象数400·700·260，并热切地对他说，你认真地默念这组数就会改善，开过南浦大桥，到了我下车时，他就对我说："谢谢，腰已好多了。"

有位学员的哥哥跌成右足踝骨折，由于他的静脉曲张，医生不敢给他做手术，这位学员焦急地来电求助。我给配方87770·64440·16660，并依据《黄帝内经》讲的左病右治的理论，要他把配方贴在左脚踝上，平行贴上六条，要求患者用心默念。半个月后，患部有了好转，最惊喜的是患者的静脉曲张也随之好转起来。我跟学友说，静脉曲张就合八卦的艮象，这是李山玉老师多次讲到的，随着人体的自我调节功能，足踝骨愈合，静脉曲张也能治愈，这位学员的学习热情更高了。

随着去年李山玉老师的新版《八卦象数疗法》一书的出版，在上海，百姓学习应用象数疗法的热情空前高涨。

在虎年即将来临之际，恭祝恩师李山玉老师健康长寿，事业辉煌！

学生：夏金庭
2010 年 2 月 1 日申时

象数疗法又一次救了我

在我生死一线间，唯靠恩师的八卦象数疗法于无声处惊现神奇，彰显真功。

我是恩师 1997 年第一届八卦象数疗法函授班的学员，上海的退休工人（79岁老人），名叫夏金庭。有道是：天有不测风云，人有旦夕祸福。我于 2016 年 1 月 30 日未时，在午睡小息后用厕时，突发脑出血中风，左半身不由自主地瘫坐在马桶左侧地上。此时就惊觉到这是中风偏瘫征象。我第一时间默念象数 010·050·070·260·430·8720·640。当时可把老伴急坏了，她立刻电告两个女儿，女儿要母亲打 120 求救，而我坚持默念此组象数。想起来，我真要感恩李山玉恩师。当 120 将我送到周浦医院，两个女儿对我讲，医生初诊说可能是脑出血了，需做 CT 确诊。此时我心情平静而明白，坚信唯恩师的八卦象数疗法能救命度人，故在做 CT 时我就静心地默念象数 6666660·7777770。后来，我女儿们告诉我："爸爸，这次你幸好清醒不昏迷，医生说你问题不大了。"此时，我的心里唯有对恩师的感恩，唯有对中国五千年《周易》文化的感恩。在我住院的时间里，得到众多上海学员的关怀、祝福和帮助，尤其周浦的姚兴全老师，百忙中常来医院探望，给予象数配方帮助，使我深切感到推行八卦象数疗法是利国利民的大善事。人在做，天在看，必会善有善报的。我于 2 月 24 日（不到一个月时间）就出院，顺利地转往浦东新区张家桥老年康复医院进行为期一个月的康复训练，于 3 月 24 日下午出院归家。曾听许多人这样说，对于脑出血病人，大多数人会昏迷不醒自然死去，而我仅在两个月不到时间里就基本康复回家，这是八卦象数疗法创造的奇迹。

上海学员：夏金庭

2017 年 3 月

芮芷江象数疗法调理个案

象数疗法调理肺癌已转移的患者

尊敬的山玉老师：您好！

遵照您的教诲，我在两年多的实践中，一边努力学习八卦象数疗法的配方原理，学习刊物中很多学长的优秀实践报告，反复揣摩他们配方的方义，一边在自己的实践中跟着感觉走，大胆配方，用象数疗法为亲朋同事治疗了许多常见病，如胆结石、鼻炎、牙疼、风寒风热感冒、腹泻、便秘、血管瘤、脂肪瘤、肩周炎等等，有记录的不下几十例，并取得了显效。同时对一些医院棘手的重病和疑难之症也"初生牛犊不怕虎"大胆进行了实践并跟踪观察，取得了一定的成效，现汇报两个病例。

患者施某某，女，65 岁，是我的老同事。她的双胞胎姐姐在五年前患胰腺癌去世，当时她就情绪低落，忧心忡忡，说她跟她姐是同卵双胞胎，基因相同，看来自己也会得癌症。就在 2009 年 7 月，她因身体乏力不适去医院，被查已患肺腺癌（已相当严重），并已转移到腰椎、肩背、骨盆和头颅，已不能手术了，只能化疗以尽人事。当时子女隐瞒了病情的严重性，她只知道自己是肺癌早期，需抓紧时间马上化疗（她是半年后知道真实病情的）。

当时医院要她做六个疗程的化疗，在做了第一次化疗后，她的身体就垮了，吃不下，呕吐，头发大把大把地掉，人比死还难受。当她得知我在学习八卦象数疗法并为老同事吴某用象数把右手臂弯的血管瘤念掉后，要求吴某问我能否帮帮她。我在 2009 年 8 月 12 日得知她的病情后，当晚就去了她家，当时看到她头发只剩三分之一，脸色灰暗，眼神无光。她告诉我她的白细胞仅 4000 多，骨头疼，一点力气都没有。我当即鼓励她不要失去信心，八卦象数疗法一定能救她。我给她讲了要求和要点（她的儿子刚从荷兰念博士回来，在荷兰就听说过八卦象数疗法的神奇，极力劝其母亲一定要虔诚念数——这是很大的良性信息）。

我当即给配方 820·220·650。她默念了十几天后来电说，没有什么明显的感觉，此时离她第二次化疗仅十几天了，她十分恐惧。我给她换了耿老师文中的配方 008200·6500·160，要求她每天念 10 个小时以上，几乎全天念数，一般探望者都会带来不良信息，而我带给你的是良性信息——八卦象数疗法一定能救你。她很认真地听了，我同时让她念郭道华老师化疗时的补肾方 6665550·44430·777820·160，还给她看研究所网站和视频给她增加信心。

换方后，她谢绝了探访者，房间墙上、床单下都放着六张配方，挂历也拿掉了，全力念数，奇迹慢慢显现：胃口逐渐好转，体力渐增。之后她做了第二次化疗，化疗前白细胞 4900，化疗后白细胞反增到 7400，人也很精神，胃口不差。医生觉得不可思议，后又说大概是服用了灵芝孢子？患者心里有数啊——这绝对是象数疗法的功效，从而信心大增，连便秘也好了。第三次化疗也平稳度过了，白细胞还是在 7000～8000，其他指标均正常。可就在第四次化疗后她一下子又垮了，白细胞又降到 4000 多，好不容易靠念数积累起来的元气，又极大地被损坏了。她沮丧地问我怎么办，我说没有别的办法，只有高质量地念数，这时她做出了一个大胆的决定——不再做化疗了。我表示赞同。就这样，她每天念数不停（不过医生建议的药物还在使用），到今年春节人已经全部恢复，一次能睡三个小时，多次检查血象均正常。最可喜的是一头秀发再生，不知情的人还以为是假发套呢，根本不相信她是严重癌症病人。八卦象数疗法真使她旧貌换新颜了。

转眼到了今年 4 月，她去了上海肿瘤医院复查，医生说她恢复得好极了（主任医生一次查病房时还误认为她是家属还赶她出去，竟没看出她就是病人）。医生惊奇于她恢复得这么好，只认为这是服用了英国进口药之故。可她告诉我说，一位跟她生一样病的人，也同样服用这种进口药，病情却非常危重，估计时日不多了。她向该患者也介绍了自身默念象数之疗效，可她丈夫不信。她告诉我说，过一阵子，她想把进口药也停了，我让她根据自身感觉决定，她诉说，骨头上隔个 2～3 天就会阵阵酸痛，医生要配药给她，她拒绝了。她说念数后这种酸痛不怎么厉害了，能顶得住，就是心里不踏实，要求我改一下方子。我设想应该用 1650，但没有把握，就请教耿老师，耿老师耐心听了我对该患者的跟踪汇报后，改了配方为 008200·111650·16000。随着高质量的默念，她告诉我说骨头上的酸痛几乎感觉不到了。

上海肿瘤医院的医生说，她恢复之好是病人中罕见的，今后每半年检查一次，可以再活五年。我对她说："后半句你别听他的，否则你活过四年后天天数着日子过，这罪就受大了。"我还说："你现在一头黑发，'发为血之余''肝藏血，心主血'，而且心肾相交，水火既济，你现在天天念数，所以能活到天年，至少还有二三十年寿命呢。老师说'天天念数，天天健康'。"她频频点头，并说不会每半年就去检查，这些检查都对身体有伤害，我说"你的悟性真好"。她满心感谢。感谢八卦象数疗法，感谢耿老师。

现在的她每周还要上两天班（受聘于美籍华人的企业搞管理，待遇从优），每天神采奕奕的。这是奇迹吗？确实是奇迹。但在越来越多的笃信持念象数疗法的人们中，这样的奇迹却又数不胜数！这就是八卦象数疗法之神奇。

苏州学员：芮芷江
2010 年 9 月

象数疗法调理高原反应

前年 8 月中旬，我随团去西藏旅游。去时火车天黑时分进入青海，一夜爬坡过青藏高原，凌晨经过海拔 5000 多米的唐古拉山口。团队 20 多人均带了抗高原反应的"高原宁"或"红景天"并在睡前服了药，我也带了"红景天"，但没有服用。我想试试象数配方，默念着 650·430，一会儿就睡着了。一觉醒来天已蒙蒙亮，火车已过唐古拉山口，正奔驰在海拔 4300 多米的青藏高原上，茶几上的方便面和其他包装食品一个个胀得像要爆炸的气球，圆嘟嘟轻飘飘。同行中已经有人呕吐、头痛而吸氧，大多数人都有高原反应。我这个曾患高血压6年、学习象数疗法后才完全治愈的老头（团队中就我和另一个杨姓同伴两人过了60岁）此时却头脑轻松，呼吸顺畅，跟在家中感觉没有两样。

配方释义： 6坎卦为肾主水为通，5为巽卦主阳木为胆为阳气，此处又为氧气，65相合，调动全身肾阳之气，流畅全身；4震卦为肝，肝藏血，3为离卦为心，心主血，430相合，木生火，源源不断的肝血充入心脏，流布全身；650·430又心肾相交，水火既济，氧气充足，一觉睡到天亮。

到西藏的第三天下午参观布达拉宫。下午1点半在山下停车场排队，其时骄阳似火，充沛的紫外线烤灼得皮肤火辣辣地痛，太热了。我把外套脱在汽车里，仅穿一件单衫上山。进布达拉宫安检严格，我们团队3点半进宫，4点半一定要出宫（从停车场走上山到布达拉宫约半个小时）。4点半参观结束准时来到出口，发现有大量游客拥堵。我感到阵阵寒气侵袭入骨。哇！外面是倾盆大雨……有伞的游客先冒着雨下山了，我穿得单薄又未带伞，逐渐被涌出的人流推到门洞口风口浪尖上，冷雨随风阵阵飘溅到我全身。团队二十几个人包括我妻子都挤散了，我妻子也未带伞但衣服穿得多。转眼5点钟了，雨不见小，我哆嗦着领教了高原天气的变脸表演……不能再等了，我默念着650·370冒雨往山下冲去，20多分钟后，像从河里爬上来一样，我冲进了汽车，一路上寒冷刺骨，念数不息。上车后赶紧脱下湿衬衫，赤膊披上外套，裤子鞋子没法换了。全车我最狼狈，大多数人都带了伞所以只淋湿了裤腿。

到了宾馆换上干衣服已6点多了。我妻子赶紧服了"红景天"，我仍未吃任何药。第二天早上得知团队里有五六个人感冒了，其中一人当夜高烧去了医院急诊今天不能游玩了。几位上海团友关心地问我怎么样，我说啥事没有，连喷嚏也没打一个。

配方释义： 650同上，3为离卦为心，主血，在此为火为太阳，为艳阳高照，7艮卦，主胃，为背，37相合，在此为红日高照，烤晒背部，暖胃暖背，屏蔽了寒雨淋背的高寒阴气。650 源源不断的元阳之气生起了心脏之离火，周身暖洋洋，血流循环通畅而百寒不侵。

在接着几天的旅途中，不管是在海拔 4700 多米的羊卓雍错湖边的寒风中，还是在 5100 多米的米拉山口逗留，我靠这两组配方，一粒药未吃，胜似闲庭信步，直到返回苏州。

象数疗法调理幼儿风寒夹风热咳喘

12 月初，一天夜里 10 点多（天很冷）我已睡觉，突然接到老友罗 × × 电话：说其外孙女一凡（4 岁）受风寒严重咳喘，现正咳得翻江倒海并呕吐不止。其说，上一星期小姑娘由其亲家老两口带，一星期三进医院急诊挂水，抗生素超量使用，而挂水后只能维持一天，第二天照旧咳喘呕吐不已，两亲家已精疲力尽。

罗 × × 言如打不通我电话，他们老两口也只能连夜抱小姑娘去医院急诊了。我当即嘱其代念 200·50。第二天上午罗 × × 来电话，说昨夜由其夫人抱着一凡代念到半夜，小姑娘睡着了。今天仍有点咳，但好多了，只是大便不通。我思忖小姑娘是既受风寒还有内热，嘱其代念 160，让其先解决大便不通之苦。第三天电告大便已通，只是小姑娘仍有点咳。我思考小姑娘仅 4 岁，已断断续续咳喘了两个星期，久咳伤正，稚嫩的肺脏或已受伤，便嘱其改方，持念 820·60·050，就这样又持念三天后，罗兄来电兴奋地告诉我：小姑娘已完全康复，能跳能唱又恢复了一派天真可爱的模样，更有趣的是逢人就讲咳嗽是姥姥给念 200·50 念好的。罗兄再三表示谢意，说再给小姑娘持念一周巩固，我说甚好（他们是两亲家每家一周轮着领孩子的）。现在的年轻夫妇往往忙于工作，小孩由老人带养，碰到这种风寒风热，老人往往半夜也要送孩子上医院，因此折腾得自己病倒，而过量的抗生素对小孩的成长发育却又极为有害。

学员：芮芷江

吴克英象数疗法调理个案

070 调理晕车特效

我的两个妹妹都晕车。去年 9 月侄儿们用专车拉我们去三峡游玩，两妹妹都说不想去怕晕车，我告诉她们只管去，我有最好的药。上车后她们都跟我要药，我把事先写好的象数 070 贴在她们的肚脐上，再让她们默念，坐车谁也没晕，就这样安全度过两天。孩子接我们去北京坐火车也是用这个办法，在北京游玩七天车来车往的都很好，谁也没晕车。

010·640·030·820
调理好了老朋友多年的头痛病

徐 ×× 是我一位老朋友，她知道我学八卦象数疗法，一天她说："吴姐能不能帮我治治头痛病？十几年了平时总是痛。"我说试试看，因为我学的时间也不长，就借用了学友的现方 010·640·030·820。当天晚上给方，她念了半夜，第二天早上她跟我说："吴姐，神丹妙药呀，一念就不痛了，真灵！"我要她多念几天巩固一下疗效，她念了十多天，已经半年多没有复发。

40·30·70 调理好了十多年顽固性失眠

老友聂 ×× 的老伴遇到我时说自己十多年了睡眠不好，全靠安眠药支撑，断了药就会彻夜失眠。于是我就给她配了象数 40·30·70，并告诉她今天晚上不用吃药念数就行。晚上她在家念了不到一小时就有了困意，没吃安眠药美美地睡了一夜好觉。第二天早晨起来打电话问我："哪来的这么好的办法？"我告诉她是一种自然疗法。我观察了她三天，每晚睡得都很好，把十几年离不开的安眠药丢了。过了三个月电话回访她，她高兴地说完全好了，晚上睡觉光念数不吃药了。

2000·650·4440 调理狗妈妈下奶

我家养了只小狗，去年下半年到别人家的柴房里生了八只小狗宝宝，儿子去把它们弄回家，可是狗妈妈两天多没有奶水，小狗宝宝快要饿死了。当时我想2000·650·4440 对人下奶有用对狗也一定有用，于是我用胶布写好了方子在狗妈妈背上贴一个，在狗窝里贴三个，从早晨开始贴到了晚上，眼见着狗妈妈的奶水往下滴，这组数不仅救了狗宝宝，而且让它们长壮实了。我还治好了几十个人的大小不同的毛病，在此就不一一向老师汇报了。以上是我学习中的一些简单实践汇报，还望老师指教。祝愿八卦象数疗法瑰宝在人民群众中迅速生根开花结果。

湖北京山学员：吴克英
2011 年 6 月 24 日

吴克英的实践报告

尊敬的李老师，您好！

我已是学习五年半的学员，今年 85 岁，由于文化水平太低，一直处于低层次水平，无法进入中高层次。现在就以低层次学员身份给您汇报一下我的学习心得。

八卦象数疗法确实是一门高深的传统之学！不是一般境界的人所能认知和理解的，推广真是难。所以，只能就我自己和身边的亲朋好友的治疗效果汇报如下。

一、对糖尿病的疗效

我于去冬今春以糖尿病先治肝肾的原理，坚持念 400·3820·650，到夏天念 040·030·820·1650，坚持念数，逐步减少胰岛素的用量，原来用 26、24

单位，到现在只打 20、19 单位，而且人觉得舒服，血糖稳定不波动。我想只要坚持效果更会大增。

二、随时发病随时编数，大大减少了上医院的次数，且近两年来不住医院了

心脏病用 650·430·820，如果早搏、房颤复发就念 6500·4300·82000，在 0 上做文章，效果很好。糖尿病低血糖发作时，用 650·380，效果特好！如我儿子发咽喉炎，花了两百多元没效（开始没让我知道），我知道后用 00200·4370 写一个卡，装在他上衣口袋内（按：请勿将带有象数配方的纸或卡片等放心区附近），放一片在他枕下，过了两天后我问好了没，答：好了。还有青春痘用象数疗法效果特好！我舅侄孙女从美国回来度假，长了满脸青春痘，我给她数字，问她念不念？说念，念了一天少了很多，又念了几天全好了，她高兴地说：感谢象数疗法。

三、点穴加念数治好了姨侄媳妇的腰椎间盘突出

侄孙女青春痘的治疗效果引发了姨侄媳妇的治疗欲望。她说："姨妈帮我治腰行吗？"我说当然行。于是我把她的手拉过来，在掌骨处点按，她当时大叫一声哎哟！后来我给她继续按了几分钟后，让她活动活动，她惊奇地说好多了呢！我又给她 6660·77720，叫她坚持随时随地有空就念，多念就好，她自己在手背按点穴位，过了几天，告诉我说她的腰真是好了。我要她坚持，半年了也没有再复发。

四、耿老师的一组象数让我侄儿晚期肝癌延缓了两年的生命

在 2012 年快过春节时，腊月半左右，侄儿吴××查出肝癌晚期，送到武汉协和医院马上手术切除了肿瘤。当时一样的病人有七个，手术后回家过完春节后再去化疗，结果春节后去化疗时已经死了六个，就他一个没有死，侄儿当时很紧张，做第二次化疗时头发大把大把地脱落。我当时知道后问他："我找老师要象数疗法的配方你念不念？"他回答很干脆："念。"我电话求耿老师赐方。耿老师即赐配方 4000·37200·16500·380，我拿到配方后告诉他。他当时正在吊针，到晚上他主动电话要配方，得方后认真念，自己把配方揣在怀内，后来头发不落了，又在长新发，后来的四次化疗没反应和不适，他人高兴了。2013年一年把全国景点玩遍了，包括宝岛台湾。想不到肝没问题了，在肺上出了问题。此后，他深受传统观念影响，自己认为没有希望了，放弃了生存的希望，精神倒了，在2014年下半年住进了医院，疼痛难忍。我知道后给他配4430·77720·6500，用胶布写贴肩、背，上午贴下午疼止。这时他只求不疼，但还是觉得活着是不可能的（按：心为君主之官，自助方可天助），就维持了近一个月，最终还是安详地走了，走时也没有疼痛。象数让他多活了两年，享受了全国大好河山的美好风景。象数让他没疼痛走得安详。

五、象数疗法让我的姨侄儿黑色素癌脱离了死神

在2013年上半年侄儿崔××查出黑色素癌后，耿老师赐方720·16500·4380。就是这个数字他念到2014年，检查没癌细胞了，他坚持念到2014年下半年。侄儿从此走进了学习《易经》的大门，一直生活工作得很好（他是一个建设行业的负责人），他把我们的《八卦象数疗法》《八卦象数点穴疗法》的书都要去自学了。

六、象数疗法是我随身相伴的神医

不管哪儿疼还是痒，随时一个配方一念马上见效，比如便秘160·4440随念随好，再也没便秘了。260·40·003·700，十分钟治好舌根和舌边疼痛。总之口腔的毛病随念随好，真是灵丹妙药。在2015年6月1日这一天，因前几天肛门的肿痛不能坐也不能走路了，躺下来念配方020·640·370，当时没有想到为什么要念这组配方，我就是想起李老师说"怎么想就怎么用"。想不到只念了不到二十分钟，就能坐了，又念了几分钟又能走了，真有福气极了。马上在头脑中又出现了一组160·530·820，因能坐能走了又出现严重头痛，我想通督脉、强肾、通胆、强心和肝。呼叫大地母亲救我吧！念几分钟就好了。

我感谢李老师的八卦象数疗法，让我看到了生命延续的可能，感谢象数疗法让我为亲朋好友们解除了很多病痛，我现在虽已 85 岁了，仍活得很轻松，有象数疗法的陪伴向百岁努力。不仅我活得轻松，我还要帮周围的亲朋好友也活得轻松。能力有限，只能做到这样，请山玉老师指教。

荆门学员：吴克英

2015 年 11 月

李俊凯象数疗法调理个案

象数疗法调理止打喷嚏众人称奇

2012 年深秋的一天，我去理发，为我理发的是相识多年的老师傅，那天他感冒了，一是打喷嚏，二是流鼻水，既影响工作，也不安全和卫生。我当即请其暂停操作，并用八卦象数疗法为其疗疾，既简易，又快速，而且不用吃药。他抱着试试看的心情同意了。于是我配方 7000·2000·650，嘱其默念，不到五分钟，鼻涕止、喷嚏停，店中众人，无不称奇。我告诉他们，这是八卦象数疗法，是李山玉老师创造的，可壮体强身，调理健康。

配方释义：7000·2000·650。7 为艮，象山、属阳土，鼻面相凸，象山川。表象上看，流涕、打喷嚏此两者都是经鼻而出，同时，7 为艮，主胃，足阳明胃经夹鼻而上，循经取数，温经散寒。配方 7000 既按象又是循经取数，两者兼之，后边加三个 0 则为加强本经的强度。2000，2 为兑属金，主肺，肺开窍于鼻，外邪入侵，肺气不宣，出现鼻塞、流涕、打喷嚏等，取数 2，并加三个 0，增强肺的宣发肃降力度。650，6 为坎为水，主肾，5 为巽，为阳木，为风。650 可振肾阳，助心气，先天振奋，正气内存，邪不可干。

象数疗法调理解除便秘一身轻松

2011 年春，一位曾姓朋友，夫妇俩年近古稀，询问有何妙方可治便秘。余即为其配方 820·16660·4000，嘱其用时提前半小时默念。数日后，其笑着说：象数真灵，用即通，家里平静了，再也不会因如厕而争吵了。

配方释义：820·16660·4000。8 为坤土，为腹，主脾，主肌肉，2 为兑，为肺金，主气，司呼吸，肺与大肠相表里。820 健脾益气，生化气血，增强腹肌力度，通便。16660，1 为乾金，为大肠，6 为坎水，为肾，16660 为金生水，泻大肠之热邪，用三个 6，则为增强坎水的力度，加速滋润肠壁与通力。4000，4 为震木，为动主肝，可通畅气机加速肠的蠕动，用三个 0，则为增强本脏力度。

象数疗法调理、保健两相宜

2012 年春，有一位梁姓女士七十五岁，因其准备一周后做心脏支架手术，求问可否用象数减少痛苦。余即为其配方为 260·430·820 嘱其默念，五分钟后其感到胸部有隐痛，即要求其停念并调整象数为 640·30·820 令其再念，其甚感舒适。配方只做小调整，效果截然不同，使我深感象数的神奇奥妙。

配方释义：260·430·820。2 为兑，为肺金，肺朝百脉，6 为坎水，为肾，为先天之本，260 补肾纳气。4 为震木，为肝，肝藏血，3 为离火，主心，430 木生火，直接增补心血。820，8 为坤土，为脾，820 为补脾益气，增后天之本。从配方分析：因患者部分心肌狭窄，感到胸部隐痛。这可能是 430（木生火）直接补心血，力度过大，血流不畅所致。而后调方为 640·30·820。640（水生木）肝肾同源，疏肝利胆健肾。30，3 为离火，为心，增强本脏之功效。820 补气益脾，促使气血顺畅。其夫贾先生，年八十一体健，也索方健身。余考虑其年事已高，只以壮腰补肾为主。配方 650 及 6000·50 嘱其任择一方即可。其看到配方 6000·50，即感慨地说："这不是上市股票联通的代码吗？易记，就用 6000·50 好了。"念后感到腰部有微热，甚为舒适。数天后他笑着说："念象数，干活不知累，好像越做越有劲。"6000·50 是中国联通证券代码，是巧合，是感悟，感而遂通。

广西梧州学员：李俊凯

2014 年 9 月

象数疗法调理好落枕

2015 年 4 月 8 日早上 9 点多，见到小区保安唐某与人说话时侧着身子，脖子不能自如转动，问原因，其述："昨晚睡觉时落枕。"见此状告知可用象数治疗，其有诚心，余即配方为 0001000·65000，令其默念。5 分钟后，他感觉颈后部有些微热气感，中午时，已可做轻微转动，翌日早上八点多相见时，他十分高兴地说："象数真灵，不吃药，把病治好。"同时还笑嘻嘻地转着脖子，让我见证疗效。

象数配方：0001000·65000。

配方释义：0001000，1 为乾，为头，为督脉乃诸阳之会。落枕症状为颈直，脖子不能转动，实为受风寒所致，需调动诸阳，促使经络顺畅。在 1 的左右各加三个 0 能增强信息量，以通经气，调阴阳。65000，6 为坎水，为肾为先天之本，肾与膀胱相表里，足太阳膀胱经，从头顶通天柱穴，经颈部，循后背至足下，5 为巽风，为胆，为阳木，65000 为振肾阳，助肾气，温通诸经，风寒自散之。

梧州学员：李俊凯

2015 年 10 月 18 日

其他学员象数疗法调理个案

两天攻克尿不畅

张××，72岁，女，邢台县人民法院退休，曾患多种病，身体虚弱，十年来多次找我配方治疗，笃信象数，治病效果神奇，是个敏感型人。2008年4月到我家，一年多未见面，一改以前虚弱病态，她说在家念数，把病念跑，念出健康。在谈话中，得知她尿不畅，双腿浮肿，右腿膝关节外侧有个大包鼓得像个小馒头，求我配方。我配方21000·500·370，嘱她好好地念。第三天由其老伴陪同坐车到我家汇报情况："当天晚上2～6点不停排尿，第二天我念得更专心了。"她卷起裤腿让我看她的腿脚，大包不见了，她老伴惊叫："大包不翼而飞，消失得无影无踪，怪事！"我担心出事，诚恳地嘱咐：回去马上到医院检查。十天后电话："老杨哥，腿浮肿消失，大包没了，小便正常，感谢象数救了我，免受病苦。"此病例虽过两年，但排尿神速大包消失，此情景像过电影般终生难忘，今写汇报给老师过目。

配方释义：21000，2为金肺，清肃降通调水道，致上焦水液下输，直至膀胱使小便利，统全身气机通畅水道。1为乾为金与大肠表里，为督脉背阳温暖和通膀胱经，后三个0清温热毒。双金生水强化肾水。5为风为气，益肺气，风吹动助排尿。370，3为离火，暖膀胱经，7为山，为止为结凸为外侧大包。370火生土温热肿包，散结散寒，离上艮下太阳照射温热人体，温暖背部膀胱经，顺利通畅小便，治好病是硬道理，施术配方和患者诚心想在一起，绑在一起，场在人中，人在场中，"同气相求"，是疗效根本。

学员：杨秀山

象数疗法调理 92 岁老人腿浮肿

我的老邻居李老太太，今年 92 岁，身体特别好，一块儿住了三十年，从没见她病过，经常在我家坐坐。一天她来我家串门，我见到她高兴地说："大娘，我要向你学习，看你身体多好，修的福。"她说："好是好，近半年不愿吃饭，时有胀饱，你看我的腿都肿了，一按一个坑，走路发沉，精神疲倦。"我双手摸着老人粗粗的双腿说："大娘我给你配个数码，你好好念，准好，650·30·820。"我教她念熟念顺后，她欢喜地说："我回家念。"十天后她来我家报喜："你看我的浮肿好了，也愿意吃，胃肠舒服了。"

我考虑她年老五脏气虚，以 650 振肾阳，祛阴湿邪，30 补心气有温煦暖脏之效，820 泻脾湿振脾阳，助肺气，利速降。故 650·30·820 以温肾振阳、振脾阳，畅调水道，运化水湿，五脏数俱全，配数相生，形成八卦场，良性循环；调整平衡五脏阴阳，是治病健身良方。

老太太对我、对数深信不疑，没有文化，念数一个劲，昼夜念，没有任何干扰，念得入静，老太太念象数治病诀窍就在"清静"。

学员：杨秀山

象数疗法调理助产和复正胎位顺利产下两个外孙女

侄女薛××，医院检查显示胎位不正，立坐或横生。晚上十点侄女电话告急，我马上电话告之，诚念李老师胎位复正配方 6000·10。她立即专心默念配方，念了一夜。第二天早 9 点复查，胎位复正，顺利生产。医生惊奇地问侄女："什么妙法，胎位复正？"侄女回答："念数。""念数还能胎位复正，没有听说过，这太神奇了。"

6000，6 可施放胎水（羊水），使胎儿正常活动，6 又可强肾气，使胎儿正常发育，又可疏通相关经络，运化气血，使胎儿不断汲取营养。10，1 为乾为正为健，为亨通无阻。将本象数视为胎儿，即臀部（6为臀，在前）为上，头朝下（1为乾为头为后为下）复正。6后加三个0又强化了先天气场（出生前为先天，李老师谈配方思路）。

2000年2月1日老家外甥孙女，临产破水一天了就是不产，产妇难忍，山区医疗条件差，无办法，电话告急，急需象数助产、催产。我急配数6000·4000告诉本人快念，婆婆、丈夫等在跟前助念。不到二十分钟电话告诉我，顺利产下一个女孩。当时无时间考虑，我只是想，肾水充足，4动使劲，用力。为什么6000·4000催产如此之灵？6为坎卦为水后加三个0，肾气足，激发能量，施放大量胎水，以利脱离母体；4为震后加三个0，施放强大能量，动劲头、力量足，同时助念也加强了气场，婴儿很顺利产下。

上述两例均为我亲身所经历，终生难忘，每当我想起或见到两个外孙女时不由得衷心感谢李老师发明的象数疗法。

学员：杨秀山

象数疗法调理使临危的戴阳证回阳救逆

一位68岁的老头，蒙某，去年春节前，他家来人叫我去看，病人两天起不来了，吃不了东西，说话的声音似乎听不到，量了血压不高，体温也正常但脉搏洪大。我知道是临危的戴阳证，所以不敢给他打针和用药，所以有意骗他说："你这病我现在没药，明天我去南宁给弄，现在我先给你个咒语念念，如果你明天能起来就去我那吊针，你必须从现在念到天亮。"他点点头，我给配了个方650·4440·820。第二天他真的能走到我那里去，但不进屋，就在门前笑着对我竖起大拇指说你咒语真灵，就散步去了。我真感到非常不可思议，每当我见到他问："你还记得那个咒语吗？"他笑着说忘不了，救命法宝呢，现在都念着。650回阳救逆，补益肾阳；4440意在像春天的草木生机勃勃，让生命活泼生机；820补脾益气补后天之本，我认为肺更是后天之本，因为人降生后，第一秒开始就是呼吸，从那开始肺就一直工作没停息过，而且职能是吸收宇宙大自然之气，战斗在最前线，担负着人体最重要的工作，若肺二十分钟不工作，生命也就难以保证了。

蒙飞勇

象数疗法调理食道癌患者

一位食道癌病人，张某某，今年4月他家兄弟来叫我去给他吊针。我问他怎么啦，他说一个礼拜没吃东西了，一吃就吐，水也喝不下，我说那我也无能为力了，他兄弟恳求说，很多人都说你有办法，就试试吧，给吊吊针或弄点什么的。于是我去了给他吊了两天的糖盐，不敢配药，只是写 20·7200·80·650，两天下来病人能喝点稀的，也不吐了。但他说这病把我给治穷了，现在一分钱都没有了，没办法，死也就算了。我说没关系，我有不花钱也能治的办法，就给他配方 20·7200·80·650，嘱他要坚持念，念时间越长越好。大概过了二十天，这个病人赶集来了，见到我笑着说："谢谢你，你这几个数威力很大，我恢复得很好，能吃能喝，也能下地干活了。"我也不敢相信，怎么这么快就好了呢？真不可思议。相对来说我知道没有什么药能在这么短的时间内治好此病，开始我天真地想：20·7200 是补肺，振胃气，给它两把刀，把瘤摘下来；80 温通散寒健脾益气，记得有个师傅是这么说的"万病皆从寒中起"，因而张仲景写了《伤寒论》，8 是坤是通畅的，中间没阻挡的；650 是补先天元阳补充正气，邪不可干，这个病就这么治好了。这太神奇了。我再次感谢李山玉老师授吾如此绝招，让我面对任何疾病都能得心应手，我一定努力学习好八卦象数疗法，去更好地普度众生。

蒙飞勇

天津郭自强的实践报告

李老师:

您好!

向您汇报一个我不理解的病例。我的亲戚张××,患腰椎管狭窄、腰椎间盘突出已经十几年了,前两年也因此住过院,但无效果。他给我来电话想用象数疗法试试,于是我给他一组方7000·00100·6660。过几天他打来电话,很激动地说自己念了四天这组方腰就不疼了,为什么这个数有这么大的威力,这么神奇?并说自己在念象数过程中就像有个带尖的刀子插在腰里面,但是很舒服,同时眼前似乎有圆乎乎的东西漂浮着。不但治好了腰疼,全身都感觉轻松。对于他说的现象我也无法回答,只能答以天佑师佑,特向老师汇报此事。

注:患者所出现的现象可能是通过默念象数,机体在动态平衡的同时激发了某种潜能。

天津学员:郭自强

2010年4月6日

象数疗法救了我母亲的命

我是李老师的学员,我怀着感恩的心向恩师报告。

2008年4月中旬,我85岁的母亲,因感冒发烧,引发肺炎。母亲原本就有很多慢性病,高血压、糖尿病、心脏病等,心肺功能都不好。当时,全家人都很着急,赶快将母亲送往医院,医生听了心脏,就误诊为心梗,就按心梗治疗、抢救(其实母亲是感冒引起的肺炎,从而影响心脏的)。在治疗中,医生只用心脏药,而未用消炎药,炎症未消病情越来越重,致使母亲亢奋不已,神志不清,整夜不睡说胡话,在重病房里影响其他病人。第二天一早,我赶到医院一看,母亲病情非常严重,已不认人了,情急之下,我想到了恩师的象数疗法,马上打电话给夏老师。夏老师配方 020·050·030·070·260。我把象数贴在母亲的大椎穴上平行两条，并握着母亲的手默念，一直到晚上，才使母亲慢慢地安静下来，待母亲睡着了，我才离开医院。当我第二天再到医院时，奇迹发生了。护工对我讲：老人一晚上睡得很香。医生随即听检了心脏，发觉肺也好多了，都感到很奇怪。我当即给夏老师反馈，夏老师热情地又配方 020·050·070·060，我就一直给母亲默念这组配方直到痊愈出院。至今，母亲的病没有再复发。

当得知夏老师在上海市工人文化宫给退休职工讲授八卦象数疗法时，我就约陈老师一起报名参加。夏老师用自己的亲身学习体会，深入浅出地讲授八卦象数疗法，使我们受益匪浅。同时，夏老师对李老师的深深敬意、感恩情怀，时时感动着我们大家。

学生：倪鹤妹

2009 年 12 月 26 日

象数疗法调理好了我的肺癌

2009 年 9 月 9 日祁阳县供销社组织退休人员体检，血液化验发现我血液中癌胚抗原为 7.75，高出正常值 4.35（正常值为 3.4），加上当时晚上睡觉全身发热（低热），汗出不止，背部疼痛，通宵不眠，抗生素治疗无效，我怀疑自己患了癌症。我于 9 月 14 日住院，对全身各部位进行全面扫描，发现左上肺有个小结节病灶，看到这个结论我心里十分恐惧。为了进一步确诊，9 月 25 日，我去了长沙湘雅省一医院进一步检查，通过加强 CT 扫描，结论为：肺结核，肺癌未做肯定。教授建议，回去先做抗结核治疗，观察 1~2 个月待定，每个月做一次 CT 检查。10 月 28 日我又住进了祁阳县人民医院，通过 CT 扫描，结论是左上肺考虑为周围型肺癌，并同时发现右肺前段有肺内转移瘤。我心里更急了，认为这一生就要完了。

恰巧，本人在人民医院门口碰到了我高中时的同学，人民医院退休医师杜××，我把病情告诉了他，他说："目前医院没有好的办法能够治好肺癌，过两天我告诉你个方子，看是否可行，试试看。"11月3日晚上，他告诉我："你默念820·6400，一天念上6～7个小时，中间停顿一下，一秒钟念一下数字。"我按照他教的办法，第一个晚上从睡觉开始念到半夜过后，我睡着了，汗也不出了，背也不疼了。从得病以来，我第一次晚上睡了个好觉。以后我没间断，天天默念。

11月26日，我到省肿瘤医院花高价做PET-CT检查，结论是良性结核瘤，右上肺也是良性病变。看到结论后，我欣喜若狂，身上像卸了千斤重担。回家后，我再没有住院，也没有打针吃药，继续念820·6400。今年5月突然吐了几次血，血量不多，吐血后身体感觉很轻松。7月22日，通过人民医院CT检查，左上肺良性结核瘤也不见了，结论是陈旧性条索状肺结核（我2000年曾患过肺结核，已钙化治愈），现在我终于放心了，我要感谢我的同学杜××，感谢李山玉老师发明的象数疗法，救了我的命。

陈铁民
2010年8月

感受象数疗法的神奇

我通过观看"东方之子"节目，首次接触到李山玉老师及其独树一帜的八卦象数疗法，但一直苦于无缘入门。2010年春节通过杨奕老师的著作，从网上购得了一本《八卦象数疗法》。阅读后，对八卦象数疗法不吃药能治病、没有副作用且没有经济负担的神奇疗效从心底发出赞叹。

2010年9月18日，我报名参加了青岛八卦象数函授普及班的学习，我从小家境贫寒，只读过高小，学习八卦象数疗法有一定的困难，但我下定决心一定认真学，一定要学会、学好。我收到教材后，就连夜学习，好在我曾参加过邵伟华先生的周易函授班，对于学习八卦象数疗法有一定的帮助。下面介绍我和我的亲朋通过学习八卦象数疗法受益的事例和心得。

案例一 2010年中秋节中午，我儿子眼睛里长了麦粒肿，准备去医院挂水，因晚上有个活动不参加会得罪人，非去不可。我就教他念003，他念了大约有15分钟，眼睛就消肿了，恢复了常态。我儿子说："呀，太神奇了！"

案例二 2010年10月27日18时46分，我因尿路感染给青岛山玉八卦象数自然疗法研究所打电话求助，给我开的方子是7720·16450。我念了大约5分钟，肚子里有很强的气感，如果不是亲身经历是很难相信的。我一直念到凌晨两点多钟，一觉醒来身体已经没有不适感，为了保持疗效，大约念了二十天，没有花一分钱，没吃一粒药，通过念象数把病治好了。这难道不神奇吗？

案例三 我从2006年就得了痛风病，从此，豆制品就不能吃了。2010年中秋节后，因为咳嗽，儿子给我买了两只鹅炖汤，喝了十多天，我的左脚骨节肿大，脚大拇指头化脓，痛风病强烈发作了。医生检查说一定要拔趾甲，我不同意，就看书和教材，在里面寻找办法。我想痛风的"风"在自然界中无处不在，无孔不入，就用500；我脾胃运化不好，就用780；我身体不好，可能是先天之气不足，就用了260，全方500·780·260。我从11月18日晚上八点多开始念，念到凌晨一点才睡觉，一共念了六天，并用写上配方的胶布贴在脚拇指上，到了11月23日基本上就治好了，去医院检查尿酸恢复到了214正常值范围。心想八卦象数疗法多么神奇！

案例四 我们高邮工行有位黄××，得了网球肘，医生说要开刀手术，而他怕开刀，得知我在学习"不用手术的治疗方法"，就向我求助。我就帮助他给青岛老师打电话求方，很简单就一元72000。黄××念了大约十天就全好了，他也跟我说这办法神奇。

案例五 我大姐夫管××今年80岁了，左腿溃烂，医院要开刀治疗，但他年老体弱不愿开刀，我又向研究所老师求助，得方7770·2220·6400·380。此方我理解是止痛消炎，长肉，补正气。他于2011年1月31日开始念，到3月13日肉全长好了。他说："不开刀、不吃药，只念念数就将烂腿念好了，发明人真的太伟大了，方法太神奇了！"

案例六 我从小有个好姐妹夏×，有萎缩性胃炎几十年，去过北京等大医院求过医，几十年里吃过很多药，总是效果不好。2010 年 11 月 11 日，我帮她在研究所老师处求了个方子 7000·16450·382000。她大约念了一个星期就觉得有了胃口，胃部明显舒服了，坚持了一阵子大约三周的样子，饭量增加，消化也好，气色明显好转，胃病症状消失。我们都感觉到吃药不如念数，而且吃药又有副作用，吃药解决不了的病通过念数就能治好，一致感到这一方法的神奇。

以上实例，是我参加函授班以来经历的部分实例，证明了八卦象数疗法是经得起实践检验的好方法，它的神奇必将让更多的人民群众受益。

江苏高邮学员：吴竹钧

2011 年 5 月 16 日

乙福友在 QQ 群里的留言

李春斌老师好！大家好！前些天我向土豆网上传耿文涛老师讲解八卦象数疗法的视频，但遭到拒绝，视频编辑回复我说："不打针、不吃药的宣传属于迷信，请知晓。"我当即回复如下，算作我对八卦象数疗法的质疑者的一个回复，请大家指正：

感谢您的回复和关心，不过请教一下，您根据什么说八卦象数疗法是迷信？作为媒体人说话要负责任，不要说毫无根据的话。如果按照您的说法，八卦象数疗法的来源，中华民族的经典典籍《易经》，也是迷信书籍了？源于《易经》的中医及中医典籍《黄帝内经》也是迷信了？八卦象数疗法源于《易经》的五行相生相克的理论和阴阳学说以及中医的藏象学说，同时又有大量的治疗案例为基础，有成千上万的患者从中受益，我本人就是该疗法的受益者和见证者。该视频的讲述者耿文涛先生本人也是该疗法的受益者和见证人。请您不要被一些所谓的新闻记者和某些所谓的专家言论所迷惑。不打针、不吃药能治好病如果被定义为迷信，那么刮痧、拔罐、针灸、艾灸、按摩等自然疗法是不是也要被你们定义为迷信呢？这些疗法也是不打针、不吃药就可以治病的啊！请不要以自己的无知来妄下断言。更不要犯方舟子之类的所谓学者的幼稚错误，将血管当经络，从而否定中医，骂中医是伪科学，是迷信。作为一个从教几十年的人民教师，我以人格证明，八卦象数疗法绝非某些人眼中的迷信，绝非那些江湖术士的算命看相伎俩。八卦象数疗法的发明人李山玉大夫和所有八卦象数疗法的广大学员在运用该疗法为人治病时全部都是免费配方，义务治病，从未接受过患者的一分钱。可以说，这完全是一种利国利民的医疗方法。它和利用《易经》八卦来给人看风水、算命牟利有本质的区别。广大八卦象数疗法的学员们每天都在用该疗法接待和接听来自全国各地的患者的咨询，都在用仁爱之心、不求任何报酬的耐心为患者提供象数配方，为患者疗疾治病。试问，如果没有确切的疗效，哪里有那么多的咨询电话，哪里会被众多患者所欢迎和认可。的确，念念数字就能治病，这是亘古没有的事情，作为从不相信《易经》和八卦的教师，我对此也曾有过怀疑、质疑，但是亲身的实践体验告诉我，这是真真切切的事实。我自己患了几十年的结肠炎、慢性支气管炎，就是在没吃一粒药、没打一次针的情况下，仅仅依靠八卦象数疗法，默念几组数字治好的。而在接触八卦象数疗法之前，我吃遍了所有治疗结肠炎和气管炎的药，却无明显的疗效和结果。所以，尽管你们可能不会理解这些，不会审批这段视频，但是该疗法也不会因你们的阻挠而停止传播的。真金不怕火炼，真理不会因一些人的不理解而消失或者泯灭的。植根于中华民族经典著作《易经》和中医典籍《黄帝内经》的八卦象数疗法必将会在民间、在中华大地上焕发出奇异的光彩，为无数的患者带来福音。

黑龙江：乙福友

陈云康的实践报告

尊敬的李山玉老师：

您好！

向您汇报我的实践活动，并请指正。

我今年 85 岁。从 1999 年参加李山玉老师举办的八卦象数疗法函授班至今已 12 年。从不间断的学习和应用，治好了我的无数疾病，使很多病消灭于萌芽之中，保证了我的健康。我从教材和《自然疗法研究》等刊物中摘录了 20000 多个配方，如同我的养生保健医生，与我亲密相伴，我一天也离不开它，唯恐有病时无法应付。我还将八卦象数疗法介绍给亲朋好友，共享象数疗法的神奇疗效。下面是我用象数疗法治好病的几个例子：

2000 年 4 月 12 日起床后腰痛，默念象数 650·3810，下午缓解，次日痊愈。

2003 年 4 月 7 日及 11 月 6 日不能走动，默念象数 7000·20 每次不到半小时即愈。

2002 年 7 月 4 日在外游玩，下午二时突然狂风暴雨袭来，受寒喉咙痛，咳嗽流涕不止，全身酸软，回家后迅速默念象数 80·60·50，不到半小时全身舒畅，身心正常。

2010 年 4 月 4 日量血压时 80/60，我不在意，8 日上午再到医院量时 80/50，医生说血压太低，才引起我的重视。选方 260，默念至下午五时，再到医院测 130/80 已属正常。

2010 年 5 月 6 日早六时半膝关节疼痛不能跑步，用双手揉膝关节也无用，于是默念象数 0001000·0007000，不到三分钟疼痛即止，照常跑步晨练。

2010 年 7 月 16 日，夜间三时半大腿疼，从梦中疼醒，心想下床活动活动会好，谁知站在床边，脚有千斤重，提不起来，怎么办？于是默念象数方 4000·7000，念了几遍，无效，立即改念 1000·82000·70，念了不到三遍，疼痛即止，好得如此神速。

2010 年 10 月 10 日，中午睡觉醒来，右肩关节疼痛难忍，手也抬不起来，选方 80·2000（左肩 650·50 或 2000），默念 1 小时即愈。

从多年的学习实践，我体会到八卦象数疗法有以下十大特点：一是方法独特，理论系统深奥；二是最理想的医疗保健技术；三是不打针；四是不吃药；五是即时方便；六是简单快捷；七是无毒副作用；八是本人少受罪；九是身体健康，家庭不受累，亲友羡慕；十是节省医药费。当然远远不止这些。

学员：陈云康

象数疗法调理我堂兄脑萎缩头痛症

我堂兄黄××，71 岁，于 2010 年春节前做了心脏支架手术，同时还患有脑萎缩症，头痛很厉害。就在国庆节那天，堂兄向我讲述了病情，要求我也给他个象数念一念。我说，试一下吧。根据他的病情，给他配方为 0001000·650·430·720。当场默念了二十分钟，没有什么不良反应，再次向他介绍如何默念，要有信心，有诚心，有耐心，有决心，四"心"到位才能治愈疾病。同时我还让他默念与贴象数相结合。12 月 30 日，我去他家回访，他笑哈哈跟我说："这个八卦象数疗法真灵，我照念一个月开始有好转，现在都好了，头部一点也不痛。以前睡觉夜里头痛睡不了，每晚痛醒四五次，小便也四五次，现在头不痛，也不夜尿了，一觉到天明，散步可以走一个小时，中间不用休息。"

配方释义：0001000·650·430·720。1 为乾卦，乾为健，为阳之本，通督脉，为首，为头部疾病，疏导气结，前后加三个 0，加大信息量。650 以补肾，肾纳气，助心气，650 合元，为肝肾同源同补。430 可疏泄肝气以安神，故睡得好。720 主止痛降浊。（黄×× 自述略）

刘绍华的实践报告

我今年 83 岁，1989 年离休，2007 年 5 月参加函授班，现将近两年来学用象数疗法的情况汇报如下：

肺栓塞消失，心力衰竭治愈　2011 年三种疾病同时暴发，即双腿血栓形成，肺栓塞可能性大；心力衰竭，心功能Ⅲ级；支气管哮喘并感染。医生给我下达病危通知书。住院 28 天，支气管哮喘已治愈，其他两种病，通过治疗，虽然病情得到控制，但肺栓塞与双腿血栓仍然存在。医生说，此病要服药一年以上，病情变化如何很难断定。出院后我除定时服药外，坚定信心，下定决心念象数 820·4430·650，经过六个月的念数，双腿血栓完全消失，肺栓塞已不存在，心力衰竭治愈。

为了巩固治疗效果，在 2012 年我继续念象数 820·4430·650。又念数六个月，再到医院进行第二次复查，两种疾病完全恢复正常，疗效得到进一步巩固，此时我大声说："好极了！好极了！象数疗法救了我的命。快！快向李山玉老师报喜！"

快速降血压　2011 年 7 月底到 8 月初，突然血压上升到 200/90，类似情况反复多次，两次叫 120 急救，一次住院治疗 15 天，出院后每天还要吃 2～3 片高血压药，有时用药也控制不住。到 2012 年 6 月底，高血压病又反复多次。有次血压高达 180/90，此时我叫老伴："快！快来！"我躺在床上，二人手拉手念象数 260·5400，念了 40 分钟，血压由 180/90，降到 160/80，再念 40 分钟，血压降到 140/76，此时我与老伴同声说："胜利了！胜利了！不用再上医院了。"2012 年 9 月 11 日清晨在未用药的情况下，血压降到 124/68，象数疗法治病又快又好。

治愈支气管炎与哮喘　本人患有季节性、顽固性、急性支气管炎与哮喘，每年在春季或夏秋之间患病，此病有十余年的历史，患病时来势猛，痛苦难忍。

2011 年 8 月中旬患支气管炎住院 6 天，出院后下定决心天天念象数 8200·2600·050。2012 年此病一次没有患过，取得了惊人的疗效。

两年健康状况比较：2011 年身患多种突发性疾病，三次叫 120 急救，三次共住院 49 天，花掉住院费 35000 元。过了一个又苦又喜之年，所谓"苦"，即受病魔折磨之苦；所谓"喜"，即念象数治愈多种突发性疾病。2012 年健康状况大有好转，没有叫过一次 120 急救，没有住过一天医院，没有花一分钱住院费，过了一个轻松、愉快的幸福年。

事后我反复思考，2012 年为什么念象数取得了突破性的进展，有何奥妙呢？答案只有一条，念象数不仅要信心足，决心大，而且要采取一些有效的措施与方法，按照这样思路念象数，疗效十分惊人。

下边介绍采取的措施与方法，即要做到三个抓紧。抓紧，就是要下功夫学用象数疗法的基本知识。本人在学用过程中，采取边学边记边实践的方法，至今已收集整理象数资料共十册，为学用象数疗法提供大量珍贵的信息，查用时十分方便。抓紧，就是要在患病的第一时间念数。如在 2012 年 7 月 15 日夜间 10 点，突然后背痛，疑似冠心病，我叫老伴："快！快来！"二人手拉手念象数 650·430·8200，念了 1 小时，此病快速治愈。抓紧，就是要抓早期预防。我与老伴商定，早晚手拉手念象数，清晨念 0820·260·4430，晚上念 7720·650·4380，早晚各念 40 分钟到 1 小时，天天如此，雷打不动。结果二人同时受益，本人治愈多种突发性疾病，健康状况大有好转；老伴有高血压，原每天用药 2 片，现用药量减半，全年血压完全正常，静脉曲张基本痊愈，风湿性关节炎得到缓解，行走正常。

事后，我请教耿文涛老师，为什么二人手拉手念象数能取得如此惊人的疗效呢？他说："夫妻手拉手助念，可以使阴阳互补，阴阳和谐。"

总之，五年来对象数疗法的学习与实践，使我深切地体会到：象数疗法救了我的命，使我延年益寿。今后我将伴随象数疗法度过幸福的晚年。

最后我衷心地感谢恩人李山玉老师！包曼林老师、梁玉英老师，待我十分热情并及时进行业务指导，在此也深表谢意。

中国人民大学：刘绍华

2012 年 9 月 21 日

象数疗法三字歌

乾 ☰

乾为天	乾三连	数是1	乾属金
性寒凉	应立冬	位西北	对人体
在首胸	大肠骨	及右足	大肠肺
相表里	其功能	大肠者	主传导
排糟粕	若症状	头有疾	胸痛闷
骨头痛	下牙痛	右腿疾	肠梗阻
或溏泄	及便秘	均可治	依五行
相生序	可配数	10、010、01、	

710、810、160

兑 ☱

兑为泽	兑上缺	数是2	兑属金
性为凉	应秋分	位在西	对人体
口口角	右胁臂	肺气管	及咽喉
窍于鼻	华皮毛	其功能	肺主气
司呼吸	与大肠	相表里	若症状
肺之疾	如咳嗽	及痰喘	气虚滞
食欲差	口溃疡	皮肤病	刀械伤
右肩背	尿道口	肛门疾	血压低
及贫血	均可治	依五行	相生序
可配数	20、020、02、820、		

720、260

离 ☲

离为火	离中虚	数是 3	属性热
应夏至	位于南	对人体	为心脏
为心包	为乳房	与小肠	及三焦
窍于舌	华在面	其功能	心藏神
主血脉	心小肠	相表里	若症状
如头晕	心脏病	血液病	高血压
红眼症	眼干涩	乳房疾	火烫伤
小便黄	与心烦	均可治	依五行
相生序	可配数	30、030、03、	
430、530、370、380			

震 ☳

震为雷	震仰盂	数是 4	震属木
属性温	位于东	应春分	对人体
为肝脏	足筋爪	左肩臂	肝与胆
相表里	窍于目	华在爪	其功能
肝藏血	主疏泄	若症状	如肝病
筋爪疾	狂躁症	为抽筋	脚足痛
妇科病	如贫血	咽喉炎	及咳嗽
均可治	依五行	相生序	可配数
40、040、04、640、430、450，540			

巽 ☴

巽为风	巽下断	数是 5	属阳木
位东南	属性入	性温热	应立夏

对人体　胆股胸　左肩背　及气管

其功能　藏胆汁　促消化　胆与肝

相表里　若症状　肝胆疾　肩背痛

胫骨病　皮肤痒　如感冒　如哮喘

忧郁症　腹胀气　及鼻炎　均可治

依五行　相生序　可配数　50、

050、05、650、530、450、540

坎 ☵

坎为水　坎中满　数是6　位北方

应冬至　属性寒　对人体　为肾脏

及膀胱　腰背脊　血骨髓　窍于耳

前后阴　与膀胱　相表里　华在发

其功能　肾藏精　先天本　主生长

主纳气　及水液　若症状　肾脏病

膀胱疾　尿道炎　腰背痛　耳之疾

均可治　依五行　相生序　可配数

60、060、06、260、640、650、160

艮 ☶

艮属土　艮覆碗　数是7　象为山

位东北　应立春　对人体　胃手鼻

肩背腰　骨关节　为左足　及乳房

其功能　胃土者　主受纳　胃与脾

相表里　若症状　脾胃差　关节痛

左足疾　颈椎痛　腰劳损　牙齿痛

乳房疾　及鼻炎　凡凸象　如结石
与肿症　均可治　依五行　相生序
可配数 70、070、07、370、720、
710、780、870

坤 ☷

坤为地　坤六断　数是8　属于土
性温热　应立秋　位西南　对人体
脾与胃　右肩背　腹肌肉　窍于口
华在唇　脾与胃　相表里　其功能
主运化　主肌肉　统血液　若症状
脾胃虚　消化差　血压低　身乏力
气虚短　肌肤疾　如疮疥　及湿疹
寒湿病　痰过盛　尿不利　均可治
依五行　相生序　可配数　80、08
080、380、820、810、780、870

施方者　应做到　望闻问　辨阴阳
知其征　选好数　巧用0　分奇偶
奇温阳　偶滋阴　分前后　于数前
稍偏阴　于数后　稍偏阳　巧组合
或一元　二三元　嘱患者　诸事项
头心胃　须注意　长持念　贴身上
用心听　保安康

广西梧州市学员：李俊凯

2011 年 2 月

宋本勇的来信

敬爱的山玉老师：

　　您好！

　　首先，我要感谢您发明的八卦象数疗法使我解除了痛苦。我是一名强直性脊柱炎患者，已得病二十多年，一直没有很好的疗法来攻克它，吃了不少的药，都没有理想效果，近三年病情加重，时常在病痛中受折磨。其实两年前就知道有这个象数疗法，那时一是没有资料去认识，二是没有认真去找，从思想上对象数疗法不重视。今年有一次在书摊上发现了一本《八卦象数点穴疗法》，看了里面的记录，被神奇疗效深深吸引，就买了一本回来，越看越觉得是一种很好的疗法，从中看了一例治疗脊柱炎的病例，就记下了象数 00100·650·770·3820 并开始持念。念了一周左右就有了效果，疼痛减轻，身体有力了，我就赶紧购买了《八卦象数疗法》。通过学习，我自己把方子改为 0001000·650·770·3820，又改为 000111000·650·770·3820 一直持念至今，约三个月，现已基本解除了疼痛。前几天得了急性鼻炎，念象数 720·80 到第二天就感到脊椎有动和发热的感觉，因为我是脊椎变形，后凸，已呈竹节样病变，颈椎也活动受限，由此我联想到 720 可消除脊椎后凸，扶正脊柱，我把方子改为 720·010·650·3820 持念。您在书上说怎么想就怎么用，就先试一试吧，也希望您能针对我的病症有一个方子，并希望能成为您的学生。

　　我正在用我的感受宣传八卦象数疗法，尽管有些人还不太相信，但现在我的家人都已经感受到八卦象数疗法的好处，也希望有更多的人用八卦象数疗法解除痛苦。

　　敬礼！

宋本勇

2012 年 5 月 28 日

念8肚子疼好了

我刚学八卦象数疗法,有一天晚上睡到一点多,突然肚子痛醒了,肚脐周围又痛又硬,我不知道怎么办好,这时我想到8代表脾、腹,那就念8吧,刚念了几次,肚子奇迹般地不疼了。啊!象数疗法真就这么神奇?!第二天看书,才知道后面加几个0效果会更好。

念00400一分钟调理好脚趾疼

去年我莫名其妙地脚趾疼得不能走路,学了象数疗法以后,我就念00400,只一分钟的时间,就好了,而且到现在没再疼。

370调理胃寒

十几年前,我因肾虚吃了补肾的药,不知有没有补肾,却从此由胃到小腹,都是凉凉的,又吃了不少药,没有任何改变。十几年了,肚子总是凉凉的,再热的夏天,也不敢吃任何凉的东西。学习八卦象数疗法后,我就念370,想治疗胃寒,就这样念了一段时间,明显地小肚子和胃变热了,很长时间里再没有凉的感觉了。

象数疗法调理止住了孙子肚子疼

我大孙子12岁,一次夜里肚子痛得厉害,我让他念7000·8000,念了一会儿,不疼了,但肚子胀,改念3820,念着睡着了,第二天就好了。过去,他一肚子疼,又是喂药,又是把炒盐放在肚子上止疼,折腾好几天才能好。

象数疗法调理常见症状

脖子扭了念 0005000。

脚扭伤念 0001000・7000。

腰扭了念 6660。

关节增生念 0001000・7000。

流鼻血念 003・006 止住了。

右腹疼念 20・7000。

爬山念 650・000 等。

这些都收到了很好的效果。

山西晋中市榆次区函授学员：孟彩凤

2012 年 5 月 6 日

象数疗法调理 5 天囊肿无影无踪

那是 2009 年 5 月 20 日，晚上我突然感觉脖子疼，用手一摸有一个 2 厘米大小的肿块。我在 2003 年 11 月曾住院割掉了一个鸡蛋大小的囊肿，花了 5000 多元，这次不想再住院了。因刚接触象数，我就参考期刊上的方子，念 2000・80・720，第二天脖子疼轻多了，到了第五天这个囊肿就无影无踪了。这增加了我学习八卦象数疗法的信心。

配方释义：2 主肺，主气，囊肿里面是一包水，水属阴，2000 气化；8 主脾，主运化水湿；720，7 是凸起，720 把囊肿割掉。

象数疗法调理危急哮喘病人

2009 年 12 月 2 日，白某某，54 岁，是我的外甥女，晚上从医院重症病房打来电话求方，说她的哮喘病犯了。她 11 月初去济南学习之前向我要方治腿直不起来、腰疼，我给方子 650·530·380。2009 年山东大雪，她又感冒了，坐飞机回到银川，电话要方子，我给方 2000·80·650。我电话询问，她说效果不是很明显，我想方子里 650 不妥，便告诉她默念 2000·80·50。她说这次方子效果好，我就嘱咐她再坚持默念，并说她的哮喘也能好。当 16 日我去她公司再见她时，谁也看不出她在半个月前还是住医院重症监护室里抢救的病人，是象数救了她。

配方释义： 2000 可强化本脏功能；80 主脾，主运化，肃降，可振脾脏佐以肺气；50 为巽风，为阳木，佐肺阴提阳。

学员：丁全霞

象数疗法调理糖尿病

2006 年 7 月在做心脏支架手术前体检时，发现空腹血糖 6.41，餐后 2 小时血糖 10.63。2007 年 7 月复查心脏支架手术前体检时，空腹血糖 6.40，餐后 2 小时血糖 14.8，定性为 2 型糖尿病。由于西医医治糖尿病没有获得理想的效果，于是改为默念李老师给张 × 师兄治糖尿病的配方 2650·4380。

2010 年 10 月 16 日，化验结果空腹血糖 5.27，餐后 2 小时血糖 6.54。血糖正常以后，除了临时治其他小病外，所有的时间都在念 2650·4380，以此配方作为我的保健配方。2012 年 7 月 3 日，因右眼患虹膜睫状体炎住院，检查空腹血糖 5.0，餐后 2 小时血糖 7.2。住院时我与主管医生说："我有糖尿病史，不能用葡萄糖溶液吊滴。"医生说："你的血糖那么标准，怎么不能用葡萄糖溶液？"他坚持用葡萄糖溶液吊滴 6 天，出院后的第四天，我进行血糖检查，结果为空腹血糖 5.41，餐后 2 小时 9.25，血糖完全正常。两年多的实践再次证明，象数疗法对我的糖尿病是有效的。方义略。

80·7770·4440 调理肠系膜淋巴结炎

我的孙女，黄××，8岁，以往常叫肚子疼，经去省级儿科专业医院检查，确诊为肠系膜淋巴结炎。2012年6月28日吃晚饭时，我见她一边吃饭，一边按着肚子，便问："肚子痛吗？"她点点头，我再问："念数吗？"她说念。我给配方80·7770·4440，让她自己默念。她边念数边吃粥，吃完一碗，约五六分钟时间，就说："爷爷，肚子不痛了。"我反问："真的不痛了？"她肯定地回答说："爷爷，真的不痛了，我哄你干吗。"我吃完晚饭后，为了巩固疗效，将配方写在医用胶布上，贴在其大椎、丹田及患处，并嘱她继续念。至今已过了三个多月，没见复发。八卦象数疗法治疗小孩肠系膜淋巴结炎效果如此神速，太不可思议了。

配方释义： 8为坤卦，为地、为腹。耿老师说"小孩子肚子疼取80就可以了"，8直达病灶。7为艮卦，为山，为止，7又止痛最灵，连取三个7，加大止痛信息能量。4为震卦，主肝，五行为木，木可以克土，肝有疏泄功能，可以把淋巴结震小震掉。80·7770·4440三元合方，意在止痛消结，又加强信息波能量，故很快止痛。小孩是天真的，是诚实的，孩子在五分钟内能迅速止痛，是确确实实的，不是哄爷爷的。

820 也可以调理左肩周炎

我的老校友，原副县长莫某某，男，66岁，左肩疼痛已有一年半，手不能高举，连穿衣服也感到痛。今年6月10日晚上，在散步时相遇，他也购买了李老师的《八卦象数疗法》一书，对八卦象数疗法笃信无疑。当晚他向我求要配方，当场给他配方820。他每天早晚在散步地段，边散步边默念象数，坚持了两个多月，到8月23日，又在江滨散步碰见他，他说："820真管用，默念两个月，肩周炎好了。"他唯恐我不相信，还大力甩手画圆几下给我看，大家都乐了。当他用力甩左手时，突然想起左四右八，820治左肩？我搞错了？再仔细想才明白，这就是李老师常说"法无定法"的原理所在，"怎么想就怎么用"真灵。

配方释义：820 中，8 为坤卦，为地、为土、为脾，脾主运化；2 为兑卦，为泽、为金、为肺，肺主一身之气，820 合方意在健脾温中祛寒化湿，行气行血，气血通畅，痹症自愈。

学员：黄灼彩

2012 年 9 月 7 日

张医生结缘象数疗法

张力医生是北京某部队干休所的退休女军医，今年虽已 80 岁高龄，但走起路来，稳健轻快；说起话来，中气十足，不急不缓，声声入耳，清晰有条理；面色润泽，几乎没有皱纹。

可是谁能想到，在 2007 年结缘八卦象数疗法之前，老人家是一位癌症患者，做了好几次手术，并进行了化疗和放疗。且术后有一条腿跛行，很是痛苦，北京各大医院包括 301 医院（解放军总医院）都诊断为退行性病变，无药可治。

2007 年，张医生辗转从亲友处得到李山玉老师的《八卦象数疗法》一书，如获至宝，便按书中的 101 个病例"对号入座"，经过一个月的默念，竟然把各大医院判了死刑的腿治好了。于是她下定决心，一定要到青岛去当面感谢李山玉老师。在儿媳的支持并陪同下，终于在青岛见到了山玉老师。李老师夸她有悟性，并鼓励她登上讲台现身说法……

就这样，张医生步入了八卦象数疗法的殿堂。回到北京后她坚持用八卦象数疗法调理自己的身体，并且积极帮助周围有缘的人。为了避免民众对八卦象数疗法的误解，睿智的张医生给自己定下"好心但不热心""有求必应"的原则来帮助有缘人。

每次在给配方前，必先向对方简要地介绍象数疗法的原理，相信并肯持念的有缘人才给配方。同时考虑到，干休所老人的记忆力都不太好，张医生的配方都力求简单、好记。正是这样"选对人、配准方",所谓大道至简,疗效都出奇地好。张医生也成了干休所里"有众多粉丝的明星"。

在干休所里,每天散步时,总会出现两个特殊的情形:一位七十多岁的老先生,驼背加脊柱侧弯几乎达45度,走路时整个身体几乎都压在手杖上,给人的感觉他不是散步,而是在艰难地挪动。另一位老太太,则是推着个手推车缓慢地移行。作为同龄人,身轻脚快、心地善良的张医生十分同情他们的处境。

于是张医生利用散步的机会与他们接触,了解到驼背的老先生善绘画、信佛且略知《易经》,便将八卦象数疗法和盘托出,老人非常愿意接受,并严格执行张医生的"医嘱",先戒烟再正脊。默念戒烟配方30·60仅一周,竟然戒掉了抽了几十年的烟。老人信心倍增,于是又持念张医生给的正脊配方00100·800·60,仅一个月后,背便挺直,脊柱侧弯也仅在约15度以内。而那位推车的老太太患的是腰椎间盘突出,于是,在她肯念象数的前提下,给其配方64000·7000。一周后,老太太竟然甩掉手推车,出现在散步的人群中。这一下,整个干休所都轰动了,八卦象数疗法的粉丝日渐增多。张医生散步时,总有粉丝来求方。有的说白天晚上都睡不着觉,于是张医生嘱咐,可以晚上睡觉前在手心的劳宫穴写上380,没想到这位老干部心急,午饭后就写手心上,果真美美地睡了一下午。张医生的老伴就是用此法治好失眠。有位老太太悄悄把张医生拉到边上,不好意思地说:"我总尿裤子,一天要换好几次裤子,冬天可受罪了,给我个数吧。"于是,张医生让她默念60·70,第二天她就兴冲冲地来报喜说:"整整一天了,一次裤子都没换啊。"

就这样,在聪慧的张力医生的推广下,八卦象数疗法在干休所里扎下了根。张医生用自己的聪明才智使更多人的健康得益于八卦象数疗法。

更重要的是她用这个瑰宝把自己和老伴的多种疾病治好。她80岁,老伴85岁,她坚持每天早晚点按200下手掌的艮乾兑离坎位,居然治好常年的泻肚,现在每天一次大便。她坚持每天下午默读象数和直接在穴位上写配方010·030·720·430·260,解除出虚汗的困扰。她琢磨出用380写在手掌劳宫穴上，从而解决了老两口长期失眠的毛病。八卦象数已成为他俩安度晚年的法宝。老伴多年的哮喘和肺纤维化咳嗽，也用这块宝治愈，她在他合谷穴上坚持每天写配方020·050·70·60，效果斐然。她本人年初曾经做了腰部手术，手术后三天就下地，同房病友都用惊异的语气问她："你不疼啊？"她自豪地告诉他们："我有宝贝。"她在后腰上贴64000·7000，就解决了疼痛问题。现在她行动自如，坐卧灵便，俨然没有80岁老人的衰老状态，八卦象数使得她越活越健康。她深深地感谢山玉恩师。

作为八卦象数疗法的学友，我们在推广过程中，也要学习张力医生的巧思慧心，目的就是让更多的人自愿结缘八卦象数疗法，使具有几千年传统的中华文化瑰宝在我们这代人手中能够传承下去，方才不辜负李山玉老师几十年来付出的心血。星星之火可以燎原！

北京学员匡韦洁记录
2012 年 6 月

象数疗法陪伴我的老年生活

我是个工程兵，1950 年底入伍，从部队上了军医大学，1956 年毕业后分到工程兵司令部，先被派到偏远艰苦地方工作四年，后又调回司令部，一直给首长们当保健医生。1984 年退休。

1990 年发现有乳腺癌，手术后进行放化疗，之后身体一直不好，第二年又发现胆囊有问题，手术拿掉了，阑尾也被切除了，简直就是个病秧子。后来妹妹给我一本李山玉老师的讲义，我当时腿有退行性病变，不能走路，就对着书学，结果念了一个月我的腿就好了。哪儿都治不好我的病，甚至 301 医院都治不了，结果象数帮我治好了，太神奇了。我一定要向这个老师学习！当时我已 75 岁了，老伴不陪我，是儿媳妇陪我到青岛去上面授班。李老师认为我很执着，悟性高，一定能学好的。

参加学习班后，我就深入学习象数疗法的原理，这些理论书上都有，我是学西医的，当时还批判中医，没学过中医，得从头学起。后来院里有人有病了就用象数试一试，有些人还是很有效的，但有些人就根本不理，你好心好意给他一个数，他认为你疯了，几个数就能治病？由此得出经验：不要那么好心，也不要过于热情，他求你，你就认真地跟他讲一讲。

学习回来后自己有病自己调，别人有病帮别人调。我们单位的书记子宫脱垂，走路不方便，当时我看到书上有相关的数820，就照葫芦画瓢，告诉她了，她念了就好了。我住的院内有一位87岁老太太，总尿裤子，问我能不能治，我就给她一个数，问她信不信，她说只要我告诉她的数她都信。给她的数是60·070，同时要求她往后甩手（有补的作用），早晚200下，甩手时同时念60·070，一周后就告诉我不尿裤子了。还有一个老太太突然来找我，说小便痛且总尿裤子，我就告诉她要坚持念00200·60·700，一个小时后来电话说不难受了，不尿裤子了，特别感谢我。我一般不用繁杂的数，老太太也能记得住。

去年12月我腰疼得厉害，怀疑癌症转移了，就到医院检查，发现第12胸椎压迫性骨折，必须要手术，且要全麻。以前我的心脏不好，这几年通过念数竟一切正常了，就做了手术，1小时就从手术室出来，打消炎针，医院还准备了3瓶麻药以备我疼痛。我让我的护工在我背上写满64000·7000·16500，从背上一直写到屁股根上，结果我一点都不疼，麻药也没用上。3天后消炎针打完了，我自己起来上厕所，洗脸，一点事都没有。而跟我同时做手术的其他病友疼得翻身都不行，一直用麻药维持。

我手术前跟一个老太太住一个房，这老太太做过脊椎手术，而且有糖尿病，脑子也不好使了，我住的头一个晚上，老太太就骂人，闹啊，骂得不堪入耳，保姆已习惯了。本来我就睡不好觉，她这一闹影响得我更睡不好了，我还要做手术，这怎么办啊，我就冥思苦想，象数能不能救我？想了一个数40·380·260。其中40属肝，肝风旺，不睡不吃用380，3是心脏，主神明，8主脾胃；老了用260补肾，五脏都有了。告诉护工写在纸上贴在她的背上，贴被子上，压在床底下，再用一个牌子写上放在她的床头，到处都是数，结果到晚上就不骂人了，且睡得很安稳。有点老年痴呆或神经不太好的，乱说乱动的人都可以用这个数，此数已给过好多老年人了。如我的老伴因装修的事跟儿女们吵个没完，我就把这个数40·380·260写在胶布上，贴在枕头、衣服、床帮上，结果儿子回来后发现他爸变了，笑了，脾气也好了，也同意装修了，于是搬到东岳公寓来住。在东岳公寓用这个数又治过2个老太太。我隔壁的一个老太太白天黑夜的不睡觉，闹啊，让保姆打电话跟人约会，保姆也没办法，跟我讲。我出于好心给了她这个数40·380·260，让保姆写在纸上放在老太太的枕头底下，被老太太发现后抠出来扔了。后来让保姆写在胶布上贴在枕头芯的里面，且在床帮上贴了5个，老太太发现不了了，结果老老实实地睡了5天，不那么闹了，比原来强多了。后来她女儿来谢谢我，说我把她妈调理好了。老太太的保姆是河南人，五十多岁了，背疼、脖子疼、腰疼、腿疼，浑身是病，跟我讲要回去了，干不了了，怎么办啊？于是我首先给了她一个治脖子的数2650·380·70，其中2650补肾阳，380安神健脾，70就是都不疼了。过了一两天后就告诉我不疼了，且腰也好多了，之后又给她几个儿子、儿媳妇，老头、老妈要数。另一个是东岳公寓的老太太，90岁了，是个军人，离休干部，没有亲人，要了一个女儿，女儿把她的房子占了，她也有点糊涂了，什么都不知道，看她有点可怜，就送给她260·40·380这个数，后来保姆告诉我好多了，不那么糊涂了。老年痴呆的、脑子糊涂的、血管硬化的都可以用这个数。

我们刚到公寓一周时，碰到一个70岁左右的老头，背驼又弯，几乎趴在棍子上了，走路很困难。老伴让我给他一个数，我就主动拦住他，跟他聊，了解他的情况，交流了两次，发现他比较明理，信佛，正好我们象数里面也有佛的东西，中医、《易经》的道理我跟他讲了一天。我说："我给你个数能把你的腰直起来，你信不信？"他说："真的？""但第一条先得把烟戒掉，之后再给你调理肺，你能做到吗？"他说能。我告诉他30·60，一定要保证天天念，结果一周后果真把烟戒了，而且在烟戒中腰也慢慢直一点了，脸色也不那么萎黄了。之后又给他一个数 00100·800·60，要求他没事天天念。其中，8 主肌肉，6 主肾，肾主骨，一个月后明显地好多了。还有一个 83 岁的老太太，2 个腰椎间盘突出，而我的腰椎从第二至第五都腰椎间盘突出，椎管狭窄，但我走路正正的，我告诉她我是怎么好的，我跟她说了个数 64000·7000。她不到一周就把老年推车扔了，后来还走到植物园来了，许多人都问她是怎么好的，她就告诉别人她是念数念好的。

植物园丁香茶社

2012 年 6 月 1 日下午

象数疗法 0004000 调理精神分裂症

蔡某某，男，32 岁，枫溪镇小学教师。该患者八年前因受到多方的不良刺激，出现妄想、情绪低落，有时兴奋躁动，有时又行动反常，终出现失眠、心神不宁等症状。求医甚众，无效。最后到某地市级精神病院就医，专家诊为精神分裂症，开具多种精神病药。后来老病未除，新病出现，阳痿不举，结婚六年，一直未能授孕。其妻及父母焦虑万分，要求专家给予解脱，但专家却理直气壮地说，不能解脱，仍要终生服精神病药。这一下，患者全家甚感失望。后来经亲友介绍，特来本诊所找我诊视。我见患者精神恍惚，坐立不安，脉象弦滑躁动，舌红苔腻，症属肝气郁结，上犯心神。治当以平肝解郁，养血安神，处方 0004000，持念，并写于医用透气胶布贴于大椎穴位，一周后诸症显著好转。我令其逐渐减少精神病药物。再过一周复诊，眠好神清，喜气洋洋，令其原来服药量再减至四分之一；又过一周，停用一切精神病药物。一个月后失眠解除，阳痿逆转，能过正常性生活，情绪安定。又过了一月，患者偕同妻子，笑眯眯地到我诊所来报喜。他很激动地对我说，他的妻子有喜了，并告诉在座候诊的众人说："我这个身体已被汕头市某专家批为废品，即必须终生服药，甚至阳痿不育。我在绝望中，幸亏在朋友的推介下，向陈医师求诊，陈医师给我指向光明，给我再生机会，他用八卦象

508

数疗法治愈我的精神分裂症，使我免再服药，迅速恢复健康，现在妻子也怀孕了。陈医师对于我们全家真是功德无量呀！"我当即告诉大家，这种高超的医术是李山玉老师传授给我的。这病例是八卦象数疗法的又一成功典范。

2011 年 4 月 17 日星期日

象数疗法调理青光眼

庄某某，女，50 岁，办事处街委会主任。2011 年 6 月 3 日，自觉双眼不适，至市中心医院眼科检查，专家确诊为青光眼，必须施行手术。患者不同意立即施行手术，希望能通过别的治疗措施解决问题，故邀余诊视。见患者面色憔悴、乏神，舌紫边尖红，脉弦紧。自诉头痛、恶心、雾视。因其近期工作繁忙，劳神过度，症属肝郁气滞，化火上逆，阴血暗耗。又脾虚痰结，久郁化火，火炎于目而发斯症。治以平肝解郁，健脾化痰，滋阴降火。方用 004300·820·160。因患者与八卦象数疗法已结下不解之缘，有数次重病都是用象数疗法治愈的。本次她知道病情的严重性，故除了吃饭、睡眠及少量工作之外，日以继夜地不断持念。一周后，亲友建议她到省医院做进一步检查或施行手术。一位著名眼科教授接诊，通过多方面检查，结果一点青光眼迹象都没有，一切正常而回家。患者放下沉重的包袱，松了一口气，对其亲友说："八卦象数疗法真伟大！它治愈了我的几次重病。有一次带队检查计划生育时，因工作太忙，连续 16 天日夜半点不能入睡，陈医师给方 40·30·70 默念，当夜睡得很香很甜；又一次是严重的腰椎间盘突出症，卧床数天，一点不能动弹，陈医师又给我方为 00100·00600，持念一昼夜后就可以上班了。这一诊法不用吃药打针，疗效神速，再好不过了，值得大力推广应用。"

配方释义：因后两方以前曾有过方解，只释前一方。4 为震卦，为肝，能平肝解郁；3 为离卦，为目，43 意为补血，以濡养双眼；前后均加 00，一则增强其效，二则滋阴降火。820 为健脾化痰，增强生化之源。1 为乾卦，为寒凉而清邪热，为正，促其复正；6 为坎卦，主肾，滋补肾阴则能降火。本方五行生化有序，邪出正安，可谓"正气存内，邪不可干"。

象数疗法调理帕金森综合征、高血压

郑某某，男，74 岁，家住风塘镇，于 2011 年 8 月 23 日来诊。患者动作缓慢，一坐下来，呆若木鸡，且身体及四肢不停震颤，切脉时见其肢节僵硬，脉象迟缓而沉涩，舌质淡红，有齿痕，舌苔淡白，测血压为 168/105，脉症合参，诊为帕金森综合征并高血压。症属肝肾阴亏，气血不足而为患，治当以调补气血、滋补肝肾为法。方用 720·010·6430，要求其持续默念及家人助念，并写在胶布上贴于大椎穴及四肢。一周后复诊，见其四肢震颤大减，四肢活动已略为柔软自如，呆滞好转。方已对症，效不更方，又持念一月后复诊，诸症已愈七八。再一月后复诊，四肢不再震颤，活动已柔软灵活，精神清爽，面有喜色。其大儿子在旁激动地说，他父亲原得此症已六年，四处求医，有土医师，有专家，都不顶用，没想到如今用了这几个数字，就能把他父亲的顽疾治好，这个疗法真是世上无双，值得大力推广应用。

配方释义： 7 为艮卦，主胃，为止，为障碍，能治疑难病；2 为兑卦，主肺，主气，可佐以疏滞 7 之气机。又，720 为艮土生兑金，即为子泻母之淤邪。1 为乾卦，为复正，亨通无阻，为阳之本，统摄诸阳，温通脏腑，1 前后添 0 以振奋气机。6 为坎卦，主肾，补益肾气，则脏腑经络阴阳之气得补；4 为震卦，有补血、疏导气机、降浊息风之功；3 为离卦，主心、主血脉，通脉道。故方共奏滋补肝肾、益气养血、温通脉道而达疗疾之效。

象数疗法 650·30·820 调理红斑狼疮

韦某某，女，48 岁，家住东莞市，2010 年 6 月 8 日，经亲戚介绍而来诊。

患者自诉时有发热，关节疼痛，淋巴结肿大。经检查发现，肾、心包、胸膜、肺部皆发炎并水肿，肝脾也肿大，精神障碍，多脏器损害。全血减少，r球蛋白增多，血沉增快，红斑狼疮细胞阳性，并多种抗体呈阳性。诊为系统性红斑狼疮。见患者面颊部有少量碟形红斑，面色憔悴无神，呈重病容，脉象虚弱，舌淡，苔白微腻。病程缠绵已久，表现复杂，为自身免疫性疾病，乃疑难之症。试方为650·30·820，令其持续默念，每天不少于6小时，并将该方写在胶布上贴于大椎穴。一周后复诊，有意想不到的好转，时有发热轻微，关节疼痛明显减轻，食欲有进，精神较佳。方已对症，继续持念并贴大椎穴位。后来因患者碰上家里有事回东莞，一个半月后至医院重新检查，原来给予诊病的医生看了检查单之后，感到十分惊异，问是到哪家医院治疗的，怎有这么神奇的疗效，整个血象已接近正常，各个器官的炎症及水肿已基本消失。患者告知：自己是亲戚介绍到潮州中医师陈廷亮诊所治疗的，除了服些中药辅助外，主要采用八卦象数疗法。那个医生也认为中药不可能有这么大的作用，看来是八卦象数疗法的威力，表示要学习研究这种疗法。三个月后，患者再来潮州，找我诊视，其脸上蝶形红斑已基本消失，已不再发热，关节疼痛极为轻微，精神焕然。病已基本治愈，患者及其家人表示万分感谢。后来，患者介绍其兄弟及亲戚多人从东莞到这里，要求采用八卦象数疗法治疗。

方义略，因2010年曾向李老师汇报类似病例，并有方义解释，在此不再重述。但因此病例较为典型，故再次向李老师汇报。谢谢！

象数疗法调理怀上女婴

苏某某，女，28岁，住枫溪区，曾于2010年1月6日来诊。当时是治胃病的，诊断施方完毕，她问我，有什么办法让自己怀上女孩。我听了感觉有点愕然，从来都是问如何才能怀上男孩，问如何才能怀上女孩的我还没遇到。我随口问为什么，她告诉我她家兄弟三个都生了男孩，至今几代人只生男的，未生女的，所以家族都希望能育个女婴。我听后也很同情，于是决定帮她想想办法。记得李山玉老师的《自然疗法研究》有记载过，我就试试，给处方820·60，让其持念。同年11月28日早晨，苏某丈夫笑嘻嘻地来报喜，说他妻子昨夜诞下一女婴。他向我表示十分感谢，并说他整个家族个个欢天喜地。

配方释义： 8为坤卦，为母亲；2为兑卦，为女儿，即母亲生育女儿也。6为坎卦，为肾，为人体的前后阴，为生殖器官，即能补肾育胎也。

关于生育女孩的例子记载还甚少，敬希师兄姐、师弟妹及同道者多做些试验，对人类对社会都有好处，造福于世人。

象数疗法调理肝癌

郑某某，男，68岁，住潮安区东凤镇，于2011年3月6日来诊。自诉，一个月来腹部不适，时有胁下胀痛，食欲欠佳，精神不振。见其舌淡苔白腻，脉象迟滞无力。余按常规用中西药物调和肝脾，似略有好转，又多服数天，终也无效。送其至市中心医院，经多方化验检查，专家诊断为肝癌，患者家属一听很是紧张。医者跟患者家属多次协商：要留在该医院进行手术治疗呢？还是送肿瘤医院？结果其家属及亲友皆失去信心。经询其家族史，其两个哥哥及大孙子都是得此病先后去世的，加上家庭经济紧缺，害怕将来人财两空，还遗留一连串债务的惨景。后来其家人再带患者来找余，求问其能否多活些日子。余思之，用中西药物恐难奏效，试一试八卦象数疗法吧！于是开处方3820·60·050，要其持续默念，每天不得少于8小时，并用胶布写上本方贴于肝区及大椎穴位。三天后患者儿子打来电话，说其父亲情况大为改观，腹部不适及胁下胀痛已减轻，食欲增进。患者信心大增，加强默念。10天后复诊，诸症显著好转。食欲已近正常，精神气色明显好转，每天清晨能到野外散步，观赏植物和大自然。一月后再次复诊，胁肋下胀痛已基本消失，腹部不适感基本消除，饮食接近正常，能到自留地里干些轻活。又过一月复诊，诸症若失，一如常人。但我仍然要求其继续持念处方，并加强身体锻炼，以巩固疗效，至今已 10 个多月，身体感觉一切正常。

配方释义：3 为离卦，主心，主血脉，属火；8 为坤卦，属脾；2 为兑卦，主肺，主气，有疏导气机之用。3820 有健脾调血益气、疏导气机之效。医圣张仲景《金匮要略》云："见肝之病，知肝传脾，当先实脾。"6 为坎卦，主肾，属水，冀壮水以涵木也。5 为巽卦，属阳木，主胆，为能量，为风，为进退，具有疏经络，振奋气机之功。又胆与肝相为表里，都有协同作用。本方 3820·60·050，为五行相生序，有温通心阳，健脾益气，补益肝肾，气血畅和，五脏六腑阴平阳秘，故肝之病得除矣！

学生：陈廷亮

用象数疗法书上配方获效果

我参照书里的方子自调自试，得到了比较舒服的方子 2220·666400·03880·77200。我的思路是受到刘太医"病是自家生"观点的启发，认为人是纯阳之作，阳常有余而阴常不足，所以补肾阴为主。方义：2 是肺脏，弱脏，222 加强本脏功能，治咳嗽，借助先天宇宙之能量治肺之疾。666400 强补肾阴肝阴，治尿频尿急之标，并补肾之本。后两个 0 是借助宇宙之阴加强肝肾之阴，肾阴足了，才可资助五脏六腑，才能阴阳平衡。说起尿急尿频之苦，只有自己知道，我一夜要去六次小便，最苦的是出门先要找好哪里有厕所，否则就要尿裤子。现在好了。03880·77200 大补后天之本脾脏，3 消眼内玻璃体混浊，88 是强化脾脏升清降浊，前后一个 0 平衡阴阳，还可消 388 太热之过。开始我用一个 8 时大便湿沾，尿多，说明体内湿重。改用两个 8 后情况好转。77200 大补胃气，胃阴，《黄帝内经》讲过"有胃气则生，无胃气则死""胃是后天之本"。我的胃本身没有饥饿感，现在好了，有饥饿感了，而且饭量比以前大多了，而且人也不会发胖。后两个 0 补胃阴，胃喜润恶燥。全方：大补肝肾，补先天，补脾胃，补后天。用方后身体日益强壮，百病渐消，精力充沛，现在还能倒着走路。我是现年 74 岁的老头了，可在别人看来像五六十岁的人，比三年前看上去年轻多了。现在我全家都很和气，这要归功于八卦象数疗法啊！

按："阴常不足，阳常有余"是元代朱丹溪提倡的一种论说，"阳常不足，阴常有余"是明代医学大家张景岳的观点，对以上两大相反的观点我们必须落脚在"辨证施治"上，否则皆落于空谈。

我太婆不再突然晕倒了

我太婆身体基本情况是：血压高，常年吃药，淤血严重，嘴唇常年乌黑，前两年两次洗脸时突然晕倒，时常腰酸痛难忍，痔疮三天两头就犯了，人虚胖无力，极为痛苦。

象数配方： 2600·650·430·77880。

配方释义： 治法为补先天之阴，补后天之本。2600 补先天肾阴，肝肾同源，补肝阴，肝吃饱了，有了资助五脏六腑的能源；650·430 补肾阳，助心气血，改善淤血之体质；77880，双 7 用来治腰痛，治痔疮之凸物，双 8 用来加强脾功能，运化水湿，以致达到升清降浊，清除体内毒素，逐渐达到阴阳平衡，达到减肥目的。

现在她痔疮三年来没有犯过，腰膝不再酸痛了，再也没有突然晕倒，爬楼梯到 5 楼都没有关系了，70 岁的人了，比一般人都年轻 10 岁。至今已带外孙女两年，都没见她累过。嘴唇也红润了，脾气也好了，老夫妻还能开玩笑呢，同三年前比，大不一样了，应该感谢老师的八卦象数疗法的功德。

惠海云

2013 年 6 月 14 日

象数疗法应用4例

调理肾上的囊肿 2012年9月，体检发现左肾上长了一个瘤子，是良性还是恶性没有做进一步检查，从9月12日就用象数疗法治疗，开始念2600·400·872000，后来调方2000·160·050，这两个方是研究所老师提供的；9月26日山玉老师配方72000·160·050·40。到了10月3日，检查发现左肾上的东西已经缩小很多，但又发现右肾上也长了一个囊肿，到了10月21日体检，所有的囊肿完全消失，全家人万分高兴！我在这一年多的时间里，没用过一粒药，也没打过针，完全用象数疗法治疗，每天默念3～4个小时，从没有间断过，一心一意地默念象数，这个奇迹就这样发生了！我内心的感激之情无以言表！

调理风寒感冒 2012年初，感冒流鼻涕，立即默念80·50·60，20分钟左右，就治愈了，以前一般感冒吃药也要好几天呢。外甥女感冒头疼，也用这个方子，感冒症状很快消失。方义：80补脾益气，固本散寒；50疏风驱寒；60补肾去毒。

调理失眠 赵女士她说失眠严重，配方030·80。几天后来电话说：效果非常明显。方义：030安定心神，调节心之阴阳；80为大地，为静，为夜，二元相合健脾温中。

调理脚肿 我弟弟53岁，从大棚摔下来，脚背肿疼5个多月不愈，我给配方7770·0004000，只贴不念，贴在脚背痛处，两天消肿一半，一个多星期痊愈。7770为脚背，为止；0004000为足，为疏泄，促进血液循环而获效。我朋友康某63岁，左脚踝关节扭伤6个多月，多次就医无明显好转，有个医生还说有人一辈子都好不了，他着急了，配方440·70，也是贴在肿胀部位加默念，半个月痊愈。

邓志民

百岁老红军与象数疗法的故事

一、结缘象数疗法

2012 年 7 月，儿子去天津看望爷爷后对我说，赶紧给爷爷买本八卦象数疗法的书，我觉得莫名其妙。后来回想起，4 月底，一个同事跟我说："有一种念数就能治病的方法，你想试试吗？"我说："念数能治病有点不可思议，不过反正也不费劲，不妨试试吧。"同事传给我一份 30 多页的电子版《八卦象数疗法（自然疗法）》。5 月婆婆发烧，我把那份电子版的《八卦象数疗法》寄给了妹妹尚英，让她用退烧方给婆婆试试。尽管公公也正饱受着多种疾病的煎熬，我没敢建议她给公公用。公公怎么知道八卦象数疗法了呢？尚英说："爸爸整天被焦虑症折磨得烦躁、失眠，医院也控制不了他的焦虑情绪。他经常痛苦地说不想活了。"老人痛苦，儿女也着急。尚英打出几个象数配方，偷偷地放在爸爸枕头底下。后来被老人发现了，就问这是怎么回事？尚英告诉他是八卦象数疗法治病的方子。自此以后，老人就天天催着要看八卦象数疗法的书。

老人是一位百岁的老红军，晚年生病了，就只相信医院里的医生，其他人说的他都不听不信。一个亲戚从外地来看望他，建议他喝一种杜仲枸杞保健茶，他顺从地天天喝。亲戚一走，他立刻就不喝了。问他为什么不喝了，他说："我干吗听他的啊，他迷信！"因为亲戚信佛，他认为亲戚迷信，所以亲戚推荐的保健茶他也不喝了。鉴于他这种思想观念，我一开始根本不敢建议让他念象数，我想，他一定会说念数治病是迷信。我百思不得其解的是，他怎么看见了偷偷给他放的纸条后，不仅没有反对，反而渴望读到《八卦象数疗法》这本书，看到后又爱不释手呢？这真是个"谜"！在 2013 年 5 月的面授班上，李老师告诉了谜底——"缘分"。

二、用象数疗法调理好了自己的焦虑症

公公 90 岁以前很少长期住院。2005 年，他自己上厕所摔倒，左腿股骨头摔断，保守治疗卧床 8 个月，借助助行车可以在屋子里行走。2010 年春节后就长期住

院了，天天输液，两只手臂满是淤血，手背和手腕几乎看不到正常皮肤。因为房颤，他的脉搏难以数清。原本和蔼可亲的一位老人，由于焦虑症，变得异常烦躁不安，爱发火，对谁都不满意，他自己也痛苦不堪。老人是 2012 年 8 月看到出版的《八卦象数疗法》这本书的。9 月底我们回天津看他，一到医院他就双手抓住我的手说："你那么多病赶快念象数吧，象数疗法可好了，我用八卦象数疗法治好了自己的焦虑症。"我看到他精神状态确实不错，但我不相信他自己治好了他的焦虑症。这几年，军队医院的医生和邀请的地方神经内科的专家用了不少办法都没解决他的焦虑问题，他自己能治好自己的焦虑症？！不过我确确实实看到了他对象数疗法的喜爱。7 天的国庆长假，我天天在医院陪着他，怕他说话多了累着，尽量少和他说话。可是，只要不和他说话，他就念象数，护士们说："这段时间爷爷总是在唱，也不知道他唱什么。"我还看到，不管是家人，还是来探望他的人，他见到谁都劝念象数。真是对八卦象数着了魔。后来，只要我回天津看望他，谈论最多的话题就是八卦象数疗法。但是，我当时对于他说的"自己用八卦象数疗法治好了自己的焦虑症"仍然不完全相信。

三、象数疗法为百岁老红军保驾护航

650·30·80，调理焦虑症

2013 年元旦期间，老人对我说："我已经告诉医生，我用象数疗法自己治好了自己的焦虑症，让他们给我检查一下是不是焦虑症好了。医生说，焦虑这种病不好检查，就看病人的感觉，病人感觉好了就是好了。他们医生也说，看到我比以前好多了。我让医生把治疗焦虑症的药都取消了。"我确实在药单上没有看到治疗焦虑症的药，就去问医生。医生说，在老人的坚决要求下，他们只把中药乌灵胶囊减去了，其他两样西药劳拉西泮和艾司唑仑并没敢给他取消，那是处方药，不出现在要签字的药单上。老人不知道，以为药都取消了。我想，不管怎么说，以前用三种药都没能控制住老人的焦虑症，现在减药了，用了象数疗法后老人不焦虑了，这足以证明八卦象数疗法对老人焦虑症的治疗的确有效。我问公公："你怎么说，是自己用象数疗法治好了自己的焦虑症呢？"老人讲述如下。

6月初的时候，他从枕头底下摸出了几张打印着数字的纸条不知怎么回事，英英告诉他是八卦象数治病用的方子。可是打印的墨太浅看不清楚，他就特别想看书。给他买下书以后就天天看，他相信八卦象数，他认为八卦象数里充满了哲学。因为他一只眼睛几乎失明，躺着用另一只眼睛看书，没看多少就累得不能看了。但是他知道了心藏神，是管情志的，也知道了30·80可以健脾安神，也不知道怎么回事就选择了650·30·80这组象数开始整天念。大概念了20来天，有一天他心里格外烦躁，也不知谁给他送晚饭来了，让他吃饭。他说，心烦难受不想吃了，拿回去吧。夜里，尽管焦躁心烦，他仍然不停地继续念象数，念着念着就睡着了。第二天早上醒来，突然觉得头脑特别清亮，浑身特别舒坦，好像什么病都没有了，真想下楼去跑几圈（注：两年了，老人躺在病床上不曾下地走路了）。自此以后，他觉得自己的焦虑症好了，并且告诉了医生护士，他用象数疗法治好了自己的焦虑症。医院里也不断有其他病人来问他，他就讲述用八卦象数疗法治病的情况，他还把书借给别人看。讲到这里，老人压低声音跟我说："医生们不愿意我老讲这个，要是人们都用象数疗法治病，可能医院里就赚钱少了。"我信服了老人的讲述。

公公多次感慨地对人们讲："李山玉老师真是了不起啊！发明了这么一个省钱、省事的治病方法，要是老百姓都相信并使用象数疗法，国家该省多少医药费啊！"老人晚年每天必看的读物是《参考消息》《环球时报》和其他一些报纸，经常为一些新闻忧心忡忡。2009年春节期间，他多次给我讲述他看到的一个消息：一位母亲带着十来岁的儿子和断了的手指去医院，因为交不起钱，母子哭着离开了医院。每讲到这里，老人就说："孩子手指断了，哭着离开了医院，现在，怎么会这样啊？怎么会这样啊？"我看到老人眼里满含着泪花，可是我不知道怎样消除他的忧虑。后来，他又把这个消息讲给医生听，并且问医生："怎么，这种情况，咱们部队医院也不给这个孩子治吗？"医生说："首长，现在和你们那时的情况不同了，人多了，都没钱就给治病，医院也就维持不下去了，您不要再为这种事操心了。"老人紧紧咬着牙摇了摇头，以后再也不曾提起此事。今年以来，老人不断发自肺腑地赞叹着李山玉老师和象数疗法，认为国家应当向全国，特别应当向农村推广八卦象数疗法。老人说，他还要用象数疗法解决其他三个问题：（1）膀胱萎缩，撒尿不痛快。（2）吐痰不容易。（3）大便不痛快。但是他因视力不好不怎么看书了，就是催着我们和李山玉老师联系，一方面向李老师汇报他治好焦虑症的情况，另一方面向老师要方治疗别的病。可是我和尚英有一段时间都没有理会老人的要求。我们纳闷，怎么和李山玉老师联系呢？仍然是老人告诉我们，李山玉老师现在在青岛，书的后面有联系电话。就这样，我们和青岛山玉自然疗法研究所联系上后，就有了以下的象数疗法治疗实践。

从 5 月 2 日直到 5 月 4 日我们回北京，老人吐痰顺利，血压平稳，各方面情况都很好。

在公公所住的部队医院里，他是第一个百岁老红军，思维仍然很好，能很快地叫出医生、护士的名字。他讲起以前的战斗故事来，时间、地点、人物娓娓道来，讲一个多小时都不愿意停下来。他的身体情况是他们干休所里老人中最好的。今年 7 月 23 日，天津警备区在医院给他举办了隆重的百岁寿诞庆典，北京军区、总政治部派人来祝贺。原来估计，他可能坐不了多久，准备让老寿星坐 20 分钟就退场，可他情况很好，坐了 1 个多小时，一直到庆典会结束。

结缘象数疗法一年多来，老人有时也会按他的喜好和身体的状况，不断地转换着念。有时他又任意地在配方中加上或减去某一元数。总之，象数配方成了老人的宝贝，任他随意地把玩着。目前，老人仍然住在医院里，但他拒绝输液，手臂上瘀黑的皮肤逐渐恢复正常，心跳也规律了好多。老人说："象数疗法解决了我的两大问题：焦虑症治好了，吐痰也顺利了。"

2013 年新学员：李荣凤

2013 年 12 月 23 日

写于北京海淀区中关村

象数疗法调理好了胃寒症

邻居杨某，女，70多岁，因胃寒吃不下东西，大热天还要穿秋天的衣服，因此常住院，瘦得皮包骨。5月30日我给她配方650·3820·7000，后来又求来耿老师的配方2650·430·80。念到十来天，说身上发热了，体重由原来的74斤长到80斤，至今已经念了130天了，她说现在她能吃能睡，一直坚持着呢。我们从面授班回来，先后两次组织19人的学习班，影响挺深远的，他们也亲自感受到象数疗法的疗效了。

象数疗法帮哮喘病人停药

我叫熊××，女，42岁，我从宋老师那里了解了象数疗法，遇上家人有什么问题，就向她索方，持念者都收到了不错的效果。我父亲75岁，自十多岁患哮喘之后，从未间断寻医问药，从年初开始，身体一日不如一日，两腿无力，家人都十分着急，要求他去住院又不肯。今年6月28日，我在征得父亲同意后向宋老师求方，20·640·80念了感觉没有什么变化，又改念20·50·60，后又改念072000·166000·04300·8220至今。自从念这组数，他就不再想吃药了，停药到现在。如今，他的症状轻了许多，起身也不那么困难了，现在停药三个多月，却感觉比用药的时候好。他正信心十足地默念数字，相信他会越来越好，我们一家人都感恩八卦象数疗法。

象数疗法调理排石、止痛

我的朋友周某，女，50岁，6月的一天腹疼厉害，痛苦极了，医院确诊是肾结石，我得知后即向老师索方。得方3820·650嘱其默念，其子助念，过了十多分钟，疼痛缓解，第二天，疼痛症状完全消失。经复查，双肾结石都不见了，母子俩惊喜万分，感恩八卦象数疗法。

宋喜珍

2013 年 10 月 11 日

中耳炎好了

2011 年 7 月 24 日，钟××来电话说患中耳炎很久了，流脓血还很痛。不仅影响听力，还影响正常休息。尤其到夜里经常痛得难以入眠，甚至在梦中被痛醒。到市人民医院治疗时，只给冲洗耳中的脓血，药也不给。他怀疑自己是不是得了不治之症，又到市中医院去看。医生给开了药还打了针，但并无好转。他知道我在学八卦象数疗法，就问我能不能用象数给他治一治。我就套用教材里的方子 7200·6500 并交代默念的方法。过了一个星期，他打来电话高兴地说："我的耳朵不会嗡嗡响了，耳道干燥了，不流脓血了。"这是我学习八卦象数疗法后治愈的第一个病例，从此，更增强了我学习的信心。

丢掉了药篓子

我妻侄女，黄××，今年 77 岁，是农民，因身体不好经常生病，不是感冒咳嗽，就是腰腿痛，隔三差五往医院跑。本来生活就困难，还要支付昂贵的医药费，贫病交加。2011 年 7 月 21 日，她去菜地浇水，过一道坎就把腰闪了，当时疼得直不起身来。去医院进行 B 超检查结果是腰椎骨质增生，当天检查就花掉 500 多元。回家后腰仍痛得厉害，吃药后不仅疼痛未减，还并发便秘，苦不堪言。当时我妻子骂她不听话，不认真念象数，只相信吃药，不理她。转念一想，她是侄女，还是好言相劝让她念象数不要吃药。配方是 7000·000111000·000666000，并告诉她默念的方法和要求。到了 7 月 27 日，侄女来电话说：经过几天默念象数腰不痛了，大便通了，把药都扔了。从此，她身体有什么不适就打来电话要象数配方。

一个小时退高烧

2012 年 9 月 15 日中午，我老伴吃饭吃得很少，我怀疑是感冒了。下午 4 点 10 分开始烧得烫手。因为她一向不肯吃药打针，我就叫她念象数退烧。配方是 06·05·03·02。她躺在床上，我将象数写在医用胶布上贴在她大椎穴，同时让她自己默念。念着念着她就迷迷糊糊睡着了。我右手放在她大椎穴，左手握着她的右手默念。到 5 点 10 分，我用手摸摸她额头脖子等处，发现体温正常了。仅用一个小时，她的高烧就退了。她一觉醒来就说肚子饿要吃饭了。

配方释义：6 为坎水，为肾可驱热邪；5 为巽，为风，可解表祛风；3 为离火，为发烧；2 为兑为肺，主宣发肃降。前面各加一个 0 偏凉。故 06·05·03·02 念后退烧迅速。

象数疗法调理止血、消肿

2012 年 11 月 5 日，我和老伴上街，走到康泰药店门口，她被突出的台阶绊倒，整个身子扑倒在地。当时刚下过雨，路面很湿。她整个脸部沾满污水，眼睛被污水浸得视物不清，右眉骨破裂，血和泥水混在一起向下流。药店好心员工拿了两块创可贴，一过路女子拿了一包纸巾。我一边帮她处理一边给她念象数 7000·6000，给她止痛、止血。我扶她回家途中一直念象数。到晚上她右侧脸肿起来了，肿得眼睛都看不见了，但不怎么疼。我儿子见状急着要送她去医院打破伤风针缝合伤口，我们没有去，也没吃一片药，就在家里坚持念象数。到第二天晚上肿全消了，伤口也愈合了。这一神奇的疗效激励了我，从此，我更加认真学习象数疗法了。

脚底长的"鱼钉子"（疣）不见了

我外甥女，赖××，大三学生。脚底板长了几个"鱼钉子"，听人说要把"鱼钉子"刺破涂上桐子籽汁能治好。女儿女婿从福建龙岩专程赶来瑞金弄桐子籽，但用此办法没治好。在福建龙岩医院用激光打、用液化氮冻均无效。后来我求助耿文涛老师，老师配方 400·720·050。她妈将象数配方贴在脚底板长"鱼钉子"的地方。过了一个星期，"鱼钉子"全部消失了。到过年也没复发，说明彻底治好了。从此，他们一家人都笃信象数疗法，遇到哪不舒服就会打电话来要配方。

免受一刀之苦

我妻侄子媳妇因肚子痛，于 2012 年 2 月 20 日去人民医院做 B 超检查。发现子宫长了一大一小两个瘤子。医生说要手术切除，当时因为天气有点冷，说好等天暖和点再做。我知道后叫她念象数 640·000·720 并告诉她默念象数的方法和要求。她按照我教的方法每天坚持念。到 3 月 28 日再去医院 B 超复查时，医生说小的瘤子不见了，较大的也变小变软了，现在不用做手术了。她们夫妻俩听说不用手术了，开心得不得了，专程来家谢我们。我们说不要谢我们，要谢就谢八卦象数疗法创始人——李山玉老师！

被确诊终身失明的右眼复明了

85 岁的朱××，因脑血管硬化，供血不足，出现头右侧麻痹，在医院住院治疗。在住院期间右眼皮睁不开了，已失明。医院诊断无法治愈。他以前因为治疗气管炎、小肠疝气与象数疗法结过缘。所以，他出院后就来找我，问我能否用象数治疗。2012 年 9 月 18 日我向李春斌老师为他求方，老师配方 72000·1650·440。念后头右侧麻痹有所缓解，但是右眼皮还是打不开，用手指撑开能看见一条线状光。9 月 20 日李春斌老师调方 3820·160·4500。念此方到 9 月 25 日，右眼皮能自动打开 2 毫米左右，能看清楚东西了，更加坚定了他的信心。念到 9 月 29 日眼皮基本上能打开、视力恢复正常，令他激动万分！他也由以前对象数疗法半信半疑到真诚相信，并且成了象数疗法的宣传员。

一夜缓解痛风之痛

2012 年 9 月 15 日，我的左膝有些不适，走路时会很痛，用一般止痛的配方 7000，可是疼痛不减，到了 9 月 18 日红肿得不能走路了。每走一步左膝里面像针刺一样疼痛难忍。我知道是痛风发作了，因为我过去尿酸高，有过痛风病史。这时我老伴把配方 500·7720·640 写在我左膝盖上，从上到下共写了八组。晚上 10 点多睡觉时还疼痛难忍。我就念着象数睡着了，醒了接着念，到天亮起床时觉得好多了。我老伴问我能不能跑步，我说试试看。起床小便后，感觉还好就去跑步了（我们每天早晨都有慢跑的习惯），跑起来一点不适的感觉都没有，吃过早饭又去准备门球比赛，一夜之间痛风之痛烟消云散。

我经过一年多的学习尝到了甜头，但是学得还很肤浅。以上是我的实践报告，不当之处请老师斧正。我虽然年迈，但"老骥伏枥，志在千里"。今后还要认真学习、积极宣传和实践象数疗法。

江西瑞金市学员：刘登波

2012 年 12 月

象数疗法调理肝硬化取得可喜效果

我老伴李某，71 岁，2009 年患肝硬化做了脾切除断流术，三年来，虽享受慢性病医保待遇，但肝功能指标一直处于一种异常状态，令人头疼的是手术刀口针眼疤痕终日疼痛难忍，四处求医无果。念象数 15 天，刀口疼痛基本消失。10 月化验仅有三项偏高。由于高质量和诚心默念，他变化很大：

① 胸部刀口针眼疤痕连续三年的疼痛 15 天就基本不疼了。

② 脾切除后吃得很少，浑身没劲，从青岛回来后食欲增加，有劲，家里整

理得干干净净，什么都抢着干，全力支持我学习八卦象数疗法。

③ 手麻木、牙龈出血现象消失。

④ 念数四个月，脱了两层皮，粗糙的皮肤变得有光泽了。

⑤ 十余年身上不出汗，怕冷，今年开始出汗了。

主要配方是 3820·16440·050·0720，0720·016650·0430·3820 等。

象数疗法调理好了冠心病

我 73 岁，2002 年心梗放支架一个，服心梗药十一年，自从学习象数疗法至今，坚持用象数疗法进行调理，取得了满意的效果，各项化验指标都正常了。山玉老师和其他几位老师都为我调方：820·160·050·400；72000·1650·4300·8200；650·4300·0780·2160 等。我自身发生了很大的变化，精力充沛，每天学习象数疗法几个小时；念象数 2 个月，几十年冰冷的手脚温热了；原来出门先找厕所、经常因内急湿裤子的现象没有了，还治好了便秘。

象数疗法调理"动眼神经麻痹症"

今年 5 月 7 日我眼睛突然视物模糊重影，不敢下楼，医院诊断"动眼神经麻痹症"，让住院治疗，称最快也要 2 个多月才能恢复。更令我头疼的是，老师的书不能看了，是住院还是用象数疗法治疗？当即决定，不住院，坚持用象数疗法治疗。耿老师配方 080·010·004·030。接方后，我全天集中精力默念，终于在 21 天见效，即向耿老师汇报，老师嘱我持念，在老师的精心指导下，50 天痊愈。这使我又一次体验到了象数疗法的神奇，我又能学习八卦象数疗法了！

象数疗法调理低血压

眼睛刚刚治愈，今年又突发低血压，当时低压60，高压80，头晕，不敢外出，精神压力很大，耿老师给方260·6500·4380。接方后我如获至宝，坚持高质量地默念，经过近40天的艰苦默念，奇迹又一次在我身上发生了：低压80，高压110。但偶尔还会有头晕，耿老师改方260·6500·4380·7100，持念至今，症状基本消失。

象数疗法调理双手臂、双小腿严重抽筋

去年11月从青岛返回家中，一早约8：40，老伴突发双手臂、双小腿严重抽筋，疼痛难忍，这时想起老师在课堂上讲过的案例，立即握住老伴的手，两人共同默念4440·7770自救，15分钟恢复，疼痛消失。但20分钟后，双腿再一次抽筋，而且更为严重，疼得浑身是汗，我俩又开始默念4440·7770，25分钟后彻底恢复正常，又一次说明了八卦象数疗法的简易而神奇。

象数疗法调理三十余年的尿急尿频症

谢某某，女，73岁，是我市医院退休职工，她患有三十余年的尿急尿频症，从未出过远门，非常痛苦。给方06000（教材方）。由于她本人诚心默念，第15天排尿间隔由原来的半小时延长到一个小时了，次数明显减少，她非常高兴，信心大增。这样，她想随女儿去北京旅游，征求我的意见，我同意了。到了北京游览，一切顺利！我也为自己能用八卦象数疗法为别人解除病痛而欣慰。

纠正"胎位不正"

冯某，女，26岁，今年4月怀孕，医院检查为"胎位不正"，因临近产期，医院说很难纠正。无奈之下，巧遇好心人介绍让我帮助调理，我欣然同意，给方6000·10（老师方），持念三天，每天三个多小时，后来经医院检查，说胎位已正，我很高兴，象数疗法就是这样神奇。

象数疗法调理小儿被蜂蜇

张某某，6岁，女孩，4月27日被蜂蜇了小手，红肿痛，哭闹不止，医院给涂抹激素药膏也没有效果。配方72000·160·80，母亲抱着孩子握着孩子手默念30分钟左右，红肿疼痛竟然消失了，念着数孩子睡着了。因孩子年幼无杂念，显效。

一年来，我学习八卦象数疗法，始终得到李山玉老师及其他老师的关怀与帮助，心中充满感激，是八卦象数疗法给我和老伴的生活带来了幸福和快乐！

河南偃师市：智甲木

2013年10月22日

象数疗法调理习惯性下巴脱钩

今年1月学员吕××请我给其友人捷某某（女，86岁）配方。该老人有习惯性下巴脱落，已有两三年时间了，严重时每周两次，每次一脱就不能吃饭、喝水，只能像小鸟一样用勺子一点一点送进，脱落后去医院推上去了，吃药、打针，可是过一段时间又下来了，苦不堪言啊！如此反复了两三年，患者之痛苦可想而知啊。听了上面的叙述，并了解到老人年老体弱，有脾胃衰弱，营养不良，肌肉乏力，属骨骼烘托不及之象。综合考虑我开出方子010·380·70。也是捷老太有幸，同象数疗法有缘，据吕阿姨反馈，使用象数疗法后，情况相当地好，开头仅有一次脱落，此后一直安然，患者从此告别了多年的苦烦，过上了正常人的生活。象数疗法真的太神奇了！大家都很高兴。配方思路：010，为乾卦，为头部疾，又1能归正，前后0为中正。380补脾，强健肌肉，又该症为落下，8还有升级之功。70为硬为骨，又为止，止再脱下。

黑指甲焕然一新

2012年9月，课堂上发现学员汪某某（女，80岁）双手十个指甲均呈黑色，甲完整，无空壳，色一致，看上去像真菌类灰指甲。见其人偏瘦，查舌淡，当时思路：十指一致为患病长久，甲黑为寒因，可能为脾阳不及之故。故给配方640·380·70，患者使用此方当即明显见效。随着时光的流转，只见指甲颜色由黑逐渐转淡，接着渐渐露出了月牙新甲，再后来干净明亮的新指甲长满了。经过半年多的代谢，终于换来了全新的指甲。真不知道怎样描述象数疗法的丰功伟绩！

配方释义：640，6为血，为肾，为筋甲，640组合，为水生木，为血生甲。380，3为火，8为坤卦，为脾，甲黑为寒邪侵袭，为脾阳虚不达末梢所致，故380火生土补脾阳驱寒邪。70为手为骨，此为通利手指甲气血，又7为止，止指甲邪气。

学员：姚兴全

2013年7月

象数疗法调理止痛300例观察

2011—2013年笔者治疗各种疼痛500多例，应用象数疗法，获得较好疗效。兹将有记录的300例小结如下：

一、资料与方法

1. 病例　本组病例中,男 160 例,女 140 例。年龄 3～88 岁,多数在 18～45 岁。疼痛种类:腹痛 160 例,包括胃肠痉挛、胃炎、胆囊炎、溃疡和肠炎;痛经 35 例;头痛 25 例,包括神经性头痛、紧张性头痛和感冒头痛;关节疼痛 40 例,包括颈椎病、腰椎病、腰肌劳损、膝关节炎、踝关节扭伤及陈旧性损伤等;术后疼痛 25 例;其他疼痛 20 例,包括牙疼、带状疱疹后遗神经痛、骨折后疼痛、慢性阑尾炎急性发作、胸痛、心绞痛等。

2. 治疗方法　不用任何药物和其他方法,全部默念象数并记录缓解时间。幼儿和高龄老人由家人(或抚其手或摸其头)助念。腹痛象数配方为 40·70 或 70·80;痛经象数配方为 40·70 或 380·60 或 380·40;头痛象数配方分别是 010·720,640·720,430·720 等;关节疼痛象数配方为 0001000·0007000·6000,2650·380,00100·00700,6000·7000,40·70 等。术后疼痛配方为 80·20,4440·7770 等。其他疼痛象数配方,根据病情和部位来定。

3. 疗效评定　显效,默念象数 15 分钟内完全止痛;有效,默念象数 15 分钟以上疼痛减轻或发作次数减少;无效,默念 15 分钟以上疼痛无缓解,改用他法。

本组病例的显效率 63%,有效率 24%,总有效率 87%,无效 13%(无效有迟钝型,也与施治配方有关系)。

名称	人次	显效	有效	无效
腹痛	160	100	40	20
头痛	25	15	6	4
痛经	35	25	7	3
关节痛	40	20	12	8
术后疼痛	25	15	5	5
其他	20	14	4	2

二、典型病例

杨××，女，81 岁，乐山水口镇黎明村农民。因左心房附壁血栓，心力衰竭出院 10 天后，出现剑突下剧痛，全身乏力，疑为心脏问题再发而紧急求助。查体见：剑突下压痛，舌面有胃炎标志，明堂见气色晦暗，又得知其服西药为阿司匹林等 5 种，断为既往有非萎缩性胃炎，多种西药并服刺激胃黏膜引发病灶活跃故而剧痛。故予 70·80 试念，10 分钟后疼痛明显减轻，感到一身轻松。这里，默念象数还发挥了诊断性治疗的作用。从 70·80 的象数功用分析，病变显然在胃而非心脏。老人回家后，病情稳定，偶有上腹痛，默念 70·80 便迅速缓解。

三、讨论

1. **象数疗法对疼痛的广泛应用而且显效** 说明象数配方对内脏平滑肌的痉挛有很好的解除作用，而且对横纹肌痉挛也有解除作用。从现代医学分析，象数疗法不仅具有抗胆碱作用（就像阿托品类），而且可以使我们的大脑产生内源性吗啡样物质，从而产生广泛的止痛效应。笔者从事中西医结合临床研究几十年，感到在这方面，象数疗法还可能产生桥梁作用，西医对象数疗法的介入就可以从止痛开始。

2. **象数疗法反应快捷** 本组病例记录提示其止痛效果往往在几分钟内发生，高度敏感者甚至在瞬间发生，这是传统疗法所没有发现的。而且，随着应用的深入，发现敏感者越来越多，以分钟计算有时都显得太长了。当然，对于一般患者，我们还是主张时间长点为好。

3. **标本兼治** 象数配方不仅止痛治标，而且直接针对病机病因和病理改变，因此它不同于一般止痛药物，还具有治本的意义。比如术后疼痛配方 80·20 不仅可以止痛，而且能加速创口愈合；6000·7000 不仅可以控制腰疼，而且能够减轻腰和下肢的功能障碍；40·70 不仅能改善腹痛症状，而且可以促使溃疡愈合；0001000·0007000 不仅能够解除慢性阑尾炎急性发作时的剧痛，而且可以直接消停阑尾的炎症状态……

4. 简便廉　利于院前急救，防灾救灾，支援边远穷困地区，甚至在外太空、深海等医药难以企及的地方都有着广阔的应用前景。

刘　江（四川石油峨眉疗养院成都自然疗法工作室）

王　丽（武警部队医院）

王稚茹（中医药大学附二院）

钟　帆（成都广播电视大学）

荨麻疹象数疗法试验

荨麻疹，是一种常见的皮肤疾病。是机体接触抗原物质后引起的一种变态反应，以患部出现红斑、痒、热为主要临床表现。

荨麻，也称咬人草、蝎子草、防盗草、无情草，是一种多年生草本植物。其茎叶上的蜇毛有毒性（过敏反应），人及动物一旦碰上就如蜂蜇般疼痛难忍，它的毒性使皮肤接触后立刻引起刺激性皮炎，如瘙痒、严重烧伤、红肿等。笔者为了探讨象数疗法与荨麻疹的关系，于 2013 年 7 月至 2013 年 10 月做了一系列临床试验，兹报告于下。

一、建立荨麻疹疾病模型

2013 年 7 月火辣辣的太阳照在石油小区的园子里，花木丛中，一棵荨麻长势正好，笔者在此开始了一场全新的试验。

第 1～10 次，笔者用手背皮肤直接触摸荨麻 4 秒钟，立即出现强烈痒痛感觉，而且皮肤迅疾发红，立即默念象数 200·160·050，3 分钟内减轻，10 分钟后症状消失。

第 11～20 次，由笔者的学生钟×和其他 9 名志愿者进行，均直接触摸荨麻 4 秒钟，出现强烈痒痛感觉和小风团块时，默念象数 200·160·050，10 分钟内解除。在四川农村，我们在儿童时代就经常遇到并不断听到触摸荨麻后会起荨麻疹，再顽皮的小孩都往往望荨麻而色变，远远地绕道而行。

第 21 次病人张 ××，风湿很重，直接触摸荨麻叶几秒钟，没有丝毫感觉。平时也听民间传说，荨麻炖肉服可祛风湿。

上述试验证明，荨麻刺激人体皮肤，的确可以引起皮肤红肿热痒——荨麻疹。20 人次的反复验证也表明，200·160·050 这组象数，对急性荨麻疹有可靠的疗效。

二、默念象数预防荨麻疹的试验

8 月，在小区园地里，笔者首先默念 200·160·050 两分钟，然后，休息 2 分钟后触摸荨麻 4 秒钟，没有任何症状出现。4 分钟后，触摸荨麻 4 秒钟，也没有任何症状出现。6 分钟后，触摸荨麻 4 秒钟，有很轻微的发痒感觉，但很快自己消失。

以后的 5 天，笔者默念象数 4 分钟，休息 4 分钟、8 分钟、12 分钟后分别触摸荨麻都没有感觉，16 分钟后触摸荨麻，开始有轻微感觉，说明默念象数后，预防荨麻疹的发作可以延续一段时间。延续的时间长短，与默念的时长成正比。其后，学生钟 × 首先默念 200·160·050 直接触摸荨麻 4 秒钟出现轻微痒痛感觉，继续观察，没有皮疹出现，随即加强默念 200·160·050，几分钟内症状消失。她是强过敏体质，虽有发作，但程度有很大的减轻。说明象数预防荨麻疹的发作，对于过敏体质的人，也有效果，但需要高度警惕，加强默念。8～20 次笔者和云南的朋友老胡以及龙门山镇的 10 名老乡，默念 200·160·050 两分钟后，立即触摸荨麻 4 秒钟，没有任何症状出现。5 分钟后触摸，也没有反应。之后，笔者乐山的一些学生也做了验证，提前默念 200·160·050 确有预防接触荨麻引起皮肤过敏的作用。与前述试验结果相似。

三、药物对荨麻疹的防护观察

笔者学生辜 ×，2013 年 9 月 6 日先服特非拉丁，10 分钟后触摸荨麻 4 秒钟，立即发生恶痛恶痒，皮肤发红，风团迅起，马上默念 200·160·050 得以控制。20 分钟时再触摸荨麻，又产生上述反应，又默念象数迅速控制。说明服用此药的预防显效时间，至少在 20 分钟以上。又一次，触摸荨麻后出现荨麻疹反应，先按民间办法把手含在口里，感觉症状减轻，但把手拿出口来，症状立即复现，于是马上默念象数，症状逐渐消失。

学生仁××，2013年9月8日，服用西替利嗪1片，20分钟触摸荨麻有反应，默念象数控制，服药后30分钟时触摸荨麻，没有反应。次日，笔者重复西替利嗪的试验，服药后直接于30分钟时触摸荨麻，没有反应。上述试验说明药物对于过敏的预防也有效，但与默念象数相比，要缓慢许多。我们临床口服抗过敏药，一般也得半小时才能显效，即使肌注也得15分钟以上才能发挥作用。

四、其他方法

默念太上老君2分钟后，触摸荨麻，只有很轻的感觉；默念阿弥陀佛2分钟后，触摸荨麻，只有很轻的感觉；默念观世音菩萨2分钟后，触摸荨麻，只有很轻的感觉；默念安拉保佑2分钟后，触摸荨麻，只有很轻的感觉；默念我主耶稣保佑2分钟后，触摸荨麻，只有很轻的感觉；习练内养功2分钟后，触摸荨麻，只有很轻的感觉。说明默念宗教方法和练内养功之后对荨麻疹的发生有一定减轻作用，其机理可能是内心宁静对神经免疫产生调控作用。笔者如此试验，凡5天，基本可以复现。

五、讨论

1. 上述试验表明，植物荨麻的确可以引起荨麻疹，其发病非常迅速，症状十分典型。虽然民间经常发生，但用植物有意识地建立荨麻疹的疾病模型，经反复检索，本文报告的试验还是第一次。在荨麻疹发生后立即默念象数，可有立竿见影之效，这与自然疗法大量的临床经验相符。

2. 象数200·160·050不仅能治疗荨麻疹，还可预防因接触荨麻而致的荨麻疹。产生治疗效果的时间通常在几分钟内，产生预防效果的时间也在几分钟内，比抗敏西药快10倍，因为药物必须经消化道的一番旅行才能进入血液，进而弥散到组织。其预防延续的时间与默念象数的时间成正比。这说明持续的默念可以加强和延伸八卦场的效应。

3. 象数防治荨麻疹的机理探讨：急性荨麻疹，从其发病特点来看，属于中医皮肤科的风热证范畴。病位在皮肤，病因为热毒，200 宣肺清热，160 凉血解毒，050 疏风透表。从现代医学的角度分析，荨麻疹属于 I 型变态反应，本组象数，在治疗方面，推测具有直接抗组胺和五羟色胺等过敏介质的作用，从而控制皮肤的炎性反应。就预防来讲，默念象数，很可能提高皮肤对荨麻疹抗原引起反应的阈值，或者对肥大细胞脱颗粒的环节产生封闭效应，从而阻断变态反应的发生。当然，这有待今后科研机构的介入。

北京学员梁某某的分享

我的后半生很不幸，基本上是在病痛的折磨中度过的。首先在三年困难时期，得了浮肿病，肝脾肿大多年，1963 年又患了肝炎。1986 年得了结肠癌，术后近三年于 1989 年肠癌又复发，在肝炎和肠癌的双重折磨中度日如年。本想晚年过几年舒心的日子，但好景不长，1999 年又出现了严重的腰腿痛，生活完全不能自理，夜间睡觉翻身都很困难。在非常痛苦和无奈的情况下，命运之神让我结识了八卦象数疗法，看到朋友送的《八卦象数疗法》这本书时，本能地认为这是"封建迷信"，不可信，未看一眼就收起来了。后来一日夜间失眠，心想难道这本书真的一点作用都没有吗？不妨看一看。从中选了一例和自己病情十分相似、其象数配方为 650·00700 的案例，按照要求认真念了一段时间竟睡着了。令人惊奇的是早晨起床时腰腿不那么痛了，于是天天念此方，当念到第 27 天时即完全康复，一次可以在操场走五圈了。更可喜的是十余年来从未犯病。我尝到了甜头，便于同年年底参加了李山玉老师举办的函授班。我还是一位因药物伤害而导致肾功能衰竭的患者，此病被称为"第二癌症"，还伴有肾性骨病和肾性贫血。为了保护残存的肾功能，十多年中一般疾病很少用药，基本上都是用象数疗法治疗的，包括感冒、咳嗽、头痛、失眠、泌尿系感染、腔隙性脑梗、胆囊炎和胆结石、颈椎病、肩周炎等等。当然念得最多的还是护肾的配方。在为自己治病的同时，我也为家人、亲戚、朋友甚至不相识的北京人和外地人调理，基本上做到了有求必应。

从参加函授班开始，据不完全统计，为他人配象数 1500 多人次。调理范围基本上涵盖了人体的所有系统。调理效果分好、中、差三种：好的即很快疗愈，中的有效果但不彻底，差的即无明显效果。调理结果不理想，和我学习的水平相关，即学得不深不透，我只看过一些书和资料，从未听过李老师讲课，更没有读过高级班，因此对象数疗法了解的广度和深度很有限。部分人调理效果不理想也和他们相信与坚持的程度密切相关，绝不是疗法本身的问题。作为施术者，我深感"送人玫瑰，手留余香"，为解除他人的痛苦，付出了劳动，也得到了自慰，总觉得自己晚年过得很充实。调理效果不能详细叙述，仅举一些典型事例，以便大家了解象数疗法的作用和优势。

为儿童调病省钱省事

有位从山东来北京治病的小男孩，因受过惊吓，犯病时全身发抖，若身边无人便会倒下，有时一天犯病多次，当地医院一直按癫痫治疗，不见好转。来京后先用象数疗法调理，给方 40，后改为 4000，由大人摸着孩子的手默念之后，犯病次数一天天减少，程度也减轻了，一周后康复，未去医院看病，母子高高兴兴回家。

又有同事的重外孙女，1 岁多，患有夜哭症，每晚哭闹不休，搞得全家人不得安睡，给象数配方 20·60·800，晚上大人拉着孩子的手默念，只几天工夫，孩子晚上不哭闹了，而且身体更健康，活泼可爱。

邻居家有个 2 岁多的小男孩，感冒咳嗽，半个多月未好，妈妈是大夫，让孩子吃中药，他哭闹不吃，外婆向我要象数，给象数配方 260·40·050。大人助孩子仅念了两天，彻底好了。这样的事例不胜枚举。

象数疗法调理带状疱疹、扁桃体炎症

谁都知道带状疱疹虽然不是什么大病，但却疼痛难忍，我校有位七十多岁的离休干部患此病后很痛苦，给象数配方 00400·600，仅念了两三天好了。

还有一位原北京市委常委王某，患扁桃体炎，患病后住院治疗多日不见好转，每年犯病多次，每次犯病不输液便不能康复。2010 年春季犯病时，给配方

05000·72000，几天后好了，而且半年未犯病。

2010年11月11日，某女士对我说："结婚几年了没有孩子，家里人很着急，你能否给个数，让我生个男孩？"当即给了她象数配方，去年9月5日真的生了一个男孩。这究竟是巧合还是象数疗法的神奇作用，大家可以分析，但从已知的事实看不乏这样的事例。

腰腿伤痛是老年人的常见病，多发病，用象数疗法调理优于其他疗法，无数的事实证明了这一点，我本人便是典型事例。又如我校有位80多岁的女老师，下蹲换鞋时出现了腰椎压缩性骨折，在某三甲医院治疗二十多天未见好转，念象数010·650·7000，几天便可下楼活动，又念了不到一个月，已彻底康复。

我校附中有位七十多岁的女老师，2009年因腰腿痛几个月不能下楼，在家里活动也要靠轮椅，医院治疗不见好转，念数7000·6000，十几天可下楼活动，不久即康复了，类似的例子不胜枚举。

针对急症、重症、疑难之症，象数疗法调理同样具有神奇作用

例如我校一位八十多岁的离休干部，去年10月突发心绞痛，用救心丸、硝酸甘油片不见效，只好到三院急诊。医生检查后同意住院并开了住院单，因无床位，只好回家等待。这时给方400·030·260，念了一个多小时好了。一周后医院通知住院，因已无症状，未住。

又如两月前，本人因某件事着急上火，血压快速上升，高压达到200以上，家人很着急，让我去医院急诊，我未去，吃了一粒降压药，念象数260·5400，半天时间正常了。

再如我家一位亲戚八十多岁，2010年因心率快和房颤，住进了北京某三甲医院。住了40多天心率降下来了，房颤也止住了，但身体也彻底垮了，体重由110斤锐减为90斤，身体极度虚弱，白细胞一度降为400多。大夫告诉家属随时有生命危险，病人和家属认为再住下去康复无望，决定出院。出院后我为其配象数6650·4430·7820，进行全身调理，念至一周后，体质大有好转，一个月康复。其儿子高兴地说："妈妈，你也学象数吧，我用车送你接你。"

还有福州科技协会原会长孙××，八十多岁，腹部长了一个约两斤重的动脉瘤，先后在上海、北京请专家会诊，均认为不能手术，且随时有生命危险。为了保住性命，医生为他规定了"五不能"，即不能外出，不能大声说话，不能咳嗽，不能便秘，不能放屁，以免瘤子破裂危及生命。老先生整天在屋内悲观失望，他说："这就是让我在家中等死。"后来发现我介绍象数疗法治愈肝血管瘤的文章后，顿时产生了希望并设法和我联系，要求配方。我给配方 40·720·380 之后，他认真默念，并买了书和资料，自己学习配方，半年之后高兴地对我说："大瘤子变小了，皮变厚了，小瘤子消失了。"还说："别人见到我，说我像是变了一个人。我除了不外出旅游外，在福州哪里都敢去了。"多年实践证明，生病后第一时间念数好得最快。

多年的实践还证明，象数疗法既可以同病异治，即一个病可以有多种配方；也可以异病同治，即在治疗某一种疾病时，其他一些疾病不知不觉同时治好了。如我的胆囊炎和胆结石，从未专门治过，却好了。有人会问："既然象数疗法这么优越，为什么治不好你的肾功能衰竭？"我也这样想过。但稍有医学常识的人都知道，肾衰竭到目前为止中西医都只能维持，延缓病情，都无法使其逆转。因为山玉老师讲了象数疗法也不包治百病。但我能维持到现在尚未透析，在很大程度上得益于象数疗法，我知足了，从内心十分感恩李山玉老师。事实证明，八卦象数疗法不但省时、省事、省钱，而且没有任何副作用。而对它一无所知的人，总觉得念数可调理疾病，不可思议，甚至说三道四，一口否定。这些议论丝毫没有动摇我学用八卦象数疗法的信心和决心，因为我坚信事实胜于雄辩，"实践是检验真理的唯一标准"。现在，学用八卦象数疗法的人遍布全国甚至传至国外，我坚信它有强大的生命力，将对提升全人类的健康水平和生活质量做出巨大贡献！

北京学员：梁××

2011 年 9 月 9 日

象数疗法调理心脏病显成效

这几年来，我学习运用八卦象数疗法，住医院少了，原来每年住几次医院，现在基本停药。就是医生规定不准停的药我也没有吃，如速效救心丸，用药不如我念数快。我念 650·430·820 比速效救心丸快得多，还用 650·430·820 的配方救了不少人。几年来我身体原来的毛病好了许多，也许因为每天接触材料和资料配方的关系，有些问题没用配方也缓解了。比如过去手脚开裂，到初冬时节就开始贴起膏药、胶布。现在手脚细皮白肉、软软和和。鸡眼、灰指甲无意中消失了，多年来的脚气病没有了，夜尿多（每夜六七次）的痛苦消除了，多年尿潴留的难题中西医都没有解决的，用一组简单配方 650·30·70 解决了。过去糖尿病用胰岛素不准，发生低血糖反应就大汗淋漓、全身瘫软，只能用糖水补糖，还得吃东西才能缓解，现在有老师的象数配方 650·380，默念不到 5 分钟就缓解了。这些全是《八卦象数疗法》和老师给我带来的福音。

湖北荆州学员：吴克英

2014 年 12 月 21 日

象数疗法调理前列腺肥大、小便涩痛

我是 2012 年的函授学员，之前本着试试看的心态抄了一些象数配方备用。还真巧，2012 年 9 月 5 日如厕时小便涩，如同撒辣椒水一样，十分难受，去找药没有找到，想着忙完了家务再去，先把前列腺肥大的象数配方 650·380·820 拿来试试吧。我把配方贴在丹田穴上，心中默念，结果光顾看电视了忘了去买药了，怎么办呢？洗漱完继续念数睡觉吧，我很快睡着了。半夜醒来去厕所小便，感觉没有白天那么难受，又喝水念数，早上起来去厕所，竟然没有尿痛了，神奇啊！这是我第一次体验八卦象数疗法，正好在我 60 岁时遇到八卦象数疗法，是我的福分啊！

象数疗法调理咳嗽

2012年9月25日，我们一家去看叔叔。因我从7月就开始咳嗽，肠胃也不好，腹泻，体重从82公斤一下降到了60公斤，吃了好多药也止不住，整个人感到很虚脱无力，吃饭时也老咳嗽，弄得长辈怕传染都不敢一起吃饭了，我感觉很内疚。我在回家等公交车时就配了650·000·72220，上了公交一直念，过了两站缓和了一些，回到家洗漱完继续默念睡着了。次日醒来，咳嗽自愈，于是大喜，继续默念，以固疗效。

通过上面案例，我决心好好学习八卦象数疗法，2012年10月成为函授学员。

象数疗法调理心脏病大有改善

11月初，同学聚会，我把一组治疗心脏病的象数配方650·430·820介绍给我同学的妻子，她患有心室肥大，平时嘴唇都是紫的。她回去后认真照办，每天坚持默念，尤其睡觉时一定念，念着睡着，前几天去医院查，医生说心脏正常了！她好高兴啊！于是，有好多同学都来要象数配方。

昆明学员：刘贵

电话：136××××7135

2014 年 7 月 31 日

820 的神奇功效

李老师您好！

我是2013年的函授学员，今年78岁，今鼓起勇气向老师汇报我学习的情况。

有一天晚上，我发现右侧脖子不能动了，立刻用教材中07000念了一会脖子就正常了。右眼皮从早到晚跳个不停，非常烦人，于是用444000，当念到第五遍时，不再跳了，被重雷吓跑了！

有一天早上起不来床了，头晕，呕吐，吐的全是绿水，我知道这是胃有问题了，于是赶紧按教材上的 0004000·0007000，当念到几遍时就感觉胃里有东西往下走，接着默念 820·650，头也不晕了，也不吐了，大便了一次，便后神清气爽，这象数太神奇了！我右膝盖疼了好几年了，我就在膝盖处贴上 050·070 就再也不疼了。

而我更离不开 820。有一次我感冒了，头疼，流鼻涕，念 80·50·60。念了好几遍没有反应，我就在前面加了 820。刚念了一会儿，头就不疼了，不流鼻涕了。我右肋疼，念 820·5000；牙疼念 820·050·070，一加 820 一念就好。我是敏感体，每次一着凉感冒用象数都调好了。

还有一次我腋窝下长了一分钱硬币那么大的疖子，我就用 820·5000 向疖子进攻，念着睡着了，当我醒来时一摸，疖子没有了，真是高兴！有一次不慎摔倒，左手大拇指和食指着地，我立即默念 7000，不疼了就忘了摔着的事了，拿着一捆电线上到七楼，这时才发现食指肚已经肿了，其余手指也不能动了，我立即在手腕上写 820·40·70，第二天食指肚消肿了，手指也能动了，过了一天，就都正常了。每一个配方前加 820 都是很有效的。

黑龙江省牡丹江市学员：何向阳

象数疗法救了我

2012 年 9 月，体检发现左肾一 4.4 厘米肿瘤，右肾一囊肿，按照医院的治疗方法，不论是什么性质都必须手术，肾和肿瘤一并切除。这样的治法半条命都没有了，我无法接受，而且后果堪忧，精神压力大，在这样的情况下我选择了八卦象数疗法。您电话给象数配方：72000·2000·160·050·40。我以此为基础方念数一年，肿瘤与囊肿全部消失，至今又一年过去了，检查双肾无异常。事实证明已彻底治愈。

从 2012 年至今学习应用象数疗法，我每天默念象数，从未间断，除了治愈肾肿瘤外，意外的收获是令人兴奋的。正如老师所教诲的那样"八卦场的效应其大无外，其小无内，任何一个象数配方，除了调节局部，同时也在调节全身"。这个论断早已在我身上得到了印证：骨密度大有好转。2012 年、2013 年体检都是骨质疏松，今年体检指标接近正常。众所周知，补钙产品，数不胜数，但身体不能吸收，补钙效果都不好，特别是中国老年人补钙更是不易，默念象数达到如此效果，真是神奇。

象数疗法调理前列腺肥大

2012 年体检前列腺肥大达到 5 厘米，去年体检 4.6 厘米，今年体检 4.3 厘米，两年来逐渐缩小，逐步向正常方向回归，以往的尿痛、尿不尽等问题，自然而解；心脏供血不足的问题，得到解决；肾功能大有提高，明显标志是性功能大有好转，有些白发变灰变黑；肝质不均的问题，不治而愈，肝功明显增强，去年体检时查出肝上的小囊肿也不治而愈；免疫功能提高，两年来基本上没有感冒，偶尔有点苗头，马上配象数默念，很快就能消除。从以上综合信息来看，我从病态逐渐走向健康。

象数疗法调理双腿水肿

我朋友赵 × 的老伴已是 83 岁高龄，双腿浮肿，行走困难，在保定几个医院治疗半年，浮肿照旧，医治无效。医院医治无方，让回家去慢慢地养着，多吃点奥德。赵健也是象数疗法函授学员，他决定用 650·430·820 治疗老伴的双腿浮肿，因为老伴记忆力极差，自己不能默念，老赵买了两个小喇叭，把配的象数录音，反复播放，每天播放 8 小时左右，让老伴听。一周后他老伴双腿的浮肿开始消退，半个月后浮肿消退加快，一天一个样，听到一个月时浮肿的双腿痊愈，又一次用事实证明了象数的能量非常大，象数疗法神奇无比！

保定学员：邓志民

2014 年 10 月 15 日

刘医生象数疗法个案 1 例

　　最近治疗一例病人，用病人女儿的话说，简直是奇迹。病人女，八十多岁，住院肿瘤科一段时间，咳喘严重，吸着氧气还喘憋得厉害。病人女儿拜的师傅（家在青海）说病人肺部三分之二都坏了，让病人家属多尽孝（意思是没多少时间了），而医院也催病人外出会诊治疗，是怕病人年龄大了，出问题会发生纠纷。我配方 2000・820・650・030，告诉病人家属握手握脚默念，以及穴位贴方，第二天上午回电话说出现了奇迹，好了。第二天我怕病人有情况，到医院病房去看，病人已经出院。到现在回访，病人一直很好，嘱病人继续念方，贴方。昨天，老太太和女儿特意登门道谢。

　　"我命在我不在天"，让我们共同享受八卦象数疗法带给我们的能量，共同回归"本性"。

学员：刘××

2014 年 7 月 9 日

象数疗法拔鱼刺特好使

　　一次婚宴上，我被鱼刺卡住喉咙，咳不出，亦咽不下。立马想到用象数，即念 7220，我当时想，7 艮卦为手，2 兑卦为缺为咽喉，也为金属镊子，意为手拿镊子将鱼刺拔出。念第三遍时改为 77220，意为用双手拿镊子拔鱼刺，默念至六七遍时，不经意轻轻一咳，将鱼刺完整咳出。原来是鱼背刺，约长 2 厘米，宽0.5 厘米，同桌人在为我高兴的同时，亦感到很神奇。当晚我边看书边吃甘蔗，又被甘蔗渣卡住喉咙，同样念 77220 象数将其咳出。我的两个熟人武××、王××嗓子被异物卡住后，也念该象数，很快将异物咳出。

邯郸学员：杨勤杰
2014 年 9 月

象数疗法调理心肌劳损

我是张万兴，今年 86 岁，1999 年我向你学习八卦象数疗法，用 430·720·1650 治疗我的心肌劳损。在 4 月的一天两点钟的时候，我听见一声爆炸的声音，当时我老伴正在用电热水器洗澡，我想是电热水器爆炸了，赶忙过去一看没有炸，周围也没有什么东西。我喝水觉得心区有些热，才知道是心脏经络开了！从几十岁检查就是心肌劳损到 86 岁才治好，真神奇啊！之前也看过很多医生，都说："治不了了。"三十六年后却用象数治好了！

天津老人：张万兴

郭道华的报告

我于 2003 年患乳腺癌晚期，危症自救把我"逼上梁山"，《八卦象数疗法》直接把我带到"易医"领域中，我边学习，边实践，用象数疗法治愈了手术、化疗、放疗、打针、吃药引起的所有不适之症。从 2005 年 10 月停药到现在，我轻轻松松做到了十年不吃药、不打针，不吃营养保健品，经常粗茶淡饭辣椒咸菜，连奶制品也从没用过。我学习、实践八卦象数疗法是非常认真的。我在学习和实践八卦象数疗法的过程中，时时感到这种疗法的伟大，总是越学越兴奋，这是我们炎黄子孙的大福田，我由衷地感恩山玉老师和象数疗法。我一定要一辈子念象数，一辈子健康潇潇洒洒，感悟天地自然，感悟宇宙大道和人生。

江南一名中医说得好：手术做掉的只是患病的地方，而不是患病的原因。生命是一个整体，有了生命才出现生病的地方，可见生病是阴阳失和，不是身体生病，生命是物质，是信息，是一种与生俱来的密码，为阴阳二气。维护生命的完整就必须维护身体的完整。

八卦象数疗法是一种以八卦学说为核心，以中医理论为基础，以八卦象数为载体的气功疗法。它通过调场影响机体的"天人合一"状态，通过无形改变有形。每个象数密码本身就载有相应的信息，在默念过程中，即可自然调节机体八卦场，使之与宇宙八卦场同频共振。故可不拘时间、地点、姿势、方位，随时随地默念，贯以日常生活的行、住、坐、卧之中，默念象数配方时，由于直接调节机体八卦场，使其机体经络得以通畅，与宇宙八卦场同频共振，更利于汲取宇宙八卦场的信息、能量，从而达到恢复自愈的效果。

凡是所念的象数配方中的象数均为先天八卦数，而先天八卦数所含的信息（或所代表的事物）是无限的。易学认为大小宇宙均为八卦的组合。换言之，即万事万物均为后天八卦的结构模式。同理，一个人体或其脏器，甚至一个细胞亦均为后天八卦的结构模式，亦即"戴九履一，左三右七，二四为肩，六八为足，五土居中"的九宫八卦的模式。故在默念象数时体内外所产生的信息波将调节相关的部位或脏器，使体内外的八卦场均同步共振，使其无序态渐趋平衡态。如一患者念400治足部踝关节扭伤，又治了烦躁易怒（400养肝藏血安神），也治了爪甲脆裂、易抽筋（400养肝血，濡养经脉、爪甲），也治愈了胆疾（肝胆相表里），肝开窍于目，消解了眼目干涩，400养肝阴定喘治愈了多年的干咳。400养肝阴滋肾阴（肝肾同源）心肾相交而失眠得解。综上所述均为"物物一太极"之理。表面上看虽然仅为某一疾病而默念某一组配方，但默念而产生的信息波除调节相关某一脏器之外，同时也调节全身，所以默念一组象数可调诸多之疾。又如一学员因病默念象数配方640·30·80达四个月之久，在体检中，原患有的左心室肥大、高血压、冠心病、颈椎增生，肾结石等全部复常，唯有血压时有波动，这样的例子不胜枚举。八卦象数疗法默念一组象数配方可治多种疾病。

八卦象数疗法用的是先天数，后天时空，贯穿着先天与后天。八卦象数有通天彻地的灵气，通神明之德，以类万物之情之功力。不仅调节机体，同时也调心态，改变人生。八卦象数疗法在应用中，患者只要不出现明显的不适，都是合理的配方，只管行、住、坐、卧坚持念，天道酬勤，默念象数的时间保证和质量保证就是疗效的保证。坚持念象数，天天念象数，一辈子念象数，自然和谐，世界和平，人类健康。

八卦象数疗法源于《易经》、基于中医、效于气场。保持良好的场效应尤为重要，创造优良的内外环境，保持象数疗法的场效应不受干扰。其中尤为重要的是"立心"，即"我命在我不在天"，生命掌控在自己手中。另外，财富不等于健康，而健康才是财富。在疾病面前人人平等，不管你贫穷还是富有；不管你权势手中握还是普通百姓；不管你是老年、青壮年、少年，还是婴幼儿，"健康第一"才是硬道理。事业失败可以重来，健康失败本钱亏空。心态是沟通八卦场的关键，心态和效果成正比。在治疗期间没有用药物、理疗等，纯以象数疗法收效，这是宇宙八卦场的恩赐。由此引起我们的深思，在用象数疗法治疗中，至诚心态可沟通宇宙八卦场，可产生超常的效应、智慧，得到天助、人助。根据"天人合一"之理，宇宙是八卦场，人体亦是八卦场，故念一组合理的象数配方（参照老师书中取数配方相关要求）不仅可以调节相关疾病，更可强身健体。因为经常默念八卦象数，可与宇宙八卦场同步共振、同化，养我浩然正气，"正气内存，邪不可干"。"天人合一"的潜能是取之不尽、用之不竭的宝库。掌握了八卦象数疗法，可随心所欲地取之、用之。"天人合一"的场能，不论是宏观之效，还是微观之力，绝非仅是人自身之功，而是和宇宙相通。

实践是检验真理的唯一标准。八卦象数疗法的本质是把人体内失衡的阴阳调回正常状态。一个合理的象数配方在默念过程中，大多会出现舒适、轻松、精力充沛的感觉。凡是这样的配方可继续持念，待出现不适时可再调方。

哲人云"人生无处不藏神"，同理，从"天人合一"观，万物无处不藏神。任何一个象数深蕴玄机，其大无外，其小无内。配方时"跟着感觉走"，怎么想，就怎么配。但是，先以老师验方为模式，这是捷径。配方有法，法无定法。象数疗法的内涵是"天人合一"。象数疗法的治病理念、治病方法、治病手段都是活的。只要在八卦的象、数、理和中医八纲辨证的基础上，配方越"随意"，越"灵变"，效果就越好。宇宙阴阳八卦场能量向肌体发射和输出能量时，全方位地自动对应机体，既能整体功能调整，又能局部调整，攻击病灶，使人体八卦场的无序态转化为有序态，从而达到肌体经络通畅，阴阳平衡，实现天人合一状态，使疾病瞬间或短期内痊愈，达到治病健身的目的。

象数疗法的学友们，我们永远是李山玉老师的学生，我们尊师惜缘，坚持实践象数疗法，获健康新生，开发潜能，在巨人的肩膀上前进。我们不为名不为利，不追求轰轰烈烈，只求踏踏实实生活好每一天。我们的本源来自宇宙，只要我们把握好八卦象数疗法，我们就可以跨越时空障碍，成为具有宇宙智慧的生物。无形决定有形，当我们了解了无形的决定力量，我们就可以自由地掌握生命，一切顺其自然。老师常说："跟着感觉走，感觉就是天道。"借此展开我们灵感思维、形象思维的翅膀，自由地邀游于宇宙，洞察查于未知世界，拥抱整个宇宙，汲取宇宙的滋养，获得神奇的功能。"自强不息，厚德载物！"

佛山学员：郭道华

2015 年 10 月

象数疗法调理好一位八旬老人的疝气

2015 年 7 月 4 日，我外出锻炼回来，在家属院看见杨 × × 搀着他爷爷(88 岁)往家走，老人弯腰捂着小腹愁眉不展。我问："怎么了？"老人说："我疝气坠下来了，坠入阴囊肿胀的一大嘟噜，痛得我受不了。吃药也不管用。刚才孙子开车拉我去市一医院做手术，医生说，年纪太大，怕不长口，不能给做手术。我这可咋办？"我问："你是哪边的疝气？"他说："是右疝。"我说："有个法，你试试吧。"他问："啥法？"我说："念一组数字，就是八卦象数，信不信？"他说："我相信。"（他看过《易经》，对八卦象数有过接触）我写给他一组象数配方，是耿文涛老师在邯郸象数学习小组讲过的治疝气验方 16500·7200·440，告诉他默念的方法及注意事项，并说念的时间就是药量，默念的时间越长疗效会越好，我又把配方写在白胶布上给他贴在护疝带上。得方后他很认真地用心念，除吃饭睡觉外，基本上都在念象数配方。三天后，7月7日，他兴奋地来告诉我说："我的疝气好了，上去了，没有了，这方真灵真管用。我这真是有贵人相助啊！你就是贵人，你从哪学来的？"我说："我去山东青岛学的，是李山玉老师悟创的八卦象数疗法，这是李老师的功劳，我们应该感谢李山玉老师。"

为掌握疗效的确切性，我说："进屋里我看看行吗（看疝气）？"他说："行。"在屋里他脱下裤子说："你看平平的，没有了，上去了。"我见到实情，真没有了。我说："很好，但是为了巩固疗效，你还要继续念一段时间，疗效会更好。"后来他又念了两个多月，至今未复发。

配方释义： 1为乾主阳为一身正气，为右下方，直达病灶；6为坎，为肾先天之本；5为巽风，胆、温热，活血散瘀，数后双0，助阳不燥；7为艮止为胃，为凸疝，胃经循前阴，又提中止痛；4为震木，为肝，肝气上升，肝经绕生殖器，有疏通条达功能；全方合力，温肾阳提中气，通经活络，直达病灶消疝而奏效。

邯郸学员：王宽心

2015年11月21日

77720·820·260·400 止咳血效果好

今年2月初，我和老伴在南方旅游，一日下午，在我们的驻地，老伴咳嗽后竟痰中带血。我看到后，心中一惊，赶忙让其念象数77720·260·400，其念了一会儿，虽有所缓解，但咳声仍未平息，更令人揪心的是痰中仍有血。咋回事呢？我思忖着找原因，想对策，猛然省悟，止血堵洞应用阴土、湿土，才会堵住，光用阳土效果差，随即调方为77720·820·260·400，令其默念，同时我也握其手助念。不一会儿，咳声渐稀，一个多小时后，咳声彻底止住，当然不存在咳血问题了。

配方释义：77720·820·260·400。第一元77720中7艮卦属土为止，2兑卦属金，用三个土堵漏洞，但因7为阳土，小石块堵洞总会有缝隙。第二元820，8坤卦属土为阴土、湿土，2兑卦属金，820为土生金，为湿土堵洞，效果好，堵洞严实、结实，可达天衣无缝的效果。260中，兑卦属金，6为坎卦，属水主肾，肾为先天之本，为气之根，260金生水，宣肺止咳，补肾纳气，化痰平喘。400中，4为震卦，属木，主肝为肝藏血，养肝阴，可调肺，使其宣降正常而止咳。全方共用为：补中益肺，提气扶正，健肺统血，化痰排浊，调治肺中虚寒痰盛，升清降浊，补肾纳气，化痰平咳，宣降正常而致效。

象数疗法给了她一条健康的好腿

老伴念象数挽救了右腿，避免了手术的一刀之痛，换来一条健康、行走自如的右腿，一时在我们所在的小区传为佳话。

今年3月底，老伴多年不断找麻烦的右腿疼痛难忍，不能打弯，不能走路。核磁共振影像显示：右膝关节内侧间隙变窄，边缘有明显的骨赘形成，软骨表面薄厚不一。两个女儿分别找到市里的两个三甲医院的专家看影像报告后不约而同结论道：必须立即住院手术，可由科主任或某位北京专家亲自操刀。老伴和我都怕万一手术不成功，人受罪，病难除，钱照花，后果不堪设想，毅然决定依靠八卦象数疗法进行调理。由于腿疾较重，请耿文涛老师赐方，老师给配方010·77720·6500·438000，几天后，考虑到右膝关节内侧间隙变窄，又调方为7772000·21000·6500·438000。老伴因受到我平时的影响，对象数疗法坚信不疑，甚至对象数有了依赖性。配方确定后，一场治腿救腿的攻坚战就打响了，老伴全身心全方位地投入了战斗，把念象数调理作为一场战役来打。

①每天除吃饭睡觉外，就是默念默写配方，几个月下来，其用掉的A4纸就超过1000张，且每张都是写得满满的。

②用写好的象数配方24张，铺在床单下布场，其整个身体完全被象数包围。

③用助念器反复播放配方，昼夜不停，布场造势。

④我在其右腿患处的前方、后方、左右脚面，命门穴及腰部，大椎穴共6处，每天直接写配方（编者提醒：不提倡这样操作），每处7行，共42行配方。

⑤晚上入睡前我握其手，在助念器的引领下，我们共同默念配方，形成叠加效应，产生1+1远远大于2的效果。

其腿疾日渐好转，一个月左右，腿疾完全治愈，屈伸自如，疼痛消失，行走正常，就如同换了条新腿似的。老伴兴奋地向亲朋好友、身边人现身说法，大谈象数疗法的好处。今年国庆节，老伴同家人一起到孔府、孔庙及济南趵突泉等处旅游三天，毫无障碍，一路平安。现在象数已成为其生活中不可缺少的内容，每天总要坐在书桌前，写上几张，已成为习惯和常态。

配方释义：7772000·21000·6500·438000。7为艮卦，属土为止，又为障碍，2兑卦，属金，为土之子，用三个7是加强其终止的力量，快速止痛。不能行走是障碍，7生2，即子泻母，泻其障碍，止而不滞。2100中2为兑卦，属金为小，为狭窄，1乾卦，亦属金，为天为圆为大，21组合，其意为膝关节间隙由小变大，由狭窄变宽直至正常。6500中6为坎卦，属水，5为巽卦，属木，为风，650为水风井卦为通，通则不痛，又65合滋阴济阳，善驱阴邪，振肾阳，温通经络，畅达周身。438000中，4震卦属木，木曰曲直，助其腿弯曲。4又主筋，膝又为筋府，疏肝柔筋，又主疏泄、条达，疏泄淤痛。3离卦属火，主光照生长，8坤卦属土，生化燥湿。统血活血为主，强肌健体，化肿消痛散淤，后用多个0是加强其各元的力量。

在小组学习会上，我向大家汇报了我老伴用象数治好腿疾的情况。耿文涛老师点评说：你对象数疗法的执着和付出，在你老伴身上得到了回报和体现，天道酬勤，自助则天助，有舍必定有所得。

邯郸学员：杨勤杰

2015年10月

邓志民的实践报告

敬爱的李山玉老师：

您好！

我学习八卦象数疗法已经有三年了，三年来不断地学习、实践、探索，取得了一些成绩，我自己受益，也帮助了别人。

对危重病人的紧急救治

我孩子的战友杨××，今年四十多岁，患胸腺癌晚期，已扩散，半个肺叶已坏死，每天吐血。医院的结论是只能再活两个月。用他自己的话说，已经是走投无路，只能在家等死。今年 6 月 10 日，他与我家孩子通话时，第一次听说八卦象数疗法，他抱着一线希望来电话求方，我给他的配方是 72000·820·160·050·440。从 6 月 11 日接到配方后，他每天除了吃饭睡觉念数不息，每天早上 5 点多起床到海边边走边念，时间在 10 个小时以上，到了 7 月 19 日他第一次来信息如下："大叔你好！我是王建武的战友杨××，四十天前您告诉我那组神奇的数字，我每天都很执着地默念，奇迹出现，在念了 3～4 个星期后，没有服用任何药物，居然没有吐血了，半个月前，我又回到公司上班了！现在没有任何不适。真的非常感谢您的帮助！祝您全家幸福！"我嘱咐他还要持念不停，上班别累着。8 月 20 日联系他没有任何不适，感觉良好！但是由于心理压力大，没有去医院复查，9 月 28 日来电说仍然很好，一再感谢。根据来电时起卦，身体状况虽说有了改善，但仍要做相当大的努力。我嘱咐他万不能松懈，以免功亏一篑，我们期待着他彻底康复的那一天。

就目前情况看，这么重的病，能在这么短的时间里有这么好的疗效，简直是不可思议的。八卦象数疗法具有的这么强大的能量，到底来自何方？它的机理是什么？科学依据在哪里？一连串的问题在我脑子里久久回荡，正如老师所说：八卦象数疗法既简单，又深奥，真是深不可测，奥妙无穷。

配方释义：当时配方思路很简单，消除肿瘤用 72000；修复肺脏用 820，又健脾益气；用160振督补肾，清热泻火，排全身之毒；050、440疏肝利胆，强化疏泄功能，消坚散结。

三十年的心脏病不药而愈

我同学的爱人师女士（66岁），患心脏病30余年，30年来在保定、北京等地大小医院看病无数次，不但没有好转，随着年龄的增长，病情越来越重，发作频率逐年增加，发作时心跳骤然加快，心慌气短，呼吸急促，全身发颤，病情凶险危急，平时身边不敢离人，30年来从经济到精神都承受着巨大压力。

今年5月12日同学相见，才得知他爱人的病情。我同学对我讲的八卦象数疗法深信不疑，我为她配方6500·4300·820。因她是阴虚体质，以补阴为主，6500补心阴；4300泻肝火，补心血；820健脾益气。自从给方后她每天默念4～5小时，上天不负有心人，15天后大有好转，心脏病不再复发；20天后停服一切药物，一个月过去了身体没有出现任何的症状；又一个月过去了，依然如故；5个月过去了，精神饱满，体力倍增。最近她母亲病危，她没日没夜地照顾着。事实证明，她30年的心脏病已基本治愈。五个月的时间，没有服用任何药物，只是用心默念象数就达到了如此神奇的效果，真情所致，情系八卦象数疗法！

十分钟治好脚奇痒

今年9月16日，我去呼市看望老叔，堂妹的大姑子陈女士来串门，诉说自己双脚底板奇痒已经有几个月了，本地医生与北京的医生看了好几次不见效果，说着脱了袜子，只见脚底淤青，说是痒得自己用手抓按揉都不管事，我就说你念一组数试吧：040·00020，4为震，为足，2为兑卦，主肺，肺主皮毛，主气，00020给脚底清热止痒。大约十分钟，她兴奋地说："这是什么数？还真不痒了！"我给她介绍了八卦象数疗法，并嘱咐她继续念一段时间，以固疗效。此后她天天过来，再也没有说痒。只要象数配方合其症就是良方，就能数到病除。

象数救急

我爱人边吃花生米边和我说话，突然她剧烈地咳嗽起来，难受得站不住，双膝跪地，双手摁地，呼吸困难，问了几次才勉强回答，是花生米碎末吸到气管里，我让她默念 2220·4440，花生米碎末从气管里喷出，剧咳慢慢消失了。2 为兑卦，为气管，为肺；4 为震卦，为雷，为震，为动，即震出花生米粉末。

保定学员：邓志民

象数疗法调理白血病典型案例

尊敬的李山玉老师您好！

我一直没有给您写学习总结，不是没有治病经历，也不是没有案例，而是觉得有些东西并不是很深刻，所以没有给您寄来。

其实我了解八卦象数疗法已十余年了，真正系统地学习您的八卦象数疗法的知识体系是在 2013 年，在这两年多的时间，我也确实有了不少的感悟。

以前，多次通过你们给我及家人和朋友配数治病，我自己也配数治疗别人，案例我记录了不少。而我今天第一次给您写信的主要原因是象数疗法获得了惊人的疗效。八卦象数疗法这一国粹如果不被更多的人认识，我觉得我们这些学习过八卦象数疗法者，以及获得治疗效果的人是有责任的。如果我们不做好发扬光大的事情，我们将是历史的罪人。所以从今以后，我将把我与八卦象数疗法的一点一滴写出来，让更多的人认识这一医学瑰宝。更荣幸的是，我生在能得到山玉老师教诲的时代。先说一件事吧，这件事对我的感触太深了。

我表叔已 74 岁了，曾是一名医生，这老医生还注重养生呢，比如他练习八段锦，平时也做一下推拿什么的，也自配中药服用来调理身体。谁知今年 5 月，他忙于农耕，一连劳累了七天，最后把身体搞垮了。也凑巧，这段时间他又与别人发生了一次口角，由于情绪激动和身体劳累多重因素，他终于病倒了。开始他还扛了一段时间，到最后前列腺炎也发了，不能吃饭了，一直持续地低烧不退，这样住院将近一个月，没有任何效果。后来到随州市神农医院检查，怀疑是白血病，经过骨髓穿刺检验，证实确实得了白血病。不得已他住进了随州市神农医院，住院期间脸色苍白，尿不能排出，是用导尿管辅助的。低烧怎么也退不了，使用什么样的药也不起作用。医生说这病就是血液里的血细胞得了肿瘤，并说化疗也是暂时的，而且他这么大的年纪了，化疗不一定能吃得消。家里人以及他本人都绝望了。

这件事我得到消息比较晚，是在他入住随州市神农医院后才知道的。那天我去看他，他情绪很低落。他对我说了很多消极的话，并且说他有些医学方面的书让我去他那里拿回去，做个纪念，他可能不久于人世了。我们叔侄之间关系密切，因为我们都有共同的爱好，那就是医学。在很早以前，我把《八卦象数疗法》一书送给他看过，他对此也深信不疑，因他有医学底子所以能产生共鸣。但是一旦病了，他还真的没有想起这件事，为什么呢？主要是现在西医学概念早已占据了人们的整个身心。他哪里还会想到用八卦象数疗法治病呢？

当我提到用八卦象数疗法治病时，他的眼中发出了希望之光，他就像捞到了一根救命稻草，这是他能够有救的最重要因素。而当我们周边人也听到这一消息时都持怀疑态度，他的亲戚和子女们都嗤之以鼻，念数也能治病？这么发达的医学都解决不了的事，你们念几个数就能把人治好？简直是痴人说梦。此时我有一种说不出的感受，虽然我当时还没有给表叔配数进行实质性的治疗，但是我坚信八卦象数疗法的威力。话再说回来，也不能怪他们反对，为什么呢？第一，八卦象数疗法虽然经老师的发明创造到普及已二十余年，但知道的人毕竟是少数。第二，很多人认为越是简单的东西越不能引起重视，很少人知道大道至易至简的深刻道理。正所谓大音希声，大象无形，传道之难可见一斑。

我看望我表叔是星期日，我告诉他星期一是李老师接受全国学员咨询的时间，我平时也给人配数疗疾，但是你这个病我必须要给山玉老师汇报，请她亲自配数。因为我考虑到，一是我虽然也能配数但是毕竟根基浅薄，再就是这个病很少有人用八卦象数疗法治疗；二是时间关系，我若配的不理想还换数，这样耽误病人的治疗。次日下午我打李老师的电话，因为咨询的人太多了，我一直打了十几个电话才打通，那边传来了李老师洪亮的声音，我把我表叔的情况作了简要的介绍，老师以惊人的速度配好象数，并叮嘱让病人不停地默念。我领教而去，当天晚上我把这组神奇数字 2000·650·4000·7820 告诉了表叔，并用小胶布写好后贴在他衣领靠大椎穴的地方。这组数表叔确实念得很诚心，他基本除了吃饭、睡觉一直念，晚上一直念到睡着，醒后再念。念了两天，没有突破性的进展，但是体温没有恶性升高，这时医院明确地告诉了表叔，除了化疗，没有其他方法了，表叔的家人经过商量最后决定出院回家疗养。出院的时间是 7 月 8 日，当时我告诉表叔，八卦象数疗法治病是有一个过程的，况且这白血病也不是一个简单的病，必须要有恒心，坚持才能见成效的。表叔表示认同，并说会一直坚持下去的。7 月 11 日，我去了一趟乡下，到了表叔家看望他，见家里聚了很多来看望他的亲人和朋友，我表叔三子一女都到齐了，亲戚也在安慰他，说你也七十多岁的人了，走也走得了，你能吃点喝点的就趁现在还能行就吃点喝点吧，说的都是一些阴阳两隔的话，门外正在请人给棺材上油漆，已在准备后事了。

我把表叔拉到一边，了解了一下详细情况，表叔告诉我，现在还上着尿管，但是排尿时没有以前那么疼了，再就是体温保持 37.5℃左右，没有原来的一天上升几次到 38℃多的症状了。我惊喜地告诉表叔："八卦象数疗法已在发生作用了，你坚持吧，坚持就是胜利。"但表叔眼中仍然一片茫然，我问缘故，他告诉我，他今年恐怕挨不过农历六月。原来他也初通命理！我鼓励他："根据老师的理论，八卦象数疗法本身就有调节阴阳平衡的功能，在不断地念数过程中会起到化险为夷的作用，坚持念数会有救的。"他说好吧，反正没有退路了，就拼命地念数吧。

离开了表叔家，我回去后一天两次打电话询问情况，可以说每一次问的结果都是向好的方向发展，到 7 月 15 日晚上，奇迹终于发生了！表叔说体温降到了 37℃以下了，而且排尿完全不疼了，心情也好多了，说话时劲也大了。我问过医生，说他这种白血病就是不能退烧，只要能退烧就有希望。退烧！这是多少白血病人梦寐以求的，然而这种神奇的疗效只是通过简单的象数默念就能获得，而且只有九天，九天啊，就发生了逆转性的变化！生命的回归，让医院的判决作废，让算命人的预言见鬼去吧！我在惊叹山玉老师的伟大发明之余，不得不对中华民族的周易文化顶礼膜拜！

在今后的日子里，表叔每天和我通一次话，情况是一天一个样。他说导尿管已抽掉了完全不用了，排尿非常通畅，出院时医生为他准备的两根导尿管仍然挂在他的屋角，让它成为古迹吧！表叔体温保持在 36.3℃，人精神特别好，而且饭量大增。表叔说话时喜悦之情溢于言表，说没有想到八卦象数疗法会如此神奇，说希望有一天能拜会李山玉老师，当面向她感谢！

记得是 7 月 23 日，我打电话去问候表叔，我说今天是大暑的最后一天，农历六月就要结束了，我说你有什么感想，表叔激动不已地说："要不是这个数的话，也许算命人的话就真的兑现了。"他说要感谢李老师还要感谢我。这次表叔的重生，使我深深认识到，八卦象数疗法了不起！祖国的周易文化不简单！周易文化是人类探索大自然的神奇工具，就拿治病来说，不是八卦象数疗法不能治病，而是我们没有精湛的技艺和高深的修为，比如老师配的这组治白血病的数，能直指病源，直达病灶，所以立竿见影。我决心在我有生之年将老师的知识体系发扬光大；我会不懈地努力，争取学有所长，以殉道者的精神，为把八卦象数疗法推向社会尽自己的微薄之力，让更多的人受益！

象数疗法调理烧伤

今年 4 月，我回到了老家，我们的工作地离老家有 100 多里路，老家住着母亲。母亲平时有什么小事也不告诉我，我们有时打电话回去问一些她身体的情况，她怕影响我们的工作，总是隐瞒一些真实情况。唉！没有办法，天下的父母都是一样的心情。那天我刚进院子，见到母亲有一只手做事不方便，一看吓我一跳，左手的食指和拇指红肿开裂，问情况，才知道在煤气灶上做菜，火烧着了锅上的塑胶柄，母亲用手去担锅时，胶状物粘到手上还在继续燃烧，所以成了现在的状态。她说在药店里买了不少药都没有效果，我家有自配的祖传烧烫伤药，也很灵验的，但一时也找不到了。母亲年龄大了，记忆力差，找东西很难找的。她说她也找了很多次，就是找不到，城里有，但是现在也不可能返回城里拿。我拨通了耿文涛老师的电话，把情况作了介绍，耿老师当即配数 003800 · 007200 · 160。我记下后在胶布上写好数，每个指头一块胶布，轻轻地贴在手指上，然后让母亲默念。这几年母亲受我的影响，对于念数她很配合，包括左右邻居都知道我会用象数治病，我每一次回家，邻居们只要看到我，就会聚在一起问这问那，他们对象数治病很有兴趣。

因为当时公务在身，不得不马上回单位，临走时嘱咐母亲胶布掉了一定记得再贴上去，还有不间断地默念数字。第二天一早我给母亲打电话，母亲喜得没办法，说自从烧伤后这也是第四天了，昨天晚上是第一次不疼，原来她已三个晚上不能睡觉，有时刚刚入睡又被疼醒，昨天一点也没有感觉到疼痛。更为神奇的是次日早晨母亲又打来电话，说昨晚又疼了个把小时，后来发现是指头上的胶布脱落了。等贴上去后没过多大一会儿就不疼了，说这数太神了。

随州学员：李勇
2015 年 10 月

象数疗法调理让我一年实现了三大愿望

2015 年初，我的儿子因患抑郁症而休学了，我一度很失落，觉得孩子好好的怎么就得了病呢？父母也都年龄大需要照顾，但是我是一个坚强的女人，不容易被困难吓倒，于是就发了愿：

第一，2015 年我要找到一个不用药物的方法来治儿子的病，因儿子正处青春发育期，吃太多的药会影响他成长发育，世上一定会有这种办法。

第二，我儿子一定会好起来！我们都是没做过什么坏事的好人，这个病不能影响到我儿子。

第三，希望今年 120 不再到我家。虽然父母年龄大了（八十多岁），但我有孝心，天天给他们按摩，一定不会有大病。

到 2016 年，第一个想到的是，我 2015 年的三个愿望真的都实现了：第一是我结识了象数疗法，不用药就能治病，而且还非常神奇！第二是有了象数疗法，我儿子现在能自己学习了，真是一天比一天好。第三也是有了象数疗法，我们家去年一年来真的没有120车来了，父母一年来身体没出现任何问题，真是太好了。

我这三大愿望的圆满实现，主要原因是结识了李山玉老师发明的神奇的八卦象数疗法。在李春斌老师和彭爱莲老师的不断配方和调方下，让我不仅实现了愿望，家里还发生了很多的变化。

如：八十多岁高龄的父母越来越健康了。先生原来坚持要儿子用西药，现在看到儿子的变化也认可用象数疗法了。我被查出子宫肌瘤，坚持用象数治疗，先生也支持了。由于我念方诚心，家里还经常闻到香味（儿子的脚臭也没了）。

张××

2016 年 3 月

体悟象数疗法

亲身经历的磨难、领会、体验、感受以至渐次觉悟。这是我想说的"体悟"。

一、脚伤痊愈——体悟神奇

我叫杨××，大学退休老师，今年86岁，是八卦象数疗法创始人李山玉恩师的学子，2015年10月秋季班学员。

2015年10月28日晨，我下楼不慎摔伤右脚，疼痛瘀肿十分严重，致休克。拒绝家人要求去医院诊治，决心求救于李春斌老师。李老师给了配方 7772000·1116000·650·4440。他的配方一到，我如得救星，当即默念。奇迹出现了：止痛，当晚能入睡。第二天大脚趾可动一动，获得李老师短信"赞"！第三天，疼痛明显减轻，大便通畅了。第六天，消肿明显，瘀血扩散至小腿肚。第十天可坐着洗头洗澡。第十二天去医院照X片，显示右脚踝关节跟骨粉碎性骨折，其余关节正常。要求马上住院手术治疗，我又拒绝了，坚持用八卦象数疗法。两周时我不用老伴搀扶，自己下床推着凳子跳步上卫生间大便。四周时挂双拐踮脚尖走，可到卫生间洗漱及大、小便。第四十天，靠双拐下四楼，约走 150 米到对面医院复查，照 X 片显示在愈合中。李春斌老师短信赞说"好消息"！第四十五天，乘飞机从南京回到贵阳家住。八十天，自觉伤脚可着地。三个月时再次复查，照 X 片显示粉碎性骨折已愈合。

历经三个月，全靠象数疗法，没有用中西医任何治疗手段，没有服任何药物，终让严重的脚踝跟骨粉碎性骨折痊愈。我深切体悟了八卦象数疗法的神奇！

二、合理配方——体悟神奇

从脚伤至今，持念象数四个月。李春斌老师根据我几乎天天反馈的病情信息，不断调整配方，先后配方共十几个：

10 月 28 日：7772000·1116000·650·4440；

10 月 29 日：00·7772000·1116000·650·4440·382000；

11 月 4 日：77721000·16650·444000·382000；

……

因篇幅所限，不一一列举，我亲身体悟到这些配方的神奇。

一是对我起到整体调节作用，每个象数都在调节我全身机体。持念不仅舒适顺畅，而且奇迹在于没有西医说的感染发炎需用抗生素。我始终精力充沛，心情愉悦。晚上因持念象数气冲病灶，而又几乎发生在子时后，睡眠仅 4 个小时，但并不觉困倦。血压稳定，无头昏脑涨，觉得神清气爽。没有活动仍消化正常，饮食、排泄规律，无便秘。睡了一个半月的沙发软床，虽不习惯，却并未腰酸背痛。

二是对局部伤痛的治疗调节作用。如一组六元配方，当时深感真是易医高手，如布下精兵强将，"阴阳之气""光明之火"气势火旺，身体内部发热，激活振动，力度大，时间长，猛冲病灶，起到止痛消炎、活血化瘀、疏通筋络的作用。又如，在伤近 20 天时，调整后的新配方，冲病灶已全是准确转向踝部主症，犹如中医骨科高手施接骨之术，随我默念象数而牵拉，振动不停歇。

三是根据骨折已进入开始愈合过程而调方，以继续正骨且补钙。"让骨强变疏后，再用细细的坤土扶金，必然骨密度增强。"第十一个配方，我从 12 月 24

日起持念至今，以助功能康复训练。

李春斌老师还不断指导我在持念中应注意的问题，保证了默念的质量和效益。如"念的速度可快些""主要依靠自己念""锻炼时数不离口""能量在默念时自行调节场能量，根据所配象数方，依次发生场能量效应。顺其自然，效于气场""顺其自然，不加任何意念，不必画蛇添足"。

我的亲身经历验证了八卦象数的正确取数配方，就是辨证施治，动态把握，动态调整，使象数这一宇宙能量的载体，产生一定能量的信息波，从而达到为我治病、健身的目的，神奇！

在此，我衷心感谢象数疗法！感谢李春斌老师！感恩李山玉老师！

三、身心并重——体悟神奇

李春斌老师个个象数配方见奇效，奇效还源自高明的心理配方治疗。他准确把握患者的心理动态，五十余则短信，妙语真言，似甘露般滋润心田。

第二天就给我"赞"并肯定、鼓励道："你的悟性对接了八卦场。"还发"加油，给力！"坚定了我的信心。踝骨伤不论多严重，有了象数疗法做强大靠山，这是帮助我战胜伤病的精神伟力，抗住家人坚持要我进医院的动力。

李老师又指导我："两耳不闻窗外事，一心持念象数中。"放松、自然、愉快。我远离家乡，身处南京继子家养伤，身不由己。此般处境，忍不住向老师倾诉，情不自禁视象数老师为亲人，春斌老师回答我："四海之内皆兄弟也。"当时油然而生亲人般的温暖。老师如此不断传递给我正能量。尤其是"在前进路上不退缩，不动摇，无论多难，也告诉自己，再坚持一下"的激情文字，其诗意哲理感人肺腑，坚定了我的信心。在疗伤的路上，我时时背诵这段诗般的语句，无论多难，也再坚持一下。老师对我的坚持一再鼓励："祝贺你！坚持到最后就是胜利！"知我伤不断转好，曾一天发来两则短信："天天向上！""与道同行！"又如"敢问路在何方？路在脚下。""千里之行驶于足下，足够坚强！"活用驶、足字，意味深长，妙哉！当伤足骨折愈合，春斌老师于2016年1月29日"合十祝贺"！

仅引用老师的部分短信，便可见我在他精心指导下治疗足伤的轨迹，更可见恩师对我这样年迈的退休教师的精神抚慰、心理治疗。因而，我的心灵在释放，坦然、安然、自然，与道同行。

"山重水复疑无路，柳暗花明又一村。"如老师引此诗句，我已见一村花明，粉碎性骨折愈合了！更待功能恢复训练，很快彻底丢掉双拐！因为有八卦象数疗法，天人合一，与道同行；因为有八卦象数疗法如亲人般的老师，给我满满正能量，与道同行！

恩师的修道、修德、善行，令患者体悟到其金子般的心灵，并放射出神奇的光芒。

四、养心修心——体悟神奇

面对李春斌老师的"合十祝贺"感慨万千，我当修心奋进，乐在持念中。回顾在南京受伤的日日夜夜，不堪回首，但必须回首。

身处异地，客居继子家，一瞬间我却百般无奈，寸步难行，身不由己！一个好强不服输的人，一个天天练拳练剑好动的人，一个"好为人师"的人，一个好助人为乐的人，却只能躺在沙发床上默念象数，虽然自信，但哪有彭老师为先生疗伤而闭门谢客、全力以赴的好条件？老伴不理解象数疗法，反对并冷嘲热讽，家中早晚、周末的吵闹，父子俩顾虑重重，怕愈合不良造成后患，女儿女婿身为医生，也为不做正规治疗而担心。这些外在干扰考验着我，我虽决心坚持，但难免内心情感仍起小小涟漪形成内扰。

现实中的我，如此单枪匹马，孤军奋战！我十分明白，默念象数，再有好配方，还须诚心、静心，方可感而遂通。我虽心诚，但不能静心、专心，仍收不到理想效果。怎么办？严峻形势考验着我。

答案有了！藏象学言及心曰："心者，君主之官也。"主明则下安，主不明则十二官危。在八卦象数治疗实践中，才开始感悟其千真万确：是的，统领我们周身的"君主之官"即是形而上的心。开始体悟：必须养心、修心！

养心、修心之初，仅仅以自己的心力抗拒外力的干扰，但也产生了效应，因为心定下来了，静心念象数，很快与八卦场对接，感而遂通。此时，李春斌老师及时肯定并鼓励："主明则下安，君主明，天下无负能量，赞！"养心、修心，则可化"干扰"为正能量。如5岁半的孙子，天真无邪，童真童趣。一声声稚嫩的奶奶叫唤，一次次给我唱歌、跳舞，让我倍感天伦之乐，心身愉悦。此等正能量何处寻？如家人要求去医院，也是对我关心，是一片好心，也是一种正能量！

进而，我变消极的心力为积极的修心。老伴对我吃喝拉撒全照顾，儿媳妇的宽慰以及孙子一直不叫开电视机的支持，我感动，我感恩！这是躺了七天后的开悟啊！抱着感恩态度对人、对事，不抱怨，多反省，这就是修心！感恩八卦象数疗法，感恩李春斌老师，感恩伤痛对我的磨难！修心修德啊！几十天下来，我自觉变了一个人：不争强好胜，不急不躁，平心静气。默念象数从心而出，心念合一，心系一处，从而调节全身，调节局部，达到了治病、修心有机结合，有机统一。千真万确：八卦象数疗法就是一种修炼的理法！

持念数月，为我是八卦象数疗法的"有缘者"而万分庆幸！有了象数疗法，坦然面对现实，随时面带笑容持念，心身融融，乐在其中。这种心灵的获得远胜物质。感恩伟大的八卦象数疗法创始人李山玉恩师！感恩热心公益的李春斌老师！

向老师汇报完毕，末了，我想说，八卦象数疗法奇妙的组合，真真实实载有宇宙万物的信息，而不同信息又能转化为不同的能量，使人体场与宇宙八卦场协调共振——天人合一，从而可治病健身。

八卦象数疗法必将继续沿着中华优秀传统文化的轨迹不断发展，历久弥新。

贵阳新学员：杨 ××

2016 年 2 月 28 日

陈少梅来信

李山玉老师，青岛山玉自然疗法研究所的全体老师：

你们好！

2016 年 11 月，我参加了咱们的函授班，今年参加了春季面授班，这 7 个月来，我全家及一些亲朋好友都在使用八卦象数疗法配方治疗保护、改善身体健康状况。

我曾用不到 5 分钟止住一位六十多岁老人的牙痛。在龙口北海医院，我遇见一位六十多岁陌生老人，犯重症牙痛病。当时这个病人痛不欲生，头直撞墙。我马上给他一组象数配方 000777·200。写三条贴在他的颊车穴上，也就过了不到 5 分钟，就奇迹般地止痛了。

学习象数疗法过程中，不知不觉治好了自己的耳疼和淋巴肿痛。我自己左耳有五六年以上，上一点火就会引发耳朵及左侧淋巴有热火带疼痛从耳口往外冒的不适感觉。在 2016 年 12 月 17 日，我拿出 6 天时间闭关学习函授教材时，突然感受到强大的能量，左耳不适症消除，至今未犯。

象数疗法治好了顽固性便秘症。在春季面授学习班里，使用李春斌老师配的象数方 82220·166000·4440 治好了家里亲人（男，68 岁，多年无便意，使用香丹清通大便），至今很通畅。

象数疗法降伏高烧反复不退。平时家里人咳嗽、感冒、拉肚子等都能在第一时间用八卦象数疗法解除。

2017 年 6 月 29 日晚，7 岁孙子发烧，媳妇配的方是 003·004·0026，到 6 月 30 日晚高烧反复不退，当晚求救于李春斌老师。老师赐象数 007200·26400·0500，我们拉手念了一宿。7 月 1 日早，孙子说头疼，李老师又调方 007200·001600·008700，整日夜拉手念，孙子配合，在 7 月 2 日下午 4 点后痊愈。

经历这次的大事，我深深地体会到山玉老师在发明这神奇疗法的过程中，经历过多少次心惊肉跳、艰辛和生命危险的体悟，更庆幸自己修炼得好，能有缘接福，能把这一神奇的自然疗法运用、传播，真是欣喜若狂，如获至宝。在春季班里邢若琪老师分享的八卦象数疗法经验我也运用得手，感恩山玉老师、李春斌老师、耿老师及八卦象数疗法的全体师生，在春季学习班里有那么多师兄对我指导帮助，在最困难的时候，有我们象数疗法的护航，一切困难都会变成地天泰。

烟台学员：陈少梅

2017 年 8 月

北京学员陈亚玲的象数疗法调理个案

亲爱的李山玉老师：

您好！

我是北京市朝阳区×××村陈亚玲,67 岁,女,7 月 1 日前我已写过一次信了，这是第二次，我不是您的正式学员，但我是您忠诚的受益者，是您永远的学生。下面我向您汇报一下，我对您研创的八卦象数疗法的学习体会和推广，说得不对的地方，望您指正。

我是 2014 年 6 月接触您创造的八卦象数疗法的，我和别人不一样的是，别人开始不相信或试试，我当时一见就说："这不是宝书吗？"我正腰疼，摔了一下，到垂杨柳医院照 CT 核磁，拿回两盒药，喷的、贴的、吃的，一次吃一把，一日三次，吃得我肚子里有气，走路都疼，没什么效果，医生让我做微创，我没做，怕做坏了，家务活基本干不了。

我见到八卦象数疗法的有关资料后，在腰疼的夜里先念 6000，念两天没什么效果，改 60 念一会儿睡了。早晨醒了，天还没亮，觉得身上怎么那么舒服，再翻身腰不疼了，真高兴，吃了那么多药没有一点儿效果，还肚里含着气，念象数治好了。从那刻起，我就开始宣传、推广这种疗法。既然我没花钱把腰治好了（巩固几天），我是有责任要让身边的患者都解决疾病带来的痛苦，用实际行动感谢山玉老师研创的八卦象数疗法。

我从网上购买了《八卦象数疗法》《八卦象数点穴疗法》后，又从研究所购买了 2016 年的期刊、《与道同行》，开始从书上给患者找相应的配方。有人想了解这种疗法，我就用几句简单的话，把您书中介绍和默念时的注意事项写在

| 563 |

一张纸上，印上数。我是这样写的：默念象数数字，大脑往脏腑发信息，产生信息波，冲击病灶，激活了细胞，达到了效果，默念时遇上1要念"衣"音，远离电器，认真默念，白天随时都能念，晚上躺在床上认真念半小时以上，时间越长越好，睡了更好，早醒了再念，疗效有快有慢，根据体质、病情和配方，配方是否合理，默念的质量（认真和时间）与象数疗法的缘分、福分，急病好了就可以了，慢性病好的时间要长些，而且要多巩固，以防复发。

从2014年治好了几十人的各种病，其中，腰椎间盘突出8人，右脚跟疼6人，肩周炎4人，腰椎狭窄2人，腰椎增生1人，胆囊炎1人，结石1人，前列腺1人，减肥3人，失眠几人，便秘几人，腿疼5人，眼睛1人，乳房硬物1人，类风湿、带下、背沉痛、浑身疼、肝不舒服1人，马蜂蜇3人，大人小孩受惊吓2人，感冒、过敏、紫斑、发烧、阑尾炎、痛风2人，食道癌1人，心脏病1人，牙痛、痛经、拉肚子、头疼、脚腕子疼等，精神障碍的、见风流泪的、腿脚抽筋的等等。

下面我把典型的几个案例详细地向您汇报一下，再一次证实您研创的象数疗法的神奇，这是事实，是有名有姓的，不是编出来的。

案例一　我婆家侄女50岁，类风湿病浑身疼，手关节大，大拇指弯曲，后背疼沉，带下，下身痒，肝不舒服，体重70多斤，到处治疗，吃了不少偏方也不管用。从2016年初开始，念象数身体一天比一天好，身上不怎么疼痛了，带下好了，肝部舒服了，后背不疼了，手不怎么疼了，大拇指伸直了，体重长了十多斤，90多斤了，脸上有光泽没有黑皮了，人也有精神了。她和我说，这象数疗法真好，救了她一命。我说要感谢山玉老师的八卦象数疗法，更要感谢老师的辛苦研创和无私的奉献。她看我有这几本书特别想要，让我给她购买，有书有配方，她哪里有毛病都不怕了。有八卦象数疗法作为身边的医生真好，不花钱好得快，心里踏实。自己治好了要现身说法，做活广告，尽自己的能力推广宣传八卦象数疗法，是我们每个受益患者的责任，以此来报答老师。

案例二　贾某某，张家口人，50岁女，她从我这里要过头痛眼花的方。一次我问她念的怎么样，她情绪很低落地跟我说，这几天正在喝药，左边乳房疼。

起因是孙子用棍子碰了，开始两天没事，过了两天开始疼，她说有过乳腺增生，怕不是好病。我劝她不要着急，既然知道是孙子碰的就别往别处想，即便是，咱也不怕，有八卦象数疗法。我把老师的配方640·000·720给了她，过些天见她说不疼了，心情很好，问我不疼了不用念了吧，我说不用念了，念别的病吧。让她念20·650·30·80，因为我念了这组配方身体发生很大变化，我和她说念3个月，大部分病都会好，剩下的病再一样一样地念，心里一定要记着李山玉老师的好，和亲人朋友介绍此疗法。

案例三 河南人，女，五十多岁，双手肿得吃饭不能用筷子，我给她配方：手面疼痛、天气寒冷念7770·40·820，类风湿念000·650或7000·64000。也不知她念的哪组，过些天见了她问她怎么样，她说好了。我看她的手和正常人一样了。

案例四 东北人李某某，48岁，女，在东北医院看了几天，食道癌晚期，已不能进食，只能饮点水。后她侄子李先生把她接到北京住院了，十几天没进展，我和李先生说边治疗边念数（当时无法进食，在医院输液），家人同意念数，因为李先生母亲心脏不好，念数后好了，到现在也没犯病。我告诉他李春斌老师周一、周三下午接受咨询，你可以咨询春斌老师。当时老师咨询正忙，又有点事，过后发来配方010·720·6660·440·5500，我教他们用白纸工整写好象数四张，放在病床四角，枕头下放一张，大椎穴贴上，喉部贴上。父子二人握着患者的手不分昼夜认真念。"要相信这是唯一能挽回生命的方法，千万不要失去这次机会。"我又写了鼓励他们的话，让他们知道象数疗法是怎么来的，大概了解八卦象数疗法，增强他们的信心。我隔两天就问一下嘱咐一下，到第八九天李先生说能吃粥和两勺干的了，我很替他们高兴。我当时就说，是山玉老师的八卦象数疗法，是春斌老师的热情、助人和精准的配方救了她一命，是二位老师救了她。到第20天时，就什么都能吃了。又一次证实了这组配方是精准、合理的，只有这种疗法才能救活癌症晚期的不治之症。第20天时病情稳定了，我让李先生给春斌老师发个短信先报个喜，过些天我投稿再仔细地写。多谢山玉老师，多谢春斌老师，这么重的病都能念好，也对增强我推广八卦象数疗法的信心起了很大的作用。我宣传时都是把念好了的人作为宣传，认真念的都念好了，耍小聪明的人都错过了这么好的机会。

案例五 李老师，说来也巧，您在著作里写道"一把钥匙开一把锁"，我也明白人的体质、病情不一样，可我这里腰椎间盘突出的 8 个人都是念 7000·8000 念好的。我告诉他们这组念几天，不见效改下一组，他们都没改用别的配方，用着都说很好。

案例六 我从《八卦象数疗法》的书中看到 20·650·30·80 这组数，很爱这组数，能补肾精，补骨髓，我念到二十多天见效了，咽不干了，腰腿有劲了，刷牙不怎么有血了。从 7 月 20 日念到现在半年了，腿脚没抽过筋，更明显的是，每年进深秋每天睡觉穿袜子，洗了脚换上袜子已成了习惯，怕脚着凉抽筋，今年不但没抽筋，袜子穿不住，连秋裤也脱下来穿不住。我使用此方治好了许多疾病，在这之前我已经体会此方的神奇，很爱此方，也在推广此方。

推广八卦象数疗法有时要做到恰到好处，给最需要帮助的有缘者，听不进去不相信的，不和他浪费时间。一般有以下六种情况的人好接受：① 患者正需要帮助，医院治疗无效，第一次投稿时写了河北李某某腰椎间盘突出，腿疼，一个字都不认识，怕医院做坏了，也怕花钱，让她认真念好了。② 外地农村没有医保又没有那么多的钱，邢台程某某的母亲心脏病念了说挺管用；李先生母亲心脏不好，2016 上半年念到现在没犯。不花钱又管事，试试又怕什么，耍小聪明的人失去机会是没缘分。③ 身体太差了没什么指望了，我侄女念数以后身体轻松，没有疼痛，有精神了，她说她永远念，真管事啊，是八卦象数疗法救了她一命。以前她上班是咬牙坚持的，现在没有什么痛苦了，她尝到了甜头，怎么会放弃呢，没念过象数的人永远体会不到这种喜悦。④ 没文化的人和她讲清楚很听话，认真念效果也好，不问这问那，让念什么就念什么。⑤ 有的病吃药也不起什么作用，第一次投稿的一家人，有便秘、失眠、胆结石、胆囊炎、前列腺、精神障碍的都是念象数念好了。⑥ 不治之症没指望了，抱着一线希望，也是最后的机会。

辽宁李某某食道癌晚期在家就十多天了，到北京来又过了十多天，没一点效果，家人同意念象数，第八九天能吃粥和吃点干食物了。到第20天传来好消息什么都能吃了，全家人都很高兴，真不知怎么感谢创始人山玉老师研创的这么好的疗法，医院都无能为力，念象数把患者从死亡线上拉回来了，简直是想都不敢想。同室的病友比李的病轻，可现在两个多月了，没有一点效果，来时什么样现在还那样。李某某他们从病室搬到单间，就他们一家三口，认真念象数没敢松懈。医生说这种病一般来说是治不好的，耗到最后也是人财两空，他都不相信能好得这样快，也没化疗，就输液消炎。后来李的女儿把事情和医生说了，说表哥通过朋友给青岛老师去电话咨询，李春斌老师赐方 010·720·6660·440·5500，陈阿姨教我们怎么念和注意事项，才有今天的效果。我又传话叫她买一本《八卦象数疗法》，她和主治医生同一天一人买了一本，希望那位医生在医院治疗的同时也给得不治之症的患者用上八卦象数疗法。还有那位河北的患者在自己默念的同时也在做善事，用自己的亲身经历现身说法，治好不治之症的人，挽回更多的生命，多有说服力啊。

我要努力学习老师的著作和资料，向所有为八卦象数疗法做贡献的老师们学习，灵活运用老师传给我们的知识，多为患者解脱疾病带来的痛苦，让更多的人了解、应用、宣传这种自然疗法。

现在我只能按书和资料上配好了的方给患者用，自己没把握配方，能看明白五行生克，八卦象数管五脏六腑器官，爱看方义。自己念能配简单的方，给别人没配过方，只能用现成的。我要多学习，提升自己的能力，来感谢老师的恩惠。我也遇到过不理解的人，无所谓，再好的事情也有不理解的，还需我们耐心，用治好了的人做活广告。在治好了的人中，也有不实在的，眼睛和腿都念好了，我让刚念象数的人问问她，增加信任，可她吞吞吐吐不做正面宣传。当初我和她说过自己念好了，要让身边的人也来治病，又不收一分钱，没有副作用，没有迷信色彩，实打实的治病，试一试又怕什么。后来我说，我要和你们一样自私，处处总想自己，你们能好转吗？推广宣传八卦象数疗法是我们每一个受益者不可推卸的责任，帮了人被人尊敬比什么都好。

老师，因我文化有限，有不通顺的地方或用词不当，还希望老师多原谅。祝山玉老师和春斌老师身体健康，全家幸福，天天都有好心情，天天都是好日子。

北京学员：陈亚玲

2017 年 1 月 17 日

象数疗法调理高原反应

6月中旬张女士一行计划自驾游去西藏，临行前向我求了一组应对高原反应的八卦象数 72000·6500·4300·8200。在低海拔念着还挺舒服，到了 4500 米以上，效果就不理想了。她说同行的人大部分都有高原反应，头疼、恶心、呕吐，脸部胀大，嘴唇发紫，汽车缺氧跑不动，带去的压缩饼干都涨起来了，果酱自动外溢。张女士念着象数虽然比同行的人要好些，但是到了 4500 米以上也是头疼。她让我结合现场的情况，调整一下象数配方。面包膨胀，果酱自动流出来，说明外部的气压低了，内部的气压高，让人无法适应。特别是在低海拔长期生活的人们，脑子和脑壳都是"紧配合"，到了高海拔的地方，外部气压低了，内部的组织就膨胀了，但是脑壳的容量是不会有太大变化的，头疼就应该是这里产生的！其次是，高原缺氧，肺功能满足不了五脏六腑的需要。简单地说就是解决压差问题和缺氧的问题，沿着这条思路，我给张女士配了三组数字，让她在高原上试验一下：

① 0002000·6400·038200；

② 007200·6500·038200；

③ 777200·12000·6500·03820。

经过试念，最后确定第 3 方比较理想，她一路上坚持默念，没有喝红景天口服液等进藏必备用品，一路下来没再出现头疼、反胃、呼吸困难现象。同行的一位女士出现了高原反应，张女士就让她默念这组数字，念了半个多小时就睡着了，醒来以后头也不疼了，再次验证这组象数配方的神奇！

过了两天胡先生去黄龙（海拔 4000 多米），到山上出现了高原反应，给我打电话，急求象数疗法支援！我就把张女士在西藏用的这组配方告诉他，让他试一下，他念了 20 多分钟就睡着了，醒来以后，头疼、难受等症状消失了，再次证明八卦象数疗法可以应对高原反应！

现在我把 777200·12000·6500·03820 这组象数分享给大家，有去高原的朋友可以试一试，一定能帮您解除高原反应的痛苦。我继续试验这组象数的效果，如果大部分人用这组象数可以解决高原反应的痛苦，我们就可以把这组象数配方推荐给去高原工作、生活的朋友，为他们解决高原反应的痛苦。

山东学员：张杰坤

2017 年 8 月

象数疗法调理脑外伤

上周六儿子在沙发上玩时，突然有快递员按门铃，我刚走到门口还没开门就听砰的一声，然后就是儿子的哭声。跑过去一看儿子从沙发往地上跳，用力太大没站稳，头一下就撞到了家里玻璃茶几的角上，脸上流了好多的血。口子有一厘米半长而且还很深，我当时吓死了，抓了一件衣服就按上去，没一会儿衣服上就都是血，我就一边按着一边让女儿和我一起念 7770 先止血，然后让我老公开车带我们去医院。先到的卫生所，医生说口子太大太深了，要缝针或打美胶固定，让我们去大医院。我们念数的时候，孩子渐渐不哭了，血也止住了，到 105 医院后医生说只能缝针，我怕孩子不配合，就说不搞了回家，但老公怎么都不愿意（因为老公一直不相信八卦象数疗法），后来准备去省立儿童医院去打美胶。去后人太多车没地方停，就连挂个急诊都困难。最后自己带着孩子什么也没做，直接打车回家了。打电话给老公说医院人太多，不想在医院治了，回来用象数。老公听后很不高兴，说如果恢复不好留了疤就是你的事，我说不会的。

回家后我给儿子头上涂上云南白药，然后再贴上创可贴，在创可贴上面写上象数配方 77720·1600·44500，就是先止血再消炎，然后想让伤口快快长。因为伤口大又深，所以我在后面加个 5，是想借风的力量给他合起来，凹陷的地方快点起来。当时就是这么想的，于是贴上了再给他助念。

伤口恢复真的挺快的，到第三天时我又换了一个配方。因为孩子长伤口时痒，已经抓破了一点，所以换方 077200·21000·44500，止血止痒的同时增加肺的力量，因为肺主皮毛，同时用 21000 让破的地方恢复到一点疤没有，因为 1 是圆是从缺到完美；后者还是快快长，同时 500 有止痒效果。也就一周的时间，儿子的伤口全长好了，而且特别地平，只有一点点小伤口的结痂，而且结痂脱下的地方都看不出有疤痕，都已经长好了。太感动了，真心感恩八卦象数疗法！

安徽学员：沈利友

象数疗法是孝敬父母的最好礼物

爸爸近 80 岁了，前几年身体有每况愈下之势，每年冬天临近过年时总会咳嗽咳痰，连续三年都是在打针输液中过的年。老人不禁哀叹："是不是老天爷要把我收走了！"求医无效，我便开始从古中医中寻找绿色疗法。三伏贴、三九贴连贴了三年，终于能平安过冬过年了。这几年，我学习了八卦象数疗法，照顾老人就更方便了。

去年 7 月 31 日，我妈突然打电话，说我爸大腿根总疼，右侧有时能摸到小包，约好了第二天要去一个小医院给我爸做手术，怀疑是疝气。我及时阻止，次日带他到医院做 B 超确诊双侧腹股沟斜疝。我清楚是老人年老气虚所致，结合最近一段时间老人倾诉每晨 4 时左右突然醒，心怦怦急跳，出汗不适，舌苔又黄厚，考虑气血两虚，我又注意到父亲睡觉时身体时不时会有小抽动，明显是肝血不足的表现。综合以上配方 72000·16500·440，试念无不适，贴念结合，并用助念器 24 小时播放，还给他买了疝囊带辅助。

老人每天忙着带小孙子、做饭，自念的时间并不多，但坚持了五个月，疗效还是渐显。现在除非走很远的路还会有一点儿隐隐作痛，平时基本不痛了，也不再有包块疝出。凌晨4时不再突然不适醒来，能一觉安睡到天亮了，感觉精神气色都越来越好。看我爸感觉好了，念数变得有些懈怠了，我鼓励他一定要继续坚持念贴，我也会继续监督敦促的。

学员赵××分享

象数疗法调理小狗眼睑增生

有天我家小狗总是用爪子揉眼睛，我看了一下眼睛有点发红，也没有太在意。平时活蹦乱跳的小狗特别老实，就趴在窝里时不时地揉眼睛，看起来很不舒服，这时我再仔细一看，眼角凸出了一块肉。第一次看到小狗眼角的肉往外凸，非常吓人，急忙拍了照片询问宠物医生是怎么回事。医生说这是犬类第三眼睑增生，俗称"樱桃眼"，是犬类常发的一种眼科疾病，有眼睑肿大、结膜潮红、流泪等症状。问了原因后宠物医生说，小狗上火或者心情不好的时候极大可能导致第三眼睑增生，建议做手术割掉增生的部位。我问清了病因之后就立刻给春斌老师打电话，说明情况，让他给小狗一个象数配方。

象数配方：007200・164400・00300。

配方释义：眼睑增生属热证所以全方用偶数个0，7为艮卦为凸，为增生，2为兑金，主消炎肃降，007200消炎止痛，祛除增生；1偏寒，6性寒，两个4加强疏泄，164400滋阴疏泄制热，加强疏泄增生；3为离卦为眼，《内经》云"诸痛痒疮，皆属于心"，00300直击病灶，偶数个0消炎灭火，祛增生。

按照春斌老师的要求，我将象数配方贴在了小狗的项圈上，对应着它的大椎穴。贴上配方不到一个小时增生就消失了，并且眼睛也不红、不流泪了，自己叼着玩具跑来跑去，活蹦乱跳的。看到它又恢复了活力，我心里就在想，如果没有八卦象数疗法，一着急肯定就抱着小狗去医院做手术了，术后调理又是很长的时间，劳民又伤财。我家小狗可以说是象数小狗，从小就是在各种象数配方中长大的，聪明又漂亮！我心里万分地感谢春斌老师！感谢李山玉老师！感谢八卦象数疗法！

湖南学员黄玉君的反馈分享

2019年5月14日上午9点，VIP会员湖南学员黄玉君向李春斌老师求助："李老师，患者，男，今年33岁，是位牙科医生，因脑梗处于昏迷中，医生已经放弃治疗，正在重症监护室，医生说这两天有可能熬不过这关，请李老师赐方救救他！"黄玉君同时发来患者当时昏迷的照片。

李老师赐方007200 • 0016400 • 00300 • 08200。

当天中午11时反馈："李老师，我帮他念了大概二十分钟后，又结合我自己的远程疗法，他醒了，哭得满脸泪水，出了一身汗。"（附有照片）

7月1日再次反馈："李老师，脑梗患者恢复了。"（同时发来患者康复走路的视频）

李春斌老师当时把这个案例图文并茂地分享到微信群里后，引起了大家的热议，大家都觉得八卦象数疗法太不可思议了，居然把医院都放弃的患者从死亡线上又拉了回来。

老师们一时技痒，7月1日看到案例当天，纷纷为这个个案的配方进行了释义，相互切磋交流，现摘取几位老师释义供广大学友学习交流。

1. 邢若琪老师配方释义分享

李老师，您的这个案例实在太精彩了，看老师们都在试着解析您这个配方的方义，我也斗胆来蒙一下，有不当之处请批评指正！

象数配方： 007200 • 0016400 • 00300 • 08200。

配方释义： 007200，7为头，2为气，患者脑梗昏迷，给头部输送氧气。7为艮为阻为土为山，土生金，2可泄母之气，也为山泽通气，把瘀堵通开。2为肺为降，把浊气往下降。7为高2为泽，也为高压降下来。7为头为手，2为刀，手拿手术刀，开颅手术去除瘀堵之象。0016400，1为乾卦为头为一身之阳，6为坎卦为肾为脑，4为震卦为肝为动，加强疏泄功能，去阻排淤。此元也为让患者头脑动起来，4为春天为生机为生长之象，让他富有生命的活力。00300，3为心为血脉，让血脉畅通，让心脏功能加强。08200，8为坤为脾为浊，加强后天之本的运化功能，排浊化瘀，也进一步给身体提供氧气。

如果把它比作一场战争，那么，面对致命的打击，007200为打开城门的攻坚战；0016400派出大将军们迎战；00300，在基本取得胜利时，在将军们的保护下，在没有危险的情况下，请出君主之官的皇帝重新主事；08200，天下太平，皆大欢喜。

全方以阴为主，一是考虑到月令为火月，阳旺伤阴；二是以柔克刚。

2. 焦建军老师配方释义分享

这是一个非常精彩的案例，我愿意进行一次细致的解析来帮助大家认识到八卦象数疗法的神奇，让大家学到、悟到东西！

首先，这个案例神奇的地方在于医院已经没有办法的情况下，学员通过咨询李春斌老师得到了这个又一次创造奇迹的配方，通过默念加助念让昏迷的患者醒过来并逐渐地恢复了身体机能。

治疗脑梗昏迷全方为007200·0016400·00300·08200。

解析方义前，我们需要对脑梗昏迷不醒的原因进行大概了解，否则对于为何要如此配方是不太明白的。脑梗昏迷是大脑血管堵塞后，气血无法输送到脑部而引起的缺氧昏迷，要想恢复知觉醒过来，首先得打通阻塞、补足氧气才行。所以首元用007200来补足氧气的同时打通阻塞，让山泽通气的功能发挥出来，7为艮阻，2为氧气，既补气又泄堵；第二元0016400，在此元中，1为乾天也为头，6400不但可以滋阴潜阳还可利用子泄母淤来泄去头部的淤血杂质，以清头，1为头，6为头部血液，4主肝，不光主震动疏解调达气机，还有藏血之能；第三元00300，在此元中，3为离卦主心主血管血脉，在我看来此元在此最大的效果就是起到净化血管和血液的作用，血管壁上杂质多了会逐渐让血管硬化和堵塞，说到底还是血液里血不太清，有栓塞的存在，随着血液到处跑，聚集的地方多了就是各种地方的梗塞，所以00300可以起到振奋离卦离中虚的中空功能，让血管鼓起来增大空间并净化血液，前后各两个0为阴，是为了柔软血管，在一定的程度上，阳主硬，阴主柔；最后一元08200中，8为头部血中杂质，2为肃降可降浊，08200不光可以升清降浊，还可利用湿土来泄去火热的热邪之毒，这是前面加0的原因。纵观全方，都是前后有0，大都是两个0偏阴凉，这个应该与本月月令为火有很大关系。本月为火，火克金会造成人体气滞，火太大会造成本身血淤，物极必反，好比在一堆火旁，适度的距离可以感到温暖，进一步则会烧焦，退一步则感觉不到温暖，在进退之间如何把握好度就是或寒冷，或温暖，或烧焦的不同结果。既然月令为火，又是血管的问题，而且还造成火旺克肺经的气不足状态，那么就得向春斌老师配这个方一样，前后大多双0来以柔克刚，泄去火势，柔软血管，滋阴潜阳的治疗才是辨证准确的治疗。

以上只是我个人的一点感悟理解，不见得全部都是春斌老师的配方思路，只是给大家一点解析的方向，供大家学习提高，但是解决问题的方法肯定不止一个，就像一样的目的地，有的人骑车去，有的人走着去，有的人打车去，有的人开车去，但都能到达目的地，只是快慢而已，配方可以是不同的老师或不同的方，只要是有效的就是好方，见效快的就是精方！希望大家可以从春斌老师的精彩案例中悟到、学到东西！

3. 肖钟前老师配方释义分享

象数配方： 007200・0016400・00300・08200。

配方释义： 7为艮卦，2为兑卦，007200山泽通气，疏通梗阻部位；1为乾卦，为头，为血管，640滋阴潜阳，0016400以相生之力打通脑梗死，助其还阳；3为离卦，为心，心主血脉，通三焦，促进周身血液循环；2为肺，肺主一身之气，08200土生金，相生之力加强心肺功能，使心脑血管畅通无阻，恢复健康。

4. 李春斌老师配方释义分享

各位老师的配方释义精彩纷呈！都值得我学习和借鉴！此时，我想起了恩师曾经对我们的教诲："比类取象是无限的，处处观察，千锤百炼。"这是我们取数配方的总纲领，并由此而感悟到：八卦象数疗法的辨证施治"比类取象先别阴阳"。

大家注意观察一下图片的发送时间，黄玉君同学给我发完文字和图片是 5 月 14 日 9 时 41 分，我回复她时也是 9 时 41 分，也就是这组配方是在几十秒钟之内完成的。这么短的时间内也不允许自己浮想联翩，有那么多想法产生。

首先映入我眼帘的是赤裸上身躺在病床上的象，我取了只有热才可能是这样的象；进而觉得这是一个急症，急症为阳，缓症为阴；梗阻为实证，为阳；另外季节也正逢夏季，为热。基此，瞬间即产生配方思路，都是恩师面授班所讲的内——"热则寒之，实则泻之"，故所配方定为偏阴。

007200，软化与通气兼备，通塞与肃降并施；0016400，通脑疏脉，天水雷动，呼应第一元，尽臣之道；00300，心藏神、主血脉，唤醒昏君以正其位，活其血而通其脉；08200，前者攻坚，后者健运，浊者降也，气而化之。

黄玉君同学也记住了山玉恩师所传授"哪痛贴哪儿阿是穴贴法"，直接告知其家人贴脑门儿上，20 分钟见效苏醒。当接到反馈说他醒了而且哭了，我的一颗悬着的心落地了。何以故？泪为肝之液，说明生发之机已经开启……

嘱其继续加强持念，至 7 月 1 日传来脑梗死患者恢复锻炼视频，效果非常好，出乎意料！

一孔之见，天佑之力，偶尔幸运。谬误之处敬请恩师及各位老师批评指正！

李山玉恩师评语："斌释方精彩！若没有牢固基本规律把握，是无法达成的；全是在瞬间感应而完成，是急救！是伟大的天人合一凯歌！向天要智慧，向天要能量，向天要健康！"

广西学员陈春兰象数疗法调理个案

1. 象数疗法调理去鱼刺

时空状态：2019 年 3 月 20 日，刚刚吃午饭时，鱼刺卡在了喉咙，默念 8880·4440·05550 十多遍还是很难受，马上改 8800·4440·05550 默念两遍，咳嗽一下，鱼刺就出来了。李山玉老师发明的八卦象数疗法就是这么神奇！

配方释义：8 为坤卦，坤六断；4 为震卦，为动；5 为巽卦，主出入。全方让鱼刺断开后，震动快出来。

2. 象数疗法调理上吐下泻

时空状态：2019 年 1 月 30 日，凌晨一点半，接到弟媳妇的电话，说她自己上吐下泻，肚子好疼，感觉没有一点力气了，我立即给配方 70·650·380·20，叫她写 3 条贴在小肚子。早上九点钟我打电话问她好点了吗？回复："接到配方后写 3 条贴在小肚子，默念着不知道啥时候就睡着了，早上醒来已经完全好了，也有力气了，八卦象数疗法太神奇了！感谢李山玉老师！"

3. 象数疗法调理抗寒流

时空状态：2019 年 1 月 20 日，李春斌老师早上好！向您反馈八卦象数疗法保护砂糖橘的效果。哥哥接到配方后，他在手机上下载个专业罗盘，定好八卦方位，每个方位用纸箱皮写上配方 3338880·65550·4443330 各八条竖起来。

配方释义：3338880 有强烈的阳光普照大地，使大地吸收充足的热量；3 为离卦，为夏季，8 为坤为长夏，火生土留住阳光、留住温热；65550 坎 6 为寒流，5 为夏日的风，吹散寒气，输布暖风；4443330 创造一个从春天到夏天氛围。全方用象数向天要来了春夏温热的能量，从而战胜寒流对其果园的伤害。（李春斌老师解析）

12 月 31 日和 1 月 1 日奇迹出现了，哥哥家的果园没有结冰，他家果园的左边和右边不远处也都是果园，那是别人家的，别人家的果树都结冰了，当时树叶上都挂着冰条，大概有一根手指那么长。哥哥本来不是很相信八卦象数疗法，那天他给我打电话时，听到他那种激动的语气，我想这次他彻底服八卦象数疗法了，感恩李山玉老师创造神奇的八卦象数疗法！感恩老师精准的配方！

象数疗法调理好皮肤顽疾

尊敬的李山玉老师：

您好！我是三十多年的皮肤病患者，深受折磨，皮肤科去了，验方土方都用了，久治不愈。

在2014年底，一个偶然的机会，我的一位亲戚跟我说："你别忌口了，餐桌上的菜你可以任意吃，心里默念0002就可以了。"我照他说的做了，餐后我的皮肤竟一点感觉都没有，我很好奇。

之后我找到了他，他给了我您的著作《八卦象数疗法》，还有四本刊物。他是一位在职教师，平时没有时间学，也没机会实践，跟我说："你可以边学习边实践来治疗你的皮肤。"我如获珍宝，把您的书如饥似渴连看三遍，从此我开始边学习边治疗我的皮肤病。半年后，觉得疗效平平，我泄气了。正在这时，邻居李运娟到我家说她的扁桃体发炎很厉害，在医院挂六天水也没好，请配个数给她念，当时我照书上的配方配了2000·50，并教她怎么念。她晚上开始念的，第二天早上起床竟神奇般地好了。这件事对我启发很大，由此我坚定了信心，认真学，认真默念0002·650·72000、650·72000、01600·0540·800·72000，至2017年秋，我的皮肤病奇迹般地好了，我还继续念，怕它再犯。但以后一直未犯，是彻底好了！

我高兴得无法形容，感谢老师的救命之恩！我在治疗皮肤病的同时，也治疗了20人次的（主要是亲戚好友）感冒、咳嗽、肚子疼、头痛、腰腿痛、扁桃体炎、气管炎等。

我还想继续学习，做您的学生。我74岁了，想在有生之年，为亲朋好友、为社会贡献点余热，为象数疗法的发扬光大做点儿贡献！我想初级班、高级班一起学。

李锦富

2019 年 9 月 11 日

象数疗法调理孕期卵巢囊肿反馈

"周老师你好！我女儿今年 27 岁，怀孕四个月，这期间查出有卵巢囊肿，而且不断增长，上海大医院的专家会诊说等两周，要是继续增长，那就要做手术了。这时周老师给我们出了配方 0722200·6400·53820。我们娘俩只要有时间就在心里默念，今天去做了超声波，结果显示一侧囊肿不见了，另外一侧减小了一半，真是感谢周老师的精准配方，让我们解除病痛，功德无量。"

配方释义：0722200 强力消瘤；6400 坎 6 为女子胞，为卵巢，4 为震动疏泄，为肝，为女子第二胞；53820 巽 5 为风，为形结，3 为囊肿，8 为生化，2 为气化。全方以强力消瘤直指病灶，振奋本脏，疏通瘀堵而助消瘤，以散、化其灶而获速效。

深圳学员：周汉武

2019 年 5 月

象数疗法调理急救心脏病

我母亲 90 岁，昨天下午看电视剧 4 小时，到吃晚饭时又有人打电话跟她讨论剧情，之后她感到心慌。晚饭后片刻，她叫了一声"啊"，然后眼发直、无光，此刻呼唤妈妈无反应，人往地下出溜。我意识到母亲心脏供血不足，不能动人，第一时间想到的是用八卦象数疗法救她，当时用数 650·430·820，后来意识到可能是吃太饱引起的，马上换 650·430·720 补气、补血，把多吃的饭导下去。这时先生、儿子也都加入进来，拉着她的手助念。近 20 分钟，母亲有了意识，说眼睛看不见，此时想吐没吐，但遗尿了。25分钟后好转，用轮椅送到床上，半躺，继续持念650·430·720，慢慢地她说："当时人像在冰里，太冷了，盖得很多还冷，我好像上哪去了一趟，冰的世界，我意识到是阴阳两界。"心脏病犯了人不能动，不能躺下，怕血压持续下降。如果打120上医院可能没命了，好在在我家我能做主，要是哥、姐在，他们相信西医，可能直接120送医院了。现在她还有点头晕，换配方010·720·640后基本正常了，还出门晒了太阳。感恩山玉老师，八卦象数疗法神奇！神奇！

朱宁春
2019年1月25日

象数疗法调理腰疼好了

昨天下午推轮椅，累惨了。晚上回到家腰疼得受不了，念了一会儿6000·7000没效果，就到书上找了070·160用助念器念（疼得静不下心自己念），一分钟左右感觉疼痛开始减轻，就把音量调大放旁边念，半个小时腰不太痛了，痛处往下移，转到臀部，过了一会儿又往下移。睡觉时也用助念器念，今早起来全好了。感恩八卦象数疗法！感恩山玉恩师！

贵州学员：高玉宇
2019年3月17日

象数疗法调理荨麻疹好了

各位老师好！我买了李山玉老师著的《八卦象数疗法》，非常感兴趣，并积极介绍给愿意相信象数的朋友，让两个患荨麻疹的朋友亲自验证了象数疗法的神奇！其中一个患荨麻疹十多年，另一个二十多年，痛苦到几度想自杀！有一次我亲眼所见患荨麻疹二十多年的那位朋友左手背突然间开始发痒，她知道是荨麻疹又发作了，我见疹块快速向手臂蔓延，情急之下我赶紧让她默念0002，十多分钟后她感觉不痒了，突起的那一片疹块竟消失了！朋友很惊讶，说好神奇喔！真是很感叹象数疗法的神奇，感恩李山玉老师发明了八卦象数疗法！

网友：萍

2018 年 11 月 30 日

谭扬华象数疗法调理个案

因缘际会，今年 5 月我母亲肝郁，肝胃不和再次发病，全身颤抖、无食欲、腹胀、少气懒言、情绪不佳。我照猫画虎，按书上原理，自配一组象数 640·4300·820，一周后痊愈。初次感受八卦象数疗法之神奇！

端午节，给小朋友做一个"语言的力量"的试验，我顺便加了一个参照物，贴了一个 00081000 标签的参照物，6 天后对比结果再次让我感受到象数的神秘力量！试验如下：

四组米饭，装在塑料打包盒里，分别贴上不同标签，7 天后米饭发生了变化：贴 00081000 的米饭发酵了，有酒酿的香味，无霉味，另外三个均有不同程度的霉变。

这个试验，让我对八卦象数有了更深的认识和感受。我决定好好学习，希望各位前辈指导！

2020 年 7 月 1 日

眼中异物出来了

今天晚饭前，我爸说眼睛里进异物了，涩得难受。我说要去医院请医生滴眼药水冲出来。突然想起可以念040，把异物震出来。我爸是八卦象数疗法的受益者，他答应试试看。5 分钟前打电话问他："眼睛好了吗？"他说早好了，在看电视呢。

他居然谢谢我，我要大大感谢李山玉老师！

网名"悦"的分享

包块不痒了

（1）**时空状态**：2020年5月1日和朋友去野外玩，被不知名的虫子在后背上咬了一口，晚上睡觉奇痒，第二天摸着有一大肿块，因自己不好操作，没及时贴方。5月4日下午又痒得难受，才让家人拍照给我看，看后在红肿包上贴象数配方处理。

（2）**象数配方**：① 003·007220·0045；② 003·007200·160·0450。

（3）**调理效果**：贴方①时因胶布不够长，0045只用了004，刚贴上就不痒了，可能方有点寒，一个多小时后小腹有点疼，上了一次厕所后也没管它。晚上10点多检查发现皮下包块变小变软，表面红色似乎比贴之前更红一点，但范围缩小了。5月5日晚检查发现肿还没有消完，但红色凸起到皮肤表面，像毒被顶出来一般，换方②。5月6日晚包块已消，仅剩下一点红色未褪，贴方后就没再痒了。

（4）**配方释义**：① 003·007220·0045，003，包块为红色，3为离卦，为心，为红肿，"诸痛疮痒皆属于心"；007220，消包块，7艮卦，为包块，2兑卦，为折毁，两个2增强折毁之力；0045，震为4，为肝，为加强肝的排毒，5为巽为散，包块消散，又4、5均为草木，为中草药，用中草药祛毒。

② 003·007200·160·0450，前两元方义同前；160，毒从大小便排出，也为给皮肤加点消毒药；0450方义同前。

象数疗法调理暑湿感冒

（1）**时空状态**：2020年5月10日，雨后天晴，中午到水边的地里劳作，中午太阳有点厉害，劳动强度并不大，1小时左右开始流清涕，下午回到家感觉人特渴，像被火烤了似的。晚上回到家迫不及待地狂喝了近3000毫升冷热做豆腐的"告水"及冷开水，平时喝水量很少，一天不到300毫升，人软倦，洗澡喜烫水。11日午睡起来又开始反复，脚心发热，心烦躁，手指食指出现湿疹。

（2）**象数配方**：① 70·60·40；② 00700·60·40·3820。

（3）**调理效果**：10日晚按热伤风处理，用方①，没多久就止住了清涕，后做了微调，一夜安睡。11日下午发作后用方②，一个小时左右彻底治好。

（4）**配方释义**：① 70·60·40，阳证，清热解表，止清涕。暑病，外热裹着内寒，寒又出不来，伤津耗气扰神，故口渴心烦，洗澡喜烫水；暑多携湿，湿邪致病易使人产生沉重，湿邪不除，病易反复。② 00700·60·40·3820，00700，7为艮卦为胃经，为降暑清热；60，6为坎卦，为膀胱经，开太阳；40，4为震卦，为肝为疏泄，解表；3820，火生土，土生金，健脾温中渗湿，驱寒益气，化气利水。

贵州铜仁学员：高祯阳
2020年6月21日

象数疗法调理救小鸡

我女儿养了两只小鸡，不小心把鸡腿摔骨折了，其中有一只看着都快死了，当时想到李山玉老师讲的让心脏跳动就不会死，于是就配方720·030·4440，现在一个星期了也没死，反而活蹦乱跳了。我在鸡腿上贴个骨折的方0004000·7000，今天都能站起来找食吃了。李山玉老师能发明出这么好用的救人、救动物、救天下苍生的疗法，感恩老师！

河南学员：王惠
2020年5月13日

象数疗法调理急救婆婆心脏难受

今晚刚上坐诵《金刚经》一会儿，听见客厅嘈杂，我也没管，继续诵，但好像听见婆婆在高一声低一声的呻吟，我赶紧起身去询问。婆婆说："心里难受，全身痛，说不出的难过，心窝部痛得很。"我的第一反应就是心脏问题，嘱咐其意守劳宫穴，心里默念八卦象数心脏急救方650·430。我双手抓住婆婆双手，大拇指点按揉其劳宫穴，随着拇指的点按节律助念八卦象数急救方。我碰触到婆婆劳宫穴时婆婆直呼痛，五分钟左右婆婆安静下来了，但还是喊手心痛，十分钟左右说不痛了，说心窝部有一股气顺着肚子往下钻，从两腿到脚心钻出去了，好了。嘱咐婆婆继续默念巩固。

我就这么稀里糊涂地搞定了。当时所有的作为都是脑袋里忽然闪现出来，我也不知道为什么就跟着灵光去做了。感恩李山玉老师的伟大发明，这么快就解除了病患的痛苦，不然这深更半夜的弄医院去，光是检查就是一大堆，老人该要受苦了。

四川学员：张小凡

2020 年 3 月 14 日

象数疗法调理帮助别人

2019 年 11 月 22 日，杭州 89 岁的学员崔凤莲到我家，跟我分享了这么一个案例：

一个六十多岁的阿姨，以前有脑梗，常头晕，我就把自己念的头晕方给了她。此人本来双腿像踩棉花一样，无法走路。一周后跟我反馈：能绕小区走好几圈了。一个月后说：能搓麻将了，人非常好了。我套用的是李春斌老师的配方，李老师的方是 072000·01660·4400·8200，我在第二元加了一个 5，意为增加能量，能进能出，给阿姨的配方是 072000·016650·4400·8200。

杭州学员崔凤莲的分享（邢若琪整理）

象数疗法调理侄子牙疼

李春斌老师好！昨晚接近 10：30 我弟弟打电话说儿子牙痛，明天来看牙科，我说好，明天再说。放下电话我立即联系他儿子，他说上面右边一颗门牙时不时阵阵酸痛，大约一周了，两颗门牙都在大半年前因虫牙补过，左边那一颗补完就非常健康正常，右边那一颗就一直对冷热很敏感，直到这一周就开始酸疼了，感觉是牙里面有些酸疼，牙龈不肿。当时想到太晚不能打扰老师，于是第一次拿出《八卦象数实例验方》，看到的第一个就是 010·7000，后面还有很多。我不想套方，和先生表妹商量，表妹已经接触八卦象数疗法四五年了，比我有经验。上门牙是胃经循行地方 7，所以可以选用 7000·1000，7 止痛，7 放到第一元，土生金。我想急则治其标，想起邢若琪老师微课课堂上讲的 7770 强烈止痛的案例，所以，就跟弟弟儿子说："你今晚试试默念象数 7000，看看牙还会不会痛。如果还痛可改为 7770 试试！反正要睡了，念到睡着就没事了。用普通话默念，不出声，心里默念即可。"这时已经 11：41，我也睡了。

今天早晨 6：10 起来，看见孩子凌晨 1：50 发的微信："三娘，不知道为什么，这几个小时我牙齿都不疼了，它自己好了吗？以前睡前都会疼，今天也没感觉了。"

广东学员：郑雁

2020 年 4 月 26 日

象数疗法调理老人重症风寒感冒

三年多前，我患了重症风寒感冒，用八卦象数疗法走过的曲折道路，记忆犹新。2012 年 12 月下旬，我开始咳嗽，流清涕，吐清痰，那时我结识八卦象数疗法不久，我从您的著作中找了几组配方念，没有治好，以为我与八卦象数无缘，就到药店买药服用，也没有治好，咳嗽开始严重起来，我去医院要中药服用，也没有好转。元旦、春节都没有过好，又到医院内科检查说是上呼吸道感染，开了两次药，医师给我开有黄色的、红色药片（粒）一包又一包，也没有治好，寒极生热，发烧39℃，咳嗽更加严重了，咳时两眼冒金星，白痰变成灰痰，人也瘦多了。又去医院打吊针输液两次，清明节已到还未治好，又回头找八卦象数疗法来治疗。《八卦象数疗法》一书介绍，默念200·650·000治风寒感冒有奇效，我是患久了的重症，默念时第一元加了一个0，变成2000·650·000，下决心在电视机前念了一个半小时，结果上身出汗了，舒服极了，咳嗽也少了，坚持四天，每天默念不少于3小时。服药、打针、药费用去1000多，四个月治不好的病，用心默念八卦象数疗法，不花一分钱，四天就把病治好，谁能说八卦象数疗法不科学，不是灵丹妙药呢？

象数疗法调理排毒治耳聋

去医院内科开药及打吊针后，从2013年3月开始，左耳听力逐步下降，耳鸣也更加严重了，4月以后左耳完全聋了，幸好右耳完好。一时找不到用八卦象数疗法治药物中毒耳聋的配方，就用中医古方及现代中医治药物中毒耳聋各方，都未治好，于是打算去南宁市配耳机。5月的一天，我又重温《八卦象数疗法》，说南宁宋某某尿频、血压偏高、失眠、体弱汗多，李冠莲老师给640·030·820配方念后好了。同病相怜，我就用这个配方念，每天还在纸上默写半个小时。6月初的一天晚上，我用棉签挖耳屎，左耳竟挖出玉米粒大黄色耳屎，我惊呆了，一直用去9支棉签才把耳屎挖完，约一个月黄色的耳屎挖完了又挖出红色的耳屎，又约半个月左耳红色耳屎没有了，右耳又挖出先黄后红的耳屎，量比左耳少，也约半个月耳屎就没有了。边念边挖至8月初，共买了五包棉签差不多用完了。左耳挖耳屎几天后开始听到微弱的声音，耳屎挖完了左耳听力恢复如初了。为什么挖出红色耳屎呢，伤了内耳吗？一天突然醒悟，那红色不是"红霉素"吗？那黄色就是"重感灵"了。服用有激素的药物多了，伤肝伤肾，听力也就下降甚至耳聋了。在念该配方的同时偏高的血压正常了，夜尿也很少了，睡眠好多了，体弱有了好转。这不是异病同治吗？近2000元的耳机不用买了，真是意想不到的效果。八卦象数疗法太伟大了。李山玉老师发明的八卦象数疗法功不可没！

贴象数疗法配方调理消乳房瘤有奇效

我爱人姓兰，73岁，几年前医院检查左乳房内有三四个乳瘤，服用了10多瓶"乳必消"才治愈，今又复发。她不大相信八卦象数疗法，医院和药店如今没有这个药，我劝她用八卦象数疗法，她同意了，但又懒得念，我把配方640·000·720写在"伤湿止痛膏"上面，贴在她乳房患处（编者提醒：离心区太近，不建议贴），贴了三次，乳房内的瘤不见了。从去年的10月至今该乳房没有什么不适了。不花一分钱不费什么力，就把乳瘤消除了，太神奇了。

广西学员：韦善忠
2016年2月10日

象数疗法调理助骨复位

女，42岁，因右肩不适五个月来诊疗，经诊断为右肩肱骨头向前下半脱位。我用正骨手法复位，当时就没有任何疼痛，患者高兴地回家了。但是第二天早上又来了，说还是痛得受不了，触摸，肱骨头又出来了，还是第一天的方法复位，告诉患者这几天不要活动肩膀，因为肱骨头向下时间太长，周围肌肉韧带都已被拉长且无力。第三天早上又来了，还是和原来一样的，这样的病复位很难达到治疗的目的，当时就给配方010·380·70·6440，贴4条在右肩部。等下午的时候患者又来问，她听到右肩啪地响了一声，比较害怕，我就给解释，这是骨头复位的声音，不用担心。我触摸骨头，已在其位了，观察一个礼拜，已经完好如初。010，1为骨，为正骨；380，3为离火，病久则寒，给患处加热，8为脾土，主四肢肌肉，又为右肩；70，7为艮为止为凸，止痛；6440，6为坎，主骨生髓，肾气为升，提升骨头，4为震为肝，主经，两个4加强肝的功能，亦突出上升之力。

象数疗法调理富贵包

颈椎大包，俗称富贵包。形成此包的原因是颈椎第七节和胸椎第一节骨头向后移位，移位后得不到合理的治疗，久而久之督脉受堵，寒湿聚积在颈七和胸一处而形成大包，此包危害很大，可引起头晕、失眠、气色差等问题。配方720·16650·388800，贴3条大包大椎处，加患者默念，成功解决了几位患者的富贵包。7为艮为凸起，2兑卦为金，为刀，把凸起的地方削平。1为骨，为正骨，正颈七和胸一的骨头，1为督脉，主一身阳气，打通督脉，6坎主骨，5为巽卦为风；16650温补肾阳，疏风散寒，通筋活络，3离卦为心为火，8坤卦主脾，运化水湿，软化作用，3个8加强脾主运化的功能，经过一个月的贴和念，基本解决了富贵包的问题。不但治好疾病，而且为爱美的女士解除了大包不好穿露肩颈的衣服发愁的问题。

湖北荆州学员：李宝文

2017年7月

象数疗法调理撞伤

一位老太太七十多岁，自述因骑电瓶三轮车被汽车撞伤而肩痛手不能抬，背脊也痛，未骨折，但伤了筋。当即按对应关系给配方010·40·70。

配方释义：010对应背脊，前后各一个0为疏通；4为震卦，为动，40对应手能抬动；7为艮卦，为止，70对应止痛。

她持念一个多月不痛了，手能上抬，痊愈。同时还给她做了原始点按摩与红豆袋热敷。

象数疗法调理子宫肌瘤

某女五十多岁，是踏洋机给人做被套的，自述全身多处疼痛，头也不舒服，腰也痛，胃也不好，还有子宫肌瘤。即按对应关系给她配方00116660·3820·070。

配方释义：头对应1，腰肾对应6，以00116660疏通头部与腰肾；子宫对应3，取3820化解子宫肌瘤；胃对应7，以070疏通胃。这是多病兼治，叠加组方。持念一年，她说诸症皆除，去做B超见子宫肌瘤也没有了。

常州学员：宗静口述、陈耀方整理

2016年10月16日

象数疗法调理尿路结石效佳

太原老人头服饰经理患尿路结石多年，吃碎石药、跳绳等均未排出，痛苦不堪，我见状告诉他念象数配方06000，主要考虑他一点也不懂这方面知识，干脆给他配个简单的方子。想法很简单：你既然是尿路结石，用水冲不就下来了吗？前边一个0是通肾阴，后面三个0是通肾阳，放水冲吧。

他默念了两天后，感觉排尿顺畅，而且排石过程没痛，没尿血，非常高兴，也非常感激我！是李山玉恩师发明的伟大的八卦象数疗法才让我们这些普通人变成了"神医"！

象数疗法调理子宫内膜脱落

山西徐×，女，1985年6月生，患子宫内膜脱落一年多，花很多钱求治无果，造成月经失调，人很消瘦，脸黄无血色。8月底向耿文涛老师求方，耿老师给配方 7700·0380·20·640。

今天反馈已痊愈。特别感谢救命恩人耿老师，感谢八卦象数疗法！

配方释义（耿文涛老师）： 7700 艮，为止为中气，补中益气固涩内膜；0380 离为胞宫居下腹，坤为腹，此元健脾，安神，益气，培本固源，调畅腹部气机，使子宫内膜顺天时而落；20 气可摄血；640 肾主胞宫，肝主藏血，气血归本藏。加之患者诚心持念故效。

象数疗法调理小孩高烧及并发症

春斌老师你好！前几天，我孙子发烧在 39℃左右，还染上急性眼角膜炎，眼睛很红肿，你给方 007200·0016400·00500·00300。我们一直用助念器念，现彻底治好上幼儿园了。谢谢老师！谢谢八卦象数疗法！

配方释义（李春斌老师）： 此个案中有两个情况，一个是高热，另一个是眼出血，总的就是个气血妄行之症。师云：急则治其标，缓则治其本。先降温，于是用了 007200 这里的 7、2、00 都是降的力量，而且都偏凉，7 的时空状态在立春（很冷吧？），2 的时空状态为秋分（凉爽），00 则有通阴之力；0016400 主要考虑把血藏住，不妄行，另肝开窍于目，此元可收眼部妄行之血；00500，师云"风热风寒都需解表"，前后各置偶数个 0，即疏风解表，防其燥而生火；00300 心主血，对应目，前后置偶数个 0，心阴得养，主明则下安。

象数疗法调理帕金森

太原王先生头颤动多年（帕金森），山西各大医院医治无果，当我见到他时，他的头颤动很厉害，当即我给耿老师打电话叙述情况。耿老师配方 400·053700·080·0160，并告诉他默念方法，他坚持默念半年，现彻底治愈并成为象数忠实爱好者。

曹映东释义：400 为震为动，两个零，以阴舒缓之，同时肝也主筋，肢体的颤动一般为筋的问题所致；帕金森症为来回地动，风之象，所以 053700 化风为止，用离加以通关；080 为大地，用以静，为肌肉，肌肉有力才能自主控制，为脾主运化，把营养输布至机体各部；0160 因其症主要表现为头的颤动，最后落脚到头，以水滋之，同时肾主骨生髓通于脑，这一元都作用于头，而且补肾，进而又能强肝！后面的两元又分别调补后天和先天之本，常念可以益寿延年。

刘云释义：帕金森病在中医多属于肝肾亏虚及脾虚痰阻，肝阳上亢，肝风内动所致，400 养肝血安神，又肝肾同源，可滋肾阴。053700 疏导少阳之淤滞，肝胆相表里。080 健脾利湿，益气安神。0160 中 1 和上元 8 合为地天泰，0160 金生水，滋阴潜阳，清热降火，通经活络，引火下行，头部之热下行，疏导头部气机。全方木生火，火生土，土生金，金生水，水生木，五行顺序相生，循环不息，养血安神，滋阴潜阳，清热降火，阴阳平衡而息肝风。

太原学员：张瑞龙

2017 年 9 月

象数疗法调理尿阻滞

2016 年 8 月 6 日晚九时，接到四十多年老朋友标叔电话诉说："因有朋自远方来，晚上聚餐吃了煎炸食品、喝了一点酒，出现尿急又排不出的状况，疼痛难忍，请求给配象数。"标叔年八十有余，患有前列腺之疾。即给象数 720·650·4000 嘱其默念。其于翌日上午来电称谢。详述："念象数半小时后疼痛即减轻，一个多小时后顺利排了小便。子时入睡至天亮，感恩象数疗法！感恩老师！"

配方释义：720，7 为艮山、为止，2 为兑泽，山泽通气，兑以悦之，悦者有和谐、协调之功也，故 720 有止痛、通气、消肿之功效；650，6 为坎、为水，水乃润之，应人体肾经、肾与膀胱相表里。小便不畅，其疾与肾、膀胱相关，5 为巽、为风，风则散之，故 650 健肾壮腰、有温润散淤之功效；4000，4 为震、为雷。雷以动之，4 后边加三个 0，增强震动的力度，以动之功促进尿液的排泄。故此，720·650·4000 达到止痛、消肿、利尿之功效。

象数疗法调理手指屈伸不利

2016 年 5 月 16 日，一李姓朋友因左手中指伸屈疼痛，不能握拳，请象数治疗。给配方 430·720 令其即时默念，并要求其反馈。一个小时后，来电说：默念五分钟后，疼痛即止，而后手指伸屈也自如。吾嘱其持念，巩固疗效。今痊愈。430·720，其作用效果是舒筋活络、通心血、理三焦、消肿止痛。指患止，指伸屈自如也。

梧州学生：李俊凯

2016 年 10 月

象数疗法救了母亲的命

2017 年 4 月 3 日要回上海，2 日上午抓紧带妈妈去成都双流附近玩，中饭后和朋友聊天中，我观察母亲脸色由红润渐变苍白，然后说不舒服。之前她曾说要去卫生间小便，此时我还以为她要小解，我立即起身搀扶母亲准备去厕所。只见母亲刚迈出门槛，身体就无力地瘫软在门边的椅子上，这时我摸着她的手已冰凉，眼睛闭着，双唇紧闭，双唇已没有血色，牙关紧咬着，脸色煞白，右手脉已非常弱，小便失禁！我马上附身在母亲耳边说念 650·430，没有任何反应。随即我拉起母亲的右手不停地默念，我知道这是中午的饭菜对她来说凉且硬，且为午时，心经当令，胃气不和，引起心脏供血不足，瞬间心肌缺血缺氧，大脑缺氧，产生休克，没有自主意识，小便失禁！

情况危急，我一边由急切快速默念改为较为缓和地念，又在母亲左手内关穴处快速写了三遍，再让朋友搬来一把椅子，把母亲双腿放平在椅子上。这时朋友

591

们都过来说"抬起送医""叫120"等等，此时我已不能做再多的解释，依然是不停地念："650·430、650·430、650·430……"我眼睛都不敢眨一下紧盯着母亲的脸，观察着她脸上任何微妙的变化和反应！大概一分钟后，也许没有一分钟，但我感觉时间已经很久了，她的嘴唇微微动了一下，吐出一口气，然后慢慢嘴唇开始有一点点颜色，额头开始冒出汗，我还是一手拉着母亲的左手，一边念一边用手轻轻擦去母亲额头汗水，是冷汗。此时听到母亲放了个屁，这下我悬着的一颗心从刚才在嘴里到了嗓子眼里，此刻我附在母亲耳边说念650·430，依然没反应，但还是不能停，还要继续念。

大概又过了一分钟，母亲感觉到我用手给她擦汗，轻声说，有毛巾，我拿出毛巾给母亲擦汗之前，先用手轻轻抚去母亲脸颊上的汗水，此时的汗水已是热的了。看着母亲这时的脸色已有了点红润，我拉着的右手也有了温度，我悬着的心才落下来，这时我再次附在母亲耳边说默念650·430，她点点头，自己开始默念了。前面让她默念时没有任何响应，她开始念出声的都是错的，我不断对她进行纠错。我就是要让她自己念，直到念对为止，只要她念对了，意识可以恢复正常，其他可以缓一步。这时已有十几分钟了，母亲说要上厕所，我估计是要大解，650·430除了有提升阳气补心血的作用，还能温胃散寒，将中午寒凉之物排出。果不其然，她到了卫生间将污浊便溏之物排出，再从卫生间出来时，已精神多了。朋友的车也到了，谢过、告别朋友后，我和母亲先行离开，一路上我都让母亲自己默念650·430安全到家！

这次的经历，让我们尤其是母亲再次感受到八卦象数疗法的威力！在没有任何药物、没有任何医疗设施、没有任何他人帮助的情况下，我完全靠八卦象数疗法、靠着5年学习八卦象数疗法的自信，抢救了母亲，挽救了母亲的生命！再次叩谢老师！感恩李山玉老师！感恩伟大的中国文化！由于接触了八卦象数疗法，我打开了学习中国文化的大门，学习《易经》，学习《黄帝内经》！这几年，我不断学习应用八卦象数疗法，取得了一些成效。希望大家相信八卦象数疗法，使用八卦象数疗法，学习八卦象数疗法，传播八卦象数疗法！八卦象数疗法再次验证了关键时刻能救命，能救急！

象数疗法调理嗝逆

有次在公交车站等车时，遇到一位年轻妈妈带着 5 个月大的孩子，孩子背靠在妈妈怀里，脸冲着外，我听到孩子不停地在打嗝，这是受凉导致，中医称之为"嗝逆"。我一边听孩子妈妈说话，一边用左手轻轻握住孩子右腿的足三里穴默念 370，当我默念第三遍时孩子嗝逆止住，我松开手，随后我让孩子妈妈自己拉着孩子的右手继续默念，孩子就再没有嗝逆了。中医理论认为：左升右降，3 为离卦，属火，7 为艮卦，为胃。给胃里添把火，祛除寒气，就能止隔逆。且足三里是足阳明胃经的重要穴位，所以我握住孩子的右腿足三里处默念，即可见效。

象数疗法调理晕车

一次旅途中，午饭时遇见一位素不相识的中年妇女皱着眉头，手捂着胸口，我估计是晕车所致，我大声说："你念 700·400！"当她反问说"700·400"时，手从胸口至下顺着并连声说："下去了！下去了！"原来刚才她坐下来看到桌上的饭菜，胃里开始翻江倒海，马上要从嘴里喷涌而出，随着她说出"700·400"，胃里立即偃旗息鼓，平复下来。配方中，7 为胃，艮卦，4 为肝，震卦，合并同用，疏肝和胃，其后两个 0 偏阴，阴则下。正好平复因颠簸导致的肝气犯胃，胃气上逆，进而止晕止吐。

象数疗法调理腰痛

有次去朋友家，看他行动不利，才知他最近腰疼的病复发，拔罐、推拿都未能奏效，我立即给他在大椎穴、命门穴分别贴了 000111000·000666000·

000777000。几分钟后他就说感觉腰部发热，又过两分钟颈部有刺疼感，当晚没有起夜，一觉睡到天亮，之前每晚睡觉时常起夜，且多梦。配方中，1为脊椎，督脉所在，为乾卦。6为坎卦，主肾，属水。7为关节，为腰脊，艮卦，属阳土。患者男性常年腰脊不愈，属湿寒较重，111、666、777前后各三个0，中和阴阳，且作用力较强，5分钟后就有感觉。

小松鼠不再来偷果子了

我是北京学员王萍，为退休养老做准备，前几年在郊区买了一处木屋，前有院子，屋后靠山。因此这几年陆陆续续地种了一些果树（核桃、樱桃、李子、梨、桃、海棠、柿子和猕猴桃等等），最近两年慢慢开始结果了。可让我们屡屡失望的是成熟了的果子早早就被鸟儿叼了或吃了，留下空壳或烂果子，或者被松鼠摘走埋在地里。春天翻地种菜时发现到处都是核桃。去年秋天一周时间没有回去，核桃和猕猴桃全部都被小松鼠们抱走了，颗粒不剩！这个场景让我和我爱人惊讶、崩溃，却只有无奈地一笑而过。

去年夏天经我的同学曹建华介绍，了解了八卦象数疗法，在最近的交流当中她说有人还利用象数配方给植物防虫驱虫。我就想能不能向老师求方阻止小松鼠和小鸟们再来破坏我家的果树呢？于是我于6月中旬联系了彭爱莲老师，当时李春斌老师也在场，两位老师研究后，爱莲老师给我提供了象数配方07770·060·08880·4440·3330，并让我给每棵带果树贴上四条。我照着做了，之后出差8日，回来之后亲眼所见让我大吃一惊：楼上一层门外，我冬天买来并一直存放在那儿的满满一大盒子（至少有20斤）的核桃只剩下了十几个，盒子上还有一个大洞，原来因为能量场的缘故，贴了象数的区域松鼠们不敢去了，它们居然到楼上来觅食，终于大有所获！我没有为损失的核桃惋惜，让我震惊的是象数配方的神奇能量和效果！后来发现大大小小有五只松鼠在院子里和后山上活动，我爱人在我出差的时候在网上订购了大号的捕鼠笼子，我们用这个笼子抓到了三只松鼠，随即把它们送到远一点的大山深处放生了。之后，还频繁看到另外两只经常光顾，但是没有搞什么破坏，向爱莲老师汇报了情况之后，老师建议加强能量，增加到七条（7/艮/止），之后这些天就没有见到松鼠再来了。到现在为止核桃和猕猴桃保持完好状态，李子有几个被鸟吃过，但是也有收获，比去年一个不剩好多了！

感叹八卦象数疗法神奇能量的同时，我真心感激山玉老师的发明创新，感恩爱莲老师和春斌老师的高明配方和悉心指导，感恩我的同学曹建华带我与八卦象数结缘。我下决心一定要好好学习八卦象数疗法，让它服务到更多的领域和人群。

北京学员：王平

2017 年 8 月 9 日

象数疗法调理痒症的思路

2016 年 4 月 30 日晚九点多，左脚大拇指痒，我想震为足，为东方，为左，随即取数 40·003·7770，念了一分钟不痒了。配方思路：40 对应足，主疏泄，通经活络；003 为离卦，为心。《内经》云："诸痛痒疮，皆属于心。"固取之，数前偶数个 0 为消炎去火。7770 可止，可凉降，三个 7 可以增强止痒效果。念了几分钟就不痒了。

一会儿感到头顶有点痒，随即组方 1640·050·003·7770。配方思路：1 为乾卦，为头，为凉；6 为坎，为润下；4 为震卦，对应肝脏，主藏血。一般痒都是风症，中医有名言："治风先治血，治血风自灭。"050 为巽卦，出出入入现痒之象，前后各一个 0 可防风燥，此方可熄风解表散湿度，后两元与前边的思路一样，念一会儿就不痒了。我用这个方不仅解除了自己的痒症，还为好几个亲朋好友解除了皮肤瘙痒和其他痒症，用着都那么灵。虽说痒痒，病不大，可人人都害怕！学习八卦象数疗法牢牢地抓住山玉恩师一再强调的"天人合一、比类取象"大胆实践，就会入门，入了门才会越学越有兴趣，这里面深藏着无限奥秘和道理！

济南学员：张洪秋

2017年6月

象数疗法调理让同事的鼻炎速愈

体检中心一个年轻的护士，每天都过来送眼底照相片子让我出报告，最近我写报告、她在旁边等着的时候，总听她稀鼻涕呼噜呼噜不停地吸，而且明显鼻塞，要不就是打喷嚏。我随口问一句："感冒啦？"她说嗯。转眼两周过去了，今天（9月5日）她还是老样子、没见好转。我追问了一下，她说是过敏性鼻炎，而且很怕冷。我就写了720·80·050，让她坐旁边试念10分钟。才3分钟左右她就高兴地吸吸鼻子，说怎么感觉鼻子在一点点变通畅？我说你再念，念够10分钟。念数大约10分钟后，她又吸吸鼻子，说先是左边然后右边鼻孔都通气了，而且左边鼻涕已经没有了，右边也少了好多。她吸吸鼻涕让我听，真的少了很多。我教给她贴加念继续巩固，她高高兴兴地走了。

配方释义： 患者怕冷，鼻塞、稀鼻涕，这些都是寒象，所以全方要驱寒、抗过敏，所以三元后面都是一个0为阳。720·80为治疗鼻炎的经典方，首元720中7为鼻，为止、为胃，胃经夹鼻两侧而过；2为肺，为气、为消炎，并通调水道，肺又开窍于鼻，720为山泽通气，止鼻塞、鼻涕，恢复鼻腔通畅。80为脾土，和首元艮土7一起双土克水，快速清除分泌不停的稀鼻涕（为水象），并且健脾益气、运化水湿、帮助清除分泌不停的鼻涕。三元050，5为风为出入、为散，也为呼吸，可抗过敏、助通畅呼吸，5前也加0以护阴。全方共奏驱寒、消炎、抗过敏之功速效。

邢台市学员：赵素霞

2017年8月

象数疗法调理肛痒症

这是我的一个真实案例。2008 年我动直肠癌手术，至今已有九年，在 2014 年的秋天，发生了一件不是什么大病的病情，就是肛门发痒。为这个病，我跑遍了当地的大医院，都没治好，后来想起给我治直肠癌的陈老中医，我想他一定能行，结果还是不行。没办法，我想用八卦象数疗法来试，采用中医的思路，先泻后补，把体内的毒素泻出去，然后再补脾胃，于是我用数字前带偶数个 0 的数字来试，先用 002 无效。当时我对八卦象数的理解处于朦胧状态，就多加了一组也是前边带偶数个 0 的数，念了一两天就开始腹泻，泻后稍好一点。但不能一味地泻，我以中医的思想泻后再补脾胃，看到书上有一个方 650·30·820，中医是补脾必须补肾才有效，我想这个方是行的，开始默念，就发现肛门不痒了。我继续默念，念了一个星期后，发现彻底好了，好了之后我来思考是怎么回事，还是搞不懂。后来在值班老师李崇生那里，我向他请教，他说 6 为毒，为肾，为通，5 为胆，为风，为出入，3 为热，为心，他特别指出为三焦，8 为脾，为土，2 为肺，为寒，为金，全方就是泻上中下三焦的寒热湿毒，健脾和胃，达到标本兼治的目的。通过这个例子，我认识到八卦象数是不能以钱来衡量的。比方说陈医生治直肠癌能治好，给他很多的钱，却仍然治不好肛门发痒这个病，而八卦象数疗法能治好，却不花一分钱。这充分说明八卦象数疗法是伟大的，也说明八卦象数拯救无数生命于无声之中，大家说是不是？

范永福（重庆）

2017 年 8 月 29 日